Introduction to Intelligence

국가정보학개론

제도, 활동, 분석

Jonathan M. Acuff · LaMesha L. Craft ·
Christopher J. Ferrero · Joseph Fitsanakis ·
Richard J. Kilroy Jr. · Jonathan C. Smith 지음

김계동 옮김

명인문화사 · ⑤SAGE
Publishing

국가정보학개론: 제도, 활동, 분석

제1쇄 펴낸 날 2022년 1월 3일

지은이 Jonathan M. Acuff, LaMesha L. Craft, Christopher J. Ferrero, Joseph Fitsanakis, Richard J. Kilroy Jr., Jonathan C. Smith
옮긴이 김계동
펴낸이 박선영
주 간 김계동
디자인 전수연

펴낸곳 명인문화사
등 록 제2005-77호(2005.11.10)
주 소 서울시 송파구 백제고분로 36가길 15 미주빌딩 202호
이메일 myunginbooks@hanmail.net
전 화 02)416-3059
팩 스 02)417-3095

ISBN 979-11-6193-047-3
가 격 29,000원

. . . .

Introduction to Intelligence: Institutions, Operations, and Analysis

Introduction to Intelligence by Jonathan M. Acuff, Lamesha Craft, Christopher J. Ferrero, Joseph Fitsanakis, Richard J. Kilroy, Jr., Jonathan Smith.

Copyright ⓒ 2022 by SAGE Publications, Inc.

English language edition published by SAGE Publications of London, Thousand Oaks and New Delhi.

Korean language edition published by Myung In Publishers.

Copyright ⓒ 2022 Myung In Publishers.

도해 목차

글상자

표

도표

저자서문

이 책은 지난 20년 동안 대학의 정보학 강좌가 급격하게 확대된 결과의 산물이며, 또한 9·11 테러와 이에 상응하는 정보기관 규모의 성장에서 비롯되었다. 고등교육기관의 정보프로그램들이 성장함에 따라 정보학으로 알려진 학문 분야도 빠르게 발전했다. 이 책에 참여한 공동저자들의 연구와 집필 내용은 그들의 정보기관, 군 및/또는 정책공동체에서의 경험에 의한 영향을 받았다. 본문의 내용과 방법은 정치학자가 대부분인 우리 필자들의 대학원생 시절 훈련에 의해서 형성되었다. 그러나 정보학은 정보의 다원적 선행사례에 의해서 형성되고 정보조직의 실무에 지식을 제공하는 노력을 함에도 불구하고, 정보의 실행사례들로부터 점점 더 차별화되고 있다. 우리는 이 책이 학술적 엄격함과 실용성의 균형을 이루면서 정보학의 특정 공간을 개척하는 과정의 한 부분으로 생각하고 있다. 우리는 학부 교육의 일환으로 이 책을 읽은 학생들이 이 접근법으로부터 혜택을 받기를 원한다.

이 책은 몇 가지 분석적이고 경험적인 주제를 강조한다. 첫째, 본문의 구조와 내용은 2019년 국가정보전략(National Intelligence Strategy), 미국 정보공동체표준(ICS: Intelligence Community Standard) 610-3, 국제정보교육협회(IAFIA: International Association for Intelligence Education's)의 정보교육표준(Standards for Intelligence Education)의

영향을 강하게 받는다. 정보조직, 수집, 비밀공작, 방첩, 사이버, 기관 사이의 커뮤니케이션, 감시, 직업윤리, 현재와 미래 위협에 대해 포괄적으로 다룬다.

둘째, 필연적으로 미국 정보기관에 초점을 맞추지만, 본문은 역사적이고 비교적인 내용도 포함하고 있다. 이 책은 다른 정보입문서적보다 각 장에 정보조직과 시스템 사이의 비교를 더 많이 포함하고 있다. 우리는 대학생들이 정보가 어떻게 수집되고 분석되고 배포되는지에 대해서 조직과 국가마다 유사한 점과 상이한 점이 있다는 점을 파악하기 위해서는 더 많은 노력이 필요하다고 생각한다. 몇 개의 장은 다른 나라의 정보조직과 관행을 살펴볼 수 있도록 상당한 공간을 할애한다. 국제위협의 본질과 정보공유에 의해 수행되는 역할을 이해하는 것은 미래 정보관들의 필수적인 임무다.

셋째, 본문은 조립식(modular)으로 구성되어 있다. 본문에는 진보적이고 순차적인 구조가 있지만, 한 장의 지식이 다른 장을 이해하는 데 반드시 필요하지 않다. 이는 교육자에게 보다 큰 주제적 유연성을 제공할 수 있다. 예를 들어, 일부는 역사에 집중하기를 원하는 반면, 다른 이들은 현대 정보기관과 운영에 더 관심을 가질 수 있다. 본문에는 매우 다양한 교육과 내용에 대한 전략들이 포함되어 있다.

넷째, 초점은 주로 전략적이고 국제적인 위협과 기회에 맞춰져 있다. 법집행기구들은 자신들의 일상 업무에 정보수집과 분석방법을 점점 더 통합하고 있지만, 외국의 위협에 대응하는 민간과 군사 정보관들의 활동은 매우 독창적이고 핵심적으로 중요한 업무로 남아 있다. 비록 우리가 국토안보와 관련된 이슈 및 조직을 다루고 있지만, 우리의 책은 국내법 집행, 특히 지역 수준에 주된 관심을 두고 있는 학생들을 위해 계획된 것은 아니다. 그러한 학생들은 헌법, 범죄학, 경찰학 및/또는 공공정책학을 통해서 원하는 공부를 할 수 있을 것이다.

다섯째, 각 장의 끝에는 핵심 개념의 목록이 포함되어 있다. 학생들에게

연구논문을 부과하려는 교수를 위해서 전문가의 평가와 검토를 거친 참고
문헌을 포함시켰다. 이 자료는 각 장에 포함되어 있는 주제에 대한 논의를
확대하려 할 때 연구 프로젝트의 출발점으로 활용될 수 있을 것이다.

마지막으로 이 책의 내용은 직업 경로를 선택하는 데 활용될 수 있다. 일
부 장에 포함된 '직업에 대한 개관'이라는 글상자는 정보기관의 구인 조건을
내용으로 하고 있다. 경험상 우리는 많은 학생들이 여러 가지의 정보활동과
관련된 특정한 종류의 직업에 대해서 모르고 있다는 점을 발견했다. 학생들
의 정보에 대한 이해는 미디어에 의해서 양식화된 인상에 크게 의존한다.
우리는 이러한 오해들이 정보연구프로그램을 시작할 때 가능한 한 조속히
수정되는 것이 바람직하다고 생각한다. 우리는 교수들이 강의할 때 이 책의
내용들이 학생들에게 전달하고자 하는 전문성 계발과 경력과정을 더욱 강
화할 것이라고 믿는다. 이 책에서 우리의 의도는 우리가 가르치는 젊은 남
녀들이 정보공동체의 인턴십과 일자리에 지원하도록 격려하고 설득하며 동
기를 부여할 수 있도록 정보연구 프로그램 전담 교수진의 수업시간 내에서
의 메시지를 강화하는 것이다. 정보프로그램에서 학생들이 직면하는 주요
과제 중 하나는 정보기관이 특정한 종류의 분석 및 기술훈련과 관련하여 그
들에게 향하는 기대가 매우 높다는 것이다. 우리는 정보업무와 관련된 직업
을 소개하는 내용이 대학생들이 자신들의 학습과정을 잘 계획하여 가장 경
쟁이 치열한 정보 관련 취업 시장에 대비하는 데 도움이 되기를 바란다.

Jonathan M. Acuff

Myrtle Beach, South Carolina

August 2020

역자서문

정보는 중요성에도 불구하고 기밀문서와 비밀활동을 기본으로 하기 때문에 많은 사람들이 크게 관심을 가지지 않는다. 정보와 관련되어 무슨 사건이 발생해야 정보에 대해서 논쟁이 이루어진다. 정보요원들이 신분을 숨기는 것과 같이 정보가 이룬 모든 업적도 대중에 알려지지 않는다.

정보의 주된 역할은 국가를 지키고 국가이익을 수호하고 국민을 보호하는 것이다. 평시에는 해외정보를 수집하여 국가의 외교안보정책 결정 수립에 필요한 정보보고서를 제공하기 때문에 국가의 대외관계 설정에 기여하고, 전시에는 전후방을 가리지 않고 전술정보와 작전정보를 수집하여 전투행위를 지원한다. 국가의 위기를 탐지하여 위기경보를 제공하는 동시에, 국익을 위하여 해외에서 비밀공작도 수행한다.

정보의 과정은 정책결정에 필요한 정보의 요구로부터 정책결정을 할 수 있도록 분석된 정보보고서를 제공하기까지 여러 단계를 거친다. 국가운영에 필요한 정책을 결정할 때 정책입안자들은 정보기관에 필요한 정보를 요구한다. 정보기관은 이 요구사항에 맞춰서 첩보를 수집한다. 수집된 첩보를 선별 및 판단하여 분석을 하면 정보가 된다. 분석된 정보는 정책결정을 하는 기관에 배포되어 정책결정의 자료로 활용된다.

이러한 정보의 정책결정을 위한 순환과정 이외에 국익수호를 위한 주요 활동 분야로 방첩과 비밀공작이 정보기관의 주요업무에 포함된다. 방첩(防諜)은 단어 그대로 우리의 첩보를 지키는 것이다. 해외 스파이들이 우리의 기관에 침투하여 첩보수집하는 것을 막는 일이다. 비밀공작은 군사문제가 아닌 국익 수호를 위해서 비밀리에 조치를 취해야 할 사항이 생겼을 때 정보기관이 나서서 공작을 한다. 그 대표적인 사례는 자국의 성향과 맞지 않는 해외 지도자를 제거하거나 암살하는 공작을 하는 것이다.

정보의 순환과정과 정보보고서, 그리고 비밀공작은 음지에서 행해지기 때문에 이에 대한 평가가 제대로 이루어지지 않는다. 공작의 성공 여부, 그리고 공작이 법과 윤리에 어긋나는지의 여부를 판단하기가 어렵다. 현대사회에 인권과 민주적 절차가 중시되면서 정보기관의 활동에 대한 공개성, 합법성, 윤리성에 대한 평가의 요구가 증대되었다. 미국 상하원에 정보위원회가 설치되어 정보활동을 감시하고, 대통령 직속으로 대통령정보자문위원회(PIAB)가 설치되어 정보기관과 활동을 감독 및 관리한다.

이러한 정보의 역할, 정보과정, 정보활동, 감시와 평가에 대한 종합적인 논의는 하나의 학문으로 자리잡아 정보학이라는 학문분야를 탄생시켰다. 정보학의 역사는 사실 그렇게 길지 않다. 한국의 경우 정보학이 처음 시작된 것은 1990년대 후반, 국정원 산하에 국가정보대학원이 설치되면서부터다. 1961년 중앙정보부가 생긴 이래 정보부 교육기관으로 비공개기관인 정보학교가 존재하고 있었다.

1993년 등장한 김영삼정부의 초대 안기부장은 김덕 한국외국어대 정치외교학과 교수였다. 학자 출신인 김덕 부장은 정보요원들의 자질을 향상시키기 위해서 교육을 강화한다는 목표로 공개조직인 국가정보연수원을 설치하고 장기적으로 국가정보대학원을 설치할 계획을 수립했다. 1995년에 국가정보대학원을 운영할 교수를 5명 뽑았다. 나는 한국국방연구원에 근무하다가 정보기관에 설치하는 대학원에 흥미를 느껴서 직장을 옮겼다. 실무진과 공동작업을 하여 1997년 국가정보대학원의 석박사 과정 설치 인가를 받았다.

정보대학원이 설치되었기 때문에 정보를 학문적으로 접근하기 시작했다. 당시 한국에는 정보관련 서적이 별로 없었다. 사람들은 정보기관을 단지 스파이 집단으로 인식하고, 스파이는 염탐하는 사람 정도로 알고 있었다. 아니면 정권 안보를 위하여 반정부세력을 탄압하는 조직, 그리고 친북세력을 색출하여 처단하는 조직으로 생각했다.

1990년대 후반에는 해외에서도 정보학에 대한 관심이 그렇게 많지 않았기 때문에 정보관련 서적도 그리 많지 않았다. 당시 정보학에서 가장 알려진 서적으로는 Abram N. Shulsky와 Garry J. Schmitt가 지은 *Silent Warfare: Understanding the World of Intelligence*와 Mark Lowenthal이 지은 *Intelligence: From Secrets to Policy*가 있었다. 이 두 책은 명인문화사에서 각기 『국가정보의 이해: 소리없는 전쟁』 (신유섭 역, 김계동 감수) 과 『비밀정보: 비밀에서 정책까지』 (김계동 역)로 출판되었다. 이 두 책은 국가정보의 모든 분야를 총망라하여 사례들과 함께 잘 설명하고 있으나, 학문적인 접근으로는 좀 부족한 편이었다.

국가정보대학원이 설치되고 난 후 국가 차원에서 정보학에 기여한 점은 2000년대 초반에 국가정보학회를 만든 것이며, 이 학회는 지금까지 활발한 활동을 하고 있다. 정확하게 정보학을 전공한 학자는 별로 없기 때문에 정치학 등 인접학문을 하고 정보에 관련되거나 관심있는 학자들을 초빙하여 정보 프로젝트 수행, 정기 세미나 개최, 학회지 발간을 하여 정식 학회의 형식을 갖추어 국내 정보학의 확산에 많은 기여를 하고 있다. 정보학이 확산되면서 대학에 정보학 강좌가 개설되기도 하였고, 일부 대학에는 정보대학원이 설치되기도 하였다.

정보학은 이제 국내외에서 학문으로 자리 잡았다. 다만 미흡한 점은 아직 국내외에서 종합적인 정보학 개론서가 부족하다는 점이다. 해외에 정보 관련 서적이 많이 출간되어서 정보학개론이라고 할만한 책이 없을까 찾던 차에 이 책을 발견했다. 이 책의 제목은 *Introduction to Intelligence: Institutions, Operations, and Analysis*, 즉 '정보입문'인데 내가 제목을 '국가정보학개론'으로 변경했다. 내용에 실용적인 내용도 있지만, 이 실용적인 내용을 정교한 분석틀 내에서 사례들과 함께 설명하기 때문에 정보학개론으로 손색이 없어서 과감히 제목을 변경했다. 아직 정보학 자체의 이론은 세계적으로 별로 개발되고 있지 않은데, 이 책은 정보와 관련된 인접 학문의 이론들을 많이 사용되고 있기 때문에 정보학 자체의 이론들을 개발하는 데 많은 도움이 될 것으로 기대한다.

이 책은 내가 명인문화사에 제안해서 번역한 책이다. 의외로 판권 로열티가 고가였는데, 서슴지 않고 판권을 구입하여 이 책을 번역할 수 있도록 배려해 준 명인문화사의 박선영 대표에게 감사드린다. 꼼꼼한 내지 편집 작업과 다양한 표지 시안을 만들어 선택의 기회를 준 전수연 편집 디자이너가 없었으면 이 책의 격은 많이 떨어졌을 것이라 생각된다. 이 책이 국내 정보학계의 발전과 정보활동과 분석 업무의 전문성 제고에 기여하기를 기대한다. 마지막으로 영문 출판 자료를 미리 보내줘서 영국과 거의 동시에 출판하도록 배려해 준 SAGE 담당자들께 감사드린다.

이 번역서를 1995년부터 2010년까지 국가정보대학원에서 나의 교육을 받고, 국정원에서 국가를 위해 헌신하고 있는 나의 제자들에게 바치고 싶다.

2021년 11월 17일
김계동

1장 서론

정보란 무엇인가?

오늘날 대부분의 사람은 정보를 대중문화의 렌즈를 통해서 본다. 제이슨 본(Jason Bourne) 영화, 그리고 50년 이상이 된 제임스 본드(James Bond) 소설과 영화에서 볼 수 있듯이, 스파이는 자유세계를 해치려는 계획을 수행하는 사악한 적에 대항하여 싸우는 영웅적인 인물로 비친다. 이러한 정보에 대한 묘사는 실제와는 다른 모습을 보여주는 것이다. 현대 정보활동은 다양한 조직들의 계획과 협력을 포함하며, 개인이 아니라 팀에 의해서 실행이 된다. 국가와 동맹들이 실질적인 위협에 처하더라도, 첩보의 세계에서 누가 적이고 누가 친구인지 항상 명확한 것은 아니다. 영화에서 스파이가 사용하는 첩보장비들을 보고 감탄하지만, 실제에 있어서 현대 첩보원들은 첨단 자동화 기술에 의하여 개발된 초음파 레이저와 '스마트 더스트(Smart Dust)'**를 사용한다.[1] 때때로 현실세계에서 수행하는 첩보활동이 영화에서 나오는 믿기

** 역자 주) 센서, 전산 기능, 양방향 무선통신 기능 및 전원장치를 보유한 극소형 전기 기계장치다. 먼지 크기로 떠다니면서 실내외 환경변화와 신체 증상 등을 감시 및 보고하는 동시에 빌딩, 지하철 등에서 데이터를 수집하여 화재나 생화학 테러 등에 대처하도록 한다. 이 밖에도 군사, 기상, 환경, 의료 분야에도 활용된다.

어려운 이야기들과 닮은 것들이 있는데, 그 사례로 미국의 중앙정보국(CIA: Central Intelligence Agency)이 냉전시대에 고양이를 도청도구로 사용하기 위하여 '어쿠스틱 키티(Acoustic Kitty)'[2] 프로젝트를 수립한 적이 있다. 그러나 대체로 정보업무는 관료적 정책과정의 한 부분으로 이루어지는 구체적이고 체계적인 계획에 따라 활동하는 전문가들에 의해서 수행된다.

정보에 대한 창작물과 현실세계에서의 활동 사이의 구분을 명확히 한 이후에도, 정보와 스파이 관련 활동의 차이점을 구분해야 한다. **정보학(Intelligence studies)**으로 알려진, 대학교수들에 의하여 연구되는 정보에 대한 학문적 접근과 정부관료와 비정부기구 행위자들이 수행하는 정책적인 면 사이의 차이를 정확히 분별하는 것이 중요하다. 정보학이 사회과학 또는 인문학에 속하는지의 여부에 대해서는 견해 차이가 있지만,[3] 정책에 도움을 주는 지식을 생산하는 학자들이 하는 역할과 정부와 비정부기구 지도자들이 정보세계에서 수행하는 역할 사이의 구분에 대한 혼선은 거의 없다. 이러한 점을 염두에 두고, 우리는 정책공동체에서 수행되는 정보의 정의를 발전시키는 데 관심을 기울여야 한다. 그러기 위해서 우리는 관련된 수많은 이슈 및 개념들을 탐구해야 하는데, 이슈 및 개념 중 일부는 이 장에서 더 구체적으로 논의되고, 나머지는 다음 장들에서 심층적으로 탐구될 것이다.

첫째, 때때로 정보는 **수집(collection)**에 사용되는 방식의 개념으로 설명이 되는데, 이는 여러 종류의 데이터를 인간정보(HUMINT: human intelligence), 신호정보(SIGINT: signals intelligence), 지리공간정보(GEOINT: geospatial intelligence), 계측징후정보(MASINT: measurement and signature intelligence), 공개출처정보(OSINT: open source intelligence)의 방식을 통하여 모으는 것이다. 둘째, 정보는 정보원들이 수집한 가공되지 않은 첩보를 정책결정자들이 사용할 수 있도록 완성된 생산물로 만들어내는 **분석과정**으로 정의된다. 셋째, 정보는 상이한 **수준**(전략, 작전, 전술)의 개념으로 종종 특징지어지기도 한다. 넷째, 정보는 정치, 군사, 경제, 법과 같은 상이한 **활동의 범주**에 따라서 분류된다. 다섯째, 정보는 정책결정을 지원하는 분석업무로부터 비밀활동과 첩보작전을 포함하는 공작업무까지 다양한 종류의 **임무**로 구분된다. 마지막으로 모든 유형의 정보는 **정치와 연결**되는데, 나라마다 매우 다른 행태를 보이고 있다. 예를 들어, 미국 정보공동체에서 정보관들은 정치에 대해 거리를 두고 정책결정에 참여하지 않는 반면, 영국의 정치인들과 정보관들은 협력하여 업무를 본다. 독일의 경우, 정보기관은 총리실과 긴밀한 협력관계를 유지하지만, 제2차 세계대전 동안 나치와 냉전 기간 동유럽 체제가 저지른 잔혹한 범죄들에 의한 역사적 오명 때문에 정보는 정책결정에 대해 역할을 거의 수행하지 않는다. 반면 프랑스정부가 수집한 정보는 해외 목표에 대해서 뿐만 아니라 정치인들에 의해서 국내 정적들에 대해 사용되기도 하는데, 이는 대부분의 민주주의 국가에서 위헌적 권력 남용으로 간주하는 행위이다. 요컨대, 정보와 관련된 가지각색의 활동들을 포괄하는 개념과 특정 임무가 국가마다 중대한 차이가 있는 개념을 제공하는 것은 매우 복잡한 이슈이다.[4]

우리는 교과서적인 측면에서 **정보**에 대한 개념 정의를 내렸는데, 정보는 정부 또는 비정부조직에 의해서 때로는 비밀스럽게 수집된 첩보를 이 조직이 정책결정을 할 때 사용할 수 있도록 분석을 하여 생산물을 만들어 내는 것이다. 그러나 정보는 전형적인 정책분석과 차별되는 추가적인 특성을 보인다. 첫째, 앞서 언급한 바와 같이, 정보활동의 목표로 하는 상대방이 자신들의 작전을 알아채지 못하게 **비밀**스럽게 추진된다. 비밀정보는 그 정보를 사용하는 사용자에게 이점을 안겨주는 차별성을 가지게 된다. 그러나 디지털 시대에 정보기관이 수집하는 대부분의 첩보는 공개자료라는 점이 중요하다. 그들은 일반적으로 누구나 찾으려면 찾을 수 있는 것들이다. 더욱이 비밀성은 반드시 수집된 첩보의 유용성을 결정하는 요소는 아닌데, 첩보의 유용성은 수집 목표와 우선순위에 의해 결정된다. 둘째, 정보활동은 국가에 따라 때때로 **불법적** 방식을 사용하여 수행된다. 권위주의적 정부는 국내법이나 국제법을 무시한 채 국가를 운영하고, 정보기관도 같은 방식으로 활동하는 것을 허용한다. 그러나 민주주의 국가에서도, 국내에서는 정보기관이 법을 준수하며 활동하기를 요구하지만, 해외에서는 정보기관이 활동하는 외국의 법을 어기는 것을 묵인한다.

이 책에서 사용하는 정보의 정의(定義)는 모두를 포괄하지는 않지만, 국가와 다른 조직들이 수행하는 활동을 다룬다. 정부의 활동은 세계에서 수행하는 수많은 정보활동을 포함한다. 그러나 테러단체들도 자신들의 대의를 확산시키기 위한 도구로 정보를 활용한다. 알카에다(Al-Qaeda)와 이슬람국가(Islam State)는 민족국가들이 사용하는 것과 거의 일치하는 정보활동, 분석, 방첩 등을 정규적으로 사용한다. 이와 유사하게 개인기업도 경쟁기업에 대한 정보를 정기적으로 수집하고, 이 수집된 정보를 전략을 수립하는 데 활용하는데, 이러한 정보를 **경쟁정보**(competitive intelligence)라 한다. 이처럼 이 책의 대부분은 국가의 정보활동을 강조하지만, 국가 이외의 행위자들은 자신들의 정치적, 경제적, 사회적, 종교적 목표를 달성하기 위해서 일반적으로 국가가 사용하는 기술을 종종 사용한다.

정보의 목적

우리가 다루는 정보가 매우 복잡함에도 불구하고, 왜 민족국가와 비국가 행위자들은 첩보를 수집하고 분석하는 다른 수단을 사용하지 않고 정보를 사용하는가? 단순하게 말해서, 정보는 다른 방식이 할 수 없는 **결정의 이점**(decision advantage)을 달성하게 하는 전망을 주기 때문이다. 결정의 이점은 적이 하려는 계획을 밝혀내서 적의 계획을 기선제압하거나 좌절시키도록 행동하는 능력을 의미한다. 예를 들어, 아프가니스탄에서 반군세력들 사이의 무선전화통신을 감청하여 미군은 적의 공격을 피하여 이동할 수 있거나 반군에 대한 매복공격을 할 수 있었다. 결정의 이점은 무엇이 계획되고 무엇이 일어날지에 대해서 사전에 이해할 수 있도록 하지만, 적의 **결정순환(decision cycle)**을 알게 되면 정보기관이 상대 국가 또는 다른 조직의 결정과정 또는 절차를 변경시켜 정책결정에 대한 영향을 미칠 수 있다. 그러한 변경작업에는 적이 선호하는 결과를 변경시키거나 목표로 하는 조직의 지도자를 변경시키는 작업이 포함된다. 예를 들어, 냉전 기간에 동독은 서독의 브란트(Willy Brandt) 수상의 중요한 참모였던 기욤(Gunter Guillaume)을 포섭했다. 1972년부터 1974년까지 기욤은 동독과 소련에게 이득이 되는 자료를 브란트가 관심을 가지도록 보고했다. 이러한 기욤의 활동은 브란트가 **동방정책**(*Ostpolitik*)을 추진하는 결정을 하는 데 기여했다. 동방정책은 서독과 공산주의 진영 사이의 긴장완화를 목표로 하는 극적인 정책전환이었다.[5]

  적에 따라서 결정의 이점을 획득하는 것은 매우 도전적인 것이 될 수도 있다. 그러나 어떠한 국가 또는 다른 조직의 결정과정에 침투하는 것은 정보의 대성공이라 할 수 있다. 다른 조직의 계획과 과정에 침투하는 것은 바람직하지만, 이는 잠재적인 위험과 비용을 동반하기 때문에 항상 큰 그림의 차원에서만 추진되어야 한다. 결정의 이점은 복합적인 개념이다. 이 개념은 때때로 단순히 적이 우리에게 어떠한 행위를 할 것인지의 의미를 확인하고 그들의 계획을 실패하도록 하는 것이다. 그러나 적의 계획을 방해하는 공작은 적에 의해서 탐지될 수 있으며, 이 경우 결정의 이점을 획득하게 한 협조자와 방식을 미래에 더 이상 사용할 수 없게 된다. **협조자와 방식(Sources and methods)**은 첩보를 수집하고 정보활동을 수행하기 위해 사용하는 사람과 도구들이다. 그들을 재활용할 수 있도록 보호하는 것이 그들이 제공하는 첩보만큼 중요하다. 이와 유사하게, 적의 내부로 침투하게 되면 적이 원하거나 중요하다고 생각하는 것을 변화시킬 수 있는 시도를 할 수 있다. 그러나 그러한 노력의 결과가 반드시 유리한 국면을 조성할 것이라는 보장을 할 수 없다. 왜냐하면, 상대방의 결정이 이루어지는 과정을 변화시키면, 과거보다 우리에게 덜 유리한 새로운 지도자나 아이디어의 출현을 위한 여건이 조성될 수 있기 때문이다. 앞서 언급한 동독 정보원의 경우가 이러한 사례다. 기욤의 활동은 **동방정책**을 등장할 수 있게 했을지 몰라도, 그의 활동은 서독의 정보기관인 BfVs의 의심을 증폭시켰고, 결국 그는 체포되었다. 기욤의 체포는 브란트의 사임으로 이어졌고, 결국 자신의 후임 지도자보다 동서독의 긴장완화를 더 선호했던 지도자가 사라지게 되었다. 신임 수상인 슈미트(Helmut Schmidt)는 독불관계와 유럽통합에 더 많은 관심을 가졌다.

결정의 이점을 획득하고 적의 정책결정 과정에 침투하여 얻게 되는 것과 위험을 안게 되는 것 사이의 무게를 측정하는 것은 국가이익을 추구하기 위한 정보의 역할을 판단할 수 있게 한다. 정보활동은 **국가이익**을 증진시켜야 하는데, 국가이익은 국제사회의 경쟁상대와 당면한 위협에 대한 국가의 힘을 강화하는 정치적, 경제적, 사회적 목표로 정의된다.[6] 효율적인 정보는 외교나 군사활동 같은 재래식 정책 도구보다 적은 비용으로 국가이익을 확대하기 위한 국가의 능력을 증대시킴으로써 국가의 힘을 극대화하는 것이다. 정보활동은 때로는 **비대칭적**인 활동으로 인식이 된다. 때때로 약소국이 정보를 활용하여 자신들의 피침 가능성을 상쇄하고 더 힘센 상대에게 펀치를 가하기도 한다. 강한 국가 또는 약한 국가의 도구로 사용되든지 간에, 정보는 국가이익 충족을 위하여 활동해야 하며, 정보 그 자체가 목표가 되면 안 된다. 국제정치의 저명한 학자인 모겐소(Hans Morgenthau)는 사람들은 힘의 추구가 자신들의 행동의 유일한 목표가 되면 야수가 되는데, 왜냐하면 힘의 추구는 다른 사람들을 지배하는 것이 아니라 안보를 제공하는 도덕적인 것이기 때문이라고 주장했다.[7] 이와 유사하게 정보관들은 자신들이 맡은 임무 또는 자신들의 조직에 편협하게 이득이 되는 것만 추구하면 안 되고, 국가의 보다 상위의 목표를 위해 활동을 해야 한다.

정보의 세 가지 수준

국가이익을 가장 잘 확보하기 위해서는 어느 조직과 자원을 활용해야 할까? 그들은 어떻게 고용이 되어야 하는가? 언제 그리고 어디서 그들의 임무가 수행되어야 하는가? 이러한 질문들은 우리가 앞에서 논의했던 세 가지의 다른 수준(전략, 작전, 전술)을 상기시킨다. 이 세 가지 수준을 생각하는 최선의 방법은 그들이 "어디서 활동하느냐?" 뿐만 아니라 그러한 활동은 어떠한 영향을 주느냐의 관점에서도 생각해야 한다. 따라서 한 사람의 행위는 단위의 크기가 작기 때문에 전술적 성격을 가졌다고 할 수 있지만, 만약 그한 사람이 러시아 연방 또는 유사하게 강대국의 지도자라면, 그가 취한 행위들은 아마도 전략적 중요성을 가지게 될 것이다. 이와 반대로, 만약 그 정보가 지방에 있는 사회단체 지도자의 행동을 언급한다면, 그 문제는 전술적인 것이라 할 수 있다.

전략정보

첫 번째 수준인 **전략정보(strategic intelligence)**는 세계적, 지역적, 국가적수준의 활동을 의미하는데, 구체적으로 국가가 이웃국가로부터 원하는 것을 획득하기 위한 활동이며, 세계의 강력한 국제조직들의 자국에 대한 정책이 변하도록 하기 위한 정보활동이다. 전략정보는 대체로 연간 단위의 시간을 필요로 한다. 강대국의 정보기관들은 적어도 10년 이상의 미래의 세계질서 변화를 예측하는 전략정보 보고서를 주기적으로 작성한다.[8] 이에 더하여, 전략정보는 군사적 맥락에서 임무가 주어질 때 특별한 의미를 가지게된다. 군인들이 전략정보의 개념을 사용할 때, 그들은 세계질서에서의 세력균형 또는 국가의 생존에 대한 경고와 관련된 군사활동을 지원하는 정보활동를 의미하는 것이다. 예를 들어, 냉전 기간에 서방 진영 강대국들의 전략정보에는 소련 핵무기의 보유량과 능력을 평가하는 것이 포함되었다.

글상자 1.1 직업에 대한 개관

정치분석관

정치분석관이 되면, 당신은 국내정치, 외교정책, 안정, 외국정부와 조직들의 사회적 이슈들에 대한 평가결과를 문서작성 또는 구두로 정책결정자들에게 전달하게 될 것이다. 당신의 분석은 결정될 정책의 목표와 동기, 문화, 가치, 역사, 사회, 정책결정과정, 그리고 이 요소들이 어떻게 국가이익과 국가안보에 영향을 미치는지의 관점에서 탐구될 것이다.

국내외 여행, 언어훈련, 분석방식의 교육, 전문성을 강화하는 교육을 받게 되고, 정보기관 내의 다른 부서나 정부 내의 다른 부처로 이직도 가능할 것이다.

근무지역: 워싱턴 DC, 메트로 지역
첫 임금: 5만 5,539~8만 2,326 달러
외국 언어 능통자 우대
자격: 미국 시민(이중 미국적자 지원 가능)

출처: 중앙정보국(CIA).

작전정보

다음으로 낮은 수준은 **작전정보**(operational intelligence)이며, 이는 국가에 의해서 외국정부 또는 정보기관의 조직과 기능에 침투하는 활동을 의미한다. 작전활동은 몇 주일에서 1년까지의 기한을 두고 이루어진다. 작전정보는 군대에서 가장 자주 사용되는 개념이며, 작전정보를 논할 때 지도력, 전술, 전투, 정보, 첩보/사이버, 그리고 군사작전을 지원하는 병참 등의 용어가 활용된다. 작전수준은 통상적으로 참여한 집단의 크기보다는 활동에 초점을 맞추지만, 대체로 5,000명(일반적으로 여단 수준)에서 수십만 명의 병력(군단 수준)이 활동한다.[9] 2003년 미국의 이라크 침공이 작전수준의 사례라 할 수 있다.

전술정보

마지막으로 **전술정보(tactical intelligence)**는 한 사람 또는 작은 조직에 의해서 이루어지는 활동을 의미한다. 아주 작은 단위에서 이루어지는 활동인데, 예를 들어, 북한이 국제제재를 위반하여 밀수할 기계 부품에 대한 첩보를 제공할 수 있는 하위 요원을 교통성에 고용한 것이다. 테러 지도자가 은신해 있는 곳으로 추정되는 장소에 일반적으로 드론을 의미하는 무인 항공기를 활용하여 헬파이어(Hellfire) 미사일 공격을 해야 할지를 결정하는 것도 전술정보의 문제이다. 이러한 군사활동은 작은 규모에 초점을 맞추며, 몇 명의 군인(발사팀)으로부터 수백 명(대대) 수준의 군사활동을 지원하는 정보를 의미한다.

정보에 대한 세 가지 관점

세 가지 수준은 국가이익을 증대시키는 특수한 목표를 달성하기 위한 전략과 관련된 정보활동을 계획하고 실행하는 데 활용된다. 국가전략과 정보 및 안보자원 운용 사이의 실질적인 관계는 중소국가에서마저 매우 복합적이다. 17개의 조직으로 구성된 정보공동체를 보유하고 있으며 국익이 세계에 편재되어 있는 미국의 경우, 정보임무는 어느 다른 국가의 정보임무보다 막중하다. 임무와 결과를 일치시키는 관점 이외에 정보의 역할을 결정하는 정치적 차원이 존재하고 있다. 이 문제는 어떻게 정보가 사용되어야 하는가(정책결정자와 정보기관의 관계), 그리고 어떠한 임무가 강조되어야 하는가에 대한 세 가지의 전통 또는 관점에 대한 논의의 형태로 나타난다.

켄트학파

첫 번째 전통은 전 예일대 교수이면서 현대 정보분석의 창시자인 켄트(Sherman Kent)다. CIA에서 장기간 화제를 남기며 근무한 켄트는 정보는 '국가를 위해 봉사하는 학문'이라는 출처 미상의 언급을 하면서, 이 어구가 정보를 가장 잘 표현한 것으로 지지했다. 켄트는 정보평가를 위한 보다 정확하고 표준화된 용어를 제시하며 분석의 질을 향상시키는 데 공을 세웠을 뿐만 아니라, 정책결정자들로부터 상대적으로 소외되어 있던 국가정보평가실(Office of National Estimates)을 1952년부터 1967년까지 운영했다.[10] 이러한 점에서 **켄트학파**는 정보관들과 정책결정자들 사이의 협력에는 항상 문제가 생긴다는 주장을 하며, 특히 정치인들이 정보를 정치화하려고 시도한다고 강조한다.[11] 자신들의 논리를 객관화하기 위해서, 켄트학파는 정보관들은 정책결정자들과 거리를 두고 있어야 하며 그들이 알아야 할 것만 말을 해주고 그 이상 말을 하지 말아야 한다고 주장했다. 이러한 전통을 뒷받침하는 논리는 오직 정보관들만이 다양한 종류의 정보를 평가하고 정확히 사용할 수 있도록 특수 훈련을 받았고 경험을 보유하고 있으며, 정보관들은 대학교수들처럼 정치와 거리를 두어야 한다는 것이었다. 결과적으로 정치인들은 전문가들이 자신들의 업무를 하도록 내버려 두고 정보관들을 관리하는 데 있어서 최소한의 개입을 유지해야 한다.

켄트학파의 논리는 1950년대부터 1970년대 초반까지 미국 정보공동체를 지배했는데, 1970년대 초반은 CIA와 연방수사국(FBI)이 상대적으로 독립적이 되었으며, 언론조사에 의해서 베트남전쟁이 종료되는 시기였다. 위의 사건들로 미 상원에 처치위원회(Church committee)가 설치되기도 했다. 처치위원회에서 개최된 청문회에서 수십 건의 비밀활동 프로그램이 밝혀졌는데, 이들 중 대부분이 백악관이나 의회의 승인을 받지 않고 실행되었기 때문에 많은 미국인이 공분했다. 이러한 정보의 전통과 관련한 핵심 문제

중의 하나는 **주인-대리인(principal-agent) 문제**였다. 특히 주인인 주요 정책결정자들이 가지지 못한 첩보에 대한 접근이 대리인인 정보조직은 가능한 것이 문제였다. 이러한 첩보에 대한 불균형에 따라, 대리인이 하는 행위는 주인의 장기적인 목표에 일치하지 않는 명분을 내세울 수 있는 반면, 대리인의 단기적인 이익에는 합치되는 상황이 벌어지곤 했다.[12] 이러한 이유로 미국 정보공동체는 국가지도자의 장기적인 목표에는 해가 되지만, 정보공동체의 단기적 목표를 달성하게 하는 비밀공작 프로그램을 운영하였다.

게이츠학파

두 번째 학파의 논리가 오늘날 미국 정보공동체를 지배하고 있다. 부시(George W. Bush)와 오바마(Barack Obama) 행정부 동안 CIA 국장과 국방장관을 역임한 게이츠(Robert Gates)의 이름을 딴 이 학파의 주장은 정보가 실행 가능해야 한다는 것이다.[13] 정보는 즉시 전술적으로 유용해야 하며, 결정의 이점을 최대한 창출할 수 있도록 빠른 실행이 이루어져야 한다. 정보관들은 정책공동체와 긴밀하게 활동해야 하며, 정치인들이 수립한 목표를 달성하도록 노력해야 한다. **게이츠학파**의 궁극적 주장은 CIA가 주로 전략정보에 치중하기보다는 '드론 킬 머신(drone kill machine)' 같은 조직으로 진화하는 것이었다. 게이츠의 지시 하에, CIA는 비밀공작 능력을 극적으로 확대했고, 특히 드론에 의한 표적암살 프로그램을 강화하여 2005년 이후 3,000명의 테러 의혹 인물을 사살했다.

게이츠학파는 정책결정자들의 요구와 목표에 대해서 빠른 대응을 약속했지만, 몇 가지의 결점을 드러냈다. 첫째, 정책공동체의 목표를 강조하는 것은 **정치화(politicization)**로 귀결되는데, 정치화는 정보목표를 국가이익이 아니라 정치인들의 정치적 목표를 달성하게 하는 생산과 행위로 바꾸도록 한다. 둘째, 분석보다 활동에 우선순위를 두게 되면, 자원과 관심이 장기적인 예측으로부터 멀어지게 한다. 이는 정보가 제공하는 결정의 이점을 잠재적으로 축소하며, 이에 따라 정보기관이 가시거리 밖의 예측을 제공할 능력을 잃게 됨에 따라 정책결정자들은 적을 능가할 수 있는 정책을 수립하지 못한다. 이러한 맥락에서, 게이츠가 이러한 주장을 하는 학파에 연결된다는 점은 아이러니한데, 왜냐하면 1990년대 초반 CIA 국장 첫 임기 시절에 게이츠가 정보기관이 작성한 장기 정보보고서를 매우 자랑스러워했기 때문이다. 셋째, 드론 프로그램은 테러조직의 지도부에 대해서 상당한 타격을 입히는 데 성공한 것은 사실이다. 그러나 이 성공은 적대행위에 참여하지 않은 수천 명의 비전투원인 남성, 여성, 어린이 등 민간인들의 희생을 딛고 이루어진 것이다. 그들의 희생은 드론 사용의 도덕성, UAV 공격이 어떻게 조준되는지에 대해서, 그리고 정보기관이 국제법과 미국 국내법하에 불법적인 암살사업을 해도 되는지에 대해서 많은 의문을 제기했다.

맥러플린학파

정보에 관한 세 번째 전통은 CIA에서 30년간 근무하면서 차장을 역임한 맥러플린(John McLaughlin)의 이름을 딴 **맥러플린학파**다. 켄트와 게이츠학파의 중간에 위치하고 있는 세 번째 학파는 정보기관의 우선적 목표는 정책결정자에 대한 임무이며, 그와 동시에 정보관들은 최고의 전문적 기준을 유지해야 한다고 강조한다. 맥러플린은 정보관들의 의무는 정보보고서가 정책결정자들에 의해서 유용하게 사용되도록 명료하게 요약하는 것이고, 정책결정자들에게 잠재적인 위협들에 대해서 경고하는 것이며, 국가이익을 증진시킬 수 있는 기회를 알리는 것이라고 강조했다.[14] 정치화의 위험을 인식한 맥러플린은 특정 사안에 대한 다른 관점들이 존재한다는 점을 받아들이지 않는 정책결정자들에게 대안적 관점들을 제공하는 역할이 중요하다고 강조했다.

맥러플린학파는 켄트와 게이츠 사이에서 균형된 시각을 보여주고 있다. 그러나 이러한 강점은 약점도 지니고 있다. 정보기관의 적절한 역할에 대한 켄트 또는 게이츠학파 중에 어느 관점이 정확한지에 대해서 분명한 입장을 보이지 않으면서, 맥러플린학파는 게이츠의 위험부담 활동을 거부하는 동시에 장기적 목표를 강조하는 켄트의 입장도 받아들이지 않는 어중간한 태도를 보이고 있다. 정치인들이 정보관들의 시각을 받아들일 것이라는 보장을 할 수 없기 때문에 정치화의 위험을 줄일 가능성은 별로 없으며,[15] 업무표준에서 행동성을 철회하는 것은 국가이익을 증진하기 위한 정책결정자들이 결정한 사안의 실행 가능성을 축소하는 결과를 초래한다.

결론: 정보의 미래와 한계

이 장에서 살펴보았다시피, 국가에서 정보는 중요한 도구라고 할 수 있다. 그러나 정보의 적절한 역할에 대해서는 상당한 이견이 존재한다. 이 결론의 절에서, 우리는 정보가 적절히 활용될 경우 무엇을 할 수 있는지와 더불어 어떠한 한계가 있는지에 대해서 요약할 것이다. 정보가 할 수 있는 것과 정보의 한계는 국가의 목표에 관한 결정과 그 목표를 달성하기 위한 자원과 방법의 공급과 연관이 되어 있기 때문에, 정보를 언제 어떻게 활용해야 하는지를 파악하는 것은 어려운 경우가 많다. 정책결정자들과 유권자들은 일반적인 정책결정을 하는 과정과 비교하여 정보가 달성할 수 있는 것에 대한 왜곡된 시각을 갖고 있다. 이는 지난 20여 년 동안 서방 민주주의 국가들에서 나타나기 시작한 시각이다.

정보가 항상 결정의 이점을 획득하거나 적의 결정순환에 침투하는 이상을 실현할 수 없더라도, **정보가 할 수 있는 것**은 정책결정자들이 정책을 추진할 기회를 창출하는 것이다. 이는 훌륭한 수집과 위협의 경고를 제공하는 정밀한 분석의 결과로 이루어지는 것이다. 정보는 정책결정자들에게 사건과 과정에 대한 이해력을 어떤 다른 조직들보다 더 많이 제공한다. 2002년 가을 이라크의 독재자 후세인(Saddam Hussein)에게 빈약한 정보가 제공되었기 때문에, 그는 유엔 무기 감시자들과의 협력을 최소화하면서 자신이 대량살상무기(WMD)를 보유하지 않았다는 점을 미국인들에게 이해시키는 동시에, 적국인 이란에게는 의구심을 유지하면서 억지력을 확보하고, 국내적으로도 유리하게 사용할 수 있다고 믿었다. 그의 판단은 잘못된 것이었다. 미국은 이라크를 침공했고 그의 체제를 제거했다. 효율적인 정보는 예측과 제고된 이해력으로부터 얻게 되는 이득 이외에 때때로 예상치 않은 방식에 의하여 긴장을 완화하는 부수적인 효과도 낼 수 있다. 소련의 정보원들이 자국의 이익에 상당한 해를 입히기도 했지만, 1940년대와 1950년대에 미국과 영국정부에 대한 소련의 침투에 의하여 NATO가 소련을 침공할 계획을 하고 있지 않다는 정보보고를 스탈린(Joseph Stalin)이 받게 되었다.[16) 이 결과 스탈린은 서방을 침공할 계획을 수립할 필요가 없게 되었다.

정보는 국가이익 추구를 강력하게 지원하는 역할을 수행하지만, 심각한 **정보의 한계**도 존재하고 있다. 수집과 분석이 아무리 잘 이루어진다고 하더라도, 단순한 관찰로는 파악하기 어려운 문제점이 존재할 수도 있다는 점이 중요하다. 좋은 정보는 다양한 수준의 가능성을 제공한다. 그러나 정확한 예측에 사용되는 관련 변수는 정적(靜的)이거나 단순하지 않은데, 이는 정확한 예측에 기반을 둔 우리의 정책에 적들이 반응해 예측된 결과가 발생하지 않기 때문이다. 더욱이 예상치 않은 행위자들과 사건들은 항상 등장하는데, 이는 정책결정자들이 정보기관의 예언보다는 제도적인 적응성 구축에 더 관심을 기울이도록 한다. 아마도 가장 황당한 일은 성공한 임무마저도 때로는 예상치 못한 결과를 가져온다는 점이다. 예를 들어, 2012년 특수전부대(SEAL TEAM 8)가 파키스탄의 아보타바드(Abbottabad)를 공격하여 알카에다의 지도자인 빈라덴(Osama bin Laden)을 사살하는 데 성공했고, 빈라덴의 컴퓨터 하드 디스크에서 다량의 문서들을 포획했다. 이후 습격에 사용했던 스텔스 헬리콥터가 추락하는 사건이 발생했고, 스텔스 헬기의 비밀을 감추기 위해서 미군이 헬리콥터 잔해를 모두 파괴했으나 완전히 파괴하지 못해서 일부 잔해가 남았다. 사건 발생 직후 중국의 정보원들이 사건 현장에 접근하여 파괴되지 않은 잔해를 수거하여 비행기의 탄소 복합비행기 표면과 스텔스 페인트에 관한 기술을 수집해 갔다.

마지막으로 외교정책의 성과를 도출하는 데 있어서 정보가 결정적인 역할을 거의 하지 못하고, 정책이 잘못 결정될 때 수정할 수 있는 역할도 거의 하지 못하는 경우가 있다. 이러한 점들을 **정보의 실패**(intelligence failures)라 하며, 이는 효율적인 경고를 하거나 위협에 적절히 대응할 수 있는 정보기관의 능력 부족의 맥락에서 매우 중요하다. 1941년 6월 독일의 소련 침공 가능성에 대한 정보부족으로 소련이 대응하지 못한 점, 그리고 같은 해 12월 7일 진주만의 미국 함정들에 대한 일본의 공격을 사전에 인지하지 못한 점 등은 정보실패의 전형적인 사례로 꼽히고 있다. 이와 유사하게 9·11 테러공격도 정보실패 사례로 인용되고 있으며, 2002년 가을 이라크의 대량살상무기(WMD)에 대한 미국 정보공동체의 부정확한 보고도 마찬가지다. 더욱 최근인 2016년에 트럼프(Donald Trump)의 선거를 지원하기 위한 러시아의 사이버와 첩보활동을 미국 정보공동체가 탐지 또는 차단하지 못한 점도 정보실패로 언급되고 있다.[17]

역사적으로 정보기관이 적의 활동을 정확하게 예측하는 데 실패하고, 결정적인 상황에서 효율적인 개입을 하지 못한 경우가 상당수 있음은 의심의 여지가 없다. 정보는 어려운 분야이며, 정보가 벌이는 게임의 성격상 실패가 불가피하다고 볼 수 있다. 우리는 기습공격, 부정확한 예측, 정보의 판단 오류 등에 대해서 너무 성급하게 정보조직만을 비난하는 것을 주의해야 한다. 정치인들은 잘못된 정책의 책임을 정보기관에 돌리는 성향을 갖고 있다. 권위주의 정치체제에서 독재자들은 잘못된 정책 때문에 정보실패가 발생했음에도 불구하고 정보를 담당하는 부하들에게 책임을 돌리는 경우가 허다하다. 부하가 사건의 진실을 밝히려 하면 처형되는 경우도 있다. 자주 인용되는 정보실패의 사례는 1941년 6월 22일 독일이 소련을 침공한 사례이다. 소련의 독재자 스탈린은 동경 주재 독일 대사관에 근무하던 스파이 조르게(Richard Sorge)로부터 침공의 정확한 날짜와 시간에 대한 정보를 보고받았다. 5월 이후 독일의 비행기가 소련의 영공을 침범했고 궁극적으로 침공의 경로가 될 지역을 따라 정찰비행을 시행하고 있었다. 더욱이 독일의 독재자인 히틀러(Adolf Hitler)는 자신이 서명한 모든 국제협정을 위반하고 있었는데, 이는 스탈린이 1939년에 체결한 독소 불가침협약을 히틀러가 얼마나 지킬지 의문을 가지기에 충분한 이유가 될 수 있는 것이었다. 훌륭한 인간정보(HUMINT)를 활용할 수 있었고, 독일이 보여주는 다양한 위협의 증가 요인에도 불구하고, 스탈린 휘하의 장성들은 지도자의 무능력에 대한 비난을 자신들이 감수해야 했다.**

민주주의 국가의 지도자들도 잘못된 정책의 책임을 정보기관에 전가하는 경향이 있다. 정보기관의 요원들이 사실을 밝혀도 권위주의 국가에서처럼 처형되는 것은 아니지만, 서방의 많은 정보체계에서 직업적 윤리, 그리고 정보업무가 정책분야로부터 분리되어야 한다는 점 때문에 정책결정자들에 대한 비판이 이루어지지 않고 있다. 이에 따라 정치인들은 자신들의 책임을 축소하는 방식으로 역사의 기록을 통제하고 있다. 미국에 대한 테러공격을 조사한 "9·11 위원회 보고서"는 미국 정보공동체를 강력하게 비판했다. 그러나 그 보고서는 50년 동안 이루어진 미국의 대중동 외교정책결정들을 무시했는데, 미국의 외교정책은 중동에 알카에다와 같은 급진적 집단들이 등장하도록 하는 조건을 만들어냈다. 또한, 이라크 WMD가 정보실패에 해당하는 것이냐에 대한 논쟁도 벌어졌다 (2003년 미국이 이라크의

** 역자 주) 1950년 6월 25일 북한이 기습 남침을 하여, 한국군이 아무런 대비 없이 속수무책으로 당한 점, 그리고 그해 10월 25일 중국군이 참전하여 전세가 역전되는 사례도 정보 및 정책 실패의 사례다. 더구나 중국은 참전 이전에 유엔군의 북진이 계속되면 참전하겠다는 성명을 여러 차례 발표했는데도 유엔군은 이를 무시했다가 당했다.

WMD 개발을 이유로 침공한 사례 – 역자 주). 정책결정을 지원하는 데 활용되는 정보기관의 분석보고서의 질적인 문제를 떠나서, 부시행정부는 이미 이라크를 침공하기로 결정을 한 상태였고 정보보고서는 이 결정에 아무런 영향도 미치지 않았다는 근거가 있다.[18]

  업무상 독립과 정치적 통제 사이에 최적의 균형을 이루는 것은 항상 문제가 되어 왔으며, 이를 완벽하게 달성한 나라는 없다. 정책결정에 정보가 중요한 역할을 하는 이점을 확보하기 위해서, 정책결정자들과 정보기관의 지도자들은 정보활동의 자원과 방식을 희생시키지 않는 동시에 대중들에 대한 윤리적이고 도덕적인 의무를 다하면서 국가이익을 증진하기 위한 노력을 해야 한다. 정보화 시대에 수집기술과 능력이 점차 복합적으로 되어 가는 반면, 위협이 점차 예측하기 어려워지는 상황에서 이들의 균형을 이루는 것이 이전보다 더 어려워지고 있다.

핵심용어

정보학(intelligence studies) 2
수집(collection) 2
분석과정(analytic process) 2
수준(levels) 2
활동의 범주(categories of activity) 3
임무(missions) 3
정치와 연결(connected to politics) 3
정보(intelligence) 3
비밀(secrecy) 3
불법(illegal) 3
경쟁정보(competitive intelligence) 4
결정의 이점(decision advantage) 4

결정순환(decision cycle) 5
협조자와 방식(Sources and methods) 5
국가이익(national interest) 6
비대칭적(asymmetric) 6
전략정보(strategic intelligence) 7
작전정보(operational intelligence) 8
전술정보(tactical intelligence) 9
켄트학파(Kent school) 10
주인-대리인 문제(principal-agent problem) 11
게이츠학파(Gates school) 11
정치화(politicization) 11

추가 읽을거리

Betts, Richard K. "Analysis, War, and Decision: Why Intelligence Failures Are Inevitable." *World Politics* 31, no. 1 (1978): 61–89.

Gioe, David V. "Cyber Operations and Useful Fools: The Approach of Russian Hybrid Intelligence." *Intelligence and National Security* 33, no. 7 (2018): 954–973.

Herman, Michael. *Intelligence Power in Peace and War.* Cambridge, UK: Cambridge University Press, 1996.

Jensen, Mark A. "Intelligence Failures: What Are They Really and What Do We Do About Them?" *Intelligence and National Security* 27, no. 2 (2012): 261–282.

Jervis, Robert. *Why Intelligence Fails.* Ithaca, NY: Cornell University Press, 2010.

Johnson, Loch K. *National Security Intelligence*, 2nd ed. Cambridge, UK: Polity Press, 2017.

Marrin, Stephen. "At Arm's Length or at the Elbow: Explaining the Distance Between Analysts and Policymakers." *International Journal of Intelligence and Counterintelligence* 20, no. 3 (2007): 401–414.

Treverton, Gregory F., and Wilhelm Agrell. *Beyond the Great Divide: Relevance and Uncertainty in National Intelligence and Science for Policy.* Oxford, UK: Oxford University Press, 2017.

Zegart, Amy. *Spying Blind: The CIA, the FBI, and the Origins of 9/11.* Princeton, NJ: Princeton University Press, 2009.

2장 정보의 역사

고대로부터 베스트팔렌 국가체제까지의 정보

그리고 모세는 가나안 땅을 몰래 조사하여 보고하도록 그들을 보냈다. 남쪽으로 가서 산에 오르도록 했다. 땅이 어떤지 관찰해라. 거기 사는 사람들이 강한지 아니면 약한지, 적은 인원인지 아니면 많은지 조사해라. 그들이 살고 있는 땅이 좋은지 나쁜지, 그들은 어떠한 도시에 살고 있는지, 텐트에 사는지 요새에 사는지 살펴봐라. 그들의 땅이 비옥한지 척박한지, 그리고 나무가 많은지 없는지 관찰해라.[1]

성경에 있는 이 구절은 역사적으로 처음으로 기록된 정보의 임무다. 기원전 1300년경에 고대 이스라엘인들은 이집트로부터 이주하여 약속의 땅인 가나안으로 향하려 했다. 신의 지시에 따라 모세는 약속의 땅에 스파이들을 보내 그 땅의 가치와 더불어 정복하는 것이 얼마나 어려운지 평가하도록 했다. 모세가 보낸 요원들은 우유와 꿀이 풍부하다는 이야기들을 갖고 돌아왔지만, 그와 동시에 가나안 사람들의 체격이 커서 정복하기가 어려울 것이라는 점도 보고했다. 토론 끝에 이스라엘인들은 공격하지 않기로 결정했다. 자신감이 부족했던 결과 그들은 40년 동안 떠돌아다녀야 했고, 결국 여호

19

수아(Joshua)가 다른 정찰팀을 보내 조사를 한 후 약속의 땅을 정복하는 데 성공했다.

이 이야기의 진실이 무엇이든지, 그리고 모세의 신념이 가지는 강점이 무엇이든지, 성경은 인류 초창기의 현명한 지도자들이 **결정의 이점**(decision advantage)을 추구했고, 더욱 앞선 지식을 얻으려고 노력했으며, 이를 정책에 최대한 반영하려 했던 사실을 보여주고 있다. 우리가 오늘날 '정보'라 부르고 있는 것의 가치는 기나긴 인류의 역사에서 다양한 수준으로 이루어져 왔다. 고대 중동으로부터 고대 중국까지, 그리고 고대 그리스로부터 중세 유럽까지, 정보의 중요성이 군사적 정복으로부터 체제안보까지의 목적으로 활용되었다. 이 책의 목적과 구성상 정보의 모든 역사를 다루지는 않을 것이다. 이 장의 보다 절제된 목표는 고대, 중세, 근현대 시기의 중요한 행위자들과 사례들을 강조하여 설명하는 것이다. 근현대에 있어서 중요한 사건들인 제2차 세계대전, 냉전, 그리고 21세기 극단주의와 테러에 대항하는 투쟁들이 다뤄질 것이다. 이 장에서 다루는 중요한 주제들로는 전쟁의 발발과 종료에 있어서 정보가 수행하는 중요한 역할, 기술의 중요성, 관료의 조직과 운영에 발생하는 도전, 정보와 민주주의 사이의 긴장이 포함된다.

고대 그리스의 정보

아리스토텔레스의 합리성이 서양문명의 기초가 되었는데, 정보의 수집과 분석이 고대 그리스에서 거의 활용이 되지 않았다는 점은 놀라운 일이다. 아리스토텔레스가 정보수집에 대해서 유일하게 언급한 것은 정치적 위험인물에 대해서 감시하라고 한 것인데, 이는 그의 저서 『정치학(*Politics*)』에 나와 있다.[2] 정보를 활용하여 내부의 위험을 식별하는 것은 현대적인 의미로 방첩과 경찰업무에 해당하며, 이는 민주주의 국가에서나 권위주의 국가에서나 마찬가지다. 국내정치적 반대세력을 확인하고 탄압하는 도구로 정보

를 활용하는 것은 역사적으로 자위와 **정권안보(regime security)**에 초점을
맞추는 군주체제와 권위주의 정부에서 명백하게 증명되고 있다. 이 장은 영
국, 프랑스, 러시아가 정권안보에 정보를 활용한 사례를 다룰 것이다.

고대 그리스 시대에 현대 과학적 방법의 기초가 닦아졌지만, 논리와 근
거의 기초였던 미신과 예언이 정보에서 지배적인 역할을 했다. 그 이유는
정보와 관련된 지배적인 관심 사항은 전쟁이었기 때문이다. 그리스의 군 지
휘관들은 전술적 감시와 정찰보고보다는 예언과 환상을 기대하였다. 군인
이면서 역사가이자 철학자였던 크세노폰(Xenophon)이 처음으로 전쟁 이
전에 스파이가 전술적 정보를 수집하는 것을 옹호했다. 그러나 크세노폰은
예언이 부차적인 가치를 지닌다는 점을 인정했다. 인간은 자신의 운명을 위
해서 신에게 의지해야 한다. 크세노폰은 다음과 같이 기록했다. "전쟁에서
적들은 서로 음모를 꾸미지만, 이 계획들이 제대로 만들어졌는지는 거의 알
지 못한다. 그러한 문제들에 대해서 신 이외에 다른 충고자를 찾지 못한다.
신은 모든 것을 알고 있으며, 신은 희생, 징조, 목소리와 몽상을 통하여 누
구든지 간에 징후를 미리 알려준다."[3] 만약 크세노폰이 우주 기반 이미지와
U-2 정찰기 활용이 가능했다면, 아마도 그는 정보가 좋은 정책결정을 하도
록 하는 가능성에 더욱 열성을 보였을 것이다.

고전 그리스 정치에서 운명(fate)이라는 주제는 투키디데스(Thucydides)
의 역사적 사고와 기원전 5세기의 펠로폰네소스전쟁의 원인에 대한 설명에
가장 잘 나타나 있다. 투키디데스는 전쟁이 신의 생각이나 지혜에 의해서가
아니라 실제 상황에 의해서 발생한다고 주장했다. 그는 다음과 같이 기록했
다. "아테네 권력의 성장과 이것이 스파르타에 울리는 경종 때문에 전쟁은
불가피하다."[4] 고대에 투키디데스가 기록한 역동성은 오늘날에는 **안보딜레
마**로 알려져 있다. 안보딜레마는 A 국가의 힘에 대해서 B 국가가 위협을 받
는다고 인식될 경우, B 국가는 방어적인 조치들을 취하게 되는데, 이는 A
국가의 안보를 위협하게 된다는 것이다. 이러한 상호 간 위협 인식의 결과,

어느 쪽도 그러한 결과를 원하지 않는데도 결국은 군비경쟁과 전쟁을 하게 된다. 전쟁으로 이끌게 되는 추동력은 서로의 의도에 대한 공포와 불확실성 이다. 안보딜레마는 고대 그리스에서만 전쟁의 원인으로 되었던 것은 아니고 현대 국제관계이론의 핵심으로 자리잡고 있다. 현실주의 이론의 대가인 미어샤이머(John Mearsheimer)는 자신의 저서 『강대국 권력정치의 비극 (*The Tragedy of Great Power Politics*)』에서 안보딜레마의 비극적 성격 에 대해서 언급했다.[5]

안보딜레마와 정보의 개념은 밀접하게 연결되어 있다. 불확실성은 안보 딜레마를 조성한다. 정보는 불확실성을 줄여서 안보딜레마를 완화할 수 있 다. 따라서 정보는 비참한 전쟁을 줄이는 핵심 수단이다. 약 2500년 전 안 보딜레마가 아테네의 몰락에 이바지했다. 반면, 현대에 소련 핵무기의 실 질적인 능력에 대한 정보는 미국의 공포와 불확실성을 줄이는 데 큰 역할을 했는데, 당시 미국인들은 냉전적 군비경쟁과 핵전쟁까지 암시한 소련의 선 전 때문에 불안과 공포감을 느끼고 있었다.

안보딜레마는 아테네와 스파르타 사이의 충돌을 불러일으켰으나, 전쟁 의 결과에 대해서는 규정짓지 못했다. 아테네는 비밀정보와 전략적 기만을 무시하고 활용하지 않아 결국 패망하게 되었다. 정보 관련 저명한 역사가인 앤드류(Christopher Andrew)는 "비록 크게 활용되지는 않았지만, 이스라 엘인들이 가나안을 몰래 조사한 방식으로 아테네가 스파르타를 몰래 조사 하지 않았기 때문에 펠로폰네소스전쟁에서 아테네 민주주의가 궁극적으로 패배하게 되었다"고 분석했다.[6] 아테네는 기만전술에 압도되어 방첩의 영 역에서도 실패했다. 기만전술 중에 가장 눈에 띄는 것은 에게스타(Egesta) 라는 이름의 작은 시칠리아 도시국가가 더욱 강한 시러큐스(Syracuse)로부 터 자신들을 방어하기 위해서 아테네인들을 우둔하게 만드는 계략을 사용 한 것이다. 에게스타는 주변의 도시들로부터 금과 다른 귀중품들을 모아서 아테네의 외교관들에게 제공하여 그들로 하여금 에게스타가 부유하고 가치 있는 동맹이라고 믿게 하였다.[7] 기원전 415년 아테네는 에게스타의 도움을 받아 시칠리 전체를 점령할 수 있다고 믿으면서 시러큐스에 대한 공격을 시작했다. 아테네인들은 에게스타의 전략적 기만에 넘어갔을 뿐만 아니라 섬의 크기와 인구 같은 기본 요인들에 대한 정보도 갖고 있지 않았다. 아테네는 시러큐스를 정복하기 위한 해양 공격에서 200척의 선박과 수천 명의 군인을 잃었다.[8]

고대 그리스, 그리고 특히 아테네의 사례는 시대를 넘어서 반향되는 정보와 관련된 다양한 주제들을 보여주고 있다. 이 주제들에는 안보딜레마의 위험성, 사실을 관측하기보다는 직관과 예언에 보다 많은 비중을 두는 경향, 효과적인 기만으로 획득하는 전략적 이익과 이를 극복하기 위한 효율적인 방첩의 필요성, 그리고 적의 능력과 의도를 파악할 수 있는 전술적이고 전략적인 정보의 필요성 등이 포함된다. 마지막으로 고대 그리스로부터 주목할만한 주제는 정보와 민주주의 사이의 긴장이다. 이 긴장은 오늘날에도 민주주의를 혼란스럽게 하고 있으며, 이 장의 뒷부분과 다른 장들에서 설명될 것이다. 민주주의 국가에서 정보는 어떠한 임무를 수행해야 하는가? 21세기에 민주주의 국가들은 해외정보를 수집할 필요성을 인정한다. 그러면 민주적 정보는 어떠한 한계를 지니고 있는가? 어떠한 점에서 개방성과 프라이버시의 존중이 위협되는가? 아테네의 지도자 페리클레스(Pericles)는 펠로폰네소스전쟁 동안의 추도사에서 다음과 같이 선언했다. 그의 언급은 2000년 이상 지난 오늘날 정보와 민주주의에 대한 논쟁에 참여하는 사람들에게는 잘못된 것으로 받아들여질 수도 있다.

우리가 정부 내에서 누리는 자유는 우리의 일상생활에도 확대된다. 서로 불신하면서 감시하는 것이 아니라, 우리는 우리의 이웃들이 자신들 욕구대로 하는 것에 대해서 화를 내는 감정을 가질 필요는 없다. … 우리는 세계에 우리 도시를 개방한다. 그리고 비록 우리의 자유가 때때로 적을 이롭게 하더라도, 우리는 외국인들을 배척하여 듣는 것과 보는 것의 기회를

박탈하지 않는다.[9]

이 장과 다른 장들에서 논의할 것이지만, 21세기에 서방 민주주의 국가들은 21세기에 페리클레스의 숭고한 정서를 기리는 것과 적대 행위자들로부터 시민들의 생명을 보호하는 정보 및 보안조치의 실행 사이에서 적절한 균형을 찾기 위해 고군분투해 왔다.

중국의 '병법'과 '전쟁에 대하여'

고대 아테네의 지도자들이 전쟁에서 정보의 역할을 과소평가하는 거의 같은 시기에 중국의 군사전략가이면서 철학가인 **손자(孫子, Sun Tzu)**는 정보를 전쟁에서의 승리에 연결하는 역사상 가장 역량 있는 매뉴얼을 작성했다. 『병법(兵法, *The Art of War*)』이라는 제목의 매뉴얼에서 정보는 매우 중요하게 다뤄졌다. 손자는 국가의 능력과 의도를 유지하면서 적극적인 기만전술을 펼치는 임무의 중요성을 강조하면서 방어적이고 공격적인 방첩의 중요성을 보여 줬다.[10] 또한, 『손자병법』은 스파이를 활용하는 데 대하여 하나의 장을 완전히 할애하고 있다. 그 장에서 손자는 정치적이고 군사적인 승리를 위해서는 '선견지명'이 핵심이라고 주장한다. 선견지명은 어떻게 획득하는가? 손자는 동시대의 아테네가 했던 방식과 비교가 되는 주장을 했다. "선견지명은 정신으로부터 이끌어낼 수 있는 것이 아니다. 경험에 의해 귀납적으로 획득될 수 없고, 연역적인 계산에 의해서 획득될 수 있는 것도 아니다. 적의 작전계획에 대한 지식은 오로지 다른 사람들로부터 얻을 수 있는 것이다."[11] 다시 말해서, 성공은 효율적인 첩보원을 통해서 적에 대한 수집과 분석을 하여 이룰 수 있는 것이다. HUMINT로 불리는 인간정보는 오늘날 기본적인 수집 수단이다. 기원전 5세기에 정보에 대한 열의를 보였던 손자가 살아서 현대의 수집방법의 발전을 본다면 열광할 것이다.

1800년대 초반 프로이센의 군인이면서 전략가였던 **클라우제비츠(Carl von Clausewitz)**는 전쟁 수행에 대한 또 다른 고전적 매뉴얼을 썼다. 『전쟁에 대하여(*On War*)』라는 제목의 책은 『손자병법』과 유사했다. 손자의 책과 같이 클라우제비츠의 책도 현대 군사학계에서 표준서로 널리 읽히고 있다. 그러나 그 둘은 전쟁에서의 정보에 대한 평가에 대해서는 다른 시각을 보인다. 손자보다 약 2000년 뒤에 쓴 클라우제비츠는 전쟁에서 정보의 가치를 과소평가하고 있다. 역사적으로 정보의 영향은 일관되지 않다는 것이 클라우제비츠의 입장이다. 역사적으로 저명한 사상가들과 정치인들은 정보의 가치를 매우 다르게 평가하고 있다.

전쟁에서의 정보에 대한 클라우제비츠의 회의주의는 그의 명서 『전쟁에 대하여』에 다음과 같은 내용으로 요약되어 있다. "전쟁에서의 많은 정보 보고들은 모순적이고, 잘못된 것이 있기도 하고, 대부분은 불확실하다."[12] 클라우제비츠 회의론의 이유는 정보원 한 명의 시각에 의한 인간정보의 한계다. "전투부대의 성공 여부는 화력이 미치는 범위 내에 있다. 적군은 숲과 기복이 심한 지대에 숨어 있다. 야간도 훌륭한 보호장치다."[13] 클라우제비츠의 회의주의는 공중감시, 지구 공간의 데이터, 그리고 야간 식별 등 현대 기술에 의해서 만족될 수 있다. 그러나 정보가 군사독트린의 핵심이라고 간주하기 때문에 현대 군대는 클라우제비츠의 회의주의에 공감하지 않는다. '상황인식'과 '정보지배'와 같은 문구는 21세기 군사계획 문서에 많이 등장한다. 첨단기술 정보능력은 군사작전과 밀접하게 연관되어 있다. 군사작전의 목표는 빠르게 전개되는 전투의 특징인 **전쟁의 안개(fog of war)**, 또는 기회, 혼란, 불확실성 등을 빠르게 극복하고 이겨내는 것이다.

그러나 위와 같은 현대적 논리가 클라우제비츠를 완전히 구시대적이라고 치부하는 것은 아니다. 현대 군대는 아직 전쟁의 안개를 제거하지 못하고 있다. 전장에서 적의 위치에 대한 정보와 같은 전술적 정보의 가치는 금방 사라지게 된다. 일정 유형의 정보에 대한 시간적 관점 — 특히 단편적 전술정보의 단명함 — 은 클라우제비츠의 회의주의에 힘을 불어넣는다. 21세기 기술발전의 혜택이 있더라도, 정확한 정보를 적절한 시간에 사령관과 정책결정자들에게 전달하는 것은 정보전문가들에게 핵심적인 도전과 목표가 되고 있다.

클라우제비츠의 정보에 대한 관찰은 분석 영역에도 관련이 되어 있다. 그는 감정에 치우치지 않는 분석을 할 인간의 능력에 대해서 회의적으로 생각했다. 그는 대부분 사람이 분석을 할 때 직감, 감정, 선입견 때문에 사실을 왜곡하게 된다고 주장했다.[14] 사실상 인지편향(cognitive biases)이 정보분석 분야에서 끊임없는 도전이 되고 있다. 이를 극복하기 위해서 정보기관은 **구조분석기법(structured analytic techniques)**을 개발하고 있는데, 이는 원칙과 최선의 실행을 위한 과학적 방법을 정보분석에 적용하는 방식이다.

마지막으로 클라우제비츠는 군사작전을 위한 전술정보에 대해서 회의적 시각을 가졌지만, 그는 전략적 정치-군사정보의 가치는 인정했다는 점을 주목할 필요가 있다. 전장(戰場)은 안개에 싸여 있다는 점을 인정하더라도, 큰 그림을 가지고 전투에 임해야 한다.

> (우리는) 우리 자신과 적국의 정치적 목적을 우선적으로 조사를 해야 한다. 우리는 적국의 강점과 상황을 측정해야 한다. 우리는 적국 정부의 성격과 능력을 조사해야 하고, 마찬가지로 우리 자신의 것들도 조사해야 한다. 마지막으로 우리는 다른 국가들의 정치적 공감, 그리고 전쟁이 그들에게 미칠 영향을 평가해야 한다.[15]

손자와의 차이점에도 불구하고, 클라우제비츠는 전략정보의 가치에 대해서는 고대 중국 철학자이면서 전략가와 공통점을 보여주었다. 그의 앞선 논리는 『손자병법』의 유명한 문장을 반향한다. "만약 적과 자신을 알지 못하면, 모든 전투에서 패배할 것이다."[16]

중세 후반과 근대 초반 유럽의 정보

1500년을 전후하여 영국, 프랑스, 러시아 등 유럽의 주요 열강들은 정보의
실행을 추진하기 시작했다. 중세시대로부터 초기 근대시대로 탈바꿈한 이
시대의 유산은 오늘날 이 국가들에서 정보의 문화와 실행을 형성하는 데 기
여했다 (이 국가들의 정보에 관해서는 이 책의 제4장인 '비교정보체계'에서
세부적으로 다룰 것이다).

영국

제임스 본드 또는 007로 알려진 소설과 영화 속의 인물 때문에 영국의 정보
는 부분적으로 전설적이다. 실제와 스파이 픽션 장르에 있어서 영국은 정보
의 발전소였다. 현대 영국의 정보는 1558년부터 1603년까지 영국을 지배
한 엘리자베스 1세로부터 시작되었다. **엘리자베스 1세**는 존 디(John Dee)
라는 스파이를 원조 007로 고용했는데, 그는 여왕과 교신을 할 때 007이라
는 식별 코드를 사용했다. 약 400년 후에 이안 플레밍(Ian Flemming)이라
는 작가가 존 디의 영감을 받아 가공인물인 제임스 본드의 코드 번호로 007
을 사용했다.[17] (제임스 본드의 다른 특징들은 역사적이나 현대적인 실제 정
보활동과 동일한 것은 거의 없다.)

  16세기 초의 종교개혁은 엘리자베스 하에 영국의 정보체계가 발전하는
주된 추동력이었다. 엘리자베스는 신교도(Protestant)였으며, 그녀의 왕관
은 그녀의 사촌인 스코틀랜드의 여왕 메리(Mary)에 충성하는 가톨릭 교계
의 도전을 받았다. 메리와 영국 가톨릭의 위협을 받은 엘리자베스는 **워쳐스
(Watchers)**라고 알려진 비밀정보기관을 설치했다.[18] 워쳐스는 이중간첩을
활용하여 반체제 집단에 침투한 이후 통신감청과 암호해독을 하여 여왕을
암살하려던 음모를 좌절시켰다. 워쳐스의 수장이었던 **월싱험(Sir Francis**

Walsingham)은 여왕의 비서실장으로 근무했다. 불행하게도 월싱험은 영국 내에 효율적인 스파이 활동의 기준을 확립한 반면, 혐의자에 대한 조직적인 고문을 지휘했다. 가장 악명 높았던 고문은 죄수의 사지를 찢어질 때까지 당긴 것이었다.[19] 정보의 전문화가 이루어져 가는 과정에서 윤리적 심문기술의 발전은 갈 길이 멀었다.

프랑스

프랑스에서 국가정보기구의 개발은 후기 중세시대에 이루어졌다. 영국에서와 같이 종교개혁이 주요 동인이었다. 종교개혁(1423~1483년) 이전에 통치했던 루이 11세(Louis XI)가 처음으로 정규적인 정보를 활용한 첫 통치자이며, 그는 감청된 통신의 암호해독을 위해서 수학자들을 고용했다.[20] 그러나 프랑스 정보의 진실한 아버지는 **리슐리외 추기경**(Cardinal Richelieu)이었으며, 그는 루이 13세 하에서 1624년부터 1642년까지 프랑스의 제1장관으로 종사했다. 키신저(Henry Kissinger)에 따르면, 리슐리외는 '현대 국가체제의 아버지'이기도 했다.[21] 키신저는 리슐리외보다 역사에 영향을 미친 정치가는 없다고 주장했다.[22]

리슐리외는 무엇을 하여 그렇게 막강한 영향을 미쳤는가? 이는 오로지 종교개혁의 맥락에서 이해될 수 있다. 리슐리외는 키신저의 표현에 따르면 '인류 역사상 가장 잔인하고 파괴적인 전쟁'인 30년전쟁 동안에 프랑스 왕실을 위해 일했다.[23] 30년전쟁은 부분적으로 빈에 자리잡고 있는 합스부르크 왕조가 주도하는 종교개혁에 대항한 가톨릭의 반발이었다. 합스부르크인들은 신성로마제국이 보편적 권위체라고 주장했다. 그들은 유럽의 가톨릭보다는 자신들이 정통성 있는 정치적 권위체라고 강조했다. 전쟁 초기부터 합스부르크 왕조는 근대 독일, 스페인, 베네룩스 국가들을 포함하였다. 합스부르크 왕조에 속한 국가들에 둘러싸인 프랑스는 독립을 유지하기 위

해 합스부르크에 저항했다. 가톨릭교회의 고위 성직자로 임명이 되었음에
도, 리슐리외 추기경은 프랑스에 대한 우선적인 충성을 약속하고 **국가의 이**
유(raison d'etat) 개념을 제시했다. 이 개념에 따르면, 주권국가는 가장 중
요한 정치제도이며, 주권국가의 생존과 안보는 국가를 보호하기 위한 어떠
한 수단도 정당화된다.[24]

국가의 이유라는 기치 아래 리슐리외는 프랑스 왕조를 지킬 정보기관을
조직하는 데 국가자금을 사용했다. 그는 공갈, 협박, 암살 등의 수단을 활용
하여 가톨릭과 프로테스탄트 모두를 포함한 반체제 세력을 겨냥했다.[25] 그
는 **비밀내각(Cabinet Noir)** 또는 블랙 챔버(Black Chamber, 암호해독에
종사하고 있는 부서 – 역자주)로 알려진 감청과 암호해독 부서를 설립하여
프랑스 귀족들과 외국정부들 사이의 통신을 모니터했다.[26] 또한, 리슐리외
는 인간정보(HUMINT) 요원들을 해외에 보내 유럽 엘리트들의 비밀을 수
집하도록 했다. 요원들이 접촉한 대상으로는 시녀, 댄서, 검객이 포함되었
다.[27] 전체적으로 리슐리외의 정보기관은 프랑스 국가를 지원하여 세 가지
목표를 추구했는데, 그들은 합스부르크 왕조를 약화시키는 것, 프랑스에의
외국 개입과 프랑스의 전복을 방지하는 것, 그리고 프랑스에 프로테스탄트
조직을 근절하는 것이었다.[28] 이들 대부분은 성공했다.

30년전쟁은 1648년 **베스트팔렌 평화조약(Peace of Westphalia)의** 체결
과 함께 종료되었다. 프랑스는 독립과 가톨릭의 정체성을 유지하게 되었다.
합스부르크는 자신들이 보편적 권위체라는 주장을 더 이상 하지 못하게 되
었다. 주권국가들을 기초로 한 새로운 국제질서가 수립되었다. 평화는 주
권국가들 사이의 세력균형에 의하여 유지되었다. 이 새로운 국제질서의 논
리는 리슐리외의 영향을 강력하게 받았는데, 그의 사망 시 교황이었던 우르
반(Urban) 8세가 다음과 같은 말을 했다. "만약 신이 있다면, 리슐리외 추
기경은 신의 많은 질문에 대해서 답을 해야 했을 것이다. 만약 신이 없다면,
그는 성공적인 삶을 산 것이다."[29]

이후 두 세기 동안 프랑스는 군주정과 공화정 하에서 적극적인 정보활동을 했다. 가장 중요한 사례들은 프랑스의 정보기관이 미국의 혁명가들을 지원한 것이고, 또한 나폴레옹이 제국을 설립하는데 암호해독과 기만활동을 능수능란하게 활용한 것이다.[30] "노련한 스파이는 2만 명의 군대와 맞먹는다"라고 나폴레옹이 말했다.[31] 나폴레옹 이후 프랑스는 정보에 대한 투자를 줄였고, 그 결과 1870년 보불전쟁(Franco-Prussian War)에서 프랑스가 패배했다.[32] 이는 현대 독일이 등장하게 하는 매우 중요한 전쟁이었다.

러시아

러시아 정보의 기원은 1547년부터 1584년까지 러시아를 통치한 이반(Ivan) 4세, 또는 공포의 이반(Ivan the Terrible)으로 거슬러 올라간다. 이반은 러시아의 영토를 넓혔고, **오프리치니키(Oprichniki)**로 알려진 잔인한 정보부대의 도움을 받아 스스로 강력한 황제(czar)로 등극하였다. 이반의 요원들은 러시아의 귀족들을 괴롭혔고 토지를 몰수했다. 그들은 이반의 후견을 누렸고, "충성하지 않는다고 의심되는 집단에 대한 대량학살을 비롯한 범죄를 가하도록 고무되었다"라고 넬슨(Gail Nelson)이 주장했다.[33] 이반은 점차 과대망상적으로 되었고 통치 기간이 늘어나면서 불안정하게 되었다. 1572년 그는 오프리치니키의 지도자를 숙청하는 결정을 했다.[34] 이반이 왜 그랬는지 이유는 불분명했지만, 후일 소련의 지도자인 스탈린(Joseph Stalin)은 오프리치니키가 보다 많은 사람을 죽이고 보다 무자비했어야 숙청을 당하지 않았다고 역사적 평가를 했다.[35] 이반 시대로부터 400년 후 스탈린은 자신의 국내정치에 테러와 숙청의 방식을 활용했다.

'공포의 이반'의 후임자들은 이반의 잔인성은 계승하지 않았지만, 개인적으로 충성하는 정보기관은 유지하는 모델을 선택했다. 이 기관의 이름은 **오크라나(Okhrana,** 러시아어로 수비대[*guard*]의 의미)였다. 오크라나의 주요 충성은 체제와 통치자로 향했다. 오크라나의 존재는 1891년까지 비밀로 유지되었다. 20세기 초반까지 그들은 유럽 전반에 대한 첩보활동으로 공포의 대상이 되었다. 주요 목표는 다른 국가에 이주한 러시아인들이었는데, 그들은 러시아 군주를 전복시키려 한다는 의심을 받고 있었다.[36] 오크라나는 1917년의 러시아 혁명 이후 해체되었고, 오크라나를 모방한 새로운 조직인 **체카(Cheka)**로 대체되었다. 체카는 승리한 볼셰비키들이 설립한 첫 번째 정보기관이었다. 오크라나와 마찬가지로 체카의 주요 목적은 정권안보였다. 이러한 목적으로 1918년과 1920년 사이에 체카는 1만 2,733명을 살해했다고 공식 통계치가 밝히고 있다. 그러나 일부 역사가들은 살해된 인원이 30만 명을 넘는다고 주장한다.[37] 가얀(Melissa Gayan)은 이러한 많은 수는 레닌 또는 체카의 지도자였던 제르진스키(Felix Dzerzhinsky)에게 별 관심 사항이 아니었다고 주장한다. 그들은 "과잉살육이 체제가 전복되는 것보다 낫다"라는 생각을 하고 있었다.[38]

다행히도 현재의 러시아는 대량으로 즉결처형을 하지 않고 있지만, 500년 된 과거의 정보문화의 특징은 분명하게 남아있다. 그 특징에는 정권안보에 대한 강박관념, 내부 반대세력에 대한 낮은 수준의 관용, 정치적 반대자들에 대한 일상적인 암살 등이 포함된다. 2004년 러시아의 푸틴(Vladimir Putin) 대통령은 "이전의 체카 같은 것은 지금 없다"라고 강조했다.[39] 실제에 있어서 푸틴의 러시아는 몇 가지 고도의 정치적 암살과 암살시도를 숨기고 있는 것으로 보여진다. 그 중의 둘은 영국에 사는 러시아인들에게 독약을 사용한 것이다. 푸틴은 체카의 계통을 이은 소련의 악명 높은 정보기관이었던 **KGB**의 요원이었다.

미국의 정보: 혁명에서 진주만까지

1776년 독립선언을 하고 170년 이상이 지난 1947년에야 영구적이고 제도화된 미국의 정보기관이 설립되었다. 그동안 미국의 지도자들은 정보를 산발적이고 잠정적인 기반에서 활용했다. 일반적인 경향은 전쟁 시기에 정보자산을 모아서 전개시키는 것이었고, 평화 시기에는 정보의 노력을 줄이거나 해체하였다. 미국의 많은 지도자는 정보에 대해서 미국 설립자들이 저항하던 유럽의 정치인들이 사용했던 포악하고 냉소적인 방식으로 간주했다. 정보는 불결한 사업이었다. 미국은 정보 없이 민주주의와 도덕적 리더십을 지킬 것이다. 이러한 입장은 **스팀슨(Henry Stimson)** 국무장관이 1929년에 언급한 논평이 가장 유명하고 핵심을 찌른 것이었다. "신사들은 서로의 메일을 읽지 않는다."[40]

건국기의 이상주의에도 불구하고 워싱턴(George Washington)은 정보의 중요한 역할에 대해서 의심이나 의혹을 품지 않았다. 이러한 점에서, 미국 건국 초기부터 171년 동안의 지도자 중 워싱턴은 규칙보다는 예외적인 인물이었다. 역사가 앤드류(Christopher Andrew)에 따르면, 워싱턴은 프랑스와 인디언전쟁(1754~1763년)에서 자신의 경험에도 불구하고 정보에 대한 신봉자가 되었다.[41] 1766년에 미국 건국의 아버지는 다음과 같은 내용의 편지를 썼다. "계획적인 적에 승리하기 위해서는 훌륭한 정보가 있어야 하고, 많은 고통이 따르더라도 정보 획득을 해야 한다."[42] 실제로 미국은 생존할 수 있었던 데 대하여 워싱턴의 정보에 대한 통찰력에 감사해야 한다. 적어도 독립전쟁에서 승리를 앞당길 수 있었다고 앤드류는 말한다.[43]

방첩의 탄생

1775년 미국이 독립선언을 하기 1년 전에 대륙회의(Continental Congress)

는 **비밀통신위원회**(Committee of Secret Correspondence)를 설치하여 외교관 써클 내에 요원들의 네트워크를 형성하고 유지하도록 했다. 그러나 워싱턴이 군사정보를 개인적으로 운용한 것이 가장 중요한 결과를 낳았다.[44] 미군은 공식적인 정보조직을 갖고 있지 않았으나, 워싱턴은 영국군의 움직임을 자신에게 보고하는 스파이 네트워크를 만들었다. 이러한 전술정보는 미군이 큰 대가를 치르는 전투를 피하는 데 도움이 되었다.[45] 가장 명성을 떨친 워싱턴의 군사정보조직은 **컬퍼 스파이조직**(Culper spy ring)이었다. 이 조직은 1778년에 뉴욕시를 점령한 영국군에 대해 스파이 활동을 하기 위해 설립되었다. 워싱턴의 많은 성공적인 스파이 공작들은 오늘날까지 비밀로 유지되고 있다.[46]

　방첩은 혁명군의 성공에 핵심적인 기여를 했다. 1777년의 혹독한 겨울에 포지계곡(Valley Forge)에 야영을 하는 동안, 워싱턴은 영국인들로 하여금 워싱턴의 군대가 실제보다 강하다고 생각하도록 기만전술을 활용했다. 워싱턴과 그의 동료들은 미군의 기병대와 보병대 규모를 부풀리도록 문서와 통신문을 위조했다. 워싱턴은 이중간첩을 활용하여 이 문서가 영국인들의 손에 들어가도록 했다. 이 계획은 성공했다. 영국인들은 포지계곡에 있는 미군을 공격하는 것은 너무 위험하다는 평가를 했다. 앤드류는 이러한 공격적인 방첩활동이 없었다면, 미군은 그해 겨울을 버텨내기 어려웠을 것이라고 주장했다.[47] 기만전술은 버지니아에 있는 요크타운(Yorktown)의 전투에서 중요한 역할을 다시 했다. 워싱턴은 다시 한번 오해하도록 하는 내용의 통신문을 만들었는데, 그는 그 통신문에서 미군은 버지니아가 아니라 뉴욕에 있는 영국군을 목표로 한다고 언급했다.[48]

독립과정에 헌신한 유명한 스파이

독립전쟁 당시 미국의 정보에서 가장 유명했던 것은 스파이 **헤일**(Nathan

Hale)이 교수대에서 한 말, 나의 조국을 위해서 바칠 수 있는 목숨이 하나밖에 없는 것이 애석하다고 외친 것이었다. 헤일은 자신의 애국심 때문에 찬양을 받았지만, 자신의 임무는 제대로 수행하지 못했다. 그는 영국 편에서 임무를 수행하는 중에 너무 이르고 불필요하게 자신의 신분을 들키고 말았다. 헤일의 사례는 독립과정의 스파이들의 전문성이 부족했던 점을 보여주는 반면, 헤일이 조지 워싱턴 하의 미국정보의 효율성을 대표하지 못했다는 점도 명확히 반영하고 있다. 워싱턴은 1789년부터 1797년까지 자신의 임기 동안 영구적인 정보조직을 만들지는 않았지만, 그의 정부는 매년 연방정부 예산의 12퍼센트를 정보에 지출했는데, 이는 미국 대통령 역사에서 가장 높은 비율을 차지한다.[49]

워싱턴의 후임 대통령들은 정보에 대한 워싱턴의 열의에 공감하지 않았다. 그들은 새 공화국 정부에 정보의 직종을 제도화하지 않았는데, 그 결과 1814년 영국이 워싱턴 D.C.를 약탈하는 결과가 초래되었다.[50] 1861년 내전이 발생하자 북부연맹(Union)과 남부연합(Confederate) 군대는 새로운 정보 능력을 확립해야 했다. 링컨(Abraham Lincoln) 대통령은 당연히 패배에 대한 두려움을 갖고 있었기 때문에 방첩에 대해 관심을 갖고 자원의 많은 부분을 집중시켰다. 이러한 목적으로 링컨은 사설탐정이었던 **핑커튼(Allan Pinkerton)**을 북군의 정보임무를 지휘하도록 고용했다. 핑커튼은 전쟁 초기에 링컨을 암살하려는 음모를 좌절시킨 것으로 알려졌다. 그의 조직은 군사정보를 획득하기 위해서 남부군에 성공적으로 침투하기도 했다. 또 다른 북부군의 요원은 **터브먼(Harriet Tubman)**이었다. 그녀는 노예제도 철폐론자(abolitionist)로 알려져 있으나, 터브먼은 북부군을 위한 스파이로 활동했다. 그녀는 과거의 노예들을 통해서 남부군에 침투하는 인간정보 수집임무를 추진했다. 그들의 보고는 **검은 특보(Black Dispatches)**로 불렸다. 터브먼은 북부군의 몽고메리(William Montgomery) 대령과 협력하여 1863년에 남 캐롤라이나에서 비밀공작을 하여 700명의 노예를 해방시키는 성과를 냈다.[51]

정보의 새로운 기술

내전 기간에 인간정보(HUMINT)가 분명하게 중요한 역할을 했지만, 이 시기 동안 정보의 역사에 남을만한 새로운 기술, 그리고 이에 관련된 정보지침도 마련되었다. 1840년대의 전신의 발명은 군대와 다른 정부기관들로 하여금 장거리의 대상과 빠르게 교신할 수 있도록 했다. 그러나 전신통신은 감청당하고 읽힐 수 있다. 따라서 메시지들은 암호화 되어야 한다. 자연스럽게 감청하는 쪽에서는 암호를 풀기 위해서 **암호분석전문가(cryptanalysts)**를 고용한다. 전신통신을 감청하고 해독하는 작업은 오늘날 통신정보(COMINT: communications intelligence)인데, 이는 신호정보(SIGINT: signals intelligence)의 한 분야이다. 링컨 대통령은 COMINT에 많은 흥미를 느껴서 전쟁성에서 보고한 통신과 암호해독 업무 결과를 검토하는 데 많은 시간을 할애했다. 앤드류에 따르면, 전신통신과 해독은 링컨에게 "다른 어떠한 자료보다 더 구체적이고 더 최신의 첩보를 제공했다."[52]

내전 기간 링컨이 대통령직을 수행하는 동안 상공의 영상정보(IMINT: imagery intelligence)도 처음으로 사용되었다. **로우(Thaddeus Lowe)**는 열풍선 기구를 사용하여 군대 위치에 대한 상공 정보를 제공했다. 로우는 상공에서 관찰한 것들을 전신을 통하여 링컨에게 보냈고, 500피트 아래 있던 링컨이 이를 받아 봤다. 이는 세 가지의 최초를 기록했다. 첫째, 비행물체에서 지상으로 제공한 최초의 전신통신, 둘째, 최초로 상공의 플랫폼에서 정찰정보를 실시간 전달, 셋째, 최초로 그러한 정보 통신을 미국 대통령에게 보고.[53]

제도적 지원

내전의 트라우마와 새로운 기술의 등장에도 불구하고, 1800년대 후반부터 제1차 세계대전까지 미국은 평시정보의 제도화를 향하여 두세 가지의 단계만 밟았다. 1882년에 **해군정보국**(ONI: Office of Naval Intelligence)이 설립되었다. 오늘날 해군의 ONI는 미국 정보공동체의 한 부분이 되어 있다. 1885년에 미 육군은 **군사정보부**(Military Intelligence Division)로 알려진 평시정보기구를 설치했다. 현재 육군의 정보부서는 군사정보부대(Military Intelligence Corps)로 알려져 있다.

　제1차 세계대전 기간에 군부와 국무부는 해외 통신을 해독하는 임시 업무에 대해서 협력했다. 그 프로그램은 비공식적으로 **블랙 챔버**(Black Chamber, 리슐리외 추기경의 해독 프로그램 이름을 따른 것)로 알려졌고, **야들리**(Herbert Yadley)라는 재능 있는 암호 해독자가 이끌었다. 야들리의 프로그램은 1917년부터 1929년까지 지속되었고, 그 이후 스팀슨(Stimson) 국무장관이 폐쇄했다. 블랙 챔버는 일본과 남미의 암호를 해독하는 데 성공했으나, 소련의 암호는 해독하지 못했다. 또한, 블랙 챔버는 1921년 이후 유럽 열강의 암호에 대해서 효과적이지 않았다.[54]

　블랙 챔버는 폐쇄되었지만, 육군과 해군은 전간기(戰間期, 양차 대전 사이 기간인 1919~1939년)에 수집과 해독을 하는 통신정보(COMINT)를 유지했다. 이 기간에 태평양 전역에서 일본의 통신을 감청하고 해독하는 프로그램은 MAGIC으로 알려졌다. 만약 미국이 제2차 세계대전 발발의 원인이 된 1941년 12월 7일의 진주만 공격에 대한 사전첩보를 획득할 수 있었다면, 이는 MAGIC을 통해서 가능했을 것이다. MAGIC은 주위의 도전에도 불구하고 일부 성공적이었으나, 루스벨트(Franklin D. Roosevelt) 대통령은 MAGIC에 대해서 관심을 별로 두지 않았다. 그는 육군과 해군 사이의 분열과 경쟁을 관망했으며, 1941년 6월 **정보조정관**(COI: coordinator of information)으로 임명된 **도노반**(William Donovan)의 임무에 신호정보를 부여하지 않았다.[55] MAGIC의 해독 결과물은 무분별하게 공유되었다. 이러한 잘못된 의식과 부실한 소통의 문제는 50년 이상이 지나 9·11 테러공격으로 재등장하게 되었다.

또한, MAGIC은 자원 부족 때문에 어려움을 겪었다. 1939년부터 1941년까지 오직 2명에서 5명 사이의 인원이 일본 해군의 암호를 해독하는 업무에 배치되었다.[56] 이러한 인력 부족은 1940년에 도입된 일본 암호의 새로운 다양한 방식에 미국의 노력이 어떠했는지 보여주는 것이었다. 국가안보국(National Security Agency) 역사가 파커(Frederick Parker)에 따르면, 미국정부가 일본 해군을 감청하는 업무에 더 높은 비중을 두고 더 많은 자원을 투입했다면, 미 해군은 진주만 공격을 예상할 수 있었을 것이다.[57] 그 대신 진주만에 대한 정보실패는 미국을 제2차 세계대전으로 밀어 넣었고, 강력하게 제도화된 정보기관의 중요성을 다시는 과소평가하지 못하도록 하였다.

제2차 세계대전과 현대 미국 정보공동체의 탄생

제2차 세계대전 동안 미국의 정보는 '행정의 혼란 상황'의 영향을 받게 되어 있었다.[58] 그러나 미국 정보는 앞서 나가는 중요한 단계들을 밟기 시작했다. 1942년 루스벨트 대통령은 **전략정보국(OSS: Office of Strategic Services)**을 설립하도록 지시했는데, 이 조직은 후에 설립된 중앙정보국(CIA: Central Intelligence Agency)의 전신이라고 할 수 있다. OSS의 수장인 도노반은 특정한 면에서 더 많은 권력을 확보했다. 도노반은 그 전 해에 정보조정관(COI)으로 임명된 바 있다. COI 지위의 목적은 정보기능을 수행하는 미국정부 기관들 사이에 소통과 협력을 증진시키는 것이었다. 도노반은 정보활동을 수행할 수 있는 권한은 거의 갖고 있지 않았다. 이는 OSS가 설립되면서 바뀌었다. OSS는 수집, 분석, 그리고 파괴행위와 준 군사활동 지원 등을 포함한 비밀공작 업무를 수행했다. 그러나 이는 아직 도노반이 꿈꾸던 임무에는 미치지 못했다. 군사가 아직 미국 정보 영역을 지배하고 있었다.

도노반의 OSS는 합동참모본부에 속해 있었다. 도노반의 분석관들은 군대 COMINT 해독업무에 접근할 수 없었다. OSS와 해군정보국(ONI) 같은 군사정보조직 간의 갈등이 빈번히 일어났다.[59] 5년 동안의 험난한 관료사회에서의 혼란 때문에 1942년 OSS의 설립과 1947년 도노반이 꿈꾸던 영구적이고 중앙집중적인 정보조직의 건설은 분리된 것일 수밖에 없었다.

미국과 영국의 파트너십

제2차 세계대전 기간에 미국의 정보가 점점 심각해지는 고통을 겪고 있는 사이, 영국의 정보는 기름을 잘 친 기계와 같았다. 전쟁 기간 두 국가는 긴밀한 정보 관계를 형성했다. 냉전 기간 미국이 양국 관계에서 궁극적으로 상위의 파트너가 되었지만, 1940년대에는 영국이 더 발전하였다. 특히 영국은 전쟁 기간 암호해독과 방첩에서 두각을 나타냈다. **울트라(ULTRA) 프로젝트** 하에서 영국과 미국은 나치가 자랑하던 **에니그마 머신(Enigma Machine)**에 의하여 암호화된 나치의 군사통신을 해독했다. 나치는 자신들의 암호는 해독될 수 없을 것이라고 확신했다. 그들은 잘 못 알고 있었다. 에니그마 암호를 해독하기 위해서 영국의 **블레츨리 파크(Bletchley Park)**에 고도로 암호화된 통신을 해독하는 팀이 만들어졌다. 저명한 수학자 튜링(Akan Turing)의 도움을 받아 블레츨리 파크 팀은 암호를 해독하기 위하여 수백 만의 순열을 활용할 수 있는 대형 기계식 컴퓨터를 제작하고 운용했다. 이러한 획기적인 진전은 연합군이 나치 독일을 패망시키는 데 중심 역할을 했다.

또한, 영국은 인간정보(HUMINT) 분야에서 독일을 압도했다. 영국은 영국에 있는 독일의 모든 인간정보 요원들을 찾아내서 **이중교차체계(Double Cross System)**를 활용하여 성공적으로 전향시켰다. 이 체계는 영국 HUMINT와 COMINT의 능숙한 실력, 독일의 무능력, 나치의 HUMINT 네트워크의 협력을 찾아내는데 유리한 섬으로 된 영국의 고립된 지정학적 위치 등을 활용했다. 이와 같이 만들어진 이중간첩들은 영국과 연합군의 기만작전에 투입되었는데, 그 작전명은 **포티투드작전(Operation FORTITUDE)**이었다. 이 작전은 1944년 6월 디 데이에 연합군이 더 동쪽인 파드칼레(Pas-de-Calais)를 공격할 것처럼 나치를 속이는 작전을 수행했다 (실제 공격 목표는 노르망디 해안이었다 - 역자 주). 이 기만작전은 시각적 기만을 위해서 가짜 군사시설을 설치했고, 가짜 라디오 방송을 했다. 이중교차체계에 의해서 포섭된 두 명의 영국 이중간첩은 코드명 브루투스(BRUTUS)와 가르보(GARBO)로 자신들의 나치 상관에게 연합국의 전투명령에 대한 잘못된 첩보를 제공했다.[60] 1944년 5월에 연합군이 포획한 연합군에 대한 나치의 지도는 기만전술이 제대로 작동되고 있다는 점을 보여주었다. 심지어 6월에 시작된 노르망디 상륙작전 이후에도, 나치는 이 상륙작전은 실질적으로 보다 동쪽을 공격하기 위한 우회적인 공격이라고 간주하고 있었다. 이중교차체계와 포티투드작전 모두에 참여했던 마스터맨(J. C. Masterman)은 나치는 연합군이 동부를 공격할 것이라는 위협을 그해 가을까지 생각하고 있었다고 전후에 말했다.[61]

전쟁의 종식

연합군의 승리에도 불구하고, 제2차 세계대전은 전쟁 이전에 지배적인 서양 열강이었던 영국을 피폐하게 했다. 미국이 서방세계의 리더 외투를 입게 되었다. 그러나 미국이 평시의 중앙화된 정보조직을 제도화하는 데에는 전쟁이 끝나고 2년이 걸렸다. 전쟁이 끝난 후 OSS는 해체되었고, 도노반(William Donovan)은 대통령에게 직접 보고하면서 영구적이고 중앙화된 정보조직을 설립하기 위한 로비를 했다. 군부 하부조직들과 연방수사국(FBI: Federal Bureau of Investigation)은 도노반의 의견에 반대했다. 그들은 도노반이 자신들의 행정적 영역을 침범한다고 생각했다.[62] 미디어도 도노반이 '슈퍼 게슈타포(Gestapo) 조직'을 만들려고 한다면서 반대했다.[63] 영구적인 정보조직의 필요성을 수용하기에는 미국인들의 폭력정치에 대한 반감이 아직 너무 강했다.

1945년부터 1947년까지 2년 동안 트루먼(Harry Truman) 대통령은 조직 간의 영역싸움에 대해서 실망을 하고, 국가안보에 책임이 있는 조직들의 역할분담을 했다.[64] 마침내 1947년에 트루먼은 도노반의 비전을 포용했다. **1947 국가안보법**(National Security Act)은 "국가안보에 관련이 있는 다수의 정부 부처들과 기관들의 정보협력을 조정할 목적으로" **중앙정보국**(CIA: Central Intelligence Agency)을 설립하는 기본법이 되었다.[65] CIA는 중앙정보국장(DCI: Director of Central Intelligence)의 지휘를 받는데, DCI는 CIA의 수장이면서 보다 광범위한 정보공동체를 감시하는 이중 역할을 했다. 국가안보법은 국방부가 군대에 관련된 이슈들에 치중하게 하고, 국가안보회의(NSC: National Security Council)가 외교 및 국방정책에 관련된 기관들 사이의 협력과 조정을 하도록 했다. 미국은 진주만과 관료 운용의 실수 교훈을 경험한 바 있다. 이 교훈들은 흠 없는 체제를 만드는 데 완전하게 적용되지 않았다. 정보공동체는 2001년 9월 11일의 테러공격과 같은 사건이 일어나게 되면, 설계와 문화에 흠이 있다는 점이 나타나 재검토되고 재조직하게 되어 있었다. 그러나 미국은 세계열강의 역할을 포용하고 앞서 나아가는 입장을 유지해야 했으며, 특히 소련과 맞서면서 책임은 더 무거워졌다.

냉전

1945년부터 1991년까지 지속된 냉전은 20세기 후반기 동안의 국제관계를 이해하는 데 필요한 주요 틀을 제공한다. 냉전은 미국과 소련 사이의 다양한 측면의 경쟁이었다. 냉전은 이념적이고 지정학적 대립이었다. 두 초강대국은 주로 핵 공포 때문에 서로 전쟁을 하지 않았다. 그러나 그들은 전 세계에서 정치적이고 준 군사적 대리전으로 충돌했다. 그들은 서로 전복시키려고 시도했고, 서로에 대해서 광범위한 정보를 수집했다. 그들은 서로를 실존하는 위협으로 간주했다. 책 선반에는 냉전사 책들로 가득 차 있다. 냉전 관련 정보의 역사는 이 장의 범위를 벗어난다. 따라서 우리는 세 가지 주요 주제에 초점을 맞춘다. 어떻게 냉전이 미국으로 하여금 기술 중심의 정보공동체를 만들게 했는가? 어떻게 미국의 기술적 수집방식의 발전 — 주로 상공의 영상정보 — 이 핵전쟁을 방지했는가? 마지막으로 인간정보에 있어서 소련이 우세한 데 대한 것이다.

미국의 정보와 핵군비경쟁

미국은 두 개의 원자탄을 일본에 투하하여 1945년 제2차 세계대전을 끝냈다. 1949년 소련도 핵무기를 갖게 되었다 (소련은 미국에 대한 성공적인 첩보활동으로 핵무기를 갖게 되었다. 구체적 내용은 이 장 뒷부분에서 논의될 것이다). 1950년까지 냉전은 거침없이 진전되었고, 미국은 스스로 안보 딜레마에 빠지게 되는 것을 감지하게 되었다. 소련은 얼마나 강하고 위협적인가? 소련은 얼마나 많은 핵무기를 갖고 있는가? 소련은 핵무기를 가지고 미국을 효과적으로 공격할 수 있을까? 소련 군사정보 요원인 포포프(Pyotr Popov)는 자진해서 CIA를 위해서 일을 했는가? 포포프의 첩보는 1950년대에 소련이 미국의 조기 붕괴를 모색할 것이라는 우려를 줄이는 데 도움이 되었는가?[66] 그러나 소련은 여전히 호전적이며, 소련의 선전과 기만은 미국을 위협하려고 기획된 것이며, 미국이 조금 앞서 있는 핵군비경쟁의 우위를 잃고 있다고 미국인들이 느끼게 하기 위한 것이었다. 이의 유명한 표현은 **폭격기 격차**(bomber gap)의 신화였는데, 이는 지구의 반대편까지 핵무기를 탑재하고 비행할 수 있는 폭격기의 개발에 있어서 소련이 미국을 앞지르고 있다는 믿음을 주는 것이었다. 중요한 일화 중의 하나는 모스크바에서 개최된 군대 퍼레이드에서 폭격기들을 보다 폭넓게 수평적으로 원을 그리며 비행하게 한 것이었다. 관람자들에게 시각적 기만을 하여 소련이 실제 가진 것보다 더 많은 폭격기를 보유하고 있다는 점을 인식시키도록 한 것이었다.

소련의 군사력과 핵 능력을 파악하기 위해서 미국은 하늘에 더 많은 관심을 두어야 했다. 포포프와 같은 HUMINT 자산은 예외적이었다. 지상의 측면에서, 소련은 토지가 800만 제곱마일에 달하는 지구에서 가장 큰 국가이며 미국 대륙에 비해서 3배의 크기다.[67] 또한, 소련은 폐쇄된 전체주의 체제이다. 서방 민주주의 국가에서 공산주의 정보원들이 자유롭게 다닐 수 있지만, 공산주의 국가에서 서방의 정보원들은 자유롭게 다니기가 어렵다. 이러한 이유로 1950년대와 1960년대에 미국은 영상정보에 초점을 맞추게 되었다. 미국이 개발하고 배치한 첫 번째이면서 가장 유명한 영상정보 자산은 1956년 7월 4일에 첫 임무를 수행한 **U-2 정찰기**였다. U-2는 미국인들이 무난하게 소련 영공을 비행할 수 있게 했다. 1956년 이전에 미국 공군기들은 격추를 우려하여 소련 영공 밖에서만 비행을 해야 했다. 당시에는 영공 밖의 비행도 도움이 되는 측면이 있었다. 소련의 해안 밖에서 비행한 정찰기가 수집한 정보에 의해서 소련이 1949년에 핵실험을 한 사실을 밝혀냈다. U-2가 개발되기 전까지 소련의 대부분 지역은 비행금지 지역이었다. U-2는 7만 피트 고도로 비행이 가능했는데, 이는 소련공군의 방위 고도를 벗어난 것이었다. U-2는 최대한 9시간 동안 5,000마일을 비행할 수 있었다.[68] U-2는 소련 전체를 완전하게 커버하지는 못했으나, 폭격기 격차를 일소하기에는 충분했다. 소련에 대한 U-2의 마지막 임무는 1960년 **파워즈(Francis Gary Powers)**의 비행이었다. 파워즈가 조종하던 U-2기는 소련의 미사일에 비행기 꼬리 부분을 맞아서 격추되었다. 파워즈는 탈출하여 생존하였으나 소련에 체포되어 재판을 받았다. 10년 형을 받았으나, 얼마 지나지 않아 미국과 소련 사이의 포로교환 프로그램에 의해서 석방되었다. 이 사건으로 소련이 도덕적이고 선전적 측면에서 승리하였으나, 이는 미국의 정보수집 업무에 실제로 별로 큰 피해를 주지는 않았다. 1960년 9월 파워즈가 소련에서 재판을 받을 당시, 미국은 **코로나(Corona)**로 알려진 최초의 우주에 기반한 영상위성을 배치하고 있었다.[69] U-2는 중요한 임무를 계속하였으나, 위성이 소련에 대한 보다 광범위한 지역의 정보를 수집할 수 있었다. 위성 영상정보는 미국 분석가들에게 소련의 공군기지, 해군기지, 지휘센터, 중요한 기간시설 등의 지도를 그릴 수 있게 하였다.[70] 또한, 우주기반 영상정보는 탄도미사일에 있어서 소련이 앞선다는 가설을 일소할 수 있게 했다. 소련은 1957년에 **스푸트니크(Sputnik)** 위성을 우주로 발사하여 미국에 앞섰다. 스푸트니크의 발사로 러시아가 곧 미국으로 향하는 핵탄두를 탑재한 대륙간탄도미사일(ICBM)을 개발할 수 있을 것으로 예상되었다 (인공위성 발사 능력은 ICBM 능력의 선구적이었다). 소련의 흐루시초프(Nikita Khrushchev) 수상은 1950년대 후반에 소련이 미사일을 '소시지처럼' 대량생산할 수 있다고 자랑하며 미국의 우려를 북돋았다. 실제로 소련은 개발하여 생산하고 있었으나 흐루시초프의 주장은 과장된 것이었다. 케네디(John F. Kennedy)는 1960년의 대통령 선거 캠페인에서 **미사일 격차 (missile gap)**에 대한 우려감을 나타냈으나, 대통령 집무실(Oval Office)에 근무를 시작했을 때 보고된 1급 비밀 영상정보는 케네디를 믿게 하였던 소련의 위협이 사실보다 덜 한 것이라는 점을 알려 주었다.

위성 정찰의 중요성은 냉전적 군비경쟁을 통제하기 어려운 상황으로 전개되는 것을 방지한다고 과장하는 것은 틀린 말은 아니다. 소련의 핵 능력에 대한 영상정보를 통하여 미국은 불확실성을 줄이면서 일격을 가하기 위한 시도와 핵심 사항에 대한 위험한 계산을 피할 수 있었다. 린드그린(David Lindgren)의 영상정보와 냉전적 군비경쟁에 대한 논의의 인용은 이 주제를 고찰하는 가치를 제공한다.

코로나 정찰위성은 정보 획득에 대한 인상적인 리스트를 작성했다. 정찰위성은 소련 전체의 사진정보를 제공하기 때문에, 영상정보 분석가들은 소련의 모든 ICBM, IRBM, MRBM, SAM 개발상황과 기지들 전체의 규모를 파악할 수 있었다. 미사일 실험 센터와 생산시설에 대한 반복적인 정보수집으로 분석가들은 무엇이 개발되는지, 언제 배치가 될 것인지, 작전에 투입되기까지 얼마나 걸릴지에 대해서 분석할 수 있었다.[71]

위성은 외국 지도자들의 장거리 전화통화 내용을 포함한 신호정보의 수집에도 활용될 수 있다. 오늘날 미국은 우주에 기반한 첨단기술의 정보수집을 선도하고 있다. 미국정보를 비판하는 사람들은 미국정보가 너무 기술 중심으로 치우치고 있는데, 21세기의 도전은 인간정보에 더욱 많은 투자가 필요하다고 주장한다. 그러나 이것이 사실이라 해도, 미국이 아무런 이유 없이 기술 중심이 된 것은 아니다. 냉전의 시련이 그것을 필요로 했다.

아마겟돈 피하기: 쿠바 미사일 위기

쿠바 미사일 위기는 냉전 동안 세계가 핵전쟁에 얼마나 가까워졌는지를 보여주는 가장 유명한 사례다. 이 위기가 재앙적인 전쟁으로 귀결되지 않았다는 점은 대체로 정보의 능력 때문이다. 쿠바 미사일 위기는 소련의 공군 방어 시스템이 쿠바에 건설된 것을 1962년 10월에 미국의 U-2 정찰기가 영상정보로 밝히면서 시작되었다. 추가적인 영상정보 수집에 의하여 미 분석관들은 쿠바에 추가로 건설되는 시설이 소련에 있는 IRBM 발사시설과 유사하다는 점을 밝혀냈다. 소련은 비밀리에 쿠바를 핵미사일 기지를 만들고 있었다.

궁극적으로 소련은 쿠바에 40기의 탄도미사일 발사기지를 건설하려 했다. 또한, 소련은 미그 전투기들과 4만 5,000명의 군대를 파견할 계획을 수립하고 있었다.[72] 소련이 이를 추진하는 이유는 무엇일까? 이 계획이 성공한

다면, 소련은 미국을 향하여 핵
미사일을 더 빠르게 발사할 수
있게 될 것이다. 핵무기를 사용
하여 미국을 손쉽게 위협하는 데
더하여, 소련은 동맹인 쿠바의
카스트로(Fidel Castro)를 보호
해 주고 싶었다. 1년 전에 미국
은 카스트로 정권을 붕괴시키려
는 쿠바인들의 준 군사조직을 지
원한 바 있는데, 이는 **피그만 침
공**(Bay of Pigs invasion)으로
알려져 있다. 이 실패한 비밀공
작은 매우 허술하고 단호하지 못
하게 수행되었다. 피그만 침공

사진 2.1 1960년 코로나 위성이 제공한
첫 이미지. 소련의 비행장을 식별했다.

이 치욕스럽게 실패했음에도 불구하고, 케네디 행정부는 작전명 **몽구즈작전
(Operation MONGOOSE)** 하에 다양한 비밀공작을 추진하여 카스트로 정권
을 붕괴시키려고 시도했다.

　피그만 침공이 대통령으로서 케네디의 최악의 시간이었다면, 쿠바 미사
일 위기는 최고의 시간이었다. 쿠바에 미사일을 배치하려던 소련의 시도
는 위협적이고 불안정한 것이었지만, 쿠바의 미사일 기지에 대한 미국의
단호한 조치가 미국이 피하기를 희망했던 핵전쟁을 발발시킬 것인가? 케
네디는 제3차 세계대전의 발발을 막으면서 쿠바로부터 미사일을 제거해
야 했다. 상공 정찰에 의해 제공된 조기경보는 대통령과 그의 참모들에게
옵션을 고려하고 경솔하지 않고 재앙적이지 않은 대항수단을 준비하는데
일주일의 기한을 제공했다. 소련의 미사일 작전에 대한 통찰력 있는 견해
는 아마도 미국의 가장 가치 있는 소련 HUMINT 자산인 **펜코프스키**(Oleg

사진 2.2 1962년 10월 쿠바 미사일 위기 동안 케네디 대통령이 비상대책위원회 (RxComm)로 알려진 특별국가안보팀과 정보보고서를 검토하고 있다.

Penkovsky) 대령에게서 나왔다. 펜코프스키의 도움을 받아 미국은 소련의 미사일이 활동을 들어갈 때 상황 평가를 더 잘할 수 있었다.

정보가 제공한 결정의 이점을 활용하여 케네디는 쿠바를 고립시키고, 13일의 긴장 이후 쿠바에 대한 불개입 약속, 비공개리에 미군의 터키로부터의 철수를 조건으로 흐루시초프가 미사일을 쿠바로부터 철수하도록 했다. 쿠바의 위기는 흐루시초프가 10월 28일에 철수하기로 합의함으로써 끝난 것으로 생각되었다. 그러나 미사일이 쿠바에서 제거되었다는 검증을 하는 이슈가 남아있었다. 카스트로가 현장검증을 받아들이지 않을 것으로 예상되어 미국은 모든 미사일이 나갔다는 확신이 들 때까지 공중정찰을 계속했다. 결국 미국은 1962년 11월 20일 쿠바에 대한 해안봉쇄를 해제했다.

소련 인간정보(HUMINT)의 성공

냉전시대에 미국과 소련은 총력을 기울여 정보수집을 했다. 앞서 지적했듯이, 미국은 기술수집에 초점을 맞추는 것을 보완하기 위해서 몇 가지 중요한 인간정보(HUMINT)의 성공을 달성했다. 한편 소련도 정보기술에 있어서 뒤지지 않았다. 소련은 스파이 위성과 감지기술장치를 배치했지만, 소련이 실제로 공을 들인 분야는 HUMINT 수집분야다.

공산주의의 결점과 잔혹함이 밝혀지기 이전에, 공산주의는 교육받은 엘리트를 포함한 서방사람들로부터 상당한 지지를 받았다. 소련은 1930년대 초부터 이러한 지지를 HUMINT 목적으로 활용했다. 미국에서 **미국 공산당 (CPUSA: Communist Party of the USA)**은 아주 좋은 기회를 짧게 가지게 되었다. 미국 내 소련의 첩보활동에 대한 저명한 역사가들인 헤이즈(John Earl Haynes)와 클레어(Harvey Klehr)에 따르면, 미국 공산당은 "실제로 미국 내에서 미국에 대항하는 제5열(fifth column, 수단과 방법을 가리지 않고 국가의 단결을 깨뜨리려는 비밀집단 ─ 역자 주)이었다."[73] 1995년에 미국은 **베노나 프로젝트(Project VENONA)**로 알려진 신호정보(SIGINT) 프로그램을 활용하여 1943년 초에 감청하고 암호해독한 3,000건의 소련 통신문들을 비밀 해제했다. VENONA의 암호해독물들은 놀랄 만큼 광범위하고 높은 수준의 HUMINT 침투를 보여주었다. 헤이즈와 클레어는 "1948년까지 소련은 미국정부 부처들, 특히 군사와 외교 부처에 중점적으로 파견할 스파이를 모집했다"고 주장했다.[74] 많은 수의 스파이들은 과거에 미국 공산당의 경력을 가지고 있었다. 이 중에 15~20명이 전략정보국(SOS)에 근무했는데, OSS의 연구와 분석부서의 지휘관이었던 핼퍼린(Maurice Halperin)도 그중의 한 명이었다.[75] 미국 재무부의 고위직 관료였던 화이트(Harry Dexter White)는 전후 질서에 대한 협상에 임하는 미국의 협상시 양보 범위에 대한 정보를 소련에 제공했다. 1945년 유엔 설립 회의에 미국을 대표했던 화이트는 발트국가들인 라트비아, 리투아니아, 에스토니아의 소련병합에 대한 트루먼의 협상전략 정보를 소련에 넘겼다.[76] 이와 유사하게 루스벨트 대통령의 최측근 참모였던 커리(Lauchlin Currie)는 전후 폴란드의 독립에 관한 중요한 첩보를 제공했다.[77] 정부 소속 항공학자였던 펄(William Perl)은 제트엔진기술을 소련과 공유했는데, 그 결과 한국전쟁에서 미국이 주도하는 군대가 약화하였다.[78] 이 이외에도 유명한 히스(Alger Hiss)와 챔버스(Whittaker Chambers) 등 수 많은 사례가 더 있다.

소련의 많은 HUMINT 성공 사례 중에서 가장 훌륭한 결과를 낸 것은 미국의 핵무기 개발계획인 맨해튼 프로젝트(Manhattan Project)에 침투한 것이다. 이 작업은 **로센버그 간첩단(Rosenberg spy ring)**을 통해서 이루어졌는데, 이는 뉴욕시에 거주하는 공공연한 공산주의자 율리우스(Julius)와 에셀(Ethel) 로센버그 부부의 이름을 딴 것이다. 로센버그 부부는 에셀의 남동생인 그린글라스(David Greenglass)와 함께 일을 했는데 그린글라스는 맨해튼 프로젝트의 기술자였다. 또한, 로센버그 부부는 맨해튼 프로젝트의 물리학자들이었던 푹스(Klaus Fuchs) 및 홀(Theodore Hall)과 협력하여 소련에 우라늄 농축기술, 핵무기 생산시설의 기술적 계획, 탄두를 제작하는 설계 등을 보냈다.[79] 1951년에 미국은 로센버그 부부의 유죄를 입증하고 사형 판결을 내리기에 충분한 정보를 갖고 있었다. 그러나 가장 최고의 증거는 비밀로 묶여 있었고, VENONA 문서들이 공개되는 1995년까지 공표가 될 수 없었다. 따라서 1953년 로센버그 부부의 처형은 논쟁거리가 되었다. 많은 미국인들은 로센버그 부부가 적색공포(red scare)의 희생자들이라고 생각했으며, 소련정부는 그들이 무죄라는 잘못된 주장을 지지하는 선전을 유포했다.

로센버그 부부는 법의 굴레를 벗어나지 못했지만, 또 다른 스파이 링인 **케임브리지의 5인(Cambridge Five)** — 모스크바에서는 **위대한 5인(Magnificent Five)**으로 알려졌음 — 은 소련의 대의에 지대한 공헌을 했다. 이

집단이 케임브리지 5인으로 불리는 이유는 5인이 1940년대에 영국의 유명
대학인 케임브리지대학교에서 교육을 받고 정부의 공직자로 선발되었기 때
문이다. 5명 모두 영국정부의 고위직에 종사했고, 모두가 분명하게 공산주
의를 신봉했다. 그들은 1950년대에 소련을 도왔다. 5명 중에 버지스(Guy
Burgess)와 맥클린(Donald Maclean) 두 사람은 제3의 인물인 **필비(Kim
Philby)**의 조언을 받아 1951년에 소련으로 탈출했다. MI-6의 직원이었던
필비는 캠브릿지 5인 중에서 가장 악명 높고 열성적인 인물이었다. 그는 혈
통 있는 가문의 출신이라 특별 취급을 받았고 체포와 비난을 피할 수 있었
다. 1951년 필비는 버지스와 맥클린에게 정보를 넘겨준 문제로 의심을 받았
지만, 1963년 마지막으로 소련에 탈출하기 전까지 영국정부의 다양한 직종
에서 근무했다. 그는 1988년에 소련에서 사망했고, 아직까지 소련의 영웅
으로 칭송되고 있다. 케임브리지 5인 중에 나머지 두 명은 MI-5에 근무하던
브런트(Anthony Blunt)와 MI-6에 근무하던 케인크로스(John Caincross)
였는데, 둘 다 자수했고 기소를 면했다. 케임브리지 5인은 영국에게 방첩 측
면에서 큰 재앙이었고, 이후 몇 년 동안 미국과 영국 사이의 정보 관련 특별
관계가 긴장상태에 놓이게 하였다.

필비가 소련을 도운 가장 잘 알려진 영국인이었다면, 가장 악명 높은 미
국의 배신자도 두 명이 있다. CIA의 **에임즈(Aldrich Ames)**와 FBI의 **한센
(Robert Hanssen)**은 냉전 후기부터 탈냉전 시기까지 소련을 위해 스파이
활동을 했다. 에임즈는 CIA에서 소련 담당으로 방첩을 담당했다. 그는 인
생의 여러 시점에 2등급 성과, 오만, 애주, 방탕한 측면이 드러났다. 1930
년대에 미국 공산당으로부터 모집된 미국 스파이들과 달리, 그는 돈과 자존
심을 중시했다. 1985년 그는 러시아에 있는 CIA의 HUMINT 자산에 대한
파일을 갖고 CIA를 나와 소련에 팔았다. 수년 동안 CIA의 HUMINT 네트
워크가 무력화되자, 방첩 조사가 에임즈를 범인으로 밝혀냈다. 1994년 에
임즈는 종신형 판결을 받았다. 그러나 미국 스파이들에 대한 첩보를 소련이

나 러시아 연방에 제공한 사람은 에임즈가 유일한 인물은 아니었다. FBI의 방첩 전문가인 한센도 이러한 행위를 했다. 그는 1979년부터 정보 연락 은 신처에서 체포된 2001년까지 소련을 위한 스파이 활동을 했다. 한센의 스 파이 활동은 에임즈의 활동보다 더 용의주도했다. HUMINT 자산에 더하 여, 한센은 수백만 달러 가치의 COMINT(통신정보) 프로그램, 군사기술, 핵전쟁 계획을 빼돌렸다. 그는 1917년의 간첩법(Espionage Act)에 의하여 종신형 선고를 받았고, 콜로라도 감옥의 독방에 감금되어 있다.

21세기의 정보: 9·11과 그 이후

20세기가 끝난 이후 워싱턴과 모스크바 사이에 스파이 게임은 지속되었지 만, 국제관계와 국가안보는 보다 낙관적이 되었다. 러시아와의 핵전쟁에 대 한 공포가 줄어든 대신 미국인들은 불량국가(rogue state)와 테러리즘에 대 한 관심을 더 가지기 시작했다. 특히 알카에다 같은 집단들에 의한 급진적 이슬람 테러리즘이 성가신 존재가 되기 시작했다. 아직 이는 핵무기의 공포 에 의한 냉전적 공포보다는 덜 했고, 21세기에 들어서는 시점만 해도 알카 에다의 공포는 그리 심각한 것은 아니었다. 알카에다가 공격한다면, 미국인 들이 한 번도 방문해 본 적이 없는 곳에 공격할 것이다. 미국 정보공동체는 2001년 전반기 9개월 동안 알카에다와 리더 오사마 빈 라덴을 철저하게 모 니터했다. 그러나 통합적이지 못한 방식으로 감시와 분석을 하여, 9·11 공 격을 예방하는 데 도움이 되도록 정보를 공유하는 데 실패했다. 일부 경우 에, 정보 공유의 실패는 국내와 해외정보 분리에 근거를 둔 법적 이유에 기 반했다. 전체적으로 공유의 실패는 지도자의 예측 능력 부족, 그리고 진주 만 당시에도 문제가 되었던 경쟁적으로 영역을 지키려는 문화로부터 기원 했다.

정보체계의 재조직

뉴욕과 워싱턴에 대한 공격을 방지하지 못한 정보실패를 조사한 **9 · 11 위원회**(9 · 11 Commission)는 정보체계의 재조직을 권고했다. 그 결과 2004년의 **정보개혁과 테러방지법**(Intelligence Reform and Terrorism Prevention Act)은 국가정보장실(ODNI: Office of the Director of National Intelligence)을 설치했다. 국가정보장(DNI)은 중앙정보국장(DCI)이 미국 정보공동체의 장을 함께 맡았던 자리를 대체했다. DNI에게는 정보수집과 분석을 포함한 정보기관들 사이의 협력을 주도하는 권한이 부여되었다. DNI는 유사한 이슈를 다루는 다른 기관들을 협력하게 하는 기제인 융합센터들을 세웠다.

2000년대 초반 테러에 대한 글로벌 전쟁 동안 국가대테러센터(National Counterterrorism Center)가 제1의 DNI 융합센터가 되었다. 방첩과 확산방지를 다루기 위한 융합센터들이 설치되었다. 1990년대에는 대량살상무기(WMD)의 확산에 대한 정보를 발전시키는 것이 우선적이었지만, 2000년대 초반 후세인(Sadam Hussein)의 이라크의 대량살상무기 능력을 정확하게 평가하는 데 있어서 세계의 정보기관들이 실패한 이후에 새롭고 결정적인 중요성이 부각되었다. 이라크가 강력한 WMD 프로그램을 보유하고 있다고 믿은 미국정부는 2003년 이라크를 침공했다. 다음 해 부시(George W. Bush) 대통령은 무슨 일이 일어났는지를 조사하기 위해서 '대량살상무기와 관련한 미국의 정보능력에 대한 위원회(Commission on the Intelligence Capabilities of the United States Regarding Weapons of Mass Destruction)' — 일반적으로 **WMD 위원회**(WMD Commission)로 알려진 — 를 설치했다. 2005년에 발간된 600페이지에 달하는 위원회 보고서는 다수의 수집과 분석의 실책을 밝혀냈다. 실책 중에는 인지편향의 탐닉과 이라크에의 HUMINT 자산의 수준 미달이 포함되었다.

새로운 위협에의 적응

미국은 테러리즘과 같은 새로운 위협을 대처하는 데 국력을 적응시켜야만 했다. 소련의 미사일 능력을 측정하는 데 위성영상은 유용했으나 테러리스트들의 능력을 측정하는 데에는 덜 유용했다. 그럼에도 불구하고 영상정보의 발전은 21세기 초반 20년 동안 수천 명의 테러리스트를 찾아내고 살해하기 위한 드론 기술의 발전과 맞물려 있었다. 또한, 미국은 국가안보국(NSA)의 유용한 자원과 기술력을 활용하여 이전보다 많은 통신정보(COMINT)를 수집했다. 테러리즘과 인터넷 시대에, 차후의 대규모 공격은 사람들이 개인 주거지에 앉아서 소셜미디어 앱(social media apps)을 활용하여 계획을 수립할 수 있게 될 것이다. 이는 정보의 역사에 있어서 새로운 도전이 될 것이다. 미래에 발생할 대형 사건의 정보를 수집하기 위해서 국가지도자의 통신선을 목표로 하거나 빌딩을 도청하는 것을 목표로 한다.

이러한 21세기의 발전상은 미국 정보에는 문제를 일으키고 있다. 정보는 테러리스트를 식별하여 살해하는 데 도움이 되지만, 때때로 실수가 범해지고, 목표 근처에 있던 죄가 없는 민간인이 '이차적 피해(collateral damage)'를 당하여 사망하는 경우가 있다. 더욱이 2001년 **미국 애국자법(USA PATRIOT Act)**에 의해 허용된 국가안보국(NSA) 도청 담당자의 자유화는 수집의 효용성은 높였지만, 무고한 미국인들을 도청하는 등 프라이버시를 침해할 우려가 제기되었다. **스노든(Edward Snowden)**은 NSA에서 계약직으로 근무한 이후 2013년에 NSA 프로그램을 구체적으로 폭로했다. 일부 미국인들은 내부고발자(whistleblower)로 칭송했지만, 미국정부는 그를 도망자로 간주했고 대부분의 정보전문가는 그를 반역자로 비판했다. 2020년 현재 그는 모스크바에 살고 있다. 2015년 의회는 애국자법을 **미국 자유법(USA FREEDOM Act)**으로 대체했다. 자유법은 애국자법의 특질을 보존했으나, 정보공동체가 미국 시민들에 대한 데이터를 대량으로 수집하지 못 하도록 되돌려 놨다.

2000년대 초반에 겪게 된 또 다른 어려움은 의심되는 테러리스트로부터 HUMINT의 수집을 하는 문제다. 부시 대통령 시절 미국이 **강화된 심문기법(EITs: Enhanced Interrogation Techniques)**을 사용한 데 대해서 국제적 비판을 받았다. 많은 사람들은 이 용어가 고문을 위한 완곡어법이라고 생각했다. EITS는 잠 안 재우기, 좁은 공간에 가두기, 물고문 등 육체적이거나 정신적으로 스트레스를 일으키는 자극을 포함했다. 2009년 오바마(Barack Obama) 대통령은 심문자들이 심문할 때 미군 야전교범(US Army Field Manual)을 준수하도록 지시했다. 미군 야전교범은 전쟁법 관련 제네바협약을 준수하고 있다.

21세기의 새로운 정치와 기술에 관련된 이러한 문제점들에도 불구하고, 미국은 세계 초강대국의 지위를 그대로 유지하고 있다. 전문적인 정보체계에 대한 꾸준한 투자는 초강대국을 유지하게 하는 핵심 요인이다.

결론: 3000년 정보역사에 대한 평가

성경으로부터 21세기 미국의 테러와의 전쟁까지 정보가 중요한 역할을 해왔다. 그 역할은 직선형으로 이루어지지 않았다. 일부 지도자와 사회는 정보를 가치 있는 것으로 생각한 반면, 그렇게 생각하지 않은 지도자와 사회도 있다. 고대 그리스인들에게 예언이 감시와 정찰보다 중요했다. 중세 후기와 근대 초기 유럽의 군주들에게 정보는 왕권 안보에 중요했다. 한 세기 전의 위대한 전략사상가인 클라우제비츠(Carl von Clausewitz)에게 정보는 확실한 시간 낭비였다. 미국의 초기 지도자들에게 정보는 도덕적 저주였다. 20세기에 정보는 나치 독일을 물리치고 소련과의 핵전쟁을 방지하는 데 필수 불가결한 것이었다.

21세기에 미국에게 있어 정보는 안보와 논쟁의 원천이었다. 2001년 9월 11일 이후 방대하고 재정이 풍부한 전문적 정보체계는 미국 영토에 대한 또 다른 테러공격을 방지하는 데 성공했다. 영역의식 ── 개인이 정부에 대해서 자신만의 특성이 있는 조건 ── 과 관련된 문제들이 지속적으로 부각되었다. 그러나 많은 사람들은 21세기 디지털 기술의 확산이 민주주의를 위협한다고 우려한다. 이러한 공포는 스노든(Edward Snowden)의 비밀누설 등을 통해서 표현되고 있지만, 정보의 반 이상향(dystopia)은 중국과 같은 권위주의 체제에서 나타날 가능성이 크다. 중국에서 체제안보가 최상의 목표이며, 체제 보호를 위해 만들어진 정보는 항상 모든 국민을 감시하고 있다. 전 세계의 사람들은 기업들이 생산품의 이득을 계산하는 데 사용하는 추적 알고리즘의 위협을 받고 있다. 그러한 기술의 적용은 상대적으로 해가 적을지 모르지만, 이는 국민들의 '좋은' 정치적 행위를 감시하고 압력을 가하는 추적 기술 사용의 전조가 되어 많은 사람에게 위협을 가할 수도 있다. 20세기 동안 정보기술이 인류에게 좋은 방향으로 봉사했다면, 21세기에는 어떻게 균형적으로 인류에게 봉사할지에 대한 의문이 남는다.

기술이 빠르게 변하더라도, 적어도 1648년의 베스트팔렌 평화조약(Peace of Westphalia) 이후의 상황과 관련하여 두 가지의 문제가 남는다. 주권국가들은 세계정치에서 지배적인 행위자이며, 인간은 무기력하게 된다. 이러한 두 가지의 조건 하에서, 투키디데스에 의해 처음으로 표현된 안보딜레마가 존재하게 된다. 국가들이 서로 신뢰한다고 확신하지 못하는 한, 정보는 인간사를 수행하는 데 있어서 핵심이 될 것이다.

핵심용어

추가 읽을거리

Alford, Stephen. *The Watchers: A Secret History of the Reign of Elizabeth I*. London, UK: Bloomsbury Press, 2012.

Andrew, Christopher. *For the President's Eyes Only: Secret Intelligence and the American Presidency From Washington to Bush*. New York, NY: HarperCollins, 1995.

Andrew, Christopher. *The Secret World: A History of Intelligence*. New Haven, CT: Yale University Press, 2018.

Bergman, Ronen. *Rise and Kill First: The Secret History of Israel's Targeted Assassinations*. New York, NY: Random House, 2018.

Godson, Roy. *Dirty Tricks or Trump Cards: US Covert Action and Counterintelligence*. New Brunswick, NJ: Transaction, 2001.

Haynes, John Earl, and Harvey Klehr. *Venona: Decoding Soviet Espionage in America*. New Haven, CT: Yale University Press, 1999.

Lindgren, David. *Trust but Verify: Imagery Analysis in the Cold War*. Annapolis, MD: Naval Institute Press, 2000.

Masterman, J. C. *The Double-Cross System*. Guilford, CT: Lyons Press, 2012.

3장

정보와 안보제도:
조직과 과정

정보지원의 사례

1962년 가을 소련은 미국과의 냉전 대립을 고조시키는 모험을 감행했다. 1961년 피그만 작전과 같은 쿠바에 대한 미국의 공격적 행위에 대응하여, 소련은 새로운 동맹국의 직접적인 군사지원 요청에 응하였다. 이 지원에는 아나디리 작전(Operation ANADYR)이 포함되어 있었다. 이 작전은 핵탄두 탑재 중거리 및 대륙간탄도미사일을 쿠바에 배치하는 임무 수행이었다. 이 미사일들이 운용된다면, 소련은 미국과 핵무기 균형을 이룰 수 있을 것이다. 이러한 이점을 인식한 소련은 극히 비밀스럽게 이 무기들을 배치하기 시작했다. 소련은 이 무기들이 완전히 작동하기까지 이들의 배치에 대하여 미국이 모르기를 바랐다.

1959년의 쿠바혁명은 미국과의 동맹을 파기토록 했을 뿐만 아니라 새 정부가 소련과 점차로 동맹의 방향으로 나아가게 했다. 이는 미국의 국가안보정책 결정자들에게 핵심적이고 우선적인 고려대상이 되었다. 이는 1962년 11월로 예정된 의회 중간선거의 중요한 정치 쟁점이 될 것으로 예상되었다. 그 결과 미국의 정책결정자들은 정보공동체에 당분간 쿠바의 군사적 발

지도 3.1 ■ 쿠바 작전지역, 1962년

출처: Defense Intelligence Agency, DID Graphics+1(202) 231-8601/Public domain/Wikimedia Commons.

전에 대해서 감시하도록 임무를 부여했다.

이 임무의 달성을 지원하기 위해서 다양한 정보수집 방식이 동원되었다. 쿠바에 있는 인간 자원들과 쿠바를 탈출한 난민들이 쿠바의 상황에 대한 다양한 정보를 제공했다. 국가안보국은 통신과 전자신호를 모니터하여 SA-2 지대공 미사일과 같은 군사장비가 배치되고 있다는 점을 밝혀냈다.[1] CIA와 미 공군은 사진정찰 임무를 수행했는데, 그들은 고도정찰 임무를 U-2 정찰기가 주도해야 한다는 의견을 갖고 있었다.[2] 1962년 10월 14일 U-2 정찰기가 쿠바 서부의 산크리스토발(San Cristobal) 부근에 소련의 중거리 탄도미사일들이 배치된 기지의 사진을 찍어서 전송했다. U-2의 사진을 분석한 영상 분석가들은 미사일들이 아직 작동하지 않고 있으며, 약 2주일 이내에 작동 준비를 마칠 것이라고 평가했다.[3] 이 정보는 1962년 10월 16일 아침 국가안보보좌관 번디(McGeorge Bundy)가 케네디 대통령에게 보고했다. 케네디는 즉각적으로 국가안보회의(National Security Council)의 상임위원회를 개최하고, 새로운 상황 전개에 대하여 미국이 어떻게 해야 할지를 논의했다.

새로운 정찰사진들과 다른 정보보고들은 두 가지 근본적인 면에서 정책결정의 이점을 제공했다. 첫째, 이러한 사전 보고 때문에 미국 군대는 침공, 미사일 기지에 대한 공중폭격, 쿠바섬의 해안봉쇄와 같은 정책 옵션을 완수하기 위해 군대를 집중시킬 수 있었다. 소련의 미사일들이 작동되기 전에 이러한 군사적 선택을 하게 되면 성공할 가능성이 매우 클 것으로 인식되었다. 둘째, 소련이 미사일 배치에 대해서 일관적으로 부인을 하기 때문에 미국은 보고된 정보를 활용하여 소련의 부인을 반증할 수 있고, 미국의 입장에 대한 국제적 지지를 확보할 수 있다고 확신했다. 이는 10월 25일에 개최된 유엔 안전보장이사회 긴급회의에서 미국의 유엔대사 스티븐슨(Adlai Stevenson)이 쿠바에 있는 소련의 미사일 기지의 사진을 제시하여 이루어질 수 있었다.

위의 사례는 이 장에서 논의될 핵심요소들의 일례이다. 첫째, 정보의 기능은 정책결정자를 지원하기 위해 설계된 것이다. 따라서 정보를 공부하는 학생들은 정책결정구조의 기본요소와 더불어 그들이 어떻게 함께 작동하는지(또는 아닌지), 그리고 어떻게 정보를 활용하는지를 이해하는 것이 중요하다. 둘째, 국가안보정책 과정이 획일적이 아닌 것처럼 그 과정을 지원하는 정보도 획일적이 아니다. 마지막으로 정보지원의 발전은 다단계 과정을 거치는데, 그 과정은 정책결정자들의 정보요구로부터 그 요구를 충족시키

사진 3.1 유엔 안전보장이사회 회의, 1962년.

기 위한 최종 생산물의 제작까지의 다단계다.

국가안보의 기본구조

대통령이 활용하는 국가안보정책 과정은 어디에서 시작되는 것일까? 1780
년대에 새로운 미국정부의 틀을 짠 사람들이 이 체제의 구조와 권력을 생각
할 때, 그들은 충돌되는 가치들을 조정할 필요가 있었다. 그들은 정부 내에
권력의 집중에 의한 결과를 우려했다. 『**연방주의자**(*Federalist*) 10호』에서
매디슨(James Madison)은 '파벌의 해악(Mischief of Faction)'을 논의하
고, 특정 파벌이 지배적인 영향력을 가지는 것을 피하는 방법은 정부의 권
력을 분리하고 이 분리된 파편들이 서로 의존하게 하는 것이라고 권고했다.
이는 권력분립의 원칙과 국가체제 내에서의 견제와 균형 개념과 연결된다.

의회, 행정부, 사법부가 분리되는 민주주의 정치체제의 틀을 근간으로 하고 있다. 정부의 권력분립을 기본으로 하지만, 이들의 핵심 기능들은 서로의 협력을 필요로 한다. 예를 들어, 의회는 법안을 통과시키지만, 법이 되기 위해서는 일반적으로 대통령의 동의가 필요하다.

정부는 분리되어 있더라도 모든 국가는 스스로를 지킬 수 있는 능력을 보유하고 있어야 한다. 어떠한 정부라도 외세개입을 방지하는 것이 가장 오래되고 가장 기본적인 목표이다. 매디슨은 "해외로부터의 위협을 막아내는 안보가 시민사회의 원천적인 목표 중의 하나다"라고 강조했다.[4] 정부의 권한을 분리하는 것이 바람직하지만, 이는 국가안보와 같은 분야에서는 한계를 보인다. 예를 들어, 헌법적 차원에서 다원적 행정부를 설립하거나 국가 최고지도자에게 보좌관 집단을 구성하게 하지만, 헌법은 궁극적으로 **단일행정부 모델**을 선호 경향이 있다. 해밀턴(Alexander Hamilton)은 "결정, 활동, 비밀성, 긴급조치는 더욱 많은 사람이 업무를 하기보다는 한 사람이 하도록 하는 데 중점을 둔다"고 언급했다. 그는 이러한 방식이 국가를 외부의 공격으로부터 보호하는 기본적 요소라고 강조했다.[5]

따라서 국가안보의 차원에서 볼 때 권력에 대한 헌법적 의미는 딜레마에 빠지게 된다. 헌법적 질서는 국가안보에 관련된 많은 핵심적 기능들은 의회와 행정부 조직들 사이에 공유하게 되어 있다. 예를 들어, 대통령은 행정부의 수반이면서 군대 최고사령관이지만, 의회는 군대의 규모를 확대하거나 전쟁을 선포할 때 관여할 수 있는 권한을 보유하고 있다. 또한, 대통령이 장관과 기타 행정부의 고위관료를 임명할 권한을 갖고 있지만, 대부분의 임명은 의회의 동의를 받아야 한다. 그러나 제2차 세계대전 이후 행정부의 권한이 의회의 권한보다 강화된 경향이 있는데, 국가의 안보이익을 보호하는 데 있어서는 더욱 그러하다.

글상자 3.1 사례: 제왕적 대통령?

대통령제를 채택하고 있는 민주국가들의 헌법은 권력분립을 강조하는데, 특히 의회와 대통령 권력이 견제와 균형을 이루어야 한다고 주장한다. 그런데 대통령이 권력분립을 원하지 않을 경우 어떻게 되는가? 이 경우 제왕적 대통령이 등장하게 되는 것이다. 미 행정부에서도 근무한 경력이 있는 역사가인 슐레진저(Arthur Schlesinger)는 20세기에 대통령의 권한은 헌법이 부여한 권한을 초과하는 경우가 빈번히 발생했다고 주장한다. 슐레진저에 따르면, 이러한 대통령 권한의 확대는 대통령을 견제할 의회 등 정부의 다른 요소들의 능력을 약화한다.

두 가지의 국가안보 분야가 슐레진저의 논리를 반영하고 있다. 첫째, 강대국 대통령의 경우 협상을 통하여 조약(treaty)을 체결하기보다는 국제협정(international agreement) 체결에 더 의존하고 있다. 국제협정은 헌법에 나와 있는 사항이 아니고, 조약에서 필요한 의회의 비준을 받을 필요도 없다. 미국의 경우 국가설립 이후 50년 동안 60개의 조약과 27개의 국제협정을 체결했다. 이에 비해서 1940년부터 1989년까지 미국은 759개의 조약과 1만 3,016개의 국제협정을 체결했다.[6] 둘째, 민주주의 국가라 하더라도 전쟁을 하면 국제법을 준수하여 선전포고를 하고 전쟁을 하는 경우가 드문데, 그 이유는 선전포고를 하기 위해서는 의회의 승인을 받아야 하기 때문이다. 미국의 경우 역사상 의회의 승인을 받아 선전포고를 한 전쟁은 5개에 불과하고, 수백 개의 전쟁은 선전포고 없이 전쟁을 수행했다. 선전포고 없이 전쟁을 수행한 경우에는 한국전쟁, 베트남전쟁, 걸프전과 9·11 이후에 수행한 모든 전쟁이 포함된다.

슐레진저의 책은 50년 전에 쓰여졌다. 그 이후 의회에 대한 대통령의 권한이 더 강화되었는지, 약화되었는지, 동일하게 유지되는지, 당신은 어떻게 생각하는가?

의회

미국의 의회는 438명의 하원의원과 100명의 상원의원으로 구성된 양원제이
다.** 양원은 연구, 개발, 정책평가를 한다. 이러한 임무를 수행하기 위해서
양원은 위원회의 방식을 활용하여, 의원들의 작은 집단들이 특정 주제에 초
점을 맞추게 한다. 의회의 실질적인 활동은 위원회 또는 소위원회 차원에서
이루어진다. 윌슨(Woodrow Wilson) 대통령은 "회의장의 의회는 대중들에
게 전시하는 것이고, 위원회의 의회는 일하기 위한 의회다"라고 언급했다.[7]

의회 내의 일반적인 상임위원회는 대체로 정부의 각 부처에 상응하는 업
무를 보는 위원회들로 구분되어 있다. 예를 들어, 국방위원회는 정부의 국
방부에서 수립하고 추진하는 정책을 감시하고 새로운 방향을 제시한다. **세
출위원회(Appropriations Committee)**는 정책과 프로그램들에 예산을 배
정한다 (한국 국회에서는 예결위원회가 이 역할을 한다 – 역자 주). 어쨌든
예산 없이 수행될 수 있는 프로그램은 없다. 따라서 세출위원회의 의원들이
모든 분야의 정책에 대한 막강한 권한을 가지게 된다. 어느 전문가는 일반
위원회의 의원들은 자신들이 신이라고 생각하지만, 세출위원회 의원들은
지신들이 신이라는 점을 확실하게 알고 있다고 주장했다.[8] 지갑의 힘이 공
공정책의 어떠한 분야에서도 행정부의 부처들을 압도할 수 있는 권력의 핵
심 지렛대다.

1970년대 초반 미국의 하원과 상원에서 정보정책에 대한 위원회가 부
정행위의 진상을 파악하기 위해 열렸다. 국가안보 조직인 군대, CIA, FBI
등 안보조직이 미국의 법을 위반하는 활동을 했다는 이유로 진상을 조사하

** 역자 주) 세계에는 미국과 같이 양원제를 택한 국가들이 있는가 하면, 한국과 같이
단원제를 택한 국가들도 있다. 대체로 미국, 독일과 같은 연방국가들이 양원제를 택
하고 있는데, 상원은 각 주(지방정부)를 대표하는 의원들로 구성되고, 하원은 전국을
인구비례 소선거구로 나누어서 의원을 선출한다. 양원제나 단원제나 의회가 하는 역
할과 기능은 유사하다.

기 위해서 상원과 하원은 각기 '특별'위원회를 개최하였다. 양원에서 이 위원회들은 위원장의 이름을 따서 위원회 명칭을 지었다. 상원의 특별위원회의 위원장은 처치(Frank Church)였기 때문에 처치위원회로 불렸다. 하원의 특별위원회 위원장은 파이크(Otis Pike)였기 때문에 파이크위원회로 불렸다. 1975년까지 두 위원회는 의혹에 관한 연구를 하고 청문회를 개최했다. 결국 양원은 이 위원회들을 상설위원회로 만들기로 결정했다. 파이크위원회는 **하원 정보특별상임위원회**(HPSCI: House Permanent Select Committee on Intelligence)로 이름이 바뀌었고, 처치위원회는 **상원 정보특별위원회**(SSCI: Senate Select Committee on Intelligence)가 되었다. 이때부터 정보 이슈에 대한 의회의 상시적인 감시가 이루어졌다. 이 결과 정보 관련 청문회가 빈번하게 개최되고 있다.

　민감한 이슈에 대해서는 **8인방**(Gang of Eight)이라고 불리는 보다 작은 의원들의 집단이 538명의 의원을 대신하여 브리핑을 받고 해결책을 마련한다. 8인방은 의회 내 양당 지도부와 이에 상응하는 정보위원회의 주요 인물로 구성된다. 의회에서는 하원의 의장과 소수당의 대표가 참여하고, 상원에서는 양당의 대표가 참여한다. 정보위에서는 양원 정보위원회의 위원장들과 두 위원회 내 양당 중진들이 참여한다.

사법부

사법부는 헌법에 명시된 대로 정부와 분리되면서 동등한 지위를 가지는 조직이며, 사법부의 국가안보 이슈에 대한 역할은 역사적으로 다른 두 조직(의회와 행정부)에 비해서 비중이 떨어진다. 사법부의 역할은 법과 관련된 논쟁을 판결하는 것이다. 또한, 만약 법 또는 정부의 행위가 헌법에 대한 법원의 해석과 불일치하면, **위헌심사**(judicial review)의 결과에 따라 무효가된다. 이 권한은 미국 대법원과 관련하여 가장 중요하며, 연방 사법체계에서 최상위에 있다 (미국은 위헌심사를 대법원에서 하지만, 한국이나 독일 등 일부 국가들에서는 헌법재판소에서 위헌판결을 한다 – 역자 주). 어느 한 작가는, 만약 당신이 대법원에서 패배하면, 호소할 수 있는 유일한 대상 은 신 뿐이라고 주장했다.[9] 대법관의 위헌심사 권한 및 평생 임기 보장에 따 른 정치로부터의 독립과 혼합된 헌법을 해석하는 대법원의 능력은 사법부 가 정책 이슈에서 잠재적으로 결정적인 역할을 하게 한다. 연방 대법원장을 역임한 휴즈(Charles Evans Hughes)는 "우리는 헌법하에 있지만, 헌법은 대법원이 말하는 대로 존재하는 것이다"라고 주장했다.[10]

그러나 역사적으로 대법원은 국가안보 이슈는 '정치문제'라고 하며 다루 기를 거부해 왔다. 이의 의미는 정부의 선출된 조직(의회와 대통령)이 다루 는 게 낫다고 법관들이 생각하는 사건에 대해서 법원은 판결하기를 주저한 다는 것이다. 예를 들어, 1973년 닉슨(Richard Nixon) 대통령의 거부권 행 사에도 불구하고 의회가 통과시킨 전쟁수권법(War Powers Act)에 대해서 법원은 이 법의 합헌성에 대해서 판결하기를 거부했다. 그 이후 어떠한 미 국의 대통령도 그 법의 합헌성에 대해서 논의하지 않았고, 대법원은 그 법 에 대한 심리를 하지 않았다. 그 결과 그 법이 합헌적인지 아닌지는 불분명 하게 남아있다. 그러나 최근 들어 대법원은 국가안보 관련 사건이 불법 감 금과 심문방식의 강화 등 개인의 권리에 영향을 준다는 이유로 국가안보 사 건에 대한 심리를 할 의사가 있다는 점을 강하게 내비쳤다.

추가로, 법원이 국가안보에서 중요한 역할을 하는 분야는 해외정보감 시법(FISA: Foreign Intelligence Surveillance Act)을 시행하는 것이다. 1978년에 통과된 이 법은 헌법 하의 개인의 권리를 간첩 및 테러활동을 하 는 개인을 추적하는 데 필요한 고도화된 비밀성 및 감시방식과 균형을 맞추 는 시도였다. FISA 과정은 미국 헌법의 제4차 수정에 언급된 수색영장 발 급과 연결된다.[11] 그러나 수색영장 신청을 공개적으로 하면 적대적이라고 의심이 되는 해외 세력이 알아챌 수 있으므로, FISA 영장신청은 **해외정보**

감시법원(FISC: Foreign Intelligence Surveillance Court)의 구성원에게 한다. FISC는 대법원장에 의해서 7년 임기로 임명된 11명의 연방지방법원의 판사들로 구성된다.[12]

행정부

행정부는 국가조직의 가장 큰 실체이며 법과 정책의 집행을 책임진다. 사회의 국민들이 정부와 가지는 상호관계는 행정부의 공무원들과 접촉하는 것이다. 우체부로부터 복무 중인 군인까지, 그리고 사회안전국에서 지출을 담당하는 사람까지, 그들은 모두가 행정부 각 부처의 직원들이다. 그리고 헌법에 의거하여 대통령은 행정부의 가장 상위인 행정부 수반의 직책을 맡는다. 그러나 이는 대통령이 반드시 행정부 조직 전체를 통제한다는 의미는 아니다. 트루먼(Harry Truman) 대통령은 자신의 후임인 5성 장군 출신의 아이젠하워(Dwight Eisenhower)가 선출되었을 때, 행정부의 수반이 되는 것은 군부대를 이끄는 것과는 다르다고 충고를 했다. 그는 "불쌍한 아이크(Ike: 아이젠하워의 애칭), 아마 군대와는 다를 것이네"라고 말했다.[13]

행정부 구성원의 대부분은 내각체제 내에 편입된다. 이 구조 내에서 내각의 부처에 편입된 개인은 특정 분야의 공공정책을 추진한다. 예를 들어, 외무부에 소속된 직원은 외국과 국제기구에 대한 외교를 수행한다. 내각의 각 부처는 장관이 이끈다. 장관은 두 가지 주요 업무를 수행한다. (1) 조직 내의 이슈와 직원을 다룬다. (2) 담당하는 분야에 대하여 대통령에게 정책적 보좌를 한다. 이에 따라 외교부 장관은 전 세계에 퍼져 있는 대사관에 외교관을 임명하여 파견하는 조직 운영의 업무를 수행하는 동시에 외교 이슈에 대하여 대통령에게 정책적 조언을 한다.

국가안보조직의 성장

행정부 내의 국가안보조직은 제2차 세계대전 이후 크게 성장했다. 이 성장은 시대적인 세계질서 변화의 압박에 대한 대응이었다. 냉전의 질서가 시작되면서 새로운 안보적 대응을 위해서 초기에는 국가안보조직의 확대가 이루어졌지만, 새로운 질서가 고착화되면서 안보조직도 같은 수준을 유지하면서 생존하게 되었다. 칼럼니스트 리즈(Charley Reese)는 "관료조직은 한번 만들어지면, 절대로 사라지지 않는다"고 주장했다.[14] 이는 행정부가 의회와 사법부 등 다른 조직에 비해서 성장을 지속한다는 의미다. 국가안보조직의 확대를 가져온 두 가지 질서변화는 냉전과 9·11 이후의 안보환경이다.

냉전

제2차 세계대전이 종식된 이후 생성된 세계질서는 핵심 전승국인 미국과 소련이 초강대국이 되면서 양국의 대결이 시작되어 상호간의 위협을 막아내기 위한 새로운 국가안보정책을 추구하기 시작했다. 1941년 12월 일본의 진주만 기습공격으로부터 시작된 4년간의 전쟁을 경험한 미국은 새로운 안보체제의 확립을 위해서 기존의 제도들을 해체했다. 예를 들어, 제2차 세계대전 기간에 창설된 전략정보국(OSS)은 강력하고 다기능을 가진 정보조직이었다. OSS는 1945년 9월 2일 일본의 항복한 지 3주일 뒤에 공식적으로 해체되었다.

미국을 중심으로 한 서방진영은 세계 곳곳에서 이루어지고 있는 소련의 행위에 대해서 점차로 경각심을 가지기 시작했다. 동유럽에서 폴란드와 체코슬로바키아 등 소련이 점령한 지역에서 공산당이 권력을 장악하기 시작했다. 중동지역에서 소련은 북부 이란에서의 소련군 철수를 지연시켰고, 터키해협을 통해 지중해로 진출하기 위해서 터키에 압력을 가하려고 시도했다. 이에 대해서 미국은 1946년에 미주리(*MIssouri*) 전함을 이스탄불에 기항시켰다.

소련의 새로운 위협의 성격은 미국 외교관인 케넌(George F. Kennan)이 '긴 전문(Long Telegram)'으로 알려진 보고에서 명확하게 규명되었다. 1946년 모스크바 주재 미국대사관에서 보낸 보고에서 케넌은 소련의 위협에 대응하는 것은 "의심의 여지 없이 우리의 외교가 지금까지 당면한 것 중에 최대의 임무이며, 아마도 앞으로 당면할 가장 중요한 임무가 될 것이다"라고 주장했다.[15] 그는 소련이 서방과 평화공존을 할 가능성은 없어 보인다고 확언했다. 그 대신 소련인들은 자신들이 서방 자본주의 국가들과 지속적으로 충돌을 해야 한다고 생각하고 있으며, 그들의 주된 목표는 세계 어디든지 사회주의의 대의를 확대하여 자본주의를 훼손시키는 것이라고 했다. 케넌의 문제점 제기, 그리고 제2차 세계대전 이후 소련의 실질적인 행위는 미국으로 하여금 **봉쇄전략(containment strategy)**을 추진하게 했으며, 이

사진 3.2 이스탄불에 기항한 미국 전함 미주리(Missouri)호, 1946년.

전략은 세계에서 소련이 팽창하는 시도에 대해서 맞대응하는 국가안보체계를 수립하도록 했다.

글상자 3.2 국가안보전략

미국의 대통령들은 주기적으로 국가안보전략(NSS: National Security Strategy) 문서를 의회에 제출한다. 이 문서는 미국 국가안보의 이익 및 목표와 더불어 이러한 이익 및 목표에 대한 위협의 범위에 대해서 명확하게 제시하고 있다. 또한, 이 문서는 이러한 목표를 달성하기 위한 국가안보조직의 능력을 평가하는 내용도 담고 있다. 예를 들어, 테러의 지속적인 위협이 안보 이슈라면, 이 문제를 해결하기 위한 미국정부의 능력은 NSS에 논의되어 있어야 한다. 이 전략문서의 필요성은 1986년의 골드워터-니콜스 국방부 재조직법 603조에 근거를 두고 있다. 이 법에는 NSS가 매년 작성되어야 한다고 되어 있으나, 실제로는 대략 2년에서 4년 사이에 작성되고 있다.[16]

NSS는 미국에서 작성되는 최상위급의 전략문서이고, 국가방위전략(National Defense Strategy) 또는 국가정보전략(National Intelligence Strategy) 등 하위 수준의 전략문서들의 길잡이가 되는 '우산' 문서로서의 역할을 하고 있다.[17] NSS 문서가 대통령과 안보보좌관이 구조와 내용을 지시하여 작성된 톱-다운 방식에 의하여 작성되었든, 아니면 보톰-업 방식에 의해서 작성되었든, 이 문서는 국가안보회의(National Security Council)라는 부서 간 조직에 의해서 만들어진 문서다. 대통령의 우선적 고려사항을 염두에 두고, 국가안보를 다루는 다양한 조직들이 조직간 정책 위원회들을 통하여 견해를 조정한 이후, 위원회의 위원장과 부위원장들이 의견을 종합한다. 역사적으로 이 과정이 완성되려면 대체로 9에서 10개월이 걸린다.

가장 최근에 만들어진 두 개의 NSS는 2015년과 2017년에 만들어진 것이다. 이들은 다른 대통령들의 견해를 반영하고 있다. 2015년의 문서

계속 ▶▶

는 오바마 행정부 때 만들어진 것이고, 2017년의 것은 트럼프 행정부에 의해서 작성되었다. 두 문서는 서로 다른 접근방식을 택하고 있다. 예를 들어, 2015년의 문서는 다자주의와 국제제도를 강하게 강조하는 반면, 2017년의 문서는 '미국 제일주의(America First)'를 기본으로 하여 양자 관계와 일방적 행위에 강하게 초점을 맞추었다. 이 문서들은 두 행정부가 국제환경에 대해서 중첩되는 시각을 갖고 있다는 점도 보여준다. 두 문서는 모두 테러나 대량살상무기의 위협으로부터 국가안보를 지키는 목표를 강조하고, 두 문서 모두 경제번영을 국가안보를 위한 핵심 목표로 설정했다.

이러한 NSS 문서들이 얼마나 정확한지에 대해서 항상 의문이 제기되었다. 이 문서들은 공개된 문서들이기 때문에 적성국가들도 이 문서에 접근이 가능하다. 적을 어떻게 압도하는가에 대한 계획을 그 적과 공유하는 것은 바람직하지 않다. 그러나 문서가 대중들을 위한 것이면서, 국제사회에 미국의 이익과 목표를 알리는 것도 좋은 일이라 할 수 있다.

미국은 이 새로운 냉전에서 경쟁력을 갖추려면 국가안보체제를 강화할 필요가 있었다. 이러한 대응을 하는데 군사력이 핵심요소였다. 자신의 '긴 전문'에서 케넌은 소련이 "힘의 논리에 매우 민감하다"고 주장했다.[18] 그러나 냉전은 두 국가 사이에 직접적인 군사충돌을 포함하지 않은 장기간의 대결이 되었다. 그 대신 냉전은 외교, 정보, 군사, 경제 등 국력의 모든 요소를 협력적으로 사용하는 다차원적인 대립이 되었다.

국가안보회의

1947년의 국가안보법은 냉전에 대한 중요한 제도적 대응이었고, 국가안보 기조의 세 가지 중요한 변화를 포함하고 있었다. 첫째, **국가안보회의(NSC)** 의 창설은 대통령이 국가안보조직을 통제하는 기본적인 수단이 되었고, 두 가지 중요한 구성요소를 지니고 있었다. 첫째는 대통령이 국가안보 이슈를 다룰 때 대통령을 위하여 법적으로 위임된 자문기구를 만드는 것이었다. 이 자문위원회는 대통령이 임명한 '법외집단(non-statutory)' 구성원과 법정 집단으로 구성되는데, 법정집단은 부통령, 국무장관, 국방장관, 에너지장관, 재무장관으로 구성된다. 합동참모본부 의장과 국가정보장(DNI)도 법정 구성원이지만, 그들은 자신의 전문영역에 대한 자문만 하도록 허용이 되며 투표권은 없다.

NSC의 두 번째 요소는 조직의 다양한 요소들 사이의 협력을 증대시키기 위한 운영체계다. 음악인의 손가락들처럼, 국가안보정책은 정부의 요소들이 협동하여 업무를 추진할 때 성공할 가능성이 크다. 프리드리히 대제(Frederick the Great)는 "무기 없는 외교는 악기 없는 음악과 같다"고 언급했다.[19] 경제력과 정보력 같은 기타 국력을 포함하는 것도 중요하다. 도표 3.1에 나타나 있다시피 NSC는 대통령에게 필요한 정책 선택지를 논의하고 개발하기 위한 부서 간의 포럼이다. 최상위 위원회(Principals Committee)는 NSC의 정식 멤버들로 구성되어 있는데, 대통령은 포함되지 않는다. 다음으로 차상위 위원회(Deputies Committee)에는 국무차관 및 합동참모본부 부의장과 같은 다양한 부서의 차장 또는 차관급으로 구성된다. 최하위 수준에는 군비통제, 테러대응, 동아시아 문제 등 특정 정책분야를 위한 정책부서 간 위원회들이 있다. 이는 특정 업무에 대하여 협력하고 공동으로 수행하는 정책담당자 수준이다.

국가안보보좌관의 직위는 1947년의 국가안보법에는 특별히 명시되지는 않았지만, 1964년 이후 이 직위는 국가안보 문제와 관련하여 점차 중요한 직위가 되어 왔다. 안보보좌관은 NSC의 조직과 직원들을 관리하는 이외에 대통령에게 관련 정책에 대한 자문을 한다 (현재 청와대의 안보자문기구는 안보정책실이며, 이 조직의 실장이 미국의 안보보좌관과 같은 역할을 수행한다 – 역자 주). 국방부장관 또는 국가정보장 등 다른 보좌역할 수행자

도표 3.1 ■ 국가안보회의의 수준

국가안보회의(National Security Council)

최상위 위원회(Principals Committee)

차상위 위원회(Deputies Committee)

정책부서 간 위원회(Interagency Policy Committees)

들과 달리 안보보좌관은 의회의 동의가 필요 없다. 따라서 대통령은 어떠한 정치적인 고려 없이 자신이 선호하는 인물을 자유롭게 선택할 수 있다. 이러한 점에서, 그리고 안보보좌관은 대통령과 지근거리에서 근무한다는 점에서, 이 직위가 점차 중요하게 된다는 점은 당연하다. 최근에 안보보좌관은 국무장관 등 전통적인 보좌역할을 하는 인물들보다 대통령의 정책결정에 더 많은 영향을 미치고 있다.

국가안보법, 1947년

1947년의 국가안보법에 의해서 평시의 국가 최초 전략정보 조직인 중앙정보국(CIA)이 창설되었다. CIA의 초기 지도급 인사들은 OSS의 베테랑들로 충원되었다. 정보조직이 국내정치체제에 해를 미칠지 모른다는 우려 때문에, 해외활동과 국내활동 사이에 분명한 구분을 하였다. CIA의 업무는 경찰관 업무가 아니며, 미국 영토 내에서 활동하면 안 된다고 분명하게 규정하였다. 경찰업무와 국내에서의 활동은 연방수사국(FBI)이 맡도록 했다. 마찬가지로 FBI는 주로 라틴 아메리카에 치중되었던 해외정보 능력은 포기했다.

1947년의 국가안보법에 의해서 이루어진 마지막의 주요 변화는 국가군사기구(National Military Establishment)의 통합이었다. 건국 이후 해군부(Department of the Navy)와 전쟁부(Department of War)는 분리되어 있었다. 군대 내부의 협동을 증진시키기 위해서 분리되어 있던 부서들을 통합하여 새로운 국방부 하에 놓이게 하였다. 이에 더하여 법은 육군 비행군단을 공군으로 독립시켰다. 또한, 법은 해병대를 해군부 내에 독립된 군 조직으로 분리했다.

골드워터-니콜스법, 1986년

각 군 사이의 협력문제는 냉전 기간 계속해서 우려의 대상이 되었다. 이 문제를 해결하기 위해서 1986년의 **골드워터-니콜스법**(Goldwater-Nichols Act)은 네 명의 군 수장을 우회하여 전장에서 작전을 시행하는 군대의 지휘계통을 능률화하도록 했다. 이전의 군 사이의 경쟁관계는 베트남에서 미군의 전투작전과 1980년 중단된 이란 인질 구출 임무를 약화시켰다. 새로운 체제 하에서 해군 작전총장이나 해병대 사령관 같은 군 수뇌부는 더 이상 작전계통에 참여하지 않는다. 대신 그들은 각 군의 훈련과 장비를 주로 책임진다. 또한, 합참의 일원으로서, 대통령에게 군사적 조언을 한다. 새로운 골드워터-니콜스 체제 하에서, 군사작전을 위한 지휘계통은 대통령과 국방장관으로부터 직접 전투사령부로 넘어간다. 이는 전투지휘관들의 역할을 더 강화했는데, 그 이유는 그들이 책임 영역에서 4개 군의 병력을 더 효과적으로 통합할 수 있기 때문이다. 유럽주둔 미군 사령관은 군 종류에 상관없이 유럽주둔 미군 전체에 대한 작전통제권을 보유하고 있다. 또한, 이 전투사령관은 작전을 지원하기 위한 내부 정보자원을 개발할 수 있는 권한을 부여받았다.

9·11 이후의 환경

2001년 9월 11일에 세계가 변화했다고 말하는 것은 진부하게 들리지만, 미국의 국가안보 측면에서 이날의 중요성은 간과하기 어려운 주제다. 3,000

명의 사망자를 낸 알카에다 비행기 납치범들의 미국 내에서의 공격은 두 가지 핵심적인 이유로 국가안보공동체에 큰 충격을 안겨 주었다. 첫째, 이는 수십 년 이래 미국 내에서 처음으로 이루어진 주요 공격이었다. 이 공격과 비교할만한 가장 최근의 사례는 일본의 진주만 폭격이었다. 미국은 국가가 존재한 이후 본토에 대한 외국의 공격에 대해서 충격을 받지 않을 수 없었다. 현시대에 '폭격안보(bombard security)'라는 문구가 흔하게 사용되지만, 9·11 공격 이전에 미국대중들은 이 문구를 들어본 적이 없었다.

9·11 공격이 충격적이었던 두 번째 이유는 미국정부가 알카에다와 같은 비국가 행위자와 전투를 할 준비가 되어 있지 않았다는 점이다. 테러단체는 특별히 어떤 지역을 기반으로 하지 않고, 특정 제복을 입지 않으며, 다른 관광객들과 섞이면서 국경을 드나들 수 있다. 미국은 지난 반세기 동안 소련과의 대규모 국가 간 전쟁의 가능성에 대비해 왔다. 9·11은 질적으로 다른 형태의 충돌이었다. 미국의 안보공동체가 이러한 새로운 방식의 위협에 적응해야 할 필요가 있다는 아이디어는 9·11 바로 다음 달인 2001년 10월에 탄저균을 이용한 일련의 국내 테러의 발생으로 더욱 강화되었다.

국토안보부

9·11이 발생한 후 3년 이내에 미국의 안보공동체는 두 가지의 근본적인 변화를 겪었다. 첫 번째는 국토안보부(DHS: Department of Homeland Security)의 창설이다. 9·11 공격 바로 뒤에 부시 대통령은 미국 내의 테러공격을 방지하기 위한 국토안보전략을 조화시키려는 목적으로 대통령실(EOP: Executive Office of the President) 내에 국토안보부를 설립했다. 2002년 11월에 설립된 국토안보부는 새로운 내각 수준의 핵심적 기관이 되었다. 국토안보부는 국내안보와 테러와의 전쟁을 다루던 기존의 22개 연방기구를 흡수했다. 이 통합은 1947년 국가안보법 제정 이후 연방정부 내 기구들의 가장 큰 규모의 재조직화였다.[20] 통합된 기구들은 재난구호(연방재난관리

청, Federal Emergency
Management Agency),
국경보호(관세국경보호
청, Customs and Border
Protection), 고위직 공무
원의 보호(고위공무원단,
Senior Service) 등을 관
리하는 기구들이다. 주목
할만한 점은 FBI가 이 통
합에 포함되지 않고 법무
부 소속으로 계속 남게

사진 3.3 세계무역센터에 대한 9·11 공격.

된 점이다.

정보개혁과 테러방지법, 2004년

9·11 이후에 이루어진 두 번째 조직변화는 미국 정보공동체의 조직 변화였
다. 9·11 공격뿐만 아니라 이라크 대량살상무기에 대한 정보공동체의 2002
년 국가정보예측(National Intelligence Estimate)의 실패에 따라, 2004년
의 **정보개혁과 테러방지법**(IRTPA: Intelligence Reform and Terrorism
Prevention Act)은 정보공동체 지휘체계에 대한 두 가지 핵심적인 변화를
모색했다. 첫째, 정보공동체의 장은 이전에 중앙정보국장으로 알려져 있었
으나, 이제는 국가정보장(DNI)으로 불리게 되었다. 국가정보장은 단순한
직명 변화를 넘어서, '해외'정보 관련 대통령의 수석 참모의 지위로부터 '국
가'정보를 다루는 직위로 변경된 것이다. 이의 의미는 국가정보장 직위의
수준이 국내안보정보까지 다루도록 확대되었다는 것이다. 동시에 IRTPA
입법은 정보공동체의 장을 CIA로부터 분리하였다. 2004년 이전에 중앙정
보국장이 정보공동체의 장을 겸직하고 있었다.

미국 정부체계 내의 정보조직들

다른 나라들이 정보조직을 설립하는 방식과 비교하여 미국의 정보공동체는 매우 독특한 방식을 택하고 있다. 정보공동체는 국가정보장이 통솔하는 17개의 분리된 조직으로 구성되어 있다. 이 체제는 중앙의 통제를 제한적으로 받는 분산화된 조직의 성격을 가지고 있다.

정보공동체는 정보업무의 중심적인 존재이지만, 정보가 발생하는 유일한 곳이 아니라는 점이 중요하다. 수집. 분석, 그리고 결정의 이점을 지원하기 위한 정보의 사용은 미국정부의 모든 수준에 있는 많은 조직에서, 심지어는 정부 밖에서도 이루어진다. 예를 들어, 우리는 미국 정보공동체 내의 17개 조직에 대해서 논의하지만, 정보공동체에 공식적으로 속하지 않으면서 정보기능을 가진 연방조직들이 있다.

정보공동체의 리더십

국가정보장(DNI)은 정보공동체의 핵심 지도자이면서, 정보문제에 대하여 대통령과 NSC에 자문하는 주요 참모다. 대통령이 임명하지만, 상원의 동의를 받아야 하는 국가정보장의 핵심 임무는 정보공동체 내 17개 기관들 사이의 정보통합을 추진함으로써 국가정보프로그램(NIP: National Intelligence Program)을 감독하고 지시하는 것이다. 또한, 국가정보장은 정보공동체에 전략적 지시를 하기 위해서 '국가정보전략'을 작성한다. 그러나 다양한 정보기구들을 통제하기 위한 권한은 제한되어 있다. 국가정보장은 다른 정보기구들의 인사문제에 간섭하지 못하며, 예산권도 제한되어 있다. 국가정보장은 개별적 정보공동체 기구들로부터 편입되는 예산에 기초하여 국가정보프로그램(NIP)의 예산을 형성하기 때문에 프로그램 예산에 대해서 제한된 권한을 갖고 있다. 따라서 정보공동체가 보다 중앙화된 조직으로 보이지만, 국가정

글상자 3.3 국가정보전략

국가정보전략(NIS: National Intelligence Strategy)은 4년에 걸쳐 정보공동체에 지시하기 위해서 만들어지는 것이며, '국가안보전략' 문서가 명시하는 우선권을 지지해야 한다. 이 시리즈의 법적 기초는 정보개혁과 테러방지법(2004)이며, 지금까지 2005년, 2009년, 2014년, 2019년의 네 가지 버전이 생산되었다.

당면한 전력환경에 대해서 묘사하는 이외에, 지금까지 작성된 각 NIS는 임무 목표와 사업목표를 포괄하고 있다. 임무 목표는 "광범위한 수준의 지역적이고 기능적인 주제들에 초점을 맞추고 있으며, 그들의 우선순위는 국가정보우선순위체계(NIPF: National Intelligence Priorities Framework)를 통하여 정보공동체와 소통한다." 이 목표들은 2009년의 NIS 이후에 비교적 안정적으로 추진되고 있으며, 테러, 대량살상무기, 방첩, 사이버 이슈에 초점을 맞추고 있다.

사업목표는 정보공동체 내의 요원 및 조직의 운영과 더불어, 정보공동체 내 자산들의 협력과 조화에 초점을 맞춘다. 지금까지 만들어진 전략에 따라 목표들의 숫자는 다양하지만, 그 목표들 모두는, 어떻게 조직 내에서 공유되는 통합과 정보를 증진시킬지, 어떻게 재능있는 사람들이 정보공동체에 흥미를 느끼게 할지, 그리고 어떻게 혁신을 하여 정보공동체의 능력을 제고시킬지에 초점을 맞춘다. NIS의 보다 최근 버전은 정보공동체 내에서 개별 요원의 행위에 초점을 맞추고 있다. 2014년과 2019년의 문서들은 정보공동체의 '직업윤리의 원칙'을 포함하였다. 2019년의 NIS는 정보공동체의 책임성과 대중의 신뢰를 유지하기 위하여 시민의 자유를 보호하고 투명성을 보장하는 데 초점을 맞춘 사업목표를 포함하였다.[21]

출처: 미국 국가정보전략, 2019년(*The National Intelligence Strategy of the United States* [2019].

보장은 정보공동체 자산에 대해서 완전한 통제력을 보유하고 있지 않다.

그러나 국가정보장은 정책결정체계와 정보업무 사이에 핵심적인 위상을 유지하고 있다. 예를 들어, 국가정보장 사무실 업무 중의 하나는 **국가정보 우선순위체계**의 연례 생산을 주도하는 것이다. 이 문서는 국가정보의 우선순위를 수립하고, 운영하며, 유포하기 위한 주요 기제다. 정보의 지원을 필요로 하는 부서나 기구들은 대통령과 안보보좌관이 전체적인 우선순위를 정할 수 있도록 요구사항을 입력한다.[22] 따라서 정보공동체가 결정의 이점을 가장 효과적으로 지원하는 정보를 개발한다는 점을 보장하기 위해서 국가정보장은 국가안보정책결정자에게 지침을 요청한다.

국가정보장은 정보공동체에 대해서 제한된 권한을 가지고 있을지 모르지만, 국가정보장실(ODNI: Office of the Director of National Intelligence) 내에서 전통적으로 조직을 관리하는 데에는 더욱 많은 권한을 보유하고 있다. 여기에는 조직의 목표를 달성하기 위한 '센터'들을 설립할 권위가 포함된다. 정보개혁과 테러방지법(IRTPA) 이전인 1979년에 설치된 **국가정보위원회(NIC: National Intelligence Council)**가 가장 오래된 유형의 센터이다. NIC는 중장기 전략분석을 위한 정보공동체의 센터이다. NIC는 국가정보관(NIOs: National Intelligence Officers)으로 불리는, 자신의 분야에서는 다방면적인 전문성을 보유하고 있는 베테랑 분석가들로 구성되어 있다. 예를 들어, 휴벤(Marten Van Heuven)은 예일대에서 역사학을 전공했고, 유럽 여러 국가에서 해외 근무 장교로 복무하다가 동유럽 담당 NIO로 임명되었다. 쉬리브(Thomas Shreeve)는 "NIC에 배치되는 것은 분석관 중에서 선임이면서 탑건 지위를 가지게 되는 것"이라고 주장했다.[23] NIC 직책에 대한 최근 직업광고의 요약 버전은 글상자 3.4에 열거되어 있는데, 이 직책에 필요한 광범위한 배경과 전문성을 보여주고 있다.[24] 국가정보관들은 지역과 기능 전문가들로 구성되며, 그들은 국가정보예측(NIEs: National Intelligence Estimates)을 발전시키는 책임을 맡고 있다. 초안을 작성하고 난 후, 그들의 주된 임무는 17개 조직 모두의 집단적 판단을 반영하기 위해서 전체 정보공동체의 분석결과물을 검토하고 수정하기 위한 협력을 주도하는 것이다. NIEs의 생산 이외에, NIC는 '글로벌 트랜드' 시리즈와 같은 공개적인 자료이면서 장기 예측 분석을 주도하여 생산한다.

글상자 3.4 직업에 대한 개관

북한 담당 국가정보관 (2019년)[25]

주요 임무와 책임

- 북한 담당 국가정보관(NIO)은 북한 이슈에 대한 국가정보장(DNI) 휘하의 선임분석관이다. NIO/NK는 북한과 관련되는 모든 분석 업무의 중심이며, 고위 정책결정자들을 지원하기 위한 전략정보분석 최종보고서에 대한 책임을 맡고 있다.
- 한국 관련 이슈들에 대한 전략적 분석(예를 들어, 국가정보예측[NIE], 정보공동체 평가, 공동체 비망록의 이해 등)을 포함한 광범위한 북한 관련 분석평가 작성과 조정을 감독한다. 그리고 필요할 경우 최고 정책결정자를 위한 시기적으로 민감한 분석에 초점을 맞춘다.
- 고위 정책결정자와 전쟁 참여자가 북한을 이해할 수 있도록 공동체 차원의 광범위한 중장기 전략분석을 조정하고 지휘하며, 어떤 경우에는 초안을 작성한다. 북한문제에 대한 주제 전문가와 분석보좌관 역할을 하면서, 대통령에게 정보보좌를 하는 국가정보장의 역할을 지원한다.
- 정보공동체의 분석관들과 협력하여 통합정보전략(UIS: United Intelligence Strategy)의 분석부분을 발전시키고, UIS의 지원을 받아 정보공동체의 분석결과를 평가한다. 분석과 수집이 완전하게 통합되었다는 점을 확인하기 위해서 국가정보운영자와 공동업무를 추진한다.
- NIO/NK 부서의 전문적 수준의 분석관을 이끌고 관리하고 지시하고, 활동성과를 평가하고, 목표설정에 협력하며, 개인적이고 전문적인 발전기회에 대해 피드백과 지침을 제공한다.

계속 ▶▶

글상자 3.4 계속

누가 지원하는가

정보 관련 고위공무원 자격이 있는 사람만 지원 가능하며, 일반 공무원은 지원할 수 없다.

경력과 학력 조건

- 정치와 안보 분야를 포함하여 북한 전문가로 검증되고 인정된 인물.
- 고위 정책결정자들과 함께 효과적으로 일할 수 있는 경험과 전문성을 갖춘 사람. 정보/분석 요구사항 및 북한 관련한 우선순위에 대해서 심층적이고 시대에 맞게 이해하고 있는 사람.
- 분석과정을 관리한 경험이 있는, 정보공동체의 분석능력과 우선순위를 이해하고 있는, 그리고 분석 결과물을 생산하기 위해 정보공동체 내에서 고위 직급으로 일하고 있는 전문가이면서 경력자.
- 기능적이고 지역적인 분석 이슈들에 대하여 기구 사이, 그리고 분야 사이의 차이를 극복하도록 정보공동체 내의 팀들에게 지시할 수 있는 증명된 능력을 갖추고 있는 사람.
- 조직의 내외부에서 고위직 리더십을 행사할 수 있고 모든 수준의 사람들과 효과적으로 소통할 수 있는 능력을 포함하여 훌륭한 소통 기술을 가진 사람. 기구 사이의 회의를 할 때 구두 발표를 할 수 있거나 국가 간 회의에서 정보공동체를 대표할 수 있는 사람.

출처: 북한 담당 국가정보관, 미국 직종, 2019년(National Intelligence Officer for North Korea, USA Jobs 2019)

국가정보장실(ODNI)에 소속된 다른 4개의 센터는 미국정부의 정보 우선 순위를 잘 표현하고 있다. 9·11 이후 수년 동안 미국정부는 테러와 WMD 확산을 방지하는 노력에 최우선 순위를 두었다. 그 결과 ODNI는 2004년에 국가방첩센터(National Counterterrorism Center)를, 2005년에는 국가확산방지센터(National Counterproliferation Center)를 설립했다. 이 센터들

은 각각 DNI 내에 상응하는 기능을 가진 센터들과 협력적인 임무를 수행한다. 예를 들어, 국가방첩과 보안센터(NCSC: National Counterintelligence and Security Center)는 국가안보의 첩보 및 과정과 같은 핵심적 방첩 기능들에 대한 통합적 업무를 수행한다. 정보공동체에 대한 내부자 위협을 탐지하고 억제하고 경감시키기 위한 범정부적 노력인 국가내부자위협태스크포스(National Insider Threat Task Force)는 2011년 이후 NCSC에 설치되어 있다. 가장 최근의 센터는 2015년에 설립된 사이버위협정보통합센터(Cyber Threat Intelligence Integration Center)인데, 이 센터는 해외 사이버위협에 대한 정보공동체 내의 협력적인 분석을 모색하고, 이 정보는 정부의 사이버 공동체와 협력하고 공유한다는 점을 확립하기 위해서 설립되었다.

중앙정보국

CIA는 미국 정보공동체에서 가장 잘 알려진 조직이며, 미국정부 내에서 정보에 전념하는 두 개의 독립된 기구 중의 하나이다 (다른 하나는 ODNI이다). 1947년에 설립된 CIA는 버지니아의 랭글리(Langley)에 본부를 두고 있다. 처음 설립될 때 많은 부분은 전략정보국(OSS: Office of Strategic Service)의 영향을 받았으며, 초기 직원 중의 약 3분의 1이 OSS의 베테랑들로 채워졌다.[26] OSS와 마찬가지로 CIA는 정보수집과 분석을 수행하는 다 기능적 조직이다. 또한, OSS와 마찬가지로 CIA는 미국 밖에서 방첩과 비밀공작 기능을 수행하고 있다.**

** 역자 주) 한국의 국정원도 미국의 CIA와 비슷한 정보활동을 하는데, 다른 점은 1961년 설립 초기부터 분단국이라는 점 때문에 대공 수사 기능을 부가적으로 가지고 있었다는 점이다. 문재인정부 들어서면서 수사기능이 정보기관에 있을 필요가 없다는 점이 제기되어 수사기능을 경찰로 이관하는 작업이 진행 중이다. 또한, 독재정권을 거치면서 정권 유지를 위한 국내정보에 치중하여 인권유린과 정치적 후퇴의 도구가 되었으며, 마찬가지로 문재인정부 들어서면서 국내정보 기능을 없앴다.

CIA는 5개의 부로 조직되어 있는데, 그중에서 분석부(Directorate of Analysis)와 활동부(Directorate of Operations)가 역사적으로 가장 중요한 조직이 되어 왔다. 분석부는 시의적절하고 객관적인 분석결과물을 모든 수준의 정부 부처에 제공하는 임무를 수행하지만, 가장 중요한 임무는 분석 결과를 고위 정책결정자들에게 제공하는 것이다. 실제로 2011년의 DNI 보고서는 CIA가 전체 정보공동체에서 국가안보 이슈에 대하여 가장 많은 정보자료를 생산한 기구라고 평가했다.[27]

이전에는 국가비밀국(National Clandestine Service)으로 불리던 활동부는 비밀스러운 정보수집, 방첩, 비밀공작 임무에 초점을 맞추고 있다. 정보수집은 비밀스러운 인간정보 수집에 초점을 맞춘다. 이 분야에 대한 개인의 자원과 전문성을 보유한 CIA 국장은 정보공동체 전체의 인간정보 수집을 위한 기능적 운영자이며, 17개 정보조직 모두의 인간정보 수집을 위한 협력과 충돌방지를 위한 노력을 한다. CIA의 비밀공작 능력에 대해서는 거의 알려져 있지 않지만, 9·11 이후에 알카에다와 같은 테러조직에 대응하기 위해서 공작부의 능력이 크게 향상된 것으로 보고되고 있다.

지원부(Directorate of Support)와 과학기술부(Directorate of Science and Technology)는 잘 알려져 있지 않지만, 조직이 기능하는 데 중요한 역할을 하고 있다. 지원부는 CIA 임무 수행을 지원하기 위해 행정적이고 물자 지원 서비스를 폭넓게 시행한다. 지원부는 획득, 모집, 의료지원, 시설물 보안 등의 기능을 제공한다. 과학기술부는 정보를 수집하고 처리하기 위한 신기술을 발전 및 적용시킨다. 어떠한 점에서는 제임스 본드 영화의 Q와 같은 존재이다. 과학기술부의 웹사이트는 "과학기술부에서 하루를 보내는 것은 CIA의 상상력 속에서 하루를 보내는 것이다"라고 소개하고 있다.[28] CIA를 위해서 정보기술솔루션을 개발하는 벤처 캐피털 사기업인 인큐텔(In-Q-Tel) 창설의 영감은 1990년대 후반에 과학기술부의 지도자에게서 나왔다.[29]

가장 최근에 만들어진 부서는 2015년에 창설되었다. 디지털혁신부(Directorate of Digital Innovation)는 거의 50년 만에 CIA에 추가된 부서이며, 이 부의 설립은 정보기술과 컴퓨터 네트워크에 관련된 이슈들이 국가안보 우선순위에서 점차 향상되고 있다는 점에 대한 제도적 반영이다. 이 부서의 주된 목적은 CIA를 위해서 정보기술 자산을 현대화하고 CIA 임무를 지원하기 위해서 사이버 능력을 운용할 수 있게 하는 것이다. 정보공동체를 위해 공개출처정보(OSINT: Open Source Intelligence) 수집을 선도하는 공개자료센터(Open Source Center)는 디지털혁신부에 자리잡고 있다.

2015년 조직 내 활동의 통합을 강화할 목적으로 CIA는 부서들을 늘리기 위한 '임무 센터(mission center)'들의 구조를 만들었다. 이 체계는 앞서 설명한 골드워터-니콜스 개혁 이후의 군대조직처럼 기능하였다. 부서들은 요원 각자의 숙련된 기술과 관련된 전문성을 발전시키기 위해 훈련과 자원들을 제공한다. 그리고 나서 이 요원들은 특별한 지역 또는 기능 이슈에 초점을 맞춘 '임무 센터'에 다른 부서 출신의 CIA 요원들과 통합된다. 2015년 현재 아프리카, 글로벌 문제, 방첩, 확산금지와 같은 이슈에 초점을 맞춘 '임무 센터'가 10개 있다.[30] '임무 센터'는 통합과 상호 운용성을 발전시키고, '난로연통(stovepiping)' 효과와 같은 기존의 관료적 문제를 완화한 것으로 기대되고 있다.

다양한 임무가 부여된 조직들에 항상 있듯이, 조직 내에 충돌하는 문화들이 존재하고 있다. CIA 내에서 가장 괄목할만한 문화적 단층은 활동부서와 분석부서 사이에서 나타났다. 활동부서의 요원들은 자기들이 CIA의 실질적인 일 — HUMINT 운용과 해외에서의 비밀공작 — 을 하고 있다고 생각한다. 실제로 현 CIA 국장인 해스펠(Gina Haspel)은 경력 대부분을 국가비밀국(National Clandestine Service, 지금 이름은 활동부 Directorate of Operation)에서 보냈다.[31] 이러한 활동부서의 '냉정한 아이들(Cool Kids)'과 달리 분석관들은 머리를 많이 쓰고, 내성적이고, 자신의 독립성에 대해서 민감한 보통사람들이다. 일부 기구들의 베테랑들은 2015년의 개혁은 분석관

도표 3.2 ■ CIA 조직도

UNCLASSIFIED

OFFICE OF THE DIRECTOR	ENTERPRISE FUNCTIONS	TALENT CENTER OF EXCELLENCE
DIRECTOR	ASSISTANT TO THE DIRECTOR FOR FOREIGN INTELLIGENCE RELATIONS	CENTER FOR THE STUDY OF INTELLIGENCE
DEPUTY DIRECTOR	ASSOCIATE DIRECTOR FOR MILITARY AFFAIRS	DIVERSITY AND INCLUSION OFFICE
EXECUTIVE DIRECTOR	CHIEF FINANCIAL OFFICER	ENGAGEMENT AND INNOVATION STAFF
DEPUTY EXECUTIVE DIRECTOR	CORPORATE POLICY STAFF	LEARNING ENTERPRISE OFFICE
	CRITICAL MISSION ASSURANCE PROGRAM	TALENT DEVELOPMENT OFFICE
	DIRECTOR'S EXECUTIVE SUPPORT STAFF	TALENT MANAGEMENT OFFICE
	EXECUTIVE SECRETARIAT	
	MEASURES OF EFFECTIVENESS OFFICE	
	OFFICE OF CONGRESSIONAL AFFAIRS	
	OFFICE OF THE GENERAL COUNSEL	
	OFFICE OF THE INSPECTOR GENERAL	
	OFFICE OF PUBLIC AFFAIRS	
	PROCUREMENT EXECUTIVE	
	STRATEGY AND CORPORATE GOVERNANCE	

DIRECTORATES

ANALYSIS	DIGITAL INNOVATION	OPERATIONS	SCIENCE AND TECHNOLOGY	SUPPORT
OFFICE OF ADVANCED ANALYTICS	AGENCY DATA OFFICE	HUMAN RESOURCES STAFF	OFFICE OF GLOBAL ACCESS	CENTER FOR TALENT MANAGEMENT
OFFICE OF ANALYTIC PRODUCTION AND DISSEMINATION	CENTER FOR CYBER INTELLIGENCE	INTELLIGENCE AND FOREIGN AFFAIRS	OFFICE OF INTEGRATED MISSIONS	OFFICE OF CORPORATE BUSINESSES
OFFICE OF RESOURCES AND SUPPORT	INFORMATION TECHNOLOGY ENTERPRISE	OPERATIONS AND RESOURCE MANAGEMENT STAFF	OFFICE OF MISSION RESOURCES	OFFICE OF FACILITIES AND MISSION DELIVERY
OFFICE OF STRATEGIC PROGRAMS	OPEN SOURCE ENTERPRISE	POLICY COORDINATION STAFF	OFFICE OF SPACE RECONNAISSANCE	OFFICE OF GLOBAL SERVICES
	TALENT OFFICE	SUPPORT RESOURCES STAFF	OFFICE OF SPECIAL ACTIVITIES	OFFICE OF INNOVATION AND INTEGRATION
			OFFICE OF TECHNICAL COLLECTION	OFFICE OF MEDICAL SERVICES
			OFFICE OF TECHNICAL INTELLIGENCE OFFICER DEVELOPMENT	OFFICE OF PERSONNEL RESOURCES
			OFFICE OF TECHNICAL READINESS	OFFICE OF SECURITY
			OFFICE OF TECHNICAL SERVICE	RESOURCE MANAGEMENT GROUP

MISSION CENTERS

AFRICA
COUNTERINTELLIGENCE
COUNTERTERRORISM
EAST ASIA AND PACIFIC
EUROPE AND EURASIA
GLOBAL ISSUES
NEAR EAST
SOUTH AND CENTRAL ASIA
WEAPONS AND COUNTERPROLIFERATION
WESTERN HEMISPHERE

UNCLASSIFIED

출처: Central Intelligence Agency.

들에게 유리하게 이루어졌다며, '얼간이들의 복수(revenge of the nerds)'
라고 풍자했다.[32] 이 주장의 의미를 음미해 보면, CIA에는 역사적으로 문화
의 분열이 지속적으로 존재하고 있음을 알 수 있다.

펜타곤과 군사정보

펜타곤은 미국 정보공동체에 800파운드의 고릴라가 있다는 속담에 기원
하고 있다. 로웬탈(Mark Lowenthal)이 언급하듯이 "국방장관이 매일 통
제하는 정보공동체 기관들의 숫자는 국가정보장(DNI)이 하는 것보다 많
다."[33] 예를 들어, 국가정보장이 조정하고 있는 17개의 조직 중에 반 정도
가 국방부에 의해서 운영되고 있다. 공식적인 숫자는 알려지지 않았지만,
대부분의 예측은 약 80퍼센트의 정보공동체 예산과 인력이 펜타곤의 통제
하에 놓여 있다고 평가했다.

　그러나 국방장관의 정보 이슈에 관한 관심은 국가정보장의 관심보다 덜
하다. 두 조직 크기의 차이가 그 이유를 말해 주고 있다. 국방부에서 일하
는 모든 민간인과 군인을 합하면 약 280만 명이 이 조직에 연계되어 있다.
정보공동체의 크기에 대한 공식적인 발표는 없었지만, 2015년의 『뉴욕 타
임스』 기사에 따르면 국방부에 약 18만 명의 정보원이 있다고 한다.[34] 이
는 펜타곤 인력의 7퍼센트에 불과하다. 따라서 국가정보장은 펜타곤이 이
분야에서 지배적인 세력이라 생각하지만, 정보문제는 반드시 국방부의 관
심 사항이 아니다. 그럼에도 불구하고 2002년에 **정보담당 국방차관**(USDI:
Undersecretary of Defense for Intelligence) 직이 신설되었다. 이 펜타곤
에서 세 번째 등급 지도자의 임무는 군사정보에 관련된 예산과 정책들의 관
리와 감독으로 제한되어 있다. 정보담당 국방차관이 정보기능을 활동 차원
에서 통제할 수 없지만, 많은 사람은 이 직위가 정보공동체에 대해서 국가
정보장보다 더 많은 권한을 갖고 있다고 주장한다.

정규군 조직들은 작전을 지원할 정보조직을 보유하고 있다. 정보공동체에서 가장 오래된 정보조직은 해군정보국(Office of Naval Intelligence)이며, 이 조직은 1882년에 설립되었고 해양정보 이슈들에 초점을 맞춘다. 국가지상정보센터(National Ground Intelligence Center)는 정보생산물을 육군에 제공하는 제1의 조직이다. 공군과 해병대도 각기 군사작전에 필요한 정보를 관련 정보기관에서 제공받고 있다. 4개의 군사조직은 각기 부속 정보기관의 지원을 받고 있으며, 주로 작전에 도움이 되는 정보에 치중하고 있다.

국방정보국(DIA: Defense Intelligence Agency)은 군조직으로부터 분리되어 있으며, 전략 수준의 군사 이슈에 초점을 맞추는 동시에 배치된 군대를 지원하는 역할을 수행한다. 1961년에 창설된 DIA는 주로 민간인들로 구성되어 있으며, 30퍼센트 만이 군 소속이다. DIA는 다방면의 분석물 생산과 더불어 세 가지 핵심 정보분야에서 중요한 역할을 한다. 첫째, DIA는 국방무관실(DAO: Defense Attache office)을 운영한다. DAO 프로그램은 해외대사관에 군인을 파견하여 상대국의 군대와 연락업무를 담당하며 수집한 첩보를 본국에 보고한다. 이러한 능력의 범위 내에서 무관들은 정보공동체를 위한 공개적인 인간정보 수집의 가장 큰 자원이 되고 있다. DIA가 수행하는 중요한 역할 중의 두 번째 분야는 계측징후정보(MASINT: Measurement and Signature Intelligence)를 기능적으로 운영하는 것이다. 이러한 능력의 범주 내에서 DIA는 정보공동체를 위하여 MASINT의 능력을 개발하고 조정하는 주도적인 역할을 한다. 마지막으로 CIA의 활동부(DO) 같이 DIA는 비밀 인간정보 수집을 하는 새 조직을 보유하고 있다. 국방비밀부(Defense Clandestine Service)에 대해서 알려진 바는 거의 없으나, 정보담당 국방차관이었던 빅커스(Michael Vickers)는 2015년에 국방비밀부는 규모 면에서 CIA에 필적할 만큼은 아니지만, 점차 성장하고 있다고 주장했다.[35]

국방정보국(DIA)은 정보부문에 배치되어 전투사령부(COCOMs: Combatant Commands)를 위해 활동하는, J2라고 불리는 정보요원들을 관리한다. 현재 지역에 기반한 6개의 COCOMs가 있다.[36] 그리고 기능에 기초한 5개의 COCOMs가 있다. 이 조직들에 있는 정보요원들은 정보공동체의 인원에 포함되지 않는다. 그러나 그들은 책임을 맡은 지역이나 기능 분야에서 중요한 정보수집과 분석결과를 제공한다.

DIA 이외에 나머지 국방부 정보조직들은 대체로 전투 지원 조직들이다. 이 조직들은 국가지리공간정보국(NGA: National Geospatial-Intelligence Agency), 국가정찰국(NRO: National Reconnaissance Agency), 국가안보국(NSA: National Security Agency)이다. NGA는 정보공동체 내에서 지리정보를 선도하는 조직이다. NGA는 영상을 분석하는 업무 이외에 지도를 제작하는 업무도 한다. 최근 들어서, 국가안보를 지원하는 임무에 더하여, NGA는 영상과 지도를 지원하여 정부의 재난구호 및 복구 사업을 지원하고 있다.

포트 메이드(Fort Meade)에 본부가 있는 NSA는 정보공동체 내에서 신호정보 업무를 선도하는 조직이다. 국가안보정보의 암호화와 적대국 통신의 암호해독 업무를 하기 때문에 NSA는 국가 내에서 수학자를 제일 많이 고용하는 조직이다. 미국 정보공동체 내에서 가장 큰 조직(인원과 예산 면에서)으로 널리 알려진 NSA는 사이버정보 이슈와도 깊게 연관되어 있다. 실제로 2009년 사이버 사령부가 NSA에 설치되었다. NSA 국장은 사이버 사령부의 사령관직도 맡아 겸직을 하는데, 이는 NSA가 정보공동체 내에서 보다 강력하게 될 것이라는 신호다. 어떤 평론가는 "반세기 이전에 상공 위성체계가 그랬던 것처럼 사이버는 정보공동체에 중요하게 될 것이다"라고 주장했다.[37]

그러나 NGA와 NSA가 국가안보에 중요하더라도, 그들이 하는 일의 많은 부분은 국가정찰국(NRO) 없이는 불가능할 것이다. NRO는 기술적 정보수집 활동을 하는 데 가장 유용한 조직이다. NRO의 임무는 영상과 통신감청

지도 3.2 ■ 미국 지역전투사령부

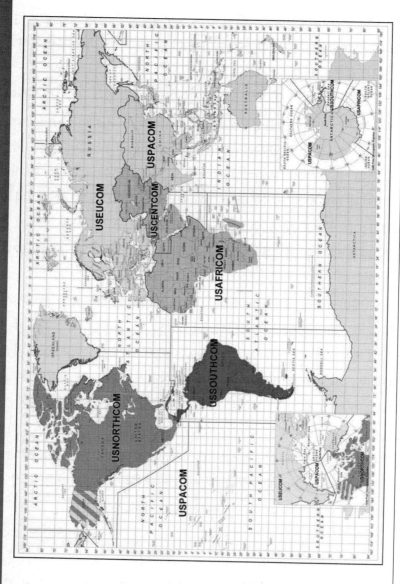

출처: National Geospatial-Intelligence Agency/Public domain/Wikimedia Commons.

같은 기술적 정보의 수집을 위해서 위성의 설계, 제작, 비행을 지원하는 것이다. 일반적으로 만약 **국가기술수단(national technical means)**을 인용한다는 말을 들으면, 이는 NRO에 의해 수집되는 정보를 의미한다. 이 조직은 영상수집 능력에 대한 CIA와 공군 사이의 협력을 증진하는 목적으로 1961년에 설립되었다. 그러나 최근 들어서는 NRO의 활동에 있어서 민간 도급자들이 중요한 임무를 수행하고 있다. 2009년에 발간된 한 서적에 의하면, 조직 예산의 약 88퍼센트가 민간기업으로 지출되었다.[38]

이러한 전투지원기구들의 존재는 국방부가 정보 이슈들에 대해서 너무 많은 영향을 미치는지에 관한 논쟁을 벌이는 핵심 요인 중의 하나이다. 예를 들어, 2004년 정보개혁과 테러방지법(IRTPA)의 개혁을 논의할 때, NRO, NGA, NSA의 관리를 펜타곤에서 국가정보장에게 옮기자는 제안이 있었다. 이는 국가정보장에게 정보수집에 중요한 역할을 하는 지위를 부여하여 국가정보장의 권한을 크게 강화하기 때문에, 국방부는 이러한 움직임에 크게 저항을 했고, 의회의 동맹군들을 설득하여 이 제안을 폐기하는 데 성공했다.

따라서 국방 부분은 정보공동체에 있어서 지배적인 요소이다. 펜타곤이 정보공동체의 많은 부분을 통제한다는 사실은 **정보의 '군사화'**에 대한 우려를 제기했다. 실제로 국방비밀활동부(DCS: Defense Clandestine Service)와 같은 새로운 부서들의 성장은 이 논쟁을 더 가열시켰다. 이러한 조직들의 성장을 비판하는 사람들은 국방부가 통제하는 정보조직들이 군사안보와 관련되는 정보 이슈들에 너무 많은 초점을 맞출 것이라는 우려를 제기했다. 이는 기본적으로 '조직의 법칙'으로 비유된다. 만약 당신이 망치라면, 모든 문제는 못이라고 한다. 반대로 일부는 '군사화'를 포용한다. 그들은 군사안보는 국가안보의 핵심 부분이며, 이 분야에 더 많은 초점을 맞추는 것은 적절한 것이다.

정보공동체의 나머지 부분

국방부의 군사정보 조직들과 마찬가지로 많은 비군사 정보조직들은 정부조직의 일원이며 관련된 정책분야를 지원하는 주요 역할을 하고 있다. 이에 따라 그들의 전문화는 그들이 소속되어 있는 조직과 연결되어 있다. 예를 들어, 국무부의 정보조사국(INR: Bureau of Intelligence and Research)은 외교를 뒷받침하기 위해서 총 출처 정보를 분석하고 보고한다. 이러한 조직들은 보다 규모가 큰 CIA와 같은 정보공동체의 조직에 비해서 상대적으로 작은 규모이다. 예를 들어, INR의 조직 내에는 약 300명의 직원만이 있다고 알려져 있다.

국무부의 INR은 제2차 세계대전 이후에 창설되었지만, 외교를 지원하기 위한 정보의 필요성은 분명히 새로운 것이 아니다. 1920년대에 야들리(Herbert Yadley)에 의해서 운영되던 블랙 챔버(Black Chamber)는 미국 외교관들의 활동을 지원하기 위해서 통신감청을 통한 정보수집을 했다. 1929년 스팀슨(Henry Stimson) 국무장관의 "신사들은 서로의 메일을 읽지 않는다"라는 신조 때문에 블랙 챔버가 해체되었지만, 다른 정보조직인 OSS가 해체된 덕분에 INR이 설립되었다. 1945년 9월 트루먼 대통령이 OSS를 해체하자, 국무부는 새로운 정보조직을 구성하기 위해서 연구분석국에 직원을 모집했다.

INR의 임무는 외교관들에게 총체적 정보지원을 하는 것이었지만, INR이 외교관들을 지원하기 위해서 작성한 문서들은 해외에 주재하는 외교관들이 보낸 자료들을 활용해서 만든 것들이다. 이러한 해외 전문의 활용은 국방무관들이 제공하는 공개 인간정보 보고서들과 유사한 것이다. 그러나 해외 전문들이 내포하고 있는 통찰력과 평가는 매우 민감한 것들도 있다. 예를 들어, 2010년 위키리크스(WikiLeaks)에 의해서 25만 건의 국무부 해외 전문이 폭로된 사건은 중동에서의 미국 외교정책에 해를 입혔다.[39]

에너지부의 정보와 방첩국(Office of Intelligence and Counterintelligence)은 1977년에 창설되었고 해외정보 이슈들의 기술적 분석에 초점을 맞춘다. 정보와 방첩국은 주로 해외 행위자들의 핵무기 프로그램들을 평가하는 데 총력을 기울이며, 그 결과 그 프로그램들은 정보공동체의 비확산 정보 노력의 핵심적 대상이 된다. 그러나 정보와 방첩국은 에너지 안보 분야의 다른 이슈들도 다루는데, 여기에는 방사선 폐기물 관련 안보도 포함된다.

1960년대 초반부터 재무부는 해외정보기능을 유지해 왔으며, 2004년의 정보수권법(Intelligence Authorization Act)에 의해서 정보분석국이 설립되었다. 오직 국가의 재정부처들만을 위한 정보능력을 가진 기관 중의 하나인 재무부의 정보분석국은 재무부 업무에 분석적이면서 방첩 차원의 능력을 제공한다. 이는 이 기구가 재정정보(FININT: Financial Intelligence)의 주제에 특화한다는 의미다. 재무부에 이와 유사한 업무를 추진하는 조직으로 금융범죄단속 네트워크(FinCEN: Financial Crimes Enforcement Network)가 있다. 이 네트워크는 "돈을 좇아라"라는 모토를 사용하면서, 돈세탁과 기타 금융범죄와의 투쟁을 하기 위한 정보 능력을 발전시키기 위해서 국내외 파트너들과 협력을 모색한다.

법무부(DOJ)에는 정보공동체에 속한 두 개의 기구가 있는데, 그들은 마약단속국(DEA: Drug Enforcement Administration)과 FBI다. CIA와 국방부 소속 정보조직들과 달리 이 조직들의 임무는 국토안보 이슈와 관련된 국내 보안 활동에 가깝다. DEA는 2006년에 정보공동체에 합류하였다. DEA의 국가보안정보실(Office of National Security Intelligence)은 정부의 다른 부서들과 마약금지 활동의 협력과 정보공유를 촉진하는 임무를 맡고 있다. DEA의 가장 괄목할만한 활동 중의 하나는 미국-멕시코 국경에서의 마약밀매를 탐지하고 모니터하는 엘파소 정보센터(EPIC: El-Paso Intelligence Center)에 참여한 것이다.

FBI는 법무부의 이질적인 요소로써 정보공동체에 포함되어 있다. 법 집

행과 정보업무를 동시에 하는 FBI는 연방법에 의해서 국내정보 수집을 선
도하는 기구로 위임되어 있다.[40] 결과적으로 FBI는 대규모 절도, 지능형 범
죄(white-color crime), 부패 등 전통적인 법 집행 임무 이외에 외국 간첩자
산, 파괴분자, 테러리스트 관련 업무도 추진한다. 법 집행과 정보 사이의 균
형을 맞추는 데 있어서, 최근의 방첩과 테러 대응에 대한 강조는 FBI가 정
보 관련 활동에 초점을 맞추게 하고 있다.[41]

처음에는 1908년에 보나파르트(Charles Joseph Bonaparte)에 의해서
수사국(BOI: Bureau of Investigation)으로 설립되었다가 1935년에 연방
수사국(FBI: Federal Bureau of Investigation)으로 이름을 바꿨다. 초기
에는 주로 은행강도 및 납치와 같은 법 집행 이슈에 초점을 맞추었다. 두드
러지지는 않았으나, 제2차 세계대전과 냉전 기간에 FBI는 외국간첩의 위협
에 대한 대응도 했다. 심지어 FBI는 1947년 CIA가 설립될 때까지 라틴 아
메리카에 대한 해외정보 수집과 방첩활동을 했다.

FBI를 가장 발전시킨 사람은 후버(J. Edger Hoover)였다. 1924년에
BOI 국장으로 임명된 후버는 FBI로 이름을 바꾼 뒤에도 국장직을 계속하
여 1972년 사망할 때까지 재직하였다. 48년 동안 후버가 국장으로 있는 동
안 FBI는 국가의 가장 앞선 법 집행 기관이 되는 동시에, 강력한 국내 방첩
조직이 되었다. 그러나 후버가 정보수집을 위해서 공격적이고 때로는 불법
적인 방식을 사용하자 정치제제 내에서 그의 권력에 대한 우려가 제기되었
다. 더구나 후버는 정부 지도자들의 '파일'들을 갖고 있으면서, 대통령을 포
함한 선거에 의해서 선출된 공직자들을 협박할 수 있는 능력을 보유했었다
고 알려져 있다.

9·11 공격은 FBI의 정보임무에 큰 영향을 미쳤다. 2001년 공격 이전에
FBI는 알카에다의 위협에 대해서 CIA와 효율적인 협력을 하지 못했다는
9·11 위원회의 비평에 더하여, FBI 내의 정보기능이 강화되어야 한다는 점
이 인정되었다. 그 결과 2005년에 정보담당 부서가 설치되었고, 다수의 분

석관이 FBI로 몰려들었다. 실제로, 2012년의 한 서적에 의하면, 9·11 이후 FBI 내에 정보담당자가 200퍼센트 증가했다.[42]

본부에 있는 조직들 이외에 FBI에는 56개의 현장조직이 있다. 이 조직들은 관할권 내의 활동과 조사를 지원하기 위한 현장정보그룹(FIG: Field Intelligence Group)을 보유하고 있다. 이 그룹들은 본부를 지원하기 위해 첩보를 수집하고 평가하는 언어전문가, 분석가, 특수요원들을 보유하고 있다. 추가로 FBI의 현장그룹들은 다른 정부조직들과 합동작업을 하기 위해 **합동테러전담반(JTTF: Joint Terrorism Task Force)**을 운영하고 있다.

법무부와 마찬가지로 국토안보부(DHS)에는 정보공동체에 소속된 두 개의 조직이 있다. 국경수비정보대(Coast Guard Intelligence)는 사령부를 지원하는 규모로 시작했다. 처음에는 작은 사무실 수준이었으나, 제2차 세계대전 기간에 크게 성장했다. 최근 들어 이 조직은 마약금지, 항구보안, 외국인 이민금지 등 해양안보를 지원하는 역할을 하고 있다. 국토안보부 조직이면서 정보공동체에 속한 가장 최근의 조직은 국토안보부의 정보와 분석국(Office of Intelligence and Analysis)이며, 이 조직은 2012년에 정보공동체에 합류했다. 비밀첩보국(Secret Service)과 같이 국토안보부의 조직이면서 정보공동체에 속하지 않는 조직들과의 협력업무 이외에, 정보와 분석국은 국가에 의해서 운영되는 정보조직들에 대해 훈련과 지원을 한다.

정보공동체 밖의 정보

정보를 논할 때 주로 정보공동체에 속한 17개 조직에 대해서 논의하지만, 정보활동은 정부조직들뿐만 아니라 정부 이외의 조직들과 민간조직에 의해서도 이루어진다는 점이 중요하다. 또한, 중요한 점은 비(非) 정보공동체 조직들의 정보활동이 점차 증가하고 있다는 점이다. 정책결정을 향상시키기 위하여 첩보의 수집과 해석에 초점을 맞추는 정보분야는 성장하는 산업이 되어 가고 있다.

프리스트(Dana Priest)와 아킨(William Arkin)이 2011년에 저술한 『1급 비밀 미국(*Top Secret America*)』에 따르면, 미국에는 1급 안보비밀 취급 허가를 받은 사람이 85만 4,000명이 있다.[43] 이는 미국 내에 정보공동체에 속하지 않으면서 비밀첩보를 다룰 수 있는 사람들이 정부 내에 있다는 논리 다. 예를 들어, 국토안보부에는 국경수비정보대(Coast Guard Intelligence) 및 정보와 분석국(Office of Intelligence and Analysis) 같이 정보공동체 에도 소속된 조직들이 있다. 이외에 관세국경보호청(Customs and Border Protection), 비밀첩보국(Secret Service), 교통안전청(Transportation Security Administration) 등 국토안보부에만 소속되어 있으면서 정보를 다 루는 조직들이 있다. 심지어 질병통제센터(Centers for Disease Control), 국세청(Internal Revenue Service) 등 업무를 추진하기 위해서 정보전문 가를 활용하는 조직들도 있다.

국가 차원에서 필요로 하는 정보지원의 다른 요소는 개인 도급자를 사용 하는 것이다. 개인 도급자는 특별한 전문성을 제공하기 위해 정부와 계약 을 맺은 기업들이다. 계약을 충실히 이행하기 위해서 계약한 기업은 필요 한 전문적 기술을 가진 사람을 고용해야 한다. 제너럴 다이나믹스(General Dynamics), L3, SAIC 등 많은 대규모 방산기업들은 미국정부에 정보지 원을 하고 있다. 이러한 민간기업에 대한 의존은 새로운 현상이 아니며, 광 범위하게 활용되는 방식이다. 예를 들어, 라이트(Paul Light)는 2015년에 370만 개의 민간기업들이 계약을 체결하여 연방정부 프로그램을 수행했다 고 기록했다.[44]

또한, 민간계약조직들은 지역 차원에서 등장하는 정보활동조직에게 정 보를 제공한다. 9·11 공격 이후 모든 주가 정보능력을 확대시키기 시작했 다. 대부분의 주들이 **퓨전센터(Fusion Center)**를 설립했다. 현재 79개의 퓨전센터가 활동 중이다. 이 조직들은 정부의 다른 차원들 사이의, 특히 국

토안보국의 정보와 분석국(Office of Intelligence and Analysis)과 첩보교
류를 증진시킬 목적으로 만들어졌다. 그러나 이 퓨전센터들은 종종 지역의
법집행부서들의 정보조직과 협력하여, 정보능력을 범죄분석과 경찰활동에
활용할 수 있도록 지원한다.

정보순환과 이에 대한 비판

정보순환의 기원

현대 정보순환은 정보가 생산되는 과정을 시각화하기 위한 시도이지만, 정
보순환은 새로운 것이 아니다. 20세기 초반 정보작업을 하는 데 있어서 정
보과정의 일부가 중요하다고 언급이 되었지만, 그 요소들의 조화작업이 실
질적으로 논의된 적은 없다. 제1차 세계대전 이후 군 교본에는 정보의 수
집, 대조, 보급이 '중요한 기능'이라고 언급되어 있지만, 이 요소들이 보다
큰 과정의 단계로 조화되는 작업은 이루어지지 않았다.[45]

정보순환의 개념은 제2차 세계대전 시기에 보다 뚜렷하게 나타나기 시
작했다. 정보조직들의 규모가 커짐에 따라 과정을 개발하고 새로운 인적
자원을 훈련할 필요성이 증대했다. '정보순환'에 대한 첫 언급 중의 하나는
1948년 데이빗슨(Phillip Davidson)과 글라스(Robert Glass)의 서적 『정
보는 사령관들을 위한 것이다(*Intelligence Is for Commanders*)』에 의해
이루어졌다. 그들이 자신들의 책에서 언급한 순환은 현대에 다양화된 정보
순환의 단계들을 구체화한 것은 아니었지만, 그들의 정보순환은 정책결정
자들에게 지원될 첩보를 가공하기 위해서 설계된 정보생산의 연속되는 과
정이라는 개념을 따르는 것이었다. 데이빗슨과 글라스가 언급했다시피,
"이 관계는 정보의 기본원칙을 구성하는 것이라고 언급될 수 있다."[46]

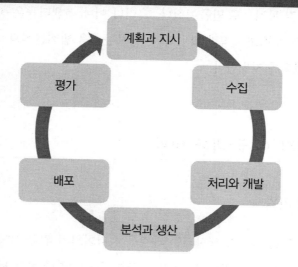

도표 3.3 ■ 정보순환의 현대적 구도

계획과 지시

수집

처리와 개발

분석과 생산

배포

평가

　　국가정보장실(ODNI)은 현재의 **정보순환**을 6단계의 과정으로 식별한다. 이 6단계는 (1) 계획과 지시 (2) 수집 (3) 처리와 개발 (4) 분석과 생산 (5) 배포 (6) 평가다. 지금의 모델에는 과거의 것보다 단계가 많은 것은 분명하다. 그러나 정보과정이 정책결정자들을 지원하기 위해 설계된 순환이라는 조직의 원칙은 그대로 유지되고 있다. 미국 정보공동체의 『소비자 가이드(*Consumer's Guide*)』가 정보의 순환과정은 "매우 역동적이고, 지속적이고, 끝나지 않는다"라고 표현하는 데 대해서 과거의 학자들인 데이빗슨과 글라스는 완전히 동의했을 것이다.[47]

순환 요소의 개괄

1. 계획과 지시

기본적으로 정보는 정책결정자들에게 올바른 자료를 제공하기 위해서 설계되는 것이라는 점에서 정보과정이 정책결정자들의 요구로부터 시작된다는 주장은 합리적이다. 요구는 필요한 자료에 대한 진술이다. 정보요구는 상황에 대한 이해력을 높이기 위하여 정책결정자들이 보유하고 있는 지식기반을 향상시키는 것이다. 정보요구는 정보순환 과정의 나머지 요소들이 제대로 작동하도록 만들어진다. 즉, 요구에 의해서 무엇을 수집해야 하는지, 어떻게 분석을 해야 하는지, 정책결정자들의 요구에 어떻게 답을 해야 하는지가 결정된다. 불행하게도 정책결정자들은 정보과정에 대해서 의욕 또는 열의가 부족한 경우가 빈번하다.

고위 정책결정자들의 정보순환과정에의 참여가 부족한 점은 두 가지 이슈들에 바탕을 두고 있다. 첫째, 다수의 고위 정책결정자들은 국가안보 과정과 정보의 지원 역할에 대한 이해가 부족한 편이다. 대통령이 선출되기 이전의 배경을 살펴보자. 대체로 선출되기 이전에 국가안보를 전문적으로 다루어 본 대통령은 드물다. 제한된 경험 때문에 고위 정책결정자들은 정보가 어떻게 작동되는지, 정보가 국익에 어떠한 역할을 하는지에 대한 지식이 거의 없는 상태에서 직책을 시작하게 되는 것이다.

고위 정책결정자들이 국가안보에 제한되게 참여하는 두 번째 이유는 정보업무 및 국가안보 분야가 정책결정자들이 관심을 가지게 되는 많은 분야 중에 단지 한 분야라는 점 때문이다. 고위 공직자가 임무를 시작할 때 국내정책 문제, 법관 임명, 재선 등 직면하게 되는 다른 우선순위를 고려한다면, 정책결정자들이 정보순환 과정에 가치를 두지 않고 추진하지 않는지의 이유를 쉽게 알 수 있을 것이다.

고위 정책결정자들의 참여 결핍의 사례는 1971년 미국 국가안보회의를 위한 정보위원회를 만든 후 발생했다. 이 위원회는 정보공동체가 닉슨행정부의 고위 관리들로부터 지침을 받지 못하기 때문에 만든 것이었다. 그러나 창설 직후 30분간 회의를 하고, 그 후 2년 반 동안 회의가 열리지 않았다.[48] 베츠(Richard Betts)는 자신의 책 『정보의 적들(*Enemies of Intelligence*)』에서 "관심은 희귀한 자원"이라고 비평했다.[49]

전통적으로 정보요구의 주요 형태는 상시적인 것 또는 일시적인 것이 있다. 상시적인 요구는 지속적으로 중요한 정보 이슈들을 반영하고, 따라서 이러한 문제들에 대한 정보활동은 사전에 충분히 계획된다. 예를 들어, 냉전 기간에 서방진영은 소련의 핵 능력에 대해서 항상 관심을 가졌다. 이 주제에 대한 정보생산물은 정기적인 일정에 따라서 계획되고 만들어졌다. 다른 사례, 1959년에 카스트로(Fidel Castro)가 쿠바의 권력을 장악하고 소련과 동맹을 추진하자, 미국의 정보공동체는 쿠바의 군사력 증강에 대해서 지속적으로 모니터했다. 1962년 7월의 국가정보예측(NIE) 보고서 '쿠바의 현황과 전망'은 같은 주제에 대한 이전의 NIE 보고서를 업데이트한 것이다.

반면, 일시적인 요구는 예기치 않은 상황에 대비하기 위해서 이루어진다. 이러한 일시적인 요구는 즉각적으로 주목해야 하는 긴급한 이슈들에 대비하기 위한 것이다. 예를 들어, 1962년 10월 14일 쿠바에 SS-4 탄도미사일 기지가 있다는 사실이 밝혀졌을 때 소련의 의도가 일시적인 정보요구가 되었다. 케네디 대통령의 관점에서 소련의 미사일 배치가 제3차 세계대전의 전초전인지, 미국의 대응책에 대해서 소련이 어떤 반응을 보일지는 다음 해까지 기다릴 수 없는 요구사항이었다. 이 이슈에 대한 특별 NIE 보고서 '쿠바에서 미국의 특정 행위의 과정에 대한 소련의 대응'이 미사일 기지 탐지 1주일 이내에 완성되었다.

상시적인 요구와 일시적인 요구 사이의 긴장은 대답할 수 있는 자료보다 더 많은 수집요구가 있는 경우에 발생한다. 이러한 역동성은 **제로섬 게임**(zero-sum game)으로 알려져 있다. 어떤 조직에 정해진 분량의 자원이 있다. 따라서, 만약 한 분야에서 추가적인 자원이 필요하다면, 개념적으로 다른 분야는 그만큼 자원을 잃게 된다. 줄다리기 게임이 제로섬 게임의 대표적 사례이다. 줄다리기에서 줄을 한 걸음 더 당기면 이기는 논리와 마찬가지로, 반드시 해결해야 할 일시적 요구가 등장한다면, 다른 상시적 요구는 손해를 보게 된다. 이는 때때로 **일시적인 것의 횡포**(tyranny of ad hocs)로 불린다.

정책결정자들의 요구 문제를 해결하려는 가장 최근의 시도는 국가정보
우선순위체계(NIPF: National Intelligence Priorities Framework)를 만
든 것이다. 2003년에 테닛(George Tenet) CIA 국장이 개발한 이 시스템은
정보요구에 대한 완전한 리스트를 만들기보다는 정보토픽들에 대한 스프
레드시트를 만드는 것이다. NIPF는 NSC 내 고위정책결정자들이 생각하는
우선순위를 파악하기 위한 것이고, 정책결정자들이 연간 단위로 문서를 검
토한다고 생각하는 국가정보장에 의해서 실시된다.

NIPF의 구축은 행위자 이슈와 더불어 정책결정자들이 그 이슈를 얼마나
중요하게 생각하는지를 파악하게 했다. 이를 위해서 스프레드시트는 두 개
의 축을 가진다. 하나의 축은 국가와 비국가를 포함한 모든 가능한 정보행
위자들을 식별한다. 다른 축은 실질적인 토픽들을 나열한다. 그 후 국가안
보정책결정자들이 관심을 가지는 분야들을 식별하고 이들을 1부터 5까지
우선순위의 번호를 매기는데, 1이 가장 높은 우선 사항이다. 가정적 사례인
도표 3.4이 보여주듯이, 정책결정자들은 북한의 탄도미사일 기술을 모니터
하는 것을 이 분야에서의 필리핀의 능력을 파악하는 것보다 중요하게 생각
한다. 이와 유사하게, 마약금지에 있어서는 북한보다는 필리핀을 생각할 때

도표 3.4 ■ 국가정보우선순위체계(NIPF) 가정적 사례

	방첩	마약 금지	사이버 위협	체제 안보	테러 리즘	WMD 화학 무기	WMD 핵무기	탄도 미사일
대만	4			4				
북한	2	5	2	3			1	1
일본			4	5				
필리핀		2			4			
한국	5			4				

더 중요하다고 인식한다.

2. 수집

정책결정자들은 현재 보유하고 있는 첩보가 문제를 해결하는데 만족스럽지 않다면, 정보의 기능은 문제 해결을 위한 새로운 첩보를 수집해야 한다고 생각한다. 이것이 수집과정의 시작점이다. 수집의 첫 단계는 정보과정의 첫 단계에서 제시된 요구에 대해서 평가를 하는 것이다. 이 작업은, 어느 요구가 가장 중요한지, 요구를 충족시키기 위해서는 어떠한 수집방법이 적절한지, 수집임무를 수행하기 위해서는 어떠한 수단이 실제로 가용한지에 대한 문제를 해결해야 한다. 미국의 경우 요구를 해결하는 주체는 분야에 따른 특정 시스템에 분산되어 있는데, 그 사례는 국가 SIGINT 요구과정(National SIGINT Requirements Process)과 MASINT 요구체계(MASINT Requirement System)가 있다.[50]

첩보를 수집하는 능력은 센서(sensor)와 플랫폼(platform)의 두 가지 핵심요소를 전제로 한다. 센서는 정보가치가 있는 첩보를 수집하는 기제다. 예를 들어, 쿠바 미사일 위기 당시 하바나 서쪽에 있는 소련 미사일 기지들을 보여주는 영상은 지리공간수집센서(geospatial collection sensor)로부터 획득되었다 (예를 들어, 카메라). 그러나 카메라가 영상을 수집하기 위해서는 정확한 장소, 정확한 시간에 첩보를 수집하는 것을 지원할 수 있는 메커니즘을 필요로 한다. 만약 이 사례에서 언급된 카메라가 10월 14일 쿠바 상공을 날고 있던 U-2기에 설치되어 있지 않았다면 중요한 정보를 수집할 수 없었을 것이다. 실제로 쿠바의 미사일 기지를 발견하기 1개월 전에 미국은 U-2기가 쿠바 상공을 비행하는 임무를 중단시켜서, 카메라 센서가 필요한 정보를 수집할 수 있는 위치 밖에 놓여 있었다. 따라서 수집 센서는 **수집 플랫폼**과 짝을 이루어야 한다. 이 플랫폼은 위성, 비행기 등 일종의 운송 메커니즘이다. 그러나 모든 플랫폼이 이동할 수 있는 것일 필요는 없다. 폐쇄회로 텔레비전 카메라와 다른 감시 센서들은 전형적으로, 그리고 점차 장대, 빌딩, 또는 다른 정지된 목표물에 설치된다.

사진 3.4 U-2 정찰기에 장착되는 카메라.

첩보를 수집하는 센서는 다섯 가지의 수집방식으로 구분된다. HUMINT (인간정보: Human Intelligence)는 가장 오래된 정보수집 방식이다. 심지어는 성경에서도 언급이 되고 있다. 민수기(Book of Numbers)에 따르면, 모세는 자신의 스파이들에게 가나안에 침투하여 토지의 질과 주민들의 능력을 파악하도록 했는데, 이것은 HUMINT 수집을 의미했다. 그러나, 비록 모든 HUMINT는 비밀 HUMINT(또한 간첩으로 알려진)로 인식이 되고 있지만, 인간들의 직접적인 접촉에 의해 이루어지는 수집활동의 형태도 있다. 예를 들어, 무관이나 외교관들은 상대국이 완전히 알고 있는 상황에서 자신들의 활동에 대해 보고한다. 이를 공개 HUMINT라고 한다. 난민이나 망명자로부터 정보를 청취하는 것도 공개 HUMINT의 범주에 든다. 다른 형태의 HUMINT 수집은 심문에 의해서 첩보를 획득하는 것인데, 이때 첩보자료는 첩보를 원하는 측에 의한 구금에 의해서 수집이 된다 (때로는 강압적으로).

비밀이 아닌 자료로부터 획득한 정보는 공개출처정보(OSINT: Open Source Intelligence)라 한다. 인터넷과 소셜미디어의 발전은 잠재적 OSINT 수집의 분량을 크게 확대하였으며, 다양한 방식에 의해서 수집이 이루어지고 있다. 1948년에 CIA의 초대 국장이었던 힐렌코우터(Roscoe Hillenkoetter)는 "정보의 80퍼센트는 해외 서적, 잡지, 라디오 방송, 해외상황에 정통한

일반 국민들의 지식과 같은 평범한 자료로부터 수집된다"라고 주장했다.[51]

기술적 방식에 의한 수집은 최근에 추가된 수집방식이며, 대부분의 방식은 지리공간정보(GEOINT: Geospatial Intelligence), 신호정보(SIGINT: Signal Intelligence), 계측징후정보(MASINT: Measurement and Signature Intelligence)를 포함하며, 대부분이 지난 200년 이내에 개발된 것들이다. 이러한 수집방식의 많은 부분은 **원격탐지(remote sensing)** 개념에 의해서 이루어진다. 원격탐지 개념은 목표대상을 직접 접촉하지 않고 첩보를 수집할 수 있다는 점을 바탕으로 한다. 따라서 HUMINT는 전형적으로 개인의 상호작용을 필요로 하지만, 지리공간 센서들은 지상에서 수백 마일 상공에서 목표에 대해 수집하는 위성 플랫폼에 장착될 수 있다.

이와 같은 기술수집방식들은 수집과정에서 모은 자료들을 저장하는 핵심방식을 포함한다. 그것이 단순히 수집목표의 크기 또는 데이터 파일들의 규모 때문이든 간에, 정보수집 데이터의 저장은 계속해서 증가하는 문제점이다. 정보조직들은 이 문제를 해결하기 위해서 저장설비를 추가로 개발하고 있다. 예를 들어, 2002년 미국의 국가안보국(NSA)은 유타에 거대한 데이터 저장설비를 만들었다. 범블하이브(Bumblehive)로 알려진 이 설비는 5,000억 기가바이트 이상의 저장능력을 갖췄다고 보도되었다.[52] 그러나 아무리 저장설비가 크더라도 수집 데이터가 계속 증가하기 때문에 결국은 한계가 있게 될 것이다.

사진 3.5 쿠바 미사일 위기 동안의 미사일 기지 이미지.

3. 처리와 개발

다수의 플랫폼에 다수의 센서가 장착되고 기술이 점차 정교해지는 시대에 수집과정을 통해 획득되는 첩보의 양은 필요한 것보다 훨씬 증가하고 있다. 미국이 새로 개발한 MQ-9 리퍼(Reaper) 무인비행기(UAV: Unmanned Aerial Vehicle)는 여기에 장착된 센서들을 통하여 37시간 동안 지속적으로 데이터를 수집할 수 있는 능력을 보유하고 있다.[53] 위와 같은 방식에 의해서 수집된 데이터는 잠재적으로 가치 있는 데이터이지만, 수집되었으나 정보과정에 관련되지 않는 데이터로부터 유용한 첩보를 분리하는 과정이 있어야 한다. 적의 군사시설을 플랫폼 방식으로 수집을 하게 되면 아무것도 없는 지역의 이미지가 수십만 장이 포함될 것이다. 한 정보분석가는 "나는 수집된 것 중 90퍼센트를 편집실 바닥에 두고 나온다"라고 언급했다.

관련 없는 데이터에서 관련 있는 데이터를 분리하는 과정은, 곡물을 추수하는 과정과 비유하면 **왕겨에서 밀을 분리**(separating the wheat from the chaff)하는 것과 같다. 농부는 추수할 때 보호막을 치고 있는 껍데기(왕겨)로부터 자신들이 가치 있다고 생각하는 밀을 분리해야 한다. 경작지에 있는 농부들과 같은 정보과정은 모든 데이터를 모을 뿐만 아니라 데이터를 적합한 범주로 분류하는 기제를 보유하고 있어야 한다.

수집한 첩보의 처리와 개발은 수집의 방식에 따라 다른 형태로 이루어진다. 예를 들어, 외국의 전화통화를 감청하는 신호정보(SIGINT)는 수집된 내용이 필요한 첩보를 포함하고 있는지 여부를 파악하기 위해서 통역을 필요로 할 수가 있다. 적이 통신을 암호화하는 체계를 사용할 때는 암호해독 전문가가 필요할 수도 있다. HUMINT는 종종 첩보의 신뢰성에 대한 평가가 필요하다. 예를 들어, 1962년 1월 이전에 쿠바에 핵무기와 탄도미사일이 존재한다는 HUMINT 보고가 200건이 넘게 있었다.[54] 그러나 소련이 이 무기들을 배치한 것은 1962년 여름 이후였기 때문에 이 보고들은 신뢰할 수 없는 것들이었다.

정보의 수집과 처리에 기여하는 자료들과 기술의 발전 사이의 불균형이 문제를 일으키는 경우가 자주 있다. 어느 고위 군 장교는 무인항공기(UAV)를 사용하여 정보를 수집하는 기술이 성장하는 데 대해서 "우리는 센서들 안에서 수영을 하고 있으며, 데이터 속으로 빠져들고 있다"라고 언급했다.[55] 이는 매우 중요한 정보적 가치가 있는 첩보가 수집되지만, 정보순환의 마지막 단계에 도착하려면 많이 지연되는 잠재적인 첩보의 병목 상태에 놓이게 할 우려가 있다. 결국 수집되지만 처리되지 못하는 첩보는 활용되지 않을 가능성이 있고, 이는 도대체 왜 수집했는가의 질문을 제기할 것이다. 처리과정의 작업부하를 해결하기 위하여 정보조직들은 이미지 인식 소프트웨어와 인위적 정보와 같은 기술적 해결방안을 연구하여 위와 같은 도전에 대응하고 있다.

처리와 개발 국면의 다른 잠재적인 이슈는 시스템이 첩보를 평가하는 데 적절한 필터를 사용하는가의 문제이다. 즉, 만약 당신이 잘못된 질문을 하면, 당신은 '밀'로 생각하는 것과 '왕겨'로 생각하는 것을 혼동할 수 있다. 그 결과는 정보의 실패가 될 수 있다. 예를 들어, 미국 정보공동체는 소련의 붕괴를 예측하지 못했는데, 그 이유는 정보공동체가 소련의 군사 이슈만큼 경제 및 사회상황에 대하여 수집한 데이터에 중요성을 부여하지 않았기 때문이었다.

또한, 처리와 개발 단계는 단순한 실수를 범할 수도 있다. 1941년 1월 미국정부는 동경주재 페루대사관으로부터 일본정부가 미국과 전쟁을 벌이려 한다는 경고를 받았으나, 미 국무부는 페루사람들을 믿지 않았기 때문에 그 경고를 무시했다.[56] 이와 유사하게 이라크에서 망명한 코드명 **커브볼**(CURVEBALL)을 가진 사람으로부터 이라크정부가 생물무기 프로그램을 비밀리에 유지하고 있다는 주장을 미국은 신뢰할만하다고 믿었는데, 나중에 잘못된 첩보였다는 것이 판명 났다. 2011년 커브볼은 영국의 일간지 『가디

언(*The Guardian*)』에 자기가 미국인들에게 거짓말을 했다고 자인했다.[57]

4. 분석과 생산

생(生) 정보는 보편적으로 단일 출처의 첩보이며, 대부분의 분석가는 최종의 정보생산물을 위해서 모든 출처의 첩보를 분석하고 종합하려고 시도한다. 이는 분석이 많은 다른 출처의 정보수집으로부터 자료를 제공받는다는 의미다. 예를 들어, 쿠바 미사일 위기 당시 U-2 항공기가 미사일 운반 트레일러의 영상을 제공했을 때, 이는 소련 능력에 대한 유용하지만 제한된 분석을 제공했다. 그러나 그 영상정보가 인간정보나 공개정보의 방식으로 수집된 첩보와 혼합되고 보다 전문성 있는 분석능력이 제공될 때 상황에 대한 보다 무게감 있는 분석이 이루어진다.

완성된 정보분석은 정책결정자들의 다양한 요구사항을 충족시켜줄 수 있다. 그 분석은 세계 국가들의 상황을 제공하는 CIA의 월드 팩트북(World Factbook)과 같이 기본적으로 묘사적인 것일 수 있다. 다른 경우 분석은 대통령 일일 브리핑(PDBs: President's Daily Briefs)과 같이 현재 이슈들에 대한 이해와 설명에 초점을 맞추기도 한다. 다른 분석결과는 미래를 전망하는 시도와 같은 의미가 있는 예측(예: 국가정보예측[NIEs])을 하는 생산물이다. 추가로 분석은 자국과 자국의 핵심적 이익에 영향을 미칠 수 있는 적의 행위에 대한 조기경보 제공에 초점을 맞추기도 한다. 이는 **징후 및 경보**(**I&W: Indications and Warning**)로 알려져 있다. 궁극적으로 정보분석은 결정의 이점에 도움을 줄 수 있는 지식의 논리에 의해서 추동된다.

정보분석에 사용될 수 있는 토픽과 포맷의 다양성에 관계없이, 고품질의 분석물을 제공하는 데 있어서 다양한 과제가 있다는 데 대해서 대부분 동의하고 있다. 첫째, 접근하기 어려운 증거들이 거의 항상 있다. 이 불확실성은 많은 조각이 상실된 상태에서 직소퍼즐(jifsaw puzzle)을 풀려고 노력하는 것과 유사하다. 더욱이 국가는 적대국이 자신들의 활동을 분석하려는 것을 알고 상대방을 혼란하게 하는 조치를 강력하게 취한다. 이러한 조치에는 위장(camouflage), 또는 상대방을 그릇되게 인도하는 기만작전 등의 거부작전이 포함된다. 예를 들어, 1944년 연합군이 디 데이 상륙작전의 위치에 대해서 독일군을 속이기 위한 포티투드작전(Operation FORTITUDE)을 수행할 때, 공격에 대한 독일의 첩보수집을 완전히 부인하지는 않았다. 연합군은 독일 정보가 분석하는 노력을 훼손시키기 위해서 잘못된 장소에 대한 첩보를 제공했다. 쿠바 미사일 위기 당시에 미사일을 배치하는 징후를 미국이 파악하지 못하게 한 소련의 시도는 많은 노력을 필요로 했는데, 이를 위해서 미국주재 소련대사를 포함하여 소련의 핵심 지도층에게 이 작전에 대한 사실을 알리지 않았다.[58] 마지막으로, 아마도 내 자신보다 나를 더 속일 수 있는 사람은 없을지 모른다. 그래서 분석결과물을 생산할 때 분석관들은 인지편향(cognitive biases)과 다른 결함들에 대해서 주의해야 한다.

　추가로 정보분석은 때때로 불완전한 첩보와 가설을 전제로 해야 하므로, 분석관은 자신이 아는 것과 모르는 것에 대해서 정책결정자들과 소통을 해야 한다. 분석 생산물에 포함된 수집자료에는 일정 수준의 불확실성이 있다는 점에서, 분석관은 분석을 위해서 사용된 자료의 강점과 약점을 표현하는 신뢰 수준을 포함하기도 한다. 이와 유사하게, 분석관들은 때때로 증거, 가설, 추론의 조합에 기반하지 않은 결론에 도달하기 때문에, 그들은 종종 자신들의 판단에 예측 관련 언어를 포함한다. 예를 들어, 2002년 이라크 국가정보예측(Iraq NIE)에서 분석관들은 이라크가 다음 10년 이내에 핵무기를 가질 것이라고 명확하게 말하지 않았다. 미래에 일어날 일들에 대해서 분석관들이 알 수 없는 첩보들이 있을 수 있기 때문에, 그들은 이라크가 다음 10년 이내에 '아마도' 핵무기를 보유하게 될 것이라고 평가했다.[59]

5. 배포

배포는 효율적인 소통의 개념에 의해서 설명된다. 분석관들이 분석할 때 첩보만으로 하게 되면 충분하지 않은 결과가 나온다. 분석관들은 첩보에 대해서 정책결정자들과 교류를 할 수 있어야 한다. 효율적으로 소통할 수 있는 능력의 부족은 대체로 첩보가 전혀 없는 것과 마찬가지다. 이에 대하여 제시되는 하나의 방법은 분석과 배포가 곱셈 방정식에 포함된 두 개의 숫자로 생각하는 것이다. 어떠한 숫자이든 0을 곱하면 0이 된다.

품질 높은 분석과 효율적인 소통 기술 이외에, 분석공동체가 정책결정자들과 접촉을 하는 것이 중요하다. 많은 분석가는 자신들이 고대 그리스의 **카산드라(Cassandra)**와 같은 운명에 처하게 될지도 모른다고 우려한다. 전설에 따르면, 트로이의 공주였던 카산드라는 아폴로 신이 자신에게 예언능력을 주면 자기 몸을 바치겠다고 약속했다. 그러나 카산드라가 예언능력을 받고 몸을 바치지 않자, 그녀에게 예언능력을 준 아폴로는 다른 사람이 그녀의 말을 믿지 않게 하는 저주도 함께 주었다. 정보기능이 정책결정자들을 위한 중요한 첩보를 보유하고 있으나, 이를 그들에게 제공하지 못하면(또는 믿음을 주지 못하면), 이는 정보분석가들에게 악몽이 된다.

정책결정자들과 접촉이 가능하다는 전제하에, 정보분석과 생산물을 정책결정자들에게 배포하는 방법은 정보생산물 자체의 형태에 따라 다양하다. 주요 구분은 문서로 작성된 결과물인지, 구두에 의한 정보브리핑인지의 차이다. 분명하게 말해서, 문서로 작성된 생산물은 정책결정자들의 적극적인 참여가 요구되는데, 그 이유는 결과물로부터 가치 있는 것들을 획득하기 위하여 정책결정자들이 생산물을 읽어야 하기 때문이다. 생산물은 대통령에게 하는 일일 보고 같이 짧은 것도 있고, 중장기 예측보고같이 긴 것도 있다. 이러한 종류의 생산물 대부분은 요구되고, 생산되고, 배포되는 과정을 거치는 일회성들이다. 그러나 징후 및 경보(I&W) 매트릭스와 같은 일부 생산물들은 지속적으로 업데이트되는 '살아있는 문서'다. 정보생산물의 구두 배포는 주요 소비자의 청취와 시각적 감각이 개입된다. 일반적으로 이 브리핑들은 스크린에 영사하는 발표용 슬라이드를 동반하거나 책 또는 태블릿 컴퓨터에 포함하여 보고한다.

배포는 누가 관객인지를 알아야 한다. 대체로 정책결정자들은 시간이 많이 부족한 편이다. 따라서 정보배포를 위한 분석생산물을 구축할 때 **결론을 제일 앞에 배치(BLUF: Bottom Line Up Front)**하는 포맷을 사용한다. 그러나 추가로 정보분석을 받아 보는 특정 개인의 배경에 대해서 파악하는 것도 중요하다. 사례는 미국의 두 대통령이 어떠한 방식으로 대통령 일일 브리핑(PDBs: President's Daily Briefs)을 받아 보려 했는지를 비교해 보는 것이다. 부시(2001~2009년) 대통령은 PDB를 전통적인 방식인 구두 브리핑으로 받고 브리핑 한 사람에게 질문했다. 그러나 그의 후임인 오바마(2009~2017년) 대통령은 문서로 된 PDB를 원했고, 검토 후 질문지를 보냈다.[60] 요점은 누가 어떤 것을 더 좋아하느냐가 아니라, 정보공동체는 소비자의 배경을 이해하고 선호를 파악하기 위해서 지속적으로 효율성 높은 소통을 해야 한다는 점이다.

6. 평가

만약 정보과정이 하나의 진실된 순환이라면, 정책결정자들로부터의 피드백은 정보과정을 발전시키는 데 매우 중요하다. 만약 정책결정자들에게 배포된 최종 분석물이 그들의 요구를 충족시키지 못하면, 부족한 점을 보충하기 위해서 과정은 다시 시작되어야 한다. 2011년에 미국 정보공동체의 소비자 지침(Consumer's Guide)은 다음과 같이 기록하였다. "지속적인 평가와 피드백은 그들의 활동을 조정하고 세련되게 하고, 분석이 소비자의 변화하고 진화하는 첩보요구를 충족시키도록 하기 위해서 매우 중요하다."[61]

불행하게도 정책결정자들은 정보요구를 개발하는 데 참여하는 것에 대하여 항상 열광적이지 않으며, 정보과정을 개선하기 위하여 비판과 피드백을 제공하는 것은 그들의 우선순위가 아니다. 정책결정자들은 매우 시간에 쫓기고 있으며 즉각적인 결정을 선호하기 때문에, 그들이 정보과정을 중단시키고 더 큰 이슈를 반영하도록 하는 능력이 제한되어 있다는 점은 이해할 만 하다.

그러나 평가와 피드백은 정보분석이 배포되었을 때 정책결정자들의 반응을 해석하여 획득할 수 있다. 이러한 점에서 정보분석을 배포할 때 구두로 브리핑을 하는 것이 문서로 작성된 결과물로 제공하는 것보다 유리하다. 정책결정자들과 대화로 소통하는 브리핑은 '실연(live)'하는 것(전형적으로 대면[in-person])이기 때문에, 정책결정자는 브리핑하는 사람에게 질문하거나, 평가와 피드백 성격의 코멘트를 할 수 있다. 브리핑하는 동안 비언어적 의사소통(nonverbal communication)을 음미하여 평가와 피드백을 획득하는 것도 가능하다. 분명히 이는 정보전문가들이 대체로 희망하는 것은 아니다.

결론: 평가와 대안적 접근

정보순환은 어떻게 정보가 만들어지는지의 과정을 이해하기 위한 공동의 틀인 반면, 비판을 받을만한 요소들도 갖고 있다. 많은 사람은 구식이라고 비판한다. 정보순환은 정보화시대 이전에 개발된 것이고, 따라서 조직이론의 변화를 반영하지 못한다. 예를 들어, 클라크(Robert Clark)는 정보과정을 표적 중심(target-centric)으로 설명하는데, 이에 따르면 전통적인 모델보다 통합과 네트워크가 정보를 생산하는 데 매우 다른 방식을 제공한다.[62]

많은 학자는 정보순환은 정보과정이 실제로 어떻게 작동하는지 정확하게 표현하지 못한다고 비판한다. 헐닉크(Arthur Hulnick)는 정보순환이 정보의 두 가지 주요분야인 방첩과 비밀공작을 설명하지 못한다고 주장한다.[63] 또한, 일부 비판자들은 정보과정의 많은 과정이 동시에 일어나고, 정보순환의 연결되는 과정의 묘사는 실제 실행을 반영하지 못한다고 비판한다. 실제로, 로웬탈(Mark Lowenthal)의 정보과정에 대한 묘사는 복합적인 순환들이 지속적으로 일어나고 피드백이 전 과정에서 진행되는 다층적 접근을 구체화한다.[64]

과거 처칠(Winston Churchill)이 한 유명한 말이 있다. "민주주의는 수시로 시도된 다른 모든 형태를 제외하고는 최악의 형태의 정부라고 언급되고 있다(democracy is the worst form of government except for all those other forms that have been tried from time to time)."[65]** 아마도 정보가 어떻게 생산되는가를 설명하는 방식으로 정보순환을 활용하는 것이 처칠의 비유와 일맥상통할 것이다. 과정을 설명하는 데 정보순환은 분명히 한계를 갖고 있다. 그러나 정보순환은 결정의 이점을 지원할 정보생산물을 만드는 과정에 포함된 기본적인 요소로 인정된다. 특히 정보직에 임용된 신인에게 있어서 정보순환에 적응하는 것은 중요한 첫 단계이다. 그리고 지금까지 정보순환을 대체하기에 충분한 대안의 모델은 등장하지 않았다.

핵심용어

연방주의자(*Federalist* 10)   60

단일행정부모델(unitary executive model)   61

세출위원회(Appropriations Committee)   63

하원 정보특별상임위원회(HPSCI: House Permanent Select Committee on Intelligence)   64

상원 정보특별위원회(SSCI: Senate Select Committee on Intelligence)   64

8인방(Gang of Eight)   64

위헌심사(judicial review)   64

해외정보감시법원(FISC: Foreign Intelligence Surveillance Court)   65

봉쇄전략(containment strategy)   68

** 역자 주) 이 말은 과거에는 지금의 정부보다 더 나쁜 형태의 정부가 있었지만, 앞으로 나올 정부는 현재의 정부보다 더 나을 것이라는 의미로 해석된다.

추가 읽을거리

Best, Richard. "Intelligence and US National Security Policy." *International Journal of Intelligence and Counterintelligence* 28, no. 3 (2015): 449–467.

Bolton, Kent. *US National Security and Foreign Policymaking After 9/11: Present at the Re-creation.* New York, NY: Rowman & Littlefield, 2007.

George, Roger. *Intelligence in the National Security Enterprise.* Washington, DC: Georgetown University Press, 2020.

Kennedy, Robert. *Of Knowledge and Power: The Complexities of National Intelligence.* New York, NY: Praeger Security International, 2008.

Matthais, Willard. *America's Strategic Blunders: Intelligence Analysis and National Security Policy, 1936–1991.* State College, PA: Penn State University Press, 2001.

Phythian, Mark. *Understanding the Intelligence Cycle.* London, UK: Routledge, 2014.

Quigley, Michael. "Revitalizing Intelligence: The History and Future of HPSCI, the IAA, and Congressional Oversight." *Harvard Journal on Legislation* 56, no. 2 (2019): 341–353.

Tropotei, Teodor. "Criticism Against the Intelligence Cycle." *Scientific Research and Education in the Air Force* (May 2018): 77–88.

Wolfensberger, Donald. "The Return of the Imperial Presidency." *The Wilson Quarterly* 26, no. 2 (2002): 36–41.

Zegart, Amy. *Eyes on Spies: Congress and the United States Intelligence Community.* Stanford, CA: Hoover Institute Press, 2011.

비교정보체계:
영국·프랑스·독일·이스라엘· 러시아·중국

4장

정보학의 유형

이 장은 주요 각국의 정보체계를 비교한다. 이 연구를 위해서 어떤 나라를 선택해야 하는가? 우리는 각 국가를 분리해서 평가해야 하는가 또는 비교를 해야 하는가? 이 국가들을 분석하는 최고의 방식은 어떤 것인가? 이는 비교정치로 알려진 학제 간 연구를 하는 정치학자들과 역사사회학자들이 100년 넘게 제기해 온 질문의 종류들이다.[1] 역사적 서술, 전기(傳記), 경영학에서 전용된 원초적 사례연구 방식에 심취하여 사회과학을 무시해 온 정보학은 보다 정밀한 연구방법을 사용하기 시작했다.[2] 이 장에서 우리는 6개의 중요한 국가들의 정보체계를 비교함으로써 정보에 대한 통찰력을 이끌어낼 것이다.

비교정치에서 우리가 연구하는 국가들은 **사례**를 의미한다. 더욱 광범위한 맥락에서, 사례는 정치지도자이건, 테러단체건, 기업이건, 연구의 목표다. **사례연구**는 경험적 근거를 평가하기 위하여 특정 틀을 사용하여 사례를 분석하는 것이다. 분석적이고 설명적인 틀을 사용하는 것은 저널리스틱한 서술과 구별이 되고, 기본적으로 정성적(qualitative)인 방법을 사용하며, 정량적(quantitative)인 방법도 사용한다. 비교정치에서 사례연구는 다섯 가지의 주요 기능을 가지는데, 그들은 이론 창조, 이론 테스트, 어느 요소들이 사례에 영향을 미치는지 결정, 이 요소들의 상대적 중요도 측정, 자체적으로 어느 사례가 중요한지에 대한 설명이다.[3] 정보의 실행과 정보학의 학문적 연구에 있어서 우리는 이론을 거의 사용하지 않는다. 그러나 우리는 현재의 사례에 대한 해석을 하고 사례들의 미래 의미와 이해에 영향을 미치게 되는 이론적 틀로부터 추출된 요소들에 흥미를 갖고 있다. 정보에 있어서 그러한 요소들은 **추동력(drivers)**으로 불린다. 마지막으로, 다른 사람들보다 정보관들과 학자들이 사례에 더 많은 흥미를 갖고 있다. 사례를 통하여 정보를 완성하려는 기대는 국가이익을 증진시키려는 정보관들 또는 정보학의 학문적 중요성을 부각시키려는 사람들의 작업에 직접적으로 영향을 미치는 사례들에 초점을 맞춤으로써 충족될 수 있다.

사례선택

우리가 분석을 하기 위해서 국가들을 선택하는 과정은 **사례선택**으로 알려져 있다. 사례 또는 사례들을 선택하는 첫 번째이면서 가장 중요한 범주는 지금 하는 연구가 하나 또는 그 이상의 사례들을 탐구하는 비교연구가 될 것인지를 결정하는 것이다. 이 장에서 우리는 여섯 개의 사례를 분석할 것인데, 이는 다수의 국가들 또는 국제기구들을 비교하는 **국가 간 비교**의 형식으로 진행될 것이다. 이와 같은 종류의 사례연구는 유용한데, 그 이유는 이 연구가 사례들 사이의 **다양성**, 즉 개별적인 사례들의 특성이 다르다는 점을 보여주기 때문이다. 국가 간 비교는 우리에게 어떠한 특징이 정보활동에서 중요하게 될 것인가를 결정하기 위한 일종의 과학실험실에서와 같이 사례들을 사용하도록 허용하고 있다. 일반적 결론을 도출할 수 있는 만족스러운 다양성을 획득하기 위하여 다수의 사례에만 의존할 필요는 없다. 단일의 사례를 시간 차이 별로 연구하는 것도 국가 간 비교와 같은 효과를 가지는 사례 내의 다양성을 이끌어 낼 수 있다.[4]

사례를 선택하는 데 사용되는 두 번째 범주는 사례연구의 핵심적인 기능들과 직접적으로 관계가 있는데, 그것은 중요한 사례들을 조사하는 것이다. 이러한 맥락에서, 중요성은 상대적인 특성인데, 그 사례는 제2차 세계대전에서 나치 독일을 패배시킨 소련의 역할과 그리스에 의해서 수행된 역할을 비교하는 것이다. 중요성은 국가경제의 상대적인 규모, 외교적 영향력, 지리적 위치의 측면에서 측정될 수도 있는데, 이들 모두는 그 국가가 전략적으로 중요한지의 여부를 결정한다. 특정 사례가 광범위한 사례 집단을 어떻게 대표하는지의 이슈도 흥밋거리다. 우리가 일부 변화는 있지만 보다 큰 국가집단이 공유하고 있는 특성에 일치하고 있는 국가 또는 국가들을 선택할 때, 우리는 **대표표본**(representative sample)을 보유하게 된 것이다.

사례선택을 하는 데 사용되는 세 번째 범주는 사례가 어느 정도로 관련된 주제를 반영하는가에 대한 것이다. 예를 들어, 우리는 어떻게 군대가 마약금지 활동에 개입되어 있는지에 대해서 국가 간 연구를 수행한다. 코스타리카는 마약밀매가 이루어지는 주요국가이지만, 우리는 이 나라를 사례에서 제외하는데, 그 이유는 1948년에 코스타리카가 군대를 폐지했기 때문이다.[5] 이 장은 정보기관들이 정치체제 내에서 어떻게 활동하는지에 대해서, 그리고 국가이익을 어떻게 확대해 나가는지에 대해서 연구한다. 따라서 우리는 군대가 없거나 정보능력이 없는 국가는 선택하지 않을 것인데, 그 이유는 그러한 국가는 광범위한 의미에서 정보의 정치적 역할에 대하여 우리에게 말 해 주지 못하기 때문이다.

이 범주들 내에서 어떠한 국가들이 선택되었는가? 우리는 앞서 언급한 범주들로부터 도출된 요인들에 기초하여 국가 간 비교를 위한 표본을 추출했다. 첫째, 우리는 **체제유형**(regime type), 즉 국가별 정부 형태의 다양성에 기초하여 사례들을 선택했다. 표본은 민주주의 국가들(미국, 영국, 프랑스, 독일, 이스라엘)과 더불어 권위주의 국가들(러시아, 중국)을 포함했다. 그러나 체제유형은 이러한 상대적으로 직선적인 구분을 넘어선다. 비교정치의 핵심적인 발견은 의회제 정부의 국가들과 더불어 이 국가들보다 대체로 덜 민주적인 대통령제 정치체제의 국가들이다. 그렇더라도 대통령제 국가들의 정치제도는 공식적으로 민주적이다.[6] 이 다양성은 정보활동의 수행, 감시의 역할, 정치에 대한 정보의 영향 수준 등에서 중요한 함의를 지니고 있다. 따라서 우리의 표본은 민주주의와 권위주의 체제, 그리고 대통령제와 의회제 정치체제의 혼합을 포함한다.

체제유형에 더하여, 우리는 표본 내 국가들의 중요성과 그들의 상대적인 정보능력의 관점에서 다양성을 추구했다. 우리가 선택한 국가들 중에 미국, 러시아, 중국은 세계적인 영향력을 갖고 있는 강한 국가들이다. 우리 표본 내의 다른 국가들은 덜 강하지만, 그럼에도 불구하고 자신들의 지역 밖의 정치에 영향을 미치기 위한 권력을 사용한다. 예를 들어, 프랑스는 과거의 식민지였던 다수의 아프리카 국가들과 안보적 관계를 맺고 있으며, 그 국가들이 급진적인 이슬람 테러리즘에 맞서 싸우는 데 대해서 지원하고 있다. 영국은 세계 최대 경제국 중의 하나이며, 정기적으로 국외에서 정보활동을 수행한다. 그러나 이들 중 어느 국가도 미국, 러시아, 중국만큼의 세계강대국은 아니다. 또한, 우리가 선택한 국가 중에 독일과 이스라엘은 상당한 수준의 정보능력을 보유하고 있지만, 다양한 이유로 자신들이 속해 있는 지역 밖에서 정보활동을 하지 못하고 있다. 마지막으로 유럽, 아시아, 중동 등 지역적 다양성에 초점을 맞추고 사례를 선택했다.

분석을 위한 이론적 렌즈

이제 사례선택은 끝났고, 표본에 있는 국가들을 어떻게 분석하는가의 문제가 남았다. 비교정치 분야는 일반적으로 세 가지의 연구전통을 따르는데,

그들은 문화, 구조주의, 합리적 선택이론이다.[7] **문화**는 사례의 정체성, 규범, 상징, 실행을 의미하는데, 이들 모두는 역사로부터 파생되는 것들이며, 다루는 국가의 목표와 행위를 설명하는 데 사용된다. 정보학자들은 문화를 각국 정보조직의 다양성을 설명하는 데 사용한다. 미국과 러시아 정보기관이 정보활동을 수행하는 방식이 다르다.[8] **구조주의**(structuralism)는 사회의 제도적 구조에 초점을 맞춘다. 어떻게 다양한 정치적, 경제적, 사회적 제도들이 만들어졌고 상호활동을 하는지 설명한다. 정부의 기구들이 어떻게 조직되었고 상호활동을 하며, 어떻게 완성된 구조들이 정치적 목표에 영향을 미치는지에 대한 설명이 정보학을 지배해 오고 있다. 마지막으로 **합리적 선택이론**(rational choice theory)은 개인이 자신의 이익을 추구하는 데 드는 비용에 대한 합리적 계산을 강조한다. 합리적 선택이론은 정보에 대한 연구나 실행에 있어서 거의 임무를 수행하지 못한다. 학자 또는 실행가들이 합리성을 언급할 때, 정치지도자가 합리적인지 아닌지를 결정하는 잘못된 형식을 택하는 경우가 많은데, 이를 고전적인 **이분법의 오류**(false dichotomy)라 한다. 어떤 사람이 자신의 아침 식사를 선택하는 데 완전하게 합리적일 수 있지만, 동시에 외교정책을 결정하는 데 있어서는 치명적으로 비합리적일 수 있다. 이는 비교정치에서 논하는 합리적 선택이론을 대표하는 것이 아니며, 미래의 사건을 전망하는 데 유용한 것도 아니다.

정보의 연구와 실행에 있어서 이론은 오로지 드물게 사용되기 때문에, 우리는 정보활동의 문화적 다양성과 각국의 제도와 이익에 초점을 맞출 것이다. 사례 국가들을 분석할 때 우리는 정보조직의 **구조와 기능**, 그리고 정보조직을 감시할 국내정치기구들을 살펴볼 것이다. 여기에 문화, 구조, 이익이 혼합될 것이다. 각 사례 국가의 구조와 기능을 분석하여 편견 없이 각 전통의 강점들을 묘사할 것이다.

영국

잉글랜드, 스코틀랜드, 웨일스, 북아일랜드의 정치적 연맹체인 영국(United Kingdom 또는 Great Britain)은 역사적으로 세계에서 가장 강한 국가 중의 하나였다. 최고의 시기에 대영제국은 4억 명이 넘는 인구와 세계영토의 4분의 1을 차지하고 있었다. 16세기 이후 강대국의 지위를 유지한 영국은 양차 세계대전 기간에 연합국 측에서 싸웠고, 제2차 세계대전 기간에는 거의 붕괴될 상황에까지 처했었다. 냉전 기간에 영국은 거의 모든 식민지를 잃었고, 오직 작은 규모의 영토 몇 개만 유지했다. 1970년대의 경제침체로 영국 정보공동체의 예산이 크게 줄어들었다. 최근 들어 스코트랜드, 아일랜드, 웨일스의 분리 운동이 다시 본격적으로 시작되었고, 유럽연합(EU: European Union)으로부터의 탈퇴는 크나큰 도전을 안겨 주고 있다. 영국은 5대 경제국으로 남아있고, 유엔 안전보장이사회의 상임이사국 지위를 유지하고 있지만, 영국의 군사력은 역사적인 위상과 현대 국제체제의 최강국 위치에서 상당히 뒤처지고 있다. 그런데도 영국은 대부분의 국가들과 비교하여 상당한 수준의 정보능력을 갖고 있는데, 이에 따라 세계정치에서 "무게보다 펀치가 강하다"는 말을 자주 듣고 있다.

MI-5, 보안국

다른 민주주의 국가들과 달리 영국외교정책 결정과 전략적 사고에서 정보가 항상 중요한 임무를 수행한다. 정보역사에서 영국은 가장 중요한 국가 중의 하나다. 일부 국가들의 정보조직의 구조는 국내와 국제 관련 정보기구들 사이의 기능적 차이를 둔 영국체제를 받아들였다. 엘리자베스 1세 시대에 영국의 스파이들은 효과가 매우 높은 활동을 했으나, 영국 정보공동체는 1909년 MI-5가 만들어지면서 처음 시작되었다. **MI-5**는 Military Service,

Section 5의 약자에서 유래되었으며, 별칭은 '보안국(Security Service)' 이며. 이후에 비밀서비스국(Secret Service Bureau)으로 알려져 있다. 내무부의 책임하에 있는 MI-5는 국내정보를 주도하는 기관이며, 방첩과 대테러의 책임을 맡고 있으며, MI-5의 합동테러분석센터(Joint Terrorism Analysis Centre)는 다른 영국의 정보기관들로부터 요원들을 파견받고 있다. MI-5가 책임지고 있는 영역은 미국의 연방수사국(FBI)과 유사하지만, 영국의 보안국은 미국 FBI와 달리 법 집행기구는 아니다. 의심자들을 추적 및 심문하여 재판을 받게 하는 임무에서 벗어나 있는 MI-5는 해외로부터의 침투자들을 적발하여 수년 동안 이들의 명목상의 상관들에 반하는 행동을 하도록 하고 있다. 역사적으로 MI-5는 외국 요원들을 그들의 조정자에게 돌려보내서 큰 효과를 보았는데, 그 사례로 제2차 세계대전 기간 MI-5는 나치독일의 영국 협조자들과 협력했다.

MI-5는 영국 내에서 국내정보 임무를 맡고 있는 유일한 조직은 아니다. 최근에 창설된 **국가범죄국(NCA: National Crime Agency)**은 MI-5와 마찬가지로 내무부 소속이며, 조직범죄, 인신매매, 사이버범죄, 무기밀수, 기타 월경범죄 등에 대한 책임을 맡은 법 집행 조직이다. 이에 더하여, 런던의 **수도경찰국(MPS: Metropolitan Police Service, 별칭 스코트랜드 야드 [Scotland Yard])**은 왕실, 의회, 히스로 공항을 보호하기 위해서 정보능력을 활용하는 동시에, 심각한 테러위협에 대항하는 임무를 행한다. 영국은 정부의 모든 조직들이 국가정부에 의해 통제되고 규제되는 **단일정부형태 (unitary form of government)**이기 때문에 조직들 사이의 협력은 권위의 많은 부분을 지역정부에 할양하는 **연방체제(federal systems)**에서 보다 용이하다. 기관의 장들은 자신들의 기관이 속해 있는 내각을 구성하는 의회 의원들(MPs: Members of Parliament)의 질문에 답을 해야 한다.

MI-6, 비밀정보국

MI-5와 마찬가지로 1909년에 설립된 **MI-6** 또는 비밀정보국(SIS: Secret Intelligence Service)은 외무장관의 통제 하에 있으며, 해외정보활동을 책임진다. 아마도 SIS는 마티니에 젖어서 모든 종류의 여성 요원들과 영웅적인 활동을 하는 요원으로 소설과 영화 속의 인물인 제임스 본드를 통하여 세계에 가장 잘 일러진 정보조직이다. MI-6의 주요 임무는 인간정보(HUMINT) 수집과 비밀공작이다. 관련 교육기관에서의 언어교육과 요원을 모집할 때 언어적 능력을 강조하는 덕분에 역사적으로 영국 정보기관은 HUMINT 활동에 있어서 미국이나 기타 해외국가들보다 앞서 왔다. 그렇다고 영국의 정보가 HUMINT에 과도하게 의존하고 있다고 주장할 필요가 없는데, 그 이유는 가장 오래된 신호정보(SIGINT) 조직도 영국에서 설립되었기 때문이다. 1919년에 정부의 암호와 해독학교로 설립된 **정부통신본부(GCHQ: Government Communications Headquarters)**는 세계에서 앞서는 SIGINT와 암호해독기관이다. 제2차 세계대전 기간에 선도기관인 GCHQ는 블렛칠리 공원에 있는 통신감청과 암호해독시설에서 업무를 추진했다. 폴란드 정보의 초기작업 도움을 받은 암호명 울트라프로젝트(Project ULTRA)의 작업으로 영국정부는 해독이 불가능하다고 알려진 에니그마(Enigma) 기계를 사용하여 암호화된 독일의 신호교환을 해독한 후 연합군에 제공하여 적에 대해서 크게 앞서는 이점을 누리게 했다. 2015년 초 잘 알려진 러시아 스파이들과 트럼프(Donald Trump)의 인물들 사이의 의심스러운 상호통신을 GCHQ의 감시망이 탐지했는데, 이는 러시아인들이 대통령 후보 캠페인에 침투하려던 시도를 미국의 정보기관들이 밝혀내기 훨씬 전이었다.[9)]

사진 4.1 '도넛(Doughnut),' 영국 글루스터주, 첼튼험 소재 GCHQ빌딩.[10]

합동정보위원회

HUMINT와 SIGINT의 강점에 더하여 영국정보기관은 정책결정자들과의 높은 수준의 접근을 누려 왔으며, 국가의 외교와 전략의 방향을 정하는 데에 많은 영향을 미쳐 왔다. 1936년 **합동정보위원회**(JIC: Joint Intelligence Committee)는 다양한 기구들이 운영하는 정보분석과 첩보 흐름의 관리를 중앙화했다. JIC를 통하여 전략정보평가가 이루어지고 영국정부가 정보공동체를 관리하게 되어 JIC는 정보 관련 핵심조직이 되었다. 군사에 특화된 분석 임무는 국방부의 부서인 **국방정보참모**(DIS: Defence Intelligence Staff)에 의해서 취급된다. JIC의 중요한 임무 중의 하나는 미국의 국가정보우선순위체계(NIPF: National Intelligence Priorities Framework)와 같이 수집요구와 우선순위를 정하는 것이다. 역설적으로, 미국이 국가정보장으로 통합되기 훨씬 이전에 정보관리의 중앙화를 완성한 영국은 최근에 JIC만으로는 국방과 정보활동을 적절하게 조정할 수 없다는 결론을 내렸다. 2010년에 처음으로 영국의 **국가안보회의**(NSC: National Security Council)가 설치되었는데, 참여자는 수상과 여러 명의 장관, JIC의장, MI-5, MI-6, GCHQ의 최고 책임자, 군 참모총장이다. 단순하게 보면, NSC의 설치는 정책결정체계에 관료층을 추가하여 결절과정을 지연시킬 것으로 생각될 수 있다. 실제로는 NSC가 JIC가 하지 못하는 방법으로 기관 간에 빠른 속도로 자료를 교환시키는 권한을 갖게 되어, 위기대응을 향상시키고 안보와 정보 이슈에 대한 효율적인 지침을 내릴 수 있게 되었다.[11] NSC는 내각으로부터 정보기관으로의 투입을 매우 원활하게 했는데, 과거에는 이 업무가 정보 관련 내각위원회에 의해 이루어졌으며, 심지어는 1990년대에 4년 동안 회의가 개최되지 않았다.[12]

NSC가 설치되어 역할이 많이 줄어든 것 같지만, JIC는 영국-미국의 정보를 조정하는 핵심적인 역할을 하는데, 세계에서 가장 중요한 다자정보협정인 **파이브 아이즈**(Five Eyes)**를 통해서 조정이 이루어진다. 파이브 아이즈는 미국, 영국, 캐나다, 호주, 뉴질랜드 사이의 광범위하고 심층적인 정보협력의 틀을 제공하며, **스톤고스트**(STONEGHOST)로 알려진 통신 네트워크를 통하여 비밀분류된 자료들을 직접 공유한다. 파이브 아이즈의 성공은 정보협력을 영어권 밖으로 확대될 수 있는 기반을 제공했다. '포틴 아이즈(14 Eyes)'로 불리는 **유럽신호정보고위급회담**(SSEUR: SIGINT Senior Europe)은 파이브 아이즈 국가들과 독일, 이탈리아, 스웨덴, 벨기에, 스페

** 역자 주) 파이브 아이즈의 기원은 제2차 세계대전 중인 1943년에 미국과 영국이 맺은 통신첩보 협정이 그 효시다. 이후 두 나라의 협정은 냉전이 시작한 1946년 UKUSA 협정으로 발전했고, 앵글로 색슨 국가들인 캐나다, 호주, 뉴질랜드가 참여하면서 5개국 정보기관 동맹협정으로 확대되었다. 이후 인간정보(HUMINT)와 이미지정보(IMINT) 분야의 정보기관이 참여하면서 규모가 확대되었다. 냉전이 고조된 1960년대에는 공산권에 대항하여 '에셜론'을 만들었다. 2000년 에셜론 계획은 끝났으나, 2001년 9·11 테러 이후 파이브 아이즈는 다양한 감청체계를 다시 운영하기 시작했다.

인 사이의 정보 공유를 광범위하게 확대했다.

영국 정보공동체에 대한 감시

JIC의 설립으로 이루어진 초기의 정보활동의 유리함과 정부와 정보기관 사이의 좋은 업무 관계에도 불구하고, 영국의 정보에 대한 감시는 취약한 편이다. 영국 정치지도자들이 정보기관을 적절히 감독하지 않은 결과, MI-5에 의한 국내 감시업무의 남용에 따른 일련의 스캔들이 발생했는데, 이 스캔들은 FBI의 코인텔프로(COINTELPRO)** 수준으로 범위가 넓었고, 영국시민들에 대한 수십만 개의 파일을 만들었으며, 일부 의원들에 대한 감시도 포함되었다. 또한, 영국의 정보기관들은 해외 과거 식민지들에서, 그리고 북아일랜드에 본거지를 두고 있는 아일랜드독립군(Irish Republican Army)의 테러단체 구성원들에 대한 폭넓은 인권 학대에 참여했다.[13] 이 기간에 영국의 하원은 정보활동을 감시할 권한이나 능력이 없었기 때문에, 영국 수상은 정보공동체의 활동에 대한 제한 없는 권력을 누릴 수 있었다. 마침내 MI-5를 대상으로 하는 **보안기관법**(Security Service Act)이 1989년에, 그리고 MI-6와 GCHQ를 대상으로 하는 **정보기관법**(Intelligence Service Act)이 1994년에 제정되었고, 1993년에 감시위원회가 처음으로 설치되었다. **정보와 보안위원회**(ISC: Intelligence and Security Committee)는 의회의 다른 위원회들이 가지지 못한 법적 권한을 갖고 있으나, 대체로 연간 보고서를 작성하는 것으로 제한되어 있고, 이 보고서의 시기와 내용도 수상의 통제를 받는다. 영국 시민들이 제기한 불평을 다루기 위한 수사권재

** 역자 주) 코인텔프로는 'Counter Intelligence Program'의 약칭이며, FBI가 미국 내부의 정치적 저항조직을 조사하여 해체하려는 목적으로 설립한 프로그램이다. 1965년에서 1971년 사이의 프로그램들은 정부를 무력으로 전복시키려는 조직의 저항 움직임과 지도자들을 색출, 처단, 거짓 정보 유포를 하여 무력화시키려고 시도했다.

판소(Investigatory Powers Tribunal)가 있지만, '의회 우월'의 원칙에 따라 영국의 재판소들은 정보공동체의 활동 규정에 대해 아무런 말도 할 수 없다. 영국이 EU에서 탈퇴하는 브렉시트는 1970년대와 1980년대에 정보에 대한 감시의 핵심적 동기인 유럽인권재판소(European Court of Human Rights)라는 외부 재판권의 종식을 의미한다.[14] 영국 정보관들은 특정 정당을 지원하는 활동을 하지 못하게 되어 있고 자기 분야만 집중하게 되어 있으나, 의회의 정보감독은 무기력화되었다. 영국 정보관들은 민주적으로 선출된 의회 의원들의 감시를 받지 않고 자신의 양심에 따라 활동을 하게 되어 있다. 의원들은 수상에 대해서 도전을 할 의사가 없으면 정보기관의 활동에 대해서 거의 간섭을 하지 않는다.

영국정보의 성과

영국 정보기관들이 HUMINT와 SIGINT 수집과 정책결정자들과의 긴밀한 협력을 강점으로 하고 있지만, 영국 정보의 역사는 중대한 정보실패들을 기록하고 있다. 1956년 **수에즈 위기**에 대한 이집트, 미국, 소련의 대응을 예상하지 못하여 재앙을 초래했다. 영국의 정보기관은 말레이시아와 예멘에서 다양한 형태의 반식민 반란을 멈추는 데 일부 성공했지만, 전체적으로 정보기관은 영국의 점진적인 쇠퇴를 막는 데 별 효과를 발휘하지 못했다. 그리고 결정적으로 피해를 준 방첩의 실패도 있었다. 1930년대에 5명의 케임브리지대학교 학생들이 정보와 외교기관에 취직하여 모국에 대해 스파이 활동을 하도록 소련에 포섭되었다. 이들 중에 몇 명은 상류층 가정 출신이라서 이 조직들에서 영향력 있는 지위를 빠르게 획득할 수 있었다. **케임브리지 5인(Cambridge Five)**은 수십 년 동안 발각되지 않고 활동했다. 5인 중의 일부는 정체가 발각되어 체포되거나 모스크바로 탈주했으나, 가장 중요한 인물인 필비(Kim Philby)는 소련과의 관계를 완강하게 부인하였고,

반역죄에 의한 형벌을 받기보다 MI-6를 사퇴하는 것으로 결론이 났다. 냉전 기간에 다른 소련의 첩자들이 되풀이해서 영국의 정보조직에 침투했다. 그러나 MI-5의 충분한 의혹 제기에도 불구하고, 저명한 교수이면서 외교관의 아들인 필비를 그의 MI-6 동료들이 보호해 주면서, '올바른 가정'에서만 충원하는 제도에 대한 비판이 일었다.[15] 1963년 필비의 망명, 여왕의 미술품 수집 큐레이터인 브런트(Anthony Blunt)가 케임브리지 5인 중의 한 명이라고 밝혀진 점, 이러한 사실을 대처(Margaret Thatcher) 수상이 1990년까지 대중들이 알지 못하도록 압력을 가한 점은 정보기관에 대한 대중들의 신뢰를 떨어지게 만들었다. 이러한 실패들은 영국과 미국 사이의 협력도 훼손했다. 후일 MI-5의 수장이었던 홀리스(Roger Hollis)가 소련의 첩자였다는 주장은 잘못된 것이라고 판명이 났지만, 아마추어적으로 모집을 하는 관례와 취약한 방첩은 수십 년 동안 영국에 큰 피해를 안겨 주었다.

보다 최근에 영국 정보공동체는 2003년 이라크 전쟁 발발의 동기를 만들어 낸 미국 정보공동체와 함께 분석의 실패의 함정에 빠졌다. 영국정부는 미디어에 의해 알려진 것보다 나은 자료를 갖고 있었으나,[16] 합동정보위원회(JIC)의 분석은 이라크의 위협을 과장했다. 당시 실제로 이라크는 대량살상무기(WMD) 프로그램을 갖고 있지 않았다. 영국의 블레어(Tony Blair) 수상은 이라크군이 명령을 받으면 45분 이내에 WMD로 타격을 가할 수 있는 능력을 갖추고 있다는 잘못된 주장을 했다. 후일 영국 정보공동체는 언론에 JIC 평가가 "욕망을 자극했다"라고 기자들에게 술회했다. 이라크의 WMD에 대한 JIC의 평가는 이라크 문제가 블레어와 그의 각료들에 의해 정치화 과정의 한 부분이 된 것보다 더 확신을 주는 것으로 보였다. 사건 이후 만들어진 정보 평가인 **버틀러보고서(Butler Review)**는 JIC 분석관들이 MI-6의 수집에 중대한 약점이 있다는 점을 알지 못했다고 결론을 내렸다.[17] 영국 대중들에게 이라크전쟁은 극히 인기가 없게 되었고, 사후 평가는 블레어의 이라크 침공 결정을 이라크에 대한 불신으로부터 시작되었다는 방향으로 귀결시켰고, 잘못된 전쟁에 대한 영국군의 파병 기간을 줄이는 정책방향이 수립되었다.

취약한 감시와 되풀이되는 정보실패가 영국 정보공동체를 곤경에 빠트렸지만, 영국의 정보는 국가의 핵심적 도구이면서 세계정치에서 믿을만한 힘이 되었다. 영국은 21세기에 효율적인 정보를 필요로 하는 다양한 위협을 받았다. 부활한 러시아가 영국이 참여한 유럽의 북대서양조약기구(NATO: North Atlantic Treaty Organization)를 위협하고 있다. 대영제국은 오래전에 사라졌지만, 이전 식민지들로 구성된 영연방(Commonwealth) 국가들과 영국의 관계는 강하게 유지되고 있다. 영국의 정보자료들은 파키스탄과 서아프리카의 여러 국가에 제공되고 있는데, 그 목적은 자국을 불안정하게 하는 급진적인 테러단체들에 대항해서 투쟁을 하는 이 국가들을 지원하기 위한 것이다. 영국도 이슬람 테러단체로부터 심각한 테러위협에 직면해 있는데, 이 테러집단은 2005년에 런던, 2007년에 글래스고, 2017년에 맨체스터에 폭탄테러를 감행하여 수십 명이 사망하고 수백 명이 부상을 당했다. 마지막으로 영국은 부상하고 있는 중국을 맞이하고 있다. 중국은 호주와 뉴질랜드 등 영연방 국가들에 대해서 정보활동을 지속적으로 전개하고 있으며, 영국의 식민지였던 홍콩을 중국으로 반환할 때 체결했던 1997년 조약의 여러 조항을 위반하고 있다.

프랑스

프랑스는 국제체제에서 영국과 유사한 위치에 놓여 있다. 유럽의 이웃 국가들과 마찬가지로 프랑스는 수 세기 동안 강대국 지위를 유지했다. 그러나 제2차 세계대전에서 패배하고, 냉전 기간에 큰 비용이 든 충돌을 한 결과 식민지를 잃고 난 후 프랑스의 힘은 급격하게 약화되었다. 그러나 영국과

영연방 국가들의 경우와 같이 프랑스는 동아프리카와 아시아의 이전 식민
지국들과 좋은 관계를 유지하고 있으며, 그들을 보호하기 위해서 군사력을
사용할 의지를 보여주고 있다. 2014년에 프랑스는 지역에서의 대테러 노력
을 지원하기 위해 차드, 말리, 부르키나파소, 모리타니아, 니제르에 군대를
파견했다. 세계 10위 이내의 경제력, 나토의 주요 회원국, 유엔 안전보장이
사회의 상임이사국인 프랑스는 불행하게도 영국과 마찬가지로 냉전 종식
이후 예산 감축으로 군대와 정보조직에 충분한 재정지원을 하지 못하고 있
다. 그러나 프랑스는 세계적인 차원에서 활동이 가능한 정보능력을 유지하
고 있다. 최근의 개혁과 현대화 노력을 보면, 미국, 러시아, 중국이 경쟁하
고 있는 새로운 질서에 참여하려는 프랑스의 욕망을 알 수 있다.

프랑스의 초기 정보공동체

프랑스의 첩보활동은 적어도 루이 13세 시기로 거슬러 올라가는데, 이 시기
에 리슐리외 추기경(Cardinal Richelieu)이 근대 프랑스 국가를 건설하기
위한 스파이 네트워크를 작동시켰다. 리슐리외의 유산으로 많은 지도자들
과 조직들이 만들어졌다. 가장 두드러진 것들은 19세기 초에 군사정보가 지
원하는 국가 경찰력인 **국가헌병대(Gendarmerie Nationale)**를 만든 것, 영
국의 스코틀랜드 야드와 미국의 FBI와 맞먹는 경찰청(Sûreté)을 창설한 것,
나폴레옹의 비밀경찰이었던 푸세(Joseph Fouché)의 감시활동 등이다. 그
러나 보다 영구적인 프랑스 정보체계는 1874년 프랑스군 참모부의 제2국
(Deuxième Bureau)의 창설로부터 시작되었다.[18] 제2국은 강력한 암호해
독 능력과 훌륭한 HUMINT를 보유했는데, 제2국의 요원들이 1930년대 후
반에 독일 참모부에 침투하여 1940년 6월 프랑스가 패배할 때까지 활동했
다. 독일이 프랑스를 점령한 이후 제2국은 프랑스의 비시(Vichy) 괴뢰정부
와 식민지에서 활동했다.[19] 제2차 세계대전 이후에 더욱 규모가 커진 제2국

은 현재의 **국방정보국(DRM)**으로 변형되어, 무관, 지리공간정보(GEOINT) 수집, 개별 조직들의 정보 산출 협력의 임무를 맡고 있다. 걸프전에서 미국 전자무기에 의한 완벽한 승리는 프랑스가 정보 및 전자무기여단(BRGE)을 만들도록 자극했다. 마지막으로 국방보호보안국(DPSD: Directorate for the Protection and Security of Defense)은 국방 방첩조직이며, 프랑스 군인 및 중요한 시설의 보호와 보안에 책임을 지고 있다.

대외안보총국

1946년 이후 전략정보 기능은 주로 **대외안보총국(DGSE: General Direct-orate for External Security)**에 의해서 다루어졌다. 제2차 세계대전 종식 이후 주권을 회복하여 설립된 제4공화국은 과거 해외정보활동이 집중되었던 제2국을 재구성했다. 제2국은 국방부 산하에서 활동하는 반면, DGSE는 대통령이나 총리에게 직접 보고하는 민간정보조직이며, 전략정보는 군부에 제공하고 지원한다. DGSE는 고도로 전문화된 HUMINT 조직이다. 또한, DGSE의 활동부(Action Division)는 상당한 수준의 비밀공작 능력을 갖추고 있으며, 프랑스 군대의 특별작전군과 긴밀한 협력을 하면서 활동을 한다. 또한, DGSE는 영국의 정부통신본부(GCHQ) 다음으로 유럽에서 가장 출중한 SIGINT 능력을 보유하고 있다. 냉전 기간에 DGSE는 과거에는 프랑스가 안보협력 관계를 맺었던 동유럽에 대한 수집활동을 집중시켰다. 이러한 과거의 노력이 정보의 황금기를 맞이하게 할 것이라는 희망은 허망한 것으로 되었는데, 그 이유는, 비록 프랑스가 다른 나토국가들에 비해서 뛰어난 HUMINT 능력을 갖추고 있지만, 헝가리(1956년), 체코슬로바키아(1968년), 폴란드(1981년)의 민주화 운동과 이에 대한 소련의 대응 등 중요한 사건들에 대해서 예측을 제대로 하는 데 지속적으로 실패했기 때문이다. 전략적 예측 능력이 부족한 점은 DGSE가 프랑스의 외교와 군사행위를 지원하는 데 한계를 안겨 주었다.

프랑스의 정보개혁

1907년에 **일반첩보국(RG)**이라 불리는 조직이 창립되면서 국내정보 능력의 강화가 시작되었다. 내무부 하의 국가경찰의 지휘하에 RG는 제3공화국에 대항하는 무정부주의자들, 공산주의자들, 파시스트들에 대한 작전을 강조하는 활동을 하면서 국내보안 책임을 맡았다. 법 집행과 방첩이라는 두 가지 임무를 수행하기 위해 RG는 조직범죄를 추적했다. 또 다른 국내정보를 추구하는 조직인 **영토감시국(DST)**이 1946년에 설립되었다. 2008년 정보개혁이 시행될 때까지 DST는 방첩, 대테러, 국경안전에 책임을 맡고 있었는데, 국경안전 문제는 헌병대(*Gendarmerie*)의 임무와 일부 중복되었다. 알제리 독립전쟁(1954~1962년) 동안에 군대와 함께 DST 요원들은 폭도로 의심되는 사람들에게 고문을 가했고, 평화적 해결을 요구하며 보다 온건한 목소리를 내는 사람들에 대해서 첩보공작을 실시하는 등 잔인하게 반란을 진압하는 방식을 사용하는 데 주도적 역할을 했다. 보다 최근에 **국가관세정보조사국(DNRED)**과 **불법자금 네트워크 단위에 대한 정보처리 및 행동(TRACFIN)**이 부정거래와 돈세탁 행위를 방지하기 위해서 설립되었다.

냉전의 종식과 새로운 위협의 등장은 프랑스 정보공동체 구조의 급격한 변화를 가져 왔다. 가장 중요한 변화는 2008년의 정책보고서의 내용에 의해서 DST와 RG를 통합하여 **국내보안총국(DGSI)**을 설립한 것이다. 2014년에 대외안보총국(DGSE), 국방정보국(DRM), 국방보호보안국(DPSD)에 대한 수상 하의 부처 간 권한을 확대하여 **국방 및 국가안보총서기국(SGDSN)**이 설립되었다. 추가로 대통령 지휘하에 수상 및 관련 장관들이 포함되는 **국가안보국방위원회(CDSN)**가 정보공동체의 업무 방향을 설정하기 위해 설립되었다. 마지막으로 대통령이 직접 관리하는 **국가정보조정자**

(CNR)의 직위가 만들어졌다.

프랑스 정보공동체의 감시

프랑스 정보공동체의 관리는 최근 들어 발전되었지만, 리더십과 감시 이슈로 골머리를 앓고 있다. CDSN과 CNR이 이 문제를 줄이는 역할을 하지만, 제5공화국의 헌법구조 때문에 정보공동체의 방향은 행정부가 교체될 때마다 급격한 변화를 맞이하고 있다. 프랑스의 정치체제는 대통령이 국가의 원수이며 수상이 정부를 지휘하는 분권형 대통령제(이원집정제라고도 함 – 역자 주)이다. 그러나 정치권력은 대통령에게 놓여 있다. 대통령은 수상을 임명하고(대통령이 아무나 수상으로 임명할 수 없고, 의회의 과반수 정당 출신을 수상으로 임명해야 한다 – 역자 주), 수상이 정보활동을 관리하게 할지 못하게 할지를 결정하고, 대통령의 5년 임기 동안 수상을 한번 사퇴시키고 새로운 총선거를 실시할 수 있다. 정보기관에 대한 감시는 사실상 존재하지 않는다. 현재 국회에 상임위원회가 있지만, 이 위원회의 역할은 증언을 듣고 요약보고서를 작성하는 것으로 제한되어 있으며, 권위는 거의 없다. 정보의 정치화가 지속으로 문제가 되고 있다. 국내정보수집이 선거 캠페인에 사용되기도 했다. 정실인사에 의해서 올랑드(François Hollande) 대통령과 가까운 젊은 직원을 보다 많은 경험을 가진 직원을 제치고 승진하게 한 스캔들은 2011년 국내보안총국(DGSI)의 사기를 떨어트렸다.

프랑스 정보의 성과

프랑스 정보에 대한 역사적 평가는 복합적이다. 재앙이 된 오래된 기록의 사례를 언급할 수 있는데, 이는 프랑스 군대 내에서 독일 요원을 색출해 내지 못한 군사정보의 무능함을 감추기 위해서 프랑스 군부에 의해서 발생한

사건으로 1894년 드레퓌스(Alfred Dreyfus) 대위에게 죄를 뒤집어씌운 반
유대주의 캠페인으로부터 시작되었다. 냉전 동안, 1950년대 대외안보총
국(DGSE)에 대한 소련의 되풀이 되는 침투와 더불어, 최근에 알려진 사실
인 1970년대에 DGSE가 미국에 대항하는 소련을 적극적으로 도왔다는 사실은
프랑스 전략정보에 어두운 그림자를 드리운다.[20] DGSE는 다수의 재앙적
인 비밀공작을 전개하였는데, 그 사례로 캐나다 내 프랑스계 퀘벡의 반란
과 비아프라(나이지리아) 내전을 조장했다. 비아프라 내전으로 약 50만 명
의 인명손실이 있었고, 아직도 진행되고 있다. 1985년 그린피스의 환경감
시 선박인 레인보우 워리어(*Rainbow Warrior*)의 폭침, 1990년대 대서양 횡
단 에어 프랑스기에 탑승한 외국 기업가들에 대한 도청, 이 두 사건이 모두
DGSE에 의해서 일어났다는 사실은 비밀공작 능력의 오랜 기간에 걸친 결
손을 의미했다. 또한, 그러한 공작은 아무런 이득도 가져다주지 못할 것이
라는 점을 파악하지 못한 정치적 판단 능력에도 의문이 제기되었다. 그러
나 프랑스 정보의 재앙에 대한 기록은 과장되었을 수도 있다. 제2차 세계대
전 이전의 프랑스 정보의 성과는 영국의 정보보다 앞섰고, 제2국은 1940년
의 패배에 책임이 없다.[21] 보다 최근인 2012년에 프랑스 대통령에 대한 스
파이 공작을 하기 위해 엘리제궁을 침투한 미국 국가안보국(NSA)의 시도
를 탐지해 낸 DGSE는 상당한 수준의 기술적 성과를 낸 것으로 평가되고
있다. 그럼에도 불구하고 분석 전반, 기술수집, 국내보안에 있어서 과도한
활동, 지나치게 복잡한 관리 시스템 등은 지속적인 구조적 약점으로 남아
있다.

국제적 이익에 있어서 프랑스는 자국의 행동 자유를 보호해 왔는데, 대
표적 사례는 나토에 최대 규모의 기여를 하는 미국에게 우월권을 주는 합동
지휘구조를 반대하며 프랑스는 1966년 나토로부터 탈퇴했다. 2009년에 프
랑스는 나토에 복귀했지만, 프랑스의 핵 독트린은 아직 나토와 공유하지 않
고 있다. 이라크의 WMD에 대한 정보의 질이 상대적으로 취약하다고 하면

서 2003년 이라크에 대한 침공에의 참여를 거부한 프랑스의 판단은 결국 옳았다고 판명되었다. 그러나 프랑스는 2001년부터 2012년까지 아프가니스탄에 대한 나토 임무의 일환으로 수천 명의 군대를 파견하는 등 반테러리즘과 안정화 작전에 군대를 자주 파견했다. 프랑스는 선진국을 대상으로 하는 급진적 이슬람 테러리즘으로부터 국내적인 위협을 자주 받았으며, 지난 수십 년 동안 수십 번의 공격을 받고 수백 명이 사망한 비극적인 기록을 가지고 있다. 2015년부터 2018년까지 프랑스는 지속적으로 비상사태에 놓여 있었고, 보안조치가 완전하게 가동되었다. 최근 들어 테러공격의 발생률이 줄어든 것이 대테러 작전이 강화된 때문인지, 정보조직의 개혁 때문인지, 아니면 시리아에 있는 이슬람국가의 작전 지역 기반이 파괴된 때문인지는 불확실하다. 나토 회원국의 입장에서 프랑스는 부활한 러시아와 맞서야 한다. 예를 들어, 러시아는 2017년 대통령 선거에 사이버 공격을 했는데, 이는 프랑스법에 따른 보도관제 때문에 효력이 없었지만, 그래도 러시아에 의한 장기적인 위협으로 인식이 되고 있다. 중국의 거대 텔레콤 기업인 화웨이의 제5세대(5G) 네트워크 개발에 대해서, 이 기업이 공산주의 국가에 긴밀하게 연결되어 있고 안보적 위험을 초래하기 때문에 일부 나토 회원국들은 반대하고 있지만, 프랑스는 반대 입장을 보이지 않고 있다. 마지막으로 프랑스는 독일과 SIGINT 협력을 증가시키고 있는데, 이는 유럽연합의 보다 심화된 정치통합을 모색하는 프랑스의 광범위한 계획의 한 부분으로 인식되고 있다. 동료 나토 회원국인 영국 및 미국과 안보와 정보협력을 확대하려는 프랑스의 정책은 브렉시트와 트럼프 대통령의 정책과 행위 때문에 방해를 받고 있다. 프랑스에서 트럼프의 지지도는 10퍼센트 언저리에 불과하다.

독일

나토 동맹국들인 영국 및 프랑스와 면밀하게 비교해 보면 독일은 정보활동에 있어서 양면적인 측면을 보유하고 있다. 1871년 처음으로 통일된 민족국가를 설립한 이후 독일은 제1차 세계대전에 동맹국(Central Powers)의 입장에서 참전하였고, 나치의 지휘하에 독일은 인류역사상 가장 파괴적인 제2차 세계대전을 일으켰다. 나치 독재의 유산, 나치의 유대인 대학살의 공포, 공산주의 국가인 동독이 존재하는 동안에 시행된 전례 없는 수준의 감시 등은 독일정치에서 정보의 역할을 덜 강조하는 이유가 되었다. 19세기 이후의 경제력을 보면, 독일의 국내총생산(GDP)은 세계 4위였고 유럽경제를 주도하는 힘을 유지하였다. 그러나 냉전 종식 이후 독일은 인력과 장비가 부족하게 되는 수준으로 군사비를 축소했다. 아프가니스탄에 대한 나토 임무를 지원하기 위해 독일군대가 파견되었지만, 정치적 의지의 부족으로 독일군대의 전투 참여가 많이 축소되었다.[22] 국내에서 장기간 집권하는 메르켈(Angela Merkel) 총리에 대한 미국의 감시와 더불어 일부 독일 정보조직들의 NSA와의 협력이 노출되면서, 이슬람 테러리즘에 대항한 범 대서양 정보협력을 증진하려는 노력이 훼손되었다. 독일은 러시아와 장기간의 천연가스 협정을 맺고 있기 때문에 NATO에 대한 러시아의 적대행위에 대항하는 데 주저하고 있다. 프랑스와 매우 비슷하게 독일은 효율적인 정보활동을 필요로 하는 국내적, 지역적, 국제적으로 다양한 위협에 처해 있다.

연방정보국(BND)

제2차 세계대전에서 패전한 이후 독일은 나토에 속하는 연방공화국(서독)과 공산주의 진영의 바르샤바조약기구(Warsaw Pact)에 속하는 민주공화국(동독)으로 분단되었다. 분단 당시 서독과 통일 이후 독일의 주도적인 전략정보조직은 **연방정보국(BND: Federal Intelligence Service)**이다. 나치 체제의 최후 순간에, 독일군대 정보조직의 장이었던 겔렌(Reinhard Gehlen)은 정보파일들을 대량 보관하였고 동유럽 내의 접촉 네트워크를 유지하고 있었다. 겔렌은 이 파일들과 자신의 요원들을 걸고 미국으로부터 재정 및 병참 지원을 받았고, 그는 이 지원을 궁극적으로 1956년 BND를 설립하는 데 사용했다. 불행하게도 겔렌의 해외 요원들 모두는 소련에 의해 색출되어 전향되었으며, 더구나 겔렌은 전 나치 요원들을 사용하려 했고 이미 일부는 협조하고 있었다. BND는 기본적으로 네트워크의 불확실성, 겔렌의 부족한 리더십, 본부 내의 첩자들 때문에 불안정했다. BND 본부에 침투한 첩자로는 소련의 방첩 책임자 펠페(Heinz Felfe)가 있었다. 1968년 겔렌은 압력에 의해서 은퇴했고, BND는 명성에 걸맞은 전문정보조직으로 점진적으로 발전해 나갔다.

현대의 BND는 정보활동에 영향을 미치는 정치적 환경에 의한 한계에도 불구하고 매우 효과적으로 운영되고 있다. 총리실에 직접 보고를 하기 때문에 서류상으로 BND는 이상적으로 정책에 영향을 미치는 것처럼 보인다. 그러나 나치의 역사와 과거 동독에서 공산주의의 탄압으로 인하여 정보는 외교와 국방정책결정에 별 영향을 미치지 못한다. 그럼에도 불구하고 BND는 미국 CIA의 해외활동과 마찬가지 방식으로 모든 독일대사관에 요원들을 파견하고 있다. BND는 뛰어난 SIGINT 능력을 보유하고 있으며, 유럽신호정보고위급회담(SSEUR)의 참여국이다. BND는 정부 주요 인사들의 정기적 회의에 전략정보를 브리핑하는데, 이는 미국의 국가안보회의(NSC)와 유사한 구조다.

역사적으로 BND가 **독일군(Bundeswher)**에게 전략정보를 제공해 왔지만, 연방 국방부 산하에 여러 개의 정보조직이 존재하고 있다. **독일군의 전략감시사령부(KSA)**는 특별히 전자전에 관심을 가지고 SIGINT를 수집하며, GEOINT에도 관여한다. 또한, KSA는 독일의 주요 사이버조직이다. 군사를

글상자 4.1 사례: BND 본부

사진 4.2 BND 본부, 베를린, 독일.[23]

정보기관들은 점치로 청사 건물을 복잡하게 짓고 있다. 독일의 BND도 예외가 아니다. 베를린 중심에 있는 불규칙하게 뻗어 나간 현재의 본부 건물은 이전에 60년 동안 사용한 뮌헨 교외의 풀라에 있는 비교적 현대식 건물과는 전혀 다르다. 새로운 BND 빌딩 주위에는 다양한 곳에 철로 만든 '야자수'가 흩어져 있으며, 광장에는 거대한 조각품들이 전시되어 있는데, 이 모두는 콘크리트, 철, 유리로 되어 있는 건물구조에 인간적인 면을 보여주기 위해서이다. 12년에 걸친 공사와 12억 달러를 투입한 건물은 2019년 초에 개관했으며, 4,000명이 근무하고 있다.[24]

공공센터와 최신 건축술의 전시장으로 보이는 이외에, 스파이 본부는 정치적 원칙을 반영하는 디자인을 하여 상징적 역할을 내포하기도 한다. BND 빌딩에는 4,000개의 창문이 있는데, 이는 독일 의회(*Reichstag*)의 재건축한 둥근 천장을 연상하게 하는 것이다. 이 천장에는 방문객이 하원의 활동을 직접 내려다볼 수 있는 거울들이 부착되어 있다. BND와 의회 건물은 전후 독일정부의 투명성을 상징화하기 위해서 유리를 강조하고 있다. 다시는 안보조직이 인권을 탄압하거나 민주주의를 손상하지 않을 의지를 보여주기 위한 것이다. 그러나 발전된 기술은 반드시 그러한 상징들만 나타내는 것만은 아닌데, BND 건물의 창문은 레이저 마이크로폰과 고도화된 도청장치를 방지하게 디자인되어 있다.

새로운 BND 건물은 인상적이다. 그러나 그 건물에 문제가 없는 것은 아니다. 이 건물의 원래 청사진을 도난당하고 난 후 완전히 새로 설계를 했기 때문에, 건축 기간이 5년 더 걸렸고 건축비용도 42퍼센트가 더 들었다.[25] 또한, 2015년에 허가받지 않은 침입자가 건축현장에 몰래 침입하여 화장실을 훼손하고 수도꼭지들을 훔쳐 가서 건축물은 물바다가 되

계속 ▶▶

> 었고 이 때문에 건축이 지연되었다. 이 사건에 대해서 독일 언론은 '워터
> 게이트' 건물이라고 하며 비아냥거렸다.[26] 독일의 워터게이트는 보안시
> 설인 빌딩에 대한 거대한 도전을 의미했고, 이는 과거 정보기관을 괴롭
> 힌 지속적인 문제였다. 냉전 기간에 모스크바 주재 미국대사관은 미국정
> 부가 많은 비용을 들여서 특별히 건축한 건물이었다. 그러나 입주 전에
> 소련 정보기관인 KGB는 벽을 만들기 위한 콘크리트를 부을 때 도청장
> 치를 심어서 도청할 수 있는 방안을 모색했다. 미국대사관은 그 빌딩에
> 입주하지 않았고, 10년 이상 사용하지 않았다. 최종적으로 미 정보기관
> 은 탑햇작전(Operation TOP HAT)을 추진하여 소련 시대의 감시기술
> 을 무력화시키는 방안을 고안했다. 그것은 빌딩 제일 위의 두 층을 잘라
> 내고 새로운 것으로 대체하는 것이었다.[27]

위한 첩보는 **군첩보국(MAD)**이 제공한다. 독일의 모든 군사정보 조직들은
연방 국방부의 지휘를 받는다.

　연방 내무부 산하에 독일 내 국내정보를 주도하는 **연방헌법수호청(BfV)**
이 있다. 이 조직의 이름이 말해 주듯이, 독일은 시민 자유의 보호와 정보
사이에서 균형을 맞춰야 하는 미묘한 상황에 놓여 있다. BfV는 기본적으
로 HUMINT 수집조직이고, 방첩과 대테러도 함께 책임을 맡고 있다. 단일
정치체제인 영국 및 프랑스와 달리 독일은 연방체제이기 때문에 16개의 주
(*Länder*) 마다 비슷한 수준의 국내정보조직들을 보유하고 있다. 주헌법보호
청(LfV)으로 불리는 이 주 단위의 조직들은 뉴욕 경찰국의 정보부서나 캔자
스조사국과 같은 미국의 주 및 지역 수준의 법 집행 및 정보조직들과 유사한
기능을 한다. 추가로 독일 정보체제 내에서 두 개의 국내정보 및 보안조직들
이 활동하는데, 두 조직은 모두 내무부 소속이면서 다양한 측면의 사이버 안
보를 담당한다. **연방첩보보안국(BSI)**은 연방 수준에서 사이버 안보를 다루
고, **중앙안보영역첩보기술국(ZITiS)**은 법 집행과 국내 보안조직들이 필요로

하는 암호해독 분석과 디지털 지원을 한다. 미국 연방체제에서와 마찬가지로 다양한 연방과 주 수준 조직들의 행동을 조정하기는 쉽지 않은 일이다.[28]

독일 정보의 감시와 성과

독일의 정보조직들에 대한 감시는 조직의 숫자가 늘어나고 맡은 임무가 복잡해짐에 따라서 점점 어려워지고 있다. BND는 총리의 직접적인 지휘하에 있고, 16개 주의 LfV들은 주들의 지휘하에 있다. 이와 같은 권력의 분할은 연방체제의 직접적인 결과이다. 2009년 이후 독일 의회는 연방 수준의 기구들에 대해서 보다 효과적인 감시를 하고 있으며, 특히 그 조직들의 역할과 권한에 대해서 명시하고 있다. 이는 앞서 언급한 독일 정보의 역사에 기원하는 정보기관에 대한 제한을 개선하는 지도역할도 하고 있다. 그러나 정보조직에 대한 감시는 앞으로 해야 할 일들이 많다.

독일은 정치문화와 법 구조가 요구하는 것과 정보와 방첩임무가 필요로 하는 것 사이의 균형을 맞추는 데 어려움을 겪고 있다. 냉전 기간에 BfV는 국내 테러리즘과 정보위협의 복잡한 문제들을 다루는 데 많은 어려움을 경험했다. 1972년 뮌헨올림픽에서 팔레스타인의 검은 9월단 테러단체가 이스라엘 선수들을 살해한 사건은 독일 정보조직에게 수치스러운 일이었다. 이어지는 1970년대 동안 바더-마인호프단(Baader-Meinhof Group)과 적군파에 의해 비행기 납치, 폭탄테러, 독일 법무장관 암살이 자행되었다. 독일 정보체계는 9·11 테러를 자행한 알카에다의 함부르크 조직을 탐지하는 데 실패했다. 이러한 비극적인 역사를 경험한 독일은 테러와의 전쟁에 익숙해 있다. 그러나 BfV와 군첩보국(MAD)이 국내보안기관과 연방군대에 신나치주의자들의 침투를 탐지하지 못한 데 대해서 의회에서 심각한 비판의 대상이 되었다. 메르켈 총리가 약 100만 명의 난민을 독일에 받아들일 때 난민에 포함된 무슬림 테러리스트들이 시행한 여러 차례의 저강도 영향을 준 공격에 대해서 언론이 많은 관심을 가졌다. 그러나 미국의 경우와 마찬가지로 독일 내에서 자란 극우파들이 최근의 난민에 포함된 이슬람 급진주의자들보다 훨씬 더 위협적이라는 점을 데이터가 보여주고 있다. 결국 위의 두 가지 위험들 때문에 독일이 국내감시를 개선하기 위해서는 갈 길이 멀다.

나토의 다른 국가들과 마찬가지로 독일은 새로 부활한 러시아로부터 위협을 받고 있는데, 러시아에 대한 독일의 반응은 미적지근하다. 최근까지 독일은 러시아와 제한적인 정보공유협정을 체결하고 있는데, 그 목적은 러시아 조직범죄단이 서유럽에서 활동하는 것을 줄이기 위해서다. 더욱이 독일은 러시아 천연가스의 가장 큰 규모의 구매자이고, 가스는 동유럽을 지나고 발트해 밑으로 이어지는 파이프라인을 통해서 운반된다. 메르켈 총리와 그의 전임자 슈뢰더(Gerhard Schröder)는 러시아와의 관계를 단절하는 데 대해서 주저하고 있다. 슈뢰더는 러시아의 천연가스 재벌인 가스프롬(Gazprom)의 이사직을 공개적으로 맡고 있다. 화웨이가 유럽에 5G 네트워크를 건설하려는 데 대하여 가지게 되는 정당한 안보적 우려를 무시하려는 독일의 의지는 마찬가지로 걱정스러운 요인이다. 마지막으로 냉전이 종식된 이후 독일은 지속적으로 군대와 정보기관에 대해 충분한 재정지원을 하지 않고 있다. 메르켈 총리하에서 예산삭감으로 독일은 경잠수함을 바다에 보낼 수 없고, 해외주둔군에 대한 병참 지원을 할 수 없고, 기갑사단을 운영할 수 없는 실정이다.

이스라엘

다른 선진세계의 민주주의 국가들과 달리 이스라엘의 정보조직들은 일정 수준의 존경을 받는다. 현대적이고 기술적으로 발전된 경제를 누리는 이스라엘은 정보화 기술에서 가장 앞서며 세계에서 가장 큰 규모의 무기 수출국이다. 1948년 국가 수립과 거의 같은 시기부터 이스라엘의 정보조직들은 이웃하고 있는 아랍국가들의 지원을 받는 국경에 대한 끊임없는 공격을 줄이기 위해 비밀공작을 수행하는 등 공격적인 모습을 보여 왔다. 적대세력이 자국을 점령하기 전에 그들을 파괴해야 한다는 신념이 이스라엘 정보공동체에 깊숙하게 각인되어 있다.[29] 1948년부터 1973년까지 네 번의 전쟁에서 지배적인 성공을 한 **이스라엘방위군(IDF: Israel Defense Force)**, 상대적으로 우월하다는 정보기관, 그리고 이 둘을 적극적으로 활용하겠다는 의지가 있음에도 불구하고, 이스라엘은 승리도 평화도 획득하지 못하고 있다. 가자지구(Gaza Strip)를 본거지로 활동하는 팔레스타인 테러단체 하마스(Hamas), 그리고 이란의 지원을 받으며 레바논에 본거지를 두고 있는 시아파 테러단체 헤즈볼라(Hezbollah)로부터 이스라엘은 지속적인 공격 위협을 받고 있다. 이스라엘은 이집트 및 요르단과 평화협정을 체결한 바 있으나, 1993년 오슬로협약(Oslo Accord)의 파기와 클린턴 및 부시 대통령이 시도한 수차례 평화 중재의 실패는 이스라엘과 팔레스타인 사이의 평화에 대한 희망을 앗아 갔다.

이스라엘 국가의 설립은 영국의 제국주의를 몰아낸 다수의 유대인 테러단체의 성공에 기원하고 있다.[30] 이들 중에 두 개의 테러단체인 레히(Lehi) 및 이르군(Irgun)과 더불어 유대인 민병대인 하가나(Haganah)는 이스라엘 건국 초기의 정보조직들이 되었다. 프랑스의 정보기관들처럼 이스라엘의 정보조직들은 형태와 이름이 자주 변경되었다. 그러나 이스라엘 정보체계의 전체적인 구조는 군사정보조직들, 국내 보안기관들, 그리고 전략적 정치 및 군사정보를 제공하는 해외정보 및 분석지원조직들로 이루어져 있다. 이스라엘 공동체의 핵심적인 특징 중의 하나는 세계의 다른 정보체계에 비해서 이스라엘 정보기관들 사이의 협력 수준이 높다는 것이다. 이스라엘에서 군-민, 국내-국제 조직들과 과정들은 통합되어 있다.

모사드와 협력조직들

이스라엘의 정보조직 중에 가장 중요한 조직은 **모사드(Mossad)**이며, 이스라엘의 해외정보 임무를 맡고 있다. 모사드는 모든 정보 분야의 수집에서 세계적 수준의 능력을 보유하고 있다. 모사드는 두 개의 매우 효율적인 비밀공작 조직인 키돈(Kidon)과 메차다(Metsada)를 운영하고 있다. 두 조직 모두 표적암살 프로그램에 참여하지만 키돈이 더 잘 알려져 있다. 키돈은 '신의 분노'작전(Operation WRATH OF GOD)을 수행했는데, 이 작전은 1972년 뮌헨 하계올림픽에서 이스라엘 선수들을 살해한 책임이 있는 검은 구월단(Black September) 테러리스트들과 조력자들을 암살하는 캠페인이었다. 비록 주로 중동지역에 초점을 맞추고 있지만, 모사드는 지구 어디에서든지 활동하고 있다. 아르헨티나에서 나치 전범 아이히만(Adolf Eichman)을 체포했고, 이슬람 전사들에 대항하여 이전에는 적이었던 파키스탄의 정보부와 협력을 하고 있다. 또한, 모사드는 돈세탁을 방지하기 위한 금융정보조직을 운용 중이며, CIA와 같은 능력을 갖춘 광범위한 기술연구부서도 보유하고 있다. 독일의 BND와 총리실의 관계와 같이, 모사드의 장은 내각 장관에게가 아니라 수상에게 직접 보고하고 있다.

　다른 민간 또는 군사조직들도 전략정보를 제공한다. 외교부는 **정치연구센터(CPR: Center for Political Research)**를 운영하는데, 이 센터는 세계와 지역의 정치적 사건들에 대한 평가를 수상에게 제공하여 정책결정을 지원한다. 이 센터는 일부 정보를 수집하지만, 활동능력은 이스라엘의 다른 조직들에 비해서 뒤떨어진다. **국방정보국(AMAN)**은 이스라엘방위군(IDF)의 정보조직이다. AMAN은 모든 첩보를 수집하는 조직이며 분석업무도 수행한다. AMAN의 암호해독부서(Unit 8200)는 능력 면에서 미국의 국가안보국(NSA)과 영국의 정보통신본부(GCHQ)에 필적하고 있다. 프랑스와 영국체제들은 자신들이 특수작전부대(SOF: Special Operation Forces)와 긴밀한 협조를 하고 있다는 데에 대해서 자부심을 갖고 있지만, AMAN은 여기서 한 걸음 더 나아가 지상과 해상 특수작전부대들을 지휘하고 있다. AMAN은 이스라엘의 무관 프로그램도 운영하고 있다 (Unit 504).

  이스라엘의 국가안보부(Israel Security Agency)는 통상적으로 **신베트(Shin Bet)**로 불리며 정보체계에서 가장 앞선 첩보국이다. Mossad 및 AMAN의 경우와 같이 신베트의 작전은 부서들 사이의 긴밀한 협력을 보여주고 있다. 방첩과 국내보안 임무 이외에 신베트는 이스라엘방위군(IDF)과 모사드의 암살프로그램을 지원하기 위한 표적에 대한 정보를 제공한다. 이와 같은 국내보안국으로부터의 협력은, 세계화된 시기에 해외-국내정보의 구분을 타파해야 한다는 점에 대해서 다른 국가들은 말로만 하지만 이스라엘은 이를 실현하고 있다. 모사드와 마찬가지로 신베트는 수상에게 직접 보고하고 있다.

이스라엘 정보감시와 성과

분권형 대통령제를 택하고 있는 프랑스와 달리 독일과 같이 의회제(의원내각제)를 택하고 있는 이스라엘의 체제에서 대통령의 지위는 상징적이다. 실질적인 권력은 수상에게 집중되어 있다. 또한, 이스라엘은 지방과 국가의 안보조직과 활동에 차이가 없는 단일국가체제를 선택하고 있다. 따라서 이스라엘 경찰의 정보부서, 대테러조직 야맘(Yamam), 국경경비대 모두는 신베트 및 다른 정보공동체 조직들과 긴밀하게 협력하고 있으므로 본국 영토안보작전이 연방체제보다 쉽다.

  이스라엘 정보체계에 대한 감시는 세 가지 기제에 의해서 이루어진다. 첫째, 수상이 장관들이나 정보기관장위원회(Committee of the Heads of Service)를 통하여 개별적 정보조직의 성과를 감독하는데, 정보기관장위원회의 위원장은 모사드의 장이 맡는다. 둘째, 이스라엘 의회가 정보위원회를 통해서 감시하는데, 영국체제와 마찬가지로 수상이 허용하는 한도 내에서 감시한다. 마지막으로 이스라엘은 정보기관의 성과를 평가하기 위해서 서로 독립된 위원회를 임명한다. 란다우위원회(Landau Commission)가 대통령의 리더십이나 의회보다 큰 영향을 미친다. 이 위원회는 신베트가 팔레스타인 죄수들을 고문한 데 대해서 관심을 가졌는데, 현재 이러한 행위는 헌법을 준수해야 하고 자의적으로 하면 안 된다. 이러한 일이 실제로 있었는지는 불분명한데, 그 이유는 네타냐후(Benjamin Netanyahu) 수상이 헌법이 금지한다는 데 대해서 거의 관심을 보이지 않았기 때문이다.

이스라엘은 적대적인 정부와 정보기관에 지속적으로 침투하였고, 적의 폭탄제조자와 기술자를 암살했으며, 우방국의 기술정보, 특히 이스라엘의 핵무기 프로그램을 도와준 미국의 기술정보를 수집해 왔다.[31] 이스라엘의 정보활동은 다양하고 대부분 성공해 왔다. 그러나 이러한 성공은 지역 경쟁국들뿐만 아니라 다른 국가들을 적으로 돌렸다. 이스라엘이 미국의 극히 민감한 감시와 통신 프로그램에 대한 자료를 획득하기 위하여 미 해군의 민간인 정보원 폴라드(Jonathan Pollard)를 활용한 것은 미국의 다섯 대통령의 임기가 지나는 동안 미국-이스라엘의 외교 문제가 되어 왔다. 또한, '신의 분노'작전(Operation WRATH OF GOD) 동안 중립적이거나 우호적인 국가에서 암살을 시행하였기 때문에 여러 유럽 국가와의 관계가 틀어졌다. 보다 최근인 2011년에 두바이에서 하마스의 지도자를 살해한 것도 비슷한 결과를 초래했다. 이스라엘의 첩보기술을 해외에 판매한 데 대해서도 논쟁이 일어나고 있는데, 그 사례로 비만을 일으키는 설탕 음료를 멕시코 거래국이 어떻게 규제를 하는지에 대해 멕시코인들이 스파이하도록 해 주었다. 이러한 시도 때문에 정해진 표적들은 그들의 전화가 블랙 큐브(Black Cube, 블랙 큐브는 런던 외곽과 텔아비브에서 활동하는 사설 정보기관이며, 이스라엘에서 퇴직한 정보원들이 만들었다 – 역자 주)에 의해서 해킹된 다음에 사라졌다. 또 다른 사례는 팔레스타인과 아랍의 표적에 대해서 군사력을 사용

하겠다는 이스라엘 정보와 안보기관의 의지가 1987년과 2000년에 제1, 2
차 인티파다(Intifada, 인티파다는 이스라엘이 점령한 가자 등지에서 발생
한 팔레스타인인들의 봉기다 – 역자 주)를 발생시킨 것이며, 이스라엘의 탄
압은 이스라엘 정치의 군사화와 폭력 빈도 강화에 따른 것이었다. 1948년
이후 이스라엘의 적대세력인 아랍세계가 첫 번째 수단으로 민간인들을 표
적으로 삼은 데 따라 이스라엘의 정보기관은 테러리스트들이 이스라엘을
공격하기 전에 테러리스트들과 지원자들을 살해하는 이외에 다른 선택지가
없었다. 그러나 이스라엘 정보기관이 '신과의 만남'[32]을 통하여 평화를 위
한 조건을 만들지 못한 것은 정보가 정책의 실패를 해결할 수 없다는 비극
적인 결과를 보여주었다.

또 다른 문제들이 남아있다. 일부 뚜렷한 운영상의 결점 때문에 이스라
엘 정보기관의 분석능력이 때때로 문제가 된다. 1973년에 이스라엘은 수에
즈 운하 건너서 진입해 온 이집트 군대와 골란고원(Golan Height)에서 시
리아 군대의 동시 공격 때문에 이스라엘은 거의 패배 직전으로 갔다. 이 공
격의 준비를 탐지하지 못한 것과 아랍국가들의 의도를 정확하게 전망하지
못한 것은 정보의 실패로 자주 인용되고 있다. 비록 보다 최근의 연구는 정
보분석가들이 공격을 정확하게 전망했다고 평가하지만, 이 전망을 AMAN
의 고위층이 믿지 않거나 이스라엘 정책결정자들에게 보고되지 않은 점은
이스라엘 정보체계의 실패로 간주한다.[33] 이와 유사하게 신베트는 이스라
엘 극우의 의도를 제대로 파악하지 못했고, 1995년 라빈(Yitzhak Rabin)
수상이 팔레스타인과의 평화를 반대하는 급진적 유대인 정착자에게 암살당
할 때 강력한 보호조치를 취하지 못했다는 비판을 받았다. 마지막으로 이스
라엘 정보기관들 사이의 긴밀한 협력은 국가에 큰 도움이 되었다. 그러나
정보기관들 사이에 책임을 맡은 지역과 기술 분야에서 과잉으로 중복되어
자원을 낭비한다는 비판을 받고 있다.

러시아

근대 러시아가 등장한 이후 간첩행위, 감시, 비밀공작, 선전은 러시아 국가의 특징으로 정의되었다. 1881년 알렉산더 2세의 암살 이후 차르 제국은 반체제인사들을 감시하고 정치단체들에 침투하고 국내 적들을 살해하거나 구속하기 위해서 비밀경찰인 오크라나(Okhrana)에 의존했다. 1917년 러시아 혁명으로 소련이 등장한 이후 대규모의 비밀경찰 및 교도소의 설립과 더불어 국내 공산당의 의지를 강화하고 해외 혁명을 고양하기 위해서 국내외 정보조직들이 만들어졌다. 이러한 정보기구들 — 또는 소비에트인들이 정보기구들을 칭하는대로 **기관들(organs)** — 이 공산국가의 핵심이 되어, 공산당의 권력독점을 보호하고 마르크스-레닌주의의 정치적 이상주의를 강화하는 데 기여했다. 1991년 소련의 붕괴 이후 옐친(Boris Yeltsin) 하에서 단기간의 민주주의를 경험할 당시 러시아 연방은 민주주의를 기반으로하는 합리적 수준의 정보능력을 보유했다. 그러나 1999년 푸틴(Vladimir Putin)의 등장으로 러시아는 권위주의 지배로 돌아갔고, 강력한 국내와 해외 정보활동이 재개되었다. 빈사 상태의 경제, 낮은 수준의 기술혁신, 인구의 대폭 감소로 러시아는 세계의 지위에서 하락하는 냉혹한 미래를 맞이하고 있다. 그러나 과거 KGB의 중령 출신인 푸틴은 과거 소련의 붕괴는 잘못된 것이고 러시아는 1991년에 독립을 쟁취한 14개 국가들을 다시 편입해야 한다고 주장하면서 러시아 권력의 하향 곡선을 되돌리려고 시도하고 있다. 특히 러시아 연방은 최대한의 자원을 안보와 정보조직에 투입하고 있다. 과거 소련도 마찬가지였지만, 이러한 지출은 푸틴체제를 보호하고 러시아의 영토적 야심을 확대하기 위한 것이다. 정치적 반대세력에 대한 탄압, 자신과 과두정치세력의 부패를 통한 부의 축적, 그리고 2008년 조지아(Georgia), 2014년 우크라이나(Ukraine) 침공으로 푸틴은 러시아를 국제사의 부랑자로 만들어, 제재를 받게 하여 이미 약해진 러시아 경제를 더

휘청거리게 했다. 최근의 첩보활동과 선거개입은 서방 민주주의에 혼란을 불러일으켰고 해당 국가 시민들의 신뢰를 잃게 되었다.

소련과 러시아의 정보체계를 분석하는 것은 큰 도전이다. 고전적인 '거부지역(denied area)', 즉 외국인들이 자유롭게 다니지 못하는 제한은 학문적 연구와 정보활동을 어렵게 한다. 소련과 러시아 체제들에 의해 지속적으로 이루어진 역정보와 선전 때문에 정부의 자료와 정부를 대변하는 민간영역이 제공하는 첩보를 믿을 수 없게 하고 있다. 마지막으로 미국대학에 있는 언어훈련을 위한 제한된 자료들은 러시아를 연구대상으로 하기에는 부족한 면을 보여주고 있다. 서방의 정보기관들이 소련체제의 내부를 들여다보기 어려웠으므로 냉전이 고조된 시기에 분석가들은 정치 인물이 정치국에서 얼마나 영향력이 있는지를 평가할 때 매년 메이데이에 모스크바 붉은 광장에서 행진할 때 소련 최고지도자와 얼마나 근접한 자리를 차지하고 있는가에 따라 상대적인 영향력을 평가할 수밖에 없었다.

KGB와 관련 조직들

냉전 기간 소련 제1의 정보조직은 KGB, 즉 '국가안보위원회'였으며, 이 조직은 국내적으로 광범위한 기술수집을 포함한 감시와 방첩 능력과 더불어 해외 HUMINT 활동을 하는 종합적 조직이었다. 소련의 붕괴 이후 KGB는 미국과 영국 같은 방식으로 국내외 해외 임무를 가진 두 개의 조직으로 분리되었다. **해외정보국(SVR)**은 KGB 제1국의 임무를 계승했으며, 러시아 국경 밖의 정보활동을 책임진다. SVR은 종합적인 수집과 함께 분석, 간첩활동, 비밀공작 능력을 보유한다. 해체된 KGB로부터 탄생한 두 번째 조직은 **연방보안국(FSB)**이며, FSB의 주 임무는 방첩, 국내보안, 대테러다. FSB는 7만 명의 요원과 10만 명의 국경수비대가 포함된 방대한 조직이며, 마약금지 활동과 조직범죄 대응 등 법 집행 활동을 한다. 그러나 국제와 국내 임무를 맡은 조직들을 확실하게 구분한다는 정책은 FSB가 2016년 미국 대통령 선거에 개입함에 따라 허구임이 드러났다. 국내와 국제임무를 구분하지 못하는데에는 두 가지 이유가 있다. 첫째, FSB는 러시아의 SIGINT 기관인 **연방정부통신첩보국(FAPSI: Federal Agency for Government Communications and Information)**을 감시하는 책임을 맡고 있다. 미국에 대항하는 러시아의 시도는 주로 사이버와 첩보활동에 치중되기 때문에 FAPSI가 이 임무에 가장 적합한 조직이다. 둘째, FSB의 주요 임무는 정부에 대한 반대론자들을 탄압하는 것이고 푸틴 대통령에 대해 정치적으로 반대하는 행위를 근절시키는 것이다. 국내에서 푸틴에 대한 조직적인 정치적 반대는 거의 근절시켰고, 주기적으로 러시아 연방의 부정선거를 확실하게 시행했기 때문에 이러한 전문성을 서방세계 민주주의를 훼손시키는 활동에 적용하기가 쉬워졌다.

SVR과 FSB는 러시아 정보체계 내에 있는 비교적 소규모 기관들의 지원을 받는다. 연방관세청(FTS: Federal Customs Service)은 해외정보기관에 대한 기술적 방첩 자료를 제공하고 KGB 하부조직이 그대로 계승된 조직이다. FTS는 과거 소련에 속했던 공화국들의 정보기관과 좋은 관계를 누린다. 연방보호국(FSO: Federal Protective Service)과 대통령특별프로그램주무국(GUSP: President's Main Directorate of Special Programs)도 과거 KGB의 조직이 계승된 것이다. FSO와 GUSP는 러시아 군사기지의 안전에 책임이 있고, 푸틴을 크레믈린 사무실 내에서의 안전과 더불어 핵심 정치인들을 보호한다.[34]

소련과 러시아연방의 군사정보 사이에는 상당한 연속성이 존재한다. 러시아의 군사정보기관인 **정보총국(GRU)**은 소련의 붕괴 이후 이름이나 임무를 바꾸지 않아도 되는 유일한 조직이다. GRU는 러시아군 총참모부에 소속된 기관이며, 러시아 군대에 전투정보와 더불어 전략정보도 제공한다. SVR과 FAPSI 같이 GRU는 강력한 SIGINT 능력을 갖추고 있으며, FSB와 같이 이러한 능력을 2016년 미국선거에 활용했다. GRU의 두 개 부서

사진 4.3 인터넷연구국(Internet Research Agency), 상트페테르부르크, 러시아.[35]

인 26165와 74455는 **팬시베어(Fancy Bear)**로 조직되어 2016년 미국 대통령선거 캠페인에서 사이버 활동을 했다. GRU 활동은 소위 **인터넷연구국 (Internet Research Agency)**에 의해서 증가하였는데, 인터넷연구국은 러시아 정보활동에 얇게 은폐되어 연결된 트롤팜(troll farm, 댓글부대)이다.

26165와 74455는 러시아 선수들의 혈액도핑과 관련된 국제조사를 방해하는 사이버 활동에 연결되어 있고, 2014년 러시아정부와 연결된 반란집단이 우크라이나 상공을 지나던 말레이시아항공 비행기를 격추한 사건에 대해서도 사이버 활동을 했다.[36] GRU 하부조직들은 2007년에 에스토니아에서 사이버 활동을 한 전력이 있고, 2008년 여름 러시아가 조지아를 침공한 이후 조지아정부에 대한 사이버 활동을 한 전력이 있다.

러시아 정보의 감시와 성과

문서상 러시아는 대통령이 국가의 원수이고 수상이 정부의 수반인 혼합정치체제를 유지하고 있으나, 실제에 있어서 이는 아무런 의미가 없다. 1999

년 옐친 대통령에 의해서 수상으로 임명된 이후 푸틴은 체제에 대해서 반대하는 정치조직을 제거하기 위한 노력을 했다. 러시아 의회인 듀마(Duma)에는 5개 정당 출신 의원들이 진출해 있으나, 그들 모두는 푸틴을 지지하고 있으며, 그의 통치에 대하여 의회 차원에서 반대하지 않고 있다. 결과적으로 러시아 연방에는 정보를 감시하는 시스템은 없다. 소련 시절에 그랬던 것처럼, 러시아의 조직들은 국가 원수의 권력을 보호하기 위해서 존재한다.

현재 러시아 조직들의 활동은 체첸공화국(Chechnya) 내 이슬람 분리주의자들의 위협으로부터 시리아의 국제적인 비밀공작 수행까지 광범위하게 퍼져 있다. 2007년부터 2016년까지 SVR 본부는 규모가 두 배가 되었고, 이에 상응하여 인원도 같은 수준으로 증가했다. 냉전 기간에 KGB는 '리틀 캔자스(Little Kansas)'라는 이름의 간첩활동 훈련시설을 보유하여 **불법입국자(illegals)** 훈련을 시켜서 외국 국민으로 통과하여 핵심조직들에 침투하도록 했다. 불법입국자 프로그램은 KGB 요원들이 여러 미국 동맹국들에 대한 정치적이고 경제적인 영향을 미치는 역할을 하게 했다.[37] 모든 러시아의 불법입국자들이 오늘날과 같은 방법으로 훈련받는 것은 아니지만, 슬리퍼 에이전트(sleeper agent, 비상사태를 대비하여 대기하는 요원)의 지위는 유지된다. 2010년 FBI가 채프먼(Anna Chapman)과 9명의 다른 불법입국자들을 체포했다. 과거 KGB 요원의 딸인 채프먼은 금융위기를 조정할 방법을 찾기 위하여 미국 금융기구에 침투하는 임무를 부여받았다. 자신이 결혼한 영국인 남편의 연결을 이용하여 권위 있는 바클레이즈(Barclays) 투자은행에 취직했으나, 나중에는 월 스트리트와 가까운 거리에 자신의 컨설팅 회사를 차렸다. 2010년에 체포된 채프먼의 SVR 동료 여러 명은 대학교, 미국 싱크탱크, 전자통신 회사에 취직할 수 있었다. 2010년에 불법입국자의 조직은 거의 완전하게 무력화되었는데, 그들의 활동 범위는 놀랄 정도로 넓었다. 보다 최근에 뷰티나(Maria Butina)가 국가총기협회(National Rifle Association) 등 미국의 보수단체들에 침투했다. 이어서 그녀는 이 단체들과 연관된 여러 명의 공화당 정치인들과 접촉할 수 있었다. 뷰티나는 간첩행위를 한 죄는 없었으나, 그녀의 행위는 러시아 HUMINT 활동의 상징이 되었다.

최근 들어 러시아 정보공동체는 민간기업들을 활용하여 비밀공작을 수행하고 있다. 이 기업들은 러시아 정보원들로부터의 지시를 감추기 위한 전위 역할을 하면서 '그럴듯한 부인(plausible deniability)'을 유지한다. 2014년 크림반도를 강점할 당시 러시아는 국제언론이 '외계인'이라고 부른 러시아 **특수군**(*Spetsnaz*)과 정보원들을 아무런 표식도 달지 않은 군복을 입혀서 파견했다. '모국으로의 반환'을 지지하는 지역 '전사'로 가장한 외계인은 우크라이나 국민들의 폭넓은 지지를 받았다. 실제에서 그들은 우크라이나정부가 조직적으로 반대하지 못하도록 정부 시설들과 통신센터를 장악했다. 러시아는 민간군사계약자들을 고용했는데, 그들은 러시아 군인 출신, 현직 군인들, 정보원들을 혼합한 인원들이다. 중동에서 마지막 동맹인 시리아를 지원하기 위해서 은밀한 준 군사조직인 외그너단체(Wagner Group)를 파견했다. 그러나 그러한 전위조직들은 군사계약자들로 제한되어 있지 않았다. 영어 뉴스 방송 **RT(이전의 Russia Today)**는 실제로는 러시아 정보기관의 선동과 선전 활동을 홍보하기 위한 전위조직이다. 이러한 관계에 대해서 RT는 거의 부인을 하지 않고 있으며, 편집장은 언젠가 자신이 올리는 내용은 '서방세계 전체에 대항하는 것'이라고 주장한 적이 있다.[38]

소련 강제노동수용소 시스템의 살인과 잔악 행위는 오래전에 사라졌지만, 러시아 정보공동체는 국내적으로 법을 초월한 살해를 하고 해외에서 비판자들에 대한 암살 캠페인을 빈번하게 벌이고 있다. 러시아 정보기관은 우크라이나의 친서방 정치인인 유시첸코(Viktor Yushchenko)에게 독극물을 주입하여 안면이 크게 손상되게 하였다. 러시아인들의 무모함을 보여주는 뻔뻔스러운 사례는 전직 SVR 요원이면서 푸틴을 비판한 **리트비넨코**(Alexander Litvinenko)가 영국으로 망명하여 귀화한 뒤 폴로늄이라는 방사성의 독극물을 넣은 홍차를 마시고 사망했는데, 폴로늄은 SVR이 관리하던 독극물이었다. 리트비넨코의 사망을 조사하던 조사관들도 별로 좋은 삶을 살지 못했다. 2007년 미국 상원의 관료가 의문스럽게 충격 때문에 사망했고, 2015년 폴로늄 독극물에 관해서 연구하던 연구원이 자살하였다. 2012년 러시아 은행가였다가 내부고발자가 된 페레필리크니(Alexander Perepilichny)는 스위스 당국자가 푸틴과 관련된 인물의 돈세탁을 조사하는 것을 돕다가 살해당했다. 2015년 전직 부수상이었으나 푸틴을 비판한 넴토프(Boris Nemtov)가 모스크바에서 의문스럽게 살해되었다. 2018년 전직 GRU 요원이었으며 나중에 영국 정보기관에서 일한 스크리팔(Sergei Skripal)과 그의 딸이 희귀한 신경가스에 의해서 사망했다.

러시아 정보의 미래

석유와 무기수출에 의존하고 있으며, 현대 세계 경제에 경쟁할 수 있는 능력이 거의 없는 러시아는 매우 불확실한 미래를 맞이하고 있다. 표면적으로 푸틴은 러시아 국가와 조직들의 활기를 되찾게 하는 데 성공하고 있는 것처럼 보이지만, 그의 공격적인 외교정책과 이를 실현하기 위한 정보기관의 사용은 러시아의 쇠퇴를 늦추지 못하고 오히려 재촉하고 있는 것으로 평가되고 있다. 영국의 브렉시트 투표에 대한 역정보 제공과 사이버 해킹, 프랑스, 독일, 미국의 선거개입은 이 국가들이 러시아를 보는 시각을 완화하지 못하고 더욱 경직되게 하였다. 푸틴이 트럼프 및 미국 보수진영의 핵심인물들과 협력을 시도했을 개연성은 이전 세 명의 미국 최고지도자보다 독재자와 더 친밀한 대통령을 만들었을 가능성이 있다. 그러나 그것은 일시적인 승리였고 러시아의 각본은 서방 정보기관들에게 발각되었다. 러시아의 시도는 제재를 받는 체제에서 벗어나지 못하게 했고 러시아가 당면한 대부분의 국내 문제를 해결하지도 못했다. 냉전 시기에 KGB는 정보 쿠데타를 지속적으로 자행했다. KGB는 CIA와 FBI의 고위직인 에임즈(Aldrich Ames) 및 한센 (Robert Hansen)과 같은 방첩전문가를 통하여 미국 정보공동체의 최고위 층에 되풀이하여 침투했다. 이러한 자산들은 러시아가 미국의 스파이 조직 을 파헤쳐서 미국의 HUMINT 활동을 방해하도록 했지만, 이는 소련의 붕 괴를 막거나 승계된 러시아의 상대적인 힘이 증대되게 하지 못했다. 첩보와 사이버 활동, 그리고 푸틴의 비판자들에 대한 무모한 암살이 러시아의 근본 적인 취약성을 은폐하는 데 도움이 되었는지는 생각해 볼 문제다.

중국

세계 제2대 경제대국이고, 14억의 인구를 보유하고 있으며, 군사력을 빠른 속도로 현대화하고 있는 중화인민공화국(PRC)은 아마도 현재 세계에서 미 국에 잠재적으로 경쟁을 할 수 있는 유일한 국가다. **중국공산당(CPC)**이 통 치하는 중국은 권위주의 국가이며, 대규모의 정보기구는 서방에 대한 공세 적인 간첩활동을 하여 해외에서의 중국의 이익을 증진시키고, 체제에 대항 하는 반체제의 징후를 파악하기 위해서 중국의 대중들을 모니터한다. 중국 은 세계에서 가장 광범위하고 침투적인 국내 감시체제를 보유하고 있으며, 중국공산당으로부터 독립된 어떠한 시민단체라도 만들지 못하게 하는 동시 에 무슬림 위구르족 및 티베트인들과 같은 인종적이고 종교적인 소수세력 을 탄압하고 있다.

1980년대에 경제분야에서 공산주의 국가의 일부 역할을 축소한 이후 중 국은 세계에서 외국인 직접투자의 중심이 되어 왔으며, 미국, 유럽, 동아시 아의 기업들은 값싼 노동력을 찾아서 중국에 생산기지를 옮겼다. 한 세대가 지나는 동안 중국은 거의 3억 명의 인구를 중산층에 편입했는데, 이는 역사 에 전례가 없는 업적이다. 국가 부(富)의 괄목할만한 성장에 더불어, 최근 중국경제가 발전함에 따라 중국군대를 현대화하기 위한 대규모의 산업기반이 마련되고 있다. 이 현대화 노력의 많은 부분은 미국과 유럽의 방산업체에 대한 장기간에 걸친 산업스파이 활동으로 이루어진 것이다.[39]

중국 관료들은 국제규범과 조약을 자주 인용하고 외교전략으로 화합과 침략 사이에서 갈팡질팡하지만, 중국공산당의 가장 중요한 관심사는 체제의 생존이고 모든 다른 고려사항들은 부차적이다. 해외국가들 및 기업들과 협력을 하는 것은 국가의 힘을 강화하는 것이며, 2001년에 중국이 세계무역기구에 가입할 때 세계가 기대했던 바와 같이 현대 시장경제 자본주의를 확대하려는 것이 아니다. 유엔 안전보장이사회의 상임이사국인 중국은 이 지위를 활용하여 중국의 주권을 희생시키는 민주주의와 인권증진, 그리고 다자주의의 증진을 봉쇄한다. 또한, 중국은 남중국에 접하고 있는 국가들의 주권적 국경을 무시하면서, 베트남, 말레이시아, 필리핀, 대만을 향한 영토적 주장을 하는데, 이는 국제법 위반사항이다.

중국의 최근 강대국 지위로의 부상은 주목할 만 하다. 그러나 유럽과 미국이 세계 주요세력이 되기 이전에 중국은 근대 이전과 근대 초기에 강력하고 발전된 국가였다 그러나 유럽이 중세기의 종교적 미신을 거부하기 시작하고 과학과 기술을 발전시킬 때 중국은 내부를 향해서 후퇴했다. 결국 발견의 시대에 유럽의 열강들은 힘과 영향력을 전 지구적으로 확대했고 발전

사진 4.4 중국의 산업스파이: 당신은 어느 것이 미국의 F-35이고,[40] 어느 것이 중국의 J-31인지[41] 구분이 가능합니까?

도상에 있는 중국과 같은 나라를 희생시키면서 대규모의 제국을 이루었다. 19세기 중반 아편전쟁 이후 영국은 중국에게 홍콩을 할양하도록 압력을 넣고 영국의 이익에 유리한 내용의 무역조건을 제시했다. 영국이 지속적으로 대영제국이라고 주장하고 이와 유사하게 미국이 '미국의 세기'라고 주장하는 데 대해서 중국은 이를 중국 발전의 자연스러운 과정을 불법적으로 방해한 역사적 탈선이라고 주장한다. 중국인들의 관점에서, 만약 유럽인들이 중국의 현대화를 억압하지만 않았으면, 중국이 더 빠르게 세계무대애 자리 잡을 수 있었을 것으로 생각하고 있다.

2021년 중국공산당 창립 100주년을 맞이하면서, 현재의 중국정치는 중국공산당의 마오 권위주의와 중국 민족주의 부활의 혼합이다. 중국 정보공동체의 조직문화는 역사적 유산에 의해서 형성되고 있다. 그러나 우리는 현재 중국의 정보전략, 활동, 조직적 구조를 역사만으로 축소하지 않도록 조심해야 한다. 중국은 경쟁상대인 서방세계와 같이 국가이익을 증진시키기 위해 복합적인 신호정보(SIGINT), 계측징후정보(MASINT), 사이버 능력을 활용할 수 있다.

국가안전부

여러 개의 중국 정보조직들의 다양한 정보기능들을 통합하여 주로 전략정보를 담당하는 조직이 1983년 **국가안전부(MSS)**로 설립되었다. 국가안전부에는 10만 명 이상이 근무하며, 그중에 절반은 해외에 주재하고 있다. 세계 다른 정보기관들과 마찬가지로, 국가안전부 요원들은 외교관, 기자, 대학생, 사업가, 비정부기구 직원 등 다양한 방식으로 위장하며 활동하고 있다. 미국 CIA의 구조와 같이, 국가안전부는 활동, 분석, 방첩, 행정부서로 구성되어 있다. 또한, CIA와 마찬가지로 국제관계대학과 연구 및 개발 싱크탱크가 밀접한 관련을 맺고 있으며, 지역적이고 기능적으로 조직되어 있

글상자 4.2 사례: 손자

세계에서 가장 오래된 문명화 중의 하나로, 중국은 서방 경쟁국들보다 훨씬 앞서서 정치, 전략, 정보 사이 관계의 중요성을 인식했다. 기원전 6세기의 장군이면서 전략가였던 **손자(孫子, Sun Tzu)**는 효율적인 정보활동의 잠재적 역할을 파악한 첫 번째 인물이라고 평가된다. 손자는 '간접적 접근'으로 알려진 시간을 초월하는 서적인 『병법』에서 적의 의표를 찌르고 책략으로 적을 물리쳐야 하는데, 이를 위해서 힘의 경제성을 극대화하고 전투에서 싸우지 않고도 적에 대한 압박을 가해야 한다고 강조했다. 손자는 대규모 군사력을 사용하는 것은 바보스러운 짓이라고 했는데, 그 이유는 이러한 방식은 도시들을 파괴하고 군사작전의 정치적 목표를 손상한다고 주장했다. 대규모 군사력을 사용하는 대신 손자는 적의 리더십을 이해하고 그의 목적이나 전략을 공격하여 이를 통해서 최소한의 전투를 하고 적의 지휘자를 제압하는 접근을 옹호했다.

클라우제비츠(Carl von Clausewitz)의 『전쟁에 대하여(_On War_)』와 더불어 손자의 『병법』은 군사참모대학이나 일반대학의 전략과 국제정치 과정에 필독도서로 되고 있다. 일부 손자의 원칙들은 현대 정보에 대한 중국인들의 사고에 계속해서 영향을 미치고 있으며, 특히 "적을 알고 너 자신을 알라(知彼知己)"는 교의는 오늘날의 첩보전에서 중요한 교훈으로 전래되고 있다.[42] 그러나 우리는 중국의 전략적 사고와 정보활동을 단순히 손자의 유산으로 축소하지 않도록 신중해야 한다.[43] 그렇게 하는 것은 중국 정보에 대한 한 전문가가 언급했듯이 중국 정보에 대한 연구가 '지역연구 함정'의 희생양으로 전락하게 된다는 것을 의미한다.[44] 이러한 사고는 중국 정보의 본질을 손자의 심리와 방식에 의존하는 것으로 나타내는 것인데, 이는 서구국가들이 기술적으로 보다 합리적으로 되어가는 반면 중국은 시간상으로 정체되고 발전하지 않고 있다는 점을 의미한다. 현대 중국의 정보활동은 넓은 수준의 활동을 포함하는데, 그 활동 중의 일부는 서구국가들처럼 기술적으로 정교화되어 있으며, 또 다른 일부는 손자와 마오 이데올로기의 중국문화 유산에 의존하고 있다.

다. 국가안전부는 북미작전부, 대만, 홍콩, 마카오 등 지역에 초점을 맞추는 부서와 더불어 정치와 경제정보, 과학과 기술 관련 부서 등의 분야에 초점을 맞추는 부서들이 있다. CIA와 국가안전부 구조 사이에서 눈에 띄는 차이는 수십 년 전에 CIA가 국가지리공간정보국(National Geospatial-Intelligence Agency)에 책임을 넘긴 위성영상 능력을 중국의 국가안전부는 여전히 갖고 있는 것이다. 미국과 중국의 정보조직의 뚜렷한 차이점은 국가안전부는 일부 직원과 그 가족들을 안전한 숙소에 머물게 하고, 자급자족 시설, 교육, 의료 서비스 등을 제공한다. 궁극적으로 CIA와 국가안전부 사이의 가장 중요한 차이는 중국의 정보기관이 국내와 해외 모두에서 활동을 하는 반면, CIA는 미국 국경 내에서 활동이 법으로 금지되어 있다는 점이다. 국가안전부의 임무에 전략적 요소가 포함되어 있지만, 국가안전부는 다른 정보기관들과 같이 공산당 권력의 보호를 주요 임무로 설정하고 있다.

전투를 위한 전술적 지원과 전략정보를 통합하여 **인민해방군(PLA)**은 역사적으로 중국의 종합적인 정보조직이 되어 왔다. 기능적으로 상이한 여러 부서로 구성된 인민해방군의 활동은 폭넓은 정보분야에 걸쳐서 이루어지고 있다. **제2부(Second Department)**가 맡은 주요 책임은 해외기술과 군사정보를 수집하는 것이다. 또한, 인민해방군은 중국 해외대사관으로 파견되는 무관을 운영한다. 중국의 다른 모든 정보조직과 마찬가지로 제2부는 체제를 보호하는 데 주력한다. '가을 난초(AUTUMN ORCHID)'라는 이름의 작전의 일환으로 제2부는 홍콩과 마카오의 친 민주주의, 종교, 대학생 단체에 침투하기 위해서 HUMINT 자산을 작동시킨다.

인민해방군의 제3부와 제4부는 기술적인 방향으로 특화되어 있다. **제3부**는 61398실을 포함한 인민해방군의 해외 SIGINT와 사이버 능력을 관리한다. 상해에 있는 유령사무실 타워에 있는 61398실은 세계에서 가장 활발한 스파이조직이며, 서방정부들과 민간기업들에 침투하려는 노력을 지속적으로 하고 있다. **제4부**는 전자적 대응책을 실시하고 광범위한 레이더 네트워크를 활용하여 계측징후정보(MASINT) 능력을 보유한다.

인민해방군의 **정치교육부**는 군대 내에서 중국공산당의 눈과 귀 역할을 하며, 방첩조직으로도 활동한다. 이 부는 계급별로 정치교육을 감독한다. 이 부는 또한 중국의 민간영역과 방위산업기반 사이의 상호접촉을 관리하여 민감한 군사기술에 대한 통제를 유지하기 위해서 기업에 침투한다.

160만 명의 직원이 근무하는 법 집행 기관인 **공안부(MPS)**는 세계에서 가장 큰 정보조직이다. 국가안전부(MSS)가 1983년부터 다양한 국내감시 기능을 가졌기 때문에 공안부가 쇠퇴한 것으로 보이지만, 공안부의 능력과 임무는 최근 들어 다시 확대되고 있다. 공안부는 엄청난 수준의 사이버와 감시 능력을 보유하고 있다. 또한, 공안부는 반체제인사들과 많은 수의 인종과 종교적 소수민족이 수용된 캠프를 운영하고 강제 재교육을 실시하고 있다. 마지막으로 공안부는 공공 신분증과 인구조사 프로그램을 실행하는데, 이는 14억 인구를 생각하면 무척 어려운 작업이다.

공안부는 세계에서 '공공보안정보'를 관리하는 가장 앞선 기관이다. 공안부는 매우 다양한 데이터를 가지고 중국 시민들을 식별하고 감시하고 행동을 전망한다.[45] 공안부는 개인 컴퓨터를 파악하고 감시한다. 또한, 공안부는 감시 비디오로부터 영상정보(IMINT: Imagery Intelligence) 데이터를 수집한다. 보다 최근에 공안부는 3,600만 명의 DNA를 채취했는데, 주 채취 대상은 수십 년 동안 중국정부가 잔인하게 탄압한 무슬림 위구르 소수인구였다. 공안부는 이 작업을 미 예일대의 미국인 연구자들과 계약을 맺어서 달성할 수 있었다.[46] 안면인식, 전자서명, DNA 확인의 혼합은 인간 역사에서 가장 광범위하고 강압적인 감시 데이터베이스이다.

공안부의 하부조직으로 **인민무장경찰(PAP: People's Armed Police)**이 있다. 중앙군사위원회(CMC)와 중국공산당 고위직의 명령을 받는 인민무장경찰은 60만 명의 중무장한 준 군사력을 보유하고 있으며, 중요한 기간시설의 보호와 중국국경 안전의 책임을 맡고 있다. 인민무장경찰은 대규모의 대중

소요를 진압하고, 자체적으로 보유하고 있는 기계화 보병부대를 활용하여 인민해방군 내에서 일어날지도 모르는 반란을 진압하는 임무도 맡고 있다.

중국 정보의 감시

1949년 이후 중국공산당이 중국의 중요한 국가안보와 정보기구들에 대한 통제와 감독을 해 왔다. 그러나 이 통제는 항상 중국공산당 총서기와 국가주석에 의해서 직접 이루어지는 것은 아니다. 2000년대 초반에 장쩌민(江澤民) 전임 주석이 중국공산당의 중앙군사위원회를 통하여 인민해방군을 지휘했다. 이 시기에 정치권력은 전임 주석 장쩌민과 신임 주석 후진타오(胡錦濤) 사이에 분리되어 행사되는 것으로 보였다. 그러나 결국 장쩌민이 이 지위를 포기했다.

2013년 **시진핑(習近平)**이 주석직과 당 총서기직을 보유했을 때, 그는 중앙군사위원회 리더십의 분리가 되풀이되는 것을 막기 위해서 자신이 중앙군사위원회에 대한 통제권을 확보했다. 시진핑이 군대에 대한 지휘권을 일원화한 것은 "인민해방군을 순수한 당의 군대로부터 당-국가의 군대로 전환시키는" 논리적 결과로 보인다.[47] 이어서 시진핑은 권력을 자신에게 집중시키는 중앙화 프로그램을 통하여 국가개혁을 추진했다. 또한, 그는 중국의 경찰과 국내보안을 관리하던 정치국원 저우융캉(周永康)이 갖고 있던 권력을 자신이 위원장인 새로운 위원회로 옮겼다. 시진핑은 자신이 마오쩌둥의 계승 인물이라는 점을 부각하기 위해서 마오의 '개인숭배'를 재창조하기 위한 시도로 대규모 선전 캠페인을 지시했다. 이 캠페인은 중국 시민 모두가 자신의 휴대폰에 내려받도록 강요하는 휴대폰 감시 앱의 개발 및 유포와 동시에 이루어졌고, 2019년까지 약 1억 명이 그 앱을 다운 받았다. 그 앱은 '시진핑 사상'에 대해서 강제적인 테스트를 하는 시스템을 포함하고 있었는데, 이는 구체적으로 시진핑과 중국공산당의 중국 사회에 대한 억압에 대해서 충분한 지지를 보이는지에 대해서 감시와 처벌을 하는 시스템이었다.[48] 아무런 장해가 없는 리더십을 유지하면서 2018년 시진핑은 주석 임기를 폐지하고 종신 주석이 되었다.

중국 부상의 폭과 속도는 흔들리고 있다. 30년 동안 중국은 5억 명의 인구를 농촌에서 도시의 공간으로 이동시켰다. 2000년대 초반 중국은 3개월에서 4개월마다 뉴욕의 맨해튼 크기의 도시공간을 만들어 냈다. 국가의 부와 힘의 성장으로 중국은 경제와 정치에서 후진국으로부터 세계무대의 중앙으로 자리 잡을 수 있게 되었다. 그러나 중국은 경제성장을 중단시킬 수도 있는 중대한 도전들을 받고 있다.

중국은 적대적인 국가들에 둘러싸여 있고, 중국의 외교정책은 국제적인 저항을 초래한다. 북한은 종속국이고 중러관계는 최근 들어 화해의 방향으로 나아가지만, 인도, 베트남, 남한, 일본은 적대적인 국가들이다. 2016년 필리핀 대선에서 두테르테(Rodrigo Duterte)가 당선됨에 따라 중국의 남중국해 침략으로 생성된 적대관계를 일시적이나마 쉬어서 갈 수 있게 되었다. 그러나 이 지역의 인공섬에 중국이 영구적인 군사기지를 건설하면서 중국의 야욕이 이 지역 국가들에 드러났다. 글로벌 차원에서 영향력을 제고하기 위해서 중국은 **일대일로 구상**을 마련했는데, 이는 중국 시장에의 경제통합을 확대하기 위하여 항구, 철도, 공항의 건설에 중국이 재정지원을 약속하는 대규모 기간시설 발전지원 프로그램이다. 그러나 이 건설 프로젝트에 대한 대출 조건이 부담스러워 일부 국가는 이자율이나 지불을 줄이기 위해 이러한 자본에 의하여 건설되는 자산에 대한 접근권을 거래해야 했다. 이것은 아마도 중국의 계획이었을 것이다. 개발도상 국가들에게 상환할 수 없는 빚을 안겨주고, 전략적으로 중요한 기간시설에 대한 접근과 통제권을 획득하는 것이다. 대표적 사례는 스리랑카가 갚을 수 없는 대출을 하여 세계수준의 공항을 건설하게 하고, 인도의 해군을 전략적으로 봉쇄할 수 있는 스리랑카의 중요한 항구에 대한 접근권을 중국이 획득한 것이다. 중국의 산업기지를 풍요롭게 하려고 보다 많은 자연자원을 획득하려는 중국의 시도는 마찬가지로 강압적인 방법을 동원하는데, 특히 아프리카에서 이러한 시도가 많이 이루어졌다.

중국의 전략적 야망을 증진하기 위해 인프라 개발을 사용하는 것은 콘크리트 및 강철 제조에만 국한되지 않는다. 종종 은밀한 격려를 받거나 국가의 직접적인 감독하에, 중국 민간 부문 기술 회사는 일대일로 구상과 유사한 목표를 가지고 서구 시장에 대한 접근을 점점 더 늘리고 있다. 특히 중요한 사례는 **화웨이**인데, 5G 네트워크의 선두주자로 인정되고 있는 화웨이는 유럽에서 5G 셀룰러 네트워크를 완성하기 위해서 낮은 금액의 입찰로 진입했다. 이러한 입찰은 미국의 동맹국들인 독일, 프랑스, 심지어는 영국의 긍정적인 관심을 끌었다. 주요 우려는 중국의 정보기관이 서방의 보안 네트워크에 접근할 수 있게 하는 방식으로 화웨이가 5G를 설치하는 것이다. 화웨이에 대한 비판자들은 이 회사가 2017년의 중국법에 따라 활동을 하도록 요구되고 있다는 주장을 한다.[49] 중국정부는 소위 공자학원을 활용하는 데 대해서도 눈총을 받고 있다. 중국은 미중관계를 발전시키고 언어교육을 시킬 수 있는 센터를 수립하도록 수백만 달러를 미국대학에 기부한다. 그러나 공자학원은 실제로는 미국의 여론을 조작하고 간첩활동을 하기 위해서 미국의 싱크탱크와 고등교육기관에 침투하는 장기적인 시도를 하는 조직이다.[50]

중국 정보의 성과

해외에서 중국의 자신감이 증대된 것은 부분적으로 지난 30년 동안 중국의 국력이 향상했기 때문이다. 그러나 이는 어떠한 면에서는 **국내문제가 점점 심각**해지는 이유 때문이기도 한데, 해외에서의 사업을 장려하는 이유는 중국의 민족주의를 심화시키고 국내에서 정권이 실패한 것에 관한 관심을 돌리기 위한 것도 있다. 중국의 인구는 빠르게 고령화되어 가고 있으며, 국가의 인구는 줄어들고 있다. 중국공산당의 수십 년에 걸친 '1자녀 정책'과 전통적인 남아 선호 유교사상은 수백만 명의 30대 남성들이 결혼하기 어렵게 만들고 있다. GDP의 빠른 성장에도 불구하고 노동생산성은 낮은 수준을 유지하고 있으며, 혁신하는 데 있어서 장기적인 문제점을 안고 있다. 기술력의 많은 부분은 계약에 의해서 구입하거나 사이버를 통하여 훔친 것들이다. 이는 지속가능한 전략이 아니다. 국가의 심장부가 가진 주요 전략은 기술혁신을 제한한다. 시진핑 주석이 100만 명의 관료들을 부패혐의로 법적 처벌을 했지만, 이러한 정책이 일반 국민에게 부패가 체제에 도움이 되지 않는다는 점을 인식시키기에는 부족하다.[51] 특히 시진핑 일가의 재산이 수십억 달러에 이른다는 점을 보면, 중국체제에서 부정부패 행위 없이 부를 획득하는 것은 어렵다는 점을 보여 준다.

중국 특유의 부패는 중국경제의 구조적인 문제점을 동반하고 있다. 국내 소비의 낮은 수준은 중국 생산물을 해외소비에 지속적으로 의존하게 하고 있는데, 특히 최근 미국의 트럼프 대통령이 중국과의 무역전쟁을 벌였기 때문에 중국경제의 취약성이 더욱 부각되었다. 또한, 중국은 거대한 규모의 알려지지 않은 부채의 부담을 안고 있다. 중국 지방정부의 부채만 10조 달러에 달한다고 추정되고 있다.[52] 노동시장에 진입하는 새로운 집단을 수용하고 대규모 실업을 방지하기 위해 중국은 매년 7퍼센트의 GDP 성장을 유지해야 하는데, 이는 역사적으로 개발도상국이 성숙한 경제를 이루고 난 이후에는 이룩하기 어려운 성장이다. 중국의 사회계약은 중국공산당이 고용, 성장 및 생활 수준 향상을 보장할 수 있는 한 중국의 많은 사람이 정치에 대해서 무관심하다는 점을 나타내고 있다.

정치권력의 중앙화는 국가발전과 동일한 논리를 따르고 있는데, 중국국가의 정교함과 합리성이 증대되고 있다는 징후가 있다. 그러나 국가개혁의 논리는 군사와 관련된 측면에서는 제대로 이루어진다고 할 수 있지만, 보다 광범위한 맥락에서 중국공산당이 인민에 대한 통제력을 점차 잃고 있다는 점도 나타낸다. 2000년대 초반 이후 중국에서는 매년 23,000건에서 87,000건 사이의 대중 소요가 발생하고 있다.[53] 이전의 영국영토인 홍콩을 중국본토와 재통합시키는 1997년의 조약을 중국이 지속적으로 위반하는 것에 대한 홍콩 저항 시민들의 거부는 중국이 해결해야 할 중대한 문제이다. 마오쩌둥의 계승자들로의 권력 집중은 경제성장이 뚜렷하게 하락하고 사회계약이 소멸하는 상황에 대해 중국공산당이 통제를 유지하기 위한 전략이다. 그러나 그러한 전략이 제대로 추진될 것이라는 보장은 없다.

결론: 외국정보체계 사이의 유사점과 차이점

이 장에서 우리는 주요 6개국의 정보체계에 대한 분석을 했다. 정치체계에 대한 비교연구에서 일반적으로 사용되는 틀을 활용하여 우리는 정보조직들의 구조와 기능, 문화와 역사가 정보활동에 미치는 영향, 정보체계 내에서 정치인들과 정보기관들의 이익과 정책 선호에 대해서 분석을 했다. 또한, 우리는 이 정보조직들이 얼마나 잘 관리되는지, 특히 정치적 감시에 대해서 평가를 했다. 우리가 발견한 중요한 것들 중의 하나는 대체로 국내정보와 해외정보가 분리되어 있다는 점이다. 그러나 우리는 또한 정보체계들 사이의 뚜렷한 차이점들, 특히 체제유형으로는 항상 설명이 안 되는 다양성에 대해서 주목했다. 학생들은 자신의 연구를 어떻게 정보조직들이 활동하는지, 어떻게 큰 규모의 정치구조와 과정에 정보가 안착하는지부터 시작하지만, 그들은 정보체계의 비교연구에 대해 유사한 접근을 해야 한다는 점을 명심해야 한다.

핵심용어

추가 읽을거리

Aldrich, Richard J. *GCHQ: The Uncensored History of Britain's Most Secret Intelligence Agency*. London, UK: Harper, 2011.

Andrew, Christopher. *Defend the Realm: The Authorized History of MI-5*. New York, NY: Vintage, 2010.

Andrew, Christopher, and Oleg Gordievsky. *KGB: The Inside Story*. New York, NY: HarperCollins, 1990.

Barsky, Jack. *Deep Undercover: My Secret Life and Tangled Allegiances as a KGB Spy in America*. New York, NY: Tyndale Momentum, 2018.

Dahl, Erik J. "Getting Beyond Analysis by Anecdote: Improving Intelligence Analysis Through the Use of Case Studies." *Intelligence and National Security* 32, no. 5 (2017): 563–578.

Dietrich, Jan-Hendrik. "Of Toothless Windbags, Blind Guardians, and Blunt Swords: The Ongoing Controversy About the Reform of Intelligence Services Oversight in Germany." *Intelligence and National Security* 31, no. 4 (2016): 397–415.

Funaiole, Matthew P., and Jonathan E. Hillman. "China's Belt and Road Initiative Turns Five." *CSIS Briefs*. Center for Strategic and International Studies, April 2, 2018. https://www.csis.org/analysis/chinas-maritime-silk-road-initiative-economic-drivers-and-challenges?gclid=EAIaIQobChMI2KfY0bGV5wIVy5-zCh0sBggDEAAYAiAAEgLcofD_BwE.

Garthoff, Raymond L. *Soviet Leaders and Intelligence: Assessing the American Adversary During the Cold War*. Washington, DC: Georgetown University Press, 2015.

Gazit, Shlomo. "Intelligence and the Peace Process in Israel." *Intelligence and National Security* 12, no. 3 (2008): 35–66.

Hayez, Philip. "'Renseignement': The New French Intelligence Policy." *International Journal of Intelligence and Counterintelligence* 23 (2010): 474–486.

Krier, Wolfgang. "The German *Bundesnachrichtendienst* (BND): Evolution and Current Policy Issues." In *The Oxford Handbook of National Security Intelligence*, edited by Loch K. Johnson. Oxford, UK: Oxford University Press, 2010.

Mattis, Peter, and Matthew Brazil. *Chinese Communist Espionage: An Intelligence Primer*. Annapolis, MD: Naval Institute Press, 2019.

Pascovich, Eyal. "Military Intelligence and Controversial Political Issues: The Unique Case of Israeli Military Intelligence." *Intelligence and National Security* 29, no. 2 (2013).

Ragin, Charles C., and Howard S. Becker, eds. *What Is a Case? Exploring the Foundations of Social Inquiry*. Cambridge, UK: Cambridge University Press, 1992.

5장 정보활동

어떻게 우리는 정보를 수집하는가?

2012년 국가안보국의 방산 계약자였던 스노든(Edward Snowden)은 **미국 정보공동체**가 미국 시민들에 대한 정보를 수집하고 있다고 폭로했다. 그 폭로는 노년 세대에게 과거 1960년대와 1970년대에 정보기관이 대학의 학생 단체들, 특히 베트남전쟁을 반대하던 학생들을 조사하던 시절을 연상케 했다. 2001년 9월 11일 테러공격 이후 성장하고 애국자법 하에서 사는 젊은 세대들은 폭로 내용에 대해 별 반응을 보이지 않는다. 그 폭로는 단순히 테러의 시대에 치러야 할 대가이고 안보가 자유에 앞선다는 생각을 하게 한다. 국가안보국의 국내감시 프로그램, CIA의 더욱 발전된 심문기술 사용, 테러 용의자를 대상으로 하는 범죄자 인도 프로그램에 대해서 많은 사람들은 정보공동체가 국내와 국제 대테러 활동을 적극적으로 실현하는 데 필요한 수단이라고 생각했다.[1]

이 장은 첫째로 현재의 안보환경과 오늘날 국가들이 마주치는 적들에 의하여 생성되는 정보의 복합성과 도전을 탐구하여 정보활동을 살펴본다. 둘째, 이 장은 정보가치가 있는 첩보를 획득하기 위한 수집계획 및 정보자원과 방식이 사용되는 방법을 논의한다. 이 장은 다섯 가지의 주요 정보 수집 방식에 대해서 설명하는데, 그들은 인간정보(HUMINT), 신호정보(SIGINT), 지리공간정보(GEOINT), 계측징후정보(MASINT), 공개출처정보(OSINT)와 더불어 사이버와 같은 새로운 방식도 포함된다. 넷째, 군사정보 구조, 각 군 정보기관, 역할과 임무, 과학과 기술정보를 포함한 군사정보를 살펴본다.

현대정보활동의 복합성과 도전

정보활동은 무엇인가?

정보활동이 무엇이냐는 질문을 받게 되면, 많은 사람들은 자연스럽게 스파이 또는 첩보활동을 이야기한다. 이들은 정보기관이 수행하는 활동이 맞지만, 정보활동은 더욱 광범위하다. 『군사와 관련 용어 사전』은 정보활동을 아래와 같이 규정한다.

> 다양한 정보기관에 의해서 수행되는 다양한 정보와 첩보임무들이고, 분석과 생산, 수집, 배포, 평가와 피드백, 계획과 지시, 처리와 개발을 포함하는 정보과정 내에서의 활동이다.[2]

이 정의는 정보순환이라는 개념을 내포한다 (제3장 참조). 다시 말해서, 정보활동은 첩보를 수집하고, 분석하고, 정보생산물을 생산하는 전 과정을 포함한다. 그러나 많은 정보기관들은 분석과 정보활동 기능을 구분하기도 한다. 예를 들어, CIA는 분석부와 활동부를 포함한 5개 부를 두고 있는데, 활동부는 해외정보수집 활동에 초점을 맞추고 분석부는 정보생산물의 생산에 초점을 맞춘다.[3]

수집활동에 추가하여 정보활동은 방첩과 비밀공작을 포함하는데, 이들은 6장과 7장에서 구체적으로 설명이 될 것이다. 방첩과 비밀공작은 정보활동의 한 부분이거나 그 자체로서 독립적인 기능으로 인식된다. 예를 들어, 2013년 브레넌(John Brennan)이 CIA 국장에 임명되었을 때, 여덟 개의 센터를 만들었는데, 대부분은 지역이 따라 조직되었고 일부는 기능에 따라서도 조직되었다. 그중의 하나가 첩보에 초점을 맞추었다. 센터들의 목표는 분석관들과 수집관들 사이의 소통과 협력을 촉진하는 것이었는데, 그 사례는 9·11 이전 CIA에 **대테러센터**(CTC: Counterterrorism Center)를 세운 것이고, 그 뒤 2003년에 국가정보장실(ODNI) 산하에 **국가대테러센터** (NCTC: National Counterterrorism Center)를 설립한 것이다.

활동환경의 변화

전 역사에 걸쳐서 정보활동은 다른 국가들에 대해서 이점을 획득하려고 추구하는 국가의 영역이라고 간주되어 왔다. 이러한 점에서 우리는 종종 전시동안의 정보활동을 전장에서 적을 물리치고 더 나은 전술과 전략을 추구하는 군사조직의 기능으로 생각한다. 그러나 많은 전투에서 보다 적은 병력과 자원을 가지고 있더라도 더 나은 정보를 가지고 있으면 승리하는 경우가 많았다. 고대 중국의 군사전략가였던 손자는 이렇게 요약했다. "최고의 병법은 싸우지 않고 적을 압도하는 것이다."[4] 다시 말해서, 우수한 정보는 적의 무게 중심을 식별할 수 있으며, 이 중심이 무력화되면 국가가 전쟁을 할 수 있는 능력을 상실하게 될 것이다. 예를 들어, 베트남전쟁 동안 미국의 무게 중심은 여론과 전투 의지였다. 북베트남은 미국을 군사적으로 패배시키지 못했지만, 미국의 전쟁에 대한 대중의 지원이 상실되고 존슨 행정부에 대한 신뢰가 무너지면서 북베트남이 전쟁에서 승리할 수 있었다.[5]

　냉전 동안 미국정보의 주 관심사는 소련이었다. 소련 군사력에 맞설 수 있는 정보능력을 발전시키는 데 수십억 달러를 투입했는데, 특히 위성과 첨단 레이더와 다른 수집수단을 장착한 비행기와 배를 만드는 데 주력했다. 냉전이 열전으로 전환되는 어떠한 시점에도 적의 강점과 약점을 파악할 수 있는 정보능력이 매우 중요하다. 전체주의 국가의 '거부된 지역'에 침투하여 HUMINT 방식으로 정보수집을 하기 어려운 상황에서, CIA와 군사정보기관들이 **국가기술수단(NTM: national technical means)**을 사용하는 것은 가장 중요한 정보수집 방법이다.[6]

냉전 기간의 제한적인 활동환경은 정보기관으로 하여금 첨단기술을 개발하게 했다. 이에 따라 국가정찰국이 1961년에 만들어졌고, 스파이 위성들을 개발하고 현장 배치하는 임무가 부여되었다. 첫 번째 스파이 위성인 코로나(CORONA)는 CIA가 1960년에 개발했다. CIA는 위성에 카메라를 장착하여 이전에는 접근이 불가능했던 소련지역에 대한 영상을 받아 볼 수 있게 되었다. 문제는 필름 통을 위성에서 투하하고 비행기가 이를 회수해야 한다는 것이었다.[7] 이 방식은 실시간으로 사진정보를 획득할 수 있는 적절한 수단이 아니었고, 언젠가 디지털 방식으로 거의 실시간으로 이미지를 제공할 수 있는 위성으로 대체해야 하는 과제가 남아있었다.

냉전 종식 이후 활동환경은 급격히 변했다. 과거에는 소련에 대해서만 수집하는데 활용되었던 정보수집 플랫폼은 비전통적 군사 임무를 지원하기 위하여 소련 이외의 다른 국가들에 대한 감시를 하는 데에도 사용되어야 했다. 비전통적 군사 임무는 중남미의 마약근절, 이후 아프가니스탄과 이라크에서의 대테러와 반란 대응을 포함했다. 전투현장에서의 전술활동을 지원하기 위한 실행 가능한 정보가 필요했기 때문에 파견된 군대가 직접 활용할 수 있는 정보수집 수단이 필요했다. 특히 **정찰, 감시, 표적 획득(RSTA: reconnaissance, surveillance, and target acquisition)**을 위한 실시간 정보수집이 가능했기 때문에 드론의 사용이 확대되었다. 드론은 또한 '센서에서 사수(sensor-to-shooter)'로의 기능을 단축하여 표적을 용이하게 추적할 수 있는 수단을 정보수집 플랫폼에 제공했다. 이러한 능력은 테러 의혹이 있는 표적에 대한 비밀공작에 더 많이 활용하게 될 것이다.

적에 대한 평가

정보활동의 핵심 기능 중의 하나는 적 또는 위협을 평가하고 그들에 대응하는 것이다. 위협평가를 할 때 정보기관이 사용하는 기준은 능력 더하기 의지다. 다시 말해서, 국가들은 미국에 해를 끼칠 수 있는 능력을 갖추고 있지만, 영국, 프랑스, 독일 등 나토 동맹국들은 그러한 행위를 할 의지를 갖고 있지 않다. 반면, 많은 국가와 비국가 행위자들은 미국에 해를 끼치려는 의지를 갖고 있지만, 그들은 심각한 위협을 가할 수 있는 능력을 갖추고 있지 않다 (예: 베네주엘라, 시리아, 이슬람 국가, 알카에다 등).

　냉전 기간에 미국은 소련 위협에 대한 정보활동에 주력했기 때문에 소련의 무기, 능력, 독트린, 전술을 평가하는 데 숙련되어 있었다. 이 때문에 미국의 군대는 소련과 더불어 소련이 지원하는 국가들(이라크와 같이 소련이 무기와 전술을 지원하는 국가)과의 잠재적인 군사대결에 대비한 훈련을 하는 데 도움을 받을 수 있었다. 베를린 장벽이 붕괴되고 소련 주도의 바르샤바조약기구 위성국가들이 1990년대에 민주화되었을 때, 그 국가들의 군대 대부분은 아직도 소련 시대의 무기들을 보유하였고 소련 시대의 전술로 훈련이 되어 있었기 때문에 미국의 이익을 위협할 수 있는 능력을 보유하고 있었다. 이 국가들이 나토국가들과 통합이 되고 소련 시대의 무기들이 새로운 국가들의 무기로 대체되면서 그들의 능력과 의지가 변화하였다. 나토 회원국들은 미국의 군사장비를 사용하고 있으나, 러시아 군사장비도 구입하려는 고려를 하고 있다. 이에 따라 일부 무기체계가 호환성이 없기 때문에 작전상의 문제가 제기되고, 러시아의 능력을 무너트리기 위해서 설계된 미국의 무기체계와 러시아제 무기가 같이 활용되어야 하는 문제점이 제기되고 있다.

글상자 5.1   사례: 터키의 러시아산 S-400 방공미사일시스템 구입

터키는 이미 미국으로부터 F-35 스텔스 전투기를 구매할 계약을 체결했지만, 2018년 12월 러시아로부터 S-400 지대공 미사일시스템을 구매할 것이라는 발표를 했다. 이 두 무기체계는 서로를 무력화시키기 위해서 개발된 것이다. 또한, S-400은 남유럽의 전역 방공시스템의 개념을 지원하기 위한 나토의 방공시스템과 통합이 될 수 없다. 미국이 패트리엇 방공 미사일시스템을 터키에 팔겠다는 제안을 했으나, 이 시스템의 가격은 러시아 시스템의 두 배나 한다. 만약 터키가 F-35를 띄우고 S-400을 배치한다면, F-35 생산자는 S-400이 F-35를 향하여 작동하지 않도록 F-35에 대한 상세한 기술을 S-400에 제공해야 한다. 이는 S-400의 약점을 활용하기 위한 정보수집의 노력에 손상을 입힐 수도 있다.[8]

냉전이 종식된 이후, 러시아, 중국, 이란, 북한이 국제사회를 위협하는 국가들로 계속 존재하고 있으며, 이와 더불어 테러단체, 마약 거래상, 국제 범죄조직들이 새로운 위협세력으로 등장했다. 9·11 이후 주요 관심사는 테러위협에 집중되었고, 정보활동은 알카에다와 하부조직에 대항하여 아프가니스탄과 이라크에서 전쟁을 벌이고 있는 군사령관들에게 직접적인 지원을 제공하는 데 초점을 맞추었다. 군사정보기관들은 적과 전쟁 중인 군대를 지원하는 전술정보와 작전정보를 제공하는 임무를 맡았다. 그러나 전략정보 조직들은 이러한 군부대들을 더 많이 지원하는 역할을 했다. 전략정보기관들에는 항상 전역 수준의 사령부 대표들이 있었는데, 그들은 작전과 수집지원, 그리고 분석지원을 받기 위해 전략정보기관과 각 사령부를 연결하는 역할을 했다. 이러한 과정은 **국가정보지원팀**(NIST: National Intelligence Support Team)이 이루어내고, 미국 군사정보 직원들은 **국가능력의 전술적 활용**(TENCAP: Tactical Exploitation of national Capabilities) 프로그램을 통하여 국가정보기관으로부터 정보지원을 받는다.[9]

2001년의 테러와의 글로벌 전쟁의 결과, 국가정보기관들은 해외에서 테러단체와 직접적으로 대립을 하고 있는 군사령관들에 대한 지원을 늘렸다. CIA는 미 특수작전사령부가 알카에다와 전쟁을 벌이기 위하여 아프가니스탄에 군대를 파견하기 이전에 활동팀을 보냈다. 미군이 작전기지를 아프가니스탄 전역으로 확대하자, CIA는 이 지역들에 분석 및 활동 요원들을 보내 잠재적인 표적들에 대한 적시의, 그리고 작전에 도움이 되는 정보를 제공했다.

9·11로부터 19년이 지난 후까지 미국은 전 세계에서 테러단체들과 전쟁을 하고 있다. 비국가 행위자들은 냉전시대에 활용되던 정보수집의 전통적이고 기술적인 수단을 무시하고 도전하기 때문에 정보활동은 새로운 접근법을 필요로 하고 있다. 군사정보 전문가인 홀(Wayne Michael Hall)은 오늘날의 적은 기존의 정보활동에 도전하는 독창적인 능력을 보유하고 있다

글상자 5.2   사례: 호스트 폭격, 캠프 채프먼, 아프가니스탄

2009년 12월 30일 CIA는 하루에 가장 많은 인명손실을 겪게 되었다. 알카에다 테러범이 자살조끼를 폭발시켜, 7명의 미국 정보원, 1명의 요르단 정보원과 테러범이 사망했다. 이 사건이 일어난 캠프 채프먼(Chapman)은 아프가니스탄의 호스트(Khost) 지역에 있었는데, 이 지역은 파키스탄과의 접경에 위치해 있고, 정보기관들이 오사마 빈 라덴(Osama Bin Laden)이 숨어 있다고 생각하는 파키스탄의 연방직할부족지역(FATA: Federally Administered Tribal Areas)이다. 자살폭파범 알발라위(Human Khalil Abu-Mulal al-Balawi)는 요르단의 전사였는데, 요르단 정보요원들은 그가 체포된 이후 알카에다에 대항하는 요원으로 전향했다고 믿었다. 알발라위가 빈 라덴의 부사령관인 알자와히리(Ayman al-Zawahiri)를 알고 있다고 믿은 CIA는 그로부터 브리핑을 받는 기회를 환영했다. 빈 라덴을 체포하는 데 필요한 정보에 목말라 있던 CIA는 정상적인 보안점검과 경계를 무시하고 알발라위가 기지에 출입하고 CIA 요원들과 접촉하도록 허용했다.[10]

고 규정했다. 이 능력에는 불가시성(시민들 사이에 섞이는 능력), 정신적 및 조직적 민첩성(작전환경에 따라 조건을 변경시키는 능력), 비밀성과 작전보안 능력(감시로부터 자신들을 보호하기 위한 뛰어난 작전보안 사용), 네트워크 사용(침투가 어려운 네트워크), 목표를 달성하려는 의지와 동기(자살테러 포함), 주민들의 지원을 받는 광범위한 HUMINT를 통한 정보수집(대의를 위한 강압 또는 공감을 통한), 저수준과 고수준의 기술능력의 효율적인 사용(통신, 지휘, 통제 등)을 포함한다.[11]

정보수집 계획

수집계획의 발전

정보순환의 첫째 단계는 계획과 지시다. '쓰레기 투입, 쓰레기 배출'은 소비자들의 요구에 대응하는 데 있어서 정보기관이 얼마나 효과적인지에 대한 매우 적절한 표현이다. 만약 정보생산물의 소비자들(의회, 대통령 등)이 자신들이 의문을 가지고 필요로 하는 내용을 정확히 밝히지 않으면, 정보수집관들은 분석관들, 궁극적으로는 소비자들이 원하는 것을 추측하게 된다.

9·11, 그리고 2004년의 정보개혁과 테러방지법의 결과 국가정보장실(ODNI)을 설치하기 이전에, **국가해외정보프로그램**(NFIP: National Foreign Intelligence Program)이 CIA 국장을 겸임하고 있던 중앙정보국장에 의해서 개발되었다. 군사정보기관들은 **일반국방정보프로그램**(GDIP: General Defense Intelligence Program)을 국방부가 수집하는 데 필요한 특정 정보의 자원, 예산, 인원을 분명하게 하는 지침으로 발전시킴으로써 NFIP에 기여했다.[12] NFIP와 GDIP는 상이한 정보기관들이 유용 가능한 수집자원들에 기초하여 수집계획을 수립하기 위한 틀을 제공했다. 예를 들어, CIA는

HUMINT 수집, NSA는 SIGINT 수집, NGA는 GEOINT 수집에 특화했다.

수집요구는 가장 먼저 **국가정보우선순위체계(NIPF)**를 통하여 확인되고 우선시되어야 한다. NIPF는 9·11 이후 2003년 2월 부시 대통령 하에서 만들어졌다. 2004년 국가정보장실(ODNI)을 설치한 이후, NIPF는 감시와 관리를 위한 정보통합을 담당하는 국가정보 차장 하에 놓이게 되었다.[13] 정보생산물의 소비자들(대통령, 의회, 국가안보회의, 군대 등)은 자신들의 요구를 직접, 또는 정보공동체의 **국가정보관리자(NIMs: National Intelligence Managers)**와 기능별 관리자들을 통해서 ODNI에게 보낸다. 국가정보장은 요구들을 확인한 다음에 우선순위를 결정하고 이 요구들에 응답하는데 필요한 자원들을 준비한다. 그러나 NIPF는 정적이지 않다. NIPF는 변화하는 국제정치와 안보상황의 변화에 기초한 일시적 요구들에 대응하기 위해서 분기마다 업데이트된다. 이러한 새로운 우선순위는 기존의 우선순위와 경쟁하기 때문에 분석관들은 이를 '일시적인 것의 횡포'라고 했는데, 그 이유는 일시적인 요구가 다른 수집요구 모두를 물리치기 때문이다.[14]

수집관리자의 역할

기업세계에서 **중개인(*middleman*)**은 생산자와 소비자 사이에 있는 사람을 의미하며, 소비자에게 추가된 비용을 지불하게 한다. 일부 기업들은 '중개인을 배제'하고, 소비자가 생산자에게 직접 가서 제품을 구매하는 것을 옹호한다. 정보세계에서 정보생산자(분석관)와 활동요원(정보수집관)사이의 중개인은 수집관리관(collection manager)이다. 수집관리관은 분석관이 식별한 정보격차(intelligence gap)를 채우기 위한 수집요구를 포함하여 분석관이 필요로 하는 것을 수집관에게 연결하는 핵심적인 역할을 한다. 이 수집요구들은 각 기능(HUMINT, SIGINT, GEOINT 등)의 관리관들이 요구하는 형식으로 수집관리관이 작성한다 (HUMINT 수집요구는 CIA 또는 DIA로,

SIGINT 요구는 NSA로, GEOINT 요구는 NGA로 보내진다). 수집관리관들은 수집관들의 능력과 더불어 분석관들의 요구를 이해하기 위한 교육을 받는다. 수집관리관들은 어떠한 수집방식이 분석관들의 요구를 가장 만족시킬 수 있는 능력을 갖추고 있는지를 구별하는 핵심적인 임무를 수행한다.

수집관리관은 분석관들과 수집관들 사이에서 양방향의 소통을 주도한다. 수집관리관은 분석관들을 대신하여 수집요구를 제기할 뿐만 아니라, 수집관들이 수집한 첩보가 분석관들의 요구를 만족시켰는지 또는 추가 수집이 필요한지에 대해서 파악할 수 있도록 수집관들에게 피드백을 전한다. 일부 HUMINT 보고의 경우, 수집관은 외국 군대의 포 시스템에 대한 첩보를 수집하도록 지속적인 정보요구를 분석관들로부터 받는다. 수집관이 보고할 때 누가 이러한 첩보에 접근할 수 있는지에 대한 상시적인 질문이 포함된다. 수집보고서가 제시되고 분석관이 이를 받은 이후, 분석관은 수집관이 특정 자료 성격의 수집을 지속적으로 하도록 추가적인 요구를 할 수 있다. 담당 수집관이 더 이상 출처에 대한 접근을 못 할 수도 있기 때문에, 수집관리관은 정보요구 과정을 통하여 다른 수집관이나 다른 기관이 출처에 대한 후속 브리핑(follow-up debriefing)을 하도록 요구할 수도 있다.

9·11 공격 이후 테러와의 전쟁 동안에 정보공동체는 누가 군대로 하여금 알카에다의 지도자인 빈 라덴을 생포하거나 살해하도록 정보를 제공하는가를 결정하는 문제 때문에 많은 압력을 받았다. 빈 라덴을 색출하는 데 필요한 정보의 시간적 민감성 때문에, 수집관리관을 통하여 수집된 첩보를 처리 및 배포하기 위하여 분석관에게 브리핑하는 과정을 없애고 분석관과 수집관이 직접 연결되어야 한다는 의견이 증가했다. 분석관이 아프가니스탄에 가서 수집자료에 대한 브리핑에 참석하여 질문하게 하는 방식이다.[15] 이러한 방식은 수집관과 분석관이 테러공격의 위협이 있는 전쟁의 전선에서 임무를 수행하여 안전상의 문제를 제기했다. 이러한 테러공격의 우려는 2009년 아프가니스탄의 호스트에 있는 채프먼 캠프에서 현실로 발생했다.

수집요구 과정

정보수집 요구는 대체로 두 가지의 범주로 나누어진다. 낮은 수준의 수집요구는 조직 내에서의 필요성에 따라 제시되는 것이고, 높은 수준은 특정 조직의 운영 범위 밖의 정보가 있어야 하는 것이다. 예를 들어, 전투상황에서, 군 정보관은 부대 내에 정찰소대 또는 적과 접촉하도록 파견된 군인 등 다수의 조직 내의 수집요원들을 보유하고 있다. 군 정보관은 부대에 속하면서 하부 요원들에게 수집 임무를 맡긴다. 만약 부대의 사령관이 미래 전투 상황을 예측하기 위해서 현재의 작전 지역 밖의 정보를 추가로 필요하게 되면, 정보관은 상위 본부에 장기적인 정찰 순찰, 드론 등을 사용한 수집지원을 요청한다. 어느 부대가 전략정보가 필요할 경우, 기술적 방법을 활용하여 수집해 주도록 국가 수준의 기능적 정보기관에 요구하기도 한다. 과정을

글상자 5.3   사례: 미국 남부사령부와 멕시코

1996년 파나마에 있는 미국 남부사령부(SOUTHCOM)의 사령관인 맥카프리(Barry MaCaffrey) 장군은 클린턴 대통령이 세운 국가마약통제실(Office of National Drug Control Policy)을 지휘하는 '마약단속총책'으로 선발되었다. 그는 멕시코의 상대 인물을 만나기 위해서 페리(William Perry) 국방장관과 멕시코를 방문하기로 되어 있었다. 멕시코는 남부사령부가 책임을 맡고 있는 지역이 아니었기 때문에 사령부 정보부서는 맥카프리 장군이 만날 멕시코의 마약단속 총책인 레보요(José de Jesús Guitiérrez Rebollo) 장군을 비롯한 멕시코 군인들에 대한 인적 정보를 갖고 있지 않았다. 남부사령부에 주재하던 국방정보국 연락관에게 정보가 요청되었고, 이 연락관은 맥카프리 장군의 방문을 지원하기 위해서 핵심인물들에 대한 인적정보를 입수할 수 있었다. 아이러니하게도, 방문 이후 11주 뒤에 멕시코의 로보요 장군은 멕시코의 마약판매 카르텔과 무역거래를 하여 기소되었다.[16]

촉진하기 위해서 국가정보기관들은 이미 부대에 연락관을 파견하고 있으며, 연락관은 지원받는 부대를 대신하여 수집요구를 작성하여 그 요구를 정보기관으로 직접 제시한다.

　도표 5.1은 수집관리과정의 개괄이다. 이 사례는 미군 정보기구의 매뉴얼이지만, 정보공동체에 속한 정보기관들은 이와 유사한 형식의 자체적인 수집관리과정을 보유하고 있다. 도표 5.1은 정보기관들과 수집관리자들 사이의 과정이 유사하다는 점을 보여준다.

다섯 가지의 주요 정보수집 방식과 추가 방식

인간정보(HUMINT)

사람들은 **인간정보(HUMINT)**를 생각할 때 제임스 본드, 스파이, 첩보활동을 연상하게 된다. 스파이와 첩보활동은 비밀스럽거나 은밀하게 인간 자원을 사용하는 정보수집의 한 가지 방법인 데 반해, HUMINT의 많은 부분은 공개적으로 수행된다. 무관은 모든 국가의 해외대사관에서 임무를 수행하기 때문에 공개정보수집의 한 부분이라고 할 수 있다. 대사관에서 업무를 수행하지만, 무관은 국방부 소속이며, 언어와 업무 내용에 대한 철저한 훈련 프로그램을 거친 후 파견된다.

　비밀 또는 공개 HUMINT를 기능적으로 관리하는 조직은 CIA다. CIA는 **국가비밀부(NCS: National Clandestine Service)**를 운영한다. 은밀한 HUMINT는 공식적인 보호 하에 활동요원들에 의해서 수행된다. 이의 의미는 만약 그들이 외국에서 간첩활동을 하다가 밝혀지면, 기피인물(personna non grata)로 결정되어 본국으로 보내진다는 것이다. 비밀 HUMINT가 주요 요원 또는 공식적인 보호를 받지 못하는 외국인에 의해서 수행이 된다면,

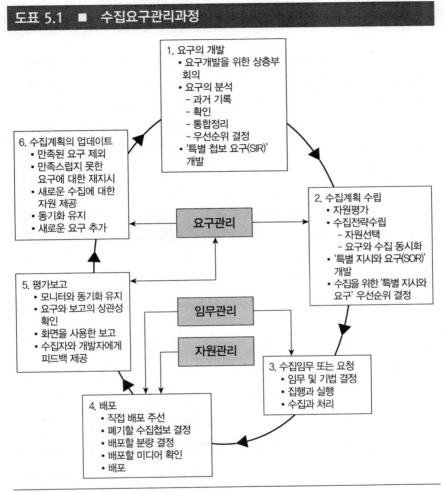

도표 5.1 ■ 수집요구관리과정

1. 요구의 개발
- 요구개발을 위한 상층부 회의
- 요구의 분석
  - 과거 기록
  - 확인
  - 통합정리
  - 우선순위 결정
- '특별 첩보 요구(SIR)' 개발

6. 수집계획의 업데이트
- 만족된 요구 제외
- 만족스럽지 못한 요구에 대한 재지시
- 새로운 수집에 대한 자원 제공
- 동기화 유지
- 새로운 요구 추가

요구관리

2. 수집계획 수립
- 자원평가
- 수집전략수립
  - 자원선택
  - 요구와 수집 동시화
- '특별 지시와 요구(SOR)' 개발
- 수집을 위한 '특별 지시와 요구' 우선순위 결정

5. 평가보고
- 모니터와 동기화 유지
- 요구와 보고의 상관성 확인
- 화면을 사용한 보고
- 수집자와 개발자에게 피드백 제공

임무관리

자원관리

3. 수집임무 또는 요청
- 임무 및 기법 결정
- 집행과 실행
- 수집과 처리

4. 배포
- 직접 배포 주선
- 폐기할 수집첩보 결정
- 배포할 분량 결정
- 배포할 미디어 확인
- 배포

출처: Department of the Army 2003.

주: SIR = specific information requirements; SOR = specific orders and requests.

발각 이후 그 요원은 외국의 법 적용을 받아 억류되거나, 전시에는 처형되기도 한다.

HUMINT는 천년 전부터 존재해 왔지만, 미국에서 HUMINT의 기원은 혁명전쟁으로 거슬러 올라간다. 처음으로 '스파이' 행위로 처벌된 사람은

글상자 5.4   사례: 피터슨(Marti Peterson), 미망인 스파이

피터슨은 냉전 동안에 소련에서 미국을 위해 스파이 행위를 한 혐의로
체포된 첫 번째 여성 중의 한 명이다. 그녀는 공식적 보호 하에 1975년
에 모스크바 주재 미국대사관에서 근무하는 CIA 활동요원이었다. 그녀
는 소련 외교부의 중간급 관료인 오고로드니크(Aleksandr Ogorodnik)
를 조종하는 임무를 맡았는데, 그의 암호명은 트리곤(TRIGON)이었다.
피터슨과 트리곤은 한 번도 만난 적이 없었다. 트리곤이 소련정보기관
인 KGB에 의해서 체포되기 전까지 정보연락 은닉처(dead drop)를 통
해서 첩보를 주고받았다. 피터슨도 정보연락 은닉처를 활용하는 도중에
체포되었다. 그녀는 기피인물(persona non grata)을 선언하였고 본국
으로 송환되었다. 오고로드니크는 심문을 받는 도중 CIA가 보낸 독극물
이 든 펜을 사용하여 자살했다.[17]

헤일(Nathan Hale)이다. 헤일은 영국군에 대한 첩보활동을 수행한 워싱턴
(George Washington) 장군이 만든 '컬퍼(Culper)스파이단' 소속이었다.
헤일은 애국자였지만, 보이지 않는 잉크와 같은 스파이 활동에 필요한 지식
을 알고도 제대로 활용하지 못하는 등 우수한 스파이는 아니었다. 체포되자
마자 그는 자신이 대륙군의 군인이라는 점을 쉽게 고백했다. 그는 군인이면
서 학교 선생으로 가장하여 시민 복장으로 적진에 들어가 있었기 때문에,
스파이 행위로 처형되었다.[18]

　내전 기간에 북군과 남군 모두가 군사작전을 지원하기 위해서 HUMINT
를 활용했다. 북군 총사령관 그랜트(Ulysses S. Grant) 장군 휘하의 정보
책임자였던 닷지(Grenville Dodge) 준장은 전투 지역에 100명의 요원이 포
함된 스파이 네트워크를 운영하고 있었다. 그는 요원들의 신분을 보호하고
어떻게 임금을 지불하는지에 대해서도 가장하는 등 스파이 활동에 필요한
지식을 활용했다. 그는 자신의 요원들과 통신을 할 때 암호작성법을 활용

하여 메시지를 보냈다. 닷지의 정보는 군 작전을 경제적으로 할 수 있게 하여 1863년 미시시피에서 그랜트가 승리하는 데 크게 기여했다.[19] 또 다른 북군의 스파이 지휘자는 핀커튼(Allan Pinkerton)이었는데, 그는 맥클랜(George McClellan) 장군의 전쟁을 지원했다. 내전이 끝난 후 그는 핀커튼 탐정사무소를 만들어서 몰리 맥과이어(Molly Maguires, 1862~1876년 미국 펜실베이니아와 웨스트버지니아의 무연탄전에서 테러를 일으킨 것으로 추정되는 광부들의 비밀조직 – 역자 주)와 노동조합을 붕괴시키는 데 큰 역할을 했다.[20] 핀커튼 탐정사무소는 아직 존재하는 것으로 알려져 있다. 북군은 여성들도 스파이로 활용했다. 반 루(Elizabeth Van Lew)는 노예제도 폐지론자였으며, 노예 폐지와 미국의 통일을 원하는 자신의 대의를 지원하기 위한 스파이단을 만들어 운영했다. 전쟁이 끝난 후 그녀의 이웃들은 그녀를 따돌렸고, 1875년 그녀의 모친이 사망한 후 관을 운구하는 데 충분할 정도의 친구도 없었다.[21]

남군에서도 여성들이 중요한 역할을 했다. 그린하우(Rose O'Neill Greenhow)는 워싱턴 D.C.에의 정치적 연줄을 사용한 사교계 명사였고, 남군에게 정보를 제공했다. 남군의 장군들은 그녀가 제공한 정보를 활용하여 전투에서 승리하기도 했다.[22] 당대의 가장 수수께끼 같은 인물 중의 한 명은 수랏(Mary Surratt)이었는데, 그녀는 남군의 스파이로 체포되었고, 링컨 대통령 암살을 공모한 사람 중의 한 명으로 기소되었다. 그녀가 운영하던 워싱턴 D.C.의 하숙집은 남군 요원들의 아지트로 사용되었고, 그녀의 아들(John Surrat)도 요원들 중의 한 명으로 포섭되었다. 그녀는 재판 전 과정을 통해 자신의 무죄를 주장했지만, 암살 음모혐의로 유죄선고를 받고, 1865년 연방정부가 교수형을 실시한 첫 번째 여성이 되었다.[23]

HUMINT 활동은 제1차와 제2차 세계대전 동안 유럽에서 활발히 수행되었다. 제1차 세계대전 기간에 활동한 가장 유명한 스파이는 네덜란드의 댄서였던 마타하리(Mata Hari)다. 그녀는 거래에서 가장 오래된 '속임수' 중

하나를 사용하여 피해자를 유혹하여 비밀을 밝혀냈다. 결국, 그녀는 체포되어 독일을 위해 스파이 활동을 한 죄로 1917년에 처형당했다. 모스크바에 사는 한 제빵업자는 암호 메시지를 전달하기 위해서 자신의 가게에 빵 전시 방법을 사용하면서 독일을 위한 스파이 활동을 했다. 많은 독일 및 영국 요원들이 서로의 국가에 접근하기 위해 사업가로 가장하여 통과했다.[24]

미국의 HUMINT는 제2차 세계대전 동안에 전략정보국(OSS)의 국장이었던 도노반(William Donovan)의 리더십에 의해서 성년에 접어들게 되었다. 도노반은 숙련된 첩보 네트워크를 운영하면서 적진 뒤에서 파괴활동도 수행하게 했다. OSS는 CIA와 군 특별정보사령부의 전신(前身)으로 생각되는데, 그 이유는 OSS가 정보수집과 비밀공작 모두를 수행했기 때문이다 (도노반의 동상이 CIA 본부 로비에 설치되어 있다). 영국도 전쟁 동안 특수작전행정국(SOE: Special Operations Executive)과 MI-6로 알려진 비밀정보국(SIS: Secret Intelligence Service)을 통해 성공적인 첩보활동을 하였다. 전쟁 동안 이 조직들은 가끔 자기들끼리 그리고 미국의 OSS와 불화를 일으켰으나, 그들의 목적은 첩보활동, 파괴활동, 기만, 방첩을 통하여 나치 독일을 패배시키는 것으로 동일했다. 전쟁 동안 SOE를 위해 가장 성공적인 스파이 활동을 한 사람은 앳킨스(Vera Atkins)였으며, 그녀는 영국의 가장 유명한 스파이 망을 운영하였던 스티븐슨(William Stephenson)에 의해서 선발된 인물이며 프랑스로 이민 간 루마니아인이었다. 아이젠하워 장군이 앳킨스를 신임했고, 그녀의 프랑스 레지스탕스 군과의 네트워크는 노르망디 상륙작전이 성공하도록 중요한 지원을 했고, 전체적인 전쟁 기간을 줄이는 데 기여했다.[25]

냉전 기간 전체에 걸쳐서 HUMINT는 미국과 소련에게 있어서 정보의 가치 있는 수단으로, 서로 그리고 그들의 동맹국들에 대항하는 성공적인 첩보활동이었다. 제2차 세계대전 기간에 소련은 필비(Kim Philby)와 케임브리지 5인, 영국과 미국에 대한 스파이 활동을 하는 공산주의 동조자들을 채용하여, 그들로 하여금 독일, 나중에는 소련에 대한 연합군의 정보활동에 대한 첩보를 넘기도록 했다. 가장 성공적인 HUMINT 활동 중의 하나는 1962년 10월 쿠바 미사일 위기 당시 소련 군사정보기관의 펜코프스키(Oleg Penkovsky) 대령이(코드명 HERO) 쿠바에 배치하는 소련의 핵탄두 장착 미사일에 대한 핵심적인 정보를 제공하여 미국이 정책 선택지(해안봉쇄 포함)를 개발하는 데 도움을 준 것이다.[26] 무기 능력에 영향을 준 가장 유능한 스파이 중의 한 명은 SPHERE라는 코드명의 톨카체프(Adolf Tolkachev)였는데, 그는 소련의 전기 기술자였다. 톨카체프는 부패한 소련체제에 환멸을 느낀 반체제인사였다. 그가 제공한 소련의 첨단군사기술첩보를 받아서 활용한 미국은 그가 1970년대와 1980년대에 제공한 정보 가치의 관점에서 그를 '10억 달러 스파이'라고 칭송을 했다.[27]

냉전 종식 이후 1990년대에 HUMINT 활동은 줄어들지 않았다. 많은 국가가 경제첩보 수집에 관심을 두면서 HUMINT 활동이 확대되었다. 2020년 기술정보와 상업정보 획득을 목표로 하는 확대된 첩보활동을 하는 중국이 미국에게 가장 큰 위협이 되고 있다.[28] FBI는 중국의 첩보활동에 대한 방첩 대응을 대폭 확대하여 중국에서 공부하는 미국 학생들을 선발하여 CIA 또는 국무부를 위해 협조하도록 하고 미국대학에서 공부하는 중국 학생들을 추적하고 있다.[29]

신호정보(SIGINT)

신호정보는 보다 현대적이고 기술적인 정보수집 방식이라고 생각될 수 있지만, 신호정보의 기원은 첩보를 보내고 받는 데 비기술적인 수단을 활용할 때부터 시작되었다. 전기를 사용하기 이전의 시대에 암호 메시지를 보내는 데 연기에 의한 신호를 활용했으며, 선박들은 신호 깃발과 신호 불빛(올디스램프)을 활용하여 통신을 했고 적의 수집을 막았다. 실질적인

SIGINT는 암호해독으로부터 시작되었다. 제2차 세계대전 중 태평양 전선에서 작전 중이었던 미 해병대는 원주민인 나바호족 암호통신병(Navajo Code talker)을 활용하여 나바호족의 고유언어로 통신을 함으로써 일본 SIGINT를 교란했다. 독일과 일본은 복잡한 암호기계(예를 들어, 에니그마[Enigma])를 사용했으나, 결국은 해독되었다.[30]

정보수집을 통해서 통신을 감청하는 것은 SIGINT의 한 사례인데, **통신정보(COMINT: Communication Intelligence)**라 부른다. 전신, 전화, 라디오, 최근 들어서는 인터넷이 통신의 새로운 방법이 됨에 따라 COMINT를 사용한 정보수집도 거기 적응하게 되었다. 냉전 기간에 극초단파 안테나에 의해서 이루어지는 통신은 위성을 통한 우주 기반 시스템에 의해서 감청될 수 있었다. 해저 케이블이 개발되면서 감청에 의한 수집은 불가능해졌으나, 정보기관들은 COMINT 수집을 위해서 케이블에 직접 도청장치를 부착하는 방식의 정밀한 활동을 개발했다.

SIGINT의 또 다른 형태는 **전자정보(ELINT: Electronic Intelligence)**다. 전자정보는 레이더 및 다른 방사체(emitter)와 같은 비통신 전자신호를

글상자 5.5 사례: 아이비 벨즈 작전

1972년 미국과 소련은 각국이 보유하고 있는 핵무기 숫자를 줄이기 위한 외교적 접촉을 시작했다. 제1차 전략무기제한협상(SALT I: Strategic Arms Limitation Talks)이 성공적으로 종료되어 협정이 체결되었으나, 미국은 정보수집을 통하여 소련의 협정 준수를 검증하려고 시도했다. CIA가 주도한 아이비 벨즈(IVY Bells)라 불리는 활동은 10년 동안 오호츠크(Okhotsk)해의 해저 케이블에 도청장치를 부착하여 오고 가는 메시지들을 암호해독하여 수집할 수 있었다. 소련인들은 자신들의 통신이 안전하다고 믿고 있었다. 이와 같은 SIGINT 활동으로 수집된 정보는 1979년의 SALT II 협상에서 미국의 입장을 지원하는 도구가 되었다.[31]

수집하는 것이다. ELINT는 주로 전자전과 같은 전쟁의 전술과 작전의 수
준에서 사용되며, 무선전파 방해 및 방공 또는 포병 레이더 사이트를 탐지
하는 임무를 포함한다. 전략적 수준에서 SIGINT의 다른 형태로 **해외계기
신호정보(FISINT: Foreign Instrumentation Signals Intelligence)**가 있는
데, 이는 핵전쟁의 위협 때문에 냉전시대에 극도로 중요했다. 미국은 소련
의 미사일 기지에서 발생하는 방사신호(emissions signal)를 수집하여, 소
련이 미국까지 도달할 수 있는 대륙간탄도미사일을 실험하거나 발사하는지
를 탐지하는 데 활용했다.

1960년대에 첫 번째 SIGINT 위성은 "방공 레이더를 탐지하고 위치를
파악하며, 전자전투 순서(EOB: electronic order of battle, 소련의 방어
레이더 체계의 형식과 위치의 리스트)를 결정하여, 전쟁 발생시 미국의 폭
격기가 소련의 방공망을 통과하여 군사 표적에 도달하게 하는 임무를 수행
했다."[32] 이러한 수집요구들은 COMINT, ELINT, FISINT 신호수집을 필
요로 했기 때문에, **국가정찰국(NRO: National Reconnaissance Office)**에
의하여 설계된 위성들은 다목적 플랫폼의 형태를 지녔다. 이러한 수집요구
들은 다양한 주파수의 통신, 레이더 및 원격 측정 데이터를 수집할 수 있는
다중 안테나의 필요성을 포함하여 중대한 임무를 안겨 주었다.

미국의 국가안보국(NSA)은 COMINT 수집의 기능적 관리를 하기 위해
서 1952년에 설립되었다. NSA는 해외 SIGINT의 수집에 책임을 맡고 있는
동시에, 해외정보기관들, 비국가 행위자들, 국가안보에 대한 다른 위협들
에 맞서는 국방부의 정보체계를 보호하기 위한 역할도 하고 있다.[33] NSA는
국가지휘권(National Command Authority)을 지원하는 국가안보활동센
터(National Security Operations Center)를 운영하고 있다. NSA국장은
현역 삼성장군이 맡고 있으며, 국방부장관과 국가정보장을 직접 대면한다.
2009년 사이버사령부가 창설된 이후 NSA 국장이 사이버사령관도 겸직하
고 있다.

지리공간정보(GEOINT)

많은 사람들이 **지리공간정보**를 비교적 새로운 정보분야라고 생각하지만, GEOINT의 기원은 수 세기 이전으로 거슬러 올라간다. GEOINT로 불리기 이전에, 지도, 해도, 지도제작, 항공사진, 그래픽 이미지들은 정책결정자들에게 군사작전, 탐사, 항해하는 데 필요한 지형, 지세, 기후조건에 대한 지식을 제공했다. 하나의 사례로, 1803년에 제퍼슨(Thomas Jefferson) 대통령이 루이스와 클라크 탐험대에게 루이지애나 지역에 대한 실지 조사를 하도록 했는데, 나중에 이 지역을 프랑스로부터 구입하여 새 국가의 토지를 배로 늘리게 되었다.[34] 1800년대 초반 미국 해군도 새로운 영해와 국제수로를 파악하는 데 수로학에 의한 지도에 의존하였고, 이는 통상과 교통에 큰 기여를 했다.[35]

항공사진은 18세기 말 유럽에서 관찰 풍선으로부터 시작되었다. 관찰 풍선은 밧줄에 묶여서 비행하였기 때문에 관찰하는 데 한계가 있었다. 제1차 세계대전 당시 비행기의 등장으로 항공사진은 전투에 유용하게 사용되었다. 제2차 세계대전 이후 전술과 작전상의 지원을 하는 사진정찰 비행기의 사용과 더불어 **사진정보**(PHOINT: Photographic Intelligence)의 중요성이 크게 확대되었다. 냉전시대에 와서는 **영상정보**(IMINT)의 활용이 증대되었고, 정밀한 유인 또는 무인 수집 플랫폼이 크게 성장했다.

1956년 소련의 핵 능력과 방위를 확인하기 위해 소련 상공을 7만 피트로 비행하면서 고화질 사진 이미지를 찍을 수 있는 스파이 전용 비행기인 U-2가 개발되었다. 이러한 미국의 정보수집 능력에 대응하기 위해, 소련은 1960년에 U-2기를 격추한 장거리 지대공 미사일(SA-2)을 개발했다. 그러자 미국은 소련 방공시스템을 무력화시키기 위해서 보다 높이(8만 피트), 보다 빠르게(마하 3) 비행할 수 있는 스파이 비행기를 만들었다.[36]

1960년대에 미국은 처음으로 코로나(CORONA)라는 코드명의 이미지 위성을 개발했다. 코로나는 위성에서 방출되는 필름 캐니스터 시스템을 사용했고, 지구 대기로 재진입할 때 공군 비행기에 의해 버킷(낙하산으로 운반됨)이 회수되도록 했다. 이 필름은 이미지의 질을 향상시키기 위해서 최신의 라이트 테이블 기술을 사용하는 이미지 분석가들에 의해서 분석될 목적으로 CIA와 국방부가 공동으로 운영하는 **국가사진해석센터**(NPIC: **National Photographic Interpretation Center**)에 보내진다. 1970년대 후반에 거의 실시간에 가까운 전기광학 이미지를 전송할 수 있는 첫 번째 위성이 발사되었다. 고화질 이미지는 위성기지국에 직접 다운로드되고, 이어서 정보분석관들에게 제공된다. 분석관들은 이전 사진보다 더 반응이 빠른 수단으로 제공된 이미지에 대한 새로운 수집요구 사항을 개발한다.

2003년에 설립된 국가지리공간정보국(NGA: National Geospatial-Intelligence Agency)은 오늘날 정보공동체가 필요로 하는 GEOINT에 대한 기능적 관리자 역할을 한다. NGA는 1996년에 국방지도국과 NPIC가 합병된 국가영상지도국(National Imagery and Mapping Agency)으로부터 진화된 조직이다. 오늘날 NGA는 국방부의 작전통제를 받지만, 모든 정보공동체에 GEOINT 지원을 하고 있다. GEOINT와 정보공동체에 대한 미래 도전은 상업용 위성영상이 발전되는 것이며, 이 내용은 공개출처정보(OSINT) 절에서 다룬다.

계측징후정보(MASINT)

정보분석관들이 당면하는 도전 중의 하나는 적의 무기능력을 측정하는 것이다. 특히 나토국가들과 바르샤바조약기구 국가들 사이에 군사력의 균형이 유지되던 냉전시대에는 더 중요했다. 바르샤바조약기구 국가들은 군사력에 있어서 수적으로 우세했고, 나토국가들은 질적으로 우세한 군사력을 보유했기 때문에, 양 진영의 잠재적인 충돌의 시나리오는 유럽에서의 재래식 전쟁으로 예상되었다.

계측징후정보는 "핵폭발과 같은 특정 사건의 특별한 성격을 제공하거나, 시각, 청각 또는 진동 감지기의 방식을 통하여 목표의 독특한 성격을 찾아내고 확인하며 묘사하는 기술적으로 획득한 첩보"로 정의된다.[37] 다시 말해서, MASINT는 사용되는 분석의 포렌식 성격 때문에 '미국 정보공동체의 CSI'로 인식되기도 한다.[38] 군사정보 분석관들은 다른 유형의 수집 플랫폼들을 사용하여 외국의 군사능력을 확인하기 위한 자신들의 작업을 **기술정보**(TECHINT: *Technical Intelligence*)라 부르는데, 이 작업에는 실질적인 샘플을 채취하기 위한 HUMINT도 포함된다.

오늘날 MASINT는 TECHINT에서 사용되는 많은 도구를 통합하여 여섯 가지 주요 하위 분야를 포함하는데, 도표 5.2가 이를 보여준다.

전기광학에는 자외선, 가시광선, 확대된 이미지 및 징후가 포함된다. 레이더는 이미지화, 합성 조리개(SAR), 지평선 너머(OTH), 레이저를 포함한다. 무선주파수는 지향성 에너지, 전자기 펄스, 비의도적인 복사(輻射, radiation) 등을 포함한다. 지구물리학은 음향, 지진, 자기(磁氣)를 포함한다. 핵

도표 5.2 ■ MASINT의 하위 수단

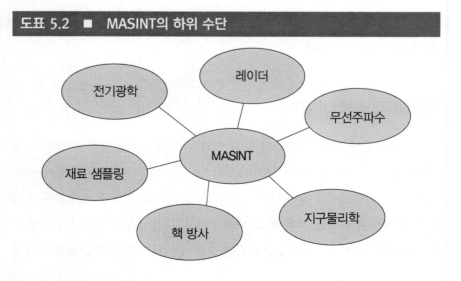

글상자 5.6　사례: 영화 〈붉은 10월(*THE HUNT FOR RED OCTOBER*)〉

1990년 크랜시(Tom Crancy)의 서적 『붉은 10월의 사냥(*Thu Hunt For Red October*)』이 영화로 제작되었고, 숀 코너리(Sean Connery)가 반역하는 소련 잠수함 함장 라미우스 역을, 알렉 볼드윈(Alec Baldwin)이 라미우스의 의도를 파악하려고 노력하는 해군 정보분석관(Jack Ryan) 역을 맡았다. 소련 잠수함이 망명할 것인지를 파악하는 데 필요한 핵심적인 근거는 미국 잠수함의 음파탐지 기술자 '존시'(Courtney B. Vance 배역)가 음향정보를 획득하면서 파악되었다. 반스는 '미친 이반(crazy Ivan)'으로 알려진 독특한 해상기동을 소련 잠수함 함장인 라미우스가 지휘했다는 것을 감지해 냈다.[39]

방사는 엑스선, 감마선, 중성자를 포함한다. 재료 샘플링에는 폐수, 미립자, 잔해 파편이 포함되고, 성분으로는 화학적인 것과 생물학적인 것들이 있다.[40]

MASINT는 어느 단일한 조직에 의해서 수집되지 않고, MASINT를 담당하는 단일 조직도 없다. 분석의 많은 부분이 과학과 기술(S&T)정보와 관련이 있기 때문에, 기능적 관리는 국방정보국이 맡고 있다 (이 내용은 '군사정보' 절에서 다루게 될 것이다). 예를 들어, 외국 해군에 관련되는 함정, 잠수함, 해저 무기체계의 징후를 파악하는 주요 음향정보의 수집은 해군이 맡고 있다.

공개출처정보(OSINT)

공개출처정보(OSINT)는 비교적 새로운 정보 분야라고 생각되지만, 정보분석관들은 항상 공개자료 첩보를 활용해 왔다. 전형적으로 공개자료들은 비정보적인 출처와 방식(예를 들어, 신문기사, 학술적 연구)에 의해서 만들어지는 것이기 때문에 '비밀로 분류되어 있지 않다(unclassified).' 그러나

OSINT로 고려되기 위해서 자료들은 세 가지 조사를 거쳐야 한다. 첫째, 첩보자료들은 대중적으로 접근이 가능해야 한다. 둘째, 자료들은 합법적이어야 한다. 셋째, 자료들은 신빙성을 확보하기 위한 검증절차를 거쳐야 한다.[41]

냉전 동안 OSINT는 정보분석관들이 필요로 하는 철의 장막 뒤에 있는 국가들의 언론과 미디어에서 무엇이 보도되는지에 대한 첩보자료를 제공했다. CIA는 해외방송첩보국(FBIS: Foreign Broadcast Information Service)을 활용하여 공산주의 국가들의 신문 잡지와 방송 미디어를 번역하여 제공했다. FBIS의 생산물들은 정보분석관들뿐만 아니라 학계와 국무부에게 공산주의 국가에서 미디어, 커뮤니케이션, 그리고 정보와 국민들의 알권리를 정부가 어떻게 통제하는지에 대한 깊이 있는 통찰력을 제공했다. 미국의 해외공보처 산하 미국의 소리(Voice of America: 제2차 세계대전 당시 전쟁첩보실[Office of War Information]로 시작되었다)는 공산국가들의 국영 미디어의 선전에 맞대응하고, 공산정권 하에서 사는 국민들에게 정확한 정보를 제공했다.

인터넷과 소셜 미디어의 등장은 정보기관에게 OSINT의 과잉을 안겨 주었다. 첩보의 범람으로 '왕겨에서 밀을 골라내고' 자료를 검증하는 능력은 매우 어렵게 되었다. 2016년 미국의 대통령 선거에서, 트럼프를 향하여 도전하는 미디어 보도를 트럼프 측이 '가짜 뉴스'로 치부한 데 대해서 큰 논쟁이 벌어졌다. 정보공동체가 소셜 미디어(특히 페이스북)로 하여금 트럼프를 지지하도록 러시아 정보기관이 위협을 했다는 점을 밝혀내면서 진상이 밝혀졌다.[42]

OSINT가 정보분석관들에게 가장 큰 기여를 한 것 중의 하나는 GEOINT의 분야에 대한 것이다. 때로는 정보기관의 위성 플랫폼에 도전이 되는 상업위성 이미지의 능력이 정보분석에 도움이 되었다. 1972년 제1호 랜드셋(Landset) 위성의 발사는 정보공동체 밖의 지질조사소(Geological Survey) 같은 조직들이 위성 이미지를 활용하여 토지사용, 환경과 기후변화, 숲 화재 피해, 지표수 범위의 확대 또는 축소 등에 대해 정확히 측정할 수 있게 하였다. 초기 상업위성의 효력은 탱크와 화물트럭을 구분할 수 있을 정도로 정교하지는 못했다. 보다 최근 들어 프랑스의 스폿(SPOT), 미국의 막사(Maxar, DigitalGlobe의 위성), 플라넷 등의 위성이 제공한 상업 이미지는 정보기관으로 하여금 공개출처에 의한 위성 이미지가 수집요구를 만족시킬 수준의 수집 플랫폼이라고 생각할 수 있도록 해상도와 접근성을 향상시켰다.[43]

어떠한 정보기관도 OSINT를 획득할 수 있으나, 2005년 미국의 국가정보장실은 공개자료센터(Open Source Center)를 설립하여 인터넷, 데이터베이스, 신문, 라디오, 텔레비전, 비디오, 지리공간 데이터, 사진, 상업 이미지로부터 자료를 추출하는 임무를 수행하도록 했다. 여기에는 해외 출처 자료의 번역물도 포함된다.[44] 공개자료센터는 정보공동체 내의 OSINT 기능 관리자로서 CIA에 속하며, 냉전 동안 해외방송첩보국(FBIS)의 소유권에서 완전하게 CIA로 돌아왔다. 2015년 공개자료센터는 공개자료사업체(Open Source Enterprise)로 이름을 바꾸었다.[45]

사이버 위협 정보

일부 정보학에서는 사이버공간에서 획득되는 정보를 새로운 정보분야인 '사이버정보'로 확립해야 한다고 주장한다.[46] 인터넷의 확산으로 컴퓨터정보(COMPUINT: Computer Intelligence)라는 말도 나왔다. 그러나 대부분의 분석가들은 정보가 수집되는 도메인에 정보라는 타이틀을 붙이지 않는다고 반대 의견을 내놓았다 (공간[space]에서 수집되는 SIGINT와 GEOINT를 공간정보라고 하지 않는다). 오히려 위협이 사이버공간의 수집 플랫폼에 대해서 이루어질 때 '사이버 위협 정보'의 용어를 사용하는 것이 바람직하다고 한다. 2015년 국가정보장이 **사이버위협정보센터(CTIIC: Cyber Threat**

Intelligence Integration Center)를 설치한 것은 '사이버정보'를 기능적으로 관리하기 위한 것이 아니라, 핵심적인 기간시설을 통제하는 국가의 첩보시스템에 가해지는 특정 위협에 대한 정보수집을 통합하기 위한 합동센터로 설립한 것이다.[47]

정보분석이 수집된 첩보에 의존하게 된 이후 정보수집은 정보활동의 주요 분야가 되었다. 이 절이 언급한 바와 같이, 수집은 많은 영역에 걸쳐서 이루어지고, 그들 모두는 분석을 지원한다. 어느 한 영역이 다른 영역들 보다 지배적이지 못하고, 정보생산물들은 '모든 출처'로부터 수집된 첩보자료에 의존하고 있다. 정보수집 수단의 많은 부분을 군이 소유하고 있고, 수집된 정보도 군과 관련된 부분이 많기 때문에 군사정보에 대해서 별도의 절에서 다룬다.

군사정보

군사정보의 구조

미국 정보공동체의 17개국 중에서 8개의 국이 국방부 소속이다. 육군, 해군, 공군, 해병대 등 4개의 군은 각기 정보조직을 보유하고 있으며, 나머지 국방부 소속 4개의 국도 국가 수준의 국들이다 (국방정보국[DIA], 국가안보국[NSA], 국가정찰국[NRO], 국가지리공간정보국[NGA]). 미국 해안경비대는 '군대'로 간주되지만, 국방부 산하에 있지 않다. 국토안보부의 소속이지만, 정보공동체의 별도 국으로 인식이 되고 있다.

국방부의 국가정보조직들은 수집, 분석, 심지어는 비밀공작 등 광범위한 정보활동을 지원하고 있다. 국방정보국(DIA)은 각 군과 더불어 전 세계에 주둔하고 있는 전투사령관들을 지원하고 있다. 예를 들어, DIA는 국방

HUMINT 부서를 운영하고 있는데, 이 조직은 공개(무관 등) 및 비밀수집을 하고 있다. 각 지역의 전투사령부에 파견된 DIA의 연락관들은 때로는 군사령관의 범위를 넘는 내용의 DIA 수집 및 분석자료들을 지원한다. NSA도 연락관을 통하여 군사령관들을 지원하며, 각 군 정보국의 인원들로 구성된 수집시설이 전 세계에 위치하고 있다.[48] NGA는 NRO에 의해서 통제되는 기술적 수집 수단을 통하여 지리공간정보(GEOINT)를 지원한다.

각 군 정보기관들

각 군의 정보기관들은 각 군이 필요로 하는 정보를 제공하기 위해서 조직된다. 미 육군 정보안보시령부(INSCOM: Intelligence and Security Command)는 전 세계에 배치된 육군부대들을 직접 지원하는 군 정보부대들로 구성되어 있다. 예를 들어, 하와이에 있는 제500 군사정보여단은 인도-태평양 사령부를 지원하며, 궁극적으로 이 정보부대는 아시아/태평양 전역에 대한 다차원적 정보를 제공한다.[49] 미 육군은 전술과 작전용 정보수집을 위해 다음과 같은 수단을 보유하고 있다. RC-12X Guardrail fixed-wing aircraft(주로 SIGINT용), Operational Intelligence(OGS), Distributed Common Ground System-Army(DCGS-A) Enterprise 등이 있고, 이외에 드론과 헬리콥터 기반의 시스템과 더불어 휴대용 수집 시스템을 보유하고 있다.

해군정보국(ONI: Office of Navy Intelligence)은 4개의 센터를 통하여 전 세계에 파견된 해군 함정에 정보를 지원한다. 그들은 니미츠작전정보센터(Nimitz Operational Intelligence Center), 패러것기술분석센터(Farragut Technical Analysis Center), 케네디비정규전센터(Kennedy Irregular Warfare Center), 호퍼정보지원센터(Hopper Information Service Center)다.[50] 또한, 해군은 정보 플랫폼을 배치하고 있는데, 그들은 해군 함정 *Observation*

Islands(T-AGM-23) (MASINT), P-3 Orion 항공기(SIGINT)이고,[51] 이와 더불어 드론 플랫폼으로 MQ-4C Triton, MQ-8 Fire Scout를 배치하고 있다. 해병대 정보사령부는 해병대에 직접 정보지원을 하는데, 해군부로부터 지원이 되기도 한다. 해병대 정보사령부의 지원 역할은 주로 작전의 전술적 수준이며, 유기적 정보수집능력을 갖추고 **정보, 감시, 정찰(ISR)** 자료를 해병대에 지원한다.[52]

공군의 정보지원은 제25 공군부대에 의해서 이루어진다. 이 부대는 6개의 비행단과 기술응용센터로 구성되어 있다. 제9 정찰비행단은 미 서부해안과 태평양 지역의 다수 정찰비행대대로 구성되어 있다. 공중수집 플랫폼들은 U-2 Dragon Lady, T-38 Takon, RQ-4 Global Hawk 등을 포함하고 있는 제9 정찰비행단에 의해서 통제된다.[53] 공군은 군이 사용하는 대부분의 공중정보를 보유하고 있다. 사례들로는 다중스펙트럼(RC-135V/W Rivet Joint), 전략통신(RC-135U Combat Sent), 전술 드론(MQ-9 Reaper), 조약검증(OC-135B Open Skies), 전투운영(E-3 Sentry), 그리고 알래스카에 있는 레이더 기지들이 있다.

글상자 5.7   사례: 중국 내 EP-3 격추 사건

2001년 4월 미 해군 EP-3 ARIES Ⅱ 비행기가 중국 인근 공해 상공에서 SIGINT를 수집하고 있었다. 이 정찰 비행기를 발견한 중국의 F-8 전투기가 근접하게 다가왔다가 결국은 충돌을 했다. 중국 전투기 조종사 왕웨이는 사망했고, EP-3는 중국의 하이난섬에 강제 비상 착륙했다. EP-3 조종사는 정보수집 시스템의 일부를 파괴할 수 있었으나, 중국은 미국 정보능력을 파악할 수 있었다. 또한, 중국인들은 미국의 '스파이' 비행기가 어떻게 중국의 영공을 침범해서 중국 조종사를 사망하게 했는가를 유포하여 선전전에서 승리할 수 있었고, 미국인 승무원들을 석방하기 이전에 미국의 사과를 요구했다.[54]

군사정보의 역할과 임무

군은 전쟁의 전술적, 작전적, 전략적 수준에서의 정보활동을 수행한다. 각
군은 지원받는 사령부를 위한 정보임무를 다차원적으로 협력하는 전담 정
보참모들을 보유하고 있다. 미 육군에서 군부대에 할당된 가장 낮은 전술 수
준의 정보참모장교는 S-2 대대장(section 2, intelligence)이다. S-2 장교
와 정보 참모소대는 지휘관에게 정보를 지원하는 책임을 맡고 있다. 예를 들
어, 기갑 대대에서 정보 참모소대는 1명의 장교(대위 또는 중위), 무임소 장
교, 그리고 3~4명의 군사정보의 전문성을 가진 사병들로 구성된다. 여단도
비슷한 조직을 보유하고 있다 (이 경우에도 S-2). 사단과 군단에서 정보 참
모부대는 G-2로 불린다 (이 부대들은 장성에 의한 지휘를 받기 때문이다).

  해병대는 육군의 S-2와 유사한 조직을 보유하고 있다. 해병대는 대대들
로 구성되어 있고, 상위에는 해병원정대(MEUs: Marine Expeditionary
Units)와 해병원정군(MEFs: Marine Expeditionary Forces)이 있다.
MEF에는 해병대 군사정보대대가 있고, 전투군인들에게 정보를 지원한다.
예를 들어, 제1 군사정보대대는 캘리포니아에 있는 캠프 펜들턴에 있으며,
해군의 태평양 함대와 같이 배치된 MEF를 지원한다.

  해군은 정보참모 부대로 N-2를 보유하고 있다. 해군은 작전지휘의 수준
을 위하여 N 참모 시스템을 활용한다. 함정에는 두 가지 형태의 참모 구조
가 있는데, 그들은 전투조직과 행정조직이다. 2000년대 초반 **네트워크중
심전(NCW: Network Centric Warfare)**이라 불리는 새로운 해군 독트린의
등장과 함께, 해군은 NCW를 지원하기 위해 정보와 첩보활동을 통합할 목
적으로 참모조직 N-2를 N-39 (첩보활동)에 결합시켰다. 독트린의 변화는
군 내에서의 컴퓨터 네트워크 작전의 등장을 반영하며, 이는 공격적 컴퓨터
네트워크의 공격, 방어적 컴퓨터 네트워크의 방어, 정보수집 컴퓨터 네트워
크의 활용 기능들을 연결하였다.

공군의 정보부문인 A-2는 비행중대, 비행대대, 비행단에 위치하고 있으며 일반 사병 및 고위 본부 참모들로 구성된다. 비행중대는 육군이나 해병대의 대대와 비슷한 수준이고, 비행대대는 둘 또는 셋의 중대로 구성되며, 육군의 여단과 유사하다. 비행단은 사단과 같은 규모이며, 공군 인원은 육군의 군단 수준 또는 그보다 약간 많다. 공군 정보장교들과 무임소 장교들이 RC-135V/W River Joint와 같은 정보수집 플랫폼에 탑승하며, 이 비행기에는 14명의 정보활동관들이 탑승한다.[55]

펜타곤의 합동참모본부와 전역 — 그리고 전략 — 수준의 지역적이고 기능적인 전투사령부들은 합동사령부들(joint commands)이며, 따라서 그들의 정보부문은 J-2의 코드명을 가진다. 합동사령부들은 각 군으로부터 인원을 충원하며, 합동사령부의 임무 수행을 지원하기 위해서 각 군의 정보조직들은 자신들이 보유한 첩보를 제공한다. 예를 들어, 사령부의 작전책임지역(AOR: area of responsibility)에 대한 정보지원에는 그 지역의 군대 독트린, 전술, 무기체계, 핵심 지도자가 포함된다. 1995년 페루와 에콰도르의 국경분쟁이 지속적인 무력충돌로 이어지자, J-2는 병력해체를 돕고 교전국들이 사용하는 무기체계를 파악하기 위해서 요원을 전쟁지역에 파견했다. 대부분의 무기가 과거 소련 시대에 디자인된 낡은 것들이었다.

모든 수준의 사령부들(전술, 작전, 전략)의 정보부문은 유사한 임무를 수행한다. 이 임무들은 지역 내 우군에 대한 위협 파악(적대국과 테러리스트들 같은 비국가 행위자들에 의한 위협), 사령관의 우선순위 정보요구를 바탕으로 한 정보요구 개발, **전장정보준비(IPB: Intelligence Preparation of the Battlespace)** 과정을 통해 맡은 작전책임지역(AOR)에 대한 이해, 필요할 경우 전투활동과 비밀공작에 대한 정보지원 등을 포함한다. 사령관은 정보참모부의 정보장교가 작전책임지역의 모든 잠재적인 위협세력의 크기, 구성, 능력을 포함하여 전투하기 위한 위협순서를 제공하기를 기대한다. 만약 정보장교가 사령관의 우선순위 정보요구(PIR)에 대응할 수 있는 임무를 수행할 유기적 수집능력이 부족하면, 그 장교는 사령부의 다음 상위자에게 첩보를 요구한다. 대부분의 지역 전투사령부에는 국가 수준의 정보기관(CIA, NSA, DIA, NGA 등)으로부터 대표들이 파견되어 국가정보지원팀(NIST: National Intelligence Support Team)을 구성하여 정보요구를 충족시킨다.

과학기술정보

육, 해, 공군은 각기 다른 나라들의 군사력에 대한 평가를 제공하는 전용 과학기술정보기구를 보유하고 있다. 육군의 국가지상정보센터(NGIC: National Ground Intelligence Center)는 독트린, 전투서열, 군사장비 체계에 대한 평가를 포함한 외국 육군의 능력에 초점을 맞춘다. NGIC는 1994년 해외 과학기술센터와 정보위협분석센터를 합병하여 탄생했다. NGIC의 핵심 기능 중의 하나는 전장에서 포획한 장비로부터 추출한 해외물자 분석 프로그램 또는 획득 프로그램을 통하여 정보를 획득하는 것이다. 공군도 국가항공우주정보센터(NASIC: National Air and Space Intelligence Center)라는 육군의 NGIC와 유사한 센터를 보유하고 있다. 육군의 NGIC는 육군 정보보안사령부(INSCOM) 산하에 있지만, NASIC는 더 이상 제25 공군부대에 있지 않고, 2014년 이후 펜타곤에 있는 공군 참모본부에 직접 보고하고 있다. 해군의 과학기술정보기능은 해군정보국(ONI)의 패러것기술분석센터(Farragut Technical Analysis Center)에 의해서 수행된다. 이 센터는 외국 해군의 능력과 해군 시스템의 구조를 파악 및 평가하고 있다.

결론: 정보활동 요약

이 장은 현대의 안보환경과 오늘날 당면한 적들이 존재하는 상황에서 정보의 복합성과 도전을 살펴보았다. 또한, 이 장은 수집계획과 더불어 어떻게 정보출처와 방식이 가치 있는 첩보를 획득하게 하는지를 논의했다. 이에 더하여 이 장은 5가지의 주요 정보수집방법에 관해서 설명했는데, 그들은 인간정보(HUMINT), 신호정보(SIGINT), 지리공간정보(GEOINT), 계측징후정보(MASINT), 공개출처정보(OSINT)이며, 이와 더불어 사이버 위협정보도 탐구했다. 마지막으로 이 장은 군사정보 구조, 각 군의 정보기관들, 역할과 임무, 과학기술정보 등 군사정보도 살펴봤다. 정보활동에 포함되는 분야인 첩보와 비밀공작에 대해서는 이 장에서 다루지 않았다. 이 책의 저자들은 이 두 가지 분야의 복잡성과 범위 때문에 별도의 장에서 다루기로 했다. 방첩은 제6장에서, 비밀공작은 제7장에서 심층적인 탐구를 할 것이다.

핵심용어

추가 읽을거리

Hall, Michael, and Gary Citrenbaum. *Intelligence Collection: How to Plan and Execute Intelligence Collection in Complex Environments*. Santa Barbara, CA: Praeger Security International, 2014.

Hoffman, David. *The Billion Dollar Spy: A True Story of Cold War Espionage and Betrayal*. New York, NY: Doubleday, 2015.

Jensen, Carl, David McElreath, and Melissa Graves. *Introduction to Intelligence Studies*. New York, NY: CRC Press, 2013.

Kilroy, Richard J., Jr. "Terror and Technology: Domestic Intelligence Collection and the Gossamer of Enhanced Security." *Journal of Policing, Intelligence and Counter Terrorism* 12, no. 2 (2017): 119–141.

Lowenthal, Mark. *Intelligence: From Secrets to Policy*, 7th ed. Washington, DC: CQ Press, 2017.

Lowenthal, Mark, and Robert C. Clark. *The 5 Disciplines of Intelligence Collection*. Washington, DC: CQ Press, 2015.

Olcott, Anthony. *Open Source Intelligence in a Networked World*. New York, NY:

Bloomsbury, 2012.

Peterson, Martha D. *The Widow Spy: My CIA Journey From the Jungles of Laos to Prison in Moscow*. Wilmington, NC: Red Canary Press, 2012.

Rose, Alexander. *Washington's Spies: The Story of America's First Spy Ring*. New York, NY: Random House, 2006.

Schoof, Heidi. *Elizabeth Van Lew: A Civil War Spy*. North Mankato, MN: Capstone, 2005.

Sheehan, Neil. *A Bright Shining Lie: John Paul Vann and America in Vietnam*. New York, NY: Vintage Books, 1988.

Smith, Clarence E. "CIA's Analysis of Soviet Science and Technology." In *Watching the Bear: Essays on CIA's Analysis of the Soviet Union*, edited by G. K. Haines and R. E. Leggett. Washington, DC: CIA Center for the Study of Intelligence, 2003.

Stephenson, William. *Spymistress: The True Story of the Greatest Female Secret Agent of World War II*. New York, NY: Arcade, 2011.

Suvorov, Viktor. *Soviet Military Intelligence*. London, UK: Grafton Books, 1986.

Young, Steve. "Using a Principal Agent in Intelligence Collection in Afghanistan." In *Critical Issues in Homeland Security: A Casebook*, edited by J. D. Ramsay and L. Kiltz. Boulder, CO: Westview Press, 2014.

6장 방첩

간첩과 음모의 세계

1998년 이집트계 이슬람 지하드(EIJ)면서 알카에다 소속이었던 알리 무하마드가 미국에서 간첩행위를 했다는 이유로 체포되었다. 무하마드는 실제로 3중 스파이였다. 그는 미 육군 특수군의 일원이었고, FBI를 위한 정보제공자였으며, CIA에도 소속되어 있었다. 미국 정보기관들은 무하마드를 미국 정보자산으로 '전향'시켰다고 생각했으나, 그는 1993년 세계무역센터 폭파를 지원하는 등 지하드와 알카에다를 위하여 간첩활동을 하고 있었다.[1] 손자가 자신의 금언인 적의 요원을 '색출'하기 위한 방첩이 중요하다고 한 의미는 요원이 적을 위하여 계속 협조할 때 발생할 잠재적 피해를 언급하는 것이다.

방첩은 정보활동(제5장)의 한 부분으로 간주하지만, 이 책에서는 방첩의 중요성을 보다 심층적으로 다루고 이해력을 높이기 위해서 분리된 장으로 다룬다. 적대세력에 대한 정보를 수집하기 위한 가장 정교한 정보수집 능력은, 자국에 대한 적의 정보활동에 대응하기 위한 마찬가지로 정교한 방첩이 활용되지 않는다면 아무 소용이 없는 것이다.

방첩의 역할과 임무

방첩의 정의

『군사 및 관련 개념 사전(*Dictionary of Military and Associated Terms*)』
은 방첩활동을 "외국의 정보수집과 테러활동을 식별하고, 활용하고, 중립
화하고, 억지하는 적극적인 활동"으로 정의한다.[2] 군대는 전장에서 전술적
이고 작전적인 측면에서 방첩활동을 하는 반면, 일반 정보기관은 전략적인
차원에서 방첩업무를 추진할 책임을 지고 있다.

국내와 해외정보가 분리된 국가에서 국내 수사 및 보안 담당 기관은 국가
내에서 행해지는 적대세력의 정보활동에 초점을 맞춘다. 그 임무는 다음의
내용을 포함한다.

- 조사임무에 역점을 둔 정보기능을 활용하고, 스파이 활동과 내부위협을 줄
  이기 위하여 우호국 정부와 협력을 하여 국내 정보기관의 비밀을 보호한다.
- 발전된 기술과 민감한 국방첩보, 정보, 경제, 금융, 공공보건, 과학기술 분
  야와 같은 핵심적인 자산들을 보호한다.
- 외국 스파이들의 활동에 대처한다. 능동적인 조사를 거쳐서 수사보안기관
  은 누가 스파이인지 식별하고 그들의 행위를 중단시킨다.
- 대량살상무기가 나쁜 손에 넘어가지 못하도록 하고, 위협이 현실로 되지
  않도록 하는 수사 및 보안기관의 임무에 정보를 활용한다.[3]

CIA는 **방첩임무센터**(CIMC: Counterintelligence Mission Center)를
통해 "외국정보기관의 능력, 의도, 활동을 분석하여" 해외방첩임무를 수
행한다.[4] 폼페오(Mike Pompeo) 전 CIA 국장은 CIMC의 역할을 격상하여
CIMC의 장이 자신에게 직접 보고하도록 했다. 또한, 알리 무하마드와 같
은 과거의 방첩임무의 실패를 방지하기 위해서, CIA의 첩보활동 요원을 선

글상자 6.1   사례: 중국 국가안전부의 CIA 스파이 일망타진

2010년 초 CIA의 중국인 스파이들이 다른 요원들과 민감한 통신을 하는 것을 CIA가 보호하는 데 실패한 결과, 중국의 **국가안전부**가 스파이로 식별된 중국인들을 일망타진했다. CIA는 중동에서의 활동을 위해 개발된 통신 시스템을 사용하면서, 감청이 어려울 것이라고 생각했다. CIA는 중국이 보다 정교한 수단의 사이버 활동을 하고 있으며, 미국 정보공동체가 요원들과 통신하는 데 사용하는 암호를 쉽게 해독할 수 있다는 점을 생각하지 못했다. 30명의 요원이 체포되어 처형되었다. 침투되었다는 점을 탐지하고 난 후, CIA는 CIA의 협조자들이 체포되기 전에 중국으로부터 탈출시키는 작전을 수행했다.[5]

발하기 위한 조사과정에 CIMC의 업무가 더 많이 치중되도록 했다.[6] 또한, CIMC는 CIA가 요원을 충원할 때 외국의 정보기관 사람을 선발하는 것을 외국정보기관이 알아내지 못하게 하는 기능도 한다. 2010년 그렇게 선발된 요원들이 중국에서 활동하면서 통신하는 것을 CIA가 보호하지 못해서 스파이 네트워크가 붕괴된 적이 있다.

방첩관

군 내에서 방첩장교는 사령관에게 방첩을 지원하기 위해 전술과 작전부대에 소속된다. 여단 수준에서 방첩장교는 여단 참모의 정보장교와 근접하게 활동한다. 방첩장교는 위협을 식별하고 민감한 첩보를 보호하기 위한 부대원들의 훈련수준을 평가하는 데 기여한다. 냉전 기간 독일에서 방첩장교는 민간인 복장을 하고 비밀리에 활동했는데, 지역 바를 방문하여 부대원들과 대화를 가지면서 그들이 부대에 대한 첩보를 얼마나 누설하는지를 파악했다. 방첩징교들은 '쓰레기통 뒤지기'를 하여 무엇이 버려졌는지, 쓰레기에서 발견된 내용이 부대에 대한 상세한 내용을 담고 있는지를 파악한다. 훈련 동안 에 방첩장교들은 부대가 떠난 후에 암호책, 열쇠, 무기, 그리고 다른 민감한 물자들을 남겨 놓았는지 파악하기 위해서 부대 배치지역을 방문한다.

정보기관 내에서 방첩관들은 적국 정보기관 사람이 자국 정보기관에 선 발되었는지를 파악하기 위해서 내부 인사들을 조사한다. 아마도 가장 유명 한 CIA의 방첩관은 냉전 동안 CIA에 침투한 소련 두더지들을 뛰어나게 색 출해 낸 앵글턴(James Angleton)이었다. 앵글턴은 의혹이 있는 적의 요 원들을 표적으로 하여 문제가 될만한 전술을 사용했기 때문에 정보공동 체에서 우려를 낳은 문제 있는 인물이었다. 반정부 학생단체들을 향한 그 의 CIA와 관련된 업무는 시민들의 자유권을 침해했다는 비난을 받았다. CIA에 의해서 수행된 방첩활동과 더불어 FBI에 의해 수행된 **코인텔프로** (**COINTELPRO**, 방첩프로그램)는 결국 미국 의회의 조사(1970년대의 처 치와 파이크 위원회)를 받았는데, 이는 정보공동체가 미국 국내에서 활동할 수 있는 능력에 많은 제한을 가했다.[7]

오늘날 산업스파이가 증가하면서, 많은 일반기업, 특히 방산기업들이 자신들의 회사를 염탐하고 직원들을 빼내 가려는 적대적 정보기관들의 시 도를 탐지하기 위해 민간 영역에서 근무하는 전임 방첩직원들을 보유하고 있다. FBI는 기업비밀을 도둑맞지 않으려고 노력하는 기업의 방첩직원들 을 전담하여 지원하도록 경제첩보 부서를 만들었다. 1996년의 경제간첩법 (Economic Espionage Act)에 의거한 행동으로 FBI는 외국의 간첩활동으 로부터 기업비밀을 보호하는 업무를 하면서, 기업들에게 외부의 침투로부 터 기업비밀을 지키려면 아래와 같은 행동을 해야 한다고 강조했다.

- 노동조합 보호를 위한 명확한 계획 실행
- 물리적 기업비밀을 안전하게 하고, 기업비밀에 대한 접근 제한
- 직원에게 지속적인 보안교육 실시

- 내부위협 프로그램 개발
- 개인의 독점 첩보가 되돌릴 수 없게 손상되기 전에 의심스러운 사건을 사전에 FBI에 보고[8]

내부위협

역사적으로 간첩행위 중에 가장 피해가 큰 것은 자국민인 정보기관 요원이 다른 나라의 정보기관을 위해서 일하는 내부자(insider)들이다. 적국을 목표로 행하는 정보기관의 정보활동에 대한 비밀첩보를 접할 수 있기 때문에, 이 내부자들은 그러한 정보활동을 위태롭게 하고 적국에서 활동하는 비밀 정보요원들의 목숨까지 위태롭게 할 수 있다.

글상자 6.2   사례: 에임즈와 한센

미국 역사에서 가장 악명 높은 스파이는 CIA의 에임즈(Aldrich Ames)와 FBI의 한센(Robert Hanssen)이었다. 에임즈는 1985년부터 1993년까지 소련을 위해서 스파이 활동을 했고, 한센은 1979년부터 냉전이 끝난 한참 후인 2001년까지 스파이 활동을 했다. 한센이 엄청난 스파이 활동을 할 수 있었던 이유는 FBI 내에서 그의 직위가 방첩관이었기 때문이다. 그 직위를 활용하여 한센은 미국과 해외에 존재하는 소련과 러시아의 정보활동에 대한 첩보에 접근할 수 있었다. "이와 더불어, 그들의 비밀정보 누설은 소련 내 수백 명의 미국 정보협조자들을 노출시켰는데, 미군에 가해진 더 직접적이고 심각한 피해는 고위급 협조자인 폴리야코프(Dmitri Polyakov) 장군이 노출된 것이다. 그는 소련 정보기관장이면서 미국을 위해 스파이 활동을 한 인물이었다. 폴리야코프는 소련의 대전차 미사일 기술, 쿠바 미사일 위기, 중국에 대한 첩보를 CIA에 제공했다. 에임즈와 한센에 의해서 폴리야코프가 노출되면서 군사정보의 근원지는 폐쇄되었고, 폴리야코프는 1988년에 처형되었다."[9]

방첩관들이 자신들의 기관에 가해지는 잠재적 위협을 탐지하기 위해서는, 개인이 어떠한 동기에 의해서 간첩행위를 하고 조국을 배반하는지를 이해할 필요가 있다. 전통적인 동기들은 **돈(Money)**, **이데올로기(Ideology)**, **약점(또는 협박: Compromise or Coercion)**, **자아(Ego)**[이들 모두의 두문자어(頭文字語)로 MICE라고 함]다.[10] 에임즈는 주로 돈 때문에 간첩이 되었고, 한센의 동기는 주로 자아와 도취였다. 2001년 국방정보국(DIA)의 정보분석관이었던 몬테스(Ana Montes)는 쿠바를 위해서 스파이 활동을 했다는 이유로 체포되어 유죄 선고를 받았다. 그녀의 동기는 이데올로기였다. 그녀는 버지니아 대학과 존스 홉킨스 대학에서 공부하는 동안 라틴 아메리카에서의 혁명운동에 동정심을 갖게 되었고, 이 지역에 대한 미국의 외교정책에 대해서 공개적으로 비판했다.[11] 1985년 미 해병대의 론트리(Clayton Lonetree) 하사가 모스크바 주재 미국 대사관의 경비병으로 근무할 때, 같은 미국 대사관에 근무하던 러시아 여성인 세이나(Violetta Seina)의 유혹을 받았는데, 그녀는 사실상 소련 KGB의 첩자였다. 러시아 국민들과 친교 관계를 금하는 미국의 정책을 위반한 약점을 활용하여 KGB는 론트리를 협박하여 스파이 활동을 하도록 했고, 모스크바에 주재하는 미국 대사관의 조직과 인적구성에 대한 첩보를 KGB에 제공하도록 했으며, 나중에 오스트리아 빈 지역까지 범위를 확대했다.[12]

위에서 언급한 MICE는 많은 스파이 사례들의 동기를 이해하는 데 도움이 되지만, MICE는 오늘날의 안보환경에서 어떤 개인이 간첩이 되어 방첩관들에게 도전을 하는 이유 모두를 포괄하지는 못한다. 치알디니(Robert Cialdini)는 자신의 심리학과 마케팅 연구를 통해 인간 동기의 복잡성을 이해하는 데 있어서 RASCLS를 '대중영향의 무기(weapons of mass influence)'로 제안했다. RASCLS는 **상호성(reciprocation)**, **권위(authority)**, **희소성(scarcity)**, **공약(그리고 일관성: commitment and consistency)**, **연결성(linking)**, **사회적 증거(social proof)**의 두문자어다.[13] 스파이를 모집하려는 정보관들은 MICE 두문자어에 포착된 전통적 동기를 넘어 인간의 행동을 이해하기 위해 여러 요인을 조사하고 있다. 치알디니에 의해서 제시된 '대중 영향의 무기' 같은 것을 이해하는 것은 인간의 취약점과 감수성이 적국의 정보기관 또는 테러나 범죄집단에 의하여 포섭 대상이 되기 쉽게 한다는 점을 방첩관들이 이해하도록 도와준다.

방어적 방첩

기본 정의

근본적으로 방첩은 방어적인 성격을 가진 것으로 이해되는데, 그 이유는 방첩의 목표가 적으로 하여금 정보가치가 있는 첩보를 수집 못 하게 하는 것이기 때문이다. 프렁컨(Hank Prunckun)은 방어적 방첩의 근본적인 임무는 탐지와 억지라고 했다.[14] 그렇다고 방어적이라는 의미는 수동적이라는 것은 아니다. 다시 말해서, 방어적인 방첩은 위협을 탐지하고 그 위협을 억지할 수 있는 보다 능동적인 조처를 할 수 있다. 위협을 탐지하기 위해서 어떠한 조직이라도 위협을 식별하고, 위험을 평가하며, 약점을 확인하기 위하여 기본적인 원칙들을 적용시킬 수 있다. **위협평가**는 '위협=능력+의도'와 같은 단순한 공식으로 나타낼 수 있다. 능력은 지식+자원으로 평가되고, 의도는 욕망+기대로 평가된다. 위협이 평가된 이후의 **위험평가**는 정보조직을 표적으로 하는 위협의 가능성과 위협이 성공했을 때의 결과를 결정한다. **약점평가**는 조직의 취약성을 다음과 같은 공식으로 확인한다. 약점=대상첩보의 매력+침투의 용이성+영향.[15] 이러한 약점은 조직이 다양한 보안영역을 자세히 살펴보면서 위협을 억지하기 위한 효율적인 조처를 할 수 있게 한다.

보안영역

위와 같은 형식의 평가를 하게 되면, 위협, 위험, 약점에 직면한 조직을 보호하기 위한 방어적 대응조치를 취할 수 있도록 방첩전문가들이 합리적인 권고를 할 수 있게 된다. 다시 말해서, 만약 조직이 당면한 가장 가능성 있는 위협이 외부로부터 조직에 접근하려는 사람이 아니라 내부자에 의해서 발생한다는 평가를 하게 되면, 그 조직은 위협의 종류에 따라 탐지하고 억지하기 위한 상이한 조치들에 초점을 맞추는데, 이를 위해서 물리적, 인적, 첩보, 사이버, 통신의 다섯 가지 보안영역에 주안점을 둔다.

물리적 보안은 정보기관이 장벽 건설, 도어 잠금, 보안 카메라 설치, 경비원 고용, 침입 탐지시스템 설치와 같은 방어적 조치를 취하여 위협에 관심을 가지게 되는 영역이다. 정보기관을 방문했던 사람들은 엄격한 보안조치를 통과해야 시설에 들어갈 수 있다는 점을 경험했을 것이다. 내부에 들어가더라도 데이터의 구획화에 기초하여 출입 보안 등급이 다르다.

정보기관 내에서 인적보안도 극단적으로 엄격하여, 채용되는 요원이 적국의 요원이 아니라는 점이 확인되어야 한다. 신원확인을 통과하는 데에는 1년이 걸릴 수도 있고 그 이상이 걸릴 수도 있다 (허가의 수준과 조직 업무의 민감한 정도에 따라서 차이가 있음). 전형적인 인적보안조치들은 배경확인(범죄경력, 금융, 의료 등), 조사(인터뷰, 경력, 거주지, 외국과의 계약, 소셜 미디어 등), 일부의 경우에는 거짓말 탐지기의 사용을 포함한다. 보안확인을 받는 피고용인은 업무상 취득하는 비밀첩보를 보호하고 허가되지 않은 사람들에게 유출하지 않겠다는 **비밀유지서약**에 서명해야 한다.

첩보보안은 비밀 또는 민감한 첩보를 보호하기 위해서 신중한 취급, 표시, 보관, 파쇄 등의 조치들을 취하는 것이다. 컴퓨터 기술이 등장하기 전에 비밀첩보는 대부분이 인쇄된 문서였으며, 따라서 **민감특수정보시설(SCIF: Sensitive Compartmented Information Facilities)**이라 불리는 큰 안전한 방 같은 특수저장시설을 사용했다. 오늘날 대부분의 비밀첩보는 컴퓨터 드라이브에 디지털 방식으로 보관되기 때문에, 그 첩보들도 컴퓨터들과 데이터베이스들이 보관된 유사한 시설에 보호되어야 할 필요가 있다.

사이버보안은 비밀정보를 안전한 네트워크에 전달하는 것이며, 1급 비밀정보가 보안조치 되지 않은 컴퓨터에 보관되지 않도록 하는 것이다. 군대는 비밀정보를 분리하는 세 가지 네트워크를 사용한다. 그들은 범세계합동정보통신시스템(JWICS: Joint Worldwide Intelligence Communications System – 1급 비밀/암호화된 글), 비밀인터넷프로토콜라우터네트워크(SIPRNet: Secret Internet Protocol Router Network – 비밀/암호화되지 않은 글), 비분류인터넷프로토콜라우터네트워크(NIPRNet: Non-classified Internet Protocol Router Network – 평문/사무용)이다. 보다 최근의 발전은 인텔리피디아(Intellipedia)인데, 이는 정보기관의 위키피디아 서비스라고 할 수 있다. 인텔리피디아는 정보기관들이 정보생산물을 공유하여 정보분석관들이 다른 기관의 정보를 사용할 수 있도록 한 것이다. 과거에는 국가정보예측을 작성하고 공유하기 위한 협업 도구가 상상했던 것처럼 많이 사용되지 않았다.[16)]

통신보안(COMSEC)은 역사적으로 어떻게 라디오 또는 전화 대화를 통신정보수집으로부터 보호하는가에 초점이 맞추어져 있었다. 아직도 민감한 통신을 보호하고 비밀첩보 대화를 하는 데 보안성 없는 전화를 사용하지 말아야 한다는 점이 요구되지만, 오늘날 통신보안의 많은 부분은 사이버공간에 초점이 맞추어져 있으며, 정보기관의 요원들이 이메일과 소셜 미디어를 통해서, 대화방에서, 문자 메시지로, 스냅챗으로 대화를 하는 것을 감시하고 있다. 적의 정보기관들은 민감한 첩보에 접근하기 위해서 사회공학(social engineering), 스피어피싱(spearfishing, 작살로 물고기를 잡는 '작살낚시' 의미가 있는 용어로, 정부 고위 간부, 유명인사, 군인 등과 같은 특정인의 개인정보를 캐내기 위한 피싱공격 – 역자 주) 등을 활용한 통신수단

글상자 6.3 사례: 법무부 사이버 공격, 2016년

미 법무부가 사회기술 공격을 받아 2만 명의 FBI 직원과 9,000명의 국토안보부 직원의 신상이 유출되었다. 해커는 자신이 접속한 1테라 바이트의 데이터 중에서 200만 기가바이트의 민감한 정부 파일을 다운로드했다고 주장했다.

이 공격은 해커가 알려지지 않은 방법으로 법무부 직원의 이메일에 접속하면서 시작되었다. 이 접속 후 그는 접속 코드가 필요한 웹 포털에 접속하려고 시도했으나, 그는 코드명을 확보하지 못했다. 접속을 포기하는 대신, 해커는 법무부에 전화를 걸어, 자신이 새로 고용될 직원이라고 하며 도움을 요청했다. 결국 그는 접속 코드명을 알아내, 법무부의 내부 전산망(intranet)에 침투할 수 있었다. 그는 법무부 네트워크의 3가지 다른 컴퓨터, 그리고 군사 이메일과 신용카드 정보를 포함한 데이터베이스에 완전히 접속했다. 그는 해킹의 증거로 법무부 내부 첩보에 접속한 사실을 남겼으나, 그가 법무부 인트라넷 내에서 알려진 것 이외에 어떠한 다른 곳에 접속했고, 어떠한 것들을 추가로 훔쳤는지에 대해서는 확인이 안 되었다.[17]

을 사용한다. 오늘날 데이터 암호화의 모든 발전에도 불구하고, 보안 네트워크에 접근하려는 외부 정보기관에 속한 권한 없는 개인에게 누군가가 전화로 암호를 부주의하게 공개하면 암호화의 발전은 별 의미가 없게 된다.

공격적 방첩

기본 개념

최선의 방어는 좋은 공격이라는 격언이 있다. 다시 말해서, 특히 방첩활동의 경우 적이 침투해 오도록 기다리지 말고, 적에 대해서 보다 적극적인 공세를 펼쳐야 한다는 말이다. 프렁컨(Hank Prunckun)은 공격적인 방첩수단은 탐지, 기만, 무력화를 포함한다고 주장했다.[18] 탐지는 방어적 방첩의 경우와 마찬가지로 위협, 위험, 약점에 대해서 이해하는 것이다. 기만은 적이 첩보수집을 하는 데 있어서 정상궤도를 벗어나 잘못된 방향으로 하도록 유도하여 과도한 시간과 자원을 낭비하게 하는 행동을 포함한다. 무력화는 대간첩활동, 함정, 이중 첩자 등의 수단을 활용하여 수집을 방해하는 보다 직접적인 활동을 포함한다.

공격적 방첩은 방어적 방첩과 병행해서 추진되어야 한다. 그렇지 않으면, 방첩활동은 역효과를 낳고, 최악의 경우 적이 유리한 상황에서 활동하게 할 것이다. 예를 들어, 실제로는 육해공군 합동 공격을 할 계획이지만 이를 기만전술로 속이려면, 해병대가 단독으로 공격을 한다는 점을 장병들에게 훈련시키고 시행해야 한다(기만작전이라는 점을 장병들이 알지 못하게 해야 한다). 마찬가지로 공격적 방첩은 정보격차에 의해서 적에게 전달되는 메시지가 기만 또는 무력화 활동에 부합하도록 정보수집 활동과 함께 추진되어야 한다 (예를 들어, 수륙양용 공격을 위하여 해안에 대한 정보를 수집하는 것이 주요 공격을 위한 것처럼).

기만작전

처칠(Winston Churchill)이 "전시에서 진실은 매우 귀중하기 때문에 거짓말이라는 경호원에 의해 보호되어야 한다(in wartime the truth is so precious that it must be protected by a bodyguard of lies)"고 언급한 적이 있다.[19] 1944년 6월 프랑스에 대한 D-Day 공격의 성공은 많은 사람들이 생각하기에 당시까지 수행된 대규모 전역 수준의 전쟁에서 가장 성공적인 기만작전이었다고 평가된다.[20] 그러나 그러한 기만전술을 꾸며내서 독일인들

사진 6.1 러시아제 S-300 지대공미사일 모형.

이 믿게 만들기 위해서는 다양한 계획을 수립해야 했다. 그 계획에는 공기로 부풀리는 모형 탱크와 가짜 통신을 사용하는 것부터 군인들이 가짜 부대 패치를 착용하고 지상에 차량 트랙을 만들어 차량이 실제라는 것을 항공 이미지로 확인하게 하는 것까지 다양한 방안이 포함되었다. 심지어 패튼(George Patten) 중장이 지휘하는 가짜 군단을 만들어 히틀러로 하여금 주요 침공 지역이 노르망디가 아니라 칼래(Pas-de-Calais)라는 점을 확신시켜 주어 프랑스 해변인 칼래 지역의 방어에 집중하도록 했다.[21]

군사적 기만은 실제 부대의 위치를 속이고 무기능력에 대해서 잘못된 인식을 가지게 하도록 유인 및 위장과 같이 단순한 술책을 사용하는 것이다. 지상에서 보면 이는 비현실적인 것처럼 보이지만, 영공이나 정찰위성에서 보면 적을 혼동하게 하는 매우 효과적인 술책이다.

군사적 기만은 가장, 과시, 시위, 계략(전쟁의 속임수) 등과 같은 보다 복합적인 활동들을 포함한다. 이들 모두는 전시에 적을 속이기 위한 합법적인 행위로 간주되고 있다. 무력충돌법(Law of Armed Conflict) 하에서 불법적인 것은 '배신행위'인데, 이는 비전투원과 의료부대를 보호하기 위하여 제정된 전쟁법을 교묘하게 사용하는 행위다. 그 사례는 적십자 요원을 군사 건물에 투입하여 그 건물을 병원으로 믿게 하여 적의 공격대상으로부터 피하는 행위다. 이와 유사하게 병력이동 차량에 적십자 기를 달아서 실질적인 전투행위를 위한 병력을 위장하는 것도 불법이다.[22]

글상자 6.4 사례: 해버색 계략

제1차 세계대전 동안 영국군은 가자(Gaza)-비어시바(Beersheba) 지역에서 독일-터키군대를 패배시키지 못하여 팔레스타인 전선에서 교착 상태에 빠지게 되었다. 가자에 대한 두 차례의 공격이 실패한 후 머리(Archibald Murray) 장군이 알렌비(Edmund Allenby) 장군으로 교체되었다. 알렌비는 기만전술을 사용하려는 계획을 세웠는데, 그 내용은 비어시바에 대한 공격은 위장공격이고 주요 공격은 가자에 대해서 이루어질 것이라는 기만이었다. 알렌비의 새로운 정보장교였던 메이너츠하겐(Richard Meinertzhagen) 소령은 정찰 도중에 해버색 가방을 분실하는 방식의 계략(전쟁의 속임수)을 고안했다. 해버색에는 비어시바에 대한 공격은 단순히 위장 공격이라는 내용의 전쟁계획이 들어 있었다. 이 내용이 사실이라는 점을 독일인들에게 확신시키기 위해서, 그 가방에 가방 주인 장교의 부인이 새로 태어난 아기에 대한 내용을 써서 보낸 편지를 넣었다 (그 편지는 이집트에 있던 군 병원의 간호사가 썼다). 마이너츠하겐은 감청한 신호정보와 인간정보를 사용하여 기만전술을 지원했는데, 그 내용은 중요한 문서를 잃어버린 정보장교에 대해서 영국과 오스트리아 병사들이 수군거리게 만든 것이었다. 결과는 비어시바에 대한 주요 공격에서 승리하고, 이어서 가자에서 독일과 터키군대를 패배시켰다.[23]

무력화

방첩에서 '무력화(neutralization)'의 의미는 적의 정보수집 활동을 무용지물로 만들거나, 적의 활동을 헛되게 하여 적의 정보 노력을 좌절시키는 능력이다. 무력화가 기만과 다른 점은, 기만은 적이 수집하려는 첩보에 대해서 당신이 원하는 방향으로 믿을 수 있도록 정보활동을 하는 것이다. 무력화는 적의 수집 노력을 비효율적으로 만드는 것이며, 최악의 경우 수집 플랫폼(또는 요원)이 임무를 수행하지 못하도록 쓸모없게 만드는 것이다. 무력화의 사례는 의심되는 스파이를 체포하거나 스파이 네트워크를 붕괴시키는 것이다. 무력화는 또한 전장에서 표적을 식별하지 못하도록 적의 레이더를 방해하는 작업도 포함한다. 항공정찰 플랫폼의 경우, 무력화는 플랫폼에서 직접 활동을 하거나(드론 또는 비행기를 격추함), 위협조치를 취해서 어느 지역 이상을 비행할 능력을 제한하는 것(제5장의 글 상자 5.7에서 언급한 중국의 EP-3 격추 사례)을 포함한다.

적의 정보활동을 무력화시키는 시도는 위협을 찾아내고 적의 패배를 쉽게 이끌어 내기 위해서 조작된 이야기를 만들고 자국에 유리한 가공 표적을 만들어 적의 자원을 전환시키는 활동도 포함한다. 9·11 테러 직후 미 국방부는 미국 내의 잠재적인 표적을 보호하기 위한 새로운 국토안보 임무를 맡은 다른 연방기구들을 지원하는 국토방어에 대한 임무를 맡았다. 한 가지 사례는 2002년 2월 솔트레이크 동계올림픽에 대한 임무였다. 올림픽과 같은 대규모 스포츠 행사는 테러 공격에 아주 적합한 표적이다 (1972년 뮌헨 하계올림픽에서 발생한 사건과 같이). 군은 잠재적인 정보수집 노력을 식별하고 미국의 보안 노력에 대한 정보를 얻을 수 있는 위협적인 능력을 무력화할 수단을 고안하는 등 법집행기관에 보안 및 정보지원을 강화했다.

현대 방첩에의 도전

사이버 영역

오늘날 사이버공간에서 획득할 수 있는 엄청난 분량의 첩보 때문에 적의 정보수집을 막기 위한 활동은 점점 어려워지고 있다. 제5장에서 언급한 바와 같이, 인터넷을 통하여 많은 양의 첩보에 접근할 수 있는 능력을 갖춘 정보

수집관들에게 공개출처정보는 큰 혜택이 되고 있다. 반대로, 이는 적의 정보조직들도 그러한 첩보에 접근할 수 있고, 이는 방첩과 보안기구에 도전이 된다는 의미다. 은행을 습격하거나 가게에서 훔치는 것보다 사이버 범죄가 더 수지맞고 이익이 되기 때문에 사이버정보 위협은 급격하게 확대되고 있으며, 국가들은 점점 더 사이버정보 수집능력을 확대하고, 심지어는 중요한 기간시설과 정부 기관들을 보호하는 사이버전쟁 부대들을 만들고 있다.

　사이버공간에서 적의 정보수집에 대응하기 위해서는 정부기관들이 협력하여 이러한 위협을 막아내야 한다. 1990년대에 FBI는 CIA 및 국방부와 함께 **국가기간시설보호센터**(NIPC: National Infrastructure Protection Center)를 설립했다. NIPC는 국가 전기망, 수도(물), 전기통신, 금융, 교통분야로의 사이버 침투를 추적했다. 9·11 공격 이후 NIPC의 기능은 새로운 국토안보부의 **사이버 안보와 기간시설보안국**(CISA: Cybersecurity and Infrastructure Security Agency)으로 이전되었다. CISA는 산업체들이 사이버 간첩활동과 잠재적인 사이버 공격을 탐지할 수 있도록 돕기 위하여 21개의 중요한 기간시설 영역들에 걸친 일련의 **첩보공유와 분석센터들**(ISACs: Information Sharing and Analysis Centers)을 통하여 민간부문과 함께 임무를 수행한다.[24]

　국가안보국(NSA)은 정보보증(정보와 정보체계의 이용성, 통합성, 비밀성, 인증 등을 보장하여 정보와 정보체계를 보호하고 방어하는 정보작전 - 역자 주)을 통하여 컴퓨터 네트워크 방어의 임무를 맡아, 국방부 기구들의 정보체계가 외부로부터 침투당하는 것을 막아준다. NSA에 따르면, 국방부 시스템에 대한 사이버 공격이라고 일반적으로 불리는 것은 활용될 수 있는 약점을 찾아내서 비밀첩보에 대한 접근을 모색하는 적 정보기관의 '사이버 정찰'이다. 이러한 취약성은 나중에 실제 사이버 공격을 수행하는 데 필요한 악성 코드를 전달하기 위한 준비단계로도 사용될 수 있다.[25]

국가방첩과 보안센터

2002년의 방첩강화법(Counterintelligence Enhancement Act)에 의해 정보공동체 내에 만들어진 **국가방첩집행관(NCIX: National Counterintelligence Executive)**은 국가정보장실(ODNI)의 구성부분이다.[26] 정보기관에 의해서 수행되는 모든 방첩기능들의 더 나은 협력을 위해서, 2014년 국가정보장은 NCIX를 안보평가센터, 특수보안센터, 국가내부위협 태스크포스와 통합했다. 오늘날 **국가방첩과 보안센터(NCSC)**가 '기간시설, 설비, 비밀 네트워크, 정보와 인원을 보호하고 방어하기 위해서' 존재하고 있다.[27]

이 임무를 수행하기 위해서 NCSC는 방첩수집, 조사, 활동의 우선순위를 개발하는 **국가위협식별 및 우선순위 평가(NTIPA: National Threat Identification and Prioritization Assessment)**의 책임을 맡고 있다. NCSC는 또한 국가정보장의 전략적 우선순위를 반영하는 프로그램 예산과 평가의 책임을 진다. NCSC는 또한 다수의 정보기관에서 발생한 간첩사건에 의한 피해평가를 수행한다. 이 평가에는 출처와 방식에 대한 영향뿐만 아니라 피해를 복구하는 데 드는 비용도 포함된다. 사례에 따라 간첩사건의 영향은 몇 년 동안 지속되고, 국가안보에 피해를 줄뿐더러 정보기관의 수집 플랫폼과 요원들을 위험에 빠트리기도 한다. NCSC는 정보공동체 내의 17개 국 모두의 방첩에 대한 인식, 범위, 훈련 등을 제고하기 위한 교육의 임무도 맡고 있다.

결론: 방첩 요약

방첩은 정보활동에 있어서 핵심적인 요소다. 방첩은 계획과 지시, 수집, 처리와 개발, 분석, 배포, 피드백의 정보순환의 모든 단계에 적용된다. 순환의 모든 단계에 적의 정보활동에 대해 민감한 반응을 하게 되어 방첩의 중요성이 부각된다. 방첩은 적 정보기관의 표적이 되는 정부기관들과 민간 영역을 보호하는 핵심적 수단이다. 2016년 미국의 대통령 선거에 대한 러시아의 개입은 외국 정보기관들이 선거과정의 통합성을 무력화하여 미국의 민주제도에 영향을 미치려 하는 의도를 보여 준다. 국가에 대한 위협이 극히 중요하기 때문에 2019년 미 상원의원들이 국방수권법(National Defense Authorization Act)에 포함된 선거제도의 보호를 위한 재정지원의 청원을 했다.[28]

  민간영역에 대한 적 정보기관의 침투를 탐지하는 것에 대한 관심도 점차 증대하고 있는데, 그 이유는 경제간첩이 국가안보에 대한 위협이 될 수 있기 때문이다. 중국, 러시아, 이란 같은 국가들의 미국 기술과 산업에 대한 정교한 정보수집 활동은 사이버공간에서의 지속적인 위협을 증가시키고 있다.[29] 대부분 중국의 스파이 활동에 의해서 이루어지는 영업비밀을 훔치는 행위는 매년 미국 경제에 4,500억 달러의 손실을 가져다주고 있다.[30] 2019년 FBI의 레이(Christoper Wray) 국장은 중국이 미국에 대한 가장 핵심적인 방첩 위협이 되고 있으며, 특히 미국 대학들의 취약성이 중국 간첩활동의 본거지가 된다고 선언했다.[31]

  외국 정보기관의 활동을 탐지하고, 억지하며, 심지어는 기만하고 무효화하는 방첩의 노력은 냉전이 종식되고 나서도 줄어들지 않았다. 간첩행위를 하는 국가와 비국가 행위자들의 숫자가 특히 증대되었다. 적 정보기관에 의해 가해지는 위협과 자국 정보기관들(더불어 다른 정부기관들과 민간기업 영역)이 직면한 위험과 취약점을 이해하는 것은 이 기관과 조직들이 적절한 방첩 정책, 절차, 전략을 개발하는 데 도움을 줄 수 있다.

핵심용어

방첩임무센터(CIMC: Counterintelligence Mission Center) 200

국가안전부(MSS: Ministry of State Security) 201

방첩프로그램(COINTELPRO: Counter Intelligence Program) 202

돈, 이데올로기, 약점(또는 협박), 자아 (MICE: money, ideology, compromise [or blackmail], and ego) 204

상호성, 권위, 희소성, 공약(그리고 일관성), 연결성, 사회적 증거(RASCLS: reciprocation, authority, scarcity, commitment [and consistency], liking, and social proof) 204

위협평가(threat assessment) 205

위험평가(risk assessment) 205

약점평가(vulnerability assessment) 205

비밀유지서약(NDA: nondisclosure agreement) 206

민감특수정보시설(SCIFs: Sensitive Compartmented Information Facilities) 206

국가기간시설보호센터(NIPC: National Infrastructure Protection Center) 213

사이버 안보와 기간시설보안국(CISA: Cybersecurity and Infrastructure Security Agency) 213

첩보공유와 분석센터들(ISAPS: Information Sharing and Analysis Centers) 213

국가방첩집행관(NCIX: National Counterintelligence Executive) 214

국가방첩과 보안센터(NCSC: National Counterintelligence and Security Center) 214

국가위협식별 및 우선순위 평가(NTIPA: National Threat Identification and Prioritization Assessment) 214

추가 읽을거리

Barker, Rodney. *Dancing With the Devil: Sex, Espionage and the US Marines: The Clayton Lonetree Story*. New York, NY: Simon & Schuster, 1996.

Brown, Anthony Cave. *Bodyguard of Lies: The Extraordinary True Story Behind D-Day*. New York, NY: HarperCollins, 1975.

Burkett, Randy. "An Alternative Framework for Agent Recruitment: From MICE to RASCLS." *Studies in Intelligence* 57, no. 1 (March 2013). https://www.cia.gov/library/center-for-the-study-of-intelligence/csi-publications/csi-studies/studies/vol.-57-no.-1-a/vol.-57-no.-1-a-pdfs/Burkett-MICE%20to%20RASCALS.pdf.

Dorfman, Zach. "Botched CIA Communications System Helped Blow Cover of Chinese Agents." *Foreign Policy*, August 18, 2018. https://foreignpolicy.com/2018/08/15/botchedcia-communications-system-helped-blow-cover-chinese-agents-intelligence.

Grimes, Sandra, and Jeanne Vertefeuille. *Circle of Treason: CIA Traitor Aldrich Ames and the Men He Betrayed*. Annapolis, MD: Naval Institute Press, 2012.

Jensen, Carl, David McElreath, and Melissa Graves. *Introduction to Intelligence Studies*. New York, NY: CRC Press, 2013.

Lowenthal, Mark. *Intelligence: From Secrets to Policy*, 7th ed. Washington, DC: CQ Press, 2017.

Olson, James M. *To Catch a Spy: The Art of Counterintelligence*. Washington, DC: Georgetown University Press, 2019.

Prunckun, Hank. *Counterintelligence: Theory and Practice*. Lanham, MD: Rowman & Littlefield, 2012.

Robarge, David. "The Angleton Phenomenon." *CIA Studies in Intelligence* 53, no. 4 (December 2009). https://www.cia.gov/library/center-for-the-study-of-intelligence/csipublications/csi-studies/studies/vol53no4/201ccunning-passages-contrived-corridors201d.html.

Vise, David A. *The Bureau and the Mole: The Unmasking of Robert Philip Hanssen, the Most Dangerous Double Agent in FBI History*. New York, NY: Atlantic Monthly Press, 2002.

7장 비밀공작

공개외교와 군사력의 공개적 사용이 국가안보와 외교정책 목표를 달성하는 데 도움이 되지 않는 경우가 가끔 있다. 이러한 상황에 처하여 지도자들은 종종 **제3의 선택**을 추구한다. 이 제3의 선택은 **비밀공작**이다. 비밀공작은 기본적으로 다른, 보다 일반적인 정보활동들과 차이가 있다. 정보기관들의 주요 임무는 정책결정자들에게 결정의 이점을 주기 위해서 첩보를 수집하고 처리하고 분석하여 배포하는 것이다. 그들의 역할은 정책결정을 할 수 있도록 객관적인 지원을 하는 것이지, 외교나 국가안보정책을 수립하거나 집행하는 것은 아니다. 비밀공작은 이러한 원칙에서 예외에 해당된다. 비밀공작의 경우 정보기관이 외교와 국가안보정책을 설계하거나 집행하도록 돕는다. 이 정책은 정부가 개입된 것을 감추고 **그럴듯한 부인**(plausible deniability)을 하기 위해서 위장된 또는 비밀의 방식으로 수행된다. 1947년의 국가안보법은 비밀공작을 "해외의 정치, 경제, 군사 조건에 영향을 미치기 위한 미국정부의 행위 또는 행위들이며, 미국정부의 역할은 분명하거나 공공연하게 인정이 되지 않도록 의도된다"고 정의했다.[1]

독자들은 위와 같은 공식적인 정의에 대해서 몇 가지 주의할 것들이 있다. 첫째, 비밀공작은 조건과 결과에 영향을 미치기 위한 것이다. 이는 정보기관들에 의해서 이루어지는 일상적인 수집 및 분석과 구분이 된다. 비밀공작은 자주 추진되는 것은 아니며, 비밀공작 추진 시 정보기관은 관찰자와 세계정세 분석가의 입장으로부터 사건을 해결하는 참여자의 입장으로 변경된다. 이 장의 뒤에서 설명되겠지만, 비밀공작은 엄격한 감시와 대통령의 지시 없이는 추진될 수 없다. 둘째, 공식적 정의에 의하면, 비밀공작은 '해외'의 조건과 사건들을 대상으로 한다. 정부가 국내를 대상으로 비밀공작을 하는 것은 불법이다. 셋째, 공식적으로 비밀공작을 추진할 기관이나 기관들을 구체화하지 않는다. 미국에서 CIA가 사실상 비밀공작을 선도하는 기구이지만, 법적으로 대통령이 다른 기관에 비밀공작의 책임을 맡길 수 있도록 허용되어 있다. 보편적으로 군사조직이 비밀공작의 대안적 집행자가 될 수 있다. 많은 경우에 군대와 정보기관들이 비밀공작을 의미하는 행위에 협력하거나 병행적인 임무수행을 한다. 2001년 9월 11일의 테러공격 이후 CIA의 비밀공작과 특수군사활동 사이의 구분선이 불분명하게 되었다. 비밀공작과 군사활동 사이의 회색지역에 대해서는 이 장 뒷부분에서 설명될 것이다. 마지막으로 독자들은 '분명하거나 공공연하게 인정(apparent or aknowledged publicly)'한다는 단어에 주의를 기울일 필요가 있다. '이상적인' 비밀공작은 분명한 것이 되면 안 된다. 그러나 때로는 반군이 암시장에서 구입하기 어려운 첨단무기를 획득했을 때와 같이 해외에서의 은밀한 활동이 분명하게 되는 경우도 있다. 1980년대에 소련이 아프가니스탄을 점령했을 때 이에 저항하는 아프가니스탄의 무자히딘에게 미국이 스팅어 지대공 미사일을 제공했을 때와 같이 누가 책임이 있거나, 그 출처가 어디냐에 대해서 분명하게 되는 경우가 있다. 9·11 테러공격 이후 CIA의 드론이 파키스탄에 있는 테러리스트들에게 공격을 한 경우도 마찬가지다. 이러한 사례들에 '비밀(covert)'이라는 단어를 사용하면 신뢰성이 저하된다. 그러나 정부는 공개적 또는 공식적으로 이러한 행위들을 인정하지 않는다. 그렇게 하는 것은 적어도 '그럴듯한 부인'의 외양만이라도 엷게 유지하도록 한다. 책임을 회피하는 것은 표적을 향한 정치적 목적의 면목을 세우게 한다. 공공연하게 인정을 하게 되면 표적대상은 보복 이외의 다른 선택이 없다는 것을 느끼게 할 수 있다. 행위를 그림자 뒤에 묻어두는 것은 천천히 데워지는 분쟁을 완전히 끓도록 하는 것을 방지할 수 있다. 비밀공작이 행해진 것이 분명하지만 공식적으로 인정되지 않을 경우, 이를 **공개된 비밀공작**(overt-covert action)이라는 용어로 표현할 수 있다.[2] 공개된 비밀공작은 최근 들어서 점차 일반화되고 있다. 정부들은 공식적으로 부인하지만, 분명히 자신들에게 책임이 있는 행위들을 종종 수행하고 있다.

글상자 7.1   은밀한 대 비밀의

'은밀한(*clandestine*)과 비밀의(*covert*)' 용어를 교환 가능하게 사용하는 것은 일반화된 실수다. 분명히 중요한 차이가 있다. 은밀한 행위는 책임 있는 주체는 있지만, 탐지되지 않는 것이다. 예를 들어, 미국은 러시아가 미국에 대한 정보를 수집한다는 사실을 알고 있다. 미국은 미국에서 근무하는 러시아 외교관들이 실제로는 공직으로 가장한 스파이라는 것을 알고 있다. 그러나 이 러시아 요원들이 은밀하게 활동하는 데 성공한다면, 미국은 그들이 무엇을, 언제, 어떻게 수집했는지 구체적으로 알지 못한다. 그들의 스파이 활동들은 탐지되지 못한다. 이에 따라 우리는 '은밀한'이라는 단어를 주로 '숨겨진 수집 시도'로 묘사한다.

어떤 사람이 비밀스럽게 활동할 때, 그 활동은 **명백**하거나 **탐지**가 가능할 수 있다. 비밀로 유지되는 것은 그 활동에 도움이 된다. 다시 말해서, 행위자가 '위장'된다는 의미다. 예를 들어, 이란이 사우디아라비아에 대항하는 반란집단을 무장하려는 비밀공작을 추진한다. 사우디아라비아인들은 자신들이 싸우고 있는 반란집단이 새롭고 첨단화된 무기를 획득하였다는 것을 감지하게 된다. 이 사실은 반란집단이 그 무기들을 사용하게 되면 비밀로 유지되기가 어렵게 된다. 남게 되는 알려지지 않은 것 또는 비

계속 ▶▶

밀은 이 무기들의 출처가 어디냐는 것이다. 반란자들의 무기는 어디에서 온 것일까? 만약 이란이 이 무기들을 제공한 데 개입된 것을 성공적으로 위장하거나 그럴듯한 부인을 할 수 있다면, 비밀공작은 성공한 것이다.

은밀한 것과 비밀의 차이를 구분하는 데에는 시간이 걸리겠지만, 다음과 같은 기본적인 차이점을 명확히 이해할 필요가 있다. 비밀공작은 수집활동이 아니다. 비밀공작은 특정 외교정책 목표를 달성하기 위해 추진되는 위장된 행위다.

비밀공작의 유형

비밀공작은 다양한 방식으로 나타난다. 비밀공작 전략을 추진하는 국가는 정책목표를 달성하기 위하여 다양한 전술을 혼합하여 사용한다. 비밀공작의 가장 보편적인 범주는 아래와 같다.

- 첩보활동
- 정치활동
- 경제활동
- 방해공작(sabotage)
- 쿠데타
- 준 군사활동 지원
- 비밀리에 전투 참여
- 표적살해/암살

첩보활동

첩보와 아이디어는 강력한 것이다. 그들은 세계정치의 주요 수단이다. 따라서 정부가 국익을 보호하거나 신장하기 위해서 첩보활동을 위한 환경을 이용하거나 형성하려고 시도하는 것은 놀랍지 않다. 그러한 모든 노력이 비밀적인 것은 아니다. 정부들은 일상적으로 공개성명을 발표하고, 국영 미디어를 공개적으로 스폰서한다. 그러나 국가들이 첩보활동 환경의 형성을 비밀적인 방법으로 모색한다면, 이는 비밀공작의 영역에 들어가게 되는 것이다. 그러한 행위는 종종 선전활동으로 이해된다. **메리암-웹스터** 사전은 선전을 "제도, 대의, 개인을 돕거나 해를 입힐 목적으로 아이디어, 지식, 소문을 퍼트리는 것"으로 정의했다.[3] 비록 이 개념은 선전이 정확하고 진실된 첩보를 포함하는 것으로 허용하지만, **선전**이라는 단어는 부정적인 함의를 지니고 있으며, 자신이 동의하지 않는 첩보를 무시하거나 불신할 때 종종 사용된다. **첩보활동**은 보다 중립적이며, 따라서 어떻게 정부가 첩보환경을 형성하는가에 대해서 논의하는 것이 보다 유용하다. 그러한 활동은 종종 **심리활동**으로도 불린다.[4] 개인이 어떠한 용어를 사용하든지에 상관없이, 이 활동들의 목표는 국가의 목표를 달성하기 위해서 대상 관중들의 사고와 믿음에 영향을 미치는 것이다.

진실을 유포하든 거짓을 유포하든, 비밀첩보활동은 첩보의 출처를 감춘다. 그러나 그들이 비밀로 하는 정도는 다양하다. 회색첩보활동은 제한된 부인을 기본으로 한다.[5] 회색첩보활동의 사례는 자유유럽라디오(Free Europe Radio)와 자유라디오(Radio Liberty)의 작업이다. 이 방송들은 냉전 기간에 철의 장막 뒤의 세상에 대한 미국의 선전을 방송했다. 통상적인 지식을 가진 사람이라면 이 방송들이 적어도 일정 부분 미국정부의 지원을 받고 있다는 점을 짐작할 수 있다. 1960년대 중반에 이 방송국들이 미국 CIA의 비밀 프로그램의 부분이었다는 점이 누설되었다.[6] 그럼에도 불구하고 이 방송국들은 방송을 계속했다. 1972년 의회는 방송국들을 CIA의 통제에서 벗어나게 했고, 그들을 방송운영위원회의 지휘를 받는 미국정부의 공개된 도구로 만들었다. 1999년까지 방송운영위원회는 미국의 소리, 사와

(Sawa) 라디오(중동지역 대상), 마르티(Marti) 라디오(쿠바 대상), 자유 아시아 라디오 등 미국정부가 후원하는 모든 국제방송국에 대한 책임을 맡았다. 이 방송국들은 뉴스에서 친미적 견해를 방송할 수 있으나, **허위정보를** 방송하는 것은 법적으로 금지되어 있다.[7]

흑색첩보활동은 완전히 감추는 것이다. 첩보원의 신분이 밝혀지면 메시지를 훼손시키기 때문에 완전히 감추는 것이 활동의 성공을 좌우한다.[8] 미국의 이익에 도움이 되는 첩보를 이란 내에 유포시키기 위하여 미국이 원하는 시나리오를 생각해 보자. 많은 이란인들은 미국을 불신하도록 사회화되어 있기 때문에, 이란정부는 그 첩보를 악의적인 날조로 무시해버릴 것이기 때문에, 미국의 지식이 출처로 밝혀지면 의도된 이득을 훼손시키기 때문에, 그 첩보는 미국의 지문을 제거하는 방식으로 유포되어야 한다.

완전한 은폐는 허위정보 캠페인의 성공에 중요하다. 러시아 첩보원들은 미국인으로 가장하고 온라인으로 선동적인 자료를 포스팅하여 미국 내에 사회적이고 정치적인 긴장을 일으키는 데 성공하고 있다. 받은 포스팅이 러시아 첩보원이 보낸 것으로 알게 되면, 그 포스팅의 효과는 줄어들게 된다. 1980년대 초반에 소련은 미국이 군 실험실에서 에이즈 병균을 배양시키고 있다는 허위 내용을 인도 뉴스 미디어를 통해서 유포시켰다. 이 비밀공작의 목적은 미국이 아프가니스탄과 동성애자들을 대상으로 생물무기를 개발하고 있다는 인상을 들게 하여 미국에 대한 세계의 시각을 손상하려는 것이었다. 미국 방첩이 이 이야기의 출처가 소련이라는 사실을 밝혀낸 후 레이건 대통령이 고르바초프에게 소문과 기록을 곧바로 부인할 것을 요구할 정도로 세계적으로 관심을 끌었다 (고르바초프가 받아들였다).[9] 이 가짜 이야기가 소련 공산당 기관지인 **프라우다**(*Pravda*)에 처음 게재되었다면, 이는 세계 대중들에게 그럴듯하게 보이지 않았을 것이다.

정치활동

비밀공작의 두 번째 범주는 **정치활동**이다. 정치활동은 선호하는 정치적 행위자들, 그리고 행동 결과를 지원하는 첩보활동을 뛰어넘는 넓은 범위의 활동을 포함한다. 예를 들어, 비밀정치활동을 수행하는 정부는 선거에서 승리하거나, 아니면 권력을 획득 또는 유지하기를 원하는 집단에 대해서 기술적, 물질적, 재정적 지원을 한다. 물질적이고 기술적인 지원의 사례는 정치운동원들 사이에 통신을 하도록 지원하는 것이 포함되고, 효율적인 캠페인을 전개하도록 정치 행위자들을 훈련시켜 준다. 재정지원은 정치조직과 지지자들에 드는 일상적인 비용을 부담하는 데 사용된다. 구체적으로 재정지원은 선거전단을 만드는 데 사용되거나, 뇌물제공과 표를 매수하기 위한 별로 향기롭지 않은 목적에 지출되기도 한다.

제2차 세계대전 이후 미국이 추진한 첫 번째 주요 비밀공작은 이탈리아 선거에 영향을 미치려고 시도한 것이다. 점차 강력해지던 이탈리아의 공산당이 데 가스페리(Alcide De Gasperi) 수상의 기민당 정부를 위협하고 있었다. 공작에 참여했던 CIA의 전직 직원들에 따르면, 당시 공산당과 죄익 정당들은 해외 후원자들로부터 매월 1,000만 달러의 지원을 받았고, 공산주의자들이 이탈리아 노동조합들을 지배하고 있었다.[10] 국무부와 갓 창설된 CIA는 기민당과 다른 반공정치단체가 공산주의에 대항하는 데 필요한 재정지원을 했으며, 바티칸도 지원했다. 일부 기금은 미국 내 이탈리아 공동체와 반공 노동조합에서 모아졌다. 이에 더하여, 미국은 편지 쓰는 캠페인을 조직하여, 이탈리아계 미국인들이 이탈리아의 교포들에게 자본주의 미국에서의 삶의 질이 월등하다는 점을 확인시키고 공산주의에 저항하도록 고무하는 편지를 쓰게 했다.[11] 이 사례는 어떻게 정치활동과 첩보활동이 조화하게 되는지를 보여준다.

중요한 사실은 미국의 지원을 바라는 데 가스페리 수상이 이 모든 일을

알고 있었으며 그의 동의 하에 이루어
졌다는 사실이다. 데 가스페리는 심지
어 비밀정치지원 이상의 것을 원했다.
그는 좌익 게릴라의 전복행위 또는 소
련이 지원하는 쿠데타를 우려하여 군
사지원을 요구했다. 이 요청에 대해서
미국은 그의 정부에 대한 군사지원을
비밀리에 시행했다. 데 가스페리는 공
산당이 기민당을 서구제국주의의 꼭
두각시라고 비난할 기회를 주지 않기
위해서 정치 및 군사지원이 비밀리에
이루어지기를 원했다.[13] 이탈리아 수
상의 구상은 대부분 비밀공작의 중요
한 특징을 보여 준다. 막강한 CIA의
신화에도 불구하고, 비밀공작은 척박

사진 7.1 1953년 이탈리아의 데 가스
페리(Alcide De Gasperi) 수상이 타임지
표지에 게재되는 영광을 안았다. 1948년
데 가스페리는 친서방 후보를 지원하여
선거에 영향을 미치는 CIA의 첫 번째
수혜자가 되었다.[12]

한 지역에서 요원을 만들어 내기 어렵고 결과도 내기가 어렵다. 정치활동의
경우, 비밀공작이 성공하기 위해서는 대상국가에 같은 생각을 하는 행위자
들의 독립적인 기존의 이익을 지원하는 것이어야 한다. 다음에서 비밀공작
의 다른 다양한 사례들을 보여준다.

정치활동은 대체로 비폭력적이다. 정치활동의 비폭력성에 대한 예외 사
례는 **선동요원**(agent-provocateurs)을 사용하는 경우다. 1953년 이란의
전복을 원하던 미국과 영국은 모사데크(Mohamed Mossadegh) 수상이 점
차 심각해지는 공산주의 위협을 통제할 수 없다는 인상을 주기 위해서 선동
요원을 활용했다. 거리의 공산주의 폭도들처럼 불법적인 행동을 하도록 선
동요원들에게 비용을 지불했다. 그들은 국가와 종교의 기념물들을 파괴하
는 등 그들의 존재는 폭력적 대립을 야기했다. 선동요원들의 이러한 행위

는, 이 행위가 CIA 음모의 일부라는 점을 알지 못한 이란의 실제 공산주의자들이 이 시위에 동참하게 하는 효과를 가져왔다.[14] 궁극적으로 이란의 수상을 전복시키려는 비밀공작은 성공했다 (이 사례에 대한 보다 구체적 내용은 이 장의 뒷부분에서 설명될 것이다). 선동요원들은 반드시 폭력적인 것은 아니다. 2016년 미국 대통령 선거에 영향을 미치려고 러시아가 시행한 인터넷 트롤(Internet troll, 고의로 논쟁적이거나 선동적이거나 공격적인 내용을 인터넷에 올려 여론을 호도하고 감정적인 반응을 유발하는 행위 – 역자 주)이 선동요원의 현대적 사례다. 그리고 비밀정치공작은 대체로 비폭력적이지만, 일부는 의도치 않게 폭력적으로 되는 경우가 있다.

미국 민주주의의 확산은 해가 지나면서, 특히 냉전이 종식된 이후 점점 공개적으로 되었다.[15] 1983년 레이건 대통령은 국가민주주의기금(NED: National Endowment of Democracy)을 설치했다. NED와 산하 기구들은 가끔 준 비정부기구로 불리는데, 그 이유는 이 조직들이 독립된 민간단체이면서 정부의 기금을 받기 때문이다. 더욱이 그들의 임무는 민주주의를 확산시키기 위한 미국의 장기적인 대전략과도 맞아 떨어진다. 그들은 공개적으로 활동을 하지만, 그들의 활동에 의해 위협을 받는 권위주의 체제들은 그들이 CIA의 전위부대라고 비난한다. 불행하게도 세계의 술수에 능한 정부들은 정치활동과 첩보활동의 전위기구인 '정부에 의해 조직된 비정부기구(GONGO: government-organized nongovernmental organization)'들을 사용하는 빈도가 늘어나고 있다.[16] GONGO의 존재는 정통성 있고 독립적인 NGO의 활동을 적대적 환경에 빠트릴 우려가 있다. NGO 구성원들이 스파이로 오해받는 경우가 자주 있다. 최근 들어 러시아는 자국 땅에 있는 NGO들이 외국의 자국에 대한 간섭의 도구로 사용될 것을 우려하여 외국 NGO의 활동을 제한하는 조치를 취했다. 미국 NGO들이 러시아에서 민주주의를 확산시킨 활동은 푸틴(Vladimir Putin) 대통령이 미국 선거에 개입하는 결정에 영향을 미쳤다.

국가민주주의기금(NED)은 냉전 이후 리투아니아, 슬로바키아, 루마니아, 불가리아에서 민주정부가 수립되는 데 중요한 역할을 했다. NED는 또한 2000년의 유고슬라비아 선거에서 세르비아의 밀로셰비치(Slobodan Milosevic)를 패배시키기 위한 노력을 지원했다. 유고슬라비아에서의 NED 활동은 공개적으로 수행되었으나, 고전적인 비밀정치활동과 닮아 있었다. NED는 민주 후보에 대해서 재정지원과 훈련을 제공했고, 포스터, 스티커, 티셔츠를 살포했으며, 시민들의 열기를 북돋우고 참여를 조장하기 위해서 록 콘서트도 준비했다.[17] NED의 하부조직으로는 국제공화제연구소(International Republican Institute), 국제민간기업센터(Center for International Private Enterprise), 연대센터(Solidarity Center)가 있는데, 국제민간기업센터는 상무부(Commerce Department) 소속이고, 연대센터는 노동조합에 초점을 맞추고 1989년 폴란드의 첫 번째 자유선거를 가져온 연대운동에서 이름을 딴 것이다.

경제활동

비밀공작의 세 번째 범주는 **경제활동**이다. 경제활동에는 대상국가의 경제를 붕괴시키는 활동이 포함된다. 사례들로는 노조 파업, 화폐와 상품가격 조작, 경제 기간시설의 파괴, 국가 또는 시장에서 소비 또는 투자의 신뢰를 저하하는 허위정보 유포가 있다. 예를 들어, 1970년대 초반에 미국은 칠레의 사회주의 지도자 아옌데(Salvador Allende)를 축출하기 위한 비밀공작 전략의 일환으로 파업을 조장하고 세계 구리 가격을 떨어뜨리려고 시도한 것으로 알려져 있다.[18] 경제활동의 배경이 되는 아이디어는 지도자의 정치적 지지가 국민들에게 만족할만한 삶의 기준을 제공할 수 있는지의 여부에 의존한다. 만약 경제가 어려운 상황에 처하게 되면 정치 지도자는 지지를, 궁극적으로는 권력을 잃게 된다. 그러나 비밀 경제활동은 무고한 사람들에게 피해를 준다는 윤리적 문제 때문에 제한되기도 한다. 외국의 지도자를 제거하기 위해서 그의 반대자들을 지원하는 비밀 정치활동과 그 지도자를 곤경에 빠트리기 위해서 대중들에게 경제적 고통을 안겨주는 것은 완전히 다른 것이다. 대부분의 경제적 압박은 공개적으로 이루어진다. 1990년대 이후 경제제재는 미국이 선호하는 외교정책의 도구가 되고 있다. 그러나 무고한 국민들에게 피해를 주는 윤리적 문제는 지난 20년 이상 미국이 무고한 국민들에 대한 영향을 줄이고 미국의 이익을 위협하는 조직이나 개인들만 대상으로 하는 '스마트' 제재를 고안하도록 했다.

방해공작

비밀공작의 네 번째 범주는 **방해공작**(sabotage)이다. 폭넓게 말해서, 방해공작은 비폭력적인 것을 포함해서 거의 모든 유형의 혼란을 표현하는 데 사용될 수 있다. 예를 들어, 첩보활동이 불안정을 초래하면 방해공작으로 추론될 수 있다. 2016년 러시아의 비밀공작은 힐러리 클린턴의 대선 캠페인과 미국의 국가통합을 '방해'하기 위한 것이었다. 그러나 방해공작의 일반적이고 정확한 의미는 '대상국가의 물질적 자산에 물리적 해를 입히거나 파괴하는 것'이다. 공장, 농장, 운송시설, 컴퓨터 네트워크 등 핵심적인 경제적 기간시설에 대해 비밀리에 행하는 공격은 경제활동과 방해공작의 혼합이다. 방해공작은 보다 보편적으로 군사표적을 향해서 사용되고 있으며, 특히 대량살상무기(WMD)의 확산을 늦추는 데 도움이 되고 있다. 미국이 북한의 미사일에 대해 원거리 방해공작을 하고 있는 것으로 알려졌다.[19] 미국이 테헤란의 WMD 공급라인에 결함 있는 부품들을 침투시켜 이란의 핵무기와 미사일 프로그램을 늦추고 있다고 여러 미디어가 밝혔다.

최근의 가장 유명하고 문서화가 잘 된 비밀방해공작의 사례는 2010년 이란의 우라늄 농축시설에 대한 **컴퓨터네트워크공격**(CNA)이었다. 미국과 이스라엘이 공동으로 수행한 이 비밀공작은 이란의 우라늄 농축 원심분리기를 통제하는 소프트웨어에 악성코드를 심는 것이었다. 원심분리기는 매우 빠른 속도로 회전한다. 빠른 속도의 회전으로 핵무기에 사용되는 우라늄-235 동위원소가 분리된다. 스턱스넷(Stuxnet)으로 알려진 악성코드는 원심분리의 통제를 불가능하게 하고, 고장 내고, 폭발하게 만든다.『뉴욕 타임스』의 생어(David Sanger) 기자는 자신의 저서『대결과 감추기(*Confront and Conceal*)』에서 미국과 이스라엘의 공작은 이란의 원심분리 시설의 5분의 1에 영향을 미쳤고, 이란의 핵무기 프로그램을 2년에서 3년을 지연시켰다고 주장했다.[20] 코드명 OLYMPIC GAMES였던 이 비밀공작은 물리적 방해공작에 악성코드를 사용한 첫 번째 사례로 알려지고 있다. 비록 이 공작은 오바마 대통령 시대에 수행되었지만, 부시 대통령부터 시작되었다. 부시는 자신의 참모들에게 이란이 우라늄 농축을 계속하게 하든가, 아니면 이를 중단시키기 위해서 군사력을 사용하든가의 사이에서 제3의 선택을 요구했다. 악성코드가 전문가들의 통제를 벗어나 세계 모든 컴퓨터에 영향을 미칠 수 있게 되면서 공작의 비밀성은 사라지게 되었다.

쿠데타

비밀공작의 다섯 번째는 쿠데타를 지원하는 것이다. **쿠데타(Coup d'état)** 는 프랑스어이며, 의미는 지도자 또는 통치체제를 제거하고 교체하는 것이다. 쿠데타가 혁명과 다른 점은 쿠데타는 제도를 보존하고 엘리트들을 교체하는 것이라는 점이다. 이에 반해서 혁명은 모든 제도와 시스템을 교체하는 것이다. 쿠데타는 필요에 따라 대상자를 갑작스럽게 장악한다. 그렇게 하지 않으면 쿠데타의 대상자가 쿠데타 계획자들을 체포하고 체제가 무너지기 전에 배신자들을 추방할 수 있기 때문이다. 군대가 강제할 수 있는 도구를 통제하기 때문에 군대에 의한 쿠데타가 자주 시도되지만, 군대가 방관자로 있는 상황에서 정치 행위자들이 서로 권력을 놓고 대립하는 정치적 또는 '궁정' 쿠데타가 발생하기도 한다. 어떠한 국가가 특정 지도자 하의 다른 국가의 정책과 방향에 대해서 불만이 있을 경우 쿠데타에 대한 비밀지원을 정책의 옵션으로 고려하기도 한다. 결국 위험한 지도자나 체제를 비밀리에 제거하는 것이 아마도 전면전을 치르는 것보다 나을 수 있다. 쿠데타가 이론적으로는 더 나은 것처럼 보일지 모르지만, 쿠데타를 비밀리에 지원한 결과들을 보면 이것이 만병통치약은 아닌 것으로 밝혀지고 있다.

냉전 동안에 미국은 5번 정도의 쿠데타를 비밀리에 지원했는데, 대부분이 공산주의 동조자들을 대상으로 한 쿠데타였다. 주목할만한 쿠데타들은 다양한 부정적 효과를 야기했고, 미국 정보가 남긴 냉전 유산의 오점으로 되어 있다. 예를 들어, 1970년의 민주선거에서 사회주의 정치가인 아옌데(Salvador Allende)가 칠레의 대통령으로 선출되었다. CIA는 개입을 부인했지만, 미국이 1973년의 아옌데를 향한 군사 쿠데타를 지원했다고 널리 알려졌다. 아옌데는 자살했고, 그를 대체한 쿠데타 지도자 피노체트(Augusto Pinochet)가 1990년까지 잔인한 군사정권을 유지했다. 피노체트는 수천 명을 박해했고, 정권의 수많은 인권 관련 범죄의 범인으로 지목되었다. 그는 재판에 의한 처벌을 받기 전인 2006년에 사망했다.

칠레 쿠데타 발생 20년 전에 이루어진 미국의 첫 번째 중남미 사회주의자들의 제거를 목표로 한 쿠데타에 대한 지원은 과테말라의 아르벤스(Jacobo Árbenz)를 향한 쿠데타의 지원이었다. 아르벤스는 1951년의 민주선거에서 승리하여 과테말라의 대통령이 되었다. 아르벤스는 공산주의에 대해 동조를 하여 미국 냉전 전사들의 우려 인물이 되었고, 그의 국내정책은 중남미에서 미국의 가장 큰 기업인 유나이티드프루트사(United Fruit Company)의 이익을 위협했다. 부분적으로 유나이티드프루트사의 로비에 고무되어, 1954년 아이젠하워 행정부는 아르벤스를 제거하려는 쿠데타 음모자들을 지원하는 CIA-국무부 합동 비밀공작을 승인했다. PBSUCCESS

라고 알려진 이 공작은 1994년에 공개된 공식적 CIA 역사에 기록되어 있다.[21] 다면적인 공작은 준 군사활동에 대한 지원을 흑색첩보활동과 결합시켰다. 마이애미에서 송출된 비밀 라디오방송들은 소련의 침투에 대한 허위정보를 과테말라 전역에 유포했고, 공산주의의 권력탈취에 대한 공포의 불을 지폈다. 더욱 중요한 것은 방송들이 미국이 지원하는 아르마스(Carlos Castillo Armas) 지휘 하의 반군이 보유한 힘과 성공적 활동을 부풀린 것이다. 아르마스의 군대는 첫 대전에서 패배했고, 친 아르벤스 군대를 물리치기 어려운 상황이 되었다. PBSUCCESS 공작에 의해 라디오방송들은 당시 전황과 반대로 아르마스의 군대가 수도 입구까지 진입했다고 보도했다. 이 허위보도는 과테말라의 군대와 아르벤스의 사기를 저하시키고 기만하는 데 효과적이었고, 결국 아르벤스 군대는 전투에서 패퇴하게 되었다.[22] 궁극적으로 아르벤스는 우익 권위주의 정권으로 교체되었다. 아르벤스에 대한 쿠데타는 후일 제국주의에 대한 사회주의의 저항을 불러일으켰고, 체 게바라(Che Guevara, 당시 그는 과테말라에 있었다)와 같은 좌익 운동가들이 무기를 들게 되는 동기를 제공했다.[23]

아마도 냉전 기간에 미국이 지원한 가장 중대한 쿠데타는 이란의 모사데크(Mohammed Mossadegh) 수상을 대상으로 한 1953년의 쿠데타였다. 모사데크는 샤(이란의 왕)로부터 권력을 장악하려고 시도했다. 이러한 모사데크가 제거됨에 따라, 이란은 사반세기 동안 샤에 의한 철권통치 하에 놓이게 되었다. 샤의 통치는 1979년 이란 혁명으로 끝났고, 신정(神政) 이란이슬람공화국이 탄생했다. 1953년 모사데크가 축출되지 않았다면, 오늘날 이란은 매우 다른 국가가 되어 있을 것이고, 미국에 대한 적대감도 덜 했을 것이다.

20세기 동안 군주국이었으나, 이란은 의회를 보유하고 있었다. 모사데크의 대중적 인기는 샤로 하여금 1951년에 그를 수상으로 임명하도록 했다. 가장 중요한 모사데크의 아젠다는 이란의 석유산업을 국유화하는 것이었다. 영국 소유의 기업인 앵글로-이란석유회사(AIOC)는 이란의 석유로 엄청난 이윤을 남기고 있었다. 런던과 이란의 콰자르(Qajar) 왕조가 체결한 협정에 따라 이란 석유에 의한 이익 대부분은 이란이 아니라 AIOC로 들어가게 되어 있었다. 석유산업을 국유화한다는 동일한 목표로 이루어진 정당과 정치인들의 느슨한 연합인 모사데크의 민족전선은 1951년 의회에서 국유화법을 통과시키는 데 성공했다. 격노한 영국은 이란에 국제적 정치압력을 넣도록 유도했고, 이란에 대한 침공을 위협했으며, 모사데크정부를 붕괴시키기 위한 정치활동과 첩보활동을 하도록 비밀공작원들을 파견했다. 1953년 아이젠하워정부가 들어설 때까지 영국의 시도는 미국에서 거의 공감을 얻지 못했다.

사진 7.2 1951년 이란의 모사데크(Mohammed Mossadegh) 수상이 필라델피아에 있는 자유의 종을 방문하고 있다. 그의 정부는 CIA의 비밀공작에 의해서 전복되었다.[24]

1953년까지 민족전선의 많은 구성원이 모사데크와의 동맹으로부터 이탈하였고, 모사데크를 교체하려고 시도했다. 이란정치는 양분되었다. 이는 부분적으로 영국과 미국이 수행한 반 모사데크 첩보활동 때문이었다. 그러나 이란정치의 불안정은 이란 자체에 깊은 뿌리를 두고 있다. 동맹국인 영국의 요구를 무시할 수 없었고, 독립적인 마음을 갖고 행동을 하는 모사데크가 거추장스러웠고, 대규모의 이란 공산당이 이란의 불안정한 정세를 권력획득에 활용할지도 모른다는 우려에, 아이젠하워는 반 모사데크 쿠데타를 지원하는 비밀공작을 승인했다. 비밀공작은 모사데크에 대한 이란인들의 신뢰를 저하시키는 첩보활동, 더 많은 이란인들과 민족전선 구성원들이 반 모사데크로 돌아서게 하는 정치활동, 쿠데타 지도자에게 안전가옥을 제공하는 등 쿠데타 주도자들에 대한 물질적 지원을 포함했다. 1953년 8월 19일 마침내 쿠데타는 성공했다.[25]

냉전 초기 이란에 대한 미국의 비밀공작에 관한 전문가인 가시오로우스키(Mark Gasiorowski)에 따르면, 이제 막 권력을 향해 시작한 이란의 공산주의자들을 막기 위해서 쿠데타까지는 필요하지 않았다고 주장한다. 또한, CIA가 개입하지 않았다면 반 모사데크 쿠데타는 성공하지 못했을 것이라고 평가된다.[26] 그렇다고 모사데크 정권이 무한정 권력을 유지할 수 있었던 것은 아니며, 미국의 간섭이 없었다면 번영된 미래가 보장된 것도 아니었다. 앞서 언급했듯이 모사데크는 분열적인 인물이었다. CIA가 이란의 민족자결주의를 향한 평화적이고 통합적인 움직임을 망쳐 놓았다는 주장은 지나치게 단순화한 것이다. 그럼에도 불구하고 1990년대 후반 양국의 긴장이 완화된 시기에 발생한 쿠데타 당시 미국의 역할에 대하여 미국은 공식적으로 사과했다. 이 사과는 양국의 관계를 개선하는 데 별 도움이 되지 않았다. 오늘날까지 1953년 쿠데타의 유산은 이란의 정치에 영향을 미치려는 미국의 전략에 긍정적인 아니면 제한적인 중요한 요소로 남아 있다.

준 군사활동의 지원

비밀공작의 여섯 번째 범주는 **준 군사활동 지원**(support to paramilitary operation)이다. 이 비밀공작에는 해외 고객에의 무기제공과 기타 군사지원이 포함된다. 일부 경우에, 고객은 정부를 겨우 통제하고 있으며, 내전을 준비하기 위해서 정상적인 통로 밖의 군사지원을 필요로 한다. 1948년 이탈리아의 데 가스페리의 반공정부를 돕기 위한 비밀공작이 가장 적절한 사례다. 준 군사활동 지원은 서유럽과 이란을 포함한 여러 냉전 고객들의 정부가 공산주의자들에게 몰락되는 것을 막아주기 위한 준 군사조직에 제공되었다. 그러한 준 군사력은 후방에 주둔하고 있다가 어떠한 새로운 공산정권이 들어서면 전투를 벌이기 때문에 **후방잔류네트워크**(stay-behind network)로 알려져 있다.[27] 다른 사례는 현존하는 정부를 폭력에 의해서 전복하거나 점령군을 패배시키려는 고객들을 위하여 준 군사활동을 지원하는 것이다.

준 군사활동의 지원이 쿠데타를 지원하는 것보다 더 빈번하게 이루어진다. 최근 들어 러시아는 우크라이나의 친 러시아 분리주의자들에게 물자지원을 했다. 미국, 사우디아라비아, 터키, 카타르, 아랍 에미리트는 시리아에 있는 다양한 준 군사단체들을 지원하고 있다. 이란은 이라크, 예멘, 레바논에 있는 준 군사조직과 팔레스타인 테러리스트들을 지원하고 있다. 이들은 가장 잘 알려져 있고 공개되어 있는 사례들이다. 폭력이 난무하고 연약한 정부가 존재하지만, 전략적으로 중요한 국가라면 일부 군벌과 파벌에 대한 외부의 준 군사적 지원이 이루어지는 것을 발견할 수 있다. 특히 21세기에 이슬람 반군과 테러리스트들의 안전한 지역을 표적으로 한 주요 강대국들의 준 군사지원이 대표적 사례다.

미국은 아프가니스탄에서 이러한 범주의 비밀공작이 크게 성공하는 경험을 했다. 2001년 9월 11일 테러공격 이후 아프가니스탄에서 탈레반을 권력으로부터 축출하기 위한 지상전은 주로 북부동맹으로 알려진 아프가니스탄 저항운동에 의해서 이루어졌다. CIA는 탈레반의 패배를 이끌어내기 위해서 북부동맹 회원들과 장기간 관계를 유지하였다. CIA의 JAWBREAKER작전은 무기와 탄약을 구입하고 군인들에게 음식과 봉급을 지불하도록 북부동맹 지도자들에게 수백만 달러를 제공했다. 그 작전은 또한 기본적인 통신과 병참 지원을 했다. CIA는 파슈툰족의 지도자인 카르자이(Hamid Karzai)를 전쟁에 끌어들이고 그의 군대를 위해서 무기와 지원품들을 공중낙하 방식으로 지원했다. 카르자이는 아프가니스탄에서 첫 탈레반 이후의 대통령이 되었다.

CIA가 아프가니스탄에서 처음 성공한 것은 9·11 이후가 아니다. CIA는 1980년대에 이미 성공한 기록을 가지고 있다. 1979년 소련이 아프가니스탄을 침공하여 점령했다. 카터(Jimmy Carter) 대통령은 즉시 무자히딘으로 알려진 아프간 저항집단을 지원하기 위한 비밀공작을 승인했다. CIA의 파키스탄 거점에서 활동하면서, 미국은 우선적으로 아프가니스탄인들이 암시장에서도 구입할 수 있는 경무기들을 무자히딘에게 제공했다. 경무기를 제공한 이유는 미국이 개입한 사실을 감추고, 소련과의 직접적인 충돌을 막기 위해서였다. 1980년대 중반까지 소련은 아프간 저항세력에 대해서 승리를 거두었다. 레이건 대통령의 지시하에 CIA는 첨단화된 중무기를 포함하여 지원을 확대했다. 거기에는 소련의 병영을 완전하게 파괴할 수 있는 거대한 박격포도 포함되어 있었다. 또한, CIA는 보다 효율적인 게릴라 전술과 폭탄 원거리 폭파에 대한 훈련을 제공했다. 소련은 무자히딘에 대한 공군 공격으로 맞섰다. 이에 대응하여, CIA는 스팅어(Stinger)로 알려진 최첨단, 열추적, 어깨 발사 대공미사일을 제공했다. 스팅어는 게임을 바꿔 놓았다. 미국의 개입이 분명하게 드러났고, 작전은 성공했다. 1989년 소련은 패배하여 철수했다 (당시 소련의 철수에 대해서는 패배해서 철수했는지, 아니면 냉전이 끝나면서 자진해서 철수했는지에 대해서는 견해가 양분된다.

냉전이 계속되었으면, 소련은 군사개입을 확대하여 패배를 면했을 수도 있다 - 역자 주).

개입이 분명하게 드러나게 될 수준까지 개입을 확대하는 결정은 비밀공작, 특히 준 군사활동에 대한 지원을 성공시키기 위해서는 피할 수 없는 선택이 되기도 한다. 때때로 비밀성은 성공을 확신하기 위해서 양보되어야 한다. 프로그램의 비밀성에 대한 위험을 감수하려는 미국의 결정은 군사적 성공을 가져다주었다. 다행스럽게도 1989년에 소련은 쇠퇴하고 있었으며, 소련의 보복 가능성은 거의 없었다. 그러나 보다 이른 냉전의 시점에 비밀군사활동의 실패를 확인시켜 주는 데 도움이 되는 사례가 있다. 1961년 케네디 행정부는 피그만 침공으로 알려진 쿠바에 대한 비밀 준 군사활동을 지원했다. 이 작전은 여러 가지 이유로 재앙적인 결과를 가져다주었다. 실패의 원인 중의 하나는 작전의 비밀성이 훼손될까 봐 케네디 대통령이 공군지원을 승인하지 않았기 때문이다. 비판자들은 당시 미국의 개입은 거의 감추어지지 않았고, 불개입을 가장하는 것보다 카스트로를 성공적으로 제거하는 것이 더 중요하다고 주장했다.

전투에의 비밀 참여

비밀공작의 일곱 번째 범주는 **전투에의 비밀 참여**다. 이는 준 군사활동에 대한 지원보다 한 단계 더 나아가는 것이며, 위장의 깃발을 들고 전투에 참여하는 것이다. 이는 공작의 매우 드문 형태이지만, **회색지역분쟁(gray zone conflict)** 또는 국제법을 피해 가면서 정부와 군대의 역할을 불분명하게 하는 비정규전이 증가하는 세계에서 점차 확대되는 추세다.

표식이 없는 러시아 군대의 우크라이나 주둔은 비밀리에 전투에 참여하는 사례를 보여 준다. 우크라이나의 2014년 정치위기는 동부의 돈바스(Donbas) 지역의 크림반도에서 러시아계 민족의 분리주의 감정을 유발했다. 러시아는 빠르게 크림반도를 점령했지만, 초기에는 핵심 건물들을 군사적으로 점령한 군대는 잘 무장되고 잘 조직된 친 러시아 우크라이나 분리주의자들이라고 주장했다. 이후 러시아는 일부 점령 군대가 휴가를 활용하여 크림반도의 대의를 위하여 자원한 러시아 군인들이라고 부분적으로 인정했다. 러시아 군대는 국적 표시가 없는 녹색 군복을 입고 **작은녹색남자(Little Green Men)**라는 이름을 활용했다. 더 이상 부인을 하기 어렵게 되자, 푸틴 대통령은 자신이 크림반도에 작은 규모의 특수군을 파견했다고 인정했으나, 비밀활동의 규모는 절대 밝히지 않았다.[28] 또한, 작은녹색남자들은 우크라이나 동부 돈바스 지역에 나타났는데, 이는 2015년에 우크라이나 보안군이 분리주의자들을 제압한 이후에 이루어졌다. 유럽안보협력기구(Organization for Security and Cooperation in Europe)의 감시팀은 최소 3만 명의 작은녹색남자들이 우크라이나의 분리주의자들과 함께 싸우기 위해 러시아 국경을 넘어 우크라이나로 들어가는 것을 관찰했다.[29] 개입이 분명했지만, 러시아는 이 작전을 인정하지 않고 있다. 10명의 러시아 낙하

사진 7.3 2014년 우크라이나 크림공항에 있는 러시아 군인으로 추정되는 병사들. 그들은 식별 휘장을 부착하지 않아 미약하게나마 러시아 연방 소속이 아니라는 그럴듯한 부인을 할 수 있었다.[30]

산병이 우크라이나에서 체포된 적이 있다. 러시아정부는 그들이 훈련임무 수행 중에 사고로 국경을 넘었다고 주장했다.[31]

암살과 표적 살해

비밀공작의 여덟 번째 범주는 **암살**, 또는 정치지도자들에 대한 비밀살해다. 1960년대에 미국은 몽구즈(MONGOOSE) 작전으로 알려진 일련의 비밀공 작을 통하여 쿠바의 지도자 카스트로(Fidel Castro)를 암살하려고 시도했 으나, 결국은 1976년에 암살을 불법화했다. 암살을 불법화했지만, 공개적 이고 승인된 전쟁의 경우 외국 지도자를 표적으로 삼는 것까지는 제한하지 않았다. 21세기에 테러와의 전쟁에서, 미국은 **표적살해(targetted killings)** 를 시도하고 있다. 이러한 살해는 종종 드론에 의해서 시행되고, 승인받은 주권국가들이 아니라 테러 지도자들을 대상으로 하고 있다. 2020년 1월 드 론 공격을 통해 이란의 솔레이마니(Qassim Soleimani) 장군을 암살한 것 은 미국의 표적살해 사용에 잠재적인 변곡점을 기록했다. 제2차 세계대전 에서 일본의 야마모토 제독을 살해한 이후 미국은 처음으로 주권국의 군사 최고지도자를 살해했다. 솔레이마니는 이슬람혁명수비대 내의 쿠즈군을 이 끌었는데, 쿠즈군은 미국법에 의해서 테러조직으로 명시되어 있다. 이러한 점에서 솔레이마니는 테러리스트였고, 미국법 하에서 테러리스트들은 정당 화된 전투 표적이다. 그러나 솔레이마니는 이란정부의 주요 관료였고, 어떠 한 면에서는 이란 대통령보다 강력한 인물이기도 했다. 미국은 솔레이마니 의 암살에 대한 책임을 감추려고 한 적은 없다. 그러한 점에서 드론 공격은 비밀공작이 아니었다. 솔레이마니의 살해는 개별 적에 대한 치명적인 작전 의 미묘하고도 때로는 모호한 법적이고 정치적인 성격을 보여준다.

다른 국가들은 정치적 수단으로 암살을 보다 주기적으로 사용하기도 한 다. 2010년과 2011년에 이스라엘은 몇 명의 이란 핵 과학자들을 비밀리에 암살한 것으로 알려져 있다. 또한, 이스라엘은 테러리스트로 간주되는 팔레스타인의 정치 지도자들을 암살한 역사를 가지고 있다. 예를 들어, 2004년 이스라엘은 하마스의 창시자인 야신(Sheikh Ahmed Yassin)을 암살했다. 야신은 늙었고, 눈이 멀었고, 휠체어에 의존하지만, 아직 위험한 정치인으로 간주되었다. 솔레이마니를 살해할 때와 마찬가지로 야신을 살해한 작전은 스폰서가 부인하지 않았기 때문에 비밀공작으로 간주하지 않는다. 그러나 대부분의 암살은 비밀리에 시행된다.

많은 권위주의 국가들이 내부의 정적들을 향해서 암살을 자행하고 있다. 특히 해외로 이주하여 반체제 저항을 하는 사람들을 암살한다. 1980년대에 이란은 유럽에 있는 여러 반체제 인사들을 암살하여, 테러지원국의 명성을 얻게 되었다. 가장 눈에 띄는 암살은 1991년 파리에서 샤의 전직 수상이었던 바크티아르(Shapour Bakhtiar)를 살해한 것이다. 그 암살은 부시 대통령이 이란과 외교관계를 모색하려던 계획을 단념시켰다.[32] 최근에 러시아도 정치적 반대자 또는 반역자로 간주되는 사람들에 대한 암살에 연루되었다. 2015년 푸틴의 정적이었던 자유주의자 넴초프(Boris Nemtsov)가 크렘린 앞에서 총격을 받아 사망했다. 또한, 러시아는 영국에 있는 전직 스파이들을 표적으로 지정했다. 2006년 리트비넨코(Alexander Litvinenko)가 방사능 중독에 의해서 암살당했고, 2018년 스크리팔(Sergei Skripal)은 강력한 화학 신경작용제로 표적이 되었다 (실패함). 이 두 러시아인은 영국에 망명한 러시아의 전직 정보관들이었다.

무고한 사람들이 전쟁의 피해가 되는 특정 위험을 피하게 할 수만 있다면 암살은 이론적으로 좋은 아이디어일 수도 있다. 그러나 암살은 현대 국가체제에서 잘 사용되지 않고 있다. 주권국가의 지도자를 암살하는 공작이 발각되면, 이는 개전사유(casus belli) 또는 전쟁을 정당화하는 행위가 될 수 있다. 암살을 정상화하는 것은 "가는 것이 있으면 오는 것이 있다"는 격언 때문에 지도자의 이익에 반하는 것이 될 수 있다.

비밀공작의 감시

현대 국가는 법에 따라 통치된다. 여기에는 비밀공작에 대한 국가의 행위도 포함된다. 정보기관을 '흉악한 코끼리'로 생각하는 것은 좋게 해석하면 구시대적 발상이고, 최악의 경우 위험한 신화다. 비밀공작은 권력의 남용 또는 국제조약을 포함한 법 위반을 방지하기 위한 광범위한 감시의 대상이다. 이 장의 서두에서 언급한 바와 같이, 비밀공작은 외교정책과 국가안보정책을 실행하기 위한 수단 중의 하나다. 미국의 경우 비밀공작은 **프레지덴셜 파인딩(Presidential Finding)**이라는 문서를 통하여 대통령으로부터 시작된다. 이 문서는 비밀공작에 대한 대통령의 정당성을 개괄하기 위해 작성되고 서명된 문서다. 이 문서는 공작을 위한 법적 권한(**타이틀 50[Title 50]**은 정보기관의 역할을 개괄한다), 표적, 관련된 외교정책의 목표, 주도하는 기관(통상적으로 CIA)을 열거한다. 부록은 비밀공작의 방법론, 필요한 자원 소개, 위험평가의 내용을 담고 있다.[33] 이 보고서는 비밀공작이 시작되기 전에 의회 정보위원회에 제출되어야 한다. 드물지만 시간적 압박을 받는 경우 공작은 의회의 통고 없이 시행될 수 있지만, 프레지덴던셜 파인딩은 48시간 이내에 의회에 송부되어야 한다. 의회는 거부권을 갖고 있지 않다. 의회가 비밀공작에 동의하지 않는 경우, 대통령에게 과정을 변경하도록 설득하거나, 예산지원을 거부하거나, 최후의 수단으로 공작이 진행되지 않도록 공작의 내용을 유출한다. 만약 제안된 비밀공작이 법을 위반한다면, 의회는 공작을 중단하도록 특별히 강력한 압력을 가한다.

비밀공작은 항상 프레지덴셜 파인딩을 필요로 하는 것은 아니다. 1940년대 후반부터 1970년대 초반까지 미국 대통령들은 자신의 '그럴듯한 부인'을 유지하기 위해서 비밀공작의 구체적 내용을 알기를 원하지 않았다. 그들은 주로 보편적인 지시를 했고, 정보기관장이 미국의 정책목표를 충족시키는 공작을 수행하기를 원했다. **1974년의 휴즈-라이언 수정**

안(Hughes-Ryan Amendment)은 비밀공작에 대통령 이름을 명시하도록 했고, 감시방안을 폭넓게 발전시켰다. **1991년의 정보수권법(Intelligence Authorization Act)**은 휴즈-라이언 수정안을 업데이트했고, 비밀공작 감시의 법적 틀로 남아 있다. 미국법은 미국정부가 자국민을 표적으로 삼지 말아야 하며, 국내에 역정보로 되돌아오는 공작에 개입되지 말아야 한다고 규정했다.

프레지덴셜 파인딩이 의회에 도달하기 전에, 국가안보회의(NSC)에서 부서 간에 계획과 검토절차를 거친다. 국가안보회의 직원들과 참모들은 계획된 비밀공작의 목표, 공개정책과의 호환성, 방법론, 필요 자원, 작전의 보안요구, 성공 가능성, 전체적인 이득, 작전적이고 정치적 위험 등에 대해서 살펴본다. 검토되는 위험들은 인명의 위험, 실패의 위험, 비밀 유출의 위험 등이다.[34] 프레지덴셜 파인딩이 의회에 도착하게 되면, 의회 정보위원회는 작전이 수행되는 전 기간에 걸쳐서 감시한다. 정보위원회는 분기(quarterly)마다 모든 비밀공작 프로그램들을 검토하고, 어느 때라도 브리핑과 업데이트를 요구할 수 있다.[35]

군대와 비밀공작

9·11 이후 안보환경은 전통적인 군사활동과 비밀공작 사이의 구분을 흐리게 했다. 비밀공작은 정보기관의 영역으로 이해되지만, 테러리스트들을 파멸시키고, 숨어 있는 비국가 행위자들과 전투를 벌이고, 대 게릴라 활동을 하기 위한 요구는 국방부와 군대가 비밀공작과 유사한 특수 작전과 공작을 하도록 하고 있다. 특수작전사령부(SOCOM)와 합동특수작전사령부는 '특수공작'이라 불리는 것을 수행하는 펜타곤의 창 끝이다. 특수공작들은 펜타곤이 자신의 개입이 불분명하고 알려지지 않게 하는 특수작전이다.[36] 특수작

전은 기본적으로 모호하게 유지하면서, 직접적 행위, 전략적 정찰, 재래전, 민사, 심리작전, 대테러, 인도적 지원, 현장 수색과 지원 등을 포함한다.[37]

　많은 특수작전은 공개되지만, 펜타곤의 '검은 작전'이 존재한다고 알려져 있다. 이는 프레지덴셜 파인딩을 필요로 하지 않고 비밀공작과 같은 감시를 할 필요가 없지만, 대통령은 군 총사령관으로 계속 상황을 파악하고 있으며 의회는 민감한 펜타곤 작전들에 대해서 비공개 청문회를 개최한다.[38] 그러나 회의론자들은 법적으로 '전통적인 군사활동'으로 분류된 많은 특수작전들이 휴즈-라이언 수정안과 정보수권법에 명시된 비밀공작의 엄격한 감시를 교묘하게 피해 나갈지도 모른다는 데 대해서 우려한다.

결론: 비밀공작의 고려사항

이 장은 비밀공작을 위한 계획으로 추진되는 여러 관념에 대해서 설명했다. 이 결론 절에서, 우리는 그들을 보다 심층적이고 직접적으로 설명한다. 국가안보기획자들이 인식하고 있어야 할 중요한 이슈는 **역풍(blowback)**, 또는 비밀활동이 국가이익을 증진하기보다는 훼손하는 부정적이고 의도하지 않은 결과를 낼 수 있는 가능성이다. 허위정보가 미국의 미디어나 논평에 침투될 수 있다고 예상될 경우, 미국법은 비밀공작에 허위정보를 사용하는 것을 금지한다. 이는 '선전 역풍(propaganda blowback)'이라 한다. 또 다른 형태의 역풍은 무기 또는 다른 형태의 준 군사지원이 방향을 틀어 비밀공작 스폰서 또는 동맹국에 대항해서 사용되는 경우이다. 그 사례는 미국이 시리아의 반 아사드 전사들을 무장시키고 훈련한 단기적인 노력이다. 훈련받은 다수는 변절하여 미국이 제공한 무기와 훈련을 지하드 단체들을 위해 사용했다.[39] 역풍의 세 번째 유형은 정치적인 것이다. 정치활동 또는 쿠데타는 비밀공작 기획자들이 의도한 정치적 결과를 정확하게 이끌어내지 못할 수도 있다. 또는 비밀공작 기획자들의 예측능력이 부족하거나 비밀공작의 장기적인 정치적 영향을 고려하는 데 실패할 수도 있다. 특히 비밀성이 폭로된 경우 문제가 생긴다. 이란에서의 1953년 쿠데타 사례가 교훈을 주고 있다. 단기적 관점에서 비밀공작은 성공했다. 모사데크는 제거되었고 샤가 권력을 재장악했다. 석유시장이 안정되었고, 냉전시대에 이란은 미국의 캠프 하에 남게 되었다. 그러나 장기적인 비용이 많이 들었다. 샤가 국민들을 멀리하여 1979년 이란혁명이 발생하였으며, 미국과 동맹국들에 적대적인 신정 이슬람공화국이 탄생했다. 이란사람들은 1953년의 쿠데타와 미국의 샤에 대한 지원이 혁명과 적대감의 핵심적 이유가 되었다고 주장한다. 비록 1953년의 CIA 개입이 없었더라도 적대적인 신정국가 탄생이 가능했을지 몰라도, 1953년의 역풍이 미국-이란 관계와 오늘날 광범위한 중동정치를 어렵게 만들었다는 가능성을 부인하기는 어렵다.

대리인 상실(agency loss) 개념은 역풍 개념과 밀접하게 연결되어 있다. 대리인 상실 개념은 주인-대리인 이론(principal-agent theory)으로부터 나왔다. 요컨대, 주인이 대리인과 특정 임무를 수행하도록 계약을 체결할 때, 대리인은 자유로운 의지를 갖게 된다. 만약 대리인의 이익이 주인의 이익과 합치되지 않을 경우, 대리인은 자신이 계약을 맺은 주인의 목표에서 벗어나거나 주인의 이익을 완전히 손상시키는 방식으로 행동할 수도 있다. 이러한 일이 생기면, 계약의 효력은 파기되고 주인은 대리인 상실을 겪게 된다. 대리인 상실은 비밀공작을 스폰서하는 데 위험을 가져다준다. 알 아사드(Bashar al-Assad) 대통령을 증오하는 시리아의 전사들과 같은 대리인들은 알 누스라(al-Nustra)와 같은 테러단체로 변절하는 선택을 했다. 이와 유사하게, 비밀리에 지원을 받은 쿠데타에 의해서 집권한 지도자들은 자신이 국가를 완전히 장악한 이후 중요한 정치적 이슈에 대하여 자신들을 지원한 스폰서들과 다른 견해를 가지는 경우가 있다.

역풍과 대리인 상실 이외에 제3의 관점은 비밀임무를 수행하려는 실질적

능력이다. 이미 언급한 바와 같이, 비밀공작은 열악한 환경에서는 결과를 도출하기가 어렵다. 같은 마음을 가진 피후견인(client) 또는 대리인(agent)이 필요하다. 또한, 활동을 지원하는 구조도 필요하다. 전직 CIA 요원인 로웬탈(Mark Lowenthal)은 이러한 지원구조를 **배관**(plumbing)으로 불렀다.[40] 배관은 정보기관이 성공적인 비밀공작을 수행하도록 하는 인적이고 물질적인 토대다. 배관은 접촉, 허위문서, 통신프로토콜 회합장소와 안전가옥, 수송수단 등을 포함한다. 비밀공작의 배관은 일상적으로 연마되고 유지되어야 하기 때문에 비밀공작은 정보기관 내에서 추진되어야 한다. 심지어 비밀공작이 이루어지지 않는 시기에도, 정책결정자들이 비밀공작을 요구하거나 지시할 상황을 예상하여 정보기관들은 비밀공작의 토대를 유지하고 있어야 한다.

윤리는 다른 관점을 형성한다. 예를 들어, 다른 나라의 선거에 개입하거나 민주적으로 선출된 지도자를 퇴출시키려는 시도는 윤리적인가? 암살은 윤리적인가? 많은 무고한 시민들에 해를 입히고, 대상 체제를 붕괴시키기 위한 볼모로 무고한 시민들을 사용하는 행위는 어떠한가?

마지막 고려사항은 위험인데, 특히 두 가지 유형의 위험이 중요하다.[41] 첫째는 활동목표를 달성하지 못하는 **실패의 위험**이다. 준 군사활동에 대한 지원이 소련군을 아프가니스탄으로부터 철수시키는 데 실패했다면, 그리고 시리아에서 아사드를 권력에서 제거하지 못했다면? 공개적인 군사작전을 강화할 것인가? 현상유지를 받아들일 것인가? 비밀공작의 본질이라 할 수 있는 실패의 위험은 비밀공작이 국가안보와 외교정책을 위한 광범위하고 일관성 있는 전략의 한 부분이 되어야 한다는 점을 강화한다. "잘 되겠지. 잘 안되면 무슨 일이 생기는지 기다려보자"는 소극적 태도를 가지고 비밀공작을 시행하면 안 된다.

위험의 두 번째 유형은 **노출의 위험**이다. 공작의 성공과 실패를 떠나. 스폰서의 개입이 밝혀지면 무슨 일이 생길까? 일부의 경우, 노출은 치명적일 수 있고, 적어도 역풍을 발생시킨다. 다른 경우, 1980년대에 미국이 아프가니스탄의 무자히딘에게 스팅어 미사일을 지원한 것처럼 성공을 확신하기 위해서 노출을 선택하는 경우가 있다. 냉전 초기 이후 노출에 대한 관용이 필요에 따라 증가했다. 독립 미디어, 카메라 장착 휴대폰, 인터넷의 세계적인 확산에 따라 어떠한 공작이라도 완전히 감추는 것은 점차 어렵게 되었다. 세계 정보기관들의 방첩부서들은 어떻게 정부의 비밀공작을 비밀스럽게 유지하는가의 문제 등 새로운 도전에 직면해 있다. 그러나 제3의 선택의 가치는 사라지지 않을 것이며, 점차로 공개된 비밀활동이 앞으로 오랫동안 국제정치에서 운용될 가능성이 크다.

핵심용어

추가 읽을거리

Bergman, Ronen. *Rise and Kill First: The Secret History of Israel's Targeted Assassinations*. New York, NY: Random House, 2018.

Cullather, Nicholas. *Operation PBSUCCESS: The United States and Guatemala, 1952–1954*. Washington, DC: Central Intelligence Agency, 1994.

Daugherty, William. "Approval and Review of Covert Action Programs Since Reagan." *International Journal of Intelligence and Counterintelligence* 17, no. 1 (2004): 62–80.

Gasiorowski, Mark. "The 1953 Coup D'etat in Iran." *International Journal of Middle East Studies* 19, no. 3 (1987): 261–286.

Gasiorowski, Mark. "The CIA's TPBEDAMN Operation and the 1953 Coup in Iran." *Journal of Cold War Studies* 15, no. 4 (2013): 4–24.

Gasiorowski, Mark. "The US Stay-Behind Operation in Iran, 1948–953." *Intelligence and National Security* 34, no. 2 (2019): 170–188.

Kibbe, Jennifer. "Covert Action and the Pentagon." *Intelligence and National Security* 22, no. 1 (2007): 57–74.

Krishnan, Armin. "Controlling Partners and Proxies in Pro-Insurgency Paramilitary Operations: The Case of Syria." *Intelligence and National Security* 34, no. 4 (2019): 544–560.

Lowenthal, Mark. "Covert Action." In *Intelligence: From Secrets to Policy*, 7th ed., edited by Mark Lowenthal, 249–273. Washington, DC: CQ Press, 2017.

Mistry, Kaeten. "Approaches to Understanding the Inaugural CIA Covert Operation in Italy: Exploding Useful Myths." *Intelligence and National Security* 26, no. 2–3 (June 2011): 246–268.

Sanger, David. *Confront and Conceal*. New York, NY: Broadway Paperbacks, 2012.

Stempel, John. "Covert Action and Diplomacy." *International Journal of Intelligence and Counterintelligence* 20, no. 1 (2007): 122–135.

Wettering, Frederick. "(C)overt Action: The Disappearing 'C.'" *International Journal of Intelligence and Counterintelligence* 16, no. 4 (2003): 561–572.

8장

사이버공간 활동과 첩보환경

사이버공간 영역에서 사이버공간과 위협은 새로운 것이 아니다. 그러나 2000년대 초반 이후 국가들은(강력한 국가로부터 덜 영향력이 있는 국가까지) 빈약한 사이버 안보의 영향, 사이버 위협에 대한 저수준의 정보분석능력, 국가와 비국가 행위자들이 전략적 목표를 달성하기 위해 공세적 사이버공간 능력을 사용하는 방식에 대한 상상력 부재 등을 경험하고 있다. 사이버공간에서 발생한 여러 사건의 결과는 정책결정자들에게 이 영역을 보다 명확하게 이해해야 할 과제를 안겨 주었다.[1]

정보 또는 국가안보 분야의 직업을 원하는 사람들은 사이버공간 활동의 전술, 기술, 과정들을 이해해야 한다. 사이버공간 활동의 가치 있는 위협분석을 하기 위해서 컴퓨터과학 또는 데이터 분석학의 학위가 필수적인 것은 아니다. 그럼에도 불구하고 사이버공간 활동과 첩보환경, 사이버 위협의 규모, 이 영역의 세계화와 지정학에 미치는 영향에 사용된 용어와 기술을 이해하는 것은 정보분석과 국가안보연구에 있어서 매우 중요하다. 이 장은 핵심 개념을 설명하고, 첩보환경과 첩보활동의 영향을 조사하고, 사이어공간 활동에 대한 국제적 노력을 열거하고, 주요국의 사이버공간 전략을 설명하고, 현재와 미래 국가의 전략적 이익과 데이터에 대한 위협을 분석하기 위한 사이버 위협 정보에 대해 살펴볼 것이다.

기술의 융합

사물인터넷(IoT: Internet of Things)은 우리의 일상생활에서 사용되는 데이터와 전자기기의 상호연결성을 증대시키는 점을 강조하며, 구체적으로 휴대폰과 홈 보안 서비스로부터 커피포트, 가정조명시스템, 차량 긴급서비스, 인터넷을 통하여 데이터를 주고받을 수 있는 웨어러블 기기가 포함된다.[2] 2016년 정보기술전문가들은 IoT가 2020년까지 250억에서 500억 개의 사물로 확산될 것으로 예측했다 (모바일 기기, 인공지능, 홈 자동화, 의료기기 포함). 그리고 2020년의 연구는 2025년까지 750억 개의 사물이 IoT를 통해 연결될 것이라고 예측했다.[3]

누구든지 휴대폰을 꺼내 들기만 하면 **기술융합(convergence of technology)**의 혜택을 볼 수 있다 (도표 8.1 참조). 공유될 수 있는 데이터와 지식을 간소화하면서 양을 늘릴 수 있는 기회는 많은 영역에서 우리의 능력을 확대시키고 있다. 예를 들어, **산업제어시스템(ICSs: industrial control systems)**과 **감시제어데이터수집(SCADA: supervisory control and data acquisition)**의 자동화된 사용을 통해 에너지, 물, 농업, 운송과 같은 핵심적인 기간시설을 작동시키고 유지할 수 있다. ICSs는 모든 유형의 산업과정들을 지원하기 위한 네트워크들의 지휘와 통제를 가능하게 한다. SCADA 시스템은 먼 거리에서 이루어지는 물리적 과정을 통제하고 감시하기 위한 데이터를 수집하고 처리하는 컴퓨터화 된 시스템이다. 일상적 생활을 가능하게 하는 SCADA의 사례는 물 분배 시설, 댐의 물 조절, 송전, 가스와 석유 수송을 포함한다.[4]

기술융합은 SWIFT 은행 네트워크를 통해 전 세계적 경제성장을 도모

도표 8.1 ■ 기술융합

할 수 있다. '세계 은행 간 금융협회통신(SWIFT: Society for Worldwide Interbank Financial Telecommunication)'은 송금 및 온라인 결재와 같이 정보를 효율적이고 안전하게 보내고 받기 위해 은행과 다른 금융기관들이 사용하는 글로벌 메시지 네트워크다.[5] 기술은 또한 전투에서 복합무기전술을 적용시키는 군대의 능력을 제고시킨다.

기술융합은 많은 영역에서 기회를 주지만, 상호연결성은 국가, 조직, 개인의 취약성도 증가시키는데, 그 이유는 사악한 사이버 행위자들이 증대되는 기술에의 의존성을 악용하기 때문이다.[6] 더욱이 기술융합은 사이버 사건을 효율적으로 해결하는 데 필요한 전문성을 약화시킬 수 있다. 기본적으로 사이버 행위자는 사이버공간 영역에서 우리의 위험을 증가시키는 복잡한 사이버 활동을 수행하는 컴퓨터 전문가일 필요는 없다. 또한, 정보기술은 불만을 퍼뜨리는 동시에 추종자, 동조자, 지지자를 개발하는 광범위한 플랫폼을 제공한다. 이는 지리적 국경을 넘어서 확대되며, 누가 주도하고, 무엇을 시도하며, 어떻게 현재와 미래의 관계에 영향을 미치는지를 명백하게 식별

하는 것을 점차로 어렵게 만들고 있다.[7]

사이버공간의 층 해부

사이버공간은 "인터넷, 전기통신 네트워크, 컴퓨터 시스템 등을 포함하는 정보기술 인프라의 상호의존적 네트워크와 상주 데이터(resident data)로 구성되는 글로벌 도메인이다."[8] 사이버공간에는 3개의 주요 층들이 있다. 그들은 사회적 층(때로는 '페르소나 층'으로 불린다), 논리적 네트워크 층, 물리적 층이다 (도표 8.2 참조). 이 층들, 그리고 사이버공간의 성격은 누구 또는 어떤 실체가 사이버 사건의 책임이 있는지 분석하는 데 어려움을 증폭시키고 있다. 심층적 설명을 할 목적으로 이 3개의 창들을 하부 층들로 더 해부한다.[9]

도표 8.2 ■ 사이버공간의 층

물리적 페르소나

사이버 페르소나

논리적 네트워크

물리적 네트워크

지리적 층

출처: Joint Publication 3-12, Cyberspace Operations, 8 June 2018을 개작한 것임.

　　사회적 층(social layer) 내에는 물리적 페르소나 층과 사이버 페르소나 층이 있다. **물리적 페르소나 층(physical persona layer)**은 인간이다 (살과 뼈). 제인 도(Jane Doe)라는 여성을 사례로 들어 보자. **사이버 페르소나 층**은 인간에 의해 사용되는 가상의 신분증명이다. 제인의 경우 그녀는 두 개의 소셜 미디어 계정을 갖고 있다. 그녀는 가상수업을 제공하고 프로필이 있어야 하는 스핀 바이크를 보유하며, 두 가지 웹사이트의 블로거다. 중요한 것은 제인(한 사람)이 다섯 개의 사이버 페르소나를 가졌다는 점이다. **논리적 네트워크 층**은 인터넷 프로토콜(IP), 인터넷 도메인, 클라우드 서비스와 같은 네트워크의 가상적 부분으로 이루어져 있다. 만약 제인이 인터넷을 주로 홈 오피스나 직장에서 사용한다면, 그녀는 이에 상응하는 IP 주소와 인터넷 도매인을 가지게 될 것이다. **물리적 층**에는 **물리적 네트워크 층**과 **지리적 층**이 있다. 물리적 네트워크 층에는 컴퓨터, 컴퓨터에 연결되는 케이블, 와이파이를 가능하게 하는 모뎀과 라우터 같은 구성요소들을 포함한다. 지리적 층은 도시, 이웃, 특정가옥 또는 빌딩과 같은 물리적 네트워크가 존재하는 실질적 지형이다.

　　제인은 직업을 가지고 있지만, 밤에는 사악한 사이버 범죄자로 부업을 하고 있으며, 5개의 사이버 페르소나 중에서 2개는 그녀의 사악한 활동의 별칭이라고 가정해 보자. 하나의 계정에서 그녀의 프로필은 '제인 도'이고 다른 계정에서는 '수지 큐'다. 그녀는 범죄행위를 하기 때문에, 그녀의 IP 주소와 인터넷 도메인은 정당한 사용자 또는 계정으로 가장하기 위한 속임수를 쓰고, 그녀의 실제 신분, 활동, 지리적 위치는 감춘다. 따라서 이 도메인의 구조는 '어떤' 실체가 그 행위에 대해 진실로 책임이 있는지, 그리고 '어디에' 실체가 물리적으로 존재하는지를 파악하는 데 어려움을 겪게 한다. 또한, 특정 활동을 사악한 사이버 활동의 책임으로 돌리려 시도할 때, 앞서의 은폐 방법은 이 과정을 어렵게 만들지만, 그렇다고 불가능한 것은 아니다.[10]

첩보환경과 첩보활동

특정 효과를 거두기 위해서 첩보를 조작하는 것이 '새로운' 개념이 아니라는 점이 중요하다. 적에게 영향을 미치기 위하여 미국이 첩보를 활용한 사례는 혁명전쟁 시기까지 거슬러 올라간다. 당시 미국의 요원들은 조지 워싱턴의 군대가 실제보다 강력한 능력을 보유하고 있다는 점을 영국인들에게 확신시키기 위해서 위조문서를 활용했다.[11] 그러나 사이버공간 활동의 변화하는 역동성은 '첩보환경, 첩보전, 첩보활동'과 같은 용어에 대한 실험으로 이어졌다. 이어지는 논의는 이 개념들에 대한 논쟁을 보여 주지만, 가장 최근까지의 교의적이고 실질적인 적용에 초점을 맞춘다. 용어에 대한 논쟁에도 불구하고, 일반적인 국제 합의는 사이버공간 활동의 변화하는 역동성이 환경을 분석할 때 고려해야 하는 요소들을 확대시키고 있다는 것이다. 이 요소들은 어떠한 실체들이 특정 설화를 만들고 전파하는지를 식별하기 어렵게 만드는 동시에, 첩보의 진위성, 그리고 첩보가 사회적, 경제적, 정치적 안정에 미치는 제2, 제3의 영향을 파악하기도 어렵게 만든다.

첩보환경은 '첩보를 수집하고, 처리하고, 전파하거나, 활동하는 개인, 조직, 시스템의 집합'이다.[12] 이 환경은 세 가지의 상호연관된 차원(물리, 정보, 인지)으로 구성되어 있으며, 개인, 조직, 시스템과 지속적으로 상호작용한다. **물리적 차원**은 지휘와 통제 시스템들, 핵심 정책결정자들, 개인과 조직이 효력을 발생할 수 있도록 지원하는 인프라를 포함하고 있다. **정보적 차원**은 어디에서 그리고 어떻게 첩보가 수집되고, 처리되고, 저장되고, 전파되고, 보호되는지를 구체화한다. **인지적 차원**은 첩보를 전달하고, 수용하고, 대응하거나, 첩보에 따라 활동하는 사람들의 마음을 포함한다. 첩보의 목표는 인간의 관념이나 행태에의 영향을 포함하기 때문에, 우리는 대체로 정보환경을 물리적으로 접촉할 수 없다. 이러한 환경하에서, 목표는 활동하는 의지에 영향을 미치는 것이 되는데, 이는 첩보를 조작하여 사람들의 아이디어, 인식, 판단을 변화시킴으로써 이루어진다.[13] 이에 따라 **첩보활동**은 적의 정책결정에 영향을 미치고 혼란스럽게 하고 타락시키고 침해하기 위해 첩보를 사용하면서, 자신의 첩보 통합성은 보호하는 것이다. 이러한 점에서 첩보는 권력의 수단이면서 도구다.[14]

사이버공간의 영향과 지정학의 첩보환경

사이버공간의 능력은 지정학의 역동성을 변화시켰다. 2017 글로벌 트렌드: 발전의 역설(Global Trends: Paradox of Progress)이 강조하듯이, 기술과 사이버공간 능력의 빠른 발전은 대립과 권력의 성격을 바꾸고 있다.[15] 이와 관련하여 국가안보정책 관련 전문학자인 엔더스(Richard Andres)는 기술의 사용이 국가들로 하여금 안보를 위해 경쟁하고, 부를 축적하고, 군사력을 행사하는 방식을 전환할 경우 기술이 현상을 변화시키는 것이라고 주장했다.[16]

적어도 1990년대 후반 이후 다수의 국가를 대상으로 한 다양한 **사이버 사건**과 **사이버 공격**은 전 지구적으로 충격을 안겨 주었다 (표 8.1 참조). 사이버 사건과 사이버 공격을 구성하는 것을 구별하는 것은 사이버공간 활동과 지정학 사이의 관계에서 중요한 관점이다. 호주 사이버안보센터의 2016년 위협 보고서가 주장하듯이, '사이버 공격'이라는 용어는 다양한 사악한 사이버 활동들(예: 사이버 범죄와 지식재산권 도용)을 묘사하는 데 사용되며, 특히 이 용어는 첩보보안공동체가 컴퓨터 네트워크 또는 시스템에 대한 사악한 행위를 설명할 때 사용된다. 그러나 이 용어는 자국이 사이버 공격(실제 무력공격과 같은 의미의)의 대상이 되었다고 말할 때 더 많은 영향력을 가지게 된다.[17] 2020년 9월 현재 무엇이 사이버 공격을 구성하는지에 대한 국제적 정의는 없는데, 그 이유는 국제법에서 정의한 대로 사이버공간 활동을 무력공격으로 간주하는 데 대해서 문제제기가 있기 때문이다. 더욱

표 8.1	사이버 사건의 사례, 1998~2018년
연도*	사건 개요**
1998	러시아 해커들이 민감한 미국의 프로젝트들, 무기유도시스템, 핵심 인프라, 해군 정보암호에 대한 첩보를 훔쳤다. 펜타곤, NASA, 에너지부의 시스템들이 영향을 받았다.
2007	에스토니아가 탈린(Tallin)에 있는 구소련시대의 동상을 이전하는 데 대해서 러시아의 행위자들이 정부, 금융 및 통신회사에 대해 DDoS(Distributed Denial of Service) 공격을 하고 웹사이트 훼손 행위를 했다.
2007~2009	미국과 이스라엘은 이란의 핵시설을 파괴하기 위해 스틱스넷(Stuxnet) 악성코드를 개발하고 사용했다는 의혹을 받았다.
2008	러시아의 행위자들이 미군의 비밀과 일반 네트워크에 침투하여 군사계획, 무기체계, 군사 능력을 빼내려고 시도했다.
2009	중국은 GHOSTNET이라는 이름의 사이버 간첩활동을 벌여 103개 국가의 컴퓨터 시스템에 침투했다. 침투 대상은 대사관, 외교부, 국제기구, 비정부기구, 뉴스 미디어를 포함했다.
2011~2017	이란은 소셜 미디어 계정을 통하여 주요국들의 고위직 군인과 정치인을 대상으로 하는 일련의 사회공학 캠페인을 수행했다.
2012, 2016, 2017	이란의 샤문(Shamoon) 2.0 악성코드는 사우디의 아람코(Aramco) 석유회사와 라스가스(RasGas) 천연가스회사의 컴퓨터 시스템에 있는 데이터들을 삭제했다.
2014~2015	중국의 사이버 간첩이 미국 인사국(Office of Personnel Management)에 침투하여 2,150만 명의 민감한 정보를 훔쳤다.
2016	러시아의 사이버 간첩과 첩보활동은 미국 민주당 전국대회를 표적으로 하여 2016년 대선에 개입했다.
2017	사이버 범죄자들이 에퀴팩스사(Equifax Inc.)에 침투하여 미국 소비자 1억 4,500만 명에게 영향을 미칠 수도 있는 데이터를 훔쳤다.
2018	사이버 범죄자들이 페이스북 사용자 1,400만 명의 개인정보를 훔쳤다.

* 이 연도는 사건이 밝혀진 일자를 기준으로 한다. 종종 사이버 행위자들은 사건이 밝혀지기 몇 개월 또는 몇 년 전에 접근이 성사되는 경우가 있다.

** 이 내용들은 1998년부터 2018년까지 발생한 사이버 사건 모두를 포함한 리스트가 아니다 (보다 더 많은 사건을 알기 위해서는 Council on Foreign Relations Cyber Operations Tracker를 참고할 것)

이 사이버공간에서 전쟁행위를 구성하는 것에 대한 질문은 나토와 같은 국제기구들이 풀려고 하는 문제다. 나토조약의 제5조는 나토회원국 중의 하나가 공격을 받았을 경우 28개 회원국의 대응을 내용으로 하고 있다. 그러나 제5조는 사이버공간에서의 분쟁에 대한 준거는 분명하게 언급하지 않고 있다.[18] 이와 관련하여 제기되는 도전 중의 하나는 사이버 범죄, 지식재산권 도용, 사이버 간첩행위, 핵티비즘(hactivism)** 등 사이버 행위자가 일으키는 모든 사건이 무력공격의 조건을 갖추는 것은 아니라는 사실이다.[19]

국제적인 정의가 없는 상태에서 일부 국가들은 사이버 공격에 대한 자체적인 정의를 수립했다. 예를 들어, 2011년 호주는 사이버 공격을 "사이버공간을 통해서 컴퓨터 또는 네트워크를 조작하고 혼란스럽게 하고 거부하고 격하시키고 파괴하는 고의적인 행위를 하여 국가안보, 안정, 경제번영을 위태롭게 하는 것"으로 정의를 내렸다.[20] 사이버 공격으로부터 미국의 이익을 보호하려는 의도는 여러 가지 문서, 정책, 지시, 전략에 나와 있지만, 사이버 공격에 대한 정의는 없다.[21] 그러나 국방부는[22] 사이버 공격을 "주목할만한 거부 효과(성능 저하, 붕괴, 파괴)와 물리적 영역에 나타나는 거부로 이어지는 조작을 하는 것이며, '화재의 한 형태(form of fires)'로 간주한다"라고 정의를 내렸다.[23]

역사적으로 여러 국가가 사이버 활동의 희생자이면서도 가해자가 되어 왔다는 점이 분명해지고 있다. 국가들은 정치, 군사, 경제, 사회, 정보, 인프라 운영 변수에 제2차적이고 제3차적 영향을 미치는 심각한 사이버 사건을 관찰 및/또는 경험해 왔다.[24] 같은 맥락에서, **사회공학(social engineering)** 캠페인,[25] 랜섬웨어, 악성코드의 사용은 전 세계적으로 확대되고 있으며, 이는 국가들과 더불어 비국가 행위자들 사이에서 권력과 영향력에 대한 개

** 역자 주) 핵티비즘은 정치적, 사회적 목적을 위하여 자신과 노선을 달리하는 정부, 기업, 단체 등의 인터넷 웹사이트에 해킹하거나 목표물인 서버 컴퓨터를 무력화하는 기술을 만드는 운동이다. 해킹(hacking)과 행동주의(activism)의 합성어다.

념을 바꾸어 놓고 있다.[26] 예를 들어, 사이버 사건들과 영향력 있는 활동들
은 기간시설, 선거제도, 선거과정과 더불어 정확하고 왜곡되지 않은 뉴스
전파의 효율성에 대해 의문이 들게 하고 있다. 현재 러시아, 중국, 북한, 이
란은 자국의 안보이익을 확대하고, 경쟁국들에 대한 영향력을 제고하며, 적
을 억지하기 위해서 사이버공간 능력을 개발하고 통합하는 가장 괄목할만
한 국가들의 사례다. 사이버공간 능력의 확산은 잠재적인 위협 환경을 변경
시켜 왔다. 공격적인 사이버공간 능력을 보유한 국가의 수는 최근 3년 사이
에 15개국에서 30개국으로 배가 증가했다 (도표 8.3 참조).[27]

사이버 전략

단순하게 말해서, 기술의 융합과 사이버공간에서의 전략적 경쟁은 주요 국
가들에게 위협을 증폭시켜, 사이버 전략을 개발하도록 한다. 이러한 전략

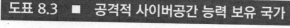

도표 8.3 ■ 공격적 사이버공간 능력 보유 국가

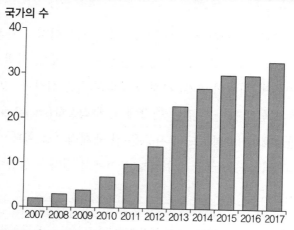

출처: Worldwide Threat Assessment, 2018.

은 4개의 기둥으로 구성된다. (1) 자국민, 영토, 삶의 방식 보호 (2) 국가와 사회의 번영 (3) 힘을 통한 평화 유지 (4) 영향력 제고. 이 기둥들은 컴퓨터에 기반하고 상호연결된 정보기술에 대한 의존의 중요성을 강화한다. 국가들과 비국가 행위자들은 정보를 훔치고, 시민들에게 영향을 미치며, 중요한 기간시설을 붕괴시키는 데 사이버공간 기술을 사용해 왔다.[28] 사이버 전략은 유연성과 **결정의 이점**을 극대화하는 동시에 핵심적인 기간시설을 표적으로 하는 사악한 사이버 활동을 제지하여 국익을 보호하기 위한 사이버 능력의 확립과 강화를 강조한다.

핵심적 기간시설에 대한 사이버 위협

핵심적 기간시설은 일상적인 활동에 핵심이 되는 물리적 또는 실질적인 시스템들과 네트워크들이다.[29] 미국의 2013 대통령 정책지침 21: 핵심적 기간시설 보호와 탄력성(Presidential Policy Directive 21: Critical Infrastructure Security and Resilience)은 식량과 농업, 상수도와 하수도 시스템, 에너지, 교통 시스템, 댐, 통신, 헬스 케어와 공중 보건, 위급 서비스를 포함한 16개의 핵심적 기간시설들을 식별했다.[30] 핵심적 기간시설의 악용, 퇴화, 파괴는 경제 안보, 사회복지, 공중 헬스를 쇠약하게 하는 효과를 가진다.

미국의 사이버 보안 및 기간시설보안국(Cybersecurity and Infrastructure Security Agency)에 따르면, 에너지 기간시설이 경제, 공중 보건 분야, 일반적 삶의 방식을 발전시킨다.[31] 2015년 12월 23일 우크라이나정부가 에너지 기간시설에 대한 전례 없는 사이버 공격을 받았을 때, 에너지 분야의 취약성과 위협에 대한 우려가 강조되었다. 오후 3시 35분부터 3개의 전력공급회사가 6시간 이상 22만 5,000명에 영향을 미치는 정전사태를 맞이하게 되었다. 사이버 행위자들은 다수의 시설에서 각기 30분 이내에 산업제어시스템(ICSs)을 원격으로 하이재킹하는 작업을 동시적이고 협력적으로 수행하는 다양한 능력을 보여 주었다.[32] 또한, 이 행위자들은 자신들의 명예를 고양하고, 네트워크에의 지속적인 접속을 확립하며, 운영자가 시스템을 수동으로 제어하지 못하도록 BlackEnergy3 악성코드와 사악한 펌웨어를 사용했다.[33] 우크라이나정부는 이 공격에 러시아가 개입되어 있다고 비난했지만, 국제조사팀은 러시아 사이버 행위자들이 직접 관련되어 있다는 점을 발견하지 못했다.

우크라이나에 대한 공격은 사이버 행위에 기반한 전기공급 방해의 첫 사례로 알려졌고, 다른 국가들은 보안체계를 개선하고, 기간시설들을 점검하고, 에너지 분야에 대한 사이버 공격에 대응한 절차를 수립하기 위해서 실태 점검을 시작했다. 기간시설에 대한 주의[34]를 기울여 온 주요 국가들은 우크라이나의 정전사태 이후 전력망을 안전하게 보호하고 국내 에너지로의 접근과정을 점검하는 노력을 더욱 강화했다.[35] 2018년 말 미국 에너지부의 사이버 보안, 에너지 보안, 긴급대응실(Office of Cybersecurity, Energy Security, and Emergency Response)은 '리버티 이클립스(Liberty Eclipse) 2018' 훈련을 수행했는데, 그 내용은 전력망에 대한 사이버 공격에 대응하고 회복하기 위한 미국의 능력을 테스트하고 평가하는 두 단계 훈련이었다.[36] 이와 같은 훈련은 모든 수준의 정부기관들 사이의 협력, 조화, 커뮤니케이션의 중요성을 강조한다. 이처럼 국익을 보호하는 전략은 범정부적 대응을 위하여 상대의 의도, 전술, 행위에 대한 실무적인 정보의 공유를 필요로 한다.

사이버 위협 정보

사이버 위협 정보의 전제를 이야기할 때, 사이버 위협 정보와 때로는 잘못 사용되는 용어인 '사이버정보' 사이의 차이를 구분하는 것이 중요하다. 사이버 정보는 정보공동체 내의 정보분야 또는 교리로 인정된 정보과정이 아니다.

2019년 미국의 국가정보전략은 **사이버 위협 정보**의 의미를 "외국 행위자들의 사이버 프로그램, 의도, 능력, 연구와 개발, 전술, 대상, 운영활동 및 지표, 그리고 이들 모두가 미국 국가안보이익에 미치는 영향에 대한 전 출처 정보로부터 첩보를 수집, 처리, 분석, 배포하는 것"이라고 정의했다.[37] 이 정의가 나타내는 바와 같이, 위협을 분석할 때 전 출처 정보분석관들은 국가 또는 비국가 행위자들이 전략적, 작전적, 전술적 성과를 거두기 위해서 사이버공간 활동을 사용할 능력과 의사를 가지고 있는지, 어떻게 사용할지에 대해서 결론을 내려야 한다. 적의 활동에 대해 상황적 이해를 유지하는 것은 사악한 사이버 활동에 대한 지표를 개발하고 경고를 제공하는 작업의 첫 단계다.

글상자 8.1 직업에 대한 개관

사이버 위협 분석관

개요

사이버 위협 분석관은 전 출처 분석, 디지털 포렌식을 수행해야 하는데, 특히 외국의 사이버 행위자들이 행하는 자국의 첩보체계, 핵심적 기간시설, 사이버 관련 이익에 대한 위협을 식별하고 감시하고 평가하는 데 주안점을 두어야 한다. 대통령, 국가안보회의, 그리고 다른 정책결정자들에게 전략적 평가를 지원하고, 전술적 분석을 제공하며, 활동방안을 권고해야 한다.

사이버 위협 분석관들은 자신들의 과학적이고 기술적인 지식을 복합적인 정보문제들을 해결하고, 장단기적인 평가서를 작성하며, 정책결정자들과 사이버 방어공동체에 브리핑하는 데 사용한다. 이 업무는 주도성, 창조성, 분석기술, 기술적 전문성을 필요로 한다.

이 직에 종사하는 사람들은 직장생활을 하는 동안 학술적 연구, 정보공동체 동료들과의 협조, 전문회의에의 참여를 통해서 직업적 인연을 유지하고 확대할 기회를 얻게 된다.

계속 ▶

글상자 8.1 계속

국내외 여행, 언어훈련, 분석에 필요한 기술과 운영 훈련, 기본적인 전문성 심화 훈련, 정부 다른 기관으로의 파견 기회를 가지게 될 것이다.

최소 자격
- 아래 분야 또는 이와 관련된 분야의 학사 또는 석사학위 소지자
  - 컴퓨터과학
  - 컴퓨터기술
  - 디지털 포렌식
  - 사이버보안
  - 텔레커뮤니케이션
  - 정보보증
  - 안보학
  - 국제학과 기술학의 혼합

- 긴급한 마감기한 내에 업무를 끝낼 수 있는 능력
- 뛰어난 분석 능력, 이와 관련된 경험
- 이슈에 접근할 때 창조적으로 사고할 수 있는 강력한 능력
- 강력한 비판적 사고와 문제해결 기술

기대되는 자격
- 국제문제에 대한 흥미
- 국가안보이익에 대한 지각
- 외국어 능통
- 뛰어난 구두발표 기술
- 명료하고 간결한 문장 작성 능력
- 국제문제에 대한 연구 경험
- 팀의 환경 하에서 작업할 능력
- 정기적인 문서작성 업무의 직업에 대한 흥미

계속 ▶▶

모든 지원자의 필수 절차

- 의료와 정신검사
- 거짓말 탐지기 인터뷰
- 포괄적 배경 조사

　지원에 합격하기 위해서는 이전 12개월 이내에 불법적인 약물을 복용하지 말았어야 한다. 12개월 이내에 불법적 약물을 사용한 경우 의료검사와 보안과정에서 신중한 평가를 받아야 한다.

출처: Central Intelligence Agency, https://www.cia.gov/careers/opportunities/science
technology/cyber-threat-analyst.html.

　몇 년 동안 다양한 정보와 사이버보안 전문가들은 사악한 사이버 활동[38]을 평가하기 위한 적어도 8가지의 사이버 위협 분석틀을 만들고 사용해 왔다. 그들 중에는 적대적 라이프사이클 분석(Adversary Lifecycle Analysis)과 록히드마틴의 사이버 킬체인(Lockheed Martin's Cyber Kill Chain)이 포함된다.[39] 분석틀에 더해서, 정보분석관들은 주요 사이버 위협으로 인식되는 것들에 대항한 연구와 자원을 우선시하기 위한 분석모델로 A.C.A.R.E.+I 모델을 고안해 냈다. A.C.A.R.E.+I은 행위(activity), 능력(capability), 평가(assess), 자원(resource), 전문성(expertise), 그리고 의도(intent)의 알파벳 초음을 따서 만든 것이다. 때때로 위협을 우선시하는 것은 주관적일 수 있다. 그러나 A.C.A.R.E.+I 모델은 기존에 수립된 범주 내에서 도전적인 가설을 제공하여, 훌륭한 분석기술을 증거에 의해서 지원되는 양적 데이터와 혼합하는 것이다.[40]

사이버 위협의 분석

다음의 일화들은 다양한 수준의 전문성을 가진 사이버 행위자들이 주목할 만한 사이버 사건들을 일으켰는지 보여 준다. 일부의 경우 그러한 행위는 사이버 위협에 대한 국제적 우선순위를 변경시켰다. 또한, 그들은 사이버 활동을 평가할 때 사이버 위협 분석을 적용하는 데 대해서도 보여준다.

표현의 자유에 대한 파괴적 악성코드 사용

전문가들은 북한이 사이버 전문가 또는 인프라를 보유했는지에 대해서 오랫동안 논쟁해 왔다 (대부분의 인터넷은 중국을 통해 라우팅 되지만). 그러나 최근 몇 년 동안 북한은 사이버 활동의 빈도와 복잡성을 증가시켜 왔다. 2009년 이래 북한은 남한의 정부조직과 금융기구들의 웹사이트에 대해서 분산서비스거부(DDoS) 공격을 감행해 왔다. 2013년 북한은 남한의 3개 주요 은행과 2개의 방송국의 네트워크를 무력화시키기 위해 '암흑의 서울' 악성코드를 사용하여 사이버 공격을 했다. 또한, 북한은 남한정부 고위관료들을 대상으로 사이버 첩보 수집을 정기적으로 시행했다.[41]

그러나 2014년 북한이 지원하는 사이버 집단[42]이 **접근, 능력, 의도**를 바꾸는 시도를 했다. 당시 북한은 〈인터뷰(Interview)〉라는 영화의 개봉을 앞두고 소니 영화사를 대상으로 사이버 공격을 했다. 이 영화는 미국 CIA가 김정은의 암살을 지휘하는 미국 영화다. 2014년 6월 첫 예고편이 나온 직후, 북한은 그 영화가 테러의 한 형태이고 전쟁행위라면서 유엔 사무총장에게 격렬하게 항의했다.[43] 북한의 공개적인 비난에도 불구하고, 2014년 12월에 소니는 영화의 상영계획을 그대로 추진하기로 결정했다. 2014년 11월 북한의 사이버 행위자들은 민간회사 소유의 데이터를 삭제하고 디스크 드라이브를 손상하기 위해서 소니의 네트워크에 침투하고 악성코드를 사용했다. 또한, 그들은 사기업 이메일들, 상영되지 않은 영화들, 소니 직원들의 개인식별정보와 같은 정보를 빼냈다.

국가안보라는 거대한 차원에서 보면 민간 엔터테인먼트 회사를 목표로 삼는 것은 별로 중요하지 않아 보일지 모른다. 그러나 북한이 자국 정부의 고위직을 모욕하는 데 대한 보복으로 기업을 표적으로 삼는 공격적인 사이버 능력을 사용할 의지가 있다는 점에 국제적 우려가 증폭되었다.[44] 소니 영화사 사건에 더하여, 국가의 지원을 받은 북한의 사이버 행위자들이 2014년부터 2018년 사이에 16개국의 은행 컴퓨터 시스템에 침투하여 약 6억 7,000만 달러를 외화 및 가상화폐로 훔쳐내서 유엔의 북한에 대한 경제제재에 맞섰다.[45] 소니사와 사이버 절도를 보면 북한의 위협(핵 포함)을 연구할 때, 정보분석관은 북한과의 긴장이 고조되는 동안 북한의 공격적인 사이버공간 활동에 대한 평가를 포함해야 한다.

경쟁을 없애는 악성 소프트웨어

대부분의 전문가는 이란의 공격적 사이버공간 능력은 북한의 것과 유사하다고 평가한다. 이란은 주로 지역 경쟁국들을 겨냥한다. 이란이 석유와 천연가스 분야의 경쟁국들에 대해서 파괴적인 소프트웨어를 사용할지도 모른다는 우려는 이란이 해외의 약점을 성공적으로 활용해 왔기 때문에 자국을 주목할만한 사이버 위협의 능력을 갖춘 국가로 인식시키는 데 유리한 위치에 있다.[46] 2012년 8월 이란이 지원한 것으로 의심되는 사이버 행위자들이 사우디아라비아 석유회사(사우디 아람코)에 악성코드로 공격하여 약 3만 개의 컴퓨터에서 데이터를 삭제했다. 그달 말에 카타르의 천연가스 회사인 라스가스(RasGas)도 의도적인 바이러스 공격을 받아 웹사이트와 이메일 서버가 다운되었다. 2016년과 2017년 사우디 아람코가 2012년의 삭제형 악성코드(wiper malware)의 변형인 샤문(Shamoon) 2.0의 공격을 받았다.[47] 이러한 사건들은 성공적으로 표적을 공격했고 일상적인 활동에 지장을 주었지만, 석유와 천연가스 생산에는 별 영향을 주지 못했다. 포렌식 증거를 검토한 후 일부 전문가들은 이란이 악성코드로 공격할 때 자제한 것으로 보인다는 의견을 내놓았다.[48] 다시 말해서, 이란은 지역 내에서 갈등이 고조되는 것을 피하면서 공격 능력을 보여 주기만을 원했던 것이다.

정치-군사 목표 형성을 위한 사이버 사용

러시아가 2008년 조지아와의 분쟁과 2014년 크림공화국을 합병할 당시 군사작전과 결합하여 사이버공간 활동을 사용한 것은 러시아가 지정학적 목표를 달성하기 위하여 사이버를 활용하여 경쟁국들을 압도하려 할지도 모른다는 국제적 논의를 불러일으켰다. 러시아는 이 분쟁들 동안에 조지아와 크림공화국 국민에게 영향을 줄 수 있는 다양한 형태의 사이버공간 활동을 전개했다. 예를 들어, 조지아와 크림에 대한 DDoS 공격으로 시민들은 금융기관과 정부의 웹사이트에 접근할 수 없게 되어, 정부로부터 정확하고 시의적절한 정보를 입수할 수 없었다. 또한, 크림 분쟁 당시 사이버 행위자들이 텔레커뮤니케이션을 봉쇄하여 시민들과 정부관료들이 인터넷과 휴대폰 서비스에 접근할 수 없었다. 이는 국내외적으로 정부의 커뮤니케이션을 심각하게 제한했다.[49] 러시아는 정보를 조작하는데 친 러시아 핵티비스트들의 도움을 받았다. 일부의 경우 그들은 시민들이 접근할 수 있는 정보를 통제했고, 다른 경우 대중들에게 틀린 정보를 전파했다.[50]

사이버 공격은 재래식 전력에 의미 있는 영향을 주지 못하고, 전쟁의 결과를 결정할 수도 없다. 그러나 사이버 공격은 학자들과 실무자들에게 현대전의 성격을 재정의하도록 하므로 중요하다.[51] 예를 들어, 2008년에 러시아가 선전, 정보통제, 허위정보 캠페인을 벌였지만, 조지아는 효과적인 정보제압(counterinformtion) 활동으로 대응하여 러시아를 압도했다.[52]

　이는 왜 그리고 어떻게 정보분석관들이 어떤 국가의 능력을 평가할 때 사이버 관련 지표들을 포함해야 하는가를 보여 주는 사례다. 연구는 국가의 목표수행을 지원할 수 있는 대리집단(핵티비스트 또는 사이버 범죄자들)과 같은 자원을 국가가 보유하였는지의 여부를 포함해야 한다. 그렇다면 몇 명을 보유해야 하는가, 20명 이내, 몇백 명, 아니면 몇천 명? 사회공학, 허위정보, 국제지원을 받기 위한 설화 조작 등과 같은 사이버 활동 중 어떠한 수준의 활동이 가능한가? 환경적 상황에 대한 완전한 이해를 제공하기 위해서는, 적의 구성과 배치에 대한 평가를 할 때 사이버 행위자들을 포함해야 한다.

위험에 처한 첩보와 기간시설

그것이 사이버 간첩(2015년 미국 인사국 침투)을 운영하는 중국과 같은 국가이든, 잘못되었다고 인식되는 것에 항의하는 핵티비스트 집단(어나니머스[Anonymous]와 같은)이든, 또는 공공조직의 활동을 혼란스럽게 하려고 랜섬웨어를 사용하는 사이버 범죄자들이든, 사이버 사건의 정교화와 빈도는 증가하고 있으며, 사이버 행위자들은 정부와 기간시설들을 위험에 빠트리게 하려고 사악한 의도와 능력을 보여 주고 있다. 앞서 언급한 사건들에 더해서, 적어도 20개국이(미국 포함) 지역 경쟁자들 그리고 때로는 전략목표를 확대해서 비국가 행위자들에 대한 공격적 사이버공간 활동을 지원하거나 수행하는 것으로 의혹을 받고 있다.

　2015년 미국 국방부와 국가정보장(DNI)은 사이버 위협을 제1의 전략적 위협으로 선정했고, 9·11 이후 처음으로 사이버 위협이 테러 위협보다 앞서는 것으로 결정했다. 그 이후 국가정보장실(ODNI)에 의해 발간된 '2018 미국 정보공동체의 범세계적 위협 평가'와 '2019 국가정보전략'은 사악한 사이버 행위자들이 정보환경과 사이버공간 활동을 자신들에게 유리한 정치적, 경제적, 사회적 분위기로 만들기 위한 전략적 도구로 사용할 것이라는 시대적 징후를 강조했다.

결론: 사이버공간 영역에서 위협의 복잡성

오늘날 기술융합은 지식의 전 지구적 확산을 촉진했고 궁극적으로 '국경'이라는 개념을 변경시켰다. 기술융합은 또한 적과 동지를 보다 다양하게 상호 연결되도록 만들었다. 기술은 말 그대로 빛의 속도와 같이 변화하고 있으며, 정보와 국가안보 분야의 전문가들은 이러한 복잡한 환경에서 위협을 효과적으로 분석하기 위한 핵심적이고 창조적인 사고(思考) 기술을 개발할 필요를 느끼고 있다. 향후 사이버공간에서의 비밀공작이 증가할 것으로 보이며, 만약 공작이 노출되면, '사이버공간에서의 전쟁행위'에 대해 합의된 국제적 정의가 없는 점을 활용하여 국가와 비국가 행위자들은 자신들의 개입을 부인할 가능성이 있다. 14장에서 우리는 인공지능, 양자(quantum) 컴퓨팅, 텔레커뮤니케이션의 현재 궤적과 의미에 대해서 논의할 것이다. 미래는 다원적이며, 글로벌 트렌드의 판도를 바꾸는 많은 잠재적 게임 체인저들에는 세계의 문제들을 풀거나 악화시키기 위한 기술의 적용 또는 활용이 포함된다.

핵심용어

사물인터넷(IoT: Internet of Things) 248
기술융합(convergence of technology) 248
산업제어시스템(ICSs: industrial control systems) 248

감시제어데이터수집(SCADA: supervisory control and data acquisition) 248
사이버공간(cyberspace) 250
사회적 층(social layer) 251

추가 읽을거리

Brantly, Aaron F. "A Fierce Domain: Conflict in Cyberspace, 1986 to 2012," edited by Jason Healy. *American Foreign Policy Interests* 36, no. 5 (2014): 334–335. doi: 10.1080/10803920.2014.976111.

Clarke, Richard, and Richard Knake. *Cyber War: The Next Threat to National Security and What to Do About It*. New York, NY: HarperCollins, 2010.

DeSimone, Antonio, and Nicholas Horton. *Sony's Nightmare Before Christmas: The 2014 North Korean Cyber Attack on Sony and Lessons for US Government Actions in Cyberspace*. National Security Report, John Hopkins Applied Physics Laboratory (2017). Accessed July 31, 2019. https://www.jhuapl.edu/Content/documents/SonyNightmareBeforeChristmas.pdf.

Holt, Thomas J. "Regulating Cybercrime Through Law Enforcement and Industry Mechanisms." *The Annals of the American Academy of Political and Social Science* 679 (2018): 140–157. doi: 10.1177/0002716218783679.

Koppel, Ted. *Lights Out: A Cyberattack, A Nation Unprepared, Surviving the Aftermath*. New York, NY: Broadway Books, 2015.

Lynn, William J., III. "Defending a New Domain: The Pentagon's Cyberstrategy." *Foreign Affairs* 89, no. 5 (2010): 97–108. https://www.foreignaffairs.com/print/1113238.

McDonough, Bart R. *Cyber Smart: Five Habits to Protect Your Family, Money, and Identity From Cyber Criminals*. Indianapolis, IN: John Wiley & Sons, 2019.

9장 정보 규제와 거버넌스

건국 이래 미국은 전시(戰時) 정보활동을 해 왔다. 미국은 건국 이후 전반 170년 동안 상설 **평시정보**기구 없이 지냈다. 이는 소위 지난 시대의 세계인 유럽, 아시아, 아프리카의 정치적 혼란으로부터 안전한 거리를 유지하게 하는 조용한 이웃들 때문에 가능했다. 미국인들은 정부가 운영하는 보안군의 아이디어를 회의적 입장에서 다루어 왔다. 혁명전쟁 동안 미국의 많은 반군은 군사 휘장과 제복을 거부했고, 거의 한 세기 동안 필라델피아, 보스턴, 뉴욕의 경찰관들은 민간인 복장으로 순찰을 했으며, 법집행기구의 공식적인 일원보다는 전통적 공동체의 경비원과 같은 활동을 했다.[1] 이는 단지 내전 동안 경찰조직이 보다 군사화된 조직의 모델을 선택했기 때문에 발생한 결과이며, 이러한 정책에 대해서 당시 많은 논쟁이 발생되었다.[2] 1947년의 국가안보법에 의해서 설립된 미국의 첫 번째 평시정보기구인 CIA도 마찬가지로 논쟁을 불러일으켰다. 정부의 제안을 논의하기 위한 의회 토론 동안에 일부 의원들은 새로운 정보조직이 나치 독일을 연상케 하고 '미국의 게슈타포'가 될 수도 있다고 경고했다.[3] 이러한 우려는 미국인들이 **시민의 자유**를 보호하는 데 중점을 두고 정부권력의 확대에 극도로 회의적으로 되면서 더욱 확산되었다. 따라서 1947년 이후 미국 정보공동체의 진화는 국가안보를

268

보호해야 하는 요구와 헌법에 의해 보호되는 자유의 존중 사이의 미묘한 균형 하에서 이루어졌다. 이 균형은 역사적으로 대체로 시민의 자유를 보호하는 방향으로 기울어졌지만, 국가안보 목표를 보호하기 위해서 시민의 자유가 심각하게 박탈되는 경우도 상당히 있었다.

매카시즘과 제2의 적색공포

정보기구의 임무와 자유시민의 권리 사이의 균형은 특히 냉전시대에 무너지기 쉬운 것이었다. 냉전시대에 국내정치는 대체로 소련과의 대립에 의해서 형성되었다. 당시 미국 정치생활의 주요 주제는 핵심적인 정부관료들이 친 소련 공산주의자들에 의해 점령되었다는 실제 또는 상상의 두려움을 중심으로 부각되었다. 친 소련 **공산주의자들**은 사회와 경제조직의 미국이나 서유럽 모델보다는 소련 모델을 선호하는 경향이 있는 인사들이었다. 공산주의에 대한 점증하는 불안은 **제2의 적색공포(Second Red Scare)**로 알려진 정치사회적 현상을 불러일으켰는데, 이는 1940년대 후반부터 1950년대 후반까지 지속되었다. 비밀의 공산주의 네트워크가 미국정부를 붕괴시키고 친 소련 통치체제를 수립하려 한다는 제2의 적색공포 기사가 매일 미디어의 헤드라인을 장식했다. 그 시기에 급박한 공산주의자들의 미국 정복에 대한 대중들의 공포를 자극하면서 여러 공적 인사들이 안보의 보증인으로 등장했다. 그들 중에는 위스콘신주 상원의원인 매카시(Joseph McCarthy)가 있었는데, 그는 여러 측면에서 미국의 **반공주의**의 대표적 인물이었다. 그는 공산주의자들이 영화산업, 학계, 정부조직, 군대, 그리고 심지어는 백악관까지 비밀리에 침투하고 있다는 주장을 10여 년에 걸쳐서 했다. 그러나 시간이 지나면서 미디어의 조명을 지속적으로 받기 위해 매카시는 점점 더 음모적인 주장을 하기 시작했는데, 그 주장들은 증명하기 어려운 흥미 위주

의 주장이었다. 예를 들어, 그는 미국정부가 미국인들로 하여금 공산주의
의 비밀 음모에 세뇌되도록 상수도에 불소를 투입하고 있다는 주장을 했다.
또한, 그는 제2차 세계대전의 영웅들이 대거 포함된 국방부의 지도층이 공
산주의에 동조하고 있다는 주장을 했다. 결국 매카시는 그를 가장 지지하던
사람들로부터 외면당했고, 1957년 영광된 자리에서 추락하였다. 그러나 그
때까지 **매카시즘**이라는 용어는 제2의 적색공포로 알려진 당대의 분극화된
국면을 가장 잘 표현하는 것이었다.

국내정보와 코인텔프로(COINTELPRO)

자신의 이득을 위해서 제2의 적색공포를 사용한 또 다른 공적인 인물은 FBI
의 장이었던 후버(J. Edgar Hoover)였다. 1940년대 반공주의가 미국정치
에서 세력을 확보해 나갈 때까지, 후버는 이미 미국 정보공동체에서 영향력
있는 인물이 되어 있었다. 그는 미국의 정계에서 위협적이면서도 존경받는
인물이 되어 있었다. 그는 48년 동안 FBI를 철권으로 이끈 이후 1972년 현
직에서 사망했다. 후버는 세인들의 주목을 추구하는 자기중심적 인물이라
고 생각한 매카시를 내적으로 별로 좋아하지 않고 있었다. 그러나 그는 매카
시의 반공 캠페인을 FBI의 방첩 역할을 높이는데 현명하게 활용했다. 또한,
그는 CIA의 내부에 공산주의 동조자들이 있다는 의혹을 북돋웠다. 그는 신
생 정보조직인 CIA가 자신의 권력에 도전하는 관료 세력이 되는 데 대해서
우려했다. 1956년 자신의 반공 캠페인의 일환으로, 그리고 공산주의에 대한
대중의 우려에 대해 대답하는 시도로, 후버는 **코인텔프로**(COINTELPRO:
Counter Intelligence Program)라는 코드명의 비밀 FBI 공작을 추진했다.
코인텔프로는 파괴적인 성격을 가진 정치집단의 활동을 봉쇄하는 것을 목
표로 했다. 이 프로그램의 초기 대상은 미국에 있는 친소 공산당, 그리고 다

수의 소규모 좌익과 극단적 자유주의 정치단체들이었다. 이 프로그램은 점차로 **백인 우월주의자**들을 포함하는 방향으로 확대되어 나갔는데, 그들의 대부분은 쿠 클럭스 클랜(Ku Klux Klan)의 회원들이었다. 궁극적으로 FBI는 국가안보국(NSA)과 군사정보 조직 등 정보공동체의 다른 조직들이 코인텔프로에 지원한 풍부한 자원들에 의존했다. 다른 **국내정보** 프로그램들이 CIA 및 NSA와 병행하여 추진되었다. 이들은 범위에 있어서는 소규모였지만 침투적이었고, 극단적이라고 간주되는 정치집단들을 포함하는 확대된 리스트에 초점을 맞추었다. 1960년까지 대상 리스트는 노동조합, 종교협의체, 동성애자 권리 캠페인 등 다수의 비폭력적이고 법을 준수하는 단체들을 포함했다. 정보공동체는 이들이 공산주의자들이나 공산주의 동조자들에 의해서 운영된다는 때로는 잘못된 명분 하에 추적 대상으로 결정했다.

1960년까지 코인텔프로의 주요 대상에 **시민권 운동**과 이 운동의 지도자인 마틴 루터 킹 목사가 포함되었는데, 후버는 킹 목사를 비 미국적인 위험 인물이라고 무자비하고 부당하게 비방했다. 후버 개인의 지시와 법무부 고위층의 의견에 따라 FBI는 킹 목사의 집과 사무실 전화선에 도청장치를 설치했다. 더욱이 FBI는 민권 운동 지도자의 집과 교회, 그리고 그의 가까운 동료의 집과 사무실에 도청장치를 설치하기 위해서 기술전문가를 고용했다. 킹 목사의 명성이 전국적으로 상승하기 시작하자, 민권운동 지도자가 수많은 연설을 하러 다니면서 묵을 호텔에 도청하도록 FBI 요원이 파견되었다.[4] 1968년 킹 목사가 암살된 이후 코인텔프로의 주요 관심은 **반 베트남전쟁** 저항단체로 옮겨졌다. 이 단체들의 대부분은 대학 재학생과 갓 졸업생들로 구성되어 있었으며, 이들은 정부의 베트남, 라오스, 캄보디아에서의 정책에 대해서 헌법이 보호하는 권리 행사의 범위 내에서 저항 행동을 했다. 그러나 그들은 여러 국내정보 프로그램들의 표적이 체계적으로 되었다. 이 프로그램 중 적어도 **MERRIMAC**과 **MHCHAOS** 두 프로그램은 CIA에 의해서 운영되었다. 반전단체들이 해외의 적들에 의해서 조종된다는 명백히 잘못된 명분 하에 CIA는 그 단체들에 침투하기 위해서 HUMINT 요원들을 사용했다. 일부의 경우, CIA와 정보공동체의 다른 조직들은 반전 운동가들에게 개별적으로 심리작전을 전개했다. 운동가들의 배우자에게 운동가가 부정한 행위를 했다는 익명의 편지를 보내거나, 그들의 대학교수들에게 통과될 수 없는 학점을 주도록 압력을 넣었다. **흑인 민족주의** 단체인 이슬람 국가운동(Nation of Islam)의 고위 지도자는 범죄기록이 없음에도 불구하고, FBI는 그를 범죄행위로 기소하지 않으면서 8년 동안 그의 개인전화를 도청했다.[5)]

워터게이트 스캔들

정보공동체에 의해서 이루어진 강압적인 국내 감시활동은 1970년대에 **워터게이트 스캔들**의 발생으로 최고 정점을 찍었다. 이 스캔들의 이름은 워싱턴 D.C.에 있는 포기 바탐(Foggy Bottom)에 있는 6개의 빌딩으로 구성된 워터게이트 단지의 이름을 딴 것이다. 워터게이트 단지에는 민주당 전국위원회(DNC) 본부가 입주해 있으며, 민주당의 운영조직도 이 단지에 있다. 공화당 닉슨(Richard Nixon) 대통령 재선 캠페인의 고위 참모집단은 비파괴 침입활동 경험이 있는 전직 정보요원들을 고용했다. 그들은 DNC 본부에 침투하여 사무실 전화에 도청장치를 설치하라는 임무를 부여받았다. 이러한 불법적 활동의 목적은 민주당의 선거 캠페인을 방해하고, 닉슨이 재선하는 데 도움을 주려는 것이었다. 그러나 임무수행은 대통령 참모가 계획한 대로 진행되지 않았다. 1972년 6월 27일 새벽에 5명의 침입자가 DNC 사무실을 침투하다가 경찰에 체포되었다. 그들은 이미 며칠 전에 숨겨 놓은 도청장치 중에 기능하지 않는 장치를 재설치하려고 침입했다가 체포된 것이다. 그 후 18개월 이상 동안의 조사 끝에 침입자는 대통령 재선 캠프의 핵심 멤버와 연계되어 있다는 증거의 흔적이 밝혀졌다. 닉슨은 민주당에 대한 불결한 간계의 캠페인에 개인적으로 연결되어 있지 않다는 점을 밝히려 했지만, 결국 1974년 8월 9일 불명예 사임했다. 닉슨은 또한 CIA를 포함한 정보공동체 구성원들의 도움을 받아 여러 차례에 걸쳐서 워터게이트 스캔들에 대한 조사를 방해하려고 시도했다. 대통령의 사임에 더하여 워터게이트 스캔들 결과 69명이 기소되었는데, 그들 대부분이 음모, 위증, 정의에 대한 방해의 죄목으로 유죄판결을 받았다.

닉슨 다음 대통령인 포드(Gerald Ford) 대통령은 닉슨 대통령을 사면하여, 일부 투표자들은 안정을 찾았고, 다른 투표자들은 격분했다. 워터게이트 스캔들은 미국정치사에 전례 없는 획을 그었고, 미국정치에 의욕 상실을 안겨다 주었다. 스캔들은 또한 **정보감시** 개념에 대한 급진적인 재정의를 창출했다. 정보감시 개념은 국민들이 선출한 또는 임명된 대표들이 정보기관의 활동을 감독하는 것을 뜻한다. 서방 선진국들은 이집트 및 북한과 달리 **보안국가**(security state)가 아니다. 이는 정보 및 안보기구가 권력의 3대 기구인 입법부, 사법부, 행정부에 의해서 결정되는 일련의 매개변수에 종속된다는 것을 의미한다. 사법부의 예는 **해외정보감시법원**(Foreign Intelligence Surveillance Court)이며, 이는 연방 법집행기관과 정보기관이 발급을 요청하는 감시영장을 해외정보감시법(FISA)에 따라 판단하는 11명의 연방 지방법원 판사로 구성된다. **FISA 영장**은 미국 땅에서 활동하는 외국 스파이 용의자에 대한 정보수집활동을 용이하게 하는 데 사용된다. 이러한 FISA 시스템은 워터게이트 시대 이전에는 존재하지 않았다. 워터게이트 사건 이전에는 정부의 불합리한 침투로부터 시민의 자유를 보호할 수 있는 구체적인 조치가 마련되어 있지 않았다. 실제로 워터게이트 스캔들은 권력 보유자들이 정보공동체로 하여금 사용하도록 허용한 것이 때로는 미국 시민과 영주권자들의 헌법적 권리와 자유를 직접적으로 파괴한다는 합리적인 의심 이상의 것을 보여 주었다.

처치위원회와 파이크위원회

1975년 민주당의 처치(Frank Church, 아이다호) 상원의원과 파이크(Otis Pike, 뉴욕) 하원의원은 정보공동체가 수십 년 전부터 해 온 활동에 대한 의회의 철저한 조사를 이끌었다. 위원장의 이름을 따서 만든 **처치위원회**와 **파이크위원회**는 코드명 COINTELPRO, MHCHAOS, MERRIMAC 프로그램에 의해 자행된 악명 높은 권력남용의 기록을 밝혀냈다. 이러한 폭로는 많은 미국인에게 충격을 안겨 주었고, 정보공동체에 의한 광범위한 권력남용이 이루어진 이유에 대한 장시간의 공적 토의가 진행되었다. 백악관과 정보공동체의 관료들이 냉전시대의 긴장된 정치적 환경을 법 위반 행위의 명분으로 삼았다는 점이 명백하게 밝혀졌다. 백악관에 들어선 행정부들은 정부의 정책에 동의하지 않는 미국인들의 권리를 정치적 전복행위로 간주했다. 다시 말해서, 1970년대 초반까지 CIA, FBI, NSA와 같은 정보기관의 고위관료들이 합법적인 정치적 반대자들을 비 미국인(un-American)으로 간주했다는 점이 확실하게 밝혀졌다. 그렇게 함으로써 그들은 미첼(George Mitchell) 상원의원이 "미국에서 정부의 정책에 동의하지 않는 것은 애국심 결핍의 근거는 아니다"라고 한 주장을 의도적으로 무시했다.[6] 정보관찰자들은 냉전의 압박과 미국이 소련과의 대결에서 패배할지도 모른다는 우려가 국내정보 활동의 방임적 환경을 조장했다는 점에 일반적으로 동의했다. 이러한 환경 하에서 미국의 정보공동체는 민주주의의 그림자로 표현될 수 있는 것을 바탕으로 하여 진화된 활동문화를 개발했다. 이러한 책임성의 부족은 강력한 비밀성의 풍조로 인해 더욱 강화되었는데, 이는 정보사업의 특수성을 고려하면 이해할 수 있는 것이다. 궁극적으로 냉전의 방임적 환경이 미국 정보공동체로 하여금 때때로 법을 완전히 무시하는 것처럼 보이는 활동을 하도록 허용한 것이다.

불법성의 심각함은 과소평가될 수 없는 것이다. 불행하게도 미국인들을

대상으로 한 국내정보 활동의 수법은 철의 장막 뒤에서 동독과 소련의 정보
기관인 스타시(Stasi)와 KGB가 행한 권력남용의 수법과 유사하게 닮아 있
었다. 이는 정보기관의 임무가 국가보안이라는 정치적으로 모호한 이익을
충족시키는 것이 아니라, 국가와 국가 거버넌스 시스템을 보호해야 한다는
점을 부정하는 것이었다. 아마도 워터게이트 조사 이후 최악의 폭로는 소위
휴스턴 계획(Huston Plan)과 관련된 것이었다. 이 계획은 백악관에서 닉슨
의 연설문 작성 보좌를 했던 휴스턴(Tom Huston)의 이름을 따서 만든 것
이었다. 변호사 자격을 보유했던 휴스턴은 1970년 정보기관이 해외목표를
대상으로 하여 사용한 수집방법을 용도 변경하여 미국시민들을 향해 사용
해야 한다는 보고서를 작성했다. 휴스턴 보고서는 반전단체 같은 '국내 급
진파'들은 외국의 적들과 연결되어 있다는 주장을 했다. 이 연결은 완전히
근거가 없는 것이었지만, 휴스턴은 이 연결 때문에 정보기관이 모든 자원
을 동원해서 시민들을 다루어야 한다고 정당화했다. 휴스턴은 이러한 국내
정보 수행은 CIA와 NSA 같은 기구들에 의해서 시도되어야 한다고 주장했
는데, 이 기구들은 시민들을 향해 스파이 활동을 하는 것이 법적으로 금지
되어 있었다. 휴스턴 보고서는 대규모 시민들에게 사용할 정보수집 방법을
구체적으로 열거했는데, 그들은 비파괴적 침입, 영장 없는 전자감시, 우편
물 열어보기, HUMINT 활동 등이었다. 괄목할만한 사실은 대통령이 휴스
턴에게 보다 구체적인 보고서를 작성하도록 하고, 작성이 완료된 후 대통령
자신이 CIA, FBI, 국방정보국의 장들에게 보내 즉각적인 수행을 위한 절차
를 밟도록 요구한 것이다. 며칠 뒤 닉슨은 마음을 바꾸어서 적용을 취소시
켰다. 그러나 이미 정보공동체는 휴스턴 계획의 여러 가지 방법을 미국 국
민을 향해 사용하고 있었다.[7] 휴스턴 계획이 언론에 알려지면서, 반전운동
가들에게 사용된 정보수집 기술이 워터게이트 스캔들에서도 사용되었다는
점이 분명해졌다. 이번에는 정치조직인 민주당에 대해서도 활용된 것도 밝
혀졌다. 이러한 활동들이 빛을 잃어가고 대통령이 그 활동들을 덮으려고 시

도하면서, 대통령에 대한 탄핵이 긴급하게 논의되었고, 이에 따라 대통령의
권력은 급격하게 무너지기 시작했다.

워터게이트 이후 정보감시

의회의 역할

워터게이트 조사 이후에 폭로된 사건들은 입법의원들로 하여금 정보기관들
의 행위에 대해서 보다 엄격한 감시를 해야 할 필요성을 느끼게 했다. 따라
서 의회는 처치위원회와 파이크위원회를 상설조직으로 전환했다. 오늘날
이들은 **상원 정보위원회**(Senate Select Committee on Intelligence)와 **하
원 상설정보위원회**(House Permanent Select Committee on Intelligence)
로 알려져 있다. 이 위원회들은 정보문제에 대한 유일한 감독권자로서의 행
정부를 다시는 신뢰해서는 안 된다는 믿음의 구현이다.

상원 정보위원회는 15명으로 구성되고, 그중에 8명이 다수당을 대표하
며, 그 8명은 위원장과 위원 7명으로 구성된다. 하원 상설정보위원회의 구
성원은 탄력적이며, 최대 20명을 넘지 않는다. 양 정보위원회는 수십 명의
참모를 보유하는데, 참모의 임무는 분석, 활동, 정보공동체 예산에 대한 많
은 양의 자료를 검토하는 것이다. 참모들은 입법 준비에 도움을 주고, 정보
공동체가 하는 브리핑에 참석한다. 위원회를 효율적으로 운영하기 위해서
는 참모의 역할이 중요한데, 정보공동체의 활동에 대해서 **일상적 감시**를 하
는 사람은 의원이 아니라 참모들이고, 즉각적인 처리가 필요한 이슈들에 관
하여 위원회 위원들에게 경각심을 불러일으켜 준다. 의회의 다른 의원들과
달리 정보위원회 의원들은 정보 프로그램과 활동, 구체적 예산, 심지어는
정보자원 및 방법과 관련된 정보에 접근할 수 있다. 대통령이 생각하기에

비밀공작을 필요로 하는 정보활동이 매우 민감할 경우, 대통령은 이 정보활동에 대한 접근을 정보위원회의 위원장과 부위원장으로 제한할 수 있다. 그러나 이 경우에도 대통령은 나머지 정보위원들에게 토픽에 대한 광범위한 개요를 제공해야 한다.

　정보위원회의 주요 정기적인 임무는 정보공동체의 활동을 통제하거나 어떤 식으로든 정보활동에 영향을 미치는 독립 법률의 모든 부분을 검토하는 것이다. 정보위원회의 정기적 기능의 가장 강력한 관점은 예산문제와 관련되어 있다는 점은 의심의 여지가 없다. 모든 정부지출에 대한 의회의 승인을 위한 헌법적으로 위임된 요구에 따라, 상하원의 정보위원회들은 미국의 모든 정보기관들에 적용된 예산 한도를 결정하는 **연간정보수권법안**(annual intelligence authorization bill)을 상하원에 제공한다. 이 법안들은 세출과정을 거쳐야 하는데, 이는 의회가 승인한 예산을 지원하기 위해서 구체적인 금액을 할당하여 법안들을 승인하는 것을 의미한다. 법안이 승인되더라도, 관련 위원회들이 시행을 위한 충분한 예산 지급을 거부하게 되면 **세출**단계에서 폐기될 수도 있다. 정보기관들은 의회에서 예산이 승인된 것은 아무것도 아니고, 실제로 지출이 실현되어야 의미가 있다는 점을 완전히 인식하고 있다. 또한, 법안이 승인되고 지출이 되지만, 예산이 제한되면 기본적으로 의미가 없어질 수 있다는 점을 정보기관은 알고 있다. 의회는 종종 이러한 입법조항들을 의회가 반대하는 정보활동을 제한하거나 포기하도록 하는 무기로 사용한다. 예를 들어, 2010년부터 2012년까지 공화당이 지배하는 의회는 CIA의 '기후변화와 국가안보센터'에 대하여 예산지출을 중지하려고 지속적으로 시도했다. 이 센터는 기후변화의 국가안보적 함의를 연구하기 위한 단기적 수명의 분석 조직이었다. 이 함의에는 세계에서 미국의 이익에 영향을 미치는 빈곤, 대량이주, 빠른 인구변화에 기여하는 지구의 사막화와 식량생산 가격의 상승이 포함되었다. 기후변화에 대한 과학적 근거를 부인하던 공화당 의원들은 이 시도에 대해서 강력하게 저항했다. 결국 의회로부터 충분한 예산지출이 제공되지 않게 되자, 2012년 CIA는 센터의 문을 닫기로 했다.

정보위원회는 임무의 일환으로 **의회 브리핑과 청문회**를 개최한다. 이는 위원회의 정규 세션이며, 고위 정보관료와 외부 전문가들의 구두 또는 기록된 증언을 듣는다. 구두 또는 기록된 문서에 의한 증언을 한 증인은 위원회 위원들의 질문을 받는다. 브리핑과 청문회 세션은 논의되는 주제에 따라 전투적으로 될 수 있고, 때로는 극단적으로 적대적이 되기도 한다. 많은 수의 브리핑과 청문회 세션들은 **입법청문회**에 비중을 두고 있으며, 입법청문회는 정보위원회가 공법이 될 잠재력이 있는 다양한 조치들을 논의하기 위해서 설계된 것이다. 이외에 정보 프로그램이나 기능의 합법성 또는 효율성을 검토하거나 평가하는 데 초점을 맞추는 **감시청문회**가 있다. 이 청문회들은 종종 조사의 기분이 들게 하며, 일상적인 정보수집 프로그램 또는 고도로 민감한 비밀공작 활동의 유용성과 같은 토픽을 다룬다. 때때로 정보위원회는 정보정책과 활동의 영향을 받은 미국 시민들과 단체들을 대신하여 실시하는 특별 **의회조사**(congressional inquiry)와 관련된 감시청문회를 개최한다 (이 장 후반부에서 다룰 2001년 페루 격추사건을 참고할 것). **인준청문회**(confirmation hearings)를 하는 동안에 정보위원회는 정보직에서 활동하도록 대통령이 지명한 개인의 적합성을 평가한다. 상하원의 정보위원회는 적합성 평가 결과를 본원에 보낸다. 정보위원회는 행정부가 외국과 협상한 조약에 대해 승인과 동의를 하는 **비준청문회**도 개최한다. 이와 더불어 워싱턴 밖에서 흔치 않게 개최되는 **현지청문회**(field hearings)도 있다.

앞의 문단에서 설명한 대부분의 세션은 **비공개 청문회**인데, 이는 이 청문회들이 국가안보 관련 정보를 다루기 때문에 대중에게 공개되지 않는다는 의미다. 의회에서 개최되는 대부분의 청문회는 공개되기 때문에 정보위원회에서 개최되는 청문회는 다른 청문회들과 차이가 있다. 정보위원회의 경우 아주 드문 경우에 공개회의가 진행된다. 정보위원회의 공개청문회는 대체로 국가안보에 영향을 미치는 현재와 미래의 위협에 대해 고위 정보관들이 **편집된** 또는 요약된 증언을 하는 연례적인 청문회다.

대통령의 역할

워터게이트 이후의 감시 모델에서 의회는 정보공동체에 대한 감시를 행정부의 최고 대표인 대통령과 공유한다. 대통령이 동의를 표하기 전에 정보공동체는 비밀공작이나 은밀한 임무를 수행할 수 없다. 대통령은 행정부의 한 부분으로 운영되는 다양한 정보감시위원회의 구성원들을 임명할 수 있으며, 정보 프로그램 또는 활동을 조사하거나 평가할 수 있는 특별 위원회를 설치할 수 있다. 대통령은 대통령에게 국가안보와 외교정책의 긴급한 문제들을 조언하는 **국가안보회의(NSC)**의 의장을 맡는다. 부통령, 국무장관, 국방장관, 재무장관, 에너지부장관, 그리고 국가안보보좌관으로 구성되는 NSC는 정보활동, 분석, 주요 조사결과에 대해서 항상 보고를 받는다.

대통령은 NSC 이외에 **대통령정보자문위원회(PIAB: President's Intelligence Advisory Board)**의 지원을 받아 정보기관의 활동을 감시하고 조정한다. PIAB의 임무는 정보기관의 활동과 결과가 국가안보의 요구를 충족시키는지를 평가하고, 이 평가를 대통령에게 제공하는 것이다. PIAB는 대통령이 직접 임명하는 16인 이내로 구성된다. 통상적으로 그들은 정부 밖의 전문영역에서 충원되는데, 많은 사람이 이전 정보업무 경력을 갖고 있다. PIAB는 **대통령정보감시위원회(PIOB: President's Intelligence Oversight Board)**라는 상임위원회를 포함하는데, 이 위원회는 정기적인 회합을 하는 상설조직이다. PIOB는 PIAB의 구성원 중에서 적어도 4명을 포함하는데, 그들은 정보기관이 헌법, 행정명령, 대통령 지시 등 국가의 법을 준수하면서 활동하는지를 확인하는 임무를 맡고 있다. 이 위원회는 임무를 수행하기 위해서 정보기관의 **감찰감(inspectors general)**과 긴밀하게 업무를 진행한다. 모든 정보기관에 감찰감이 있다. 감찰감의 주요 임무는 각 정보기관에서 항상 법이 준수되는지를 확인하는 것이다. 그러나 감찰감 또는 PIOB 중 누구도 조사를 시행하고 청문회를 개최할 권한은 없다. 법 위반이 있을 경우 PIOB는 단순하게 대통령실(EOP)에 통고하고, 감찰감은 법적으로 의회에 통고해야 한다.

2007년 이후 대통령은 **개인정보보호 및 시민자유감시위원회(PCLOB: Privacy and Civil Liberties Oversight Board)**로부터도 협의와 조언을 받고 있다. PCLOB의 5명 구성원은 테러와 관련된 정보정책들이 시민의 자유에 부정적인 영향을 미치는지를 검토하는 임무를 맡고 있다. 또한, 그들은 현존하는 시민의 자유를 위협하거나 파괴하지 않도록 정보정책을 결정하는 방식에 대해 대통령실이나 다른 집행기구들에게 조언을 한다. PCLOB에 더하여 대통령실은 **관리예산국(OMB: Office of Management and Budget)**의 견해에 의존한다. 관리예산국의 총체적인 임무는 정보문제를 넘는 광범위한 것이지만, 정보업무의 관리와 예산에 깊은 연관을 가지고 있다. OMB는 기존 규정에 따라 대통령의 우선순위를 준수하도록 보장함으로써 대통령의 예산집행을 돕는다. OMB는 대통령이 발표한 법적 지시인 **행정명령**과 **대통령 비망록**을 고려하면서 의회와 예산 우선순위를 조정한다. 따라서 임무와 관련된 모든 문제에 있어서 OMB는 정보공동체에 대한 감독 권한을 가지고 있다.

정보감시의 실행

앞의 절에서 설명한 정보감시 방안들은 요약적이고 이상적인 것들이었다. 실제로 정보감시의 과정은 매우 논쟁적이고 혼란스럽고 때로는 문제가 있는 것이다. 예를 들어, 앞서 언급한 해외정보감시법(FISA) 법원은 외국 간첩에 대응하는 방첩활동에 사용되는 감시영장을 발부하는데, 이 법원은 **고무도장** 시스템이 되고 있다는 비난을 종종 받는다. 이 개념은 정보업무의 법적 적합성을 고려하지 않고, 일반행정의 법적 절차와 유사하게 취급하는 자동적인 절차를 의미한다. 실제로 1979년부터 2012년까지 44,000건이 요청된 감시영장 중에 FISA 법원은 오직 11건만 거부했다는 연구가 있다. 이는 영장 발급 비율이 99.97퍼센트임을 보여 주는 것이다.[8] 정보감시의 또 다른 느슨한 역할의 사례는 앞서 언급한 감찰감 제도다. CIA의 감찰감이었던 버클리(David Buckley)가 4년간 근무하고 2015년 퇴직한 다음에 오바마 행정부는 후임을 임명하지 않았다. 공석이 몇 개월 유지된 후 상원 정보위원장은 백악관에 서한을 보내 대통령이 버클리의 후임을 임명하지 않는 데 대해서 유감의 뜻을 표하고, '되도록 빨리' 후임을 임염하도록 요구했다. 그러나 대통령은 후임을 임명하지 않았을뿐더러 정보위원회의 요구에 회신을 보내지도 않았다.[9] 버클리가 사임한 지 5년이 지난 2020년까지 CIA의 감찰감실은 정부 변호사였고 버클리 하에서 근무했던 샤플리(Christopher Sharpley)에 의해서 운영되었다. 후임 백악관 행정도 더 나은 점이 없었다. 트럼프가 대통령 된지 2년 후인 2018년에 정부 전체에 12자리의 감찰감 직위가 공석으로 있었다. 유사한 상황이 앞서 언급한 PCLOB에서 발생했는데, 의회가 대통령의 지명에 동의하지 않아 2007년부터 2012년까지 존재하지 않게 되었다.

정보감시 과정이 때때로 그렇게 혼란스러운 이유는 무엇인가? 그 대답은 복합적이다. 워싱턴의 다른 모든 것들과 마찬가지로, 변덕스럽고 불균형적인 인간관계가 정보감시의 효율성을 저해할 수 있다. 의회에서 정보감시를 다룰 때, 이 문제는 정보위원회가 위원회 내부 위원들 사이, 그리고 정보문제에 발언권을 가진 다른 위원회와의 사이에서 협력 또는 초당파적 제휴 정신에 의해서 이루어지는가의 여부가 중요하다. 다양한 위원회들 사이의 관계 중의 일부는 법에 의해서 강제된다. 예를 들어, 상원 정보위원회는 법사

위원회, 외교위원회, 세출위원회, 국방위원회로부터 2명(각 민주당과 공화당 1명씩)을 간부위원으로 편입해야 한다고 법적으로 명시되어 있다. 더욱이 상원 국방위원회의 위원장과 간부위원은 **당연직**(*ex officio*)으로 정보위원회에 참여하도록 법적으로 요구되고 있다. '당연직' 방침의 목적은 정보위원회와 정보문제에 이해관계가 있는 의원 또는 위원회들 사이의 긴밀한 협력을 촉진하기 위한 것이다. 그러나 그러한 방침은 그 자체가 갈등이 없는 감시 환경을 조성하는 것은 아니다. 상원과 하원의 정보위원장들이 다른 당 출신인 경우 두 정보위원회 사이의 갈등도 조성된다. 정보위원회와 다른 위원회들 사이 갈등의 대표적 사례는 정보위원회와 국방위원회 사이의 갈등이다. 양원의 국방위원회들은 자신들이 군사정보를 감독해야 한다고 주장한다. 이러한 주장은 자신들이 민간과 군사정보기관 모두를 감독해야 한다고 생각하는 정보위원회의 감시역할과 불가피하게 충돌하게 된다. 정보위원회 위원들과 세출위원회 위원들 사이에 정보법안의 승인을 둘러싸고 긴장도 발생한다. 세출위원회는 승인된 법안이 실행될 수 있도록 예산을 배당하거나, 예산을 제한 또는 전부 거부하여 이미 승인된 법안이 실행되지 못하도록 할 수도 있다.

정보감시 권한의 분리

정보에 관한 입법부와 행정부의 관계는 격렬하고 매서울 수밖에 없다. 정보과정의 통제를 두고 입법부와 행정부는 끊임없는 투쟁을 하고 있으며, 양측의 성공과 실패는 거의 같은 수준으로 공유되고 있다. 정당 소속과 관련 없이 의회 정보위원회의 의원들은 행정부가 정보감시를 위한 동등한 파트너로 대해 주기를 요구하고 있다. 최근 들어 정보 관련 문제에 대해 의회 위원회와 백악관 사이의 충돌이 자주 발생하고 있다. 이러한 정보위원회와 백악관 사이의 충돌은 2018년 사우디아라비아의 일반정보국(General Intelligence Directorate) 소속 암살단이 사우디의 전직 정부 자문위원이었다가 체제에 대해 비판자로 돌아선 카슈끄지(Jamal Khashoggi)를 이스탄불의 사우디아라비아 영사관에서 잔인하게 살해한 이후 발생했다. 카슈끄지는 터키 약혼녀와 결혼을 하기 위한 이혼서류를 받으러 터키에 갔다가 살해당했다. 카슈끄지의 암살을 사우디정부의 고위층이 미리 계획하고 지시했다는 강력한 증거가 있었지만, 이 사건에 대해서 명확한 입장을 표하는 것을 거부했다. 2018년 12월 상원 정보위원회는 카슈끄지 사건에 대해 CIA의 해스펠(Gina Haspel) 국장이 비공개 브리핑을 하도록 주선했다. 브리핑이 끝난 후 여러 명의 공화당 상원의원들이 사우디정부가 카슈끄지를 살해했다고 지목했으며, 사우디아라비아에 무기판매를 금지하는 법안에 투표했다. 공화당 출신인 트럼프 대통령은 의회의 결정에 대해서 거부권을 행사했다. 이는 트럼프가 처음으로 행사한 거부권이었고, 의회는 격노했다. 이후 의회의 위원회들은 정보 프로그램을 위한 대통령의 예산 요구에 제한을 가하는 대응을 했다.

의회가 대통령과 정보기관을 겨냥하는 주요 불만은 백악관과 정보기관이 1947년의 국가안보법의 핵심적인 법적 절차를 빈번하게 준수하지 않는다는 점이다. 이 법은 모든 정보활동에 대해서 의회 정보위원회에게 문서로 '완전하고 즉각적으로 통지'되어야 한다고 규정하고 있다. 이는 실행이 예정된 정보활동에 대해서 동의를 받기 위한 목적에 우선하여, 통고의 목적으로 의회와 소통해야 한다는 의미를 포함한다. 정보출처와 방식을 보호하기 위한 '핵심 이익에 영향을 미치는 특수한 상황'이라는 드문 예외가 있다. 그러나 광범위하게 말해서, 비밀공작 또는 정보의 재앙과 실패에 대해서도 의회는 어둠 속에 있어서는 안 된다. 하지만 국가안보법의 경우와 마찬가지로 '핵심 이익에 영향을 미치는 특수한 상황'은 정확하게 정의되지 않는다. 과거에 이 문구는 백악관과 정보기관이 정보활동에 자유롭게 적용할 수 있었다. 이는 또한 대통령이 비밀공작에 대한 정보를 단지 상하원의 지도부와 양원 정보위원회의 간부 포함 **8인방**에게만 통지하고, 그 이외의 의원들이 접근하는 것을 제한할 수 있도록 했다. 몇 년 동안 의회는 대통령이 비밀공작 활동의 특정 관점을 8명에게만 통지하는 것을 바꾸도록 노력했다. 그러나 백악관, 그리고 일부 경우 정보기관은 정보활동에 대해 감시를 강화하려는 의회의 시도에 대해서 저항했다.

의회가 모르게 비밀이 유지되었던 주요 정보 프로그램의 사례는 소위 암살실행단의 존재였다. 이 비밀집단은 합동특수작전사령부(JSOC: Joint Special Operations Command)의 특별조직으로 설립되었다. JSOC는 특수작전사령부(Special Operations Command) 산하에서 활동하고 있다. 2009년 3월 퓰리처상을 받은 저널리스트 허쉬(Seymour Hersh)는 부시 대통령이 세계의 테러리스트로 의혹 되는 사람들을 암살하기 위해 JSOC를 설치했고, 이 암살단은 딕 체니 부통령에게 직접 보고한다는 의혹을 제기했다. 허쉬는 백악관이 8년 동안 이 프로그램을 의회에 비밀로 유지했다고 주장했다. 이 기간 동안에 극도로 비밀스러운 조직은 대통령과 부통령으로부터 직접적이고 단독적인 지시를 받았다고 보도되었다.[10] 허쉬의 의혹이 제기되자마자 양원의 정보위원회들은 이에 대한 비공개 조사를 하겠다고 위협했다. 같은 해 6월 오바마 행정부가 임명한 파네타(Leon Panetta) CIA 국장은 비밀 프로그램을 중단하고, 자신의 전임자들이 의회의 정보감시 메커니즘을 무시하는 잘못을 했다고 인정하는 사과의 서한을 정보위원회에 보냈다. 또한, 그는 자신이 재임하는 동안 CIA는 국가정보법을 주제넘게 위반하는 행위를 되풀이하지 않겠다고 약속했다.[11]

의회 위원회와 정보기관 사이의 관계를 어렵게 한 또 다른 논쟁은 '페루 격추'라고 알려진 사건이다. CIA의 에어브릿지 거부프로그램(Air Bridge Denial Program)을 둘러싼 논쟁이 시작되었는데, 이 프로그램은 페루와 콜롬비아정부를 지원하여 CIA가 수행한 마약퇴치활동이었다. 이 프로그램의 목표는 필요하면 치명적인 무력을 사용해서라도 불법적인 마약거래를 하는 데 사용되는 비행기를 탐지하고 비행 중단을 시키는 것이었다. 2001년 4월 CIA 정찰기의 지원을 받은 페루 공군 제트 전투기가 페루 북서쪽 정글 위를 비행하고 있던 비무장한 세스나 비행기를 격추했다. 추락 직후 이 비행기는 불법적 마약을 거래하는 비행기가 아니었고, 미국의 선교사 가족을 태우고 있었다는 점이 밝혀졌다. 가족 중에 모녀 두 명이 사망했다. CIA가 공개한 감시 비디오를 보면, CIA 정찰팀 요원 중 적어도 한 명이 그 비행기가 마약거래 비행기의 조건을 갖추었는지에 대해 의문을 표현하는 것이 들린다. 그러나 CIA 팀은 페루 군대가 민간 비행기를 공격하는 것을 막으려고 시도하지 않았다. 후일 CIA 감찰감의 조사는 CIA가 에어브릿지 거부프로그램의 성격과 구체적 활동에 대해 의회에 의도적으로 거짓말을 했다는 결론을 내렸다. 또한, 감찰감은 격추에 관여된 CIA의 요원들에게 스스로의 유죄 입증을 피하기 위해서 어떠한 기록도 남기지 말도록 권고한 CIA의 법무실장을 비판했다. 요컨대, CIA는 두 명의 무고한 미국 시민을 사망토록 하는 역할을 감추고 거짓 설명을 하는 데에만 신경을 썼다. 이 사건은 상원과 하원 정보위원회의 간부들이 CIA를 신랄하게 비판하게 했고, 에어브릿지 거부프로그램은 일시적으로 중단해야 했다.[12]

논쟁적인 차원에서, 의회, 백악관, 정보공동체 사이에 가장 큰 상처를 남긴 감시 관련 투쟁은 2002년 부시 행정부가 승인한 업그레이드된 심문 프로그램에 대한 것이었다. 이 프로그램은 정보수집 목적으로 테러 용의자에 대해 고문을 사용하는 데 대한 것이었다. 이는 2001년 9월 11일 공격에 대한 대응으로 민간과 군사정보기관들에 의해서 사용되었다. 의회 정보위원회 위원들이 폐기하지 말라고 통지했으나 업데이트된 신문과정을 담은 거의 100개의 비디오테이프를 CIA가 폐기처분한 사실이 드러났다. CIA의 지도층은 정보출처와 방식을 보호하기 위해서 테이프들을 폐기했다고 주장했으나 의회 의원들은 감시를 피하기 위한 술수라고 비판했다. 상원 정보위원회는 이 사건을 잊지 않고 있다가, 2014년에 심문할 때 고문을 하는 것이 국가안보를 보호하는 데 도움이 되는지 조사를 시작했다. 이 조사를 하는 동안 정보위원회와 CIA 사이의 관계가 나락으로 추락하여, 법무부의 한 법률가는 이 관계를 "근래 40년 동안 CIA와 상원 위원회 사이가 공적으로 가장 매서운 순간"이라고 표현했다.[13] 정보위원회는 CIA가 불법적으로 위원회의 컴퓨터에 대한 스파이 행위를 해서 핵심 문서들을 탈취했다고 공개적으로 비난했다. 이에 맞서서 CIA는 정보위원회의 직원들이 CIA의 문서보관소에서 기밀로 분류된 문서들을 빼내는, 조사의 범주를 벗어난 행위를 한 데 대해서 FBI가 조사해 주기를 요청했다. 논쟁이 최고점에 이르렀을 때, 공화당의 그라함(Lindsey Graham) 상원의원은 "입법부가 CIA에 대해서 전쟁을 선포할 때"가 되었다고 주장했다.[14] 논쟁이 계속되는 동안 CIA의 감찰감실은 CIA가 실제로 상원 정보위원회를 대상으로 스파이 행위를 했다는 점을 발견했다. 감찰감의 보고에 따르면, 고문을 추적하는 업무를 진행하던 의회 직원들의 컴퓨터에 은밀하게 접속하기 위해서 다수의 CIA 요원들이 가짜 온라인 인증을 생성했다. 브레넌(John Brennan) CIA 국장은 조사결과를 상원 정보위원회 간부들에게 전달하고, CIA의 행위에 대해서 사과했다. 이와 더불어 그는 CIA 요원들의 불법행위를 추가 조사하고 '잠재적 징계조치를 건의'하는 '내부책임위원회'를 전직 상원의원하에서 운영되도록 설립하는 것을 포함한 제도적인 문제를 해결하는 단계를 밟을 것이라고 제의했다.[15]

결론: 불완전하지만 필요한 시스템

정보기관이 행정부, 입법부, 국가의 법률조직에 의해서 규제받는 것은 바람직하다. 그 반대는 시민들이 규제되지 않은 정보조직에 의한 지배를 받는 것이다. 이 경우 정보조직 요원들은 거의 확실하게 강력한 권한을 행사한다. 현재의 감시 시스템은 그다지 효율적이거나 기능적이지 못한 게 현실이다. 냉전시대의 경험이 보여 주듯이, 정보감시는 정보행위가 발생하는 곳에서의 광범위한 사회정치적 맥락에 의해서 이루어진다. 모든 서방 민주주의 국가들은 각 국가마다 특유한 정치적 파트너십의 결여와 관료들의 영역 다툼의 영향을 받는다. 궁극적으로 정보감시는 진화하고 있으며, 이 진화는 국가의 인권과 시민 자유 지평의 많은 부분을 발전시키는 작업을 지속할 것이다.

핵심용어

추가 읽을거리

Diffie, Whitfield, and Susan Landau. *Privacy on the Line: The Politics of Wire-tapping and Encryption*. Cambridge, MA: MIT Press, 2007.

King, David C. *Turf Wars: How Congressional Committees Clam Jurisdiction*. Chicago, IL: University of Chicago Press, 1997.

Medsger, Betty. *The Burglary: The Discovery of J. Edgar Hoover's Secret FBI*. New York, NY: Vintage Books, 2014.

Schmidt, Regin. *Red Scare: FBI and the Origins of Anticommunism in the United States, 1919–1943*. Copenhagen, Denmark: Museum Tusculanum Press, 2000.

Theoharis, Athan G. *The Central Intelligence Agency: Security Under Scrutiny*. Westport, CT: Greenwood Press, 2006.

Theoharis, Athan G. *Spying on Americans: Political Surveillance From Hoover to the Huston Plan*. Philadelphia, PA: Temple University Press, 1978.

Zegart, Amy B. *Eyes on Spies: Congress and the United States Intelligence Community*. Stanford, CA: Stanford University Press, 2011.

10장 기관 사이의 커뮤니케이션

전통적으로 정보에 대한 연구의 많은 부분은 세 가지 주요 정보업무의 관점에 초점을 맞추고 있는데, 그들은 수집, 분석, 활동이다. 정보활동은 다른 정보업무보다 미디어로부터 더 많은 관심을 받기 때문에 학자들에게 보다 더 매력을 끌고 있다. 따라서 기밀이 아닌 영역에서의 정보활동은 공개된 연구를 고무하고 주제에 대한 학문적 연구를 유도한다. 정보를 먹여 살리는 분야[1]로 묘사되는 수집은 매혹적이고 정보순환에서 가장 기초적인 활동이 되고 있다. 마지막으로 분석의 과정은 정보라는 직업의 지적 수준을 강조하기 때문에 학자들에게 본능적인 매혹을 제공한다. 또한, 방법론적 처리, 상황화(contextualization), 번역을 통하여 생 첩보를 정보로 전환시키는 독창적이고 만족스러운 작업도 존재한다. 이의 많은 부분은 대부분의 학자들이 친숙하고 매력적이라고 생각하는 동료평가와 같은 과정을 포함한다.

그러나 정보학이 정보 분야와 과정에 대해서 지나친 강조를 하게 되면, 정보기관이 스스로 발견한 사실들을 정책결정자들과 효과적으로 교류하기 위한 주요 목적을 위해 존재한다는 사실을 간과하는 경향이 있다. 정보기관과 정책결정자들의 효과적인 교류는 국가안보를 보호하고 국가의 생존 방식을 유지하는 데 있어서 필수적인 메커니즘이다. 이러한 점에서 정보기관

임무의 중요하고 필수적인 관점은 **기관 내**, 그리고 **외부기관과의 커뮤니케이션**을 포함한다. 이러한 커뮤니케이션은 협력을 촉진할 목적으로 정보기관 내, 그리고 정보기관들 사이의 첩보교환을 핵심으로 한다. 또한, 이러한 커뮤니케이션은 효율적인 **정보의 배포**를 포함하는데, 이는 정보생산자가 완료된 정보 — 흔치 않게 생 정보 — 를 정보소비자에게 전달하는 것을 의미한다. 따라서 정보의 수집과 분석 결과가 적절히 그리고 효과적으로 국가안보를 담당하는 정책결정자들에게 전달되지 않으면, 그들은 아무런 의미가 없게 된다. 효과적인 커뮤니케이션은 적어도 두 당사자의 노력을 필요로 하며, 정보순환의 배포과정에 가장 중요하게 적용된다. 실제로 정보 커뮤니케이션의 효과적인 형식을 수립하고 유지하는 것은 주로 정보기관의 책임으로 인식되고 있다.

이러한 책임을 중족시키기 위해서 정보기관은 정교한 메커니즘을 고안해 왔는데, 일부 전문가들은 그것을 **정보유지**시스템 또는 **정보관리**시스템이라 부르고 있다.[2] 이 용어들은 정보기관이 수집된 첩보의 처리와 보관을 체계화하고 표준화하는 방식, 그리고 정보생산물을 검색하고 배포하는 방식을 의미한다. 이 과정들은 정보순환의 다른 분야들만큼 내밀하고 비밀적이다. 이는 이 과정이 공개적 환경에서 논의되는 데 대해서 제한이 가해진다는 의미다. 정보작업의 커뮤니케이션 분야에 대해서는 다양하고 중요한 관점에 대한 논의가 가능하다.

정보 커뮤니케이션의 근본적 긴장

정보 커뮤니케이션의 과정에는 근본적으로 긴장이 조성되어 왔다는 점은 인정이 되고 있다. 정보기관의 행정구조는 **구획화**(compartmentalization)의 원칙(한국 정보기관에서는 대체로 '차단의 원칙'이라는 용어를 많이 쓴다 – 역자 주)에 기초하고 있다는 점은 의문의 여지가 없다. 이는 정보보안 분야에서 많이 사용되는 방첩용어다. 이는 구성요소를 의도적으로 분리할 목적으로 설계된 시스템과 과정을 표현한다. 정보시스템에서 구획화는 비밀첩보의 보관과 활용을 극소수의 개인에게만 국한한다면 첩보가 적의 수중에 들어갈 수 있는 가능성을 줄일 수 있다는 신념에 기반하고 있다. 첩보 제한은 첩보관리를 하는 데 있어서 **알 필요(need-to-know)**를 기반으로 이루어져야 한다. 단순하게 말해서, 비밀첩보는 정보실무자들에게 알 필요를 기초로 하여 교류되어야 한다. 이는 정보실무자의 보안허가 수준 또는 대외비, 비밀, 1급 비밀 등 특정 첩보의 비밀등급과 관련되어 이루어진다. 이는 개인이 가진 허가증의 등급 이상으로 데이터나 비밀 주제에 접근할 수 없으며, 특히 정보실무자는 잠재적인 적에게 의도적이든 무의식적이든 비밀 주제에 대한 광범위하고 심층적인 지식을 누설하면 안 된다는 점을 의미한다. 이러한 정보관리 시스템이 **첩보보안**을 증진시킨다는 점은 의문의 여지가 없다. 그러나 동시에 이는 **첩보공유**와 기관 사이의 협력을 방해하는 **비밀문화**를 증진한다. 구획화의 원칙은 정보업무의 수단에 깊게 스며들게 되어, 정보실무자들은 자신들이 의도치 않게 첩보보안을 위배할지도 모른다는 두려움에 작업장에서 서로 장시간 대화하는 것을 피하게 된다.

　구획화가 긍정적이든 부정적이든 분열을 고무한다는 것을 이해하는 것은 어렵지 않다. 또한, 구획화는 경쟁을 고무하는데, 이는 정보기관으로 불리는 거대한 기구의 중심에 위치하는 문화적 기둥이다. 미국인들 정신세계의 '엄격한 개인주의'라는 표현은 교육학자 콘(Alfred Kohn)이 '미국인 생활의 공통분모'라 부른 '끊임없는 경쟁'을 나타낸다.[3] 한 국가 내 정보기관들 관계의 성격은 대체로 경쟁적이다. 그들은 예산, 관료적 지배, 정보소비자들로부터의 관심에 대해 경쟁을 한다. 9·11 위원회로 알려진 '미국에의 테러공격에 대한 국가위원회(National Commission on Terrorist Attacks Upon the United States)'의 주장에 따르면, 미국의 정보기관들은 전시에 '역할과 임무에 관하여 모질게' 투쟁을 하고, 평시에 '예산과 지도자 자리를 놓고' 경쟁을 한다. 현대의 정보기관들은 기관별 특별한 관습, 의식, 관례 등 수십 년 전의 자랑스러운 전통을 따른다. 그들은 자신의 조직이 다른 기관들과 다르고, 더 크고, 더 낫다는 차이점에 대해 자부심을 느낀다. 요컨대 그들은 고도로 관료화된 **경계의 문화**를 발전시키고 있다. 경계의 문화는 성격상 근본적으로 경쟁적인 복합적인 기관 사이의 역동성 기반이 된다. 따라서 이러한 기관들은 국가안보 이익을 수호하기 위해서 상호 협력적인 관계를 맺는 것이 어렵게 된다. 이는 그 기관들이 할 의지가 없어서가 아니라 어떻게 해야 할지를 모르기 때문이다. 그들은 고등학교 무도회에 참석한 극도로 수줍어하는 10대가 하는 행동과 유사한 행동을 한다.

기관 내 커뮤니케이션의 과제

정보 커뮤니케이션의 과제는 주로 기관 사이의 환경에서 등장하며, 이러한 커뮤니케이션 시스템은 아주 잘 되어 있다. 반면 복합적인 관점의 일부는 기관 내의 관계에 근원을 두고 있다.

고도로 계층적인 구조

앞서 언급한 정보보안의 구조적 특징인 구획화에 더하여, 정보기관들은 고도로 **계층적**이다. 이는 요원들이 행정적 직급에 따라서 구분되고, 지위, 선임순위, 다른 다양한 권위의 요소에 따라서 활동을 한다는 뜻이다. 모든 국가는 역사적으로 정보의 흐름과 정책결정의 계층적 체계를 바탕으로 행정조직을 구성함으로써 권력을 정당화하는 데 활용했다. 지위를 의식하는 계층적 관료주의를 바탕으로 하는 하향식 조직구조는 국가를 운영하는 서방 관료주의의 특징으로 정의된다. 따라서 안보전문학자 길(Peter Gill)에 따르면, 정보기관들의 정책을 '계층적 개념'으로 설명하는 것은 '완전히 적절'하다.[4]

　미국인들은 자신들의 사회조직체계가 주로 유럽을 포함하는 서방국가들의 체계보다 덜 완고하다는 자부심을 가지고 있다. 미국인들의 생활은 대체로 비공식적인데, 이는 미국의 사회경제적 기동성 — 개인의 수입과 사회적 지위가 변동하는 속도 — 이 세계 다른 어떤 나라보다도 유연하다는 아이디어에 의해서 배가된다. 이러한 인식은 미국 관료시스템의 위계성이 다른 나라보다 덜 엄격하다는 신뢰에 기반하고 있다. 그러나 실제에 있어서 미국의 정보기관들은 항상 계층적으로 유지되어 오고 있다. 논쟁적이지만, CIA의 마체티(Victor Machetti)와 외교관 마크스(John D. Marks)는 미국의 정보기관들이 '아이비리그 타입의 동부 출신들로 집중'되어 있다고 언급한 지난 세기의 조직보다 현재는 덜 경직화되어 있다고 주장한다.[5] 그러나 조직들은 구조와 문화 측면에서 점차 군사화되어 가고 있다. 따라서 활동, 분석, 행정직원들 사이의 분열이 조장되면서 피라미드식의 계층이 형성되고 있다. 미국의 국가안보 제도를 논의한 『정보의 적들(*Enemies of Intelligence*)』이라는 저서에서 컬럼비아 대학교수이면서 의회 정보위원을 역임한 베츠(Richard K. Betts)는 오늘날 엄격한 계층이 정보공동체를 지배하고 있다는 주장을 했다. 컴퓨터 혁명의 시작으로 일상적 생활이 수평적이고 동등 계층 간(p2p: peer-to-peer) 소통의 개념으로 변하였음에도 불구하고 계층화는 변하지 않고 있다는 것이다.[6] 실제로 컴퓨터 네트워크를 사용한 후에도 전통적인 관료사회의 계층은 줄어들지 않았다. 그 대신 관료사회는 관습화된 계층적 소통 채널에 도전하지 않고 재구조화하는 경향을 보이고 있다.[7] 이는 대부분의 서방 정보기관에서 거의 공통으로 이루어지고 있는 현상이다.

　이러한 계층화의 예외는 위키피디아를 모방하여 만든 인텔리피디아(Intellipedia)인데, 이는 비밀의 협력적인 온라인 정보공유 플랫폼이다. 인텔리피디아는 2005년 국가정보장실(ODNI)에 의해서, 정보공동체 내의 공유와 협력을 증진시킬 목적으로 만들어졌다.

인텔리피디아는 백만 가지 이상의 주제들에 대한 문서들을 포함하고 있으며, 정부의 비밀문서에 접근이 가능한 모든 사용자들이 이 문서들을 편집할 수 있다. 인텔리피디아의 문서들은 각 문서의 비밀등급에 기초하여 세 부류의 분리된 위키들(wikis: 사용자들이 협업으로 편집하도록 허용하는 온라인 커뮤니케이션 플랫폼)에 접속할 수 있다. 미디어 보도에 따르면, 인텔리피디아 모델은 국가정보예측(NIEs)을 생산하기 위한 협력 플랫폼으로 사용되고 있으며(이 장 뒤에서 논의됨), 정보공동체 내의 기관들이 협력하여 정보분석을 하기 위해서도 활용이 된다.[8] 그러나 인텔리피디아 모델은 미국 정보공동체 내에서 규범적인 것은 아니며 예외적인 방식이라 할 수 있다.

컴퓨터의 사용 여부를 떠나서 계층적 커뮤니케이션은 기관들에게 기본적으로 문제가 되는 것은 아니다. 계층적 커뮤니케이션은 분명한 규정과 절차에 기반한 운영의 통일성 있는 구조를 창조한다. 또한, 계층적 커뮤니케이션은 보다 규모가 큰 책임의 계층에서 자신의 계급에 적합한 업무 할당의 기대를 하도록 한다. 그러나 문제들을 푸는 데 있어서, 커뮤니케이션의 계층적 모델들은 다른 일련의 비판을 받는다. 미국의 군사정보에 대한 혹독한 비판을 한 토마스(David Thomas)는 "창조적이고 앞서 나가는 분석을 방해하고 논쟁적인 평가의 배포를 막는 계층을 기반으로 한 관료조직의 완고하고 답답하고 근시안적인 행태"를 비난한다.[9] 그는 다음과 같이 지적한다. 정보 커뮤니케이션의 엄격한 계층적 시스템은 하향식 정보교환의 모델을 고무하고, 개별 분석관들이 국가안보를 지키는 핵심 임무를 수행하는 데 장애가 되는 경향이 있다. 다시 말해서, "이는 내가 받는 월급 이상의 업무이다"라는 정보업무의 철학을 고무한다. 길(Peter Gill)에 따르면, 계층적 시스템에서 근무하는 정보실무자들은 상층부에서 거의 배타적으로 이루어지고 '계층을 통하여 하향 전달되는' 정보정책을 따르는 데에 단순하게 습관화된다.[10] 동시에 전직 CIA 활동요원인 패디스(Charles Faddis)는 자신의 저서 『수리를 넘어서: CIA의 쇠퇴와 몰락(*Beyond Repair: The Decline and Fall of the CIA*)』에서 상상력이 풍부하고 반대적인 활동계획 또는 정보평가로 전통적인 계층체제에 도전하기를 원하는 사람들은 결국 성공하기가 불가능하다는 것을 알게 된다고 주장했다.[11]

국방정보국에 대한 혐의

정보실무자들이 엄격한 계층 시스템에서 업무를 하면서 직면하는 도전의 사례는 2015년 국방정보국(DIA)의 분석관들에 의해 제기된 일련의 의혹들이다. 그해 8월 언론은 최소한 50명의 DIA 정보분석관들이 자신들의 대테러 평가보고서가 이집트, 중동, 중앙아시아에서의 군사작전을 지시하고 조정하는 국방부 조직인 중부사령부(CENTCOM)의 구성원들에 의해서 조작되었다고 진술했다는 보도를 했다. 일부 보고서들은 이라크와 시리아에서의 알카에다 활동과 관련되었으나, 대부분은 당시 레반트(Levant)로 알려진 중동지역의 넓은 영토를 지배하던 이슬람국가 집단에 대한 내용이었다. 분석관들은 중부사령부의 작전지역에서 미국의 정책을 잘못된 방향으로 유도하기 위해서 자신들의 보고서가 변경되었다고 국방부 감찰실에 불만을 제기했다. 어느 익명의 사람은 이 상황을 정보분석관들에 의한 '반란'으로 표현했다. 다른 사람은 정보보고서를 고친 것은 '정보체계의 상층부에 존재하는 암'으로 표현했다. 자신이 '국방부 직원'이라고 신분을 밝힌 한 사람은 분석관들의 '반란'은 2003년 미국의 이라크 침공으로 유발되었다고 주장했다. 당시 "사실이 아니지만, 이라크가 대량살상무기를 보유했다고 빈약하게 작성된 정보보고서들이 부시행정부로 하여금 전쟁을 일으키게 했다"고 국방부 직원이 말했다. 그는 당시 정보분석관들이 자신들이 "옳은 일을 하지 않았고 이라크의 대량살상무기 프로그램에 대한 의혹을 목소리 높여 말하지 않은 데 대해서 좌절했다"고 언급했다.[12]

분석관들의 주장은 두 가지의 분리된 비밀 조사를 유발했다. 하나는 국방부 감찰실에 의한 것이었고, 다른 하나는 국방위원회, 정보위원회, 세출위원회의 3개 하원 위원회들이 합동으로 구성한 태스크 포스에 의한 조사였다. 제출된 의회의 보고서는 "중부사령부의 고위 지도자들에 의해서 승인된, 미국의 대테러 노력에 대한 정보생산물이 현장에서 확인된 사실들보다 더 단정적인 묘사를 하고 있으며, 정보공동체의 다른 요소들에 의해서 시행된 분석보다 단정적이었다"는 결론을 내렸다.[13] 이 보고서의 정확한 내용은 비밀로 묶여 있다. 그러나 다음 해 2월에 작성된 감찰관의 보고서는 "정보가 중부사령부의 최고위층에 의해서 고의로 변경되거나, 지연되거나, 압박을 받았다는 점은 대체로 입증되지 않았다"고 결론을 내렸다.[14] 동시에 그 보고서는 "중부사령부의 지도자들이 대테러정보를 의도적으로 왜곡시키려는 시도를 했다는 인식이 정보분석관들 사이에 널리 확산되었다"는 점에 주목했다. 중부사령부의 사령관들은 보고서에 포함된 사실들은 이미 해결되고 있는 중부사령부의 계층조직에 대한 문제를 지적하고 있다고 주장했다. 불행하게도, 중부사령부에 대한 분석관들이 제기한 논쟁은 유일한 것이 아니다. 이 논쟁은 정보 커뮤니케이션의 계층적이고 중앙집중식 시스템으로부터 야기되는 문제들에 대한 예시적인 사례연구를 제공한다.

기관 사이의 커뮤니케이션 과제

미국 정보공동체의 특징 중의 하나는 엄청난 규모와 범위다. 정보공동체는 정보업무, 능력, 요구의 분야를 다루는 17개의 기관으로 구성되어 있는데, 이 기관들은 때로는 분리되어 활동하고 때로는 활동이 중첩되기도 한다. 상황이 더 복잡하게 되는 이유는 이들이 정보 또는 안보기능을 가진 다른 연방, 주의 기관들과 활동을 조화시켜야 한다는 점 때문이다. 이 기관들과의 갈등과 불화를 피하면서 방향성과 동시성을 공유해야 한다는 점은 문제를 해결하기 위한 **기관 사이의 접근(inter-agency approach)**을 필요로 하는 활동 차원의 주요 목표다. '기관 사이'의 개념은 정책결정자 수준에서의 공식적인 협의의 구조이며, 정부의 다수 기관이 집행을 위한 의사결정을 조정하는 것을 목표로 한다. '기관 사이'의 가장 상위 조직은 국가안보회의(NSC)이며, NSC는 **기관 사이 실무그룹(IWGs)**이라고 알려진 조직에 강하게 의존하고 있다. IWGs의 업무는 정부기관들 사이에 조화를 필요로 하는 정책주제들을 구성하고, 그들 사이의 화합을 고무하고, 기관 사이의 활동을 필요로 하는 집행 결정을 하도록 지원하는 것이다. 공식구조 이외에도, '기관 사이' 용어는 기관 사이의 다른 수준의 커뮤니케이션에 적용되는 조정의 과정도 의미한다. 이 과정의 일부는 공식적인 반면, 대부분은 비공식적이고 엄격하게 개인적 수준에서 이루어진다. 정보공동체가 정책결정자의 수준에서 기관 사이의 과정에 기여하는 능력은 정보공동체가 다양한 내부 요소들을 조종할 수 있는 능력의 효율성에 달려 있다. 이것이 바로 기관 사이 커뮤니케이션의 개념이 적용되는 지점이다.

제도화

이 지점에서, 정보기관이 자체적으로 소통하는 방식에 영향을 미치는 두 가지의 중요하고 동등한 개념인 **조직**과 **제도**를 분명하게 구분할 필요가 있다. 대부분 조직은 한시적으로 존재하고 영역이 제한되는 경향이 있다. 또한, 조직은 그 조직을 설립하고 지휘하는 개인에 의해서 형성되고 영향을 받는다. 반면, 제도는 내구성과 영속성을 바탕으로 하여 기획된다. 더욱이 제도는 조직보다 더 중요하게 고려되는 규칙, 법, 협약에 의하여 운영되고, 변화를 위해서는 한 명의 지도자나 집단 이상의 합의를 필요로 한다. 사실상 제도는 혁명적인 변란이 있을 경우 급격하게 변화하기보다는 사라질 가능성이 크다. 조직은 **제도화**의 과정을 통하여 제도로 변환될 가능성이 존재한다. 제도화는 신념, 업무 역할, 운영방식 등 강력한 규범이 행정구조에 점차 침투하여 정착하는 것이다. 모든 제도는 조직으로써 존재를 시작한다. 제도가 투영하는 확고함은 너무 강력해서 사람들이 제도 없는 사회를 상상하기 어렵게 만든다.

제도화는 불확실성과 예측 불가능성을 줄여주기 때문에 사회는 제도화를 환영하는 경향이 있으며, 물론 이는 정보기관의 임무에 있어서도 중요한 관점이다. 또한, 제도화는 보다 명확하고 책임성 있는 행정구조를 형성하게 하고 구성원들의 전문성을 고양한다. 그러나 동시에 제도화는 높은 수준의 운영 경직성, 그리고 외부인들에게 내밀적이고 때로는 이해하기 어렵게 보이는 행정문화와 같은 결점을 동반한다. 조직이론에서 그러한 구조를 묘사하는 데 사용하는 개념은 **관료**다. 사회조직 관련 학자들은 관료가 사회와 경제조직의 복잡한 시스템에서 유용하게 사용되는 기능을 충족시킨다는 점에 대해서 폭넓게 동의한다. 관료는 질서와 균형을 확립하는 방식으로 인간의 행동을 체계화하는 합리적 방식을 대표한다. 관료는 정부의 합리적 행정을 방해하는 지나치게 복잡한 조직문화를 가진 거대한 괴물과 같은 정부기관들을 의미하기도 한다. 관료의 덜 바람직한 관점을 평가할 때, 전통적인 조직이론은 통상적으로 **비표준적 관행, 회피, 관료문화** 등 세 가지의 주요 특징들에 집중한다. 비표준적 관행은 관료들이 뿌리 깊은 문제에 대해서 한 번에 해결하려 하지 않고 비공식적인 차선책을 개발하려는 경향을 말한다. 회피는 관료가 자신이 속한 정부, 기초적으로 섬기도록 정해진 국민에 대해서 봉사하는 것을 중단하고, 그 대신 자신의 이익을 우선시하는 것이다. 관료문화는 기관에게 고유한 일련의 관행, 규범, 상징, 의식(儀式), 신념으로 구성되어 있으며, 일상적 관행에 지속성, 정체성, 의미를 제공하는 수단으로 사용된다.

정보기관들 사이의 커뮤니케이션에는 위에서 언급한 현상들이 모두 나타난다. 예를 들어, 앞서 논의한 바와 같이, 기관 사이의 커뮤니케이션에는 구획화에 의해 등장하는 관료적 장애요인이 존재한다. 이론적으로는 기관 사이의 커뮤니케이션을 발전시키면서 구획화를 유지하는 것이 가능하다. 이는 견제와 균형이라는 정교한 청각체계(auditory system)로 운영될 수 있다. 물론 그러한 변화는 시스템의 급진적인 변환을 필요로 할 것이다. 많은 정보실무자는 비표준적 방법을 사용하여 구획화의 문제를 해결하는 경향이 있다. 예를 들어, 다른 기관의 정보실무자들이 공통으로 관심을 가지는 주제에 대해서 비공식적인 대화를 한다. 이는 다른 정보기관의 구성원들과 상호 유익한 관계를 추구하여 업무의 틀을 구축하는 **기관 사이의 네트워킹** 부분이 될 것이다. 이는 관료 시스템의 본질적인 경직성을 우회하기 위해서 설계된 비표준적 해결방안으로 설명될 수 있다.

회피의 실제

정보기관이 업무를 추진하는 과정에서 나타나는 회피의 요소들도 관찰할 수 있다. 예를 들어, 2019년 『워싱턴 포스트』는 CIA의 첫 번째 여성국장인 해스펠(Gina Haspel)의 프로필을 보도했다. 이 기사는 트럼프 대통령이 정보공동체와 '유별나게 변덕스러운' 관계를 맺고 있다고 강조했다. 그 기사는 대통령이 되기 전부터 정보기관들을 비웃었던 트럼프가 이란, 북한, 그 이외의 외교정책 이슈에 대한 자신의 선언과 다른 평가를 정보기관의 장들이 언급하자, 트럼프는 그들에 대해서 전례 없는 조롱하는 태도를 보였다고 보도했다. 대통령은 정보지도자들을 "수동적이고 순진하다"라고 하면서 "학교로 돌아가라"라고 비판했다. 그러나 놀랍게도 해스펠은 자신이 정보의 최고위직에 있으면서도 대통령의 분노를 피해 갈 수 있었다고 기사는 보도했다. 어떻게 그렇게 할 수 있었을까? 그 대답은 그녀가 저자세를 유지하면서 "대통령에게 반박하거나 대통령의 견해에 대해서 논쟁을 벌이지 않도록 조심했다"라는 것이다. 그렇게 함으로써 해스펠은 '직책을 수행하는 데 필요한 핵심적인 자격'을 보유하게 되었는데, 이러한 해스펠의 행동은 현직과 전직 정보관들이 격언으로 여기는 것이다. 익명의 전직 고위 정보관은 다음과 같은 점이 중요하다고 말했다. "국장으로서 당신의 첫 번째 책임은 당신의 조직을 보호하는 것이다."[15]

앞의 인용은 회피의 고전적 사례, 즉 관료가 자신이 봉사하는 국가나 국민보다 편협한 조직의 이익을 우선적으로 생각하는 경향이다. 익명의 전직 정보관은 조직의 도그마를 언급하면서, 정보기관 지휘관의 주된 책임은 국가안보 임무를 수행하는 것이라기보다는 자신의 조직을 보호하는 것이라고 주장했다. 이러한 유형의 태도는 정보기관의 참호구축과 기관 사이 커뮤니케이션의 분열에 책임이 있다. 이들은 기관 내와 기관 사이에서 정보가 공개적으로 흐르는 데 대해서 저항하는 고립된 관료조직들의 **난로연통**(stovepipe) 현상으로 귀결된다. 난로연통 효과의 결말은 **커뮤니케이션 사일로**(communication silos, 사일로는 조직 이기주의 등으로 소통이 이루어지지 않는 현상이다 – 역자 주)인데, 이는 고립된 관료조직이 기관 또는 공동체의 확대된 협력 대신에 내부적으로만 커뮤니케이션하는 것이다. 이러한 현상은 필연적으로 정보공유를 방해하고, 정보기관의 업무 통합 노력을 무력화한다.

경쟁과 인파이팅

분명히 구분되는 관료문화는 **기관 사이의 적대감**을 불러일으키는데, 이는 비공식적인 **영역다툼**(turf wars)으로 알려져 있다. 이는 상호간에 원한을 품도록 하고, 때때로 영향, 권위, 행정력에 대하여 정보기관들 사이에 장기적인 논쟁이 계속된다. 강한 압력을 받고 높은 스트레스 속에서 수행되는 정보업무에서 오는 긴장감에 더하여, 정보실패에 대한 자신들의 책임을 경감시키기 위해서 **기관 사이의 경쟁**이 유발되며, 서로가 상대방에 대해서 책임을 돌린다. 많은 인적 기반과 자원을 보유한 정보기관이 유리한 위치에 있기 때문에 규모와 자원이 중요하다. 예를 들어, 미국의 정보기관 중 가장 크고 부유한 기관인 국가안보국(NSA)은 자체적인 업무 과정을 가지며, 다른 조직에 의존하지 않는다. 국토안보부(DHS)의 정보분야는 NSA의 지시를 받지만, 국토안보부의 엄청난 인적 자원 때문에 미래에 정보공동체를 지배할 것으로 예상되고 있다.

정보기관들 사이의 경쟁은 정보공동체 역사만큼이나 오래된 것이고, 일부는 수십 년 전까지 거슬러 올라간다. 1940년대에 FBI는 자신들의 경쟁이 될 것으로 생각한 CIA와 NSA의 창설을 막기 위해서 부단한 노력을 했다. 이들이 창설되었을 때, FBI 국장을 장기간 역임한 후버(J. Edgar Hoover)는 수년 동안 그들과 협력하는 것을 거부했다. 이 세 기관 사이의 경쟁은 장들이 서로 대화하는 것을 거부했기 때문에 **기관 사이의 인파이팅(inter-agency infighting)**으로 하향되었다. 이들 사이의 관계는 1972년 후버가 사망한 이후 어느 정도 개선되었다. 그러나 일부 신랄함은 남아 있었다. 보다 최근에, 1998년 케냐와 탄자니아 주재 미국대사관이 폭탄 공격을 받은 이후 FBI가 전 지구적으로 업무영역을 넓혀 나가자, CIA는 상당히 당황했다. 1980년대 중미 지역의 전쟁들 이후 CIA와 마약단속국(EDA: Drug Enforcement Administration) 사이의 갈등이 장기간 유지되었다. 백악관의 지시에 의하여, CIA는 중미의 여러 우익 무장단들을 지원했다. 그러나 레이건 행정부가 목표를 더 확대하면서, 이 무장단들은 마약 불법거래도 했다. 마약거래의 대부분은 미국의 거리에서 이루어졌다. 미국 땅에서의 마약거래와 유포를 막는 데 총력을 기울이는 연방법 집행기관인 마약단속국은 상황전개에 분노하고 CIA의 무관심에 대해서 비난했다.[16] 일부 저자들은 CIA와 마약단속국이 중미에서 저강도 전쟁을 치르고 있는데, 두 기관은 명백하게 상반되는 목표를 가지고 분리되게 개입하고 있다고 주장했다.[17]

테러와의 전쟁

2001년 9월 11일 테러공격에의 대응으로 미국이 시작한 테러와의 전쟁은 정보공동체 구성 기관들 사이의 관료적 인파이팅을 격화시켰다. 이 갈등은 정보수집과 방첩활동 사이의 전통적인 구분을 흐리게 했다. 이는 9·11 이후 정보의 방향을 둘러싼 민간정보와 군사정보 기구들 사이의 장기적인 영역다툼으로 귀결되었다. 특히 비밀공작과 대테러의 관계가 시선을 끌었다. 국방부가 정부의 다른 부서들을 합친 것보다 정보공동체에서 훨씬 많은 분야의 책임을 맡고 있다는 점을 기억할 가치가 있다. 또한, 현재까지 정보생산물의 가장 큰 소비자가 국방부이고, 종종 그렇게 취급받기를 원한다. 테러와의 전쟁은 CIA와 미국의 새로운 정보기구인 국가정보장실(ODNI) 사이의 갈등의 핵심 포인트가 되고 있다. 2005년 창설 이후 ODNI는 CIA가 가지고 있던 정보공동체 내에서의 중앙 조정자 역할을 이양받았다. CIA의 최악의 우려는 2009년 여름 ODNI가 해외 주재 **지국장(COSs: Chiefs of Station)**의 임명에 관여하겠다는 방침을 발표한 이후 현실이 되었다. 1940년대 이후 해외지국장은 전통적으로 CIA의 고위직 정보요원들이 임명되었다. 예상대로 CIA는 ODNI의 입장에 대해서 거세게 항의했다. 다수의 전직 CIA 요원들이 ODNI의 제안이 '완전한 광기'라고 폄하하는 칼럼을 신문에 기고했다.[18] 그동안 CIA는 상원 정보위원회가 이 문제를 심도있게 관찰하기를 요구했다. 위원회는 비공개 청문회를 개최했다. 그러나 CIA에 유감스럽게도 ODNI 쪽으로 기울면서, "지부장의 책임은 정보공동체의 다른 요소의 전문지식을 가진 관료에 의해 가장 잘 충족되는 상황이 발생할 수 있는 장소도 있다"라고 강조했다.[19] 그러나 2009년 11월 CIA는 백악관으로부터 CIA가 유리한 방향의 최후통첩을 받았다. 백악관은 예리한 내용의 비망록을 발표했는데, 그 내용은 CIA가 지부장 직위, 그리고 해외 준 군사 및 인간정보(HUMINT) 활동에 있어서 '직접적인 권한'을 가진다는 내용이었다.[20]

때때로 국무부는 지부장 사무실에 대해서 반감을 품어 왔다. CIA가 해외에 주재하는 요원들의 신분을 국무부 해외 파견 직원으로 위장하는 것이 관례다. 이 요원들은 외교관으로 위장하지만, 실제로는 비밀정보활동을 수행한다. 더욱이 CIA는 외교관 시설에서 사용 가능한 물자들을 활용하여 비밀공작을 포함한 정보활동을 자주 수행한다. 스스로가 정보기관이 아니며, 자체적으로 수행하는 기능이 CIA의 기능과 다르다고 생각하는 국무부는 별로 달가워하지 않고 있다. CIA는 지부장이 하는 비밀활동에 대한 평가작업에서 국무부의 고위층이 제외되기를 희망한다. 지부장을 포함한 CIA 요원들은 외교관으로 신분위장을 하고 있으나, CIA 지부는 대사의 지휘를 따르는 것을 거부하는 것으로 알려져 있다.

정보수요자를 위한 생산

정보는 기본적으로 수요자를 위한 과정이다. 이는 정보가 정책결정을 하는 개인, 기관 또는 부서를 포함한 **정보수요자** 또는 **정보소비자**들의 필요에 따라 만들어진다는 것을 의미한다. 정보수요자는 전술적이고 전략적인 차원에서 정책결정 과정에 흔히 나타나는 불확실성을 줄이기 위해서 정보를 사용한다. 국가 차원에서 정보수요자는 5개의 범주를 포함한다. 우선 고위 참모를 포함한 대통령실이다. 안보위원회와 국방위원회를 포함한 의회도 정보생산물의 주요 소비자다. 또한, 정보기관은 국가안보 이슈에 있어서 대통령의 핵심 참모조직인 NSC의 위원들과 참모들을 지원한다. 마지막으로 정보생산물들은 국방부와 외교부를 포함한 정부 부처들에 제공된다. 이 소비자들은 국가안보를 지키고 제고하는 동일하고 광범위한 임무를 수행한다. 동시에 그들은 서로 유사하기보다는 상이한 조직들이며, 다양한 우선순위와 의제를 지니고 있다. 따라서 그들과 소통하기 위해서는 광범위한 종류의 정보생산물을 제공해야 한다.

문서로 작성이 되었든 또는 구두로 전달하든, 정보생산물들은 고도로 표준화되고, 일반적으로 일곱 가지의 범주로 분류된다. 정보생산물의 첫 번째 범주는 **현용정보**(current intelligence)다. 현용정보 생산물들은 최근의 사건들의 서술적인 단편 보고를 포함하며, 정책결정자들이 지속적으로 관심을 가지는 과제들에 초점을 맞춘다. 현용정보 생산의 사례는 '집행요점(Executive Highlights)'이다. 매일 편집되는 이 1급 비밀보고서는 군사정보국이 생산하고, 미국이 지속적으로 관심을 가지는 세계문제에 대한 브리핑 보고서를 포함한다. CIA도 '범세계정보리뷰(Worldwide Intelligence Review)'라는 제목의 유사한 생산물을 비밀 웹사이트 형식으로 제공한다. 정보생산물의 두 번째 범주는 **추세분석**(trend analysis)이며, **2단계 보고**(second-phase reporting)로 알려져 있다. 현용정보 생산물이 기본 사실들을 제공하는 반면, 추세분석 생산물은 전형적으로 조사결과를 활용하여 사실적 근거의 맥락과 평가를 제공한다. **3단계 보고**로 알려진 정보생산물의 세 번째 범주는 **장기평가**(long-term assessment)다. 장기평가와 2단계 보고의 주요 차이점은 3단계 보고가 한 주제 또는 일련의 주제들에 대한 미래 발전의 투영을 제공한다는 점이다. 정보의 네 번째 범주는 **예측정보**(estimative intelligence)이며, 이는 현재 문제의 전략적 발전을 예측하고 미래 위협을 전망하는 것이다. 국가정보위원회의 감독하에 협력적으로 작성된, 앞서 언급한 국가정보예측(NIEs)은 예측정보의 주요 사례다. 예측정보는 다양한 지역과 주제에 관련된 사건들의 궤적을 평가하는 협력적 노력을 포함한다. 따라서 예측정보는 성격상 전망하는 것이며, 예측정보의 판단은 기관들 사이의 다양한 분석적 합의의 수준을 나타낸다. 정보생산의 다섯 번째 범주는 **경고정보**(warning intelligence)다. 경고정보는 레이더에 나타나지 않는 긴급한 이슈에 대한 정보를 정책결정자들에게 제공한다. 정보생산의 여섯 번째 범주는 **연구정보**(research intelligence)다. 이 연구정보는 현재의 문제들을 심층적으로 분석한다. 온라인 형식의 역동성을 활용하여, 일반적으로 짧은 분석이 포함된 '범세계정보리뷰'는 연구정보라 할 수 있는 심층적인 보고서와 연결되고 있다. 연구정보는 사례별로 개별 소비자들로부터 요청을 받을 수 있고, 완성하는 데 여러 달이 걸리기도 한다. 마지막으로, 정보생산의 일곱 번째 범주는 **기술정보**(technical intelligence)다. 이 생산물은 관심 있는 주제에 대하여 고도로 전문화된 과학과 기술을 바탕으로 행해진 기술적 분석 결과를 정책결정자에게 제공한다.

정보생산물들은 두 가지의 공통점이 있다. 첫째, 그들 모두는 **완성된 정보**(finished intelligence)다. 다시 말해서, 이 생산물들은 정보순환의 적절한 단계를 거친 후, 그리고 동료검토, 확인, 검증 등 엄격한 절차를 거친 후 배포된다. 완성된 정보의 반대는 **생 정보**(raw intelligence)이며, 이는 정책결정자들이 볼 수 있도록 전달되지 않는다. 둘째, 모든 유형의 정보생산물들은 정보순환의 수집단계에 대한 구체적인 활동사항이 포함되지 않는다. 그러한 구체적 사항은 첩보의 출처와 수집방식을 포함하는데, 소비자에게는 극히 예외적인 경우에만 전달된다. 예를 들어, 정부 고위관료들을 심하게 거북하게 하는 원인이 될 때 수집출처와 방식의 공개는 제한된다.

정보소비자의 관심 끌기

정부의 원리 중의 하나는 정책입안자 또는 정책결정자가 고위직일수록, 그들이 자신들과 대화를 원하는 사람들에게 배려해 줄 시간이 적다는 점이다. 특히 대통령 또는 국방장관과 같이 행정부의 최고위직들은 접근하기에 가장 어려운 정보소비자들이다. 정보기관과 기관의 대표들은 자신들이 대통령이나 다른 정책결정자들에게 접근할 수 있는 우선권을 갖고 있다는 오해를 하지 말아야 한다. 반면에, 좋든 싫든, 정보기관들은 행정권을 가지고 있는 사람들의 관심을 끌려고 경쟁하는 수천 행위자 중의 하나일 뿐이다. 더욱이 정부의 고위관료들은 거의 변함없이 디지털 시대에 들어서서 나타나는 특징 중의 한 현상인 **정보과잉**으로 힘들어하고 있다. 더구나 정보기관 대표들이 권력자들에게 접근할 기회를 얻었을 때, 정보를 브리핑하는 사람들은 권력자들이 재선 성공과 같은, 국가안보와는 거의 관련이 없는 사안에 관심을 두고 있다는 사실을 알게 된다. 그럼에도 불구하고, 아무리 어렵더라도 정보기관들은 권력자로부터 무슨 말이라도 듣기를 원한다. 따라서 정보기관들은 정보과정을 교란하는 수많은 장벽을 고려하면서, 자신들의 생산물들을 정책입안자와 정책결정자들에게 배포하는 정교한 방법을 개발한다.

예를 들어, 정보기구들은 정보소비자들의 심리를 파악하려고 노력하고, 그들의 정보 우선순서와 그들이 선호하는 커뮤니케이션 방식을 이해하기 위해서 그들의 말을 신중하게 듣는다. 일부 소비자들은 정보 브리핑을 하는 사람들과 매일 짧은 회의하는 것을 선호한다. 다른 사람들은 보다 비정기적이면서 보다 길고 실질적인 브리핑 회의를 선호한다. 추가로 일부 소비자들은 텍스트 위주의 생산물을 선호하는가 하면, 다른 사람들 대부분은 구두 브리핑을 원한다. 이러한 후자의 방식이 바쁜 일정 속에 시간을 덜 소비하고 이해하는 데 에너지를 덜 소비하게 한다. 문서로 작성되었건 구두로 하건, 정보생산물들은 간결해야 하며, **결론 접근법**(bottom-line approach)을 활용해야 한다. 따라서 보고자들은 정보소비자들이 시간에 압박받고 있으며, 필요한 경우 서슴지 않고 요약을 요청할 것이라는 점을 이해해야 한다. 정보생산물의 최종 소비자인 대통령은 **대통령 일일브리핑**(PDB: President's Daily Briefs)으로 알려진 포맷을 통해서 정보기관으로부터 대부분의 정보를 받는다. PDB는 정보공동체로부터 제공된 정보생산물들의 일일요약으로 분류된다. PDB의 모든 출처 브리핑은 미국이 관심을 가지는 세계의 지속되는 발전을 설명한다. 1946년부터 2013년까지 PDB는 하드카피 형식으로 백악관에 보고되었다. 2014년 이후 오바마 대통령의 요청으로 PDB는 온라인 형식으로 전환되었다. 오늘날 PDB는 9·11 이후 CIA로부터 책임을 넘겨받은 ODIN이 제공하고 있다.

정보소비자의 관심 유지하기

정보소비자와 브리핑하는 사람의 관계는 다양한 성격을 가진다. 최고의 생산자들은 소비자 중에 정보 배경을 가진 사람들은 드물고, 따라서 전문적인 언어, 관례, 방법론에 문외한들이라는 점을 항상 염두에 두고 있다. 이는 정보생산자들과 소비자들 사이의 커뮤니케이션 과정에는 공유된 어휘가 존재하지 않는다는 점을 의미한다. 이는 또한 문제해결을 향한 공유된 심리방식이나 접근방식이 존재하지 않는다는 의미이기도 하다. 정책입안자들과 정책결정자들은 문제들이 결국은 해결될 것이라고 믿기 때문에 그들은 대체로 낙관적이다.[21] 반면, 정보실행가들은 질문을 하고 회의론을 펼치도록 교육을 받고, 항상 최악의 상황이 벌어질 수 있다는 예상을 하도록 훈련받는다. 또한 그들은 가능성의 수준을 생각하고, 아무리 단순하더라도 문제들에 대해서 단정적인 반응을 보이지 않도록 훈련받는다. 전직 의회 참모였던 베츠(Richard K. Betts)는 자신의 책 『정보의 적들(*Enemies of Intelligence*)』에서 장기간 CIA 분석관으로 활동한 클라인(Steiner Cline)이 예측정보에 대해서 한 말을 인용했다. "어떤 사안이 완전한 결론을 낼 수 없는 것이라면, 정보분석관들은 결론을 내리지 않은 채 보고서를 작성해야 한다. 분석관이 확신할 때에야 결론에 가까운 판단을 할 수 있다."[22] 정보기관들이 소비자들의 요구가 변화하는 데 따라 자신들의 정보결과를 지속적으로 수정하는 것도 중요하다. 로웬탈은 정보소비자들이 경험이 풍부하기 때문에 자신들이 관심 있는 주제들에 더 친근하게 되는 경향이 있으며, 따라서 이 주제에 관련한 정보생산물에 더 많은 기대를 한다고 주장했다.[23] 일부의 경우,

특히 정보소비자가 정보생산물에 대해 신뢰를 하지 않는 경우, 정보생산자와 소비자의 관계가 완전히 붕괴될 수 있다. 이 경우, 관계를 개선하는 책임은 항상 정보생산자에게 있다. 정보 결과물의 질을 향상시킨다거나 전달의 방식이나 속도를 변화시켜 신뢰를 회복할 수 있다.

정책입안자 또는 정책결정자들은 정보생산물들을 반드시 사용해야 할 법적이고 다른 측면의 의무가 없다. 따라서 정보생산물의 내용대로 하는 것이 그들에게 이득이 된다고 확신시키는 것은 정보기관의 몫이다. 이는 상호 관련된 두 가지 방식에 의해서 이루어질 수 있다. 첫째, 정보전달자들은 정책입안자와 정책결정자들의 시간이 제한되어 있다는 점을 고려해야 한다. 따라서 그들은 자신들이 전달하는 정보를 **우선시**하도록 해야 한다. 이를 위해서 그들은 소비자들이 관련된 유형의 정보생산물들을 제공해야 한다. 다시 말해서, 그들이 정책적 우선사항을 반영하고 정책결정을 하는 데 도움이 되는 생산물들을 제공해야 한다. 때때로 소비자가 분명한 우선순위를 가지고 있지 않은 것처럼 보이거나, 우선순위를 정보기관에 표현하는 것이 불분명한 경우가 있다. 더 나쁜 경우, 지나치게 거만한 소비자들은 정보가 일정 주제에 대한 자신들의 정책결정에 도움을 줄 것이라고 확신하지 못하는 경우가 있다. 이 경우, 소비자의 정책적 우선순위를 구분해 내는 것은 정보기관의 임무이고, 그렇게 알아낸 우선순위를 정보결과물에 반영하도록 최선을 다해야 한다. 그러한 정보생산물들은 잠재적으로 소비자들에게 미래의 위협들을 예견하는 능력을 제공할 수 있는데, 그러한 위협들은 정보생산물이 없었다면 감지하지 못했을 것이 되어야 한다. 그러나 조기경보 시스템과 같은 정보생산물의 제공은 과정상 **허위경보**가 발해지지 않도록 확인하기 위하여 정확하게 사용되도록 해야 한다. 왜냐하면 허위경보가 발생한다면 소비자의 정보생산물에 대한 신의를 잃어버릴 수 있기 때문이다.

정치인들과 정보실무자들 사이의 주요 차이점은 정치인들이 종종 이데올로기의 영향을 받는다는 점이다. 반면, 정보실무자들은 근거에 의해서,

근거가 없으면 측정 가능한 확률에 기반한다. 결과적으로 많은 정치인들과 많은 투표자들은 어떤 주제에 대한 자신의 고정관념을 정당화하기 위해 그 근거를 선택적으로 탐색한다. 반면, 정보실무자들은 근거 또는 확률에 기반한 분석을 하기 위해서 자신이 보유한 전문성을 활용해야 할 의무를 가지고 있다. 이러한 주요 차이점의 관점에서 볼 때, 정보소비자들이 사전에 선택한 자신들의 정치적 선호를 지원하는 특정 정보를 의식적 또는 무의식적으로 추구하게 될 시기가 있을 것이다. 이러한 시도는 정보업무에 대한 부패한 영향력이고, 정보기관은 모든 대가를 치러서라도 저항을 해야 한다. 오히려, 정보판단 결과는 정보소비자의 희망이나 선호와 관련 없이 원래의 형식으로 전달되어야 한다. 정보생산물이 불만족스럽고 실망스럽다 하더라도 정보소비자에게 사실 그대로 전달되어야 하며, 사실 또는 확률에 기반한 분석결과가 제공되어야 한다. 만약 자신들이 듣고 싶지 않은 것들을 듣게 되면 정보소비자들이 더 이상 정보생산물에의 의존을 중단할 우려가 있다는 이유 때문에 정보소비자들이 듣기 좋아하는 것만 말해서는 안된다. 소비자의 정보생산물에 대한 신뢰 상실은 정보생산자가 소비자에의 접근을 지속하기 위하여 생산물을 의도적으로 수정하는 작업을 하게 한다. 추가로, 정보소비자가 정보생산자의 정책자문을 추구할 때가 있다. 그러한 요청은 정중하게 피해가야 하고, 필요한 경우 억지로라도 거절해야 한다. 정보소비자를 위해서 정책 옵션을 만드는 것이 정보기관의 임무가 아니다.

결론: 정보를 유용하게 만들기

정보생산물들은 정책입안자와 정책결정자들에 의하여 사용이 될 경우에만 의미를 가지게 된다. 이는 커뮤니케이션을 통하여 발생한다. 그러나 정보소비자들은 모두가 동일하지 않다. 그들은 상이한 정보요구와 매우 상이한 소비양식으로 구분된다. 예를 들어, 정보에 대한 군 사령관의 이익은 무력분쟁 동안에 지상에서의 실시간 적대상황에 영향을 미치는 전술적 결정을 급하게 내려야 할 요구를 제시한다. 반면, 정책결정자는 계획되고 있는 외국과의 조약이 가지는 장기적인 전략적 결과에 대한 분석을 요구한다. 이러한 다양한 요구는 긴급성과 긴장의 다양한 수준을 가져온다. 또한 정보요구는 커뮤니케이션을 위한 다양한 접근을 필요로 하는 과제를 가져온다. 이러한 커뮤니케이션 접근을 발전시키고 개선하는 임무는 거의 전적으로 정보기관의 어깨에 달려 있다. 정보기관은 정보소비자들과의 관계에서 항상 취약한 위상에 놓여 있다. 로웬탈(Mark Lowenthal)이 자신의 저서 『국가정보: 비밀에서 정책까지(*Intelligence: From Secrets to Policy*)』에서 언급한 바와 같이, "정책과 정책결정자는 정보기관이 없어도 존재하고 기능할 수 있지만, 그 반대는 성립될 수 없다."[24]

핵심용어

추가 읽을거리

Arcos, Ruben, and Randolph H. Pherson. *Intelligence Communication in the Digital Era: Transforming Security, Defence and Business*. Basingstoke, UK: Palgrave Macmillan, 2015.

Betts, Richard K. *Enemies of Intelligence: Knowledge and Power in American National Security*. New York, NY: Columbia University Press, 2007.

Jones, Ishmael. *The Human Factor: Inside the CIA's Dysfunctional Intelligence Culture*. New York, NY: Encounter Books, 2008.

Major, James S. *Communicating With Intelligence: Writing and Briefing in the Intelligence and National Security Communities*. Lanham, MD: Scarecrow Press, 2008.

Priest, Dana, and William M. Arkin. *Top Secret America: The Rise of the New American Security State*. New York, NY: Little, Brown, 2011.

11장 　정보분석

제3장에서 논의된 바와 같이, 비밀분류된 비망록과 보고서 형태의 최종 정보생산물들은 정보순환의 완성을 필요로 한다. 이 장에서, 우리는 기획, 수집, 그리고 처리 단계에 이어지는 행위인 정보분석에 대해서 살펴본다. 우리는 생 데이터를 생산물로 전환하는 작업에 포함된 기본 용어와 개념에 대해서 논의할 것이다. 다음 장에서 우리는 정보기관에서 일정하게 사용되는 특정 분석기술을 다룰 것이다. 이 방법론들은 정보분석관들로 하여금 현 추세에 대한 더 많은 이해, 국가 또는 비국가 행위자들의 가능한 미래 활동, 잠재적 위협을 완화하는 방법을 획득하게 해 줄 것이다. 그러나 우리의 즉각적인 초점은 정보분석에 영향을 미치는 사고과정과 인지적 함정, 그리고 인식론의 핵심 개념에 대해 이해를 해야만 효과적으로 실행할 수 있는 활동에 맞추어질 것이다.

인식론과 정보분석

어떤 것이 사실인지 거짓인지 어떻게 알 수 있을까? 세계에 대한 우리의 믿음에 어떠한 종류의 확신을 가져야 할까? 어떻게 우리는 의견과 사실을 분명하게 구분하는 방법으로 정보를 전달할 수 있을까? 이들은 모든 정보분석관들이 정기적으로 직면하는 질문의 종류들이다. 더욱이 그들은 자연과학과 사회과학의 보다 큰 철학적이고 방법론적인 대화에 관련되어 있다. 만약 우리가 정보대상이 하는 행위의 의미를 정확하게 해석하거나 미래에 대해 정확히 예측하는 것을 심각하게 모색한다면, 우리는 지식의 본질을 조사하는 어려운 도전을 회피할 수 없게 된다. 우리는 지식을 보증하기 위해 사용하는 개념과 도구인 **인식론(epistemology)**의 논의에 참여해야 한다. 좀 더 단순하게 말하면, 인식론은 우리가 아는 것을 어떻게 아느냐에 대한 것이다. 인식론은 **과학철학(philosophy of science)**으로 알려진 보다 광범위한 탐구 분야와 연결이 되어 있으며, 이는 개념의 본질과 탐구행위를 조사한다. 인식론은 매우 오래된 과학철학자들의 주장을 현실세계에 적용시키는 것이며, 그들 중 일부는 아직 해결되지 않은 채 남아 있다.

우리는 세계에 있는 다양한 유형의 지식을 구분하면서 인식론에의 단편적인 침투를 시작한다. **의견(opinion)**은 사건의 진실과 거짓, 어떠한 것이 좋은지 나쁜지, 다른 선택들의 상대적인 이점들에 대한 신념이다. 의견은 개인의 **초기** 믿음에 의해 영향을 받는데, 이는 경험적으로 정확한 인식일 수도 있고 아닐 수도 있다. 의견은 핫도그에 케첩을 뿌리느냐 마느냐와 같은 입맛 또는 개인의 선호와 관련될 수 있다. 의견은 또한 낙태가 윤리적으로 허용되어야 하느냐 아니냐와 같은 가치판단이 될 수도 있다. 현대 문화의 통념과 달리 모든 의견이 동등한 것은 아니다. 우리는 의견이 논리적으로 일관성이 있는지, 사실정보에 의존하고 있는지, 또는 가치의 경우보다 광범위한 도덕적 신뢰체계에의 연결성에 기반하고 있는지에 따라서 의견의 질을 평가할 수 있다. 그러나 의견은 **변조될(falsified)** 수 없다. 즉 우리는 전 시대를 통하여 모나리자가 가장 위대한 그림인지의 여부, 그리고 겨자와 케첩 중 어느 것이 핫도그에 더 어울리는지를 결정하기 위한 관찰 가능한 객관적 근거를 수집할 수 없다. 반면, **사실(facts)**은 진실이거나 허위가 될 수 있다. 사실은 개인의 사실에 대한 신념에 의존하지 않는다. 왜냐하면 사실은 의견보다 강력한 지식의 형태라서 변조될 수 있기 때문이다. 미국의 정치가 모이니헌(Daniel Patrick Moynihan)은 "모든 사람에게 자신의 의견을 가지도록 권한이 주어졌으나, 자신만의 사실을 가지도록 권한이 주어지지 않았다"라고 강조했다. 다른 사람들이나 국가들이 접근하지 못하는 정보대상에 대해 정확한 정보를 획득하는 것은 우리의 지도자들이 국가이익을 증진시키는 데 도움을 준다. 이 정보를 검증하고 그 뜻을 해석하는 것이 정보분석의 목표다. 분석의 대상 또는 주제에 대한 의견과 사실 사이를 항상 구분하는 것이 정보분석관들에게 매우 중요하다.

　우리는 지금 두 종류의 지식 사이를 구분하고 사실이 의견보다 낫다고 확신했지만, 우리는 어떤 것이 진실이고 허위인지 알게 하는 조건에 대해서는 언급하지 않았다. 우리가 이것을 구분하는 방법은 주제에 대한 경험적 증거의 질을 정의하는 다양한 **보증(warrants)**과 관련이 있다. 그러한 보증의 첫 번째는 개인의 경험이다. 비록 많은 사람이 이러한 개인의 경험에 의한 증거의 범주를 높게 평가하지만, 실제로 그것은 보증이 되기에는 상당히 빈약한데, 그 이유는 한 개인의 관찰에 의한 경험이 보다 큰 범주의 사건들을 나타내는지, 심지어는 관찰자들에 의해서 정확하게 인식되었는지를 알 수 있는 방법이 없기 때문이다. 그러한 지식의 주장들은 한 개인의 경험에 제한된 **일화적(anecdotal)**인 것이며, 일반적으로 지식의 주장을 보증하는 낮은 수준의 형식이다. 둘째, 우리는 신문업계에서 보편적으로 사용되는 보증인 **확증된 관찰(corroborated observation)**을 보유하고 있다. 예를 들어, 『뉴욕 타임스』는 기사에 포함된 경험적 주장들이 적어도 둘, 때로는 셋 또는 그 이상의 독립된 주체에 의하여 검증되기 이전에는 그 주제에 대한 보도를 하지 않는다. 이 과정은 한 명 또는 그 이상의 편집자들에 의해서 감독되고, 그 기사의 진실에 대한 내외 관심에 대응하는 옴부즈맨에 의해서 보장된다.

정보는 『타임스』 또는 『월 스트리트 저널』과 같은 고품질 신문이나 잡지들에 의해서 확증이 될 수도 있는데, 그들에 포함된 기사들은 개인 또는 다른 형식의 일화적 관찰자들에 의한 블로그 포스팅보다 높은 수준을 유지한다. 확증은 추가적인 관찰자들에 의한 검증에 의해서 획득될 수도 있다. 그러나 정보기관에서 확증은 기술적이고 과학적인 방법으로도 획득할 수 있다. 인식론적 관점에서, 만약 정보제공자의 정보가 신호정보(SIGINT), 지리공간정보(GEOINT), 그리고/또는 계측징후정보(MASINT) 등 그들의 주장을 지원하는 추가적인 수집에 의해서 보강된다면, 정보제공자의 개인적 관찰을 보다 가치 있는 것으로 받아들여야 한다. 이와 유사하게 인간정보(HUMINT)가 의미와 맥락을 제공한다면, 기술적 수집방법은 보다 강력한 신뢰를 받게 된다.

과학적 보증(scientific warrants)은 지식의 세 번째이면서 가장 정밀한 형식이다. 과학적 보증은 현상의 성격에 대한 정확한 측정을 포함하는데, 구체적 사례로 질병의 발병을 막을 수 있는 백신, 기후변화에 따른 이상고온과 태풍의 빈도와 강도에 대한 보증 등이 있다. 정보 데이터의 일부 형식은 SIGINT, GEOINT, MASINT와 같이 본질적으로 과학적이다. 그러나 모든 정보분석관이 정보대상에 대해서 만든 추론들은 과학적 측정으로 축소될 수만은 없다. 실제로, 기술수집 플랫폼이 대상의 모든 것에 대한 말을 해 줄 수 있으면, 정보분석은 불필요하게 될 것이다.

과학적 지식을 다른 보증방식과 다르게 구분하는 것은 전문가평가 과정이며, 이는 과학에서의 지식의 주장(knowledge claim)을 확인시키는 작업의 핵심이다. **전문가평가연구(peer-review research)**는 학자들이 자신의 연구가 결론에 도달하게 된 주요 내용과 방법론을 그 분야 연구에 정통한 외부의 익명 전문가에게 검토를 회부할 때 이루어진다. 전문가평가연구는 다양한 주제들과 방법론들을 포함하는데, 그들은 화학자와 생물학자의 실험실 실험으로부터 역사가 또는 정치학자의 아카이브 연구까지 다양하다.

이들이 만들어 낸 사실들 모두는 출판사, 연구비 관리자, 학술저널발행인을 대신한 익명의 전문가들에 의한 평가를 받는다. 어떠한 과정이나 절차도 지식의 주장을 보증할 수 없다는 점이 사실이지만, 전문가평가는 우리가 보유한 지식을 가장 엄격하게 보증하는 방식이다. 정보관들은 전략정보평가, 연구정보, 기타 다른 장기 프로젝트의 시작점으로 전문가평가 자료를 자주 사용한다. 그 결과 CIA는 세계에서 가장 큰 도서관 중의 하나이고, 자체적으로 학술전문가평가 저널인 『정보연구(*Studies in Intelligence*)』를 발간하고 있다. 그러나 보다 즉각적인 분석임무를 위해 가장 보편적으로 사용되는 지식보증 방법은 상이한 수집 분야들 및 플랫폼들이 이상적으로 사용하는 확증(corroboration)이다.

세 가지 지식보증 방법들은 비교적 직선적이고, 매우 다양한 민간영역과 학술단체에서 사용되지만, 정보분석은 이러한 지식의 계층에서 어려운 자리를 차지한다. 정보분석은 조각이나 문학에서와 같이 의견과 일화적인 관찰이 질적 판단을 하는 예술과는 다르다. 정보분석은 과학도 아니다. 물리학이나 화학은 모든 지식의 주장을 변조할 수 없으며 전문가평가 과정을 통하여 모든 근거를 보장할 수 없을뿐더러 정보관들이 정책결정자들에게 즉각적인 지원을 하는 것이 불가능한 시간이 많이 소요되는 분야다. 또한, 정보분석은 완전하게 사회과학도 아니다. 수집과정을 통해 획득한 데이터의 일부는 비밀이고, 정보분석관들의 지식의 주장은 공개된 지식공동체에 의한 외부평가도 거의 받지 않는다.[1] 그럼에도 불구하고, 정보분석관들은 자연과학자 또는 사회과학자들과 매우 유사하게 완성되지 않은 첩보들을 다루어야 하고 불확실성 속에서 판단해야 한다. 또한, 그들은 정확성을 추구하고, 한 프로젝트에 대한 효용성과 다르게 평가될 수 있는 표준화된 방법을 사용하며, 그들의 지식의 주장들이 변조될 수 있는 조건들을 적시한다. 이러한 모든 성격은 정보분석이 예술보다 과학에 가깝게 한다. 결과적으로 정보분석관들은 신중하게 통제된 방법을 활용하여 사회과학으로부터 정기

적으로 많은 개념과 방법을 도입한다.[2]

과학과 정보분석이 강하게 중첩되는 분야 중의 하나는 **상호관계(correl-ation)**와 **인과관계(causation)** 사이를 구분해야 할 필요성이 있다는 점이다. 상호관계는 둘 또는 그 이상의 사건들이 대체로 같은 시간과 장소에서 인과관계로 연결되거나 연결되지 않으면서 발생하는 것을 의미한다. 예를 들어, 어떤 학생이 첫 번째 정보학개론 시험을 보러 가는 길에 캠퍼스 연못에 있는 홍학을 봤다. 이후 그 학생은 시험결과 A 학점을 받았다. 그 학생은 두 번째 시험을 보러 가는 길에도 같은 홍학을 봤고 이번에도 A 학점을 받았다. 그러나 세 번째 시험을 보러 가는 길에 홍학을 보지 못했고, 이번에는 C 학점을 받았다. 시험성적의 변화는 홍학의 존재 여부와 상호관계가 있다. 그러나 '어떻게' 새의 무언가가 시험성적을 20점이나 오르게 한다는 인식에 그렇게 극적으로 영향을 미치는지에 대한 설명 없이, 인과적 연결을 설명할 수 없다. 인과가 되는 변수를 위해서 적어도 네 가지의 특성을 제시해야 한다.[3] 첫째, 효과가 발생하기 전에 연대적으로(chronologically) 발생해야 한다. 둘째, 다른 후보가 되는 원인과 차별화되어야 한다. 셋째, 원인과 결과 사이에 연결이 필요하다. 원인이 발생할 때, 결과도 발생한다. 더욱이 그 연결은 그럴듯하게 보여야 한다. 즉, 그 연결은 일반적인 경험과 직관적으로 이치에 맞는 것이 일치해야 한다. 넷째, 시간이 지나도 같은 결과가 지속적으로 나타나야 한다.

캠퍼스의 홍학 사례에서, 우리는 새를 목격한 변수는 시험성적에 모두는 아니지만, 일부 필요조건들을 어느 정도 충족시킨다는 점을 발견할 수 있다. 비록 시험들을 치르기 전에 새를 봤기 때문에 성적을 잘 받았다고 하더라도, 다른 요인들이 시험성적에 더 직접적으로 영향을 미치지 않았다고 확신하기는 어렵다. 추가로, 앞서 언급한 세 번째와 네 번째 인과관계의 조건들은 홍학을 보는 것과 시험성적의 변수는 우연이며 인과관계를 가지지 못한다는 점을 제시한다. 조류 관찰의 차이로 인한 사소한 뇌 화학 변화는 시험성적에 극적인 영향을 미친 것 같지는 않다. 학생이 부과된 책들을 모두 읽고, 필기를 열심히 하고, 충분히 공부했는지의 여부가 성적에 더 영향을 준다는 설명이 될 수 있는 변수다.

상호관계는 사건들 사이가 시간과 공간의 개념에서 긴밀하게 연결된다고 설명이 되는 데 반해, 인과관계는 다른 여러 가지 형식을 가진다. 첫째, 인과관계는 **확률적**(probabilistic) 또는 **결정론적**(deterministic)인 것이다. 확률적인 것은 원인 A가 발생할 경우 사건 B가 발생할 가능성을 표현하는 것이다. 결정론적인 것은 원인 A가 발생할 경우 사건 B는 항상 발생한다는 것이다. 둘째, 인과관계는 **단일인과적**(monocausal), **다인과적**(multicausal), **국면적**(conjunctural)인 것이다. 단일인과적인 것은 사건 B는 원인 A의 결과로 발생한 것이다. 다인과적인 것은 사건 B가 원인 A와 A'의 결과로 발생한 것이다. 국면적인 것은 서로 관련되지 않아 보이는 군집이 연합하여 사건 B가 발생하는 것이다. 예를 들어, 일부 학자들은 혁명이 카리스마 있는 지도자들에 기인한다고 주장한다. 다른 학자들은 혁명이 지방 농민들의 반란과 함께 결합된 관대한 국제환경의 결과물이라고 주장한다. 마지막으로 혁명은 국가위기를 조장하는 인구의 증가, 엘리트들에게 대한 중산층의 압력, 국가지출의 증가, 인플레이션에 의한 불안정, 무시된 집단들의 동원 증가의 국면적 결합에 의해서 야기될 수 있다.[4]

혁명의 원인에 대한 학문적 분석의 사례는 다음 주제인 지식의 주장들을 이해하는 것으로 우리의 관심을 이끈다. 이는 어떻게 인과관계의 변수가 될만한 것을 식별할 수 있을까의 명제다. 자연과학과 사회과학 내에, 주어진 현상들에 어떠한 요소들이 수반되는지에 대해 연구자들을 이끄는 인과관계의 세 가지 진술이 있다. **법칙**은 원인과 결과의 불변적이고 결정론적인 관계를 강조하는 인과관계의 가장 광범위한 토대다. 중력의 법칙은 가장 유명한 법칙이며, 큰 중력의 물질이 작은 중력의 물질을 끌어당긴다는 관계를 확립한다. **이론**도 원인과 결과의 광범위한 토대다. 그러나 법칙과 달리 복수의 이론들은 같은 범주의 사건들을 설명하기 위하여 경쟁한다. 예를 들어, 국제관계 분야의 현실주의, 자유주의, 구조주의 이론들은 전쟁의 원인에 대해서 매우 다른 설명을 한다. 어느 한 이론도 우세하지 못한데, 그 이유는 각 이론이 그럴듯한 근거를 제시하기 때문이다. 물리학자들은 파동, 양자, 전자기 중 어느 이론이 빛의 존재를 가장 잘 설명하는지 계속해서 논쟁하고 있다. 마지막으로 **가설**은 원인과 결과에 대한 구체적인 설명이다. 일반적으로 이론에 의해 제공되는 광범위한 인과 진술에서 도출되는 가설은 개별 사건을 설명한다. 예를 들어, 자유주의로 알려진 국제관계 이론을 사용하는 학자는 오스트리아-헝가리가 혁명을 막기 위해서 제1차 세계대전을 시작했다는 가설을 도출하기 위해 국내정치가 외교정책을 추진하는 경향이 있다는 이론의 일반적 주장을 뒷받침한다.

예측과 예언의 도전

앞의 논의에서 알 수 있는 바와 같이, 자연과학과 사회과학은 현재의 사건들을 설명하고 미래를 전망하기 위한 가설들을 도출할 수 있는 이론의 일관된 구조로 되어 있다. 그러나 학문분야로서 정보학은 법칙이 없고, 가설을 생성하기 위한 이론만 조금 있다.[5] 이러한 상황은 필요에 따라 임시 사례별로 가설을 생성하는 정보분석의 경우 더욱 비관적이다.

그럼에도 불구하고, 이론과 가설이 사건을 얼마나 잘 설명하는지를 판단하는 데 도움을 주는 과학의 여러 개념들은 직접적으로 정보분석에 적용할 수 있다. 앞서 인과관계는 확률적, 결정론적, 또는 국면적인 세 가지 방식으로 표현된다고 언급한 바 있다. 정보의 본질은 불확실한 것을 다루는 것이기 때문에, 정보분석에 인과관계의 결정론적인 모델을 사용하는 것은 문제가 될 수 있다. 정보기관이 정보를 확실한 것으로 제시하게 되면, 이는 정보의 본질을 훼손시키는 것이다. 그 사례는 2002년의 백악관 회의에서 CIA 국장인 테넷(George Tenet)이 이라크가 대량살상무기(WMD)를 보유한 근거는 확실하다고 강조한 것이다. 이는 이라크의 WMD에 대하여 정보기관이 보유했던 근거를 정확하게 제시한 것이 아니었고, 정보평가를 체계화하는 적절한 방법도 아니었다. 이라크는 1990년대 후반에 이미 모든 화학무기를 폐기했고 WMD 프로그램을 중단했기 때문에, 테넷의 허위 주장은 행정부와 정보공동체에 고비용의 당혹감을 안겨 주었다.

물리학이나 화학에 더 적합한 결정론적 언어를 사용하는 대신, 정보분석관들은 종종 인과관계를 확률론적 용어로 표현한다. 그러나 정보분석관들은 사회과학에서 발견할 수 있는 것과 같은 근거 또는 이론체계를 보유하고 있지 않기 때문에, 정보기관의 가능성 표현에서 확률은 포함되지 않는다. 즉, 사건들을 경험적으로 관찰할 때 도출할 수 있는 확률이 결여되는 것이다. 그 대신 **추정확률**(estimative probability)이 사용되는데, 추정확률은 이용 가능한 정보에 기초하여 사건이 발생할 가능성에 대한 분석가들의 믿음을 의미한다. 과학과의 중요한 차이점을 보면, 추정확률은 본질적으로 정량적인 분석방법을 사용하여 생성되더라도 정책결정자들에게 수치로 제공되지는 않는다. 대신 추정치는 가능성의 범위를 포함하는 특정 단어를 사용하여 제공된다. 국가정보장실(ODNI)은 정보공동체 전체에서 사용되는 이러한 용어의 의미를 표준화했다.

표 11.1을 살펴보면, 당신이 사용하는 언어와 그 언어의 기준확률 범위에 대해 비판적으로 생각할 때 몇 가지 질문이 발생할 수 있다. 그중의 한 질문은 정보기관 밖의 사람들이 자주 표현하는 것으로 "왜 정책결정자들에게 그냥 원래의 숫자를 알려 주지 않는가?"이다. 여기에는 여러 가지 이유가 있다. 첫째, 모든 정보예측에 사용되는 간단한 용어는 징책입안자들이 더 쉽게 이해할 수 있으며, 그들 중 극소수가 확률이나 정보분석에 대한 훈련을 받았다. 브리핑에 사용된 용어가 일관성이 없거나 정보요원이 수치적

표 11.1	정보기관의 추정 언어[6]					
거의 불가능	가능성 매우 없음	가능성 없음	중간	가능성 있음	가능성 매우 있음	거의 확실
희박	개연성 매우 낮음	개연성 낮음	중간	개연성 높음	개연성 매우 높음	거의 확실
1~5%	5~20%	20~45%	45~55%	55~80%	80~95%	95~99%

출처: Office of the Director of National Intelligence, 2015.

확률을 제시했을 때, 정치인들이 잘못된 결론을 도출한 몇 가지 사례가 있다.[7] 모든 정보예측에 일관되게 일반용어를 사용하면 오해의 소지가 줄어든다.[8] 둘째, 추정확률의 특성을 고려할 때, 정보관이 특정 추정치(예, 74퍼센트)를 제공할 것이라는 기대는 비현실적이다. 오히려 추정확률은 베이지안(Bayesian)으로 가장 잘 고려된다. 18세기 신학자이자 수학자였던 베이즈(Thomas Bayes)의 이름을 따서 명명된 베이지안이라는 종류의 확률은 관찰되지 않은(경험적) 확률이라는 가능성에 대해 공유된 믿음을 반영하고, 따라서 새로운 정보에 매우 민감하다. 경험적 확률은 사건에 대한 믿음이 아니라 실제 관찰된 사건들을 언급하기 때문에 더 정확하다. 더욱이 '가능성' 대신 '74퍼센트'를 사용하게 되면, 그러한 보고서나 브리핑의 수신자로부터 "그러면 어떻게 또는 언제 75퍼센트로 증가할 것인가? 76퍼센트, 77퍼센트는?"이라는 후속 질문으로 이어진다. 다시 말해서 정보예측은 그러한 수준의 정확성을 제공할 수 없다. 특정 수치 대신 언어를 사용하는 것은 정보가 할 수 있는 것과 할 수 없는 것에 대한 기대를 현실로 유지시킨다. 마지막으로, 일반언어를 사용하는 것은 범위 사이의 가능성 차이를 강조하기 때문에 결정을 더 쉽게 한다. 이처럼 수치가 아니라 일반언어를 사용하는 것은 정책결정자들이 매우 복잡하고 중요한 결정을 하기 위해 79퍼센트와 81퍼센트 사이의 수치 차이에 의존하여 불확실성과 망설임을 야기하는 것보다 더 나은 결정을 하게 할 수 있다. '가능성'과 '높은 가능성' 같은 확률의 차이를 보다 더 정확하게 표현하면, 정보요원들이 만들려고 하는 두 범주의 분석적 차이가 밝혀지고 정치인들이 직면하는 선택을 단순화한다.

추정확률은 사건 발생 가능성의 표현이다. 그러나 추정확률은 예측을 하는 데 사용되는 징후정보의 질을 평가하는 것은 아니다. 자연과학과 사회과학 모두에서, 연구자들이 수집한 데이터, 그리고 복제될 수 있는 방법을 사용한 정도를 평가할 때, 그들은 이것을 **신뢰성**으로 간주한다. 정보분석관에게 있어서 신뢰성은 **신뢰도 수준**의 형태로 표현된다. 예측할 때마다 정보분석관들은 예측을 높음, 중간, 낮음으로 표현하여 수집된 데이터의 품질에 대한 신뢰도를 특징짓는다. 서로 연결되는 것처럼 보이지만, 추정확률과 신뢰도는 '서로 관련이 없다.' 어떤 일이 일어날지의 여부에 대한 주장은 그러한 주장을 하는 데 있어서 얼마나 자신이 있느냐 와는 별개의 문제다. 분석관들은 어떤 것이 매우 가능성이 크다고 주장하여 예측에 '보호막'을 치지 말고, 낮은 신뢰의 수준을 부여해야 하는데, 그 이유는 과감한 주장이라고 생각되는 것을 할 때에 그들은 불확실한 감정을 느끼기 때문이다. 분석관들은 거의 항상 불완전한 첩보를 가지고 예측을 하는데, 이것이 정보의 본질이다. 만약 예측하는 데 사용될 첩보가 제한적이라면, 이는 확률의 문제가 아니라 신뢰의 문제다.

예측 언어는 모든 분석물에 사용되는 것은 아니다. 제10장에서 논의한 바와 같이, 정보분석은 미래에 대한 예측 이외에 여러 가지 기능을 보유하고 있다. 예를 들어, 현용정보는 무엇이 일어날지가 아니라 무엇이 일어나고 있는지를 묘사하는 것이다. 예측은 정보기관이 **예상정보**(anticipatory intelligence)라고 부르는 것을 제공하며, 이는 정책결정자들이 어떠한 결과를 회피하거나 형성하는 선택을 하도록 하는 맥락에서 제시된 미래 사건의 발생 가능성에 대한 판단이다. 세계는 점점 복잡하게 되어 가고 있기 때문에 이 용어는 공개적으로 수용되었다. 정보분석관들은 예측을 예상으로 언

급함으로써, 정책결정자들이 즉각적인 행동을 취하면 미래 사건에 영향을
미칠 수 있는 선택을 할 수 있는 점을 강화하기 위하여 예측이라는 용어를
사용하려고 시도하고 있다.

그러나 예상정보라는 용어를 사용하는 데에는 아마도 더 냉소적인 이유
가 있을 것이다. 일반적으로 정보실패로 이해되었던 두 가지 중요한 부정적
인 사건(9·11과 이라크 WMD) 이후, 미 정보공동체의 지도부는 정보기관
이 미래를 예측하는 사업을 하는 것으로 인식되는 것을 원하지 않았기 때문
에 예상정보라는 용어가 사용되었을 수가 있다. 미래를 예측하는 것은 어렵
고, 부정확한 예측을 하는 것이 사업의 중요한 부분이 되고 있다. 정보관들
은 시도('타격') 대 정확한 예측('안타')의 백분율인 '타율'을 사용하는 데 대
해서 당연히 저항감을 보인다.[9] 그러나 미래를 예측하는 데 대한 저항은 아
마도 정보기관 조직문화의 일부인 오래된 문제이기도 하다. 정보분석의 역
사에서 가장 영향력 있는 인물 중 한 명인 켄트(Sherman Kent)는 1960년
대의 한 유명한 사건에서 추정 언어를 필수조건으로 삼으려고 시도했지만,
그는 비웃음을 당했다. 개혁에 대한 열띤 토론을 하는 동안, 켄트의 동료 중
의 한 명이 정보분석관들이 라스베이거스의 오즈메이커(oddsmaker, 내기,
선거, 경기 등에서 승산 비율을 측정하는 사람 - 역자 주)와 같은 일을 하고
있지 않다고 조롱하듯이 말하자, 켄트는 "그러려면 빌어먹을 시인이 되느
니 차라리 마권 업자가 되는 게 낫겠다"라고 침착하게 대답했다.[10] 정보 추
정치를 미래 예측을 위한 시도로 특징짓기를 꺼리는 정보기관의 역사적이
고 현대적인 저항에도 불구하고, 실수를 하지 않는 것이 바로 정보 추정치
의 의미다. 사회과학자들이 선거 결과, 특정 지역에서의 전쟁 발발 가능성,
다른 가능한 사건들을 예측하려고 노력하는 것과 같이, 정보분석가들은 기
밀 데이터와 일반 데이터 모두를 미래 예측하는 데 활용한다.

미국 정보공동체가 예측한 기록은 복합적이다. 예를 들어, CIA는 창설
이래 매우 정확한 예측을 많이 해 왔는데, 그 예측들의 사례는 전투부대의

파견 이전에 미국의 남베트남에 대한 개입이 실패할 가능성이 있다고 주장한 것, 그리고 9·11 이전에 미국 본토에 대한 알카에다의 위협이 증가하고 있다고 주의를 환기시킨 점 등이 포함된다. 그러나 지난 75년 동안 CIA는 일부 가장 중요한 사건들에 대한 예측에 실패했는데, 그 사례는 소련의 붕괴, 그리고 최근 서방 민주주의 국가들의 선거에 대한 러시아의 개입 등이다. 국가지도자들을 위하여 제공되는 정보의 질을 평가하는 데 있어서 예측의 성공/실패의 '타율'은 어떠한 역할을 해야 하는지는 논쟁의 여지가 있다. 성공적인 예측 행위와 결과적인 정책변화는 적들로 하여금 자신들의 계획을 수정하게 할 수 있고, 이에 따라 예측했던 결과가 발생하지 않게 됨에 따라 정확한 예측이 정확하지 않은 결과를 가져올 수도 있다. 예측은 정보의 여러 가지 목적 중의 하나일 뿐이다.[11] 정책결정자들이 직면하는 복잡한 사건과 선택에 대한 객관적이고 향상된 이해를 제공하는 것이 더 중요할 수 있다. 그럼에도 불구하고, 예측은 정보분석의 중요한 임무 중 하나이며, 만약 그렇게 할 수 있는 정보기관의 능력이 부족하다면 왜 그런지를 조사하는 것이 중요하다.

첫째, **나비효과**로 인해 예측의 '완벽한 추적 기록'이 불가능하다. 복잡한 시스템에서, 연결되지 않는 것처럼 보이는 조건에서 발생하는 작은 변화는 모델링하는 것이 불가능한 효과를 주는 대규모의 영향을 생성할 수 있다. 예를 들어, 허리케인 예측은 지난 25년 동안 괄목할만하게 발전하여 폭풍을 감시하는 오류를 415km에서 135km로 줄였다. 그러나 이제 허리케인의 과학은 폭풍 경로를 더 정확하게 예측하는 능력의 한계에 다다르고 있다.[12] 그러나 정보분석의 목표와 달리, 기후조건은 감시당하고 있다고 생각될 때 행동을 바꾸는 사고체계가 아니다. 이러한 중요한 관점에서, 기상학, 물리학, 화학, 컴퓨터과학의 분야를 다루는 극도로 예민한 허리케인 예측보다 정보분석이 더 복잡하다. 허리케인 예측이 정확성의 측면에서 한계에 도달했을 가능성이 크다면, 정보의 예측이 그 한계를 능가할 것이라고 믿는 것은 합리적이지 않다.

둘째, 더 나은 예측 정확도를 달성하는 데 실패하는 것은 수준 미달의 지도력과 제도적 인센티브와 관련이 되었을 수 있다. 한 학자는 이러한 미흡한 리더십과 제도적 인센티브 결과 **분석의 전문직업화**가 이루어졌으며, 세계 최고 대학에서 사회과학의 상급학위를 받은 사람을 고용하는 대신 정보분석이 사이비 또는 하향식 사회과학 버전으로의 전환으로 귀결되었다고 주장했다. 이러한 교육수준 미달의 직접적 결과는 분석관들의 지적능력 감소다.[13] 이러한 주장에 대한 추가적인 조사가 보장되지만, 이 가설은 최근 일련의 실험에 의해 뒷받침된다. 이 실험에 따르면, 비밀자료에의 접근권을 보유한 정보분석관들의 분석이 단지 공개 출처 자료만을 활용하여 예측의 방법을 개선하기 위해 소수의 간단한 통계기법을 사용한 아마추어에 비해서 저조한 성과를 보인 결과가 나왔다.[14]

마지막으로 분석의 실패는 인식 문제의 산물일 수 있다. 이러한 맥락에서, **인식**은 감각 데이터를 통해 세계를 올바르게 보는 것이며, 다른 사람이 세계를 어떻게 인식할지에 대해 정확한 추론을 하는 것으로 정의된다.[15] 전자는 매우 어렵다. 어떻게 아스팔트 위의 뜨거운 공기가 물의 외관을 만들어 내는지를 파악하는 것, 계곡에서 울리는 이상한 메아리를 듣고 총성의 발원지를 찾는 것이 거의 불가능하다는 점을 생각해 보면 전자가 어렵다고 하는 이유를 알 수 있다. 그러나 후자는 훨씬 더 복합적이다. 우리의 적들은 우리를 속이기 위해서 자신들이 할 수 있는 모든 것들을 할 것이고, 반면에 상황이 실제보다 더 나쁘거나 더 낫다고 믿도록 스스로를 속이는 동기는 그만큼 치명적일 수 있다.[16] 이는 우리가 지금 직면하고 있는 지각적 도전들에 대한 것이다.

심리적 편향과 정보분석

앞선 장들에서 효율적인 정보결과물을 생산하는 데 영향을 미치는 다양한 조직적 장애 요인들에 대해서 논의했는데, 그들은 비밀의 문화와 조직 사이의 경쟁 등을 포함한다. 정보 관련 조직 문제는 집단행동의 결과이며, 집단행동에 의하여 생성된 장벽이 효과적인 정보에 영향을 미치는 점을 인식하지 못하기 때문에 발생하는 것이다. 더욱이 이러한 문제들은 종종 정보기관 자체의 조직구조의 결과이기도 하다. 예를 들어, 정보수집을 특정화된 범주 (HUMINT, SIGINT 등)로 분리하는 것은 **난로연통(stovepiping)**의 결과를 조장하는데, 이는 분석관과 소비자들이 정보를 '큰 그림'으로 보지 못하게 하여 큰 맥락에서 생산되는 정보를 분리하는 것이다. 조직의 장벽들은 분석 생산물들의 정확성과 질을 떨어트릴 수 있다. 이러한 문제는 치명적인 것이다. 그러나 이 문제들은 조직개혁, 절차변경, 조직 리더십의 수준 제고, 의회의 감독으로 해결할 수 있다.

반면, 효과적인 분석에 대한 심리적 장벽은 개별 분석가들의 마음속에 존재하고 있으며, 집단의 속성은 아니다. 심리적 장벽은 인간 본성의 한 부분, 특히 인식을 지배하는 뇌기전(brain mechanism)이기 때문에 다루기가 매우 어렵다. 심리적 장벽은 여러 가지 형태를 취하고 있고, 이 장벽들은 **편향(biases)**으로 불리며, 이 편향은 사람들로 하여금 세계를 부정확하게 보고/보거나 다른 사람들이 인식하는 것에 대해서 잘못된 추론을 하게 하는 인식의 문제를 의미한다. 이러한 맥락에서, 편향은 경멸적인 것은 아니다. 구어체의 표현에서, 많은 사람들은 편향이라는 단어를 사람들이 의도적으로 정직하지 않거나 과소평가하는 것처럼 해석한다. 그러나 이러한 해석은 심리적 편향에는 해당되지 않는다. 심리적 편향은 우리가 인식에 미치는 영향을 통제하거나 축소하는 진지한 노력을 기울일 때조차도 우리의 마음에 편향적 영향을 미치려고 노력하는 것이다. 그러나 지각적 편향을 가진 사람들은 심리적으로 건강하다. 그들은 정신적으로 아프지 않다.

우리 모두는 때때로 그러한 편향의 영향을 받는다. 그러나 정보기관이 정보분석에서 차지하는 지각심리의 역할을 인식하기까지는 수십 년이 걸렸다. 1970년대 후반, 은퇴한 CIA 분석관인 휴어(Richards Heuer)는 정책결정을 하는 데 있어서 지각적 편향의 중요성에 초점을 맞춘 인지 심리학 분야의 새로운 업무에 관심을 갖게 되었다. 1979년 휴어는 정보분석에 있어서 이러한 연구의 중요성에 대한 입문서를 작성했고, 이는 정보기관에 영향력 있는 지침이 되고 있다.[17] 30년 이상이 지난 후 휴어의 공동저자이면서 CIA의 퇴직 동료인 퍼슨(Randolph Pherson)은 편향의 영향을 줄이기 위해 설계된 분석기법 매뉴얼을 작성했는데, 다음 절에서 이에 대해 논의할 것이다.[18]

인지편향

오해의 첫 번째 심리적 범주는 **인지편향**(cognitive bias)인데, 이는 우리가 세계에 대한 판단을 하기 위해 이끌어 내는 정보 자료에서 비롯된 인식의 오류다. 인지편향은 자신의 이전 것을 업데이트하는 데 있어서 겪게 되는 어려움의 결과이기도 하다. 세계는 복잡하며 지속적으로 변화하고 있다. 의학적으로 건강한 식생활 조언으로부터 활동 중인 이슬람국가(IS) 조직원의 현재 위치까지 모든 사건과 이슈들을 추적하는 것은 매우 많은 시간을 소비하게 한다. 또한 정확한 정보의 소비를 보장하기 위해 미디어 출처를 신중하게 선택을 할 필요가 있다. 다행스럽게도 인지편향은 정보가 인간의 뇌에서 처리되는 방식의 결과이기 때문에 줄어들게 하는 것이 가능하다. 정보출처의 결함을 보다 정확한 출처로 전환하면 편향을 줄일 수 있다.

또한, 우리가 정보처리 방법을 개선하기 위해 비교적 간단한 기법을 사용하면, 인지편향의 영향을 줄일 수 있다. 이러한 기법 중 다수는 다음 장에서 더욱 구체적으로 다룰 것이다. 인지편향에 대한 결론은 우리가 편향에 대해서 뭔가를 하고 싶다면 할 수 있다는 것이다. 그럼에도 불구하고 인지편향은 매우 흔하고 정보분석가들에게 지속적인 도전 과제가 되고 있다.

인지편향의 영향, 그리고 인지편향을 경감시키는 방법을 이해하기 위해, 우리는 보다 중요한 인지편향을 보다 구체적으로 조사할 필요가 있다. 가장 보편적인 것은 **확증편향(confirmation bias)**인데, 이는 이전의 믿음을 뒷받침하는 정보만을 추구하는 경향이다. 확증편향은 과거에 가졌던 세계에 대한 정확한 인식을 이끌었던 이전의 지식과 학습에 관해 특히 집중하는 것이다. 예를 들어, 많은 사람들이 자살폭탄 테러에 대해서 친숙했던 방식은 알카에다 또는 이슬람국가(IS) 출신의 이슬람 극단주의자들과 관련된 것이었다. 중동과 서남아시아에서 두 집단이 이러한 전략을 사용한 빈도를 보면 이 전략이 광신도들과 밀접한 관계가 있다는 점을 알 수 있다. 따라서 그러한 공격이 다시 발생하면, 정보분석관들이 두 테러조직과의 연관성을 시사하는 공격에 대한 첩보에 관심을 가지는 것은 합리적이다. 이에 따라 정보분석관들은 알카에다 또는 이슬람국가의 전략적 목표에 기반한 테러의 동기와 목표를 추론한다. 그러나 알아크사 순교단(al-Aqsa Martyrs' Brigades)의 세속적인 팔레스타인인들 또는 스리랑카의 불교 타밀 타이거즈(Buddhist Tamil Tigers)와 같은 다른 테러단체들도 자신들의 목표를 달성하기 위해서 자살 폭탄테러를 자행한다. 과거의 경험, 교육, 훈련의 관점에서 합리적으로 보이는 것은 사실상 확증편향일 수 있다.

분석가들에게 빈번하게 영향을 미치는 또 다른 인지편향은 **개인의 생생한 경험(vividness of personal experience)**이다. 이는 강렬한 인상을 주는 일화 사건이 실제로는 개인의 경험과 거의 관련이 없는 상황으로 일반화될 수 있는 것이라고 사람들이 믿게 만드는 편향이다. 군사와 정보활동의 선복무(prior service)와 관련하여, 많은 정보요원이 수십 년간 전진 배치되어 왔다. 이와 유사하게 선복무의 경험을 보유하거나 현장의 전술지원 임무를 지원하는 분석관들은 전투에 근접하거나 다른 위험한 상황에 노출될 수 있다. 그러한 본능적인 경험은 세계에 대한 더 넓은 인식을 종종 형성하며, 덜 엄격하거나 위험에 덜 취약한 다른 환경들은 정보요원들의 본능적인 경험이 없는 경우 위협의 상황에 처할 것이라는 믿음으로 이어진다. 인지심리학자들은 이와 유사한 연구결과를 발표했는데, 그 내용은 실제적인 정보보다 시청각적 자료를 강조하는 브리핑 프레젠테이션이 콘텐츠에 초점을 맞춘 프레젠테이션보다 브리핑받는 사람들에게 주는 영향력이 더 큰 결과를 낸다는 것이다. 이는 특히 미국의 정보공동체에서 두드러지게 나타나는데, 미국 정보공동체가 첩보를 그래픽으로 브리핑으로 하는 방식은 민간기업이 브리핑하는 방식과 유사한 모습을 보이고 있다.[19] 그러한 생생한 브리핑을 받는 사람들은 부정확한 정보를 믿게 되는 경우가 종종 있다. 왜냐하면 부정확한 정보는 창의적이거나 다른 매력적인 방식으로 보고되기 때문이다. 비난을 받는 것과 '파워포인트에 의한 죽음(death by PowerPoint, 장황한 파워포인트로 인해 발표가 지루해지고, 이로 인해 발표자도 발표에 실패하고, 청중들도 흥미를 완전히 잃어버린 상태 - 역자 주)'을 견뎌내는 것의 큰 차이에도 불구하고, 두 가지 경험 모두 생생하게 다가오기 때문에 인식의 왜곡이 발생할 수 있다.**

정보분석가들을 특히 괴롭히는 인지편향 중 하나는 **미러이미지(Mirror Image)**다. 미러이미지가 충동이나 성질로부터 등장하기 때문에 정보분석관들에게 부정적인 문제가 된다. 충동적인 성질로 되는 것이 아니라면 미러이미지는 공감이라는 의미를 가지는 엄청나게 유용한 것이다. 정보분석관들의 가장 중요한 특징 중의 하나는 공감이고, 이는 자신과 같지 않은 사람

** 역자 주) 정보를 정보사용자가 매혹을 느끼는 방향으로 만들어 내고, 간결한 보고를 위해서 불충분한 내용의 분석보고를 할 경우 왜곡되게 이해되어 정책결정이 잘못 이루어질 수 있다. 이 경우 정보실패 또는 정보의 정치화가 이루어질 위험이 있다. 특히 한국의 독재정부 시절 정보기관이 이러한 행태를 자주 보였고, 아직 완전히 해소되었다고 보기는 어려운 실정이다.

이 세계를 어떻게 해석하는지를 파악하는 능력이다. 그러나 공감은 정보분석관들로 하여금 적 또는 동맹국이 자국의 조직이 보유한 것과 같은 추론능력, 첩보에의 접근, 정책결정 능력을 보유하고 있다는 믿음을 가지도록 하는 경우가 가끔 있다. 다시 말해서 "거울을 보면" 그들이 "우리와 똑같다"라는 것을 본다. 그러나 때때로 상대나 친구들은 우리보다 더 현명하거나 지적이다. 다른 때에는 그렇지 않다. 이는 방법론적인 것이 아니라 경험적인 질문이다. 미러이미지는 종종 "그들의 입장이라면 어떻게 해야 할까?"라는 분석가의 질문으로부터 시작한다. 이러한 종류의 추론은 유용할 수 있지만, 분석가가 생각하는 그러한 추론의 내용이 대상의 실질적인 사고과정과 아무런 관련이 없을 때만 유용하다.

추론을 기준으로 의존하는 것은 인식을 심각하게 왜곡시킬 수 있다. 그리고 그 효과는 미러이미지에 국한된 것은 아니다. **기본적 귀인오류(fundamental attribution error)**[**]는 개별 분석가들이 자국의 행위를 대체로 상황과 환경의 산물로 보는 인지편향이다. 반면, 동일한 분석가들은 상대방의 행위와 결정을 그 국가의 기질적 특징으로 보는데, 이는 상대의 본질은 이렇게 행동하는 것이라는 의미다. 기본적 귀인오류는 연역적이다. 왜냐하면 귀인오류는 정보대상의 성격이 분석가의 성격과 근본적으로 다르다는 이전의 가정들에 의존하기 때문이다. 이는 특히 갈등과 관련하여 똑같이 해를 끼칠 수 있다는 미러이미지 논리의 반전이다.

예를 들어, 2016년 1월 미 해군의 소형 경비정 2척이 실수로 이란 영해를 침범했다. 이란은 주권 침해를 주장하며, 선박과 선원들을 나포했다. 일부 미국 상원의원들은 분명하게 기본적 귀인오류를 보여 주는 반응을 보여 주었다. 특히 공화당의 코튼(Tom Cotton) 상원의원은 이란의 행위를 "일련

[**] 역자 주) 사람을 판단할 때 외적인 이유 모두를 내적인 이유로 돌리는 오류. 상대방이 처해 있는 외부적 상황은 과소평가하고 그 상황에 의해 나타나는 내부적 성향을 과다평가하는 오류이다.

의 끊임없는 도발"이라고 규정했다.[20] 그러나 코튼과 다른 사람들은 2003년 미국이 이라크를 침공하고 점령한 것이 국제법 하의 불법적 행위이며 이라크의 입장에서 도발이라고 주장하는 것과 미국의 선박이 이란의 영해에서 나포된 것을 미국이 이란의 '도발'이라고 주장하는 것의 차이점을 설명할 수 없었다. 코튼과 다른 횡포한 무력시위자들은 미국의 어떠한 행위도 불행한 실수로 설명하는 반면, 이란의 행위들은 마음속에 악마가 들어 있는 이란 본성의 결과로 치부한다. 터프츠 대학의 드레즈너(Dan Drezner) 교수는 같은 기간에 터키가 자국 영공을 침공한 러시아 비행기를 폭파한 사실을 언급하며, "다행히 이란은 최근 나토의 한 동맹국이 공습으로 대응한 것과 같은 방식으로 이번 사건에 대응하지 않았다"라고 말했다. 이란은 미국 경비정을 나포한 후 선원 누구도 해치지 않았고, 결국 선원과 선박을 모두 돌려보냈다.[21] 기본적 귀인오류가 인식에 미치는 영향을 인지하는 것은 이란체제에 의한 만연한 인권침해 또는 테러지원을 줄이기 위한 것은 아니다. 국제정치의 일부 분야에서 이란의 부적절하거나 위협적인 행위는 이란의 모든 행위가 틀렸다는 것을 의미하는 것은 아닌데, 이는 제2차 세계대전 이후 미국이 가장 전쟁을 할 가능성이 큰 나라라는 사실이 반드시 미국이 기본적으로 공격적인 나라라는 것을 뜻하지 않는다는 논리와 같은 것이다.

　미러이미지 및 기본적 귀인오류 같은 추론의 영향을 받는 편향과 대조적으로 **앵커링**(anchoring, 최초 습득한 정보에 몰입하여 새로운 정보를 수용하지 않거나 이를 부분적으로만 수정하는 행동특성 – 역자 주)은 귀납 문제에 의해 야기되는 편향이다. 앵커링은 분석가가 정보대상을 적시하는 기준선을 정하지 않고 초기 첩보에 초점을 맞추는 편향이다. 동일 주제에 대한 후속 첩보는 앵커링 기준선의 프리즘을 통하여 해석된다. 연역법의 영향을 유사하게 받는 또 다른 지각편향(perceptual bias)은 **일관성에 대한 과민반응**(oversensitivity to consistency)이다. 이 편향은 분석가가 확립된 패턴 유지에 초점을 맞추거나, 역설적으로 패턴이 너무 오랫동안 일관성이 있었기 때문에 정확하게 해체되어야 한다고 믿는 편향이다. 일관성에 대한 과민반응은 분석가들로 하여금 패턴 해체가 새로운 기준조건이라고 믿도록 하는 것이며, 이는 **일탈의 정상화**(normalization of deviance)로 알려진 현상이다. 1973년의 욤 키푸르 전쟁에서 얼마나 많은 이스라엘 정보분석관들이 심리적 편향의 영향을 받았는지에 대해서 아직까지 논쟁이 전개되고 있다. 당시 이스라엘 방위군을 놀라게 한 사건은 이집트 군대가 1973년 봄과 여름에 일련의 기동훈련을 했다는 사실이다. 처음에 이스라엘 분석가들은 이집트 군대의 동원이 개전을 암시하는 것으로 인식을 했는데, 이는 과거 역사적 패턴과 위협수준으로 봐서 합당한 추론이었다. 그러나 이집트인들이 여러 번 동원하고 나서도 침략을 하지 않자, 이스라엘의 분석관들은 자신들의 기대 수준을 이집트 군대의 '정상'적인 행위로 맞추었다. 이 결과 분석관들은 이집트인들의 10월 공격 이전에 적절한 경고를 하는 데 실패했다. 그들은 일탈을 정상화한 것이었다.

마지막으로 설명할 두 가지 인지편향은 행위자들과 사건들이 필요한 것보다 더 영향적이거나 계획된 것이라는 믿음을 포함한다. **중앙집권적 방향의 오류**는 분석가가 국가 또는 비국가 행위자 내 한 명의 최고지도자 또는 집단에 의해서 통치된다고 믿는 편향이다. 실제로 리더십이 분리되어 있고/있거나 많은 다른 하위집단이 국가 또는 비국가 조직에 대한 지배권을 놓고 경쟁하는 경우가 있음에도 단일적으로 통치된다고 믿는다는 것이다. 예를 들어, 9·11 공격 이후 알카에다가 언론에 보도된 방식은 테러단체의 리더인 오사마 빈 라덴이 조직의 모든 측면에서 직접 지휘를 하는 것처럼 보이도록 하는 것이었다. 그러나 실제로는 알카에다에 영향력을 행사하는 여러 하부조직이 있다. 하부조직으로는 알카에다의 활동을 이슬람의 관점에서의 수용성을 평가하기 위한 목적을 가진 종교 인사들의 단체인 슈라(Shura) 위원회 등이 있고, 하위지도자로 9·11 공격의 설계자인 모하메드(Khalid Sheik Mohammed), 빈 라덴의 궁극적인 후계자 알자와히리(Ayman al-

Zawahiri) 등이 있다. 이미 분열된 알카에다의 지도부는 2001~2002년 아프가니스탄의 작전기지가 파괴된 후 알카에다가 '프랜차이즈'로 변형되면서 더욱 분열되었다. 이 경우, 중앙집권적 방향의 오류는 빈 라덴이 사망하거나 체포되면 알카에다의 작전 능력이 현저하게 저하될 것이라는 믿음을 고무했다. 불행하게도 알카에다는 군사조직이나 심지어 마피아조직보다 머리가 많은 그리스 신화의 히드라(hydra)를 더 닮았다는 점이 증명되었다.

이와 유사하게 큰 효과는 반드시 큰 원인에 의해서 발생한다는 믿음도 인지편향의 한 형태다. **큰 원인과 큰 효과의 오류**는 외교정책에 있어서 발생한 오해의 많은 사례를 설명해 준다. 가장 두드러지는 예 중의 하나는 제1차 세계대전이다. 이 세계대전은 너무나도 파괴적인 전쟁이었기 때문에 사람들은 전쟁의 원인이 매우 거대할 것이라고 믿었다. 그러나 2,000만 명의 목숨을 앗아가고 유럽과 중동의 지도를 새로 그리게 한 전쟁의 가장 가까운 원인은 이름 없는 세르비아 테러단체의 19살 회원이 오스트리아-헝가리 왕위 계승자를 살해한 것이었다. 이러한 사실은 유럽동맹체제, 독일과 영국 간의 경쟁관계, 독일 전쟁계획의 본질과 같이 당시 유럽에서 벌어지고 있던 복잡한 문제들을 최소화하기 위한 것은 아니다. 그러나 일련의 사건들이 전개되도록 점화한 것은 많은 대학 신입생들과 같은 연령대의 한 사람이 한 행동이었다.

동기부여편향

인지편향 이외에 인간의 인식은 **동기부여편향**(motivated biases)으로 알려진 것에 의해서 형성된다. 인지라는 단어가 인지편향에 대한 사고(思考)의 요소를 강조하는 것과 같이, **동기부여**라는 단어는 우리가 동기부여편향의 동인에 관심을 끌도록 하는데, 동기부여편향은 사람들이 어떤 것을 적극적으로 믿고 싶어하는 것을 의미한다. 더욱이 이러한 믿으려는 동기는 감정적이면서 인지적이기도 하고, 개인의 정체성을 믿음에 연결시킨다. 사람들이 동기부여편향에 깊게 몰입되면 인식을 바꾸는 것이 거의 불가능하다. 동기부여편향을 보유한 사람들은 자신의 믿음을 바꾸면서 새로운 지식을 받아들이지 않기 때문에, 그들은 수준 미달의 정보요원이 된다. 동기부여편향에는 다양한 원인이 있지만, 정치 이데올로기와 종교가 가장 큰 원인이다.

정보요원들은 직업 의무 이외에 시민으로서의 의무도 있다. 많은 정치철학자들은 민주주의 국가에서 시민들의 의무 중 하나는 정치과정에 참여하는 것이라고 주장해 왔다. 정치 후보나 정당을 선호하고 국민으로서 권리와 의무를 행사하는 것은 정보요원들에게도 해당되는 것이고, 아마도 정치적으로 적극적인 시민이 되어야 할 의무이기도 하다. 그러나 정당이나 정치 이데올로기가 과도하게 정보요원들의 선택지 결정에 영향을 미치게 되면 동기부여편향이 생성될 우려가 있다. 정보가 국익에 기여하도록 하기 위해서는 정보요원들이 정책선택에 대한 견해 차이를 민주주의가 기능하는 기본 요소로 인식할 수 있어야 한다. 다른 의견을 가진 시민들을 '적'으로 간주하지 말아야 하는데, 이 용어는 최근 정치담론으로 점점 더 많이 유입되고 있다. 더욱이 이데올로기에 기반한 동기부여편향은 국가가 직면한 많은 과제에 대한 사실적 증거를 무시하게 만든다. 경험적 사실에 직면했을 때에도 동기부여편향을 가진 사람들은 자신의 믿음을 합리화하기 위한 새로운 방안을 찾아 나선다.[22] 그들은 증거와 상관없이 자신들의 이전 선택을 업데이트하기를 원하지 않는다.

민주주의 사회에서 시민의 권리와 마찬가지로 종교를 진실되게 믿는다면 그 의무도 따르게 된다. 그러나 정치의 경우와 마찬가지로 신앙은 정보요원들에게 다음과 같은 인식에 영향을 미치도록 허용되어서는 안 된다. 첫째 종교에의 집착이 동료들이 보유한 신념의 정당성을 부정하면 안 되고, 둘째 종교에 대한 신념이 정보대상에 대한 견해를 형성하는 데 활용되어서는 안 된다. 9·11 공격 이후 미국 국방부의 부대 지휘관들이 공개적으로 기독교를 강조하는 경향이 증가했는데, 이는 수정헌법 제1조의 설립조항이자, 종교와 국가를 분리하는 현대 민주주의의 기본 원칙을 분명하게 위반하는 것이다. 이는 전문적인 행동기준을 유지하고 종교와 성차별을 줄이는 데 대한 문제를 제기해 왔다.[23] 이러한 현상은 관념의 경쟁을 더욱 어렵게 만들었는데, 그 이유는 무슬림 세계의 많은 사람이 서방의 대테러 활동이 이슬람에 대한 얄팍한 위장공격이라는 인식을 강화하기 때문이다.

이데올로기와 종교 모두가 우리에게 무엇이 옳고 그른가를 말해 주고, 그들은 우리의 가치체계를 구성한다. 이는 심리적으로 건강한 것인데, 그 이유는 우리가 원칙에 따라서 결정을 할 수 있게 하고 우리의 행동에 목적을 부여하기 때문이다. 그러나 우리가 세계에 대한 사실들을 인식하는 데 있어서 개인적인 신념이 장애가 될 경우, 그 신념은 정보요원으로서 역할을 할 수 있는 능력을 약화시킨다. 대체로 정보기관들은 동기부여편향이 정보분석에 미치는 잠재적 영향에 대해서 거의 인식하지 못하고 있다. 미국의 퇴역 정보요원이 쓴 저명한 논문은 민주당(청색)과 공화당(적색)의 세계관과 매우 밀접한 관계를 반영하는 '청색과 적색' 분석관들로부터 등장하는 문제를 다루었다.[24] 그러나 이 논문은 심리학의 관련 용어를 분석하는 데 실패했고, 무엇이 동기부여편향을 구성하는지 거의 인식하지 못했다. 더욱이 문제를 해결하기 위한 논문 저자의 제안은 분석팀들을 청색 분석관들과 적색 분석관들로 균형적으로 구성하도록 보장하는 것이었는데, 아마도 이는 질병보다 어려운 치료법일 것이다. 동기부여편향을 가진 사람들이 새로운 첩보에 직면했을 때, 특히 그 첩보가 반대되는 세계관을 가졌다고 알려진 사람에 의해 제시되었을 때, 자신들의 마음을 바꾸지 않는다. 이처럼 동기부여편향에 의해 야기된 문제에 대해 고위 정보 당국자가 보여 준 이해 부족은 심리분야의 발전으로 인해 유지되고 있는 정보기관의 어려움을 적시하고 있다. 경로파괴(path-breaking)가 발생하고, 심리분야가 인지적 관점에서 편향으로 옮겨 감에도 불구하고 정보기관의 원래 주제는 별다른 변화

없이 그대로 유지되는 경향이 있다.[25] 그러나 서방 민주주의 국가들이 다극화되어 감에 따라 동기부여편향은 효과적인 정보분석에 점점 더 많은 문제를 제기할 것이다.

결론: 과학의 철학에서 실천까지

이 장에서 우리는 인식론과 사회과학 용어에 대해 논의했다. 분석임무를 성공적으로 수행하기 위해서는 이 개념들에 친숙해져야 한다. 인지와 동기부여에 대한 의식도 정확한 분석에 장벽이 된다. 그러나 정보분석의 핵심은 아직 논의되지 않았다. 이제 정보분석에 내재된 인식론적 기초와 심리적 과제에 대해서 익숙해졌으므로, 인간과 기술 플랫폼으로 수집된 미가공 데이터를 조사하는 데 사용된 분석방법, 특정절차, 수단에 대한 연구를 할 것이다.

핵심용어

인식론(epistemology) 313
과학철학(philosophy of science) 313
의견(opinion) 313
초기(priors) 313
변조(falsification) 313
사실(facts) 314
보증(warrants) 314
일화적 지식(anecdotal knowledge) 314
확증된 관찰(corroborated observation) 314
과학적 보증(scientific warrants) 315

전문가평가연구(peer-reviewed research) 315
상호관계(correlation) 317
인과관계(causation) 317
확률적 인과관계(probabilistic causation) 318
결정론적 인과관계(deterministic causation) 318
단일인과적(monocausal) 318
다인과적(multicausal) 318
국면적(conjunctural) 318
법칙(law) 318

추가 읽을거리

Bar-Joseph, Uri, and Rose McDermott. "The Intelligence Analysis Crisis." In *The Oxford Handbook of National Security Intelligence*, edited by Loch K. Johnston. Oxford, UK: Oxford University Press, 2010.

Bruce, James B. "Making Analysis More Reliable: Why Epistemology Matters to Intelligence." In *Analyzing Intelligence: Origins, Obstacles, and Innovations*, edited by Roger Z. George and James B. Bruce. Washington, DC: Georgetown University Press, 2009.

Kent, Sherman. "Words of Estimative Probability." Central Intelligence Agency. Historical document, last updated July 7, 2008. https://www.cia.gov/library/center-for-the-studyof-intelligence/csi-publications/books-and-monographs/sherman-kent-and-the-boardof-national-estimates-collected-essays/6words.html.

Kerbel, Josh. "Coming to Terms With Anticipatory Intelligence." *War on the Rocks*, August 13, 2019. https://warontherocks.com/2019/08/coming-to-terms-with-anticipatory-intelligence/.

Klemke, E. D., Robert Hollinger, and David Wyss Rudge, eds. *Introductory Readings in the Philosophy of Science*. Amherst, NY: Prometheus Books, 2012.

Marrin, Stephen. "Understanding and Improving Intelligence Analysis by Learning From Other Disciplines." *Intelligence and National Security* 32, no. 5 (2017): 539−547.

Phytian, Mark. "Intelligence Analysis and Social Science Methods: Exploring the Potential for and Possible Limits of Mutual Learning." *Intelligence and National Security* 32, no. 5 (2017): 600–612.

12장 　분석방법

이 장에서 우리는 수집과정에서 획득되고 조사된 원 데이터를 분석하기 위해서 정보기관이 사용하는 방법에 관해서 연구할 것이다. 우리는 시나리오, 사례연구, 경쟁가설분석(ACH: Analysis of Competing Hypotheses), 네트워크분석, 경로분석, 레드팀과 같이 수십 년 동안 사용되어 온 기존 기법에 대해서 논의할 것이다. 그러나 우리는 구조분석기법(SAT: Structured Analytic Techniques) 및 몇 가지 정량적 접근방식과 같은 보다 최근의 방식도 다룰 것이다. 우리는 그러한 방식들이 사용되는 시기와 방법, 그리고 각 방식의 강점과 약점을 평가할 것이다. 다양한 접근방식이 논의될 것이지만, 이는 포괄적인 목록과는 거리가 멀다. 정보분석에 대한 문헌은 이 장에서 완전히 다루기 어려울 정도로 점점 늘어나고 있다. 우리는 정보작성의 기초에 대해서 지속적으로 논의할 것인데, 정보작성은 우리가 정보분석 기법으로 발견한 사실들을 정책결정자들이 정확하고 쉽게 이해할 수 있도록 옮기는 수단이다.

정보분석의 현대적 맥락

모든 정보분석은 **위험관리(risk management)**의 한 형태다. 분석가들은 대상의 성격을 균형적으로 파악하고, 그 능력과 의도를 판단하고, 대상이 무엇을 계획하고 있으며, 이에 대하여 국가가 어떻게 대응해야 하는지의 최종 상태를 결정해야 한다. 분석관들은 정책권고를 해서는 안 되지만, 그들은 국익과 더불어 정책을 달성하기 위해서 이용할 수 있는 자원을 항상 염두에 두어야 한다. 조지(Roger George)가 간결하게 언급했다시피 분석관들은 국가안보전략을 창조하는 사람들이 아니라 '가능하게 하는 사람들'이다.[1] 분석관들이 효과적인 경고를 제공하고 결과를 도출할 수 있는 능력은 국가 통수기구와 정보 및 국가안보기구의 고위 지도부의 우선순위에 따라 결정된다. 분석관들은 분석의 대상이 제시하는 위협 또는 문제들이 국가안보전략, 국가정보전략, 국가정보 우선순위, 범세계 위협평가와 어떠한 관계가 있는지에 대해서 생각해야 한다. 또한, 가장 소중한 자원은 시간이라는 점을 유념할 필요가 있는데, 특히 분석관이 완성된 분석물을 생산하는 데 어느 정도의 시간이 허용되는지에 대해서 항상 생각하고 있어야 한다. 분석의 적시성은 결정의 이점을 창출하는 데 필요한 정확성만큼 중요한 경우가 종종 있다.

효과적인 분석은 분석이 생산되는 현재 상황의 몇 가지 중요한 변화에 의해 형성된다. 정보순환은 정보가 수집, 처리, 분석, 배포되는 과정을 선형으로 나타내며, 한 단계는 순차적으로 다음 단계로 이어진다. 실제로 수집 플랫폼의 유형과 이를 평가하기 위해 사용되는 분석방법 사이에는 상호관계가 있다. 이러한 상호관계는 많은 차원을 보유하고 있으며, 분석에 영향을 미치는 수집에는 특히 중요한 두 가지 추세가 있다. 수집 플랫폼이 보다 정교하게 발전하고 있기 때문에 전 보다 많은 기술 데이터가 수집되고 있다. 이는 특히 계측징후정보(MASINT)와 관련하여 더욱 뚜렷하게 나타난다.

동시에 과거 어느 때보다 공개출처정보(OSINT)가 많이 사용되고 있는데, 대체로 그 이유는 월드 와이드 웹의 크기 때문이다. 이러한 두 가지 추세는 수집된 것과 정보를 완성시키기 위해서 사용되는 분석기법 사이의 관계에 대해 우리가 생각하는 방식의 구조적 변화를 필요로 할 수도 있다. 두 가지 추세 모두 이전에 사용 가능했던 것보다 더 많은 정보를 포함하기 때문에, 당면한 문제와 관련하여 가장 중요한 데이터를 결정하는 데 문제가 발생한다. 이는 또한 질문을 좁히려는 시도를 유도하여 과도한 단순화와 미러이미지 같은 분석의 함정을 초래할 수 있다.[2]

이 두 가지 추세에는 몇 가지 시사점이 나타난다. 첫째, 분석 중인 데이터가 과학수집형식에서 파생된 경우 일부 정성적(질적)인 분석기법을 사용하기가 어려울 수 있다. 왜냐하면 데이터 일부를 이러한 기법에 적합한 형태로 변환하기가 어렵기 때문이다. 이는 **통약성의 문제**(problem of commensurability)로서, 기술정보를 수집하여 데이터를 분석할 수 있는 방식과 충분히 유사한 수준의 분석어휘를 전달할 수 있는 분석관들의 능력과 관련되는 문제다. 둘째, 수집이 점차 공개출처정보(OSINT)에 의존하게 되면서, 역사적으로 수집된 정보 대부분이 비밀일 경우에 보유되었던 '**부가가치**'를 분석이 제공하기 어렵게 될 것이다.[3] 수집되는 정보의 성격 변화에 따른 결과 중의 하나는 정보기관들이 학계와 민간영역의 전문가들을 보다 신중하게 활용할 것이라는 점이다.[4] 다양한 사건들을 예측하기 위해서 민간부문은 점차 기술수집과 분석의 혁신적인 조합을 활용하고 있다. 예를 들어, 일부 금융서비스 회사들은 국내총생산(GDP)의 성장을 전망하기 위해서 월마트 주차장의 차량 흐름의 변화를 추적하는 지리공간정보(GEOINT)를 활용한다. 이전 분기보다 더 많은 차량이 주차되면 소비지출의 증가를 의미하게 된다. 1990년대 후반과 2000년대 초반 동안에 CIA는 공개출처구상(Open Source Initiative)의 일환으로 학계와 싱크탱크로 외연을 확장했고, 이를 공개출처센터로 제도화했고, 나중에 공개출처사업(Open Source Enterprise)

으로 변경했다. 정보기관이 학자와 민간영역의 지적능력을 활용하는 것은 관리하기 어려운 동향에 적응하는 데 도움을 준다.

이러한 정보수집의 구조적 변화가 가지는 또 다른 함의는 정보분석에 보다 엄격한 방식을 사용하는 것이다. 이는 기술 훈련과 관련하여 예비 취업 희망자들에 대해 높은 기대치를 요구하는 것은 당연한데, 이는 미국의 CIA, 국가안보국, 국가지리공간정보국의 채용공고에 반영되고 이는 추세다. 점차로 미국 정보공동체는 분석관들이 과거에 큰 효과를 거두었던 전통적인 기법과 현재와 미래의 더 첨단화되고 방법론적으로 정교한 방식 모두를 다룰 수 있을 것으로 기대하고 있다.

마지막으로 수집된 데이터양이 급증하고 정보의 기술적 특성이 증가함에 따라 유용한 것과 유용하지 않은 것을 구분하고 상대방의 기만전술을 식별하는 능력이 매우 중요하게 되었다. 이 모두는 정보분석에 필수적인 **비판적 사고(critical thinking)**와 직결된다. 비판적 사고의 정의에 대한 광범위한 의견 불일치가 남아 있지만, 대부분의 학자는 비판적 사고를 주제에 대해서 어떻게 생각하는가에 대한 반사성(reflexivity), 즉 생각하는 것에 대해 생각하는 것이라고 묘사하고, 또한 다른 사람들의 진실 주장 뒤에 숨겨져 있는 동기를 조사하고 아이디어의 기원을 식별하는 능력으로 간주한다.[5] 일부 학자들은 비판적 사고는 획득하기 거의 불가능한 속성이며, 대부분 사람은 이 방식으로 세계를 보지 않는다고 주장한다. 다른 사람들은 비판적 사고가 훈련 가능한 기술이라고 주장한다. 이 논쟁에서 어떠한 입장이든지, 정보분석에서 비판적 사고의 역할에 대해서 강한 공감대가 형성되어 있다. 비판적으로 생각할 수 없는 분석가들은 비판적으로 생각할 수 있는 분석가들보다 효과적이지 못하다.

정보 대상 분석에 사용되는 방법

다양한 종류의 분석기법을 정의하는 여러 가지 방법이 있다. 최근 미국 정보
공동체는 7가지 범주로 구성된 분석기법의 유형을 설정했다. 첫 번째 범주
는 **분해(decomposition)와 시각화(visualization)**다. 이 범주는 분석관들이
정보작업을 관리 가능한 구획으로 분류하고, 관련된 이슈들이 서로 어떻게
관계되어 있는지 그래프로 나타내며, 프로젝트에 사용 가능한 시간을 어떻
게 구조화할 것인지를 업무로 구성한다. 둘째, **아이디어 창출(idea gener-
ation)**에는 시간이 허용하는 한 가능하면 광범위한 개념에 대한 숙고가 필
요하다. 세 번째 범주인 **시나리오와 지표(scenarios and indicators)**는 분
석관들로 하여금 현재 추세에서 발생할 수 있는 다양한 결과에 대해서 생각
하고, 여러 가지의 가능한 결과에 영향을 미치는 측정 가능한 동인을 식별
하도록 고무한다. 네 번째 범주인 **가설 생성과 테스트(hypothesis gener-
ation and testing)**는 분석관들로 하여금 경험적인 실험을 하여 **오류 입증**
을 하기 위하여 동인과 결과 사이의 관계를 명시하도록 한다. 훌륭한 사회
과학과 효율적인 정보분석의 특징 중의 하나는 어떤 조건에서 주장이 사실
이 아니라고 진술할 수 있다는 것이다. 다섯 번째 범주는 **원인과 결과 평가
(assessing cause and effect)**로 사회과학과 직접 관련된다. 현상의 원인을
식별하면 미래의 사건을 예측할 수 있다. 원인 식별은 사건들의 성격과 중
요성에 대한 이해를 증진시키기도 한다. **도전분석(challenge analysis)**은
왜곡된 분석을 하게 할 수 있는 인지편향과 집단편향을 줄이는 중요한 임무
를 수행한다. 마지막으로 **갈등관리(conflict management)**는 분석과정이
끝날 때까지 서로 의견일치를 보지 못한 분석관들이 자신들의 견해 차이를
해결하거나 자신들의 반대되는 관점을 정보생산물에 유용하게 제시하는 수
단을 취하도록 한다. 대상의 성격과 정보업무의 목적에 따라 이러한 다양한
종류의 분석방법 중 일부 또는 전체가 사용된다. 다양한 종류의 기법에 관

한 사례들을 살펴보겠다.

분해

앞에서 언급한 바와 같이, **분해**는 분석관들이 정보업무 관리를 더 잘할 수 있는 작은 수준으로 분리하는 수단이다. 이 과정은 관련된 요인들을 평가할 수 있도록 정확성을 높인다. 그러나 분해는 분석팀이 주어진 시간에 달성할 수 있는 것과 달성할 수 없는 것에 대한 부풀려진 기대를 잠재적으로 제동하는 요인으로 작용할 수 있기 때문에, 추가업무를 필요로 한다.

글상자 12.1 사례: 분해

한 집단의 분석가들이 다음과 같은 질문에 답하도록 지시받았다고 가정해 보자. "중국 주식시장의 붕괴는 어떠한 영향을 미칠 것인가?" 언뜻 보기에 이는 간단한 전략정보 질문으로 보인다. 그러나 우리가 '영향'을 상이한 잠재적 하위범주로 분리하면, 질문은 바로 복잡하게 된다. 중국의 무역 파트너 중 하나인 일본경제에 어떠한 영향을 미칠 것인가? 이 붕괴는 지역경제 전반에 어떠한 영향을 미칠 것인가? 중국 국내정치가 잠재적인 영향을 받을 것인가? 만약 주식시장의 붕괴가 중국 GDP 성장의 장기적인 변화를 의미한다면, 이것이 군사대비 태세와 조달에 어떠한 영향을 미칠 것인가? 중국 주식시장 붕괴는 중국의 일대일로 구상을 중단시킬 것인가? 그 붕괴는 세계 세력균형을 변화시킬 것인가? 이는 '영향'의 잠재적 차원의 일부에 불과하다. 무엇이 영향을 받을까? 영향은 어디에서 느껴질 것인가? 우리는 단기, 중기, 장기적 영향과 같이 시간의 개념을 하나의 요소로 생각하게 될 것이다. 광범위한 질문을 시간과 공간에서 더욱 집중적인 일련의 범주로 세분화하면, 분석관들은 중요도, 교육 배경 및 팀 구성원 훈련과의 관련성에 따라 질문의 순위를 정하는 데 도움을 받을 것이다.

분해는 분석관의 작업관리에 있어서 중요한 역할을 하므로, 분석관은 가장 중요한 이슈부터 착수할 수 있다. 복잡한 문제를 순차적으로 해결할 수 있는 작은 퍼즐로 줄일 수 있다. 이러한 이점은 관련 이슈나 문제의 본질에 대해서 정통하지 못한 정치인이나 지도자가 정보요구를 할 때 특히 중요하다. 그러나 분석관들은 원래의 질문을 너무 희석하지 말아야 하며, 너무 편협한 접근을 하면 정책결정자들에게 별로 도움이 안 될 수도 있다. 분해는 고객 체크리스트와 같이 원래의 연구주제가 적절하게 처리되고 있는지 확인하는 다른 기법들과 잘 결합되어 사용된다.

네트워크분석

네트워크분석은 정보 대상과 다른 행위자 및 기관들 사이의 관계를 그래프로 나타내기 위해서 사용된다. 특히 조직범죄단체, 무기 밀매업자, 테러리스트들의 내부조직과 관계를 연구하는 데 성공적으로 활용되어 왔다. 할리우드 영화들은 종종 마피아 지도자들이 벽이나 도살장에 그림을 붙이게 하는 방식으로 이 방식을 묘사하는데, 마피아 부하들을 지휘하는 계층적 사슬을 표현하고 있다. 다양한 종류의 관계를 표현하기 위해 색색의 마커를 사용하여 그 관계를 그리는 것은 연결을 시각화하는 데 유용한 방식이며, 특히 정보 대상이 분석팀의 구성원들에게 생소하거나 구두 또는 문서에 의한 묘사만으로는 이해하기 어려운 단체인 경우 더욱 유용하다.

그러나 정보기관은 또한 네트워크를 보다 공식적으로 분석하기 위해서 다양한 소프트웨어 패키지를 사용한다. 이는 앞에서 언급한 복잡성의 시각적 표현과 더불어, 조직과 조직의 정책결정 과정을 추론하는 데 사용되는 다른 방법을 준비하기 위한 경로를 제공한다. 네트워크분석은 네트워크 접속점들 사이의 인과관계를 설정하는 데 도움이 되는 다른 기법들과 결합될 수도 있다. 조직의 리더십에 대한 사례연구가 그러한 방법 중 하나다.

글상자 12.2   사례: 네트워크분석

도표 12.1의 사례에서 우리는 이슬람국가 셀 내에서 상이한 하위 지휘자들 사이의 네트워크 관계를 그래프로 표현한다. 굵은 선은 셀 지도자와 부하 사이의 결혼에 의한 관계를 나타내고, 얇은 선은 그러한 결혼관계는 없고 단지 셀을 통한 네트워크 연결만을 보여준다.

　다음의 도표 12.2는 실제로 테러공격을 수행한 셀 내의 사람들을 모델링한 것이다. 이 네트워크 그림에서 선은 공격에 참여한 사람들을 표시한다.

도표 12.1   ■   리비아 내 이슬람국가의 셀 [A]

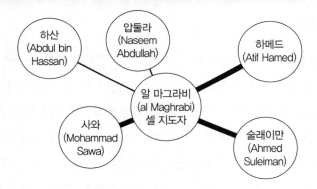

도표 12.2   ■   리비아 내 이슬람국가의 셀 [B]

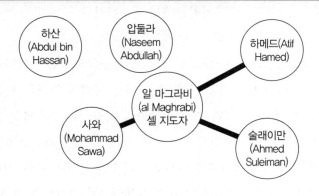

계속 ▶▶

> 네트워크분석을 통해 테러조직을 더 명확하게 볼 수 있다. 혼인에 의한 연결이 신뢰의 수준을 높여 주고, 개인 소통을 더 안전하게 하며, 지도자가 왜 그러한 연결을 가진 사람들만을 사용하려 하는지를 보여 준다. 그러나 이러한 사실에 대한 보다 특별한 이유를 확인하고, 단순히 우연일 가능성을 배제하기 위해서는 인과관계를 결정하는 보다 엄격한 방법이 필요하다.

플란티어(Planteer) 또는 다른 소프트웨어를 통하여, 결정의 나무(decision tree) 또는 영향모델(impact model)과 같은 보다 공식적인 방법은 특정 행위자들에 의해 발생하는 사건들의 사슬을 구축할 수 있다. 행위자들이 의사소통하는 시점과 이후 활동 행위들 사이의 상관관계를 식별하는 통계분석은 특정 활동을 지시할 수 있는 권한을 누가 가졌는지를 밝히는데, 이는 신호정보(SIGINT)의 통화량 분석(traffic analysis)과 유사한 방식이다.

브레인스토밍

우리 대부분은 논문 주제 또는 유사한 학술 활동을 선택하는 기법으로 **브레인스토밍(brainstorming)**에 익숙하다. 그러나 정보기관에서 브레인스토밍은 다른 기능을 수행한다. 비록 창의력을 길러주기는 하지만, 브레인스토밍의 주된 기능은 참가자들의 사전 사고방식의 영향을 줄이는 것이다. 사전 사고방식은 모든 선택지를 고려하지 않게 하거나, 적절한 고려를 하지 않고 아이디어나 접근방식을 완전히 무시하게 한다. 브레인스토밍은 여러 가지 형태를 취할 수 있다. 비구조적 브레인스토밍은 단체 구성원들이 잘 협력하고, 각 단체 구성원들의 공정하고 동등한 참여를 보장하는 조직의 규범을 개발했을 때 잘 작동된다. 단체 구성원들이 효과적으로 협력한 경험이 많지 않으면, 정보업무의 성격이 특히 복잡하면, 또는 정보평가를 완수하기에 시간이 부족하면, 더욱 구조적인 접근방식이 필요할 수 있다. 더욱 체계적인 접근법에서 진행자는 참여자들이 사용할 수 있는 시간을 관리하여, 어느 누구도 토론을 지배할 수 없고 다른 사람들의 시간을 뺏지 못하도록 한다. 또한, 진행자는 문제에 대한 다양한 사고방식을 기록할 수 있다. 브레인스토밍은 전적으로 구두에 의한 것일 수 있고, 보다 그래프 형식을 보일 수도 있는데, 참여자들은 아이디어를 보드에 적거나 벽에 스티커 메모지를 붙이기도 한다.

시나리오

미래에 대한 대안적인 분석이라 불리는 **시나리오**는 미래 사건에 대한 상이한 원인 경로(causal pathway)다. 시나리오는 대규모의 변화가 발생하고 미래에 대한 불확실성이 높은 시기에 특히 유용하다. 예를 들어, 1991년 소련이 붕괴하기 직전 수개월 동안 정보분석가들은 잠재적인 국가의 종말을 다루는 여러 가지 시나리오를 개발했다.[6] 시나리오는 복잡한 정보 대상을 다룰 때 특히 유용하다. 많은 전략정보 과업은 분석관들이 국가, 그리고 군대처럼 국가와 관련된 대규모 조직의 정책선택을 예측하기를 기대한다. 이는 움직이는 주체들이기 때문에 본질적으로 도전적인 과제다. 이러한 맥락에서 특정 국가의 선택은 부분적으로 상대국의 선택에 의해 좌우된다는 점, 즉 국가의 정책결정자들이 자국의 정책결정을 상대의 적대적인 활동에 맞게 조절하고, 그 반대의 경우도 발생하는 상황에 주목해야 한다. 급진적으로 발전하는 것은 미래를 향한 대안적인 경로(alternate pathway)다. 테러단체와 같은 비국가 행위자들의 의사결정 과정이 때때로 더욱 불투명하기 때문에 미래행동을 예측하기가 힘들다. 시나리오 분석은 그러한 단체들에 의해 취해지는 다양한 의사결정의 미래 의미를 이해하는 데 도움을 줄 수 있다.

시나리오들은 정책결정을 할 때 정보 대상의 특정 동인들을 식별한 이후에 만들어진다. 예를 들어, 앞서 언급한 소련 붕괴의 경우, 주된 동인 중 하나는 소비에트 연방 내 국민들의 민족주의를 고취하는 것이었다. 동인들이 식별된 이후, 그러한 동인들이 미래의 사건들을 형성하기 위해 어떻게 서로 조합하여 기능할 수 있는지에 대한 구체적인 가정을 한다. 이는 각 동인에 서로 다른 값이나 수준을 할당함으로써 달성되며, 그 결과 다양한 가정과 다수의 미래 경로(future pathways)가 발생한다.

하나의 방법으로 시나리오를 사용하는 것은 사회체제의 우발적 성격을 유용하게 상기시켜 준다. 사회과학에서 가장 많이 인용되는 구절 중 하나로 베버(Max Weber)는 "'관념'에 의해 창조된 '세계 이미지'는 스위치맨(기차의 선로를 변환시키는 사람 – 역자 주)과 마찬가지로 관심의 역학이 행동을 추진하는 트랙을 결정해 왔다"라고 언급했다.[7] 시나리오들은 그러한 '스위치맨'이 무엇인지, 그리고 리더가 선택하도록 결정하는 관념들이 무엇인지를 식별하는 데 도움을 준다. 또한, 시나리오를 사용할 때, 익숙하지 않거나 특히 유동적인 환경에 처할 경우 사람들은 유추로 추론하는 경향이 있다는 사실에 주의해야 한다. 그들이 그렇게 하는 것은 합리적이며, 그들의 생각을 정리하는 데 도움을 줄 수 있다. 그러나 주의할 점이 있는데, 유추는 옳은 경우에만 도움이 된다는 사실이다. 예를 들어, 1965년 미국이 지상군을 남베트남에 파견하도록 결정된 대화에서 정책결정자들과 보좌관들은 뮌헨 사건의 기억을 인용했는데, 그 논리는 베트남에서 공산주의자들을 봉쇄하기 위해서 군사력을 사용하지 않는 것은 1938년 히틀러에 대해 취한 영국과 프랑스의 유화정책과 같은 것이라는 주장이었다. 그러나 미군이 베트남 전쟁에 개입하게 되는 미래의 경로를 위한 보다 나은 유사 사례는 대부분 검토되지 않았는데, 그 사례는 한국전쟁과 인도네시아 식민지들을 유지하기 위한 프랑스의 참담한 전쟁을 포함한다.[8] 분석관들은 연구되는 사례에 필요한 동인과 가정을 개발하기 위해서, 그리고 사건의 잠재적 경로(potential pathways)를 결정하기 위해서 유사한 추론을 사용할 때 신중해야 한다. 실제로 분석관들이 시나리오를 개발할 때 과도하게 유추에 의존하는 경우, 그들은 시나리오를 구조화된 유추(Structured Analogy)의 사용으로 전환하는 분석기법을 고려해야 한다.

지표

지표(indicators)는 변화를 추적하기 위해서 사용되는 사건의 속성이고 시간이 지나면서 이 속성이 효과를 발휘한다. 지표에 대해 생각하는 방법 중의 한 사례는 온도계다. 바깥 온도가 상승하면, 다양한 영향들이 발생한다. 바깥에 나가는 사람들이 많아지고, 스포츠 경기 관람자가 늘어나고, 여행객도 증가한다. 그러나 이 지표와 관련하여 덜 분명한 변화가 나타나는 경향도 있다. 기온이 상승하면, 범죄가 증가하고, 여름철 몇 개월 동안 총기 폭력도 늘어난다. 기온이 떨어지면, 많은 인간의 행동들이 지표의 변화와 관련하여 나타난다.

정보분석가들에 의해서 유용하게 활용되기 위해서 지표는 몇 가지 특성을 가져야 한다. 첫째, 지표는 무엇이 측정되는가에 대해서 구체적이어야 한다. 둘째, 지표는 신뢰성이 있어야 하는데, 이는 지표가 상이한 분석관과 분석팀 사이에서 대체로 상호교환되어 사용될 수 있어야 한다는 의미다. 셋째, 지표는 시간이 지남에 따라 유용해져야 하며, 수년 또는 수십 년에 걸쳐서 비교할 수 있어야 한다. 마지막으로 지표의 범위는 축소되지 말아야 한다. 지표가 나타내려는 현상들과 마찬가지로 지표들은 서로 연관되어 있지만, 지표의 속성은 다른 지표와 되도록 적게 충돌하도록 해야 한다.

지표는 시간이 지나면서 명백하지만 덜 직관적인 다양한 행동들을 우리가 관찰할 수 있게 해 준다. 그러나 지표가 직접적인 원인이 아니라는 점에 대해서 주목해야 한다. 지표는 행동에 영향을 미치고 다른 요인들의 영향을 극대화한다. 또한, 지표는 보다 깊게 은폐된 행위를 관찰할 수 있게 한다. 지표는 사회적 현상의 개념, 특징, 또는 활동 범위를 제안하는 것으로 보는 것이 가장 좋으며, 개인 또는 단체의 결과 또는 결정을 확정 짓는 것으로 보면 안된다. 국가, 민간기업, 비정부기구들은 정부의 성과를 평가하기 위해 다양한 정량적 지표를 활용하는데, 그 정량적 지표에는 신용점수를 통해 위험을 평

글상자 12.3   사례: 침략지표, 독일의 소련 공격, 1941년 6월 22일

- 독일 정찰기의 고고도 상공비행 증가, 1941년 3월~6월
- 독일군 폴란드에 집결 시작, 1941년 3월
- 독일군 헝가리와 루마니아로 이동, 1941년 5월~6월
- 독일의 소련으로의 산업용 기계 인도 지연, 1941년 5월
- 민간인 복장을 한 징집연령의 독일 남성들 소련국경 인근 폴란드 점령지에서 도로 및 다리 수리작업에 대한 보고, 1941년 6월
- 독일 측 국경에서 대형차량 이동 소음 발생량 및 발생빈도 증가, 1941년 6월
- 6월 21일 소련 외무장관과의 회합에서 독일 대사는 충돌 가능성 루머 증가에 대한 질문에 답변 회피

이 지표목록은 소련 지도자 스탈린(Joseph Stalin)이 독일 군사와 외교기관 내부로부터 받은 구체적인 인간정보와는 독립적인 것이고, 미 국무부와 영국 대사가 공격에 대한 경고를 한 다양한 보고서들과도 무관한 것이라는 점에 주목해야 한다. 스탈린이 무시한 뛰어난 정보수집이 없이도, 그리고 증가하는 위협에 대해 소련에 경고하려는 미국과 영국정부의 시도가 없었어도, 앞서 언급한 지표들은 독일의 임박한 공격을 연상시키는 행동 양식을 나타내 준다. 이러한 지표들의 질을 고려할 때, 독일은 1,500마일의 국경을 따라 전술적인 기습을 하기가 어려웠고, 소련의 고위 지도자들을 성공적으로 속일 수가 없었어야 했다.

가하여 기관의 순위를 매기는 것과 외국 원조의 분배를 파악하는 데 사용되는 부패지수를 측정하는 것 등이 포함된다. 지표는 국가 권력에 대한 보편적인 측정기준이며 국가의 평판을 구체화한다.[9] 정보기관들은 다양한 분석업무에 지표를 사용한다. 가장 중요한 것 중의 하나는 전략적 경고로서, 정치지표와 군사지표는 기습적 상황에 대한 혼란을 줄이기 위해서 사용된다.[10]

앞서의 사례와 같이 지표는 성격상 질적일 수 있지만, 일반적으로 사용되는 많은 지표는 정량적으로 표현된다. GDP 성장둔화, 실업률 증가, 소비자 신뢰 하락은 잠재적 경기 침체와 관련된 지표다. 지표는 또한 징집연령 남성의 증가와 갈등 경향 사이의 관계, 한 국가에서 미국 달러 통화량의 급격한 증가와 마약밀매 존재의 관계, 30세 이하 인구의 통계학적 팽창과 사회운동 등장의 관계와 같이 경제적 측정치만으로는 분명하게 밝힐 수 없는

글상자 12.4 사례: 지표와 국가권력에 대한 CIA의 모델[11]

$Pp = [C + E + M] \times [S + W]$

*Pp*는 잠재적 권력을 의미한다.

*C*는 영토 + 인구에 의해 계산된 임계질량을 나타낸다.

*E*는 천연자원 + 경제체제에 의해 계산된 경제다.

*M*은 군사력을 의미하며, 보유전력+잠재력−시간으로 계산된다.

*S*는 문화적 요인, 정부 내 파벌의 존재, 동맹, 정보능력 등을 포함한 전략적 목표다.

*W*는 리더십, 국가의 역사 또는 관계/분쟁 들을 포함하는 매우 복잡한 지표인 의지를 평가한다.

위의 양식은 1980년대에 CIA가 국가의 권력을 평가하기 위해서 사용한 모델이다. 문화적 요인 및 리더십과 같이 지표로 쉽게 표현할 수 없는 다른 요인들과 결합하면서 현재의 군사력과 잠재적 군사력과 같은 여러 지표를 어떻게 활용하는지 주의해서 관찰할 필요가 있다.

잠재적 관계를 평가하는 데 사용된다. 개별지표에 의해서 추적되고 측정된 데이터는 다양한 다른 분석방법과 모델에 통합될 수 있는데, 그 사례는 CIA 가 국가권력을 측정하기 위해 사용한 역사 모델이다.

시스템분석

이 기법은 제2차 세계대전 이후 과학의 방법론적 엄격함이 증가된 산물로 시작되었다. 이 기간에 사회과학자들은 다른 학문으로부터 개념을 도입하 고 합성하기 시작했다. 개별 유기체에 과도한 초점을 맞춘 데 대한 생물학 자들의 반응으로 시작된 시스템이론은 상호작용하는 집단에서 서로 연결되 는 종들을 찾아보려는 욕망에서 생겨났다. **시스템분석**은 생물학, 컴퓨터과 학, 수학, 정치학, 조직경제학, 사회학, 경영학 등 광범위한 분야에서 폭넓 게 사용되고 있다. 모든 형태의 시스템분석에는 몇 가지 핵심이 있다. 첫째, 전체론을 강조하는데, 이는 시스템의 상이한 구성 부분의 전체에 중점을 두 는 것이다. 둘째, 시스템의 상이한 부분들의 상호작용인데, 이는 시스템의 개별 구성요소의 효과를 단순하게 추가하는 것보다 전체에 대한 효과의 극 대화를 모색한다. CIA의 전직 고위분석관인 클라크(Robert Clark)는 구조, 기능, 과정의 세 가지 상호의존적 요인들을 측정하는 시스템분석의 중요점 을 강조했다. 클라크는 "구조는 시스템의 구성요소와 이들 간의 관계 때문 에 정의된다. 기능은 시스템의 효과 또는 결과, 즉 산출을 포함한다. 과정은 결과를 생성하는 사건 또는 행동의 순서를 말한다."[12]

　시스템분석은 많은 이점을 갖고 있다. 시스템분석은 분석가들로 하여금 집단과 개인 행위자들을 크게 통합된 전체의 한 부분으로 간주하도록 하기 때문에, 우리는 그들에 대해서 원자적이거나 자급적 요인으로 접근하기보 다는 행동을 유도하는 관련 동인들에 더 관심을 둔다. 더욱이 시스템분석은 우리로 하여금 시스템 내에서 시스템 전체를 만드는 요인들의 상호작용에

글상자 12.5 사례: 시스템분석

시스템은 가장 작은 형태의 생명(생물)으로부터 국제체제(모든 국제기구, 국가, 시스템 수준에서 활동하는 비정부기구)까지 다양하다. 우리는 각 시스템의 구조, 기능, 과정을 분석하여 시스템이 구성요소의 권력 및/또는 효율성을 증가시키는 방법과 주요 시스템의 취약점을 파악할 수 있다. 몇 가지 사례들을 보다 구체적으로 살펴보겠다.

미시 수준: M1-A2 에이브람스 주력 탱크

사람들이 M1과 같은 대형 탱크를 보면 그것을 하나의 물체로 생각하는 경향이 있다. 실제로 탱크, 전투기, 군함 같은 대형무기는 구조, 기능, 과정의 다양한 구성요소를 갖춘 시스템이다. M1의 경우 120mm 주포, 각종 무기용 탄약(고폭, 열화우라늄 철갑탄, 대 보병 산탄), 혼합 세라믹/강철 장갑, 보조무기(.50구경, 7.62mm 기관총), 1500마력 터빈 엔진, 정교한 적외선 조준 시스템, 내장 컴퓨터, 승무원들을 포함한다. 이 시스템의 기능은 제한된 대공능력에도 불구하고 탱크 대 탱크 전투로부터 보병지원까지 다양한 전투임무를 효과적으로 수행하기 위해서 다양한 구성요소들을 통합한다. 시스템의 과정적 요소는 탑승병사의 훈련과 무기 운용 연결 및 전투 중 탱크이동과 같은 구조의 다양한 구성요소를 통일시킨다. 에이브람스 탱크를 분석하는 것은 부분들의 집합보다 시스템이 얼마나 효과가 큰지를 보여 주는 훌륭한 사례다. 40년 된 디자인이지만, M1은 세계적인 무기체계로 남아 있는데, 그 이유는 구조형태, 전투기능, 작동과정이 탁월하기 때문이다.

중급 수준: 러시아의 방공망

한 나라의 영공을 보호하는 것은 전투기를 추적하는 것에 그치지 않는다. 대신, 선진국들은 전형적으로 다양한 탐지기술과 방위 자산을 시스템에 통합하는 형태의 방공망을 보유하고 있다. 비록 러시아 방공 시스템의 일부 구성요소들이 수십 년 된 기술에 의존하고 있지만, 이 시스

계속 ▶▶

템은 세계에서 가장 정교한 기술 중 하나로 남아 있고, 결과적으로 공격 항공기가 가장 침투하기 어려운 것 중의 하나로 평가되고 있다.

다른 시스템과 마찬가지로, 러시아 방공망은 구조, 기능, 과정을 결합한다. 시스템의 구조 요소에는 SU-27, MIG-25, MIG-29, MIG-31을 포함한 다양한 요격 항공기, 그리고 SU-57 스텔스 전투기가 포함된다. 이 전투기들은 공중 레이더 추적기, 베리예프 A-50 조기경보 레이더 비행기, 그리고 고정 지상 시스템에 의해서 유도되는데, 이 시스템은 수백 킬로미터 떨어진 목표물을 추적할 수 있다. 지상 기반 추적 시스템에는 스텔스 항공기를 탐지하기 위한 제한된 기능을 가진 진보된 '해바라기' 저주파, 가시거리 외 레이더 시스템이 포함된다. 추적 레이더들은 다양한 지대공 미사일(SAM) 플랫폼과 연결되어 있고, S-200과 S-400 SAM의 작전 반경이 800km에 이르고, 대공포와 미사일을 모두 보유한 판치리(*Pantsir*) S-1과 같이 고정된 위치를 보호하기 위해 고안된 더 많은 지역화된 무기들이 있다. 비록 미국의 이지스 장착 미사일 순양함이나 구축함보다는 훨씬 덜 정교하지만, 바다에 기반을 둔 스브레메니 급 유도미사일 구축함도 추적과 SAM 작전 모두에 기여한다. 이러한 맥락에서 러시아 방공 시스템의 기능은 다양한 종류의 위협에 대해 시스템의 많은 구성요소가 어떻게 배치되는가를 설명한다. 시스템의 과정 요소는 C4ISR로 불리는 컴퓨터 및 통신 구성요소를 통해 시스템을 관리하는 방법을 강조하는데, C4ISR은 명령(command), 통제(control), 통신(communication), 컴퓨터(computer), 정보(intelligence), 감시(surveillance), 정찰(reconnaissance)을 포함한다.

거시 수준: 주택저당증권 국제시장

현재까지 개발된 가장 복잡한 시스템 중의 하나는 2019년에 9조 7,000억 달러 이상의 가치가 있다고 평가된 주택저당증권(MBS: Mortgage-Backed Securities)이다.[13] 그러나 이 수치는 MBS 자체의 가치라기보다는 MBS와 연계된 총금액에 해당하는데, 그 이유는 MBS와 관련된 파

계속 ▶▶

글상자 12.5 계속

생시장이 여러 가지 요소에서 더 크기 때문이다. 자산담보부증권(CDOs: Collateralized Debt Obligations)으로 알려진 금융상품의 결과 주택담보대출(mortgage) 시장이 붕괴되고 2008년에 대공황이 촉발되었다.

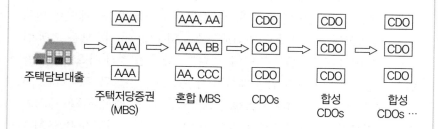

개인 구매자는 은행에서 대출을 받아 집을 매입한다. 구매 후, 수천 개의 주택담보대출이 은행에 의해 '트랜치(tranche: 분할 발행된 채권이나 증권)'로 묶이고, 스탠더드 앤드 푸어스나 무디스 같은 신용평가기관들에 의해 그들의 위험성이 평가된다. 이 등급은 최고 등급인 AAA부터 최하 등급인 CCC까지 다양하다. 이 트랜치들은 다른 은행과 같은 대형기관이나 개인이 구매할 수 있는 주택저당증권(MBS)으로 판매된다. 2000년대 초반 주택담보대출 시장이 확대되면서 정상적으로는 대출자격을 가지지 못한 사람들이 집을 사는 경우가 늘어났다. 수익을 높일 목적으로, 은행들은 더욱 많은 MBS 상품을 만들기 위하여 등급이 다른 주택들을 트렌치로 혼합시켰다. AAA 담보대출은 AA, 심지어는 CCC 담보대출과 혼합되었다. 그러나 신용평가 기관들은 CCC 담보대출이 많은 MBS 상품에 AAA 등급을 부여하면서 이러한 혼합거래를 다르게 평가하려고 노력하지 않았다. 더욱이 담보대출이 가장 안전한 투자 형태 중하나로 생각되었기 때문에, 은행이 CDO를 만드는 등 MBS 상품에 많이 투자하였고, 본질적으로 MBS의 가치가 무엇인지에 대한 투자자들의 베팅, 그리고 다른 은행들이 이러한 CDO를 매입하여 후속 매각을 위해 재포장하는 방식으로 투자자들의 베팅에 많이 활용되었다. 이 CDO 체인

계속 ▶▶

은 혼합 트랜치 때문에 MBS의 원래 액면 가치를 초과하는 경우가 자주 있었다. 따라서 MBS 채권은 액면가가 25달러이고 300달러 이상의 가격으로 합성 CDO가 될 수 있었다.

리먼 브러더스와 골드만 삭스 같은 대형은행과 금융서비스 회사들은 자신들이 떠안고 있는 부수적인 위험에 거의 관심을 기울이지 않고 수천억 달러의 MBS와 CDO를 사고팔았다. 더욱이 그들은 MBS의 풀을 늘리기 위해 주택 구매자들에 대한 대출을 계속 늘렸고, 그들의 지급액을 맞춰주기 위해 소득이 부족한 구매자들에게 대출을 해 주었다. 주택 구매자들이 주택담보대출을 갚지 못하게 되어 MBS 거래에서 위험한 담보대출이 실패하게 되었다. 이는 리먼과 같은 일부 회사들이 MBS와 CDO를 구입한 투자자들에 대한 채무를 이행하는 것을 불가능하게 하는 연쇄적인 실패를 야기하기 시작했다. 몇몇 매우 큰 대출기관들이 파산했고, 다른 기관들은 헐값으로 매입되었으며, 수천 개의 작은 지방은행들이 파산했다. 대출 부문의 체계적인 붕괴는 세계적인 경제침체를 유발했고, 수백만 명의 사람들이 일자리와 집을 잃었다.

MBS 시장은 M1의 주력 포대 또는 러시아 방공망의 첨단 전투기의 총이나 포는 갖고 있지 않지만, 어느 쪽보다 더 큰 파괴력을 갖고 있다. 세계경제에 가해진 피해는 총 15조 달러가 넘으며, MBS와 같은 금융 시스템이 세계 권력구조를 바꿀 수 있는 잠재력 때문에 정보기관이 분석할 가치가 있다.

의해서 발생하는 효과를 시스템의 부분들 합계보다 더 중요하게 인식하도록 한다. 이는 1940년 프랑스에 대항한 독일군의 경우와 같이, 일부 군대들이 자기들보다 더 훌륭한 무기와 더 많은 병력을 보유한 적군을 물리칠 수 있는지를 우리가 설명할 수 있도록 한다. 독일 탱크들은 프랑스 탱크들보다 견고성에서 뒤지고 포 능력도 떨어졌으며, 프랑스군은 독일군보다 더 많은 탱크, 포대, 병력을 보유했다. **독일군의 병력과 무기 플랫폼은 훨씬 더 우수한 시스템의 일부였기 때문에 우세한 전력을 유지할 수 있었다.** 독일군은

사진 12.1 M1-A2 주력 전투 탱크.[14]

현대 무전을 사용하는 공군력, 장갑차, 포대를 통합한 합동 병기 전술을 사용하여 전투에 임했다. 반대로 시스템분석은 복합적이고 현대적인 시스템을 보유한 국가가 덜 복합적인 적보다 우세하지 않은 이유를 설명할 수 있다.[15] 마지막으로 시스템분석은 원자력발전소 사고나 미국의 여러 우주 왕복선 파괴와 같은 재앙적 시스템 실패에 관련된 잠재적 위험에 대한 경각심을 안겨 주기도 한다.[16]

사례연구

사회과학자들과 정보관들은 역사적으로 이 기법을 매우 다르게 이해해 왔지만, 정보관들이 사용한 가장 오래된 분석방법 중의 하나는 **사례연구**다. 보다 최근에 정보기관들은 사회과학자들이 사용하는 접근방법의 적용에 대해서 많은 관심을 보이고 있다. 이 기법은 가설의 테스트와 생성에 유용하며, 원인과 결과를 평가한다. 사례연구는 사례의 다양한 구성요인을 설명하고 시험하면서 현상의 하나 또는 그 이상의 실례를 심층적으로 조사한다. 둘 이상의 사례를 조사할 때, 사례의 특징에서 공유된 패턴, 사례 간의 의미 있는 패턴 단절, 다른 결과에 대한 잠재적 원인을 밝히기 위해 사례 간 비교가 수행된다. 사례연구는 제국의 붕괴 또는 경제 시스템의 발전과 같은 대규모의 변환을 분석하는 데 사용될 수도 있다.[17] 반대로 사례연구 기법은 단일국가, 기업, 테러조직, 심지어는 개인을 분석하는 데 적용될 수 있다. 정보기관에서 실시되는 저명한 정치, 군사, 경제, 문화 지도자에 관한 사례연구는 정책결정과 국가이익에 영향을 미칠 수도 있는 의료와 심리문제를 평가하기 위해 수행된다.

사례연구는 여러 가지 다른 방법으로 수행될 수 있다. CIA의 의학과 심리학 분석센터(Medical and Psychological Analysis Center)가 지도자들의 건강과 심리를 평가하는 것은 의학과 심리학 분야의 특정한 기술적 방법이다.[18] 그러나 국가나 다른 조직에 대한 분석은 사회과학자들이나 정보분석관들이 사용하는 전통적인 도구와 더 직접적으로 관련이 있다. 독창성 있는 논문에서 정치학자 엑스타인(Harry Eckstein)은 담론으로 제시된 다섯 가지 다른 종류의 사례연구를 식별했다.[19] 개성기술적(個性記述的, idiographic) 사례연구는 사례 구성에 대한 풍부한 묘사다. 사례연구의 두 번째 종류인 훈련된 구성(disciplined configurative)은 이전 사례연구의 결과를 적용하여 사례 전체의 연속성 또는 불연속성을 찾는다. 발견적(heuristic) 사례연구는 본질적으로 탐색적이며, 후속 연구자들이 더욱 엄격한 방법으로 연구를 하도록 새로운 통찰력을 생성하기 위한 사례를 추적하도록 의도되었다. 신뢰성 탐구(plausibility probe)는 '만약?'을 질문하여 사례에 새로운 개념을 적용하는 시도다. 마지막으로 비판적(critical) 사례연구는 연구주제에 근본적으로 중요한 사례에 대한 테스트 개념 또는 패턴을 포함한다. 예를 들어, 분석관이 매우 강력한 여러 국가 사이에 전쟁이 발생할 가능성을 예측하려고 시도한다면, 강대국 전쟁의 전형적인 사례인 두 차례의 세계대전

이 잠재적인 인과관계와 위기의 동력을 알려 줄 것이다.

엑스타인의 사례연구 유형론은 유용하게 쓰이고 있다. 그러나 사회과학에 있어서 보다 최근의 정량적 방식의 작업은 사례연구를 위한 추가적인 방법들을 제시했는데, 그 방법들은 환경, 인지, 관계적 동인을 밝혀내는 원인 메커니즘 접근법으로부터 거시 수준의 사건의 원인을 밝혀내는 미시 수준의 임시적 시간 배열 형태인 과정 추적까지 다양하다.[20] 정보분석가에게 특히 중요한 것은 시카고 대학 레이긴(Charles Ragin)이 개발한 **명목비교 (nominal Comparison)** 방법이다.[21] 레이긴은 사례연구 방법에 명목코딩체계를 적용하여, 여러 가지 다른 사례들에 사건 후보가 되는 원인이 존재하는 경우 1을, 존재하지 않는 경우 0을 부여했다. 결과표에 사건의 발생 가능성을 높이는 잠재적 구성 또는 원인의 조합이 나타난다.

글상자 12.6 사례: 명목비교 방법

레이긴의 통제된 사건 간 비교에 대해서 좀 더 자세히 살펴보겠다. 비교의 명목적 방법은 표 12.1에서 사용되는 발견법적 함수(heuristic function)를 제공하거나, 비록 표본 인구는 더 많지만 인과관계를 평가하는데 사용될 수도 있다. 사례들은 잠재적 원인 변수들의 공통적인 집합을 사용하여 비교되는데, 그 방법은 존재하는 경우 '1', 존재하지 않는 경우 '0'을 매기는 부울(George Boole)의 연산방식을 사용하는 것이다. "혁명의 원인이 무엇인가?"라는 연구주제를 위해서 세 가지의 중요한 사례들이 검토된다. 테스트 될 관련 변수들은 해당 주제에 관한 학술연구 동향에서 도출된다. 예를 들어, 혁명이 본질적으로 자유주의적이라는 가설은 아렌트(Hanna Arendt)의 『혁명에 대하여(*On Revolution*)』에서 유래했다. 반면 대규모 농민 반란이 혁명을 야기한다는 주장은 사회과학 역사상 가장 널리 인용된 책 중 하나인 스카치폴(Theda Skocpol)의 『국가와 사회혁명(*States and Social Revolutions*)』에서 유래한 것이다.

계속 ▶▶

표 12.1 혁명의 원인: 명목적 비교						
	농민 반란	자유 주의적	전쟁	상대적 박탈감(빈곤)	인종 갈등	엘리트 주도
미국혁명 (1775~1783년)	0	1	1	0	0	1
프랑스혁명 (1789~1799년)	1	1	1	1	0	1
러시아혁명 (1917~1923년)	1	0	1	1	1	1
점수	2	2	3	2	1	3

위의 표에서 볼 수 있다시피, 몇 가지 패턴이 나타난다. 위의 세 가지 사례 중 인종갈등은 큰 역할을 하지 않는 것으로 보인다. 그러나 전쟁과 엘리트의 리더십은 세 가지 모두에 존재하는 잠재적 원인이다. 이후 과정 추적 또는 원인과 결과를 보다 직접적으로 연계하는 다른 방법을 통해 특정 동력을 파악하기 위한 조사가 수행될 수 있다. 이와 유사하게 명목적 방법을 활용하여 더욱 광범위한 사례들을 평가할 수 있다. 십여 개 이상의 사례를 분석하면 요약점수에 더 큰 차이가 나타나기 때문에, 결과 패턴에서 도출된 인과적 추론의 유효성이 더 확실해질 수 있다.

레이긴이 사용한 부울방식은 사용하기에 간편하고 쉽다는 장점이 있다. 그러나 각 변수에 세 개 이상의 값을 갖는 코딩체계와 달리, 레이긴의 모델은 모호성을 아주 잘 다루지 못한다. 예를 들어, 역량 면에서 '전쟁'은 세 가지 중요한 역사적 사례에 모두 존재하는 것으로 코드화되어 있다. 그러나 미국혁명의 경우, 프랑스와 스페인은 영국에 대해서 각기 1778년과 1779년까지 전쟁을 선포하지 않았다. 따라서 변수로서의 '전쟁'은 세 개 이상의 값, 즉 서수 데이터(ordinal data)를 사용하는 코딩체계에서 더 잘 측정할 수 있다. 그럼에도 불구하고, 레이긴의 모델에 익숙해지면 구조분석기법

(SATs)을 쉽게 사용할 수 있게 되며, 이는 외부 전문가에게 지식기반을 구축하고 유사한 코딩체계를 사용하도록 요청한다.

정량적(양적) 접근

앞선 장들에서 설명한 바와 같이, 정보는 수집된 첩보를 정책결정자들에게 배포하기 위한 완성된 생산물로 전환하는 것을 내용으로 한다. 이 과정은 몇 가지 면에서 기존의 정책결정과 구분된다. 첫째, 이 과정은 비밀스러운 정보를 포함한다. 둘째, 질문 대상에는 일반적인 정책 현안과 다른 불확실성 및/또는 위험 수준이 포함될 수 있다. 셋째, 그리고 가장 중요한 것은 사회과학 및/또는 자연과학의 기존 분석 도구를 통해 질문에 답을 할 수 있다면, 정보기관의 과업이 불필요하게 된다는 점이다. 사람이든 기술이든 정보기관이 자산을 활용할 때마다 정보의 출처와 방법을 적에게 노출시킬 위험이 있다.

이러한 모든 고려사항들은 수집된 데이터를 평가하는 데 일반적으로 사용되는 분석도구와 관련된다. 통계분석은 보편적으로 대규모 N 연구라고 하는 많은 사례를 포함하는 대량의 정보를 필요로 하는데, N은 모집단 표본의 사례 수를 나타낸다. 표본이 파생된 대규모 모 집단에 일반화 가능한 추론을 할 수 있는 최소 N은 30이다. 그렇더라도 수천 개는 아니더라도 수백 개를 관찰하는 것이 바람직한데, 그 이유는 발견한 사실들의 내부와 외부의 유효성은 더 큰 표본에 의해서 향상되기 때문이다. 이러한 대규모 표본들로부터 변수들 사이의 관계를 추정하기 위하여 연구자들은 이변량(bivariate) 분석(카이제곱[chisquare]), 로짓(logit), 프로빗(probit), 선형회기분석, 시계열, 그리고 기타 통계적 방법을 실행한다. 이 기법 중의 일부는 거의 50년 동안 CIA에서 선거, 갈등 역학, 연설의 내용 분석, 기타 정치정보 분석을 지원하기 위해 사용되어 왔다.[22] 그러나 정보와 관련된 질문의 경우, 우리는 표본 크기를 수백은 커녕 30도 달성할 수 없다. 이러한 종류의 주제들

글상자 12.7 사례: 독일 탱크 문제[23]

미국 군인들이 독일의 표범 5호 '팬더'(Panzerkampfwagen V, 'Panther') 탱크와 마주쳤을 때, 그들은 자신들의 셔먼(Sherman) 탱크가 화력과 방어력 면에서 독일의 탱크보다 열세인 점을 파악했다. 만약 독일이 충분한 수의 팬더를 전장에 투입하면, 미군 사상자가 증가하고 독일은 서부전선을 교착상태에 빠트릴 수 있을 것이라는 점이 예측되었다. 팬더가 전장에서 지배적인 탱크가 된다면, 이에 맞서기 위해서 미국은 새로운 주력 탱크의 개발을 필요로 하게 될 것으로 예상되었다. 결국 팬더의 생산 수치를 추정하는 것이 정보분석관들에게 중요한 과업이 되었다. 그러나 인간정보나 기술정보를 통해 이 정보를 획득하기가 어려웠기 때문에 통계 추론의 기본방식을 활용했다. 폐기되거나 포획된 팬더의 표본집단의 시리얼 번호를 사용하여 분석관들은 아래와 같이 독일 탱크의 생산량을 추정할 수 있었다.

$$N=m+(m/n)-1$$

N은 모집단 최댓값을 나타내고, m은 표본 최댓값을 나타내며, n은 표본 크기를 나타낸다. 10대의 팬더를 포획했는데, 그들의 일련번호는 9, 23, 44, 52, 64, 88, 91, 103, 176, 200이다. 따라서 $N=200+(200/10)-1$의 공식이 성립하고 N은 219가 된다. 따라서 표본으로부터 최대 모집단(팬더가 생산된 총 수량 추정)은 219대라고 결론을 내릴 수 있다.

역사적 사례를 보면, 연합군의 정보관들은 독일군이 모든 탱크 생산능력을 팬더에 투입한다면, 한 달에 약 1,400대의 팬더를 생산할 수 있을 것으로 추정했다. 그러나 몇 달 동안 전장에서 일련번호 데이터를 수집한 후 예측을 하기 위해서 방정식을 사용했다. 결과는 한 달에 최대 246대의 팬더를 생산할 수 있다는 것이었다. 전쟁이 끝난 후 독일 군비기록에서 획득한 데이터에 의해서 실제 한 달에 245대를 생산했다고 밝혀졌으며, 이는 통계 추정치에 놀라울 정도로 근접한 수치였다.

은 종종 질적 분석 방법의 사용을 필요로 한다. 그러나 이 장의 서두에서 언급한 바와 같이, 정보수집은 지난 수십 년 동안 진화하여 일부 기관들이 수십 년 동안 사용해 온 **정량적 기법**의 역할을 확대해 왔다. 데이터의 양과 성격은 크게 달라졌고, 사회적 행동에 대한 더 많은 지표가 일반 모집단에 대한 추론을 도출하고 개인의 행동을 예측하는 데 사용된다. 이러한 변화들은 정량적 방법이 과거보다 훨씬 더 많이 정보분석 활동에 적용되고 있다는 점을 의미한다.

정량적 방법의 적용이 점차적으로 증가하는 분야는 소비자 구매, 세금 납부, 결혼과 데이트 이력, 친구, 전문가 인맥, 인터넷 검색 이력, 체포 기록, 여행, 그리고 수천 개의 데이터 포인트를 포함한 개인에 대한 엄청난 양의 정보가 축적된 **'빅 데이터'**다. 이러한 데이터들을 통합하여 예측모델로 변환하는 것은 복잡한 일이다. 빅 데이터에 적용한 사례들로는 국가정보장실(ODNI)의 파괴적 기술국(Disruptive Technologies Office), 국가안보국(NSA)의 특별출처운영수집프로그램(Special Source Operations collection program), 국가대테러센터(National Counterterrorism Center)의 테러범확인데이터마트환경(Terrorist Identities Datamart Environment), FBI의 테러범감시대상데이터베이스(Terrorist Screening Database), CIA가 최근 설립한 디지털혁신국(Directorate of Digital Innovation)이 포함된다. 더욱이 새로운 방식에 대한 정보기관의 수용성 증가는 의사결정 과학으로부터 도출된 분석의 향상을 가져 왔다. 이제 정보기관은 학계, 싱크탱크, 민간영역의 발전을 직접적으로 유도할 수 있는 풍부한 자금 지원을 받을 수 있는 프로그램을 보유하고 있다. 국방부는 민간학자들과 군에서 운영하는 교육기관의 학자들이 안보정책을 지원하는 분석방법을 발전시키기 위한 연구를 지원하는 미네르바연구이니셔티브(Minerva Research Initiative)를 운영한다.[24] 이와 유사하게 국가정보장실(ODNI)은 사회과학과 자연과학의 최신 발전과 민간영역의 기술개발을 적용할 수 있는 방법을 모색하는 정보고

등연구프로젝트활동(IARPA: Intelligence Advanced Research Projects Activity)을 후원한다.[25] 그 대표적인 사례가 IARPA가 지원하는 **좋은판단 프로젝트(GJP: Good Judgment Project)**다. 펜실베이니아 대학교 심리학과 교수인 테틀록(Philip Tetlock) 교수에 의해 만들어지고 관리되고 있는 GJP는 다양한 배경을 가진 사람들에게 '슈퍼 예측자'가 되는 방법을 가르친다. 통계학, 심리학, 경제학의 몇 가지 단순한 기법을 활용하여 테트록의 학생들은 1급 비밀이나 민감한 등급으로 구획화된 정보에의 접근 능력을 갖추고 분석예측 토너먼트에서 미국 정보공동체 구성원들과 경쟁했다. 공개출처정보(OSINT)와 테트록의 기법만 사용하여 '슈퍼 예측자'들은 정보기관에서 교육을 받은 분석팀을 지속적으로 능가했다.[26] 더욱이 테트록의 학생들은 통계에서 얻은 통찰력에 의존하여 어디에서 오류가 생겼는지를 분석하고 시간이 지남에 따라 예측 정확도를 개선할 방법을 소유하고 있다. 테트록은 자신있게 "슈퍼 예측자들은 영원한 베타(perpetual beta, 끊임없이 개선되고 업데이트 된다는 의미 – 역자 주)다"라고 말했다.[27]

일부 정보학자들은 미국 정보공동체의 리더십이 빅 데이터를 너무 쉽게 수용하고 있으며, 정보분석에 대한 정량적 접근법이 기본의 분석틀을 대체해야 한다고 쉽게 설득될 수 있다고 우려하고 있다. 질(Gill)과 피티안(Phythian)은 "데이터 복음주의(data evangelism)로 불리는 것이 있다면, 이는 매우 위험한 것이다"라고 간결하게 언급했다.[28] 이들의 회의론은 충분히 근거가 있다. 9·11 테러 직후 레이건정부하에서 해군 제독과 국가안보보좌관을 역임한 포인덱스터(James Poindexter)는 NSA의 후원으로 종합첩보인지(TIA: Total Information Awareness)를 설립하려고 시도했다. TIA는 특정 국가의 모든 소비자 구매, 이메일, 전화 통화 등 모든 첩보의 통합을 목표로 했다. 이는 보안 감시를 전례 없는 규모로 확대 발전시키는 데이터 마이닝(data mining)이다. 한 사회의 데이터 전체를 통합하는 것은 미국 정보공동체의 역량 밖의 작업이었다. 이 작업은 기본적으로 모든 민간영역과

정부 터미널의 컴퓨팅 용량을 복제하는 디지털 인프라를 필요로 한다. 또한, TIA는 미국 헌법의 법률구조를 초월하는 감시 프로그램이었으며, 따라서 권리장전(Bill of Rights)의 영향을 받지 않는 프로그램이었다.

그러나 지난 20년 동안 미국 정보공동체가 도입한 많은 법적 감시 프로그램을 주의 깊게 살펴보면, 많은 프로그램이 전에는 고려되지 않았던 모든 종류의 수집활동들을 통합하고 있다. 정보공동체 프로그램들은 사람들이 공공장소에서 걷는 방법, 얼굴 인식 소프트웨어, 그리고 행동을 예측하는 것과 관련된 생체 인식 지표들을 분석한다. 이전의 전시(戰時) 분석방법과 달리, 태스크 포스 714는 차량 번호판에서 지리공간데이터까지 모든 것을 연결하는 통합 데이터베이스를 채택하여 이라크의 숨겨진 테러네트워크를 찾아냈다.[29] 다양한 정보기관의 활동은 국방부가 지원하는 메릴랜드 대학의 시멘틱 웹(Semantic Web) 프로그램과 같이 인공지능을 인간분석에 통합하는 시도를 한다. 이 프로그램은 데이터 시각화와 기계학습 기능을 연결하는 테러리스트 데이터베이스 시스템이다.[30] '위기 정보학(crisis informatics)'은 다양한 주제들을 분석하기 위해서 대학과 싱크탱크의 학자들에 의해서 연구가 수행되었는데, 그 주제들은 소셜 미디어 활동이 자연재해에 대한 대응에 어떠한 영향을 미치는가부터 2016년 선거 캠페인 동안 8,500개의 계정에서 6만 6,000개의 트윗이 포함된 러시아 첩보공작이 미국의 기존 사회를 어떻게 이용했는지 등을 포함한다.[31] 컴퓨터 시뮬레이션을 통해 전략정보의 예측을 개선하기 위해 행위자기반모형(Agent-based modelling)이 사용되고 있다.[32]

1960년대에 CIA가 대규모 N 업무로부터 1979년 정보기관의 어느 전문가도 예상하지 못한 소련의 아프가니스탄 침공을 정확하게 예측한 게임이론 모델까지 정량적 방식이 미국 정보공동체에서 수십 년 동안 사용되었다. 이 방식이 최근에 적용된 사례들은 이 방식이 얼마나 유용한지를 보여 주고, 빅 데이터의 출현으로 양적 방법의 역할이 확대되고 있다. 어떤 의미에서 TIA의 유산은 크게 세분화되기는 하였지만 계속 존속하고 있다. 더욱이 그러한 방법론의 발전에 의해서 확보되는 막대한 분석적 이득이 정보가 사회과학보다 더 발전된 데이터 분석기법을 사용할 수 없다는 잘못된 믿음에 의해서 무시되어서는 안 된다. 미래에 정보기관에서 근무하고 싶은 학생들은 전통적 기법으로부터 최근의 정량적 접근까지 다양한 분석기법들을 습득할 수 있도록 최선의 준비를 해야 한다.

레드팀

레드팀(Red Team)은 도전분석(challenge analysis)의 형식이며, '대안분석(alternative analysis)'으로 불리기도 한다.[33] 레드팀은 오랫동안 미군에 존재해 왔고, 워게임에서 미국 군인들에 대항한 적의 전술과 장비를 사용하여 가상임무를 수행했다. 캘리포니아 포트 어윈의 국가훈련센터 같은 곳에는 제11기갑기병연대가 미국 군인들의 전쟁준비를 돕기 위해서 '반대군'의 역할을 하는 레드팀이 아직 사용되고 있다. 그러나 미국 정보공동체에서 사용하는 현대식 표현에 따르면, 적의 사고방식이나 정신구조를 받아들이는 것, 즉 기본적으로 적이 되는 것은 레드햇(Red Hat) 분석이라 불리는 구조분석기법(SAT)이다. 미국 정보공동체에서 레드팀은 상대방의 역할을 맡을 필요 없이 상대방의 문화적, 조직적 관행에 대한 레드팀의 지식을 활용하여 정보평가를 비판하는 데 사용된다. 레드팀은 상대방에 대한 지식이 필요하지만, 역할극의 형태가 아니기 때문에 적국에 대해서 수년간 교육을 받지 않고서도 레드팀의 임무는 성취될 수 있다. 레드팀은 역할에 완전하게 빠져들지 않고도 적과 같이 생각하려고 시도한다.

　모든 도전 분석기법과 같이, 레드팀은 적들이 어떻게 생각하는지, 무엇을 원하는지, 그리고 목표를 달성하기 위해 노력하는 수단에 대한 이전의 사고방식이나 신념의 영향을 줄인다. 레드팀은 인지편향에 제동을 걸고, 이는 평가과정이 끝날 때 이전에 분석팀이 사용했던 기법의 측정 또는 강조점의 오류를 감지하는 데 도움을 준다. 레드팀은 많은 조직에서 다양한 유사 상황을 분석하는 데 사용된다. 레드팀은 원자력발전소의 취약점을 발견하고, 고위 군사지도자들의 비판적 사고 활동으로서, 그리고 복잡한 정부프로그램의 개발을 평가하기 위해서 사용되어 오고 있다.[34] 레드팀은 매우 유용할 수 있지만, 모든 분석기법의 경우와 마찬가지로 사용자들은 자신의 효험을 믿고 결과를 수용해야 한다. 이로 인해 분석가들은 며칠 또는 몇 개월 동안의 작업을 중단하고 처음부터 다시 시작할 수도 있다. 또한, 조직의 고위 리더십도 도전 분석에 투입되어야 하고, 분석팀이 레드팀을 사용하여 '실패'도 허용할 수 있는 환경을 조성해야 한다. 그러나 역사적으로 분석팀이 도전 분석 결과를 수용하는 것은 어려웠고, 고위 운영진이 레드팀 또는 다른 기법으로 파악된 문제점이나 단점을 수정할 시간을 마련하는 것도 어려웠다.

구조분석기법과 비판들

1990년대에 CIA와 국방부의 분석관들은 정보평가를 하는 데 사용되는 방법들을 개혁하기 시작했다. 9·11 이후 2004년의 정보개혁과 테러방지법(IRTPA) 통과, ODNI에 의한 범공동체 분석기준 설정의 노력들이 가속화되었다. 2010년까지 **구조분석기법(SAT: Structured Analytic Techniques)**은 정보공동체 전반에서 사용되었다. 우선 CIA의 셔먼 켄트 스쿨(Sherman Kent school)의 분석관 교육 형식으로 시작되었고, 그 후 CIA의 2009년『스파이활동지식독본(*Tradecraft Primer*)』이 출판되었고, 이후 미국 정보공동체의 필독서가 된 퍼슨(Randolph Pherson)과 휴어(Richards Heuer)의 책이 출간되었다.[35] 앞서 언급한 시나리오 및 레드팀처럼 SAT보다 수십 년 앞선 여러 방식은 보다 폭넓은 SAT 집단군으로 통합되었다. 다른 SAT들은 매우 최근의 창조물이며, 다른 방법들에 함께 특별히 연결하도록 설계되었다. SAT의 목적은 정보분석 과정을 공식화하는 것이다. SAT는 분석가들이 자신들의 아이디어를 명확하게 진술하고 일관되고 측정 가능한 형식으로 평가하도록 하는 구조를 만든다. SAT들은 서로 연결된 기법의 집합으로, 특정 가설 테스트 방법에 적합하도록 설계된 아이디어 생성 기법을 사용하여서 한 방법에서 다음 방법으로 이동하는 오류율을 줄인다. SAT들은 간단하고 직선적인 어휘를 사용하여 이해하고 배우기가 쉽다. SAT가 폭넓게 수용됨에 따라 기관 사이의 분석협력이 보다 효과적이 되고 있으며, 여러 조직의 상이한 분석 문화에 의한 영향을 줄이고 있다. SAT가 어떻게 기능하는지를 보여 주는 완벽한 사례는 **경쟁가설분석(ACH: Analysis of Competing Hypotheses)**이며, 이 방법은 사건에 대한 덜 신뢰할 수 있는 설명을 제거하기 위해 고안되었다.

글상자 12.8 사례: 경쟁가설분석

경쟁가설분석(ACH)은 다른 가설들의 타당성을 조사하는 데 사용된다. 다음의 가상 시나리오와 관련되어 알려진 사실들을 고려해 본다.

1. 미 국무장관이 2022년 유엔 핵군축회의에서 쓰러졌다. 국무장관은 병원으로 이송되어 24시간 동안 사경을 헤매다가 전체적인 신체기관의 손상으로 사망하게 된다. 현재 세계 상황과 2022년 사이의 상대적 연속성을 가정한다.
2. 사인은 독극물, 특히 방사성 금속 폴로늄으로 판명된다.
3. 러시아는 정적들을 살해하기 위해 폴로늄을 독극물로 사용해 왔으며, 2006년 영국에서 전직 FSB 요원이었던 리트비넨코(Alexander Litvinenko)가 이 방법으로 살해되었다.
4. 러시아, 중국, 이스라엘, 북한, 이란은 유엔 회의에서 미국의 제안에 모두 반대했다.

계속 ▶▶

글상자 12.8 계속

5. 폴로늄은 리트비넨코를 살해하는 데 사용된 러시아의 물질보다 훨씬 덜 정제된 형태였다.

6. 에너지부의 방사선 스캔 결과 전날 저녁 공식 만찬에서 국무장관에게 폴로늄을 투여한 것으로 밝혀졌다. 프랑스, 영국, 러시아, 중국, 인도, 이스라엘, 일본의 외교사절들이 참석했다.

표 12.2 국무장관 독살에 대한 경쟁가설분석(ACH)

증거	신뢰도	관련성	H1	H2	H3	H4	H5	H6	H7
E1: 과거 폴로늄 사용하여 적 살해 경험 있음	높음	높음	CC	N/A	N/A	N/A	N/A	N/A	N/A
E2: 공식 만찬시 폴로늄 투여	중간	중간	C	C	C	C	C	C	C
E3: 공식 만찬 참석	높음	중간	C	C	C	I	I	II	II
E4: 미국 주도 하의 제재를 받는 체제	높음	중간	CC	II	II	CC	CC	N/A	N/A
E5: 미국 제안 반대	중간	중간	CC	CC	C	CC	CC	C	C
E6: 공격의 결과를 감수할 의지	낮음	높음	C	II	II	C	CC	C	I
E7: 다른 방식으로 미국에 영향을 미칠 능력 결여	낮음	높음	C	II	II	C	CC	CC	C
E8: 다른 국가가 한 것처럼 보이게 할 의지	낮음	높음	I	II	II	C	CC	II	C

H1: 러시아가 국무장관 살해
H2: 중국이 국무장관 살해
H3: 이스라엘이 국무장관 살해
H4: 이란이 국무장관 살해
H5: 북한이 국무장관 살해
H6: 비국가 행위자가 국무장관 살해
H7: 다른 국가가 국무장관 살해

계속 ▶▶

신뢰도와 관련성의 가중치는 각 증거에 할당되며, 증거의 질과 다른
가설과의 관계에 따라 평가된다. 예를 들어, 표 12.2에서 알려진 사실인
E1, E3, E4에 '높음'의 가중치가 할당되었다. 그러나 E6, E7, E8에 '낮
음'의 가중치가 할당되었는데, 그 이유는 이들은 경험적으로 관측된 데이
터가 아니라 가정이기 때문이다. 각 증거가 주어진 가설로 구성되는 정
도는 CC(강력한 일관성), C(일관성), I(불일치), II(강력 불일치), N/A(해당 없
음)로 측정된다. 다양한 가설들을 이러한 방식으로 평가하면 각 가설의
상대적 가능성을 한 곳에서 그래픽으로 볼 수 있다. 또한, 경쟁가설분석
(ACH) 소프트웨어는 불일치 점수를 자동적으로 생성하여 상대적으로 약
한 가설을 제외할 수 있다. ACH는 다른 분석기법을 사용하여 추가로 탐
구할 수 있는 비교적 좁은 범위의 가설을 남기면서 대부분의 가설을 폐기
하는 결과를 만들어 내야 한다. 예를 들어, 중국 대표가 만찬에 참석했지
만 중국대표가 미 국무장관을 살해했을 가능성은 낮다. 중국은 미국이 제
재하는 체제가 아니며, 미국의 정책에 영향을 미칠 수 있는 위험성과 공
격성이 적은 다른 수단을 갖고 있으며, 자국에 대한 미국의 정책을 바꾸
기 위해서 범죄를 저질렀다고 다른국가가 중국에게 뒤집어 씌우기를 원
하지 않을 것이다. 이러한 점수로 볼 때 분석가들은 다른 가설들을 무시
하고, 러시아, 북한, 이란의 잠재성과 관련된 설명들을 더 조사해야 한다.

구보분석기법(SAT)과 유사한 기법은 정보분석과는 거리가 먼 맥락에
서 수년간 사용되어 왔다. 비교사례 연구에 대한 레이긴의 부울 접근법은
ACH와 쌍체 비교(Paired Comparison) 같은 미래의 SAT들을 30년 이상
논의했다. 초보 정보관들은 특히 상대적 효과와 관련하여 이러한 다양한 응
용 프로그램을 숙지하는 것이 바람직하다.[36] 이는 특히 중요한데, 그 이유
는 SAT들이 사회과학 방법론의 엄격함을 희석하는 경향이 있다고 일부 학
자들이 지적해 왔기 때문이다. SAT는 사회과학으로부터 나온 것이며, 실제
로는 '사회과학의 모조품'으로 인식되고 있다.[37]

더욱이 미국 정보공동체가 SAT를 널리 채택했음에도 불구하고, SAT들은 다양한 출처로부터 지속적인 비판을 받아 왔다. SAT는 분석의 정확도를 향상시키는 표면적인 효용에도 불구하고, 진단의 정확도가 떨어지는 역설적 효과가 초래될 수 있다. SAT의 억제 효과에 대해서 인식하게 되면 분석가들은 관련 동인이나 지표의 가치를 과장할 수도 있는데, 이는 분석이 끝날 때 악마의 변호인(devil's advocate, 활발한 토론을 위해 일부러 반대의 입장에 서는 사람 – 역자 주)의 의식이 분석가들로 하여금 "정보평가를 공식화할 때 계산되지 않은 위험을 감수"하도록 한다.[38] 마찬가지로 한 가지 편향을 줄이는 SAT는 동시에 다른 편향들을 더욱 두드러지게 만든다. 일부 저명한 연구자들은 **인지편향의 양극적 성향**을 인용하면서 SAT가 자신에 대해 과신하는 문제를 줄일 수 있고, 그러한 편향을 자신에 대한 과소평가로 대체할 수도 있다고 지적한다.[39]

더구나 SAT의 중심 전제는 휴어(Heuer)와 퍼슨(Pherson)이 말하는 '시스템 2 사고(思考)' 대신에 '시스템 1 사고'를 줄인다는 것이다. 이러한 맥락에서 시스템 1은 '빠르고 무의식적이며 직관적인 사고'를 나타내고, 시스템 2는 '사려 깊은 추론'을 나타낸다.[40] 휴어와 퍼슨에게 정보분석 오류의 주요 원천은 시스템 1 사고다. 그러나 직관과 상상은 밀접하게 연관되어 있기 때문에, 만약 SAT가 실제로 분석가의 시스템 1 사고에 대한 의존을 억압한다면, SAT는 분석가의 창조적 역량을 축소하는 것이다. 그러나 적이 미국과 동맹국들에 대한 공격을 감행한다고 예상한다면, **분석가의 창의성**이 근본적으로 중요하게 된다. 9·11 위원회가 언급한 대로, 알카에다 활동의 성공은 '상상의 실패'의 결과였다. 정보공동체가 이슬람국가의 등장과 미국 선거제도에 대한 러시아의 첩보활동을 예측하는 데 실패한 것도 유사한 시각으로 볼 수 있다.

이러한 비판 중에 다수는 매우 강력하지만, 여러 가지 이유로 인해 SAT는 지속적으로 유지될 것이다. 첫째, SAT는 미국 정보공동체의 여러 명의 고위 인사들에 의해서 설계되었고, 이러한 기법은 도입 이후 정보공동체 지도부의 폭넓은 지지를 받아 왔다. 그 결과 정보공동체의 17개 기관 중 16개가 이를 채택하였고 정보연구국(Bureau of Intelligence Research)만 채택하지 않고 있다. 둘째, '정보개혁과 테러방지법(IRTPA)'에서 의회는 이 기법, 특히 도전 분석을 의무적으로 사용하도록 했다. 셋째, 분석을 개혁할 수 있게 한 정보분석의 신뢰에 대한 거대한 위기는 9·11과 이라크의 대량살상 무기로 발생했고, 이 두 가지는 많은 SAT 지지자들이 수십 년 동안 관심을 가졌던 분석의 약점을 부각시켰다. 적절하게 기능을 하지 않아서 사용이 보류된 SAT의 사용을 재고하도록 촉진하기 위해서는 외부적 충격이 필요할 수도 있다. 마지막으로 SAT 기법의 일부는 표면적으로 정교한 분석가들에게는 의심스러운 가치를 보이지만, 다른 SAT 기법들은 이전의 기법들보다는 잘 작동하는 부가가치를 제공하고 있는 것으로 보인다.

결과 발표: 분석물의 구조와 표현

모든 종류의 기록은 조사의 범위, 학술 분야, 연결된 직업에 따라 고유한 스타일과 구조를 지니고 있다. 정보분석도 예외는 아니다. 이 절은 정보관들의 효과적인 글쓰기에 대해 검토를 한다. 내부적으로 유통되는 비밀보고서와 정책결정자들에게 배포되는 자료 모두 이 기준들을 따른다. 정보기관에서 활동하고자 하는 학생들은 이 스타일과 구조를 사용하여 글 쓰는 법을 배워야 한다.

표현

정보보고서는 **능동태**로 이루어진다. 주어와 동사는 직접적으로 연결된다. 제한적인 언어나 수식어는 최소화한다. 반대로 **수동태**는 행동을 간접적으로 설명하는 언어를 사용한다. 수동태는 작성자가 자신의 글을 더 정확하게 만든다고 생각할 수 있는 한정어나 다른 표현들이 자주 포함된다. 현실에서 수동태는 주장의 명확성과 작성자의 지식에 대한 독자의 신뢰를 떨어뜨리는 경향이 있다. 예를 들어, 정보분석관은 "로 평가될 수 있다(it can be accessed)"는 표현으로 추정할 수 있다. 이 정도면 충분히 직선적인 것으로 보인다. 그러나 "할 수 있다(can)"의 추가는 논리적으로 "그렇지 않으면 (But is it)?"이라는 질문이 나오게 한다. "우리는 평가한다(we assess)"라는 문구가 훨씬 명확한 표현이며, 보다 분석적이고 꾸밈이 없으며 적극적인 정보보고서 작성에 적절한 표현이다. 주제들은 정확한 의미를 전달하는 수식어만 사용하여 객관적으로 작성된다. 수식어를 사용할 때는 정보문서에서 일반적으로 사용되는 구어체가 아닌 특정문구를 포함해야 한다.

도표 12.3은 학생들이 쓴 정보보고 또는 평가에 일반적으로 표현되는 몇 가지 문구를 나타낸다. 언어는 수동태이고 부정확하다. 정보관들은 분석결과를 전달하기에 부적합한 이러한 스타일을 사용하여 문서를 작성해서는 안된다.

이와 대조적으로 도표 12.4는 분석가들에게 분석결과물을 정보평가에 제시하는 방법을 가르치기 위해서 정보기관이 사용하는 스타일북에 자주 언급되는 일련의 용어들을 포함한다.[41] 사용되는 스타일은 능동태이며, 알려진 것과 알려지지 않은 것 사이를 구분하고, 예측되는 것 또는 해석되는

도표 12.3 ■ 정보문서에 부적절한 언어

"평가될 수 있다(It can be assessed)"	"이 평가에 대해서 우리는 토의할 것이다 (In this assessment we will discuss)"
"이것이 발생할 수 있다(This can occur)"	"나는 이 문서에 접근하기를 원한다(I want to approach this paper)"
"추정되어야 한다(It should be estimated)"	"나는 평가할지도 모른다(I might assess)"

도표 12.4 ■ 정보문서에 사용되는 언어	
"우리는 추정한다 (We estimate that)"	우리는 확실하게 판단할 수 없다(We cannot judge confidently that)"
"우리는 판단한다 (We judge that)"	"우리 판단에 의하면, X가 발생하면, Y라는 결과가 나타날 것이다(In our judgment, if X happens, Y will result)"
"우리는 평가한다 (We assess that)"	"X국가의 결정은 이를 제시한다(Country X's decision suggests that)"
"우리는 예측한다 (We predict that)"	"X국가의 행동변화는 이를 나타낸다(Country X's change in behavior indicates)"
"우리는 무시할 수 없다 (We cannot dismiss)"	"우리는 제외할 수 없다(We cannot rule out)"

것을 명확하게 식별한다. 이러한 스타일을 사용하는 작성자는 신뢰와 정확성, 그리고 높은 수준 모두를 제공하여, 이를 읽는 정책결정자들이 결정하는 데 유용하게 활용하도록 한다.

구조

정보는 차별성 있는 표현을 해야 하는 동시에 다른 형태의 글쓰기와 구별이 되는 방식으로 구조화된다. 정보생산물은 '결론을 앞에 써라(BLUF: Bottom Line Up Front)'의 기본원칙을 따라야 한다. 생산물의 결론은 첫 번째 단락, 이상적으로 첫 번째 문장에 제시된다. 또한 보고서의 첫 섹션에는 관련된 모든 조사결과가 요약되어 있어 정보소비자들이 중요한 정보를 최대한 빨리 이해할 수 있게 한다. 디지털 시대에 정책결정자들은 이전보다 훨씬 더 많은 정보에 접하게 되고 더 많은 요구를 하게 된다. 중동의 평화를 이루려는 방법과 같은 일부 정보 이슈들은 줄이기 어려울 정도로 복잡하지만, 정보관들은 소비자들이 감당할 수준의 길이로 결과물을 줄이기 위해 최선을 다해야 한다. 그 답은 BLUF를 사용하는 것이다. 그러나 우리는 일부 분석물은 복잡한 이슈에 대해 길고 심도있는 분석에 의해 작성된다는 점을 염두에 두어야 한다. 예를 들어, 연구정보는 추정치와 같은 후속 정보물의 생산을 지원하기 위해서 사용될 수도 있다. 그러나 연구정보는 반드시 짧은 보고서로 축소될 수 있는 것은 아니다. 일부 정보연구 질문의 경우, 복잡한 결과를 짧게 만들도록 하는 것은 일부 이슈를 과도하게 단순화하고, 관련 정책과제에 대한 정책결정자의 인식을 저해할 위험이 있다.

또한, 기록된 정보생산물은 각 섹션이 다루는 기간을 독자들이 알 수 있게 하는 방식으로 구성되어 있다. 보고서의 범위 조건이 주, 월, 년 단위인지를 식별하기 위해 단기, 중기, 장기와 같은 표현을 한다. 더욱이 효율적인 정보작성은 **정보격차**(information gaps), 즉 수집이 불충분했던 이슈, 또는 대상의 성격상 이용 가능한 시간 내에 확실하게 무엇을 결정하는 것이 불가능했던 이슈들을 명시한다. 정보격차를 식별하는 것은 정책결정자들에게 중요한데, 그 이유는 정보가 전지전능하다는 인식을 줄여주고, 추가적인 예산을 필요로 하는 새로운 모험을 통하여 추가적 조사를 필요로 하는 이슈 분야에 관심을 끌게 하기 때문이다. 또한 정보격차는 프로젝트를 승계받은 정보분석관들이 전임자가 중단했던 부분을 정확하게 파악할 수 있도록 한다. 정보관들이 경력 기간에 하나의 '책상'이나 책임 영역을 점거하던 시대는 이미 지났다. 따라서 정보격차에 유념하면 인력 교대로 인한 분석의 오류를 줄일 수 있다. 마지막으로 효과적인 정보생산물은 조건의 변화가 보고서 자체의 변화에 어떠한 원인이 되는지를 명시한다. 이는 특히 정보예측에 있어서 중요한데, 그 이유는 예측이 새로운 정보에 대한 반응이 되어야 하기 때문이다.

정보의 글쓰기는 분석의 엄격성을 유지하면서 소비자들의 수요와 시간 제약을 충족시키는 결과물을 균형적으로 생산하는 것이다. 정보관들은 자신들의 분석결과를 그 주제와 분석방법에 익숙하지 않은 사람들에게 전달하려고 지속적으로 노력해야 한다. 효과적인 글쓰기는 정보결과물 생산에 근본적으로 중요하다. 전직 정보관이 언급한 바와 같이, "좋은 글은 단순히 문법, 구문, 어휘, 철자 문제가 아니다. 좋은 글은 분석가의 머릿속에서 진행되고 있는 사고(思考)의 질을 다른 어떤 조치보다 잘 반영한다."[42]

결론: 정보분석관의 모집과 훈련의 패턴

9·11 이후 미국 정보공동체의 고용이 엄청나게 증가했다. 이러한 고용증가는 미국이 이라크에서 철수하고 아프가니스탄에서 발을 빼면서 급격하게 줄어들었지만, 이는 전략 이슈에 대한 강조를 줄이고 현용정보를 더 중요시하는 이전의 경향을 더 강화했다. 이는 또한 전임자들보다 상당히 경험이 적고 교육을 덜 받은 분석가 세대를 남겼다.[43] 박사학위를 보유한 정보분석관들의 경우, 사회과학이나 STEM(science, technology, engineering, mathematics) 전공자보다는 온라인 영리기관에 근무하는 국토안보와 교육행정 주제의 학위를 가진 인물들이 더 뽑혔다.[44] 그러나 최근의 정보기관 구인광고로 미루어볼 때 이러한 추세는 역전되고 있으며, 다수의 정보기관에서 채용하는 분석업무에 필요로 하는 교육 배경은 사회과학 또는 정보학 전공이 주를 이룬다.

이 장에서 살펴본 바와 같이, 효과적인 정보분석은 특정 분석기법과 높은 수준의 글쓰기 기술의 조합을 필요로 한다. 그러나 우리는 러시아 정치 또는 미사일 기술과 같은 중요한 지역이나 기능과 관련된 실질적인 지식에 대한 절차와 방법을 지니고 있어야 한다는 점을 지나치게 강조하지 않도록 주의해야 한다. 미래에 대한 분석가가 되기 위해서는 이전의 관행뿐만 아니라 내일에 대한 분석 도구를 준비해야 한다. 미래에 대한 분석 능력을 제고하기 위해서는 향상된 '분석의 민첩성'을 필요로 한다.[45] 이는 CIA의 셔먼 켄트 스쿨(Sherman Kent School, 정보분석 전문가를 양성하는 학교 − 역자 주)에서 이미 진행하고 있는 활동요원과 분석관 간의 교차 훈련이 증가된 형태일 수 있다. 이러한 맥락에서 정보기관의 대부분 요원이 정보학을 전공하지 않았다는 점을 주목할 필요가 있다. 전공한 학위가 직장생활을 하는데 이점을 가져다주는 것은 확실하지만, 정보학을 공부한 사람들은 미래 직장생활에서 필요할 수도 있는 다른 학문에 대해서 미흡하다는 사실을 직시해야 한다. 따라서 외국어, 경제학, 정치학, STEM 분야를 부전공으로 선택하는 것을 신중하게 고려해야 한다. 결국 정보와 다른 학문, 즉 정보분석관이 업무를 진행하는 데 필요한 지역연구나 기능적 지식 등의 주제에 대한 학문을 이중 전공하는 것은 많은 이점을 가져다줄 것이다.

핵심용어

추가 읽을거리

Dahl, Erik J. "Getting Beyond Analysis by Anecdote: Improving Intelligence Analysis Through the Use of Case Studies." *Intelligence and National Security* 23, no. 5 (2017): 563–578.

Fingar, Thomas. *Reducing Uncertainty: Intelligence Analysis and National Security*. Stanford, CA: Stanford University Press, 2011.

George, Alexander L., and Andrew Bennett. *Case Studies and Theory Development in the Social Sciences*. Cambridge, MA: MIT Press, 2004.

Major, James S. *Communicating With Intelligence: Writing and Briefing for National Security*, 2nd ed. London, UK: Rowman & Littlefield, 2014.

Marrin, Stephen. "Understanding and Improving Intelligence Analysis by Learning From Other Disciplines." *Intelligence and National Security* 32, no. 5 (2017): 539–547.

National Research Council. *Intelligence Analysis for Tomorrow*. Washington, DC: National Research Council, 2011.

Omand, David. "Understanding Bayesian Thinking: Prior and Posterior Probabilities and Analysis of Competing Hypotheses in Intelligence Analysis." In *The Art of Intelligence: Simulations, Exercises, and Games*, edited by William J. Lahneman and Ruben Arcos. Lanham, MD: Rowman & Littlefield, 2014.

Prunckun, Hank. *Scientific Methods of Inquiry for Intelligence Analysis*. Lanham, MD: Rowman & Littlefield, 2014.

Sinclair, Robert S. *Thinking and Writing: Cognitive Science and Intelligence Analysis*. Washington, DC: Center for the Study of Intelligence, 2010.

13장 정보윤리

2001년 9·11 공격 이후 미국의 체니(Dick Cheney) 부통령은 알카에다 및 이슬람 극단주의자들과의 전쟁은 '음지에서 시간을 보내야 하는 어두운 성격'의 작전을 필요로 할 것이라는 유명한 말을 남겼다.[1] 그러나 클린턴 행정부가 정보협조자를 뽑을 때 범죄조직에 연결된 사람들을 제외하려고 시도한 것과 달리, 미국의 정보요원들은 국제정치의 '음지'에서 동료와 더불어 경쟁자들과 지근 거리에서 항상 활동해 오고 있다. 전 국무장관인 러스크(Dean Rusk)가 냉전의 본질을 적절하게 특징지었듯이, "냉전은 비열하고 뒷골목 싸움이었다."[2] 해외에서 활동하는 정보요원의 임무 중의 하나는 대상 국가의 협조자들을 양성하여 그들이 미국을 위해 스파이 활동을 하도록 설득하여 최악의 범죄인 반역행위를 저지르게 하는 것이다. 그리고 그러한 활동은 국가에 대한 반역에 그치지 않고, 신호정보(SIGINT) 감시로부터 미국과 이스라엘의 드론에 의한 암살 프로그램까지 국가의 국내법 위반으로 이어진다. 실제로 정보수집과 비밀공작의 목적은 분명하게 다른 나라의 법을 위반하는 것이다. 영국 MI-6의 전직 수장이 말한 바와 같이 "우리는 우리의 법에 따라 행동한다. 우리의 다른 사람들의 법과의 관계는 … 단지 흥미를 끄는 것일 뿐이다."[3] 그러나 이것이 비록 대부분은 아니더라도 많은

380

해외정보활동의 핵심 목적이라면, 어떻게 우리가 법의 지배에 의해 통치되는 민주주의 사회의 시민으로서 그러한 행동을 용인할 수 있을까? 그런 행동을 도덕적으로 정당화할 수 있을까?

이 장은 정보요원들의 행동을 윤리적이고 도덕적인 관점에서 평가할 수 있는 몇 가지 방법을 살펴볼 것이다. 이 논의를 시작할 때, 정보를 조사하는 데 있어서 도덕적인 관점에서 제기되는 본질적인 복잡성에 주목하는 것이 중요하다. 정보활동은 때로는 같은 사람으로부터도 최선과 최악의 인간성을 이끌어낼 수 있다. 예를 들어, 전직 CIA 국장인 헬름즈(Richard Helms)는 워터게이트 침입 사건을 은폐하려는 닉슨의 협조요구를 거절한 데 대해서 해임을 불사한 용감한 행동이었다고 칭찬을 받았다. 그러나 헬름즈는 의회에 선서를 했음에도 불구하고 민주적으로 선출된 칠레의 아옌데(Salvador Allende) 대통령을 폭력적으로 전복시킨 데 개입한 CIA의 역할에 대해서 거짓말을 했다.[4]

이러한 맥락에서, 우리는 어느 국가가 '선' 또는 '악'인지를 결정하는 것이 아니라 개인이 선택하는 윤리적 선택에 초점을 맞출 것이다. 정치철학자들과 국제관계학자들은 오래전부터 국가를 선과 악으로 구분하는 데 어려움을 겪어 왔다. 표면적으로 자유주의 공화국들은 제국주의의 사악한 행위를 한 죄를 지었으며, 권위주의 국가들 못지않게 전쟁을 일으킬 가능성이 크다.[5] 더욱이 도덕철학의 분석단위는 국가가 아니라 개인이다. 2019년의 국가정보전략(National Intelligence Strategy)이 강화하여 명시한 행동규범은 정보관들이 임무를 수행하는 동안 윤리적 기준을 따르도록 하고 있다.[6] 정보관들이 직면하는 핵심적 윤리과제 중의 하나는 정보의 **정치화**다. 정치화는 정치인들이 특정 정책선택을 지지하기 위하여 정보를 허위로 해석하는 것으로부터 특정 정책이 선택되게 하려고 분석관이 편향적으로 분석하는 것까지 다양하다. 정치인들의 관력남용과 정보의 정치화를 막기가 어렵다. 그러나 개인으로서 정보관들은 정치인들의 그러한 행위를 지지하지 않아야 하고, 국익을 위해 편향되지 않고 객관적인 입장에서 업무를 수행할 직업적 윤리의무가 있다.

미국 정보공동체에서 직업윤리의 필요성이 중요한 이유는 정보공동체에 대한 사법감독과정의 내재적 한계 때문이다. 해외정보감시법원(Foreign Intelligence Surveillance Court)은 겉으로는 불법적인 정보수집을 금지하고 있지만, 1979년부터 2017년까지 정보공동체가 요구한 정보수집 허가 신청 중 1퍼센트 이하만 기각을 해 이 법원은 헌법을 수호하기보다는 고무도장과 같은 행위를 하고 있다는 평을 받았다. 최근 FBI 요원들이 해외정보감시법(Foreign Intelligence Surveillance Act)의 승인을 신청하는 과정의 허술한 면을 폭로한 것도 비슷한 문제다.[7] 이러한 문제들은 행정법 학자들에게는 놀라운 것이 아니다. 그들은 정부기관들을 법적으로 감시하는 데 있어서 지속적으로 발생하는 문제들에 대해서 관심을 가져 왔다.[8] 요컨대 우리는 선 또는 악의 단순한 특성화와 법정에의 의존을 뛰어넘는 정보활동을 정당화할 수 있는 근거를 가지고 있어야 한다. 이는 특히 전략정보 활동에 있어서 중요한데, 이 활동은 국경 밖에서 수행되고 국가법에 적용을 거의 받지 않는다. 도덕과 법은 관련이 되지만, 같은 영역에 있는 것은 아니다.

우리는 다음과 같은 방식으로 논리를 전개할 것이다. 우선, 우리는 정보요원들의 행위에 대한 분석에 잠재적인 관련이 있는 도덕적이고 정치철학의 몇 가지 전통을 조사한다. 다음, 우리는 잠재적인 도덕적 도전이 되는 활동의 여러 가지 사례들을 분석하는 데 이러한 도구들을 적용한다. 우리는 정보요원들이 활동할 때 필요한 도덕적 요구, 특히 대부분의 다른 직업에서 필요로 하는 것보다 훨씬 심층적인 도덕적 요구에 대한 논의로 결론을 내린다.

윤리 및 도덕 시스템

철학에 너무 깊숙이 빠져들기 전에 도덕과 윤리를 구분하는 중요한 용어를 만들어야 한다. **도덕**은 개인이 좋은 사람이 되기 위하여 따라야 할 요건을 충족시키는 가치관의 체계를 말한다. **윤리**는 이러한 도덕적 원칙을 특정한 맥락에서 적용하는 것이다. 예를 들어, 대부분의 도덕체계는 거짓말은 잘못된 것이라고 주장한다. 그러나 거짓말이 윤리적인 상황이 되는 경우가 있는데, 그 경우는 위장경찰이 자신의 위장을 보호하거나 입증할 수 있는 첩보를 획득하기 위해서 자신들이 감시하고 있는 범죄자들과 상호교류하거나 거짓말을 할 수도 있는 경우다. 이 장에서 우리는 세속적인 도덕체계에 대해서만 살펴보는데, 그 이유는 거의 모든 종교가 배타적이기 때문이다. 자신들의 종교를 믿으라는 요구는 경쟁하는 종교를 거부하라는 요구나 마찬가지다. 세속 민주주의에서 행동을 윤리적으로 평가하는 유일한 정통적 수단은 세속적인 도덕체계를 통해서 이루어진다. 대부분의 세속체계는 다른 종교의 배제를 요구하지 않고 많은 종교신앙을 가진 신자들이 자신의 원칙을 따를 수 있게 한다. 계몽운동의 시기로 알려진 18세기 이후, 윤리학자들은 도덕과 윤리의 문제를 검토하고 중요성을 파악하기 위해 종교가 아니라 합리주의의 사용에 초점을 맞추었다.

정보와 국가안보 조직의 활동에 있어서 가장 일반적인 세속적 명분 중의 하나는 **애국심**, 즉 국가에 대한 충성심이다. 그러나 도덕적 정당성과 윤리적 지침으로서의 애국심 그 자체로는 충분하지가 않다. 신입직원들을 선발하고, 그들이 적은 보수와 처벌이 강화된 엄격한 조건 하에 근무하도록 하는 데 있어서 애국심이 중요한 역할을 하더라도, '조국을 위한 것'이 정보기관의 유일한 도덕적 중심이 될 수는 없다. 모든 국가는 정보요원들에게 충성을 요구하며, 그들의 행위에 대한 더 높은 목적이나 정당성을 요구한다. 나치 독일에서도 독일 병사들은 "신은 우리와 함께(Gott mit uns/God with us)"

라고 새겨진 벨트 버클을 차고 전투에 나갔다.[9] 모든 나라가 애국심을 정당성으로 내세운다면, 이는 일종의 도덕적 상대주의다. 더욱이 애국심을 불러일으킨다고 해서 개인의 윤리적 선택에 대한 책임이 줄어드는 것은 아니다. 많은 국가는 소수민족과 종교적 소수자에 대한 집단 차별, 소수세력 인구의 추방, 심지어 대량학살을 포함한 잔인한 정책의 근거로 국가에 대한 헌신을 촉구해 왔다. 정부의 요구에 따라 이러한 행위를 한 개인들은 윤리적으로 행동한 것이 아니다. 애국심은 도덕적 세차(car wash) 행위가 아니다.

또는 국가 정체성 신념의 실질적인 내용은 다른 국가들의 것과 구분될 수 있으며, 이는 정보에 대해 도덕적 정당성을 제공하는 역할을 한다. 집단 정체성과 그 정체성을 수호하려는 언론, 양심, 종교의 자유를 보장하는 자유주의 원칙은 타인을 억압하려는 명백한 의도로 행해지는 행동보다 정당할 수 있다. 그러나 이러한 맥락에 대해서 정보를 공부하는 학생들은 신중해야 한다. 아무리 자국이 세계에서 가장 민주적인 국가라는 자부심을 갖고 있더라도, 더 많은 서방 민주주의 국가들이 더 자유롭고, 부패가 덜하고, 모든 시민의 건강과 복지, 그리고 모든 시민의 권리를 보호하는 조치를 취하고 있다.[10] '예외국가'의 정당성은 경험적 증거에 의해서 별로 지지가 되지 않고 있으며, "우리는 다르다"라는 주장은 정보활동을 정당화할 수 있는 설득력 있는 근거가 아니다.

국가를 대신하는 행동의 보다 정교한 버전은 **정치적 현실주의**로 알려진 현대 정치이론의 창시자 중의 한 명이고 『군주론(*The Prince*)』의 저자인 마키아벨리(Niccolò Machiavelli)의 작품에서 발견할 수 있다. 모든 종류의 야만성을 정당화한다고 잘못 표현되는 그의 중요한 작품에서 마키아벨리는 부도덕한 행동들이 보다 높은 목적, 즉 비르투(virtu)**를 위해 봉사하

** 역자 주) 비르투는 역경이나 재난을 잘 극복하는 인간의 의지와 능력을 뜻한다. 마키아벨리는 비르투를 도덕적 선과는 관계가 없는 정치적 목적을 성취하는 능력으로 간주했다.

는 경우에만 잠재적으로 합법적이라는 주장을 하여 관심을 끌었다. 마키아벨리의 관점에서 볼 때 가장 높은 비르투는 국가의 방위였다. 마키아벨리의 논리는 역사적이고 현대의 국가통치에 대입되었다. 국가의 발전을 위해 활동하는 '국가 이성(raison d'état)'은 17세기 프랑스의 리슐리외(Richelieu) 추기경과 19세기 독일의 총리였던 비스마르크(Otto von Bismarck)의 결정을 인도했다. 이 두 사람은 강대국 국제정치에 정치적 현실주의를 적용한 역사적 인물이었다.[11] 그러나 애국심과 마찬가지로 정치적 현실주의도 궁극적으로 정보활동을 정당화하기에는 논리가 약하다. 현실주의는 무엇이 비르투적인 행위인가를 결정하는 데 있어서 마키아벨리적인 군주의 판단에 배타적으로 의존하며, 군주는 국내외에서 정치제도의 견제를 받지 않는 인물이다. 더욱이 정치적 현실주의의 핵심 교리 중 하나는 인간이 선천적으로 타락할 수 있기 때문에 인도가 필요하고, 궁극적으로 그들을 통치하기 위해 군주라는 조종력을 가지고 있는 인물이 필요하다는 것이다. 그러나 군주는 어떤 방식으로든 보통 시민들과 다르다는 주장은 논리적으로 맞지 않는다. 그들도 인간이고, 자신들의 행위를 제한할 수 있는 법원이나 입법부가 없는 상황에서 그들 역시 권력을 남용할 것이다. 따라서 정치적 현실주의는 군주의 행동을 정당화하는 도덕적 이론으로서 보다는 국제관계 이론으로 더 유용한데, 국제관계 이론은 개인과 국가의 행동에 대해서 사회과학적 예측과 설명을 제공한다.[12]

정보활동을 정당화하는 또 다른 유명한 후보 신념체계는 **정의전쟁이론(Just War Theory)**이다. 히포의 아우구스티누스(Augustine of Hippo)의 5세기 공식과 관련되어 **전쟁권**(*jus ad bellum*)과 **전시국제법**(*jus in bello*)을 구분하게 되었는데, 전쟁권은 전쟁을 해야 하는 정당한 이유를 지배하는 규칙이고, 전시국제법은 전쟁이 어떻게 치러져야 하는지를 결정하는 규칙이다. 예를 들어, **전쟁권**은 침략전쟁이 부도덕하다고 주장하는 반면, **전시국제법**은 전투원들이 무고한 시민들을 보호하기 위해서 모든 노력을 기울여야 한다는 점을 요구한다. 정의전쟁이론은 군사교육기관 및 군사와 정보 관련 전문기관에서 논의되는 시금석이다. 이 이론은 어떤 국가가 전쟁에 참여하는 것이 옳은지의 여부를 평가하는 데 유용한 틀과 그러한 갈등을 정당한 방식으로 전개하는 데 대한 윤리적 관행을 제공한다. 정의전쟁이론은 정보활동을 평가하기 위한 유용한 수단은 아닌데, 거기에는 몇 가지 이유가 있다. 첫째, 대부분의 정보활동은 평시에 이루어진다. 전쟁준비와 전쟁수행의 철학적 경계가 평시의 활동을 논의할 때 문제가 되는 것은 정의전쟁이론의 창시자들이 예상하거나 의도했던 것은 전혀 아니다. 둘째, 정의전쟁이론을 평시의 맥락으로 확대하게 되면 관련된 윤리문제를 **안보화(securitizing)**할 우려가 있다. 이 경우 정보활동을 유도하기 위한 시스템이 폭력이나 강요 등 윤리와 관련된 행위를 통제하기 위한 도덕체계에서 제외되어야 한다. 전쟁과 평화의 구분이 최근 몇 년간 크게 모호해졌다. 효과적인 도덕이론은 이 문제를 악화시키지 말아야 한다는 것이다. 마지막으로 정의전쟁이론은 기독교적 맥락에서 이루어졌고, 세속적인 윤리지침의 문제로 치환되었다.[13] 정의전쟁이론은 충실한 기독교인들이 전쟁에 참여할 수 있는 조건을 명시하는 도덕적 틀을 만드는 데 명백히 관심을 가지도록 했다.

정보활동을 정당화하기 위해 사용되는 세 가지의 공통적인 수단이 없다면, 우리는 어떻게 해야 하는가? 도덕과 정치철학에서 세 가지 전통은 결점이 적고 보다 유용한 관점을 제공하는데, 그들은 의무론(deontology), 결과주의(consequentialism), 비판이론(critical theory)이다. 비판이 없는 도덕철학은 없다. 그러나 이 세 가지 전통은 윤리적 행동을 확인하고 인도하는 도덕적 근거가 되는 애국심, 현실주의, 정의전쟁이론보다 더 나은 전망을 제공한다. 이제 우리는 위의 세 가지를 차례로 살펴볼 것이다. 다음 절에서 이 세 가지 렌즈를 통해 상이한 정보활동의 샘플을 분석한다.

글상자 13.1 사례: 안보화

1990년대 후반 국제관계학자인 부잔(Barry Buzan), 위버(Ole Wæver), 윌드(Jaap de Wilde)에 의해 개발된 안보화(securitization)는 주제를 일반적이고 비군사적인 맥락에서 안보의 영역으로 재집중시키려는 시도다.[14] 이슈들은 일반적인 정책토론에서 중요한 국가안보, 심지어는 생존에 대한 질문으로 전환된다. 안보화는 미국 정치인들이 정책선택의 결과에 대해 국민이 구체적으로 알지 못하게 하거나, 심지어 정책선택에 대한 어떠한 공론화도 미연에 방지하기 위해서 자주 사용하는 수사적 움직임이다. 예를 들어, 미국에서 알카에다와 이슬람국가에 의한 위협이 국가의 생존이라는 측면에서 제기되면서 국제테러가 완전하게 안보화 했다. 그러나 그들은 무장하지 않은 민간인에게 해를 끼칠 수는 있지만, 테러리스트들은 강력한 국가의 존재 자체에 대해서는 위협이 되지 못하고 있다. 실제로 테러를 전술로 사용하는 것은 그러한 행위를 하는 집단의 약점을 나타낸다. 그들은 군복 입은 군대의 무력과 전통적인 전투를 벌일 능력이 안 된다. 뮬러(John Mueller)와 스튜어트(Mark Stewart)가 언급한 바와 같이, 미국 시민들은 이슬람국가의 공격보다 가전제품에 의한 사고로 사망할 가능성이 더 크다.[15] 그러나 이러한 주장은 9·11 이후 많은 정치인이 안보화의 용어를 일관되게 사용함으로써 사실이 아닌 것으로 인식되었다.

의무론

의무론(deontology)은 도덕적 원칙이 예외 없이 의무로 지켜져야 하는 철학체계다. 이 도덕체계의 주요 시조는 프로이센의 철학자인 칸트(Immanuel Kant)였다. 자신의 **도덕 형이상학적 기초 연구**에서, 칸트는 의무의 동기, 즉 사람들이 이기심에 의해서가 아니라 선한 일을 하는 이익으로부터 비롯되는 도덕적 방법으로 행동해야 한다고 주장했다. 우리의 의도는 다른 동기의 부산물이 아니라 좋은 일을 하는 것이어야 한다.[16] 이에 더하여 칸트는 도덕적 행위를 결과의 관점에서 평가하는 것을 명시적으로 거부했다. "의무감으로 행해지는 활동은 그 도덕적 가치가 있다. 그 활동에 의해서 획득되는 목적이 아니라 그러한 활동을 결정하게 된 동기에 도덕적 가치가 있는 것이다."[17] 또한, 칸트는 "나의 격언을 보편적인 법으로 만들 수 있는 방식을 제외하고는 어떠한 행동도 하지 않을 것이다"라고 하였으며, 그것을 '범주적 명령'으로 규정했다.[18] 다시 말해서 모든 이성적인 사람들이 경험이나 욕망의 차이와 무관하게 옳다고 인식되는 방향으로 행동해야 한다는 것이다. 범주적 명령의 핵심적인 포괄적 의미는 개별적 인간이 내재적 존엄성을 보유하고 있으며, 따라서 다른 목적을 위한 수단으로 사용될 수 없다는 칸트의 견해다. 이는 모든 인간이 평등하게 태어났다는 의무론적 주장과 연결된다.

의무론적 도덕체계는 정보활동이 충족되는 데 매우 높은 기준을 설정한다. 실제로 칸트의 관점에서 정보 자체가 허용될 수 없는 것처럼 보일 수도 있다. 이후의 에세이에서 칸트는 심지어 "어떤 국가도 다른 국가의 헌법과 정부를 강제로 간섭해서는 안 된다"고 주장했는데, 이는 정보활동으로부터 비밀공작까지 모든 강압적인 활동을 금지하는 것으로 인식될 수 있었다.[19] 칸트는 어떠한 국가도 갈등 해결에 전쟁의 방식을 사용하지 못한다고 하면서, 이는 '미래의 신뢰를 불가능하게' 만드는 것이라고 주장했다. 구체적으로 암살, 독극물 사용, 그리고 '스파이 활용' 등의 활동이 평화시대로 이어지면 평화를 저해할 것이라고 강조했다.[20]

그러나 칸트가 허용했을 것으로 생각하는 스파이 행위는 보편적인 시민권 적용, 상호 주권존중, 그리고 '세계시민권'을 포함한 국가 간 법의 상호조건을 기초로 하는 것이다.[21] 비록 제2차 세계대전 이후의 국제체제는 전례 없는 국제법 체계를 보여주지만, 그럼에도 불구하고 위의 세 가지 조건들은 지금까지 보편적이지 않았고 지금도 마찬가지다. 이후 국제관계 학자들은 칸트가 자유민주주의 국가들 사이의 관계를 평화라고 표현한 '평화의 구역

(zone of peace)' 논리를 완화했다. 실제로 민주평화론(민주주의 국가들 사이에는 서로 전쟁을 할 가능성이 작다는 전제하에 민주주의 국가들이 국제사회의 평화를 이끌어낼 것을 전망한 이론 – 역자 주) 연구 프로그램의 많은 부분이 칸트의 기본틀에 기초하고 있다.[22] 결과적으로 우리는 칸트의 최초 의무론적 도덕체계와 이의 현대로의 연장에 의해서, 정보활동은 우호국들 사이의 신뢰를 침식하지 않고 적대국 사이의 증오감을 확대하지 않는 방식의 사용에 국한된다는 점을 추론할 수 있다. 다시 말해서 이는 모든 정보활동을 금지하는 것처럼 보일 수 있다. 그러나 미국과 소련이 매우 강압적인 정보전을 벌이는 동안에도, 그들은 정부의 최고 수준에서 공통된 규범적 틀을 받아들였다.[23] 그들의 첩보활동은 데탕트라고 알려진 긴장완화를 저해하지 않았고, 미래의 선의(善意)를 훼손하지 않는 칸트의 조건을 충족시켰다. 그럼에도 불구하고 우리는 의무론이 정보활동을 허용하기보다는 금지할 가능성이 크다는 입장에서 논리를 진행해야 한다. 칸트는 국가 간 합법적 관계의 점진적이고 일관된 확대가 국가권력의 궁극적인 도덕적 논리라고 보았다.[24] 따라서 정보활동이 의무론적 관점에서 윤리적이라 생각되더라도 이러한 속성은 점차 감소하고 있는 것이다.

결과주의

의무론이 행위 자체의 윤리적 성격을 강조하는 것과 대조적으로, **결과주의 (consequentialism)**는 강조점을 전환하여 결과의 도덕적 평가에 초점을 맞춘다. 그 결과로 사람들의 상황이 개선된다면, 그 행동은 도덕적인 것으로 판단된다. 앞에서 언급한 바와 같이, 이와 같은 종류의 비용-편익 분석은 현실주의의 초점이 되어 왔으며, 행위가 정체의 목적이 아니라 개인 자체의 목적을 충족하기 위해 행해진다면, 비도덕적이 될 수 있는 행위를 정당화하는 국가 이유(raison d'état)가 될 수 있다. 그러나 도덕체계로서의 결과주의는 하나의 국가가 아니라 모든 국가와 국민을 위하여 선(善)을 최대화하는 결과의 가치를 측정하는 데 초점을 맞춘다는 점에서 현실주의와 결별한다.[25]

결과의 논리를 설명하는 다양한 틀이 있지만, 현대철학에서 가장 보편적인 표현은 **공리주의**(utilitarianism)다. 18세기 후반 영국 철학자 벤담(Jeremy Bentham)이 창시한 공리주의는 행위에 대한 도덕적 평가는 가장 많은 사람에게 가장 큰 행복을 가져다주는 결정에 기초해야 한다고 주장한다. 벤담의 제자인 밀(John Stuart Mill)에 의하여 이어지는 이론의 정교함은 사람들의 관심사를 평가하는 체계를 확립했다. 벤담과 마찬가지로 밀은 다음과 같이 주장했다. "가장 큰 행복의 원리는, 행동이 행복을 촉진하면 그 행복은 객관적으로 옳은 것이며, 행동이 행복과 반대되는 결과를 초래하는 경향이 있으면 그 행동은 잘못된 것이라는 점에 기초한다. '행복'은 의도된 즐거움이며 고통이 없는 상태다. '불행'은 고통인 동시에 즐거움의 결핍이다."[26] 그러나 밀은 양적인 측면에서만 '가장 큰 행복'을 측정하지는 않았다. 즐거움과 고통의 질 또한 중요한데, 어떤 종류의 즐거움은 우세한 반면, 어떤 종류의 고통은 유사하게 구분될 수 있다는 것이다.[27] 밀은 계속하여 개인의 이익을 "균등하게 생각해야 한다"고 주장했지만, 그는 또한 결핍의 위계질서를 확립하기 위한 시도를 했다. 그는 이기심과 '정신수양 부족'은 '삶을 불만족스럽게 만드는' 주요한 것들이라고 주장했다.[28]

의무론적 윤리가 정보활동에 부정적 의미를 주는데, 공리주의도 마찬가지다. 만약 도덕률의 범주적 특성이 충족하기 어려운 윤리적 기준을 제시한다면, 밀의 공리주의가 의무감에 의한 윤리적 동기를 거부하는 것은 의무감에 배어 있는 정보관들에게 윤리적 선택을 결정하도록 요구하는 것이 적절하지 않을 수 있다. 밀은 부도덕한 행위를 억제하는 데 있어서 종교적 정서가 비효과적이라고 비유했다.[29] 국가에 대한 봉사에 동기부여를 받는 정보관들, 그리고 윤리적 기대감으로 행해지는 타인에 대한 봉사를 밀이 거부한 것 사이에는 일종의 핵심적 문화 충돌이 있다.[30] 비록 공리주의가 정보관들에게 불편함을 줄 수 있지만, 정보활동을 평가하기 위한 명확한 윤리적 기준을 제공한다. 행복을 극대화하고 고통을 극소화하는 행동은 윤리적이다. 분명히 많은 정보활동이 이 기준을 충족하지 못할 수 있지만, 다른 활동은 분명히 충족시킨다.

비판이론

19세기 후반 마르크스(Karl Marx)와 니체(Friedrich Nietzsche)의 저술로 등장한 **비판이론(critical theory)**은 사상, 제도, 권력관계의 기원을 탐구한다. 국제관계학의 석학인 콕스(Robert Cox)는 "이론은 항상 누구를 위한 것이고 어떤 목적을 위한 것이다"라고 간결히 언급했다.[31] 콕스는 비판이론, 그리고 표면적으로 과학적인 '문제해결이론(problem solving theory)'이라고 하는 경험에 맞춘 것 사이의 구분에 대해서 다음과 같이 말했다.

> 비판이론은 지배적인 세계질서와 동떨어져서 그 질서가 어떻게 탄생하게 되었는지에 대해서 묻는다는 점에서 중요하다. 문제해결이론과 달리 비판이론은 제도와 사회 권력 관계들을 당연시하는 것이 아니라, 그들의 기원, 그리고 그들의 변화 여부와 변화하는 과정의 방법에 대해 스스로 숙고함으로써 문제를 제기한다. 비판이론은 문제해결이론이 매개변수로 받아들이는 행동과 문제의 틀에 대한 평가를 지향한다.[32]

비판이론은 구체적인 담론들을 검토하는 데 사용되는데, 그 구체적 담론들은 선택되어진 것들은 논쟁의 여지가 없고, 현재 상황은 불가피해서 변경되지 않으며, "정치에 대해 생각할 수 있는 하나의 이상적인 모델만 있다는 가정"을 기반으로 한다.[33] 비판이론가들은 인간관계가 자연적이거나 고정되어 있다는 언어에 질문하는데, 그 질문은 인간의 본성이나 많은 사람에게 경직된 행동 자질을 강요하는 것들을 포함한다. 이와 유사하게 공공의식과 관행이 어떻게 국가의 권력을 재현하는지에 관심을 가지도록 한다.[34] 비판이론가들은 현대성이 인간을 자본주의와의 계약 관계로 하락시켜서 인간을 동료, 가족, 직업, 신념으로부터 멀어지게 하여 인간에게 부정적인 영향을 미쳤다고 주장한다. 마지막으로 비판이론가들은 국가가 개인의 진정한 이익을 막으면서 대중의 믿음을 고취하는 수단을 밝혀내는데, 이러한 사상과 생각을 지배하는 수단을 이탈리아의 활동가인 그람시(Antonio Gramsci)는 '헤게모니'라고 칭했다.[35] 헤게모니는 학교와 대학의 산물이다. 그러나 헤게모니는 또한 사회가 특정한 종류의 기술 지식과 활동에 부여하는 가치에서 유래한다. 그러한 가치는 일반인들에게는 불명확하지만, 외환 딜러나 공중보건위원회의 역할과 같이 용맹하고 강력한 힘을 발휘하는 데 사용된다. 일부 비판이론가들은 그러한 사람들이 휘두르는 권력을 '인식적 권위(epistemic authority)'라고 한다.[36]

이러한 각각의 도덕체계는 정보원들의 활동이 윤리적인지 아닌지를 평가하는 엄격한 수단을 제공한다. 그러나 일부 학자들은 윤리적 선택을 결정하기 위해 모든 것을 포괄하는 단일 수단을 제공할 목적으로 의무론을 결과의 논리와 결합하는 통합적 노력을 추구해 왔다.[37] 그러나 의무론적 도덕 이론가들과 공리주의자들은 설계부터가 상호 모순되기 때문에 위의 통합 노력은 이루어질 수가 없다. 칸트는 벤담 등 도덕철학자들이 개인의 욕망에 근거한 합리적 경험주의의 형태를 강조하는 데 대해서 명시적으로 반대하는 반면, 밀은 칸트의 주장을 종교에 비유하면서 윤리적 기초로서의 의무를 거부했다. 두 가지 도덕체계에 반응(비판)하고 있는 비판이론가들의 경우도 마찬가지다. 또한, 정보관들이 경험하는 윤리적 딜레마는 복합적이면서도 독특한 것이다. 우리는 인지과학을 통해 사람들이 자신의 의견과 다른 의견을 가진 사람들로부터 더 많은 것을 배운다는 점을 알고 있다. 정보관들이 적절한 행동의 기초를 결정할 수 있도록 그들에게 단순한 정답의 환상보다는 경쟁하는 관점을 제공하는 것이 더 낫다.

사례연구

이 절에서는 정보활동과 관련하여 잠재적으로 윤리적 우려가 되는 몇 가지 분야를 간략하게 살펴볼 것이다. 이는 여러 권의 서적을 채울 만큼의 수준으로 관련된 이슈와 분야의 대규모 샘플을 의미하는 것은 아니다. 최근 몇 년 동안 두드러졌지만 현재 상황을 넘어서 중요한 이슈를 제기하고 있는 사례집단이다. 우리는 인과관계를 설명하기 위해서 설계된 사회과학 또는 정보분석의 엄격한 기법을 사용하여 이 사례들을 검토하지 않을 것이다. 이는 이미 앞의 여러 장에서 길게 설명이 되었다. 대신에 우리는 앞에서 논의한 세 가지 도덕체계를 정보행위의 윤리적 영역을 분석하는 작업에 적용하는 데 초점을 맞출 것이다. 정보활동이 도덕적으로 허용이 되는지의 여부에 대한 최종 결정을 도출하는 것이 아니라, 각 도덕체계가 관심을 가지는 다양한 요인들을 저울질하는 데 강조점을 둘 것이다. 목표는 학생들이 이러한 시스템을 활용하여 해당 행위가 윤리적인지 아닌지를 스스로 결정할 수 있도록 하는 것이다. 그러나 이러한 도덕체계를 진지하게 생각하는 사람에게 분명한 한 가지는 많은 정보활동이 이러한 체계들이 확립한 윤리적 기준을 충족하지 못할 것이라는 점이다. 이는 미래 정보활동의 장애요인이 될 것이다. 현재 민주주의 국가에서 수행되고 있는 정보활동에 대한 비판적 재검토의 기반도 마련되어야 한다.

언론 및 비정부 행위자들과의 관계

미국 정보요원들은 첩보활동 및/또는 정보수집을 위하여 **비정부기구(NGOs)와 언론기관을 전선으로 사용**하는 행위를 되풀이하여 왔는데, 때로는 이 사실에 대한 이 조직들의 인식이나 동의 없이 이루어졌다. 이러한 행위의 대표적인 사례는 냉전 중에 발생했는데, CIA는 영향력 있는 문학잡지인 『파리 리뷰(*Paris Review*)』를 후원하고, CIA 요원이 창간 편집장으로 임명되도록 했다.[38] 이 잡지는 헤밍웨이(Ernest Hemingway), 로스(Philip Roth), 케루악(Jack Kerouac)과 같은 작가들의 작품을 출판하는 합법적인 문학 매체의 역할을 했다. 그러나 이 잡지는 소비에트 블록에 대항하는 첩보활동 조직의 역할도 했다. 파리 리뷰만이 첩보활동에 사용된 유일한 문화적 도구는 아니었다. 냉전 후기 '파워 발라드'의 가장 상징적인 아이콘이었던 독일의 헤비메탈 밴드 스콜피온즈(Scorpions)의 '변화의 바람(Wind of Change)'이 CIA가 쓴 곡이라는 루머가 있었다.[39] 그러나 이러한 활동들은 미국의 적에 대항하는 무기로 문화만 사용한 것에 국한되지 않는다. 보다 최근에 CIA는 오사마 빈 라덴이 아보타바드에 있는 한 주택에 살고 있는지 확인하기 위한 노력의 일환으로 파키스탄에 가짜 예방접종 프로그램을 만들었다.[40] 해외 거부지역에 대한 첩보활동을 은폐하기 위해 비정부기구와 같은 조직들에 대한 정보요원들의 잠입이 이루어지고 있다. 이러한 시도를 하지 않으면 정보기관은 인간정보 수집 프로그램을 그 지역에 대해서 실행할 수가 없다. 해당 비정부기구들은 정보활동 요원들을 엄호하는 사업을 운영하고, 심지어는 비영리 조직들도 정보활동을 지원한다.[41]

위의 방법은 장기간, 어쩌면 영원히 언론의 객관성과 비정부기구의 중립성에 대한 신뢰에 해를 끼칠 수 있기 때문에, 의무론의 신봉자들은 이 방법을 즉각적으로 거부할 것이다. 이는 이러한 단체들의 서비스가 가장 필요한 세계의 지역에서 운영될 수 있는 능력을 급격하게 하락시킬 것이기 때문에, 비정부기구의 지원에 의존하는 사람들은 더 많은 고통을 받게 될 것이고, 이 지역에 이해관계가 있을지도 모르는 나라들로 정확하지 않은 정보가 유입될 것이다. 언론 효율성의 감소는 무고한 사람들에게 해를 입히고, 민주적 공조직에 의한 효과적인 의사결정을 방해할 것이다. 이러한 이유들로 인해 언론과 비정부기구들을 HUMINT 수집 및/또는 비밀공작의 전선으로 사용하는 것은 비윤리적으로 간주된다.

정보기관이 자신들의 언론을 첩보활동의 위장 수단으로 사용했다는 사실을 정보 대상이 알게 되면, 언론이나 비정부기구의 다른 구성원들에게 위험이 가해진다는 점에 대해서 공리주의자들은 주목하게 될 것이다. 정보수집 대상은 최전방 집단이나 아직 개입되지 않은 다른 유사한 조직에 대해서 폭력으로 대응할 수 있다. **국경 없는 의사회**(Médecins Sans Frontières)가 대표적인 사례였는데, 이 조직은 전쟁지역과 붕괴된 국가에 의사를 파견해 시민들에게 의료 서비스를 무료로 제공하는 국제 비정부기구다. 국경 없는 의사회는 아프가니스탄과 이라크에서 끊임없이 저항세력의 표적이 되고 있다. 2016년 시리아정부는 국경 없는 의사회는 사실상 프랑스의 정보활동 조직이라고 주장했다.[42] 그러나 그러한 첩보활동이 밝혀지지 않고 사용될 수 있는 대안이 있을 경우 이러한 우려가 완화될 수 있다. 만약 이러한 인간정보 수집활동이 테러리스트나 반군을 별다른 부수적 피해 없이 체포할 수 있는 법 집행기관이나 정보기관의 목표나 능력을 향상시킬 수 있다면, 이는 언론인들이나 비정부기구 구성원들에게 가해지는 위험을 상쇄할 수 있을 것이다. 보다 적극적인 활동에 의해 목숨을 잃을 것이 틀림없는 무고한 사람들의 생명을 구하는 것은 적대적인 정권이나 비국가 행위자들에 의해 그러한 조직들이 의심을 받게 될 가능성보다 더 많은 행복을 가져다줄지도 모른다.

이 상황에 대한 비판이론의 견해는 복잡하다. 첫째, 비판이론가들은 언론과 정부 협조자 사이의 공생관계에 주목하는데, 이는 현존하는 권력구조를 재구성하는 경향이 있으며, 따라서 잠재적으로 도움이 될 수 있는 변화를 약화시킨다. 반대되는 항의가 자주 발생하더라도 모든 뉴스 조직들은 독점 콘텐츠, 즉 뉴스가 되는 정보를 위해 정부기관이나 개인에 크게 의존한다. 언론은 단지 객관적인 정보의 제공이 아니라 기업활동의 복잡한 영역이다. 더욱이 언론인들은 종종 익명의 또는 허가받지 않은 정부 협조자들을 고용하여, 다른 사람들이 획득할 수 없는 정보를 폭로하여 자신의 지위를 활용한 경력의 이득을 보기도 한다. 그러나 활동이 잘못되면 언론인들은 불법적 행위 또는 비난의 대상으로 낙인이 찍히며, 민간인들과 같은 방식으로 국가권력의 희생자가 된다. 지난 20년 동안 언론에 대한 치명적인 공격이 상당히 증가해 왔으며, 2007년 이라크에서 미군이 언론인들을 표적으로 삼 았다는 비난이 있었다.[43] 이러한 비난은 2020년의 조지 플로이드(George Floyd) 시위[**] 당시 일부 법 집행 요원들이 언론인들에 대해서 총격을 가하 고 체포하는 행위가 되풀이 되었다.[44]

따라서 언론은 국가권력의 원천이자 희생자가 될 수 있다. 또한, 일부 비 판이론가들은 비정부기구와 국가가 집단학살을 방지 및/또는 기소하기 위 해서 협력하는 등 인권보호를 위해서 시행되는 '파노라마 감시(panoptic surveillance)'의 장점을 언급했다.[45] 이는 매우 어려운 균형적 행위다. 더 욱이 국경 없는 의사회가 활동하는 국가의 인권유린을 기록하면서 '가치라 는 이름으로 사실을 발견'하는 것과 같이, 비정부기구들이 반드시 무관심한 행위자로 보일 필요는 없다.[46] 국가와 비국가 행위자의 권력 격차를 감안할 때, 비판이론가들은 정보기관이 언론이나 비정부기구 공동체에 침투하는 것이 윤리적이라고 판단하기 싫어할 것이다. 그러나 그들은 권력구조를 영 속화하는 데 이러한 조직들이 기꺼이 참여하는 것을 맹목적인 활동으로 보 지는 않을 것이다.

프라이버시와 감시

아마도 선진국들의 정보기관들이 보유한 가장 광범위한 힘 중의 하나는 음

[**] 역자 주) 조지 플로이드 사건은 2020년 5월 25일 미국 미네소타 미니애폴리스에서 백인 경찰의 과잉진압으로 비무장 상태의 흑인 플로이드가 사망한 사건이다. 편의점 에서 위조지폐가 발견되었다는 신고를 받고 출동한 경찰이 플로이드를 체포하는 과 정에서 8분 46초 동안 플로이드의 목을 무릎으로 눌러서 결국 사망하게 한 사건이 다. 이 사건으로 미국 전역에서 플로이드의 사망과 인종차별에 항의하는 시위가 확 산되었다.

성, 시각, 데이터 통신을 모니터할 수 있는 능력이다. 1970년대 이후 미국의 국가안보국(NSA)은 세계 모든 전화를 청취할 수 있는 능력을 보유하고 있다.[47] 러시아, 중국, 영국도 비슷한 능력을 갖추고 있다. 2000년대 초반 이후 NSA와 FBI는 잠재적인 테러 통신을 포착하기 위해 논란이 많은 국내 통신 프로그램들을 시작했다. 이 프로그램들은 미국에서 해외번호로 송수신되는 수백만 건 통화의 '메타데이터'를 분석했다. 이 프로그램들은 내부 고발자에 의한 불만 표출과 추가적인 의회의 감독으로 인해 중단되었지만, 이 활동은 오늘날까지 이어지고 있는 다양한 형태의 전자감시로 변형되었다. 권위주의 체제에서 시민들을 염탐하는 행위는 정기적으로 수행되고 있다. 그러나 그러한 관행은 1960년대 FBI의 방첩프로그램(COINTELPRO)과 같이 역사적으로 미국에서 많은 비판을 받아왔으며, 이는 오늘날의 의회 감독체제를 구축하는 데 기여했다. 그러한 감시가 윤리적으로 되어야 하는 조건이 있는가?

의무론자들의 대답은 분명하게 "아니다"일 것이다. 미국 헌법에 보장된 프라이버시에 대한 구체적인 권리는 없지만, 의무론자들의 핵심 원칙 중 하나는 개별 인간의 존엄성이다. 이러한 존엄성은 사람들이 사적인 통신이라고 믿는 것을 정부가 감시함으로써 침해되며, 정부가 접근할 권리가 없는 사람들 사이의 친밀한 대화를 엿듣는 것이다. 더욱이 정부가 모든 통신을 감시하고 있다는 사실은 법학자들이 말하는 '의욕상실 효과(chilling effect)'를 가져올 것이다. 정부가 듣고 있다는 사실을 국민들이 알게 되면 더 이상 자신의 진실한 감정, 아이디어, 의견을 논하지 않을 것이며, 결국 이는 근본적으로 시민들의 발언권을 억압하는 결과를 초래한다. 그러한 프로그램을 채택해야만 할 외면적인 위기상황이 무엇인지 몰라도, 그러한 대중 감시 프로그램은 분명히 범주적 의무에 위배된다. 즉, 그러한 프로그램은 사람들이 언제 어디서나 시행되기를 원하는 것이 절대 아니다.

공리주의자들에게 문제는 더 복잡하다. 그들은 '의욕상실 효과'에 의해 언급되는 부정적인 사회적 영향을 인정하지만, 공리주의자들은 감시 프로그램이 만들어내는 효과에 대해서도 관심을 가지게 될 것이다. 이러면 사람들이 더 안전하다고 느끼게 될까? 이것이 다른 방식을 찾는 것보다 사람들을 더 안전하고 행복하다고 느끼게 한다면, 더 큰 행복의 사회적 이득을 위해 개인의 프라이버시 침해의 비용을 받아들이면서 감시를 견딜 수 있게 할 것이다. 그러나 공리주의자들은 정부권력이 사람들의 일상생활에 서서히 침투하는 장기적인 결과에 대해 눈을 감고 있지는 않을 것이다. 정부지도자들은 미래의 보안 구성에 대한 정의를 바꾸어서 시민들의 직장에서의 근무상황 또는 심지어 출산 이후 DNA 표본 의무화 같은 시민에 대한 감시를 가능하게 할 수도 있다. 공리주의자들은 보안을 강화하기 위해 기존의 전화와 데이터 감시를 이전에 허용한 것이 그대로 이어질 것이고, 이는 장기적으로 폭정 확립을 통한 행복의 감소로 이어질 것이라고 우려하게 될 것이다.

비판이론가들은 대중감시가 현대 기술주의 국가의 중요 부분이라는 점에 주목할 것이다. 현대 국가권력의 논리는 시장 역동성의 효율을 증가시키기 위한 사회적 통제와 조직화로서 끊임없이 증가하는 치안체제다. 비판이론가들에게 있어서 이러한 제안을 더욱 위험하게 만드는 것은 민간부문에서의 일상화다. AT&T와 버라이즌(Verizon)과 같은 데이터 회사들은 정부와 협력하여 이러한 데이터 수집자 임무를 수행할 수 있게 되어, 자본과 국가가 긴밀하게 협력하여 양자의 권력을 강화할 수 있게 될 것이다. 비판이론가들은 대중감시시스템에 대해서 섬뜩해 하겠지만, 별로 놀라지는 않을 것이다.

내부고발자

내부고발자들(whistleblowers)은 명시된 원칙에 의해 동기부여되어 불법 및/또는 비윤리적 행위를 막기 위한 노력으로 정부 관계자의 잘못된 행위 및/또는 제한된 자료를 세상에 고의로 공개하는 정보기관에 의해 고용된 사람들이다. 미국 정보공동체에서 내부고발자들이 특별한 법적 지위를 갖게 된 것은 베트남전쟁 관련 수천 페이지의 문서들을 『뉴욕타임스』에 유출한 국방부 정보분석관 **엘스버그(Daniel Elsberg)**의 유산이다. 엘스버그는 존슨과 닉슨 행정부가 전쟁에서 미국이 승리할 원인, 행동, 전망에 대해 거짓말하는 패턴에 실망감을 감추지 못했다. 그가 유출한 문서들은 전쟁이 순조롭게 진행되고 있지 않다는 점을 미국정부가 수년 동안 알고 있었고, 승산이 거의 없으며, 수십만 명의 사람들이 아무런 이득도 없이 사망했다는 점을 알려 주었다. 엘스버그는 비밀문서를 유출한 혐의로 기소되었으며, 정부는 『타임스』가 이 문서들을 공개하지 못하도록 명령을 내릴 방안을 강구했다. 미국 연방대법원은 획기적인 판결을 했는데, 그 내용은 1차 수정헌법에 따라 신문은 1급 비밀문서를 게재할 권리가 있다고 6-3으로 판결했다. 판결의 이유는 이 기사가 '심각한 위험'을 초래하지 않고, 대중의 관심에 우선하기 때문이었다. 엘스버그에 대한 형사사건도 기각되었다. 이에 더하여 위 판결은 미국 정보공동체의 내부고발자에 대한 보호와 추후 1989년의 내부고발자 보호법(Whistleblower Protection Act)의 기본틀을 제공했다. 기소되지 않도록 보호받기 위해서 잠재적 내부고발자는 문제를 해결하기 위한 행동을 하기 전에 지휘계통에 이 문제를 알리려고 시도해야 한다. 다음으로 미 정부 고용인들은 실적제도보호위원회(MSPB: Merit Systems Protection Board)를 접촉할 것으로 예상된다. 그러나 역사적으로 내부고발자의 자격을 부여받은 사람은 소속 기관의 감찰관 그리고/또는 의회 의원들에게 연락한다. 내부고발자는 기밀자료를 언론에 공개하는 모험을 선택할 수 있는데, 이는 수정헌법 제1조가 부여한 특권이다. 그러나 이것은 완전하게 보장되는 것은 아니다. 공개된 자료의 증거 가치가 이 자료의 출처, 방법, 인사에게 미치는 잠재적인 피해보다 커야 한다. 또한, MSPB와 1989년 법률이 정한 법적 조건을 충족시켜야 한다.

내부고발은 시민 불복종의 한 형태이며, 정치철학자들은 오랫동안 그러

한 행위를 하는 사람들은 자신의 원칙적인 입장에 의한 결과에 직면할 준비
가 되어 있어야 한다고 주장해왔다. 앞서 언급한 법적 맥락과 정치철학적 입
장 모두 중요한데, 그 이유는 많은 사람이 기밀자료와 실행을 폭로했으며,
이는 정보기관에 중대한 손상을 입혔기 때문이다. 그러나 이들 중 어느 누
구도 법적 또는 도덕철학적 맥락에서 내부고발자로 간주되지 않을 수 있다.
2017년 정보 관련 업무를 하던 윈너(Reality Winner)가 러시아의 2016년
미국 대선개입 시도와 관련된 NSA의 극비문서를 유출한 혐의로 체포되었
다. 그녀는 문서 유출에 대해 일관성 있는 윤리적 주장을 하지 않았다. 2010
년 매닝(Chelsea Manning)은 호주 출신인 어산지(Julian Assange)가 운
영하는 웹사이트인 **위키리크스(wikileaks)**에 수십만 장의 국무부 기밀문서
를 업로드했다. 미국 정보공동체는 위키리크스를 적대적인 정보조직으로
분류하고 있다. 성전환 수술 이전에 매닝은 첼시 매닝이 아니라 브래들리 매
닝(Bradley Manning)이었고, 그녀는 미 군사 정보원으로 임명된 직후부
터 성 정체성과 정신건강 문제로 어려움을 겪고 있었다. 매닝은 재판에서 기
밀자료의 공개에 대해 일관성 있는 윤리적 정당성을 제시하지 않았다. 그녀
의 변호인은 폭로로 인한 불리한 상황을 완화하기 위해 정신질환을 주장했
다. 매닝은 35년 형 중에서 7년간 복역한 후 오바마 대통령에 의해 감형되
어 석방되었다. 미국 정보공동체 역사상 가장 큰 피해를 준 **스노든(Edward
Snowden)**은 정보공동체의 예산 등 가장 삼엄하게 보호되고 있는 비밀사항
들을 포함한 170만 건의 정보기관 문서를 훔쳤다.[48] 스노든은 이 문서들을
영국 일간지 『가디언』의 그린월드(Glenn Greenwald) 기자에게 유출하기
시작했다. 스노든은 내부고발자로 위장하여 미국을 떠나 홍콩으로 가서 그
린월드를 만났다. 그린월드는 다른 언론사들과 협력하여 이 문서들을 발간
하기 시작했다. 이후 스노든은 러시아로 도망쳐서 러시아의 후원과 보호 하
에 살고 있다.

　내부고발자라는 개념의 특별한 법적 의미와 보다 광범위한 측면의 도덕

적 관점에서 위에 언급한 세 명을 내부고발자로 부르는 데에 한계가 있는 몇 가지 요인이 있다. 첫째, 세 명 중 어느 누구도 미국 정보공동체를 도운 외국 인들의 신분을 보호하려고 노력하지 않아서, 협력행위의 노출로 위험에 빠지게 했다. 둘째, 유출자들 어느 누구도 미국 정보공동체가 행한 잘못된 행위에 대한 사례와 관련된 문서만 선택적으로 골라 내려는 노력을 하지 않았다. 세 명 모두 무분별하게 기밀문서들을 공개했으며, 그들 중 많은 문서들은 정보기관의 잘못된 행위와는 관련이 없는 것들이었다. 일단 공개가 된후, 이 문서들은 정보 출처와 방법을 노출시켰으며, 이들 중 다수는 법적, 윤리적으로 잘못된 것이 아니라는 방어를 할 수 있는 것들이었다. 마지막으로이 문서들의 유출은 해외 국가들에게 도움을 주었는데, 특히 스노든의 경우미국의 이익에 반하게 러시아와 적극적으로 협력하고 있었다. 세 사건 중 스노든의 사례는 내부고발의 시도라고 이해할 수 없는 반역과 가장 흡사했다.

위 세 범죄자의 도덕적 결함은 내부고발자에 대한 윤리성 평가에 일반적으로 사용되는 기준에 따르고 있기 때문에 이 세 범죄자의 구체적 내용이 중요하다. 의무론의 경우, 비밀의 공개를 윤리적으로 정당화하기 위한 가장 중요한 기준은 그 공개가 무고한 사람들이나 선의로 협력한 사람들에게 해를 끼치지 말아야 한다는 점이다. 따라서 내부고발자들은 정보기관의 비난을 받고 의기소침해질 수 있으나, 윤리적으로는 일관성을 유지해야 한다. 내부고발자들은 불법행위에 대해서 정보기관을 고소할 수 없으며, 특히 무고한

사진 13.1 모스크바 수상 기념식에서의 스노든(Edward Snowden), 2013년.[49]

사람들을 위험에 처하게 하면서 그러한 행동을 하면 안 된다. 사람들을 목적을 위한 수단으로 사용되면 안 된다. 또한, 의무론자들은 이러한 비밀의 폭로와 국가들 사이의 신뢰 사이의 관계를 강조할 것이다. 칸트는 비밀조약들을 혐오했고, 이 문제에 대한 칸트의 생각은 비밀조약 금지를 포함한 윌슨(Woodrow Wilson) 대통령의 '14개 조항'에 영향을 미쳤다.[**] 그러나 정보활동이 국가 사이의 신뢰에 어떠한 영향을 미치는지에 대한 의무론의 강조를 상기할 필요가 있다. 잠재적 내부고발자에 의한 민주주의 국가 간 정보협력 노출은 이 국가들 사이의 신뢰에 큰 부담을 줄 수 있으며, 이 국가들 사이의 '평화구역'을 보호하려는 정보기관들의 능력을 약화할 수 있다. 마지막으로 앞의 의무론에서 설명한 '범주적 명령'을 상기한다. 만약 내부고발자들이 범주적 명령에 의존한다면, 그들은 그 상황에서 합리적인 사람들 누구나 같은 방식으로 행동하기를 기대할 것이다. 이는 내부고발자들이 겪게 되는 매우 높은 수준의 기준을 설정하게 된다. 내부고발이 이러한 조건들을 충족한다면, 내부고발은 의무론적 관점에서 윤리적으로 정당화될 수 있다. 칸트는 진리의 위대한 애호가였고, 내부고발자들은 그들의 정부가 하는 것들에 대하여 시민들이 획득할 수 있는 첩보의 양을 획기적으로 증가시킬 수 있는 능력을 분명하게 보유하고 있다.

언뜻 보기에 공리주의자들의 첫 번째 기준은 행복의 제공이기 때문에 의무론자들보다 내부고발을 허용하는 경향이 훨씬 클 것이다. 내부고발자들은 자신들이 유출한 비밀을 사람들이 알게 되어 행복을 느낀다면 윤리적인 것으로 간주한다. 겉으로 보기에는 간단하다. 그러나 반드시 그렇지는 않다. 첫째, 내부고발자가 기밀문서의 저장장치를 공개하기 전에 어떻게 행복을 줄 것이냐의 질문에 답을 할 수 있을 것인가? 이는 거의 결정하기 어려

[**] 역자 주) 14개 조항은 1918년 1월 8일 윌슨 대통령이 제1차 세계대전 이후 수립되어야 하는 평화의 본질에 대한 자신의 구상을 미국 상하원 합동회의에서 발표한 것이다. 제1항이 강화조약의 공개와 비밀외교의 폐지였다.

워 보이는데, 그 이유는 일부 정보기관의 업무는 극도로 어려운 기술을 사용하여 이해하기 어렵기 때문이다. 둘째, 내부고발자들은 행복의 수준 상승과 다른 도덕적 차원에 미치는 영향 사이의 균형을 맞추어야 한다. 특히, 정보기관의 일부 활동을 공개하는 것은 사람들을 행복하게 하고 그러한 활동의 인기가 떨어지게 할지 모르지만, 이 공개는 보안의 제공을 약화시킬 수 있다. 내부고발자는 기밀사항을 공개할 경우 간접적으로 관련이 있는 다른 도덕적 문제에 대해 가해지는 잠재적 비용을 계산해야 한다. 예를 들어, 외국정부와 국민이 미국과 협력하겠다는 의지와 같은 것을 잃을 수 있는 점이다. 비밀의 유출은 국제무역과 미국을 위해 스파이 활동을 하는 해외 협조자들의 미래 의지 등 모든 것에 영향을 미쳐서 신뢰에 해를 입힐 수 있다. 마지막으로 공리주의자들은 유출된 문서 또는 비밀이 미칠 구체적인 영향에 주목하고, 내부고발자는 각자의 윤리적 계산법에 따라 행동할 것이다.

우리가 이 사례연구에서 사용하고 있는 세 가지 도덕체계 중 내부고발자의 역할에 대해서 가장 관대할 것이다. 실제로 내부고발자에게 제공되는 정당성 중 상당수는 "권력에 대한 진실을 말한다"라는 표현의 맥락에서 짜여진 것이다. 아이러니하게도 이 문구는 정보기관의 지도자들이 정보관, 특히 분석관들의 윤리적 의무 중 하나로 자주 거론하는 것이며, '2019 국가정보전략'에 사용된 것이다.[50] 그러나 표현의 현대적 기원은 비판이론, 특히 미국의 인권운동, 그리고 프랑스의 포스트 구조주의 학자인 푸코(Michel Foucault)의 많은 글에 들어 있다. 많은 비판이론가들에게 내부고발자들은 종종 눈에 띄지 않는 국가권력의 실제 행사를 폭로하는 일반 시민들의 능력, 심지어 의무까지도 나타낸다. 그렇게 함으로써 내부고발자는 개인을 억압하는 기술들을 폭로하면서 국가의 개인 지배에 지장을 주거나 중재할 능력을 갖추고 있다. 비판이론가들에게 내부고발 행위 자체의 상징적 중요성보다는 내부고발자가 폭로하는 구체적인 내용이 더 중요하다. 내부고발자들은 국가가 사람들을 광범위하게 통제하는 것을 방해하고, 국가가 노출된 관행에서 벗어나도록 강요한다. 비판이론가들에게 이 개입은 진정한 민주주의를 실현할 수 있는 일시적인 가능성을 제공한다.

고문

9·11 공격 이후 미국 정보공동체는 전쟁 태세에 돌입했다. 이러한 작전활동이 급격하게 증가함에 따라 국가 최고 지휘 사령관은 처음에는 아프가니스탄에서, 다음에는 이라크에서, 그 다음에는 특수작전부대(SOF)가 알카에다를 사냥하고 있는 수십 개 국가에서 정보공동체가 미군 부대들과 직접적으로 협력할 것을 지시했다. 작전을 상향 조정한 불행한 결과 중의 하나는 정보기관이 수십 년 동안 사용하지 않았던 방법, 특히 이라크에서 미군의 불충분한 대반란활동 능력을 보강하는 수단으로 사용된 것이다. 정보요원들과 특수작전부대 사이의 경계선은 상당히 불분명해졌는데, 이는 CIA가 아프가니스탄에 대한 통제권을 장악하려는 계획을 적극 추진하면서 시작된 과정이다.[51] 몇 주 사이에 특수작전부대와 CIA의 특수활동국(SAD: Special Activities Division)의 준 군사조직은 우호적인 아프간 반군을 제외하고 탈레반과 알카에다를 아프가니스탄과 파키스탄의 접경 산악지대인 힌두쿠시산맥으로 몰아냈다. 이 작전의 결과 중의 하나는 수천 명의 탈레반과 알카에다 조직원들을 체포한 것이었다.

혼란한 상황에서 체포된 알카에다 조직원들을 정확하게 심사하지 못하여 테러범 수십 명의 신원을 잘못 파악한 결과, '고가치 억류자(high-value detainee)'로 지목된 죄수 중 많은 수가 **블랙사이트(black site)**로 알려진 비밀수용소로 옮겨졌다. 군과의 협력하에 운영되는 블랙사이트는 억류자조차 자신이 어디에 있는지 모르는 등 공개적으로 알려지지 않은 채 비밀에 부쳐졌다. 다른 고가치 억류자들은 1903년부터 쿠바로부터 임대하여 사용하고 있던 관타나모만 해군기지로 옮겨졌다. 결국 비밀수용소 프로그램은 유럽, 아시아, 아프리카의 블랙사이트로 확대되었다. CIA의 **특별수용프로 그램**(extraordinary rendition program)으로 수천 명의 죄수가 추가되었 고, 이에 따라 블랙사이트들의 억류자 인원은 계속 증가했다. 특히 적법한 절차 없이 테러용의자를 비밀납치했기 때문에 억류자가 계속 늘어났다. 억 류된 많은 사람들은 나토회원국에서의 수백 또는 수천 명을 포함하여 민주 주의 국가들에서 잡힌 사람들이었다. 수용된 대부분의 사람들은 알카에다 와 다른 테러조직에 연관되어 있다고 확인되었지만, 알려 지지 않은 숫자의 무고한 사람들이 이 프로그램에 의해서 납치되었다. 2003년 이라크 침공 이후 아부 그라이브의 이라크 수용소가 유사한 방식으로 사용되었다.

모든 블랙사이트의 억류자들은 미군과 정보요원들의 고문을 받았다. 처 음에 고문은 블랙사이트에서 이루어졌으며, 심문관들은 보다 충성적인 알 카에다 전사들의 저항에 부딪혀 좌절했는데, 그 전사들은 미국의 심문기술 에 저항하는 훈련을 받은 사람들이었다. 1980년대에 알카에다의 고위직이 었던 모하메드(Ali Mohamed)는 노스캐롤라이나 포트 브래그에 있는 케네 디 특수전 센터와 학교에서 근무한 적이 있었다. 9·11 사전 훈련 프로그램 의 일환으로, 알카에다는 모하메드가 밀반출한 게릴라전, 감시, 방첩, 도시 전투, 생존, 암살에 관한 미군 매뉴얼을 사용했다.[52]

나중에 CIA는 보다 체계적인 심문 프로그램을 개발하려고 시도했다. CIA, FBI, 국방부는 수십 년 동안 이 문제를 다뤄와서 잘 알고 있음에도 불 구하고, CIA는 심문을 한 번도 해보지 않은 두 명의 심리학자를 이용해 억 류자 심문 프로그램을 만들도록 계약했다. 이 심리학자들에 의하여 만들어 진 프로그램은 실제로 일어나고 있는 것을 감추기 위한 수단으로 **완곡어법 강화 심문기법**(EITs: euphemism enhanced interrogation techniques)을 사용했다. 군 및 CIA 심문관들은 미국이 후원한 국제조약인 1984년 고문 방지협약(Convention Against Torture)과 미군 자체의 훈련 매뉴얼에서 고문으로 식별된 기술을 채택했다. 심문관들은 억류자들에게 음식과 물을 주지 않았고, 억류실에 며칠 동안 극도로 소리가 큰 음악과 거친 조명을 하여 감각 박탈을 했다. 억류자들은 벌고 벗고 있어야 했고, 인분을 몸에 바르는 등 여러 방식의 인격적 수모를 당했다. 어떤 죄수들은 며칠 동안 고통스러운 자세로 있어야 했고, 구타, 항문고문(sodomize), 거의 익사시키는 수준의 물고문을 당했다. 이 프로그램에 의해서 알려지지 않은 숫자의 억류자들이 사망했다. 상원이 5년 동안 수백만 장의 문서를 통해 포괄적인 조사를 한 결과, 다른 수단에 의해서 획득한 정보 이외에 어떠한 유용한 정보도 이 프로그램을 통해 밝혀내지 못했다는 결론을 내렸다.[53]

대중감시에 대한 관점과 마찬가지로, 고문에 대한 의무론의 시각은 그러한 행위에 대한 절대적인 금지가 될 것이다. 의무론자들에게 있어서 고문은 개인의 존엄성에 대한 최악의 위반 중 하나다. 이는 가해지는 고통 때문에, 그리고 법적 절차를 벗어나기 때문에 본질적으로 잔인한 것이다. 고문도 처벌의 일종으로 죄인에게만 정당하게 가해질 수 있다. 정보기관이 고문을 사용하는 이유는 심문에 대해 충실히 답하도록 강압하는 것이며, 피고에게 어떠한 범죄도 선고되지 않았기 때문에 비윤리적이다. 더욱이 정보기관은 테러용의자가 보유하고 있을지 모르는 비밀을 파악하는 데에만 관심이 쏠려 있기 때문에, 인간의 존엄성을 훼손하면서 인간을 목적을 위한 수단으로 사용하고 있다. 고문은 또한 시민사회의 기초를 약화시키는데, 그 이유는 정부의 잔인

사진 13.2 아부 그라이브의 고문 희생자.[54]

사진 13.3 고문 기술자 그레이너(Charles A. Graner)가 수갑을 찬 이라크 죄수를 구타하고 있다.[55]

함 때문에 정부를 불신하게 되기 때문이다. 이는 주권자가 효과적인 통치를 하기 어렵게 만든다. 마지막으로 고문프로그램이 시행되는 인도프로그램(rendition program)에는 외국 정보기관의 협조를 받아서 사람들을 납치하는 것이 포함되기도 한다. 그러나 자주 발생하는 일은 아니다. 2007년의 유명한 사건은 테러리스트로 생각되지만, 무고한 독일 국적의 엘마스리(Khaled el-Masri)를 납치한 CIA 요원을 독일정부가 기소한 사건이다. 또한, 독일정부는 독일 정보기관인 BND 또는 BfV에 통지하지 않고 CIA가 인도받은 사람들을 이송한 CIA 비행기가 독일에 있는 공군기지를 사용한 데 대해서 격분했다. 이러한 사건들은 고문과 억류 프로그램이 다른 나라의 거버넌스에 어떻게 간섭하는지를 보여주는데, 이는 칸트가 『영구평화론』에서 맹렬하게 비난했던 것이다.

결과론의 도덕체계 논리에 있어서 고문의 윤리는 더 복잡하다. 어떤 관점에서, 고문은 행복의 공급을 감소시킨다. 이는 고문을 당한 자와 이러한 행동의 실체를 알게 된 사람들 모두에게 가해지는 고통의 결과이며, 고문의 가장 온화한 방식이라도 섬뜩한 것으로 받아들여진다. 그러나 공리주의는 고문이 생명을 구하는 정보를 획득하는 데 사용된다면, 고문을 허용할 것이다. 고문은 고문당하는 사람, 그리고 고문행위를 알게 된 사람의 행복을 감소시킬 것이다. 그러나 고문에 의해서 구원받은 사람들 전체의 행복은 상승될 것이다. 공리주의자들이 고문의 윤리적 사용을 탐구하면서 가장 자주 인용하는 상황은 **시한폭탄 시나리오**다. 테러범이 숨긴 폭탄의 폭발을 막기 위해 허용된 시간 동안, 공리주의자들은 4가지 조건이 충족된다면 고문의 윤리적인 사용의 근거를 제공한다고 믿는다.[56] 첫째, 고문은 처벌 또는 미래 테러공격에 대한 억지가 아니라 많은 사람의 생명을 구하는 첩보를 획득하기 위한 수단으로 활용될 수 있다. 둘째, 고문은 고문 당하는 사람이 앞서 언급한 생명들을 구하는 데 필요한 정보를 가지고 있을 가능성이 큰 경우에만 사용되어야 한다. 셋째, 이 정보는 다른 방식으로 이 정보를 획득하는 것이 아마도 실패할 만큼 아주 가까운 미래에 발생하는 특별한 위협에 대한 것이어야 한다. 마지막으로 고문이 허용되려면 심문관들은 자신들이 획득하게 될 정보가 공격을 막기에 충분한 것이라고 믿어야만 한다.

고문에 대한 공리주의 사례는 이론 자체의 맥락 내에서 중대한 논리적 문제를 가지고 있다. 첫째, 밀(Mill)이 말하는 다른 종류의 고통과 즐거움을 구분하는 것을 고려하지 못한다. 대부분 피해자에게 외상 후 스트레스 장애(PTSD: post-traumatic stress disorder)를 입히기 때문에 고문은 일반적인 아픔과는 매우 다른 종류의 고통이다. 이 고통이 죽음으로 끝나지 않고 무한히 계속될 것이며, 고문은 다른 종류의 어떠한 고통보다 최악이라는 생각으로 무력감을 느끼게 된다.[57] 시한폭탄으로부터 사람들을 구해냈다는 행복감은 고문 피해자, 고문을 가한 사람들(이 사람들도 PTSD를 겪는다),

고문을 알게 된 대중들에게 가해지는 고문의 잔혹성을 질적으로 상쇄할 수 없다. 둘째, 고문에 대한 공리주의 사례는 고문이 실시되었다고 알려질 경우 집단안보와 국제무역을 촉진하는 국제협력과 같은 행복을 증진시킬 다른 재화의 제공에 미칠 영향을 무시한다. 고문, 특히 자국민들을 고문했다는 사실을 동맹국이 알게 되면 그러한 협력은 줄어들 것이다. 민주주의 국가들이 고문을 했다는 사실은 테러범들이 자유주의적 인권의 표면적 위선을 부각시켜 테러범 모집에 활용될 수도 있을 것이다.[58] 따라서 고문은 시한폭탄을 제거하도록 하지만, 다른 문제를 발생시켜 전체적인 행복은 줄어들게 될 것이다. 요컨대, 공리주의는 고문의 윤리적 사용에 대해 논리적인 주장을 한다. 그러나 도덕이론의 핵심 원칙을 적용하면, 고문을 하지 말아야 한다는 강력한 논거가 제시된다.

비판이론은 고문이 윤리적일 수 있는 조건을 찾지 못할 것이다. 대신 이 이론은 사상과 실천에 대한 권력의 숨겨진 행사를 밝히는 데 중점을 두고, 미국이 고문을 사용하게 된 기원에 대해 설명하려고 시도할 것이다. 비판이론가들은 민주주의 국가들이 고문을 사용하기 위해 '필요'하다고 믿을 수 있는 진짜 이유, 즉 개별 인간에 대한 국가권력의 무자비한 행사에 의해 야기되는 두려움에 초점을 맞출 것이다. 비판이론가들은 CIA 수감자 프로그램이 수감자들에게 굴욕감을 주는 것을 자주 강조하는데, 굴욕감은 보수적인 무슬림 사회 출신 억류자 대다수들에 대한 교정이 실시될 때 그들이 종종 느끼게 되는 감정이다. 이러한 관점에서 아부 그라이브에서 여성 헌병 앞에 벌거벗은 무슬림 남성을 쌓아 놓고 사진을 찍는 것은 정보가 아니라 고문의 일종이었다. 미 상원 보고서가 명백하게 밝혔듯이, 무슬림 남성들의 비참한 굴욕은 실행 가능한 정보를 획득하기 위해 고안된 것이라기보다는 이슬람 세계에 대해 미국의 힘을 보여주기 위해서 계획된 것이었다.[59]

또한 비판이론가들은 프로그램을 설계하고 운영하는 심리학자들이 휘두르는 인식론적 권위, 그리고 고문을 수행하는 사람들과 고문을 승인하는 사람들이 가지지 못한 지식에 대해서 관심을 가진다.[60] 이러한 인식적 거리는 그러한 활동이 완곡한 표현이나 생략된 언어로 표현될 때 합법적이거나 적절한 것으로 볼 수 있게 해주었다. 고문은 완곡어법 강화 심문기법(EITs)을 통해서 자유민주주의 국가에서 합법적인 행위가 되었고, 정보요원들도 이 기법이 실제로 무엇을 의미하는지에 대한 지식으로부터 보호되었다.

암살

아마도 정보기관들이 **암살**을 정책수단으로 사용할 수 있느냐 없느냐가 정보활동과 관련된 가장 논란이 되는 윤리적 문제일 것이다. 암살은 저명한 정치, 경제, 사회 지도자들을 침묵시키고, 그들을 자국의 이익에 더 순응할 수 있는 사람으로 대체하기 위하여 제거하고, 그들의 추종자들을 위협할 목적으로 살해하는 것으로 정의된다. 암살은 명백하게 책임을 물어 공개적이고 폭력적으로 시행하거나, 자연사로 보이는 방식으로 은밀하게 추진될 수도 있다. 법적 관점에서 암살은 1976년 포드(Gerald Ford) 대통령이 서명한 **행정명령(Executive Order) 11905**에 의해 처음 금지되었고, 이어서 카터(Jimmy Carter) 대통령이 서명한 행정명령 12036에 의해 확대되었다. 1970년대 초 의회의 처치위원회와 파이크위원회가 폭로한 스캔들 이후, 포드와 카터 모두 정보공동체의 활동을 통제하고 제약하려고 시도했다. 냉전 초기 CIA는 정치지도자들의 살해를 포함한 쿠데타에 주기적으로 참여했는데, 대표적으로 1963년 미국의 강력한 동맹인 남베트남의 디엠(Ngo Diem) 대통령이 제거되고 살해되었다. 더 나쁜 사례는 베트남전쟁 중에 **피닉스(Phoenix) 프로그램**을 수립한 것인데, 이는 인도차이나에서 약 3만 명을 암살한 프로그램이다. 이 프로그램에 의해 암살된 사람들 중의 일부는 남베트남정부에 고용된 사람들이었다. 피닉스 프로그램은 북베트남 인사들과 베트콩 전사들을 정밀하게 목표로 했다. 그러나 범죄 수사와 재판이 없는 상황에서 이 프로그램이 최소한 일부 무고한 사람들을 살해하지 않았다는 보장은 없다. CIA와 군사프로그램들은 중남미의 정부와 극우 준군사 암살대를 지원했는데, 이 조직들은 중남미의 공산주의 침투에 대항하는 조직들이었다. 의회조사(제9장 참조) 과정에서 이러한 관행이 드러났을 때, 미국 국민들은 경악했고, 결국 오늘날 우리가 보유하고 있는 감시체계로 이어졌다. 그러나 포드 대통령은 암살로 인하여 곤욕을 치렀고, 행정명령 11905로 암살공작을 금지했다. 카터는 다른 많은 비밀공작을 줄이기 위해서 11905의 논리를 확장했다.

1981년 레이건(Ronald Reagan)이 대통령으로 취임했을 때, 본래의 의도와 상관없이 정보활동에 대해서 너무 많은 제한을 하는 규제에 대해서 정보기관 내에서 불만이 팽배했다. 1981년 레이건 대통령은 암살 금지를 재확인한 **행정명령 12333호**에 서명했으나, 그는 1947년 국가안보법에 의해 제공된 법적 권력을 기반으로 한 **프레지덴셜 파인딩**(Presidential Finding)에 의거하여 비밀공작을 허용했다. 1980년대 중반 이후 암살을 완곡하게 표현한 '표적살해(targeted killing)'도 명시적으로 허용되었다. 그러나 레이건은 이보다 한 걸음 더 나아갔다. 1986년 레이건은 미 해병 한 명이 살해된 베를린 나이트클럽 테러에 대한 보복으로 리비아를 폭격할 수 있는 권한을 미군에 부여했다. 'EL DORADO CANYON'이라는 암호 명의 작전은 리비아 독재자 가다피(Muammar Gaddafi)를 살해하려는 시도도 포함되어 있었는데, 가다피 암살은 실패하고 그의 갓 난 딸이 사망했다.

9·11 테러 이후 미군과 정보공동체는 주로 드론이라 불리는 무인항공기(UAVs)를 사용하는 표적살해프로그램을 운영해 왔다.[61] 그러나 2011년 실 팀 식스(SEAL Team Six, 미국 합동특수작전사령부에 속해 있는 해군의 대테러 특수부대 - 역자 주)와 CIA의 특수활동국(SAD)이 아보타바드(Abbotabad) 은신처에 대하여 실시한 기습공격에 의해 오사마 빈 라덴이 살해된 것도 표적살해로 간주될 수 있다. 이와 비슷한 기습공격이 이라크와

아프가니스탄전쟁 동안 규칙적으로 발생했다. 더구나 부시 행정부 기간에 미국은 특수작전부대(SOF) 암살단을 운영했는데, 이는 2009년에 해체된 것으로 알려져 있다 (제9장 참조). 오늘날 미국 정보공동체의 암살시도를 논의할 때, 표적살해가 UAVs의 활용만으로 국한되는 것이 아닌데도, 우리는 대체로 드론 공격을 언급하고 있다. 하지만, 이러한 활동에 의해 사망한 사람들의 대부분은 드론프로그램에 의해서 살해되었고, 이로 인해 수백 명의 알카에다와 이슬람국가 테러리스트들이 사망했다. 그리고 그 프로그램에 의해서 알려지지 않은 숫자의, 아마도 수천 명의 무고한 시민들이 살해되었다.[62] 더욱이 드론 공격은 알카에다의 선전 담당인 알아우라키(Anwar al-Awlaki)를 살해하는 등 미국 시민들에 대해서도 사용되었다. 마지막으로 이란의 핵 프로그램을 늦추거나 중단시키기 위한 노력의 일환으로 미국이 이스라엘의 정보기관과 협력하여 이란의 핵 과학자 5명을 살해했다고 알려졌다.

이러한 프로그램들은 윤리적인가? 의무론자들은 암살이 '표적살해'로 치장이 되든지에 상관없이 암살의 전면적인 금지를 주장한다. 이러한 행위는 근본적으로 국가 사이의 신뢰를 훼손하는데, 그 이유는 어떤 국가가 그러한 기술을 사용하여 정치지도자들과 테러범들을 합법적으로 살해할 수 있다면, 모든 국가가 그렇게 할 것이기 때문이다. 결과적으로 국가 사이의 규칙적인 관계의 붕괴가 초래된다. 또한, 그러한 행위는 범주적 명령을 분명하게 위반하는 것이다. 합리적인 사람들은 정부가 사법절차를 준수하지 않거나 "필요하다"고 생각할 때마다 마음대로 사람을 살해할 수 있는 것을 원하지 않을 것이다. 이것이 바로 폭정의 정의다.

그러나 암살에 대한 의무론의 논리가 흔들리지 않는 것은 아니다. 첫째, 미국이 표적살해에 관여한 주된 이유는 정당방위다. 즉, 위의 프로그램들에 의해 살해된 것으로 의심되는 테러범들이 미국 및/또는 동맹국에 대한 공격을 계획했기 때문에 발생한 일이다. 칸트주의자들은 전쟁은 개인이 아니라 국가들 사이에 벌어지는 것이고, 따라서 표적살해는 전쟁의 형태가 아니라고 하면서 위의 주장을 반박했다. 이와 유사하게 칸트주의자들은 '정당방위'의 정의가 미국에서 과도하게 유연하게 적용이 되고 있다는 주장을 한다. 총체적인 결과는 국제체제에서 폭력, 즉 전쟁을 사용하는 데 대해 이전에 합의된 기반을 준수하려는 다른 국가들의 의지가 침식되는 것이다. 실제로 모든 형태의 국가지원 폭력에 대해 미국의 예방전 원리를 인용하는 증거는 이미 있다.[63]

암살에 대한 의무론적 입장과 관련된 두 번째 논리적 쟁점은 혁명에 관련되어 있다. 칸트는 자국민에 의한 정부에 대한 혁명은 정통성이 없으며, 국민들은 권위주의 통치의 잔인함마저 감수해야 한다고 주장했다. 왜냐하면 혁명은 나쁘고 무법상태의 사회적 세력을 발생시키기 때문이다.[64] 그러나 칸트 도덕론의 최종목표가 공화주의의 설립과 그들이 만든 평화구역의 확대라면, 국가들이 암살을 통한 정권교체를 윤리적으로 달성할 수 없다는 것은 믿기 어려워 보인다. 이와 유사하게 칸트적 관점에서 국민집단과 전쟁을 하는 국가들은 되도록 사상자를 줄일 가능성이 큰 방법을 사용해야 한다고 주장될 수 있다. 드론은 자주 언급되는 첨단무기와는 거리가 있지만, 지상군이 대규모로 사용하고 있으며 재래식 공군력에서 사용하고 있는 자산들보다 정밀하며 화력이 약하기 때문에 사상자를 덜 발생시킬 수 있다. 분명하게 의무론자들은 암살이 윤리적이라는 데 대해서 절대로 동의하지 않을 것이다. 그러나 이 주장은 의무론 자체가 설정한 조건 하에서 문제가 없는 것은 아니다.

물론 몇 가지 조건이 충족된다면, 공리주의자들은 국가정책의 도구로서 표적살해를 사용하는 것을 보다 더 수용할 수 있을 것이다. 첫째, 공리주의자들은 보다 규칙 지향적인 의무론자들보다 정당방위에 대한 더 넓은 정의를 받아들일 것이다. 핵심적인 기준은 드론 공격에 의한 결과가 가져다주는 행복에 집중될 것이다. 이러한 맥락에서 공리주의자들은 전체 사망자 수에 무게를 둔다. 테러범들을 암살하기 위해서는 일부 민간인 사상자를 수반할 수 있지만, 전체적인 사망자 수는 테러공격에 의해서 발생하는 숫자보다 적을 것이다. 이는 힘의 사용과 관련하여 자주 인용되는 **비례성**의 기준을 설정한다. 위협의 수준은 위협을 제한하는 데 사용되는 힘의 양에 비례해야 한다. 따라서 최종 결과가 인명을 구한 것이라면, 공리주의자들은 표적살해가 비례적으로 이루어졌을 경우 윤리적이라고 주장할 것이다. 드론 사용 대(對) 대안적으로 사용될 수 있는 무기 플랫폼이나 전술의 관점에서 비례성이 평가될 수 있으며, 어느 것이 군 또는 민간인 사상자를 더 내느냐의 결과에 대해서 논의될 것이다.[65]

공리주의자들이 초점을 맞출 두 번째 이슈는 첫 번째 이슈와 관계가 있다. 만약 총체적 결과가 인명구조였다면, 즉 테러리스트들이 공격에 성공했다면 사망했을 사람들보다, 부상자는 생기지만 사망자가 줄어들었다면, 이는 밝히기가 매우 어려운 문제다. 그러나 더 밝히기 어려운 문제는 드론암살이 추가적인 결과를 낳느냐의 여부다. 드론 공격은 더 많은 테러활동으로 이어지는가? 비록 도덕적 맥락은 벗어났지만, 이 질문은 럼스펠드(Donald Rumsfeld) 국방부 장관에 의해 제기되었다. 럼스펠드는 자신의 참모에게 테러리스트들이 모집되는 것보다 미국이 더 빠르게 테러리스트들을 살해할 수 있는지에 대해서 질문을 했다. 드론 공격은 한 번의 공격을 막을 수는 있지만 몇 번의 테러 음모를 더 부추긴다면, 최종 결과는 행복의 증가가 아니다. 그러나 최종 결과가 테러에 대한 억지효과를 발생시킨다면, 공리주의자들은 드론 공격을 윤리적인 것이라 할 것이다. 다시 말해서 공리주의자들은 드론 공격이 효과가 있는지에 대해서 조사할 것이다.[66] 만약 비례성과 효과성 조건을 모두 충족한다면, 공리주의자들은 표적살해를 윤리적인 것으로 간주할 것이다.

비판이론가들은 암살이 근본적으로 비윤리적인 행위라고 판단한다. 이러한 판단은 관련 행위 자체, 그러한 폭력을 유발하는 숨은 동기나 목적, 그러한 표적살해가 국가의 힘을 확장하는 역할을 한다는 점에서 이루어진다. 미국이 이라크 전쟁 초기에 정밀유도무기를 사용하면서 보여주었던 '충격과 두려움'의 기술에 주목하면서, 비판이론가들은 표적살해가 정밀무기에 의해서 이루어진다고 주장한다. 헬파이어 미사일의 폭발이 반경 100피트 떨어진 사람들에게 부상을 입힐 수 있기 때문에 수백, 아마도 수천 명의 민간인이 사망한다. AGM-114 미사일의 원래 목적은 대전차용 무기였고, 그 특징은 소위 정밀타격이며, 이에 의한 무고한 사람들의 사망이 잇따르고 있다. 드론 공격에 사용되는 전투용 탑재물들은 더 심한데, 마크 82 중력 폭탄의 살상 반경이 200피트다.[67] 더욱이 비판이론가들의 관점에 따르면, 그러한 폭력의 실질적 '표적'은 개별적 테러리스트가 아니라 아랍이나 무슬림의 거리다. 드론이 가한 폭력의 영향은 의도적으로 확산되며, 이는 국제테러단체가 주 근거지를 두고 있을 때부터 대중들을 공포에 떨게 하기 위한 것이다.

　그러나 비판이론가들에게 가장 큰 비난은 드론프로그램과 국가폭력의 관계다. 이러한 맥락에서 비판이론가들은 두 가지 이슈에 관심을 가질 것이다. 첫째, 드론 사용이 미국 대중들에게 주는 핵심 관점은 미군에 대한 위험이 없어지게 된다는 점이다. 비판이론가들에게 미군 병사들에 대한 위험의 부재는 미국의 대중이 자신들의 이름으로 행해지는 먼 거리의 폭력에 불개입하게 된다는 점이다. 이는 전쟁을 더 쉽게 만들고, 감시를 덜 받으면서 수행하게 하며, 얼굴 없고 이름 없는 수천 명의 사람을 죽일 수 있는 힘을 제공한다. 이러한 상황은 고통이 한 방향으로 이루어지는 것이기 때문에 **피비린내 없는 충돌의 환상**을 창조한다. 타격의 합법 여부를 둘러싼 기술적 논쟁으로 관심이 더욱 축소되며, 희생자들에게 가해지는 고통에 대한 관심을 돌릴 수 있다.[68] 둘째, 고문에 대한 그들의 견해와 마찬가지로 비판이론가들은 암살을 현대 국가폭력의 결과로 본다. 국가는 고문과 드론을 지배의 기술을 지원하는 유사한 도구로 취급한다. 드론의 경우, 표적 결정을 내릴 때 인공지능의 사용이 증가하면, 시민들이 자신의 이름으로 내려진 결정의 결과로부터 벗어날 수 있다. 또한, 국가에 의한 '생체권력(biopower)'의 기술적 지배가 증가되는데, 이는 인종차별주의의 베일에 가려진 표면적으로는 합리적이고 객관적인 결정에 의해서 물질에 대한 통제력을 증가시키는 것이다.[69]

결론: 국가서비스의 윤리적 요구

이 장에서 살펴본 바와 같이, 의무론, 공리주의, 비판이론에 의해 세워진 장벽은 매우 높다. 이러한 세 가지 도덕체계에 의해 확립된 윤리행동표준은 충족이 불가능할 수 있으며, 이로 인해 많은 정보활동이 제약될 수 있다. 정보요원들에 대한 윤리적 기대는 정부의 다른 어떤 조직의 구성원들에 대한 기대보다 높다. 왜냐하면 정보는 국제법과 국내법의 테두리 내에 항상 존재해 왔기 때문이다. 아무리 좋은 시기라 하더라도 많은 정보활동을 윤리적으로 수행하는 것은 어렵다. 특히 트럼프 행정부 시절에 그러한 활동이 어려웠다. 모든 대통령에게는 나름대로 문제가 있다. 모든 대통령은 정보와 국가안보 문제를 정치화하려 한다. 그러나 트럼프처럼 국익을 무모하게 무시하고 행동을 한 대통령은 없다. 그의 성격과 행동으로 인해 제45대 미국 대통령을 보좌하는 데 있어서는 몇 가지 독특한 윤리적 과제가 등장했다.

트럼프는 "군대에 나보다 크거나 좋은 군인은 없다"(무엇을 의미하는지 불분명하지만)고 주장하지만, 그는 '골극(bone spurs)'이라는 의심스러운 주장을 하여 베트남전쟁 당시 5차례 병역 연기를 받은 병역기피자다.[70] 트럼프는 골드 스타 패밀리(Gold Star Family, 미국에서 전투 중 혹은 군사 관련 임무 도중에 사망한 군인의 가족 – 역자 주)에 대해서 되풀이하여 불명예스러운 태도로 대했고 전쟁영웅을 비판했다. "나는 포로가 되지 않은 사람을 좋아한다"라는 표현을 하며 매케인(John McCain) 상원의원을 비판했는데, 매케인이 수년 동안 북베트남에서 고문을 버텨낸 것과 자신의 그 전쟁 당시 병역기피를 비교해 자격지심에서 비열한 공격을 한 것이다.[71] 더구나 2018년 프랑스 국빈방문에서 트럼프는 고국을 위해 극도의 희생을 치른 미군 병사들을 '풋내기' 또는 '루저'라고 언급했다.[72] 트럼프의 인종 관계에 대한 접근도 나은 점이 없었다. 트럼프는 2016년 선거 캠페인 당시 히스패닉 이민자들을 '강간주의자'라고 불렀고, 2017년 샬러츠빌 폭동 당시 신나치주의자들이 지배했던 군중을 '매우 훌륭한 사람들'이라고 불렀으며, 2010년 조지 플로이드 저항 시위 당시 "약탈이 시작할 때 총격이 시작되었다"라고 백인우월주의의 언어를 사용하는 등 선동적인 발언을 이어나갔다.[73]

트럼프는 정보보고서를 제대로 읽지 않았고, 관련 이슈들에 대해서 고민도 하지 않았으며, 대부분이 상급 대학의 학위를 받았거나 해당 분야에서 수십 년의 경험을 가지고 있는 정보관들과 전문가들의 전문적 능력에 대해 티끌만큼이라도 존경을 하는 것을 거부했다.[74] 그는 정책을 결정할 때 큐어넌(QAnon, 미국의 극우 음모론 집단 – 역자 주)과 다른 반정부 대안적 우파(alt-right)** 단체 및 운동을 언급하면서 음모론을 인용했다. 그리고 그는 기후변화라는 세계에서 가장 위험한 문제가 존재하는 것을 인정하지 않았다.[75] 그는 종종 주요 문제에 대해서 기상천외하고, 심지어는 위험한 '해결책'을 제시했는데, 예를 들어 2017년 8월 그는 국토안보부와 국가안보회의 관료들에게 허리케인에 핵무기를 사용할 수 있는지 조사하도록 요구했다.[76] 팬데믹이 퍼지는 동안 트럼프는 코로나-19를 치료하거나 예방하기 위해서 위험하고 시험되지 않은 하이드록시클로로퀸(hydroxychloroquine, 말라리아 예방 및 치료제 – 역자 주)의 사용을 옹호했고, 심지어는 바이러스를 치료하기 위해서 표백제를 주입하는 것을 제안했다.[77] 세계에 대한 자신의 부정확한 견해가 예상대로 풀리지 않자, 트럼프는 위기에 대응하는 자신의

** 역자 주) alt-right는 alternative right의 약어로, 2017년 이후 미국에서 등장한 신(新) 우익 세력이다. 이들은 주류 보수나 주류 우파와 달리 유럽혈통 백인의 문화적 우월성을 강조하는 인종차별적 보수주의를 표방한다.

무능함에 관한 관심을 돌리기 위해, 2020년 1월 팬데믹의 위험을 경고하는 브리핑을 한 CIA 직원에게 책임을 전가했다. 그 직원이 처음에 브리핑할 때 트럼프는 듣지도 않았으면서, 그를 비난한 것이다.[78] 트럼프는 대통령의 품격에 어울리지 않은 언어를 사용하는 등 트위터에 거친 표현을 해서 미국 대통령의 품위를 하락시켰다. 그는 미국정부 시스템에 근본이 되는 기관과 사람들에게 끊임없이 폭언을 했다. 그는 나치 독일과 소련의 수사학을 활용해 언론을 '국민의 적'이라고 공격을 했고, 정보공동체 구성원들을 자신을 파멸시키려는 '딥 스테이트' 음모**에 가담하는 '나치'와 같은 사람들이라고 되풀이하여 비난했다. 마지막으로 대통령은 상습적인 거짓말쟁이다. 국가안보에 전념하고 평생 공화당원인 전직 국무장관이며 합참의장인 파월(Colin Powell)은 트럼프를 간결하게 묘사했다. "그는 항상 거짓말을 했다. 그는 취임식 날부터, 취임식에 모인 군중의 규모에 대해서 거짓말을 시작했다. 우리는 거기에 대해서 관심도 없었다."[79] 실제로 2020년 4월까지 트럼프 대통령은 1,170일의 재임 중에 거짓말하거나 오해를 일으킬만한 발언을 1만 8,000번 했는데, 이는 하루에 15번 이상 거짓말을 한 것이다.[80]

트럼프의 기본 성격에 더해 그의 행동은 미국 국익에도 해로울 때가 많았다. 이러한 문제들 중 가장 심각한 것은 미국에게 적대적인 국가와 비국가 행위자들에 대한 간청이었다. 2016년 선거운동 당시 트럼프는 러시아정부의 첩보활동과 결탁하고 있어서 미국의 적대적인 정보조직으로 지목된 위키리크스(wikileaks)의 지원을 공개적으로 요청했다. 트럼프는 지속해서 미국의 적들에게 도움을 요청했다. 선거운동 기간에 트럼프의 보좌관이면서 선거운동본부장이었던 메너포트(Paul Manafort)와 미래 안보보좌관이었던

** 역자 주) deep state는 '나라의 심층부' 또는 '나라 안의 나라'라는 의미로, 정부 안에 깊숙이 뿌리 내리고 있으며 실체를 드러내지 않는 세력을 가정한 표현이다. 2021년 1월 6일 트럼프의 재선 패배 이후 트럼프 지지자들이 연방의회에 난입했는데, 이를 주도한 세력은 딥 스테이트를 주장하는 음모론 집단 '큐어넌'이었다.

플린(Michael Flynn)은 러시아정부 인사들과 은밀히 소통했다. 트럼프 선거운동과 관련된 30명의 운동원은 선거본부와 러시아정부 간 접촉에 대해서 거짓말을 했고, 이들 중 6명은 특별검사인 뮬러(Robert Mueller)의 행적조사에 의해서 다중 중범죄로 유죄판결을 받았다. **뮬러 보고서**는 만약 대통령은 기소하지 말라는 법무부의 각서가 없었다면 대통령이 적어도 10건의 공무집행방해 혐의로 기소될 수 있었다고 지적했다.[81] 대선에서 승리한 후 트럼프의 사위인 쿠슈너(Jared Kushner)는 러시아와의 커뮤니케이션 시스템을 안전하게 유지하기 위해서 미국 정보공동체의 신호정보(SIGINT) 수집을 피해 나가려고 시도했다.[82] 트럼프는 미국 정보공동체가 제공한 러시아의 선거개입에 대한 푸틴(Vladimir Putin)의 말을 믿는다고 공개적으로 밝혀 미국의 정보공동체와 국가안보공동체를 지속적으로 훼손했다.[83] 또한, 트럼프는 지속적으로 러시아인들에게 기밀자료를 공개했다. 이러한 트럼프의 행위를 우려한 정보공동체 직원들은 트럼프가 러시아인들에게 공개할까 봐 러시아에 대한 정보활동에 대해서 트럼프에게 말하지 않는 선택을 했다.[84] 2017년 미국 정보공동체는 트럼프가 기밀사항을 푸틴에게 넘길까 우려하여 중요한 러시아 요원을 추방했다.[85] 트럼프는 우크라이나가 자신의 주요 정적인 전 부통령 바이든(Joe Biden)의 아들을 조사하지 않으면, 국방부가 러시아에 대항하는 **우크라이나에 대한 군사원조**를 중단하도록 지시했다. 이는 미국의 외교정책이 트럼프 재선 야심에 종속되게 만들었고, 궁극적으로 2020년 의회가 트럼프에 대한 탄핵을 시도하게 했다. 미국 역사에 대통령이 이러한 트럼프와 같은 패턴으로 행동을 한 전례는 없다.

트럼프는 자신이 군 장성들보다 더 많은 것을 안다고 거듭 주장하면서, 민주주의 국가에서 민군관계에 적절하지 않고 미국 국익에 반하는 방식으로 군사작전에 자주 간섭했다. 그는 군 사법절차에 개입하여, 유죄판결을 받은 몇몇 전범들을 사면했고, 그들에 대한 기소 취소를 거부하는 해군장관을 해임했다.[86] 상하 양원을 공화당이 장악하고 있었음에도 국경장벽을 건설하려는 예산을 지원받지 못하자, 트럼프는 장병 자녀들을 위한 학교 건설과 사회 기반시설 개선을 위해 책정된 40억 달러를 장벽 건설에 빼돌렸다.[87] 트럼프는 국방부 또는 남한과 협의하지 않고, 북한 독재자 김정은의 비위를 맞추기 위해서 한미연합훈련 취소를 지시했다.[88] 자신의 국가안보팀 전체의 충고를 무시하고, 트럼프는 오랜 동맹관계인 쿠르드족을 터키군의 포악한 공격을 받도록 남겨두고 시리아로부터 미군을 철수했다.[89] 코로나 19와 트럼프가 푸틴을 초청한 데 실망하여 독일의 메르켈(Angle Merkel) 총리가 G-7 정상회담에 불참하는 데 대해서 화가 난 트럼프는 독일에 주둔하고 있는 미군의 4분의 1을 철수시켜, 러시아에 대한 나토의 대항 군사력을 약화시켰다.[90]

마지막으로 플로이드(George Floyd)가 미니애폴리스 경찰에 의해 사망한 이후 2020년 봄에 발생한 시민소요 동안에, 트럼프는 백악관 앞의 라파예트 광장에서 평화롭고 헌법적으로 보호받고 있는 시위대를 해산하도록 연방법 집행과 주 방위군 동원을 명령했다.[91] 현역 미군부대가 미국 도시들을 장악하게 하려는 시도와 결합된 위 행동은 예비역 장성들과 군 인사들로부터 광범위한 비판을 받았다. 비판을 한 군 인사들은 4명의 대통령 행정부 동안 국방부장관과 합참의장을 지낸 사람들이 포함되었다.[92] 군 리더십 내에는 불법적인 명령을 받을 경우 거부하겠다는 징후가 있었다.[93] 이 사건의 종결판은 퇴역 해병대장이면서 트럼프 임기 동안 국방장관을 역임한 매티스(James Mattis)였는데, 그는 트럼프의 행동을 규탄하는 신랄한 글을 남겼다.

도널드 트럼프는 미국 국민들을 통합하려고 하지 않는 내 생전 처음 보는 대통령이고, 그렇게 하려는 척도 안 한다. 대신 그는 우리를 분열시키려고 한다. 우리는 이 3년 동안에 걸친 의도적인 노력의 결과를 목격하고 있다. 우리는 성숙한 리더십이 없는 3년의 결과를 목격하고 있다. … 우리는 우리가 라파예트 광장에서 목격한 **집행권을 남용**하는 사람보다 낫다는 것을 알고 있다. 우리는 우리의 헌법을 비웃는 공직자들을 거부하고 책임을 지게 해야 한다.[94]

군대의 구성원이든 민간 직원이든 간에, 모든 연방공무원들은 "국내외의 모든 적으로부터 미국 헌법을 수호하겠다"는 취임 선서를 한다.[95] 이 선서는 대통령 또는 다른 지도자를 향한 것이 아니며, 미국 민주주의의 통치원칙을 확립하는 문서를 인용하는 것이다. 그러나 미국 헌법은 그 자체가 독자적인 그것은 아니다. 미국 헌법의 실질적인 내용의 대부분은 몽테스키외(Charles-Louis Montesquieu), 로크(John Locke), 루소(Jean-Jacques Rousseau)와 같은 계몽주의 철학자들로부터 유래되었다. 따라서 선서는 기본적으로 법률문서이지만, 도덕철학으로부터 분리된 상태로 존재하지 않는다. 정보관들은 대중 및 높은 도덕적 목적에 대한 의무를 가지고 있다. 일부 환경에서, 대중 및 높은 도덕적 목적은 대통령이나 다른 지도자의 법적 명령에 복종되어야 된다. 그러나 다른 상황에서 대통령은 권위를 과시하려 하지만, 명령을 내리는 대통령의 권위가 불명확하거나 헌법하에서 모호하게 정의될 수 있다. 그러한 상황에서 정보관들은 자신의 양심과 직업의 윤리적 요구 이외에는 지침으로 삼을 것이 거의 없다. 그들은 단순히 법률만을 참고할 수는 없다. 그들은 법이 도출된 원칙을 참조해야 한다. 효율적인 정보관이 되기 위해서는 지식과 법에 대한 준수 이상의 것이 필요하다. 윤리에 기반한 활동이 필요하다.

이 장은 학생들에게 윤리적인 결정을 안내하는 몇몇 도덕적 체계를 제시했다. 그 목적은 정보기관이 다른 것들은 거부하고 윤리적 주장만을 수용하면서 정보활동을 도덕체계에 관련시키는 방법을 신중하게 파악하도록 하는 것이다. 그러한 활동은 시스템의 윤리적 요건의 관점에서 이루어지는 자기평가의 형태를 필요로 할 것이다. 이것이 학생들로 하여금 현재 또는 미래의 집행권 남용 가능성이 제기하는 어려운 도전들에 어떻게 대응해야 하는지를 밝히는 데 도움을 줄 것이다.

핵심용어

추가 읽을거리

Allhoff, Fritz. *Terrorism, Ticking Time Bombs, and Torture: A Philosophical An-
alysis*. Chicago, IL: University of Chicago Press, 2012.

Bean, Hamilton. "Rhetorical and Critical/Cultural Intelligence Studies." *Intelli-
gence and National Security* 28, no. 4 (2013): 495–519.

Bellaby, Ross W. *The Ethics of Intelligence: A New Framework*. New York, NY:
Routledge, 2016.

Erskine, Toni. "'As Rays of Light to the Human Soul'? Moral Agents and Intel-
ligence Gathering." *Intelligence and National Security* 19, no. 2 (2004): 359–
381.

Goldman, Jan, ed. *The Ethics of Spying: A Reader for the Intelligence Professional*. Lanham, MD: Scarecrow Press, 2006.

Hayden, Michael. *The Assault on Intelligence: American National Security in an Age of Lies*. New York, NY: Penguin, 2018.

Olson, James M. *Fair Play: The Moral Dilemmas of Spying*. Washington, DC: Potomac Books, 2006.

Omand, David, and Mark Phytian. *Principled Spying: The Ethics of Secret Intelligence*. Washington, DC: Georgetown University Press, 2018.

Velasco, Fernando, and Ruben Arcos. "Facing Intelligence Analysts With Ethical Scenarios." In *The Art of Intelligence: Simulations, Exercises, and Games*, edited by William J. Lahneman and Ruben Arcos. Lanham, MD: Rowman & Littlefield, 2014.

국가와 이익에 대한 위협

14장

이 장은 국가에 대한 몇 가지 전략적 위협을 살펴본다. 우리의 논의는 국가 이익에 대한 모든 위험을 포괄적으로 설명하기 위한 것은 아닌데, 그 이유는 그러한 작업은 책 여러 권에서 다루어야 하기 때문이다. 대신 우리는 민족국가, 비국가 행위자, 자연현상으로부터 나오는 가장 중요한 도전의 다양한 집합에 초점을 맞추는 선택을 했다. 이 맥락에서 어떤 위협을 탐구해야 하는지를 고르는 것은 어렵다. 예를 들어, 기후변화의 위협과 종(種) 멸종 비율의 급격한 증가 사이의 균형을 어떻게 맞추어야 하는가? 수십 년 이내에 지구는 더 높은 기온 더 큰 피해를 주는 폭풍, 사막화, 해수면 상승으로 매년 기하급수의 재정적 손실을 보게 될 것이고, 엄청난 범위의 해안 지역이 위험에 처할 것이며, 다양한 지역분쟁과 그에 수반되는 위협이 악화될 것이다.[1] 종 멸종의 빠른 증가는 기후변화와 비슷하게 파괴적인 영향을 미친다. 전체 생태계가 붕괴될 가능성은 생태계가 붕괴되는 지역에 거주하는 사람들에게 엄청난 변화를 가져올 것이며, 이는 전 세계에 피해를 주는 파급효과를 가져올 것이다.[2] 생물 다양성의 감소는 글로벌 식량체계로부터 의약품 생산까지 모든 것을 위협한다. 기후변화와 종의 멸종 두 문제는 분명히 서로 얽혀 있다. 그러나 우리는 기후변화에 초점을 맞추는 선택을 할 것인데, 그 이유는 기후변화가 종을 멸종시키는 추동요인이기 때문이다. 특히, 만약 지구 온도가 화씨 2도 오르고 그 상태로 유지된다면, 이는 쉽게 분석될 수 있는 특별한 정치적이고 경제적인 영향력을 가진 보다 많은 사람에게 장기적이고 더 큰 규모의 도전이 될 것이다.

우리는 이 장에서 검토할 다른 주제들을 선택할 때도 비슷한 논리를 적용했다. 첫째, 우리는 이러한 위협의 상대적 시간 범위와 영향의 균형을 맞추었다. 이들 모두는 국가의 이익에 유리한 결과를 조성하기 위한 즉각적인 조치가 필요하다. 그러나 일부는 범죄조직과 같이 단기적인 효과가 있는 반면, 기후변화 및 전략적 경쟁과 같은 위험은 중장기적이고 더 심각한 영향을 미친다. 둘째, 우리는 국가 간의 전쟁 및 대량살상무기 사용과 같이 가능성은 작지만 효과는 높은 사건들, 그리고 이와 대비되는 범죄 네트워크의 활동과 같이 효과는 적지만 발생 가능성이 큰 것들을 다룬다. 셋째, 우리는 국내위협과 국제위협의 기원을 구분하기 위한 시도를 했다. 범죄집단들에 의하여 제기되는 문제의 초국가적 함의와 같은 국내외적 원인과 결과의 사이를 구분하는 것은 불가능하다. 그러나 이 책은 각국의 국토안보와 관련된 이슈들에 주요 초점을 맞추지 않는 대신 중대한 글로벌 위협에 초점을 맞춘다.[3] 마지막으로 우리는 전략적 위협을 강조하는데, 이는 세계 **힘의 균형**, 국가 간의 군사력과 경제력의 상대적 비율을 변화시킬 수 있는 잠재력을 가진 위협을 의미한다.

전략적 경쟁자들

1991년 바르샤바조약이 해체되고 이어서 소련이 붕괴되면서 미국은 냉전에서 벗어나 국제체제의 유일한 초강대국이 되었다. 소련이 붕괴되기 전에 미국이 다른 국가가 할 수 없는 방식으로 국제적 결과를 형성할 수 있는 **패**

권국이 되리라 생각한 사람은 아무도 없었다.[4] 그러나 1990년대 초반에 이는 명백한 현실이 되었다. 냉전 종식 이후 10년 동안 미국은 아무런 견제를 받지 않는 힘을 보유했다. 걸프전에서 일방적 공격으로 이라크군을 패배시켰으며, 이와 유사하게 1998~1999년 코소보전쟁에서 공군력만 사용하여 세르비아를 패배시켰다. 1990년대 10년 동안 미국은 급속한 경제성장과 기술혁신을 경험했으며, 이 두 가지 모두 미국과 다른 나라들 사이에 엄청난 힘의 격차를 증가시켰다. 그러나 글로벌 세력관계는 오랫동안 정지된 상태로 유지되는 경우는 드물며, 자유주의적 자본주의 민주주의가 소련의 공산주의에 승리한 이후 미국이 지배한 '단극시대'는 사라질 징후를 보이고 있다.[5]

국제체제 내 다른 국가들과 미국의 최근 역량을 비교해 볼 때 미국의 힘은 쇠퇴하고 있다. 미국은 매년 거의 7,000억 달러를 국방비로 지출하고 있다. 그러나 미국은 더 이상 자주포에서 극초음속 항공기와 미사일 기술까지 다양한 등급의 진보된 무기체계를 보유하고 있지 않다.[6] 미국은 이라크와 아프가니스탄전쟁에서 거의 1만 5,000명이 사망하고 4조 4,000억 달러 이상이 투입되었음에도 전략적 이익을 획득하지 못했을 뿐만 아니라, 이 인명과 재화의 지출로 인해 이란과 중국이 중동과 서남아시아에 영향을 미칠 수 있는 더 강력한 위치에 놓이게 되었다.[7] 가장 부유한 10퍼센트를 제외한 모든 미국인들의 소득은 40년 동안 증가하지 않았으며, 이에 따라 저조한 교육 성과로부터 기대 수명의 감소까지 다양한 부작용을 초래하는 경제적 불평등이 조성되고 있다.[8] 미국의 인프라는 급격하게 악화되어, 미국 교량 중 3분의 1이 교체가 필요하고, 공항이 부족하며, 철도 네트워크가 노후화되어 있다.[9] 미국의 교육기관과 의료시스템은 1990년 6위에서 26위로 추락하여 가용 인적자원의 질을 급격히 떨어트리고 혁신이 지연되고 있다.[10] 미국인들의 43퍼센트가 비만이기 때문에 연간치료와 근로자 생산성 상실 비용이 1,550억 달러에 달한다.[11] 의료비용 증가에 따른 기술혁신과 자본투자의 축소 이외에도, 미국의 열악한 교육 수준 및 높은 비만율은 국가안보에 추가적이고 직접적인 영향을 미친다. 17세부터 24세까지 미국인들 중에 29퍼센트만이 군 복무 자격을 갖추고 있는 반면, 다른 사람들은 비만 및/또는 교육 부족으로 인해 실격이다.[12] 정치와 기업의 부패도 훨씬 심각해져서, 부패인식지수가 세계에서 1995년 15위에서 2019년 23위로 되어 에스토니아, 우루과이, 아랍에미리트와 같은 국가들에 뒤지게 되었다.[13] 마지막으로 지난 20년 동안 미국의 공공부채는 급격히 증가하여 27조 달러에 달하게 되었고, 2000년에 국내총생산(GDP)의 58퍼센트였던 것이 2020년에 132퍼센트 이상이 되었다.[14]

확실히 할 필요가 있다. 미국은 약하지 않다. 미국의 GDP는 21조 4천억 달러로 가장 강력한 경쟁국인 중국의 14조 3천억 달러에 비해 많고, 지금까지 세계 최고 수준이다.[15] 군사비를 세계 어느 나라보다도 많이 지출하고 있으며, 기술적으로 첨단화된 공군력을 보유하고 있으며, 일부 분야에서는 여전히 우위를 점하는 무기들을 보유하고 있다. 발생하고 있는 많은 문제점은 미국민들이 자초한 정책선택의 결과다. 미국 유권자들은 사회보장제도의 축소를 반대하면서 동시에 세금감면을 되풀이해서 지지하고 있다. 이러한 선택은 정부기반시설, 연구 및 교육에 대해 정부가 지원할 수 있는 재원을 대폭 줄이는 부작용을 초래한다. 부시와 트럼프 행정부 시기에 미국의 국제제도에 대한 반감은 국내정책 선택 효과의 부작용을 확대했다. 이에 따라 미국은 역사적 동맹국들의 지지를 이끌어내지 못하여 홀로 가야 할 상황이 전개되었다.[16] 이유 불문하고, 상대적인 측면에서 볼 때 일부 전략적 경쟁국들에 비해 미국의 우위가 상당히 축소되었다. 몇 년 내에 미국의 패권이 종식되고 **다극적 국제체제**로 대체되어, 다수의 강대국들이 비슷한 힘을 가지고 경쟁하는 글로벌 권력의 구조가 생성될 것이다.[17]

이러한 맥락에서 다양한 형태의 국제경쟁, 특히 패권경쟁, 지역경쟁, 대립 없는 경쟁을 구분하는 것이 중요하다. **패권경쟁**은 국제체제에서 우위를 차지하기 위한 두 개 이상 국가 간의 군사적 경쟁의 형태다. 그러한 패권경쟁은 재앙적인 갈등을 초래한다. 필로폰네소스전쟁, 나폴레옹전쟁, 그리고 양차 세계대전이 패권경쟁으로 비롯된 전쟁들이다.[18] **지역경쟁**은 국가 간 갈등이 군사화하는 대립의 형태다. 그러나 패권경쟁과 달리 최소한 한 편의 참여국이 세계 주도권을 노릴만한 역량을 보유하고 있지 않다. 마지막으로 동맹국이나 상대적으로 서로에게 우호적이며 군사분쟁을 벌이지 않는 국가 사이에 **비대립적 경쟁**이 발생한다. 이러한 형태의 국가 간 상호작용은, 비록 경제경쟁에 의해 추동된 기술적 진보에서 비롯되는 군사적 차원의 경쟁이 될 수도 있지만, 대체로 경제경쟁의 형태로 유지된다.

현재의 국제체제에서 단 하나의 국가만이 미국의 패권 경쟁국이다. 인류 역사상 유례가 없는 중국의 지난 40년 동안의 경제 성장률은 **군사 현대화** 프로그램의 빠른 실현을 가능하게 했다. 2000년부터 2016년까지 중국의 군사 예산은 연평균 10퍼센트 증가했고, 2017년 이후 5~7퍼센트로 둔화했다. 총 1,700억 달러의 명목상 군사비 지출은 실질적으로는 아마도 2,000억 달러가 넘을 것이다.[19] 중국은 야심 찬 현대화 프로그램을 추진하면서, 2035년까지 인민해방군 육해공군 모두의 포괄적인 구조조정과 재정비를 완료하고, 2049년까지 '세계 최고' 군대를 만들 계획을 수립하고 있다.[20] 군 지휘부의 자질은 어떤지 몰라도, 10년간 대규모 축소된 인민해방군은 역사상 어느 때보다 더 많은 현대식 무기를 갖추고 있으며, 훈련이 잘되어 있다.[21] 인민해방군 공군은 두 가지 모델의 '스텔스'기를 보유하고 있는데, 이 비행체는 레이더 신호에 대해 얼마나 숨길 수 있는지는 의문으로 남아 있다. 중국은 새로운 잠수함과 2척의 항공모함 건조를 포함한 역사상 가장 큰 해군 건조 프로그램을 실행했으며, 현재 세계 최대의 해군을 보유하고 있다.[22] 현재 중화인민공화국은 대우주 위성요격 미사일에서부터 전자기 레일건(electromagnetic rail guns)과 지향성 에너지 빔 무기(directed energy beam weapons)에 이르기까지 다양한 첨단 무기체계를 개발하고 있다.[23]

마지막으로 중국은 10~20년 이내에 현대 정보전을 벌이고, 지역 밖으로 전력을 투사하며, 세계분쟁을 이겨낼 계획을 세우고 있다.[24]

중국은 역사적으로 역내 안보에 대해 맞추었던 초점에서 벗어나 국제정치에서 종종 공격적인 태도로 자신감을 표출하고 있다. 중국은 아시아, 아프리카, 동유럽국가들과 연계하여 **일대일로**라는 사상 최대의 인프라 건설 프로그램을 수립 및 추진하면서, 이를 바탕으로 군사기지권을 확보하고 있다. 일대일로의 혜택을 받는 국가들은 사실상 중국의 피후견국이 되었다. 중국은 국제법을 위반하여 스프래틀리와 파라셀 군도에 공군과 해군 자산을 배치하여 방어 경계 내에서 지역 거부 능력을 제고하고, 잠재적으로 그 너머로 군사력을 투사하고 있다. 중국은 조약에 의해 홍콩에 보장되었던 대부분의 자유를 폐기했다. 중국은 목표국가에 중국의 이미지와 정책 입장을 형성하기 위한 수단으로 대만, 호주, 필리핀, 뉴질랜드, 독일, 미국 등 여러 민주주의 국가의 정부와 비정부기구에 침투하려고 시도하고 있다.[25] 중국은 미국과 유럽의 기업으로부터 수천억 달러어치의 지적재산을 훔치기 위해 포괄적 사이버 전략을 실행하여, 민간과 국방산업 모두에서 기술적 혁신을 이루는 데 필요한 시간과 개발비용을 절약할 수 있게 했다.[26]

부정적 관계의 경쟁자는 자기중심적으로 고정화되어 이해관계의 합리적 계산에서 벗어난 자체적이고 독립적인 논리를 가지고 있으며, 권위주의 국가인 경우 체제 선전을 활용하여 정통성 지지를 받기 때문에 국내정치는 악화된다.[27] 일부 분석가들은 미중경쟁의 결과 패권전쟁은 이미 일어나고 있다는 평가를 하고 있다.[28] 다른 학자들은 대만을 거래에서 제외하는 대신 이 지역에 미국이 주둔하는 것을 중국이 수용하는 '대타협'을 이루어 패권 대립을 피할 가능성이 있다고 주장한다.[29] 그러나 다른 사람들은 미국과 중국 사이의 경쟁은 이전의 패권경쟁과는 다르기 때문에 그러한 대결은 발생하지 않을 것이라고 주장한다. 그들은 중국이 미국의 이전 경쟁국보다 기술적으로 많이 뒤처져 있다고 그 이유를 제시하고 있다.[30] 시진핑이 자신의 권력을 공고화하려는 조치들을 취하고 있지만, 중국의 지도자들은 미국에 도전할 수 있는 중국의 능력에 대한 신뢰에 대해서는 통일된 시각을 보이지 않고 있다. 그러나 지난 20년 동안 중국의 힘은 현저하게 증강되었고 미국과 동등한 수준으로 접근하고 있다는 사실에는 의심의 여지가 없다.

미국이 관련되는 지역경쟁은 중국의 패권경쟁보다 흔한 형태이지만 훨씬 덜 위험하다. 탈냉전 질서를 러시아가 수용하도록 화해를 이루는 데 실패한 이후, 러시아가 유라시아에서 지역 권력과 영향을 다시 추구함에 따라 미국은 러시아와 지역경쟁에 휘말리게 되었다.[31] 1999년에 러시아 대통령이 된 푸틴(Vladimir Putin)의 주요 목표는 '(러시아) 국가의 권력을 재확립하기 위하여' 소련의 명성을 되찾는 것이었다.[32] 푸틴은 마르크스-레닌주의 이데올로기를 다시 강요하는 것이 아니라, 국내권력의 모든 경쟁자들을 포용 또는 제거하는 방식, 그리고 과거 소련이 지배하던 14개국의 영토를 탈환하거나 적어도 피후견국 지위를 가지도록 축소하는 방식을 통해 이를 달성하기 위해 노력했다. 2014년 소련이 우크라이나로부터 크림반도를 빼앗은 것이 그 사례다.[33] 푸틴이 통치한 첫 10년 동안 러시아 연방은 매우 약한 국가였으며, 급격히 줄어든 평균수명, 알코올 중독, 인플레이션, 부패, 군대와 공공기관의 예산 부족 등으로 시달렸다.[34] 최근 들어 푸틴은 이 이슈들에 대해 많은 개선을 성공적으로 추진했다. 그는 정적들을 모두 제거하고 자신의 권력을 강력하게 공고화했으며, 이전의 친서방 대중을 미국 및 동맹국들로부터 거리를 두게 했다.[35] 서방의 제재 레짐과 만연된 부패에도 불구하고 러시아 경제는 개선되고 있다. 최근 러시아 신무기의 능력에 대한 지나친 과장을 지적받고 모든 노력의 전체적인 효율성에 대해서 의심을 받고 있지만, 푸틴은 야심 찬 **군 현대화** 프로그램을 착수하고 있다.

푸틴의 국내권력 공고화와 최근 몇 년에 걸친 러시아의 인구학적 난제의 해결 능력에도 불구하고, 에스토니아, 그루지야, 우크라이나에 대한 러시아의 공격 행위는 이웃국가들을 서방에게서 멀어지게 하는 것이 아니라 오히

려 그쪽을 향하게 하는 등 그들을 러시아로부터 더욱 멀어지게 만들었다.[36)]
러시아의 2016년 미국 선거 간섭과 트럼프에 대한 공개적인 지지가 미국
국내정치를 교란했지만, 러시아에 돌아온 구체적인 이익은 거의 없었다. 트
럼프가 나토에 대해서 적대감을 보이고 변덕스러운 무역과 안보정책의 전
환에도 불구하고, 그리고 브렉시트 투표 동안에 영국에 대해 보이는 트럼프
의 비판과 프랑스와 독일의 최근 선거에 대한 트럼프의 반감에도 불구하고
동맹에 대한 그 국가들의 충성은 변함이 없다. 역사적으로 러시아는 서방국
가들에 비교해서 취약한 자국의 근본적인 경제적, 군사적 약점을 보완하기
위해 **정보활동**과 선전을 사용해 왔다. 이번에도 다르지 않다. 러시아는 서
방에 현존하는 사회적 분열을 이용할 수 있다. 그러나 러시아는 목표로 하
는 국가들을 통제하지 못하고 있으며, 푸틴의 행동으로 인해 러시아에 대한
적대감이 고조될 수 있다.

　이전의 소련과 달리 러시아는 패권적 도전세력이 되기에는 물질적 자원
과 국제적 정당성이 부족하다. 그러나 러시아는 **훼방꾼**의 역할은 할 수 있
다. 예를 들어, 러시아는 유럽의 다양한 극우정당들에 은밀하게 재정지원을
하는 동시에 목표국가들과 더 나은 외교관계를 공개적으로 구애해 왔다. 이
노력은 오스트리아, 헝가리, 이탈리아에서 유리한 결과를 낳아 이 국가들을
민주주의 관행의 주류에서 몰아내고, EU의 거버넌스를 방해했다. 오랜 러
시아-폴란드의 적대감에도 불구하고 폴란드에서 계속되는 우경화는 비슷
한 결과를 가져올 수도 있다. 자신의 정책에 대한 사법적 반대 억압, 외국인
혐오, 반유대주의, 동성애 혐오, 독일에 대한 적대감 등으로 두다(Andrzej
Duda) 대통령은 EU와 마찰을 빚어 왔다. 폴란드의 러시아 궤도 복귀는 유
럽의 권력 역학관계에 큰 변화를 가져올 것이다.

　이와 유사하게 이란은 역외로 힘을 분출할 수 있는 지역 강국이 아니라
훼방꾼으로서 미국에 위협이 되었다. 이란의 경제는 수십 년간의 제재와
잘못된 관리로 인해 어려움을 겪고 있다. 그럼에도 불구하고 이란은 제한

된 인적자본과 산업생산 능력을 절약하고 억제하여 강력한 핵무기와 미사일 프로그램을 구축했다.[37] 또한, 이란은 지역에서 미국의 행동으로부터 간접적인 혜택을 받았다. 이란의 최대 적인 후세인(Sadam Hussein)의 수니파 바트주의 정권(Sunni Baathist regime)이 미국의 이라크전쟁 결과 붕괴되고, 이슬람 공화국에 우호적인 시아파(Shiite) 정당들이 지배하는 정부로 대체되었다. 좀 더 최근에는 이라크 북부에 있는 이슬람국가(IS)를 파괴하려는 미국의 캠페인이 이란국경에 존재하는 잠재적인 위협을 제거했고, 반면 이 지역에서의 미국의 불개입정책은 이란으로 하여금 바레인 및 UAE와의 관계를 정상화할 기회를 제공했다. 수십 년 동안 **헤즈볼라**에게 자금을 지원하고 공급해 온 이란은 아직도 남아 있는 몇 안 되는 테러지원국 중 하나다. 이란은 레바논, 팔레스타인 자치정부, 시리아, 아프가니스탄, 예멘에서 테러활동을 지원하는 이슬람 혁명수비대 쿠즈군(Quds Force)을 통해 자문위원과 정보요원들로 구성된 네트워크도 운영하고 있다.

부시가 이란을 '악의 축'으로 꼽은 것부터 2015년 트럼프가 이유 없이 이란과의 핵 협정에서 탈퇴한 것까지 미국은 이란을 심각한 위협으로 규정하는 경우가 자주 있었다. 사실 이란의 힘은 자체적 선전기관과 미국이 묘사하는 것과는 거리가 있었다. 이란은 내부적으로 **심각한 분열**을 경험하고 있다. 지난 10년 동안 이란 내부의 보수적 종교 엘리트들이 지방에 이해관계가 있는 사람들의 지원을 받아 젊고 학력이 높은 도시 시위대원들과 충돌하는 등 이란은 심각한 국내정치의 불안정을 되풀이해서 경험하고 있다.[38] 이란은 이웃하고 있으며 실패한 위험 국가인 아프가니스탄과 한쪽 국경을 마주하고 있고, 역사적으로 적대국들인 터키, 사우디아라비아, 러시아를 가깝게 두고 있다. 이란은 주요 동맹국인 시리아가 내전으로 분리되는 광경을 목도했다. 2019년 이란이 사우디의 유전을 드론으로 공격하고, 바그다드 주재 미국대사관을 위협한 폭도들을 지원한 데 대한 보복으로 2020년 1월 미국은 쿠즈군(Quds Force)의 지도자인 솔레이마니(Qassim Soleimani)

를 암살했다. 이란은 예멘에서 치르는 사우디와의 대리전과 이스라엘에 적대적인 헤즈볼라에 대한 지원처럼 미국에 우호적인 국가들을 위협할 수 있다. 그러나 이란은 근본적으로 미국의 이익을 위협할 수는 없다. 이란 핵 프로그램에 대한 모든 우려에도 불구하고, 이란이 핵을 보유한다면, **이스라엘의 핵무기에 의해 억지**될 것이다. 더욱이 이란이 사우디나 다른 적국들을 공격하면 미국의 반격으로 자국이 파괴될 것이기 때문에 함부로 핵 공격을 하지 못할 것이다. 이란의 테러지원, 중단 중인 핵 프로그램, 사이버전쟁 능력, 중국과의 협력은 이 지역에서 미국이익에 대한 위험요인들이다.[39] 그러나 이란인들은 종종 자신들의 책임으로 비난당하는 실존적 위협을 모두 대표하지는 않는다.

흔히 은둔의 왕국으로 불리는 조선민주주의인민공화국(DPRK)은 세계에서 가장 잔인한 독재정권 중 하나다. 북한의 정통이념인 **주체사상**은 전체주의적이며, 마오주의를 연상케 하지만 사실상 파시즘의 한 형태다.[40] 김일성이 국가를 건립하고 1950년 한국전쟁을 일으킨 이후 다세대에 걸쳐 개인숭배로 북한을 지배해 왔다. 한국과 서방세계의 제안에도 불구하고 현재의 지도자 김정은은 자신의 아버지와 할아버지만큼 잔혹한 모습을 보이고 있다. 집권 이후 자신의 고모부를 살해했고, 2017년 말레이시아에서 이복형 암살을 지시하여 통치를 공고히 하기 위한 행동을 했다.[41] 수십 년 동안 김씨 일가는 노동당 당원들을 향한 후원을 실천해 왔으며, 통제력을 강화하고 자신들과 추종자들을 풍요롭게 하려고 나라를 약탈했다. 사이비 마르크스주의 국가 계획과 1990년대 소련으로부터 지원이 줄어든 두 가지 이유 때문에 발생한 **경제붕괴**로 다수의 기근을 야기하여 수백만 명의 목숨을 앗아갔다. 기근이 계속되는 한 서방의 식량지원을 필요로 하게 될 것이다.

일부 분석가들은 북한이 GDP의 3분의 1을 군사비에 지출한다고 주장한다.[42] 사실이라면, 이는 세계에서 가장 높은 비율의 군사비 지출이 된다. 북한군은 110만 명으로 미군보다 약간 규모가 큰 세계 4위의 군대다. 북한군은 서울 반경 내에 도달할 수 있는 수천 개의 대포와 로켓 발사대를 보유하고 있으며, 전쟁이 발생하면 천만 명 인구의 남한 수도를 향해 발사될 것이다. 그러나 규모가 크고 다양하게 구성되었음에도, 군 자체가 노후화되고, 장비가 제대로 정비되지 않고, 지도력이 취약하며, 병력이 제대로 훈련이 되지 않아 북한군은 쇠퇴하고 있다.[43) 북한은 무너져 가는 재래식 전력의 능력을 최소한 부분적으로 보충하기 위해 특수작전부대에 많은 투자를 하고, 남한의 민간인들을 납치하거나 살해하는 데 그 부대를 활용하고 있다. 마찬가지로 북한은 광범위한 **사이버 능력**을 개발하고 있다. 지금까지 가장 큰 사이버 공격은 2014년 북한의 독재자를 희화화한 영화 〈인터뷰〉를 만든 소니사를 공격한 것이다. 북한은 매년 약 10억 달러를 훔치는 등 미국과 다른 정부 웹사이트에 대한 사이버 공격을 정기적으로 실행하고 있다.[44)

북한은 많은 양의 화학무기를 비축하고 있으며, 생물무기 능력도 보유하고 있는 것으로 알려져 있다.[45) 2006년 북한은 국제합의를 무시하고 핵무기 개발 시험을 성공적으로 실시했다. 최근 들어 북한은 수소폭탄 제조 능력도 보유한 것으로 보인다.[46) 10년 이상 북한은 미국 서해안에 도달할 수 있는 대륙간탄도미사일(ICBM)을 제작하려고 노력해 왔다. 북한의 화성 시리즈 미사일은 지금까지 대부분의 작전시험에서 실패했다. 그럼에도 불구하고 북한은 미국을 타격할 수 있는 **핵무기 전달 시스템**을 확보하기로 결정한 것으로 보인다. 보다 최근에 북한은 미국의 목표물을 향해 그러한 무기를 발사할 수 있는 잠수함 플랫폼을 개발하려고 시도하고 있다.[47)

북한은 자국의 이웃국가들이며 미국의 동맹국들인 한국과 일본을 지속적으로 위협하고 있다. '불량국가'의 정의 그대로 북한은 사이버 공격으로부터 무기 프로그램에 이르기까지 매우 다양한 공격활동에 참여하고 있다. 20년이 넘는 동안 역사상 가장 강력한 제재체제와 외교적 제안을 포함한 매우 다양한 강압정책들이 구사되었지만, 이들은 북한을 굴복시키지 못했다. 북한지도자를 직접 만나 북한정권에 정통성을 부여하는 것을 피해 온 다른 대통령들과 대조적으로 트럼프는 싱가포르, 하노이, 그리고 남북을 분리하는 비무장지대에서 김정은과 여러 차례 정상회담을 했다. 독재자를 '친구'로 지칭하고 김정은의 잔인성을 '조국을 위한 위대하고 아름다운 비전'으로 규정하는 등 트럼프의 **포용과 아첨 정책**은 미국에게 아무런 이득도 주지 못했고, 사실상 북한은 2019년 핵무기 생산과 미사일 실험을 재개했다.[48] 북한의 핵무기를 포기하게 하는 데 있어서 트럼프는 4명의 전임 대통령들보다 유능하지 않다는 점이 증명되었다.

마지막으로 일부 지역의 경쟁은 미국과 직접 관련이 없지만, 그럼에도 불구하고 매우 위험하다. 예를 들어, **파키스탄-인도**는 양국이 핵보유국이기 때문에 잠재적으로 글로벌한 함의를 가진 지역경쟁 관계에 있다. 파키스탄은 중국의 피후견국이고, 중국과 인도는 그들만의 지역경쟁을 벌이고 있다. 미국은 이러한 분쟁들의 당사국은 아니지만, 제한된 핵교환까지 포함하는 갈등의 격화는 분명히 이 지역을 넘어서 엄청난 영향을 미칠 것이다. 이와 유사하게 섬 국가인 키프로스를 둘러싼 나토동맹국들인 그리스와 터키의 오랜 경쟁은 한 번의 전쟁과 수많은 무력분쟁을 낳았다. 지역분쟁이 쉽게 확산될 수 있기 때문에 반복적으로 발생하는 사건들이 미국을 무심코 끌어들일 수가 있다. 구 유고슬라비아 국경을 둘러싼 보스니아, 코소보, 세르비아의 경쟁과 나일강의 흐름을 둘러싼 이집트, 수단, 에티오피아의 경쟁도 마찬가지로 지역안정에 걸림돌이 될 수 있다. 아프리카, 중남미, 동남아시아의 다른 지역경쟁도 예측하기 어려운 방식으로 글로벌 안정과 이익을 해칠 수 있다.

비대립적 경쟁은 미국과 다른 국가들 사이의 가장 흔한 경쟁 형태다. 최근 몇 년 동안 미국은 국제사회에서 일방적인 조치를 선호하고 있지만, 대부분의 국가들은 미국과 우호적인 관계를 유지하고 있다.

비대립적 경쟁은 일반적으로 경제적이며, 자본주의 세계시장에서의 기업 간과 부문 간 경쟁은 국가 사이의 GDP 성장의 차이를 야기한다. 이러한 차이는 승자와 패자를 구분하게 하며, 고용 패턴의 변화는 미국과 유럽동맹국 같은 고도로 발단된 국가에서 탈산업화를 초래한다. 이러한 변화는 정치적 결과를 가져올 수 있는데, **포퓰리즘의 상승**은 부분적으로 그러한 변화 때문이다. 포퓰리즘 지도자는 고립주의 성향이 있는 보호주의자들이며, 국제적 외교 노력을 저해하거나 무시한다. 그러한 포퓰리즘에 의한 불개입의 사례는 트럼프가 모든 미국 동맹국들이 강력하게 지지하는 협정들인 이란의 핵 체계와 파리협정을 포기한 것이다.[49]

비대립적 경쟁으로 일부 국가의 군사장비 생산 능력이 국내 방산업체의 감소 및/또는 파산으로 인하여 감소되고, 이에 따라 무기제조에 대한 기존의 능력이 급격히 저하된다. 예를 들어, 2019년 초 보잉(Boeing)이 브라질의 항공우주기업인 엠브라에(Embraer)의 지분 80퍼센트를 인수할 계획이라고 발표한 것은 1960년대 중반 브라질의 군사혁명정부가 엠브라에를 창설한 이유인 공군기 제작 능력을 잃게 하는 것이었다. 그럼에도 불구하고 이러한 경쟁의 이면에는 무기체계의 발전, 그리고 세계화의 불가피한 부산물인 공동개발 군사기술 의존도 확대가 있다. 그러나 그러한 **군비 생산의 상호성**은 아마도 국제분쟁의 가능성을 감소시킬 가능성이 크다.[50] 하지만 비대립적 경쟁은 산업 스파이 활동 및 제3세계로의 군사기술 확산 측면에서 잠재적인 문제를 야기한다. 중국과 러시아는 미국이 일부 동맹국들을 느슨하게 보호하기 때문에 그 동맹국들이 제작하고 판매하는 무기의 도움을 분명히 받고 있다. 예를 들어, 최근 터키가 러시아의 방공시스템을 구입하여 F-35 전투기와 통합을 하려는 시도는 러시아가 미국이 개발한 전투기를 어떻게 격파할 것인지에 대한 통찰력을 획득하게 하는 결과를 초래할 수 있다.[51]

이 장에서 우리가 검토하는 남은 위협들을 관통하는 하나의 끈은 국가 간 경쟁의 구성이 미국과 동맹국들로 하여금 서로 대응하는 방법을 어떻게 형성해 나가는가에 대한 것이다. 예를 들어, 기후변화에 대한 강력한 다자간 협력은 미국에 의해 수행된 노력을 크게 확대하여, 이러한 위협으로 인한 위험을 극적으로 감소시킬 것이다. 그러나 녹색기술 개발과 탄소배출통제 체제 모니터링이 미국과 중국 기술기업(tech firm) 간 경쟁의 형태로 지속 된다면 탄소감축 계획의 이행과 실효성은 크게 위축될 것으로 보인다. 이와 유사하게 코로나19 팬데믹 초기 단계에서의 중국의 행동은 중국이 일부 나 토 회원국들로 하여금 화웨이의 5G 인프라를 채택하도록 한 것과 같은 시 점이라서 미국과 서방 민주주의 국가들의 불신을 심화시켰다. 홍콩에서의 잇따른 중국인들의 행동은 이러한 문제들을 증폭시켰을 뿐이다. 따라서 미 국과 중국 간의 국가 간 경쟁 양상은 기후변화와 코로나19 팬데믹 모두에 대한 국제적 대응으로 파급되었다.

팬데믹

20년 이상 미국 정보공동체는 전염성 질병의 대규모 발생 위험을 경고하는 정보보고서를 정부 최고위층을 대상으로 작성해 왔다.[52] 이러한 예측은 다 른 위협들에 비해서 팬데믹에 집중되는 강조가 상대적으로 다양하다는 점 을 보여주었지만, 대량 감염병으로 인한 위험에 대한 **전략적 경고**는 코로나 19 대유행보다 훨씬 이전에 이루어졌다는 점을 보여준다. 더욱이 팬데믹을 감지하고 대응하기 어렵게 만드는 요인들이 확인되었는데, 특히 코로나19 의 발생은 이러한 점을 더욱 어렵게 만들었다. 기후변화와 열악한 의료 인 프라 상태는 발생 가능성을 증폭시키고, 다자간 및 국내적 대응을 약화시키 며, 사망자 수를 증가시키는 문제들로 인식되었다.[53]

　미국 정보공동체는 새로운 동향에 대한 정확한 분석을 제공했지만, **발생 지점 예측** 능력을 향상시키는 데 있어서는 큰 어려움을 겪고 있다. 이는 복 잡한 문제다. 경고는 처음에 질병의 영향을 받은 지역에서 나오는 정보의 질 에 크게 의존한다. 코로나19의 발생을 은폐하고 발생 범위에 대한 데이터를 위조하려는 중국정부의 시도로 입증되었다시피, 미국은 대응을 지시하기 위한 정확한 정보를 제공하도록 타 국가들에 항상 의존할 수는 없다. 더욱이 책임 있는 국제기구는 종종 상충하는 의제들을 가지고 있으며, 국가주권과 조직의 권리 모두를 존중해야 한다는 요구와 국제기구에 위임된 사항의 균형을 추구한다. 세계보건기구(WHO)는 명백한 허위 보고와 코로나19의 발생지인 우한에 대한 접근 제한을 기꺼이 수용하려 했다. 미국 정보공동체는 정확한 질병 예측을 제공하는 데 있어 추가적인 장벽에 직면해 있다. 의료정보는 **질병통제예방센터**(CDC: Centers for Disease Control and Prevention) 역학자들의 업무이기 때문에 전통적으로 대부분 정보기관의 분석관들이 직접적으로 다루는 분야가 아니다. 효과적인 건강감시와 경고는 광범위한 의료훈련을 필요로 하는데, 이는 대부분의 정보분석가들이 역학뿐아니라 기초 통계에 대한 배경 지식이 부족하기 때문에 어려운 과제다.

그러나 미국 정보공동체가 정책입안자들에게 제공한 많은 다른 사전 경고 사례들과 달리, 미국과 동맹국들은 1990년대부터 나타나기 시작한 팬데믹의 위험에 대한 경고에 대응했다. 이러한 노력은 9·11 이후 가속화되었고, 부시 행정부 하에서 공공 보건 역량과 재난 대응이 상당 수준 강화되었으며, 많은 EU 회원국들과 일본의 노력에 필적하는 투자가 이루어졌다. 또한 이 기간의 기술발전은 정체적이지도 않았다. **이중 사용 바이오 의학기술**(dual-use biomedical technology)의 출현은 질병에 의한 위협의 성격을 확대하고 테러범들의 생화학무기 사용 가능성을 높였다.[54] 2009년 이후 오바마 행정부는 다자간 협력을 확대하였는데, 이는 아이티, 동아시아, 아프리카에서의 심각한 질병의 발생과 2015~2016년 미국과 중남미에서 모기가 옮기는 지카(Zika) 바이러스에 의해서 더욱 강화되었다. 2014년 서아프리카에서 발생한 에볼라 사태에 대응하기 위해 오바마 행정부는 69쪽 분량의 **팬데믹 대응 플레이북**을 작성해 팬데믹을 감시하고 대응하기 위한 NSC의 한 부서를 설치했다.[55]

연방, 주, 지방 수준에서 이러한 현저한 예측 및 대응 능력의 향상에도 불구하고, 이 능력은 헛되게 낭비되었다. 주 및 지방 수준에서 공중보건역량은 2008년 대공황 이후 대규모 예산 삭감으로 급격히 떨어졌는데, 2010년 경제성장이 재개된 이후에도 회복되지 않았다. 연방의 질병대응 능력의 일부는 2010년대 예산자동삭감(budget sequestration) 투쟁 중에 악화되었다.[56] 요컨대 지난 10년 동안 미국정부의 모든 수준의 **공중보건**은 만성적으로 자금 부족을 겪어 왔다. 미국이 시민들에게 효율적인 의료 서비스를 제공하는 데 있어 지속적으로 발생하는 문제들도 구조적 취약점을 야기했다.

미국은 자금지원 이슈 이외에도 질병의 예측 및 대응과 관련된 몇 가지 특정 분야에서 실패했다. 오바마와 부시 행정부의 개혁에도 불구하고, 미국은 아직 특화된 **대응팀** 능력이 부족하다.[57] 반면 한국은 사스(SARS), 신종플루(H1N1), 메르스(MERS)의 발생 이후, 단일 정부기관이 결정을 내리고 즉각 대응팀을 만드는 등 매우 효과적인 질병 대응체계를 개발했는데, 즉각 대응팀은 역학자들, 컴퓨터 기술자들, 그리고 바이러스 추적을 실행하기 위해 배치된 실험실 직원들로 구성되었다.[58] 또한, 미국은 학계와 민간 부문의 전문지식을 효과적으로 통합하는 데 실패했다. 존스 홉킨스 대학의 블룸버그 공중보건대학원은 급하게 코로나바이러스 통계의 표준이 되었다. 워싱턴대 보건 매트릭스 및 평가연구소는 가장 권위 있는 예측 모델을 개발해 코로나19의 진행상황을 추적했다. 감염병 위협의 성격이 진화하는 만큼 정보공동체는 학계, 민간, 싱크탱크 커뮤니티를 더 적극적으로 참여시켜 예측과 대응의 질을 높여야 한다.[59]

코로나19에 대한 **미국의 대응 실적**은 대부분의 산업화된 세계보다 훨씬 나쁘다 (표 14.1 참조). 전 세계 인구의 4.25퍼센트에 불과한 인구를 보유한 미국의 2020년 8월 현재 확진자 수는 세계 확진자 수 1,900만 명 중에서 500만 명으로 약 25퍼센트를 차지했다. 그러나 이 수치는, 아직 미국이 충분한 인구 검사를 하지 않고 있어서 실제 감염자 수보다 적은 수치일 것이

표 14.1 코로나19로 인한 선진산업국의 사망자[60]

국가	총 사망자	10만 명당 사망자	확진 대 사망 비율
남아프리카 공화국*	9,909	17.15	1.8%
노르웨이	256	4.82	2.7%
뉴질랜드	22	.45	1.4%
덴마크	617	10.64	4.2%
독일	9,195	11.09	4.3%
라트비아	32	1.66	2.5%
러시아*	14,768	10.17	1.7%
리투아니아	81	2.9	3.7%
멕시코*	51,311	40.66	10.9%
미국	161,347	49.32	3.3%
벨기에	9,866	86.38	13.6%
브라질	99,572	47.54	3.4%
스웨덴	5,763	56.59	7.0%
스위스	1,986	23.32	5.5%
스페인	28,503	61	9.1%
싱가포르	27	.48	.05%
아르헨티나	4,411	9.91	1.9%
아이슬란드	10	2.83	.5%
아일랜드	1,772	36.51	6.7%
에스토니아	63	4.77	3.0%
영국	46,596	70.08	15%
오스트리아	720	8.14	3.3%
이스라엘	581	6.54	.7%
일본	1,042	.82	2.3%
중국*	4,681	.34	5.3%

계속 ▶▶

국가	총 사망자	10만 명당 사망자	확진 대 사망 비율
체코	389	3.66	2.2%
칠레	9,958	53.17	2.7%
캐나다	9,017	24.33	7.5%
콜롬비아	12,250	24.67	3.3%
터키	5,813	7.06	2.4%
폴란드	1,787	4.71	3.6%
프랑스	30,327	45.27	12.9%
핀란드	331	6	4.4%
한국	304	.59	2.1%
호주	278	1.11	1.3%

출처: Coronavirus Resource Center, Johns Hopkins University, August 8, 2020.

* 이 국가들의 데이터는 신뢰 부족.

다. 또한, 많은 개발도상국이 미국보다 발병을 통제하고 사망률을 줄이는 데 있어서 상당히 좋은 성과를 거두고 있다는 점도 주목할 만하다. 예를 들어, 사스 이후 개발된 미국의 지침에 따라 대응한 베트남은 겨우 10명의 사망자와 건당 사망률 1.3퍼센트로 미국보다 훨씬 더 좋은 성과를 거두고 있다.

　코로나19는 미국의 전 세계 보건 감시, 공공 보건기금 및 의료 인프라, 정보공동체의 질병 예측에 대한 예보 부족 등 심각한 구조적 문제를 드러냈다. 그러나 리더십이 중요하다. 브라질, 영국, 멕시코, 미국 등 포퓰리스트가 지배하는 국가들은 지도자들이 과학자와 의료계의 조언을 따르지 않아 대체로 부진한 모습을 보였다. 2018년 트럼프는 팬데믹이 시작된 후 NSC의 팬데믹 부서를 해산하고 오바마 행정부의 팬데믹 대응 플레이북을 거부했다.[61] 2020년 1월과 2월 트럼프는 이상한 바이러스가 중국을 괴롭히고 있다는 보건복지부와 정보공동체의 경고들을 무시했다.[62] 트럼프는 바이러스가 스스로 사라질 것이라고 적어도 25번 주장했고, 전염을 줄이기 위한 마스크 착용을 요구하지 않았고, 위험한 말라리아 예방 및 치료약물을 끈질기게 권유했으며, 치료의 한 형태로 소독제를 주입할 것을 제안했다.[63] 트럼프의 대응은 무능했다. 그는 질병의 기본적 특징을 이해하는 데 필요한 지적 능력도, 자신이 따라야 할 경험 많은 과학 전문가들의 말을 들으려는 의지도 보여주지 못했다.

국제 불안정의 원동력으로서의 기후변화

2008년 국가정보위원회(National Intelligence Council)가 실시한 글로벌 기후변화의 영향에 대한 평가는 2030년까지 미국의 국가안보 이익에 광범위한 위협이 있을 것이라는 점을 확인했다. 기후변화가 국제 불안정에 미치는 영향을 조사한 과학자들과 전문가들은 기후변화만으로는 안정성에 별다른 변화를 일으키지 않을 것이라고 인정했다. 그러나 **기후변화의 영향**은 국제안보 위협을 완전히 악화시키고 복잡하게 만든다.[64] 궁극적으로 기후변화는 지역 강대국, 취약한 국가, 비국가 행위자 사이의 관계를 포함하는 전체적인 지전략적(geostrategic) 환경에 영향을 미치는 위협이다.[65] 2019년 세계위협평가(Worldwide Threat Assessment)에서 언급했듯이, 지구환경, 생태학적 퇴화, 기후변화의 영향은 자원경쟁을 부채질하고, 경제적 고통을 확대하며, 사회적 불만을 확산시킬 가능성이 크다.[66]

글로벌 지정학적 긴장의 촉진제

지난 몇 년간 북극지역[67]과 남중국해에서 관측된 바와 같이, 민족국가들은 해양과 대륙의 변화하는 지형을 이용하여 새로운 영토를 확장하거나 개발해 왔다. 지리상의 변화는 또한 식량과 수자원에 대한 접근권(때로는 통제권)을 놓고 각국이 경쟁함에 따라 남아시아와 아프리카에도 긴장을 불러일으켰다. 해빙(海氷) 감소, 눈 덮임 감소, 빙상 융해는 북극지역 내 불확실성 수준을 증가시켰다. 이는 특히 2000년대 초 이후 이 지역의 군사 및 경제활동 수준이 증가했기 때문에 더욱 유의미하다.[68] 북극지역은 북극에 영토주권이 있는 8개국(캐나다, 덴마크, 아이슬란드, 노르웨이, 핀란드, 스웨덴, 미국, 러시아)으로 구성된다. 해빙(海氷)이 감소하면서 새로운 선박 항로가 생겨났고 일부 천연자원에 대한 접근이 확대되었다. 또한 이 지역에서 러시아의 팽창을 촉진했다.[69] 러시아는 육지, 군사력, 인구 면에서 가장 큰 북극국가다. 지난 몇 년간 러시아의 상업과 국방활동은 러시아가 스스로를 **극지강대국**으로 보고 있음을 시사한다. 2014년 12월 러시아 푸틴 대통령은 북극에 대한 새로운 강조점을 조정하기 위해 북방함대 합동전략사령부를 설치했다. 이후 러시아는 새로운 북극부대를 창설했고, 낡은 비행장과 인프라를 정비했으며, 북극 해안선을 따라 군사기지를 구축했다. 전문가들은 러시아의 군사활동, 특히 방공망과 해안 미사일 시스템, 조기경보 레이더, 다양한 센서들의 네트워크를 수립하려는 노력을 감시하고 있다.[70]

중국 또한 수년 동안 영향력 범위를 확장하기 위해 경제적, 지정학적, 군사적 노력을 했다. 그 노력 중에는 석유, 천연가스, 수산자원이 풍부한 주요 해상통신선인 남중국해가 포함된다. 최근의 남중국해 확대는 아시아 태평양 지역의 기후변화의 영향과 맞물려 베트남, 필리핀, 인도네시아, 말레이시아, 브루나이, 대만 등 지역 경쟁국들 사이의 지정학적 긴장을 의심의 여지 없이 가속화할 것이다.[71] 예를 들어, 2018년 필리핀에 몰아친 슈퍼 태풍, 해수면 상승으로 인한 자카르타의 지속적인 침몰, 2018년 자연재해로 인한 인도네시아 일부 지역 파괴는 식량과 물 수요를 증가시키는 여건을 조성했다.[72]

식량과 물의 안정에 대한 위협의 증가

이와 유사하게, **용수 가용성(water availability)**의 감소는 갈등의 주요 원인이 되고 있다. 세계경제포럼(World Economic Forum)의 글로벌위험보고서(Global Risk Report)는 물 위기를 2011년 이후 5대 위험 중의 하나로 꼽았다.[73] 2017년에만 물 불안이 특히 중동과 아프리카의 적어도 45개국 내 분쟁의 원인이 되었다.[74] 물 불안과 그에 따른 농업생산 저하는 물과 식량자원을 놓고 경쟁하는 국가 간의 역사적 긴장을 필연적으로 증가시킨다. 예를 들어, 줄어드는 히말라야 빙하의 영향을 받는 파키스탄의 담수 공급에 대한 인도의 통제는 인도와 파키스탄 사이의 긴장을 더 한다.[75] 2030년까지 세계인구 증가와 자원부족 증가의 문제는 식량 30퍼센트, 물 40퍼센트, 에너지 50퍼센트의 추가적 필요를 유발할 것이다. 또한, **극한적인 기상변화**, 홍수, 산불, 토양파괴, 해수면 상승은 전 세계 식량과 물의 불안을 악화시킬 것이며 사회불안을 고조시킬 가능성이 있다.[76] 예를 들어, 2008년 식품 가격 폭등 기간에 적어도 61개국이 물가 상승으로 인하여 사회적 불안을 경험했으며, 이들 중 38개국에서는 폭력적 저항이 일어났다.[77]

미군기지 및 운영의 퇴보

기후변화가 **미군기지**와 작전에 미치는 영향은 다각적이다. 북극지역의 토지 및 자원경쟁은 다른 북극국가들 사이의 지역협력뿐만 아니라 미국 국토방위를 위협한다. 특히 북극에 대한 미국의 관심 사항에는 글로벌 전력 투사에 대한 유연성 유지(예: 항행 및 상공비행의 자유)와 중국과 같은 국가들이 경쟁의 통로로 이 지역을 활용하는 데 대한 제한이 포함된다.[78] 영구동토층 해빙, 폭풍 해일, 해안침식은 군사시설과 같은 국방부 인프라에 악영향을 미치는 반면, 국방부 시설물들은 훈련과 테스트를 위한 적절한 환경을 제공하여 군사 준비상태를 유지하는 데 필수적이다. 향후 수십 년 동안 시설들은 기후에 의한 환경변화(해수면 상승 및 심한 폭풍)로 인해 상당한 위험을 경험하게 될 것이고, 이로 인해 이러한 육지와 해역의 군사임무 지원능력이 현저하게 저하될 수 있다.[79] 2016년 참여과학자연합(Union of Concerned Scientists)은 국방부 임무에 대해 각기 갖고 있는 전략적 중요성에 기반하여 동부해안과 멕시코만 연안의 18개 군사시설을 분석했다. 대부분 시설은 군사용 무기시험, 훈련, 선박 및 기타 장비 제작, 신흥기술개발 현장이다.[80] 이 연구는 해수면 상승이 이미 많은 시설에 어떤 영향을 미쳤는지 보여주었다. 또한, 이 연구는 예방조치를 취하지 않을 경우 해당 설비들이 광범위한 조석 홍수, 영구적인 토지 손실, 파괴적인 폭풍 해일을 견디는 방법을 강조하는 시나리오도 포함했다. 이 연구에 따르면, 2100년까지 18개 시설 중 거의 절반이 토지면적의 25~50퍼센트를 잃게 될 것이라고 한다.[81]

21세기 사이버 위협

8장에서 언급했다시피, 글로벌 트렌드의 잠재적인 게임 체인저들은 기술의 적용 또는 활용을 포함한다. 이 절은 21세기의 사이버 위협들에 대해서 살펴보겠지만, 논의의 본질은 기술의 창조 자체가 나쁜 것이 아니라 인류의 악랄한 기술 활용이 나쁘다는 인식이라는 것이다. 기술의 사용으로 세계의 많은 문제점들이 해결되었으나, 다른 문제들은 오히려 악화되었다. 인공지능(AI)과 머신러닝, 빅데이터 분석, 인공지능의 윤리적 고려, '사이버 9·11' 가능성 등 탐구해야 할 신기술의 주제는 여러 가지다.

인공지능, 머신러닝, 빅데이터 분석

인공지능(AI: Artificial Intelligence)의 적용은 새로운 현상이 아니다. 1955년 매카시(John McCarthy)와 세 동료가 '인공지능'이라는 용어를 만들어, "인간이 지능이라고 불리는 방식으로 행동한다면 기계가 그렇게 행동하도록 만든다"고 정의했다.[82] 머신러닝(AI의 하위 집합)은 명백한 지침 대신 경험을 통해 기계가 학습하고 적응할 수 있도록 하는 알고리즘의 개발이다.[83] AI의 사용은 향상된 커뮤니케이션, 의료, 교육, 질병통제, 농업, 우주탐사, 그리고 과학과 같은 다양한 혜택을 산출할 수 있다.[84] 그럼에도 불구하고, 과학자들은 인간이 AI 시스템에 대한 통제력을 상실할 가능성, 증가하는 AI 의존도에 내재된 취약점, 그리고 나쁜 목적으로 사용되는 AI에 대항할 국제 규정과 법의 부재 등에 대한 조사 필요성을 점점 더 인정하고 있다.[85]

이는 AI 역량을 위한 기금과 개발에 대한 국제적 강조가 커진 데 따라 발생하는 문제다. 지난 5년간 적어도 20개국이 AI 분야의 경쟁적 우위를 유지하고 AI의 경제적이고 사회적인 편익 활용을 위해 AI 기술개발계획을 공개적으로 발표했다.[86] 2017년 중국은 차세대 인공지능 개발계획을 발표했다. 같은 해 러시아의 푸틴 대통령은 "누구든 AI의 지도자가 되는 사람은 세계의 지배자"가 될 것이라고 주장했다.[87] 2018년 프랑스의 마크롱(Emmanuel Macron) 대통령은 중국과 미국을 추월하기 위해 앞으로 5년간 AI에 15억 유로를 투자하겠다는 계획을 밝혔다. 2019년 미국의 트럼프 대통령은 '미국의 인공지능 분야 리더십 유지'라는 제목의 행정명령 13859에 서명했는데, 그 문서는 AI를 경제성장과 국가안보의 원동력이라고 확인했다.[88]

인공지능과 러닝머신에 대한 관심이 확대되면서 빅데이터 분석을 이용해 기하급수적으로 많은 데이터를 처리해야 하는 요구도 늘어나고 있다. 사물인터넷(IoT: Internet of Things) 전문가들은 전 세계 인구의 75퍼센트 이상이 매일 상호작용할 수 있도록 하는 수십억 개의 연결된 장치와 임베디

드 시스템이 2025년까지 존재하게 될 것으로 추정한다. 이들은 또한 머신 러닝이 일상적인 운영 및 비즈니스 프로세스를 강화하기 위해 기술환경을 지속적으로 변화시킬 것으로 예측하고 있다.[89] 기술의 확대에는 데이터 보호 및 개인 프라이버시에 대한 위협이 증가하고 있으며, 클라우드 컴퓨팅과 같은 AI 의존 시스템에 대한 대규모 사이버 보안 위협도 내재되어 있다.[90]

윤리적 고려: 누가 누구를 보고 있나?

전쟁, 거버넌스, 보안의 개념에 기술을 윤리적으로 적용하려면 기술의 힘과 한계를 모두 철저히 이해해야 한다. 정확하게 말해서, 기술은 수십 년 동안 전쟁에서 사용되어 왔다.[91] 그러나 인공지능 지원능력의 도입으로 인해 연구기관과 시민사회 단체들은 기술의 윤리적, 도덕적, 법적 사용을 규제할 거버넌스의 확립을 추구하게 되었다. 이러한 의미는 유엔군축회의(United Nations Conference on Disarmament) 및 유엔 교육과학문화기구(UNESCO)와 같은 기구들의 의제로 선택하여 설명할 필요가 있다.[92] 치명적인 자율무기체계의 사용을 위한 지침을 만들고, 악의적인 의도에 의한 AI 개발을 억지하기 위해서 아실로마(Asilomar) 원칙**을 확립하는 노력을 할 필요도 있다.[93] 대부분의 과학자들은 향후 20년 안에 유령선 함대와 로봇 군대로만 전쟁을 치를 것 같지는 않다고 믿는다. 그러나 그 기간 내에 전투 시스템은 자율성을 높일 가능성이 크다.[94]

자율 시스템의 개발(국방, 경제성장 또는 농업개발) 증가는 기술 취약성의 핵심을 강조한다. 자율성과 기계 기반 학습의 증가는 인간이 만든 알고

** 역자 주) 아실로마 AI 원칙은 2017년 AI 연구자와 학자들이 미국 캘리포니아 아실로마에 모여 AI가 가져올 가능성과 잠재적 위험, AI 기술이 인류에 혜택을 줄 수 있는 방안을 토론한 결과물로 AI 개발의 목적, 윤리와 가치, 중기 이슈 등에 대해 개발자들이 지켜야 할 준칙을 내용으로 23개 항으로 구성되어 있다.

리즘에 대한 확고한 신뢰에 크게 의존한다. 그러나 과학자들은 알고리즘이 각각의 특징과 디자인에 따라 정확도가 제한될 수 있다는 점을 이미 발견했다. 예를 들어, 일부 안면인식 소프트웨어는 알고리즘 내의 결함 때문에 차별적이고 편향된 결과를 보여준다. 같은 맥락에서, 일부 컴퓨터 기술자들과 과학자들은 설계나 안전 프로그램의 결함으로 인한 AI 시스템 (때로는 치명적) 실패의 역사적 사례에도 불구하고, 어떻게 AI가 악의적인 목적으로 사용/구축될 수 있는지를 국가들이 충분히 조사하지 못한다고 믿는다.[95]

'사이버 9·11' 시나리오의 가능성

지난 몇 년 동안 정부관리들과 군 지도자들은 '사이버 진주만' 또는 '사이버 9·11'과 같은 용어를 사용하면서 미국의 국익에 영향을 미칠 수 있는 잠재적인 사이버 공격을 묘사해 왔다. 기술과 이전 사이버 사건의 역사에 대해 의존하면서 '사이버 9·11' 시나리오가 끊임없이 작성되어 왔다. 가능한 시나리오 중에는 중요한 인프라를 교란하기 위한 산업통제 및 집중 원격감시 제어(SCADA) 시스템의 타겟팅, 고객이 은행과 주식시장에서 모든 자금을 회수할 때 대규모 장애를 일으키게 하는 금융 데이터의 손상, 상품, 서비스, 사람의 국제이동을 중지시키는 조정된 랜섬웨어 공격, 둘 이상의 국가를 전쟁 직전으로 몰아넣는 광범위하고 잘 짜여진 허위정보 캠페인 등이 있다.

그러나 전략가, 심리학자, 정치학자들은 사이버공간 영역에서의 전쟁 발단에 대해서는 아직 정의되지 않았기 때문에 사이버공간 활동이 전쟁으로 이어질 것이라는 개념에 이의를 제기한다.[96] 즉, 전통적인 전쟁행위와 달리, 사이버공간에서의 활동은 거의 운동적이 아니며, 현재까지 대규모 사상자를 발생시키지 않았다. 위협적인 사실은 사이버공간이 문자 그대로 빛의 속도로 변화하고 있고, 21세기에도 사이버 위협의 최대 규모는 계속 진화할 것이라는 점이다. 정보전문가는 사이버공간 영역에서 적의 의도와 능력을 분석할 때 민첩하고 적응력이 뛰어나야 한다.

국가 간 전쟁

상대방에 대한 대규모 물리적 폭력의 사용은 권력의 궁극적인 표현이다. 특히 핵무기의 등장으로 국가 간 전쟁은 가장 규모가 크고 광범위한 파괴능력을 가질 수 있는 잠재력을 보유하고 있으며, 어느 국가에게도 실존적 위협이 되고 있다. 이는 핵 이전의 시대에도 사실이었다. 예를 들어, 폴란드는 제2차 세계대전이 시작되면서 독일의 침략과 점령 이후 존재하지 않게 되었다. 국가에 미치는 영향이 크기 때문에, 정보기관들은 적대적인 군사강국의 능력과 의도를 이해하는 데 많은 시간과 자원을 소비할 것이다. 실제로 미국 정보공동체의 많은 기구들은 냉전 동안 소련이 미국에 가했던 잠재적인 군사 위협을 이해하기 위한 명시적인 목적으로 만들어졌다.

그러나 지난 세기 동안 **국가 간 전쟁의 발생률**은 줄어들었다. 도표 14.1이 보여주듯이, 제2차 세계대전 기간(1939~1945)에 급증한 이후 국가 간 전쟁 발생률이 현저하게 감소하고 있다.[97] 또한, 국가 간 전쟁으로 인한 사망자 수가 감소하고 있다. 실제로 미국은 16년 이상 전인 2003년 이라크 침공 이후 국가 간 전쟁에 참여하지 않고 있다. 어떠한 국가의 안보공동체도 과거 역사의 어느 시기보다 현재 자국의 이익을 옹호하는 데 관심을 덜 가지고 있을 것 같지는 않다. 대신 국제기구들의 부상, 민주적 거버넌스의 확대, 국제무역으로부터의 경제적 이익이 국가 간 전쟁에 대한 동기를 감소시켰을 가능성이 크다.[98] 그러나 이는 국제경쟁이 줄어든 것이 아니라, 단지 국가들이 이익을 추구하기 위해 다른 수단을 사용할 가능성이 있다는 것을 의미한다.

이는 군사력이 국가안보이익 증진을 위한 도구로써 관련이 없다는 의미

출처: Szayna, Thomas, et al. *What Are the Trends in Armed Conflicts, and What Do They Mean for US Defense Policy*. Washington: RAND Corporation, 2017, 3. Accessed on December 1, 2019, at https:// www.rand.org/pubs/research_reports/RR1904.html.

도 아니다. 내부 하위국가들의 반란을 진압하는 충돌을 넘어, **하이브리드 전쟁**(Hybrid War, 재래식 전투 외에 선전전, 정보전, 대리전, 사이버 공격 등이 뒤섞인 전쟁 – 역자 주)은 군사력 활용을 점차로 확대하는 전략을 기본으로 하고 있다. 이러한 형태의 분쟁은 "간첩, 전복, 심지어 테러리즘의 혼합으로 전통적인 의미에서의 전쟁을 치르지 않고도 정치적 목적을 달성할 수 있다."[99] 현재 동유럽과 중동에서 발생하고 있는 국가 간 분쟁들은 이러한 특징들을 많이 지니고 있다. 이러한 유형의 충돌 결과 중 하나는 누가 주어진 공격에 대한 책임이 있는지를 명확하게 식별하기 어렵다는 점이다. 예를 들어, 2014년 러시아가 크림반도를 합병할 때 리틀 그린 맨으로 알려진, 표시가 없는 특수작전부대를 사용한 것은 국제적인 대응을 지연시키는 '그럴 듯한 부인(plausible deniability)' 가능성을 충분하게 만들어 냈다. 이러한 유형의 갈등은, 실제로 어떠한 행위자들이 관련되어 있는지를 파악하는 것은 물론, 분쟁의 시작과 진행 상황을 확인하려는 정보기관들에게 점점 더 많은 과제를 안겨 주고 있다.

새로운 기술혁신이 전쟁의 인적비용을 감소시켜 국가들이 자국의 국가이익을 증진하기 위해 전통적인 국가 간 전쟁을 추구할 가능성이 더 커질 것이라는 우려가 있다. 목표 타격 능력의 정확도가 높아짐에 따라 대규모 민간인 희생의 위험이 감소되었다. 예를 들어, GPS 유도무기 덕분으로 B-52 폭격기는 베트남전쟁(1965~1973) 동안 사용된 융단폭격 임무보다 아프가니스탄전쟁(2001~현재)에서 근접 공중지원 임무에 참여하고 있을 가능성이 더 크다. 보다 최근에 자율적이고 반자동적인 무기체계의 발전은 공격국가가 공격을 할 때 자국 인력의 목숨을 위태롭게 할 필요가 없다는 것을 의미한다. 예를 들어, 2017년 시리아가 통제하고 있는 비행장을 표적으로 실시한 순항미사일 공격 당시 목표물에 피해를 줄 수 있었고 미국 인력의 목숨을 결코 위태롭게 하지 않았다. 이 두 가지 사례 모두 전쟁에 의한 인간의 희생을 축소하는 것처럼 보이게 하는 것이고, 따라서 군사적 충돌을 유리하게 사용하도록 만드는 것이다. 리(Robert E. Lee) 장군은 "전쟁이 그렇게 끔찍한 것은 잘된 일이다. 그렇지 않으면 우리는 전쟁을 너무 좋아하게 될 것이다"라고 말했다.

국가 간 전쟁이 규모와 빈도 면에서 계속 줄어들지의 여부와 상관없이, 국가 간 대규모 전쟁의 가능성은 여전히 남아 있다. 예를 들어, 미국은 북한의 남한에 대한 침략에 대비해야 한다. 실제로 사용될지 아닐지에 상관없이, 오늘날 북한이 첨단무기를 갖춘 백만 명 규모의 군대를 보유하고 있다는 사실은 무시할 수 없는 적의 능력이다. 따라서 미국의 국가안보에 가장 유력한 위협은 국가 간 전쟁이 아니지만, 여전히 국가 간 전쟁은 미국의 중요한 이익에 가장 큰 영향을 미칠 수 있는 위협이다.

미국의 국가안보기구는 이 분야에 총력을 기울이고 있다. 국방예산은 국제문제에 사용될 수 있는 국력의 다른 요소들을 축소시킨다. 예를 들어,

사진 14.1 북한의 군사 퍼레이드.

2018년의 국방예산은 6,490억 달러였고, 국무부의 예산은 520억 달러였다. 국가안보이익을 증진하기 위해 사용할 수 있는 다양한 권력기구들의 존재를 고려할 때, 미국은 한 개의 큰 집게발을 가진 허세의 게처럼 보일지도 모른다.

핵 및 재래식 군사력 개발에 대해 중점을 두면 비용이 들지만, 능력 면에서 상당한 이점을 제공한다. 2018년 **미국의 국방예산**은 중국, 러시아, 인도, 프랑스, 독일, 영국, 사우디아라비아를 **합친** 7개국의 예산 6,090억 달러보다 많았다 (도표 14.2 참조).[100] 그러나 지불하면 획득되는 것이 있다. 미 해군은 다른 어떤 나라보다 훨씬 많은 항공모함을 보유하고 있다. 미 공군은 러시아와 중국을 합친 것보다 많은 항공기를 보유하고 있다. 미국은 70개 이상의 국가에 군사기지의 네트워크를 유지하고 있으며, 단기간 내에 전 세계 어느 곳에라도 상당한 군사력을 투입할 수 있는 수송체계를 갖추고 있다.[101]

무력을 사용하겠다는 위협조차도 국가안보이익을 증진하는 데 도움이 될 수 있으므로 이 능력의 유지는 확실히 유용하다. 마셜(George C. Marshall) 전 국무장관은 "군사력이 뒷받침하지 않는 외교는 단지 허세일 뿐이다"라고 주장했다.[102] 예를 들어, 미국의 핵무기 능력과 군사력의 유럽 배치는 냉전 기간 봉쇄라는 더 중요한 국가안보정책을 지원하는 데 핵심적인 역할을 했다. 그러나 이러한 능력이 향후 국가 간 충돌에서 어느 정도 유용할지는 알 수 없다. 속담에 있듯이 장군들은 항상 마지막 전쟁을 치른다.

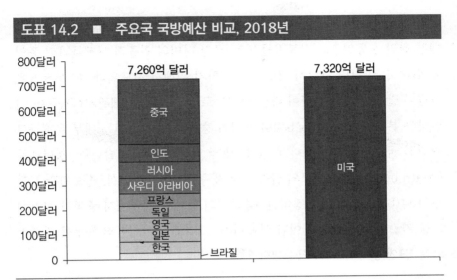

도표 14.2   ■   주요국 국방예산 비교, 2018년

출처: Paul G. Peterson Foundation. "US Defense Spending Compared to Other Countries." Accessed on December 1, 2019, at https://www.pgpf.org/Chart-Archive/0053_defense-comparison&x id=17259, 15700023, 15700124, 15700149, 15700168, 15700173, 15700186, 15700201.

인종분쟁, 혁명, 국가 불안정

국가 간 전쟁의 감소 이후 무엇이 가장 흔한 국제폭력의 동인이 되었는가? 미국과 동맹국들이 러시아와 중국의 무력에 대항한 보증과 억지정책으로 재래식 대군에 계속해서 투자해야 하지만, 이제 세계 대부분의 정치적 폭력은 패권을 위한 시도와는 거의 관련이 없다. 오히려 대부분의 현대 분쟁은 인종 및/또는 종교적 적대감, 자원을 둘러싼 경쟁, 취약하거나 부패한 거버넌스에서 비롯된다. 이러한 분쟁들은 저개발된 국가들의 취약성과 유럽 식민주의 유산의 조합에 의해서 야기되었다. 유럽 식민주의는 아프리카, 중동, 아시아에 인종, 부족, 종교적으로 거의 연결되지 않는 국경선을 설정했다. 대체로 가난한 나라에서 가장 중요한 기능을 하는 기관은 군대인데, 군대는 쿠데타나 혁명의 형태로 정치에 빈번한 개입을 한다. 가난한 국가의 취약성은 국가 및 비국가 행위자들의 국경 넘는 침입을 더 쉽게 만든다. 그 월경 침입은 동일종교 신봉자들 또는 국경 너머의 인종적 형제들과의 통일을 위해서, 아니면 단순히 자원을 약탈하기 위해서 시도된다. 이 분쟁들은 그들이 발생한 지역을 넘어 다른 국가들로 파급되고, 국제관계학자들이 언급하는 **분쟁지대(shatter belts)**가 되어 충돌의 원인이 되는 내부 문제들로 관련된 국가집단이 존재하게 된다. 세계 일부 지역에서 발달한 '청년팽창(youth bulge, 젊은 인구의 급증 – 역자 주)'에 주목하면서, 정보기관은 불안정 띠(belt)의 지역적 정의를 "중남미의 안데스 지역에서 중동과 코카서스를 가로지르는 사하라 이남 아프리카, 그리고 남아시아의 북부를 가로지르는 '불안정의 아크'로 확장했다."[103]

국가 불안정

국가 불안정은 거버넌스를 저해하는 국내 및 초국가적 활동 모두를 의미한다. 정치 및 민간부문 부패의 정도가 심하여 시민들의 경제적 기회를 방해하고, 정부에 대한 모든 신뢰를 잃어 민간 행위자들에게 도움을 요청하기 때문에 국가의 취약성이 더욱 증가한다. 이 과정은 너무 분명하게 이루어져 국가 주권의 붕괴로 이어질 수 있는데, 아프가니스탄, 아이티, 짐바브웨의 중앙정부가 경험한 현상이다. 부패한 지도자 또는 군벌들이 궁극적으로 지대를 추출하기 위한 능력을 최대화할 목적으로 어떻게 국가를 건설했는지를 강조하는 공산주의 붕괴 이후 국가 불안정에 대한 연구와 대조적으로, 보다 최근의 연구는 많은 군벌들이 단순히 훔치기 위해서 혼란을 이용하는 것에 만족한다는 점을 보여주고 있다.[104] 정부의 정통성 상실(delegitimization)은 군대의 **쿠데타**와 광범위한 사회혁명에 취약하게 만드는데, 쿠데타는 약탈하는 주체를 변화시킬 뿐이고, **사회혁명**은 정치 및 경제제도 전체 구조의 변화를 모색한다.

취약국가지수(Fragile States Index)에 있는 60개 이상의 국가들이 국가 불안정의 위험에 처해 있는 것으로 열거되어 있다.[105]

영토 회복주의

대체로 불안정한 국가에서 발생하지만 잘 통치되고 있는 국가에서도 발생할 수 있는 추가적인 과제는 **영토 회복주의(irredentism)**의 위험이다. 이는 종교, 인종 및/또는 부족집단이 국경을 넘어 서로 분리되어 있지만, 통합을 추구하는 시도를 말한다. 대부분의 아프리카와 중동지역이 19세기 동안 유럽제국들에 의해 그려진 국경을 물려받았기 때문에, 이 지역들은 특히 영토 회복주의의 분쟁에 빠지기 쉽다. 그러나 그 폭력은 이 지역에만 국한되지 않는다. 유고슬라비아의 해체에 따른 민족전쟁과 동유럽과 코카서스 지역의 지속적인 인종폭력 또한 영토 회복주의의 사례다.[106] 더욱이 영토 회복주의에 의해 야기된 불안정성은 종종 지역 및/또는 국제 강대국들의 개입을 초래하고, 이는 종종 폭력을 증가시킨다. 세계 대부분의 현대 분쟁은 국경을 넘는 문제와 관련된 인종적 또는 종교적 측면을 가지고 있다. 그리고 그러한 분쟁들은 빈도와 심각성이 증가하는 경향이 있다. 2070년까지 수십억 명의 사람들이 극도의 열대지역에 살게 될 것이다. 그들이 살고 있는 사회는 이미 분열되어 있다. 기후변화가 특히 사하라 이남 지역에서 수자원 및 육상자원에 대한 압력을 증가시킴에 따라, 그로 인한 대량이동은 이러한 갈등을 악화시킬 것이다.

초국가적 사회운동

초국가적 사회운동은 기존의 정치제도와 과정에 안주하는 대신 자신들의 사회를 변화시키기 위해서 대규모 시위에 참여하는 사람들의 집단이다. 그러한 운동은 국경을 넘어, 특히 소셜 미디어를 통해 조직되고 지원된다. 국가 폭력, 부패, 다른 거버넌스 이슈들에 대한 정보의 디지털 공유는 확산되는 효과를 가져와 자체적인 논리를 창조하는 저항을 불러일으킬 수 있다.[107] 동유럽 공산권 분열을 초래한 대규모 시위가 미국의 이익에 분명히 중요했지만, 표면적으로 대부분의 사회운동이 미국에 직접적인 영향을 미치지는 않은 것으로 보인다. 그러한 사건들이 미국에 대한 전략적 위협을 어떻게 나타낼 수 있는가? 민주주의 통치로의 전환을 추구하는 대규모 시위는 본질적으로 미국의 이익을 선호하는 것처럼 보일 것이다. 그러나 소련의 붕괴와 아랍의 봄이 보여주듯이, 사회운동의 자유주의적 의도나 미사여구에도 불구하고, 평화적 전환을 위한 사회적 기반이 보안군에 의해서 파괴되거나 매수되어 권위주의 축소로 끝나고 마는 경우가 많다.[108] 더욱이 1848년의 유럽혁명과 2011년 중동이 보여주듯이 혁명들은 빠르게 지역으로 확산되어 극적인 결과를 가져올 수도 있다.[109] 그들이 야기하는 폭력은 아랍의 봄 이후 이집트의 경우처럼 미국에 우호적인 국가들을 불안정하게 만들 수 있다. 그러한 움직임은 특히 민주개혁 노력이 실패할 경우 국제적인 테러리즘을 일으킬 수도 있다. 1990년대 후반과 2000년대 초반 알카에다의 부상을 생각해 볼 수 있는 방법의 하나는 아랍의 지식인들과 활동가들이 중동의 근본적으로 부패한 독재국가들을 개혁하는 데 수십 년 동안 실패한 것이다. 이집트, 시리아, 이라크, 사우디아라비아의 보안군은 어떠한 평화적인 개혁 시도라도 분쇄할 만큼 충분히 유능했고, 따라서 이러한 정권들의 반대자들을 더 급진화하게 했다.

국가에 대한 압력의 가능성과 영향 평가

미국 정보공동체는 쿠데타, 혁명, 사회운동 또는 민족갈등의 발생을 정확하게 예측한 최근의 좋은 기록을 가지고 있지 않다.[110] 정보공동체는 2004년에

2020년까지 민주화의 '제3의 물결'이 역전될 것이라는 정확한 예상과 같은 큰 흐름을 식별하고, 중동의 대부분 국가들의 취약점에 일관된 초점을 맞추는 데 능숙하다는 점을 증명했다.[111] 그러나 정밀한 예측은 더욱 어려운 것으로 증명되었다. 북한같이 투명성이 부족한 국가들의 행위는 강대국들의 정책변화와 행위를 예측하는 것보다 본질적으로 어렵다. 사건들의 기원과 발생은 특이하기 때문에 CIA의 전 중앙정보 부국장 로웬탈(Mark Lowenthal)은 그들을 비선형(非線形)적 사건들이라 칭했고, 따라서 파악하기가 어렵다고 했다.[112] 현재 일반적으로 블랙 스완(Black Swan, 예외적이고 발생 가능성이 없어 보이지만 실제 발생하면 엄청난 파문을 가져오는 사건 − 역자 주)이라고 불리는 것의 일부로서, 그러한 사건들은 정규화된 분포가 아니며, 따라서 그들의 확률은 수학적으로 계산하기가 어렵다.[113] 그러나 이러한 이슈들에 대한 합의는 없다. 일부 학자들은 그 용어가 너무 남용되어 사실상 블랙 스완이 아닌 많은 사건에 적용되고 있으며, 예측 가능한 대부분의 중요한 사건들을 다루는 데 도움을 주지 않는다고 주장한다.[114] 다른 학자들은 혁명 그리고 유사한 것들은 '비선형적'인 것이 아니며 실제로는 정책결정자들에 의한 행동 패턴의 부분이며, 미국 정보공동체가 간단한 통계 및 형식 모델링 방법을 일반적으로 사용하면 쉽게 예측할 수 있는 것이라고 주장한다.[115]

반면, 이러한 사건들의 발생, 또는 이러한 사건들의 영향을 정확하게 특징 지우는 작업에 대한 CIA의 지속적인 실패는 정보공동체의 전략정보 생산 능력의 일반적인 저하를 나타낸다.[116] 이는 정보공동체 전반에 걸친 교육 기준이 하락한 결과이거나 단순히 전술이나 작전활동보다 전략에 충분한 예산을 배분하지 않은 결과이기도 하다.[117] CIA가 정치 불안정의 분석과 경고지표의 체계적 추적에 적절한 관심과 자원을 투여했으면, 그러한 사건들을 예측하는 데 있어서 보다 나은 추적 기록의 성과를 낼 수 있었을 것이다.[118] 이러한 분석적 결함의 이유와 상관없이, 사회적 운동, 민족갈등, 쿠데타, 그리고 다른 형태의 국내 정치폭력은 냉전 이후 세계의 결정적인 특징 중의 하나가 되고 있다. 그들은 가까운 장래에 수그러들 기미를 좀처럼 보이지 않고 있다.

대량살상무기

냉전 종식 이후 약 30년 동안 테러리즘은 대부분의 국가에게 가장 가능성이 크고 즉각적인 위협이 되어 왔다. 2001년 9월 11일 공격은 특히 대단하고 치명적이며 의미심장한 것으로 각인되었다. 테러리즘과 싸워야 한다는 9·11 이후의 긴박감은 다음 공격이 훨씬 더 악화될 수 있다는 우려에 기인한 것이다. 9·11은 잔악한 것이었지만, 대량살상무기(WMD)가 사용된 것은 아니다. 9·11 테러가 3,000명의 목숨을 앗아갔지만, 더 소름 끼치고 잔인한 시나리오는 핵 또는 다른 무차별적 대량살상무기를 사용하는 공격으로 수백만 명의 목숨이 희생될 수 있다는 사실이다. 독자적인 파괴능력 때문에 대량살상무기의 확산에 대한 감시와 대응은 미국의 정책과 정보공동체의 오래된 우선 과제가 되고 있다. 결국 9·11과 같이 즉흥적으로 여객기를 순항미사일로 사용하는 것은 미국의 생존을 위협하지 않는다. 그러나 WMD는 충분히 그럴 수 있다. 2019년 미국 국가정보전략은 대테러 및 사이버 위협 정보수집과 함께 확산금지를 3대 최고 임무의 하나로 선정했다.[119]

대량살상무기는 핵, 화학, 생물무기를 포함한다. 대량살상무기의 정의는 핵, 화학, 생물 탄두를 운반하는 운송수단으로 사용될 수 있는 탄도미사일을 포함한다.

핵무기

핵무기는 제2차 세계대전 동안 미국이 발명했다. 핵무기는 TNT 수백만 톤의 엄청난 폭발효과를 가진다. 오늘날 미국 무기고의 가장 위력이 큰 핵무기는 120만 톤의 TNT와 같은 폭발력을 가진 것이다.[120] 핵무기는 또한 넓은 반경에서 화재를 일으킬 수 있는 열 효과를 내고 폭발 후 오래 후에 육지와 생명체를 독살할 수 있는 방사능 낙진을 만들어 낸다. 전쟁 중 핵무기는 처음으로 1945년 히로시마와 나가사키라는 일본 도시들을 향하여 사용되었고, 전쟁의 종식을 앞당기는 데 도움을 주었다. 이 원자탄들은 엄청난 파괴력을 가지고 있었지만, 오늘날 열강들이 배치하고 있는 탄두들에 비해 작았다 (TNT 1만 5,000~2만 톤에 해당).

핵무기는 70년 넘게 전쟁 중에 사용되지 않았지만, 1945년 이후 전쟁 확산의 억지력으로 '사용'되어 왔다. 미국과 소련 사이의 냉전이 제3차 세계대전으로 확대되지 않았다는 사실은 아마도 핵 위협이 억지력으로 사용되었기 때문일 것이다. 양측 모두 자신들을 파괴하는 중대한 전쟁을 감수하고 싶어 하지 않았다. 이 논리는 **상호확증파괴**(MAD: mutual assured destruction)로 알려져 있다. 이 논리는 미국과 러시아 사이에도 유지되고 있다. 양측은 — 비록 먼저 공격을 받더라도 — 상대방에 대해 파괴적인 공격을 가할 수 있는 능력을 갖추고 있다. 그 결과는 양차 세계대전의 사망과 파괴보다 훨씬 클 것이고 훨씬 짧은 시간에 펼쳐질 것이다. 예를 들어, 1961년 합동참모본부는 소련에 대한 첫 번째 타격으로 수 시간 내에 2억 7,500만 명의 사망자가 발생할 것으로 추정했다. 6개월 이상 동안의 날씨, 방사능 낙진, 부상의 악화 수준에 따라 유럽에서 중국에 이르는 광범위한 지역에 걸쳐 무려 6억 명의 사망자를 낼 수 있을 것으로 예상되었다.[121]

오늘날 미국과 러시아가 세계에서 가장 많은 핵무기를 보유하고 있다. 양국은 약 6,000개의 핵무기를 보유하고 있지만, **신전략무기감축조약**(New START: Strategic Arms Reduction Treaty)으로 알려진 양자 군비통제조약에 따라 각각 1,550개만 배치할 수 있다. 다른 핵무기 보유국으로는 중국(290개), 프랑스(300개), 영국(200개), 파키스탄(160개), 인도(140개), 이스라엘(90개), 북한(30개) 등이다. 세계에는 모두 약 1만 4,000개의 핵무기

가 있다.[122)]

핵무기의 확산 또는 확산에 대한 우려로 1968년 **핵확산금지조약(NPT: Nuclear Nonproliferation Treaty)**이 체결되었다. NPT는 핵무기를 보유한 국가들에게 군축에 대한 선의의 노력을 요구하고 비핵국가의 핵무기 획득을 금지하고 있다. NPT는 또한 평화적인 목적으로 핵에너지를 사용하는 국가들이 **국제원자력기구(IAEA: International Atomic Energy Agency)**에 의한 감시를 받도록 요구한다. 북한은 서명국이지만, 2003년에 탈퇴했다. 1990년대 후세인 통치하의 이라크와 2000년대 이란에 대한 국제사회의 제재는 NPT 위반의 증거에 바탕을 두고 있다.

이라크가 더 이상 핵 위협 국가가 아니지만, 이란은 정책결정만 하면 수개월 내에 무기를 생산하는 데 사용될 수 있는 핵 인프라를 구축했다. 이란 핵협정으로 알려진 **포괄적 공동행동계획(JCPOA: Joint Comprehensive Plan of Action)**은 이란이 농축할 수 있는 핵물질의 양과 농축할 수 있는 수준에 제한을 두었다. 우라늄 동위원소 U-235를 순도 약 90퍼센트로 농축하여 핵무기를 만들 수 있다. 민간용 핵의 경우 U-235 농도는 3~5퍼센트다. JCPOA는 이란이 3.67퍼센트 U-235로 우라늄을 농축할 수 있도록 허용해 전력생산이나 의료 서비스 등 평화적인 목적으로만 사용할 수 있도록 했다. 또한, 이 협정은 폭탄제조에 유용한 다른 핵 물질인 플루토늄을 생산할 수 있는 이란의 시설을 파괴했다. 이란은 이 협정을 준수했지만, 다른 위협적인 행동에 가담하여 미국이 2018년 JCPOA에서 탈퇴하도록 하는 동기를 제공했다. 2020년 초 이란은 핵무기를 개발할 수 있는 위험을 증가시키면서, 더 이상 JCPOA의 제한을 따르지 않겠다고 선언했다.

분석가들은 이란이나 북한과 같은 나라들이 핵무기를 보유하는 것의 중요성에 대해 의견이 다르다. 많은 사람들은 이 국가들이 극단적인 자위의 경우를 제외하고 이 무기들을 사용할 의사가 없다는 평가를 한다. 다시 말해서, 그들은 그 무기를 **억제책**으로 사용하기를 원한다는 것이다. 다른 사람들은 그러한 나라 지도자들의 급진주의가 그 무기를 공격용으로 사용하게 한다고 주장한다. 9·11 테러 여파로 북한이나 이란 같은 '불량국가'들이 테러리스트들에게 핵무기를 제공할지도 모른다는 우려가 제기되었다. 테러리스트의 핵무기 획득은 전 세계 정보기관들에 낮은 확률의 우려, 높은 영향의 시나리오로 남아 있다. 합법적인 산업뿐만 아니라 대량살상무기를 위해서 이중적으로 사용이 가능한 기술이 글로벌하게 이동하는 것을 감시하기 위해 광범위한 자원이 투입되고 있다. 전 세계의 민간 핵 프로그램은 국제 핵물질 관리와 정보기관의 역할을 하는 IAEA에 의해서 감시된다. IAEA는 NPT 조약에 의거하여 국가들을 사찰할 권리를 부여받는다.

　알카에다와 같은 테러단체들은 핵무기 획득에 관심을 보이고 있다. 핵무기는 더 많은 국가들로 확산될 수 있다. 예를 들어, 사우디아라비아는 이란이 핵무기를 보유하게 되면 자신들도 획득하겠다고 위협해 왔다. 2020년 현재 글로벌 비핵화 레짐은 기로에 서 있다. 주요 핵무기 보유국들은 핵무기를 완전히 금지하는 2017년 조약을 거부했다. 이 조약은 유엔 총회에서 채택되었다. 핵보유국이 아니며 미국의 핵우산 하에 있지 않은 작은 나라들이 이 조약을 지지했다. 강대국들은 핵무기를 당장 전면 금지하는 대신 NPT 체제의 유지를 선호한다. 그들은 군축회담이 진행되는 한 핵무기를 합법적으로 보유할 수 있다는 점을 고려하고 있다. 이러한 두 단계가 유지되는 한, 국가들은 서로의 핵 능력을 감시하여 이란 같은 비핵국가들이 핵 대열에 합류하는 것을 방지하고, 핵무기가 테러리스트들에게 획득되거나 우발적으로 사용되지 않도록 하며 핵무기와 관련된 물질을 확보하지 않도록 하는 데 우선순위를 둘 것이다.

화학무기와 생물무기

화학무기는 인간의 혈액, 폐, 피부, 신경계를 공격하기 위해 독성 화학물질을 사용한다. 또한 화학무기는 식물과 동물의 생명을 손상하는 데 사용된다. 가장 흔한 물질 중 하나는 수포작용제인 머스타드 가스로 몸의 표면을 화학적으로 태울 뿐만 아니라 흡입하면 폐를 손상해 호흡을 곤란하게 만든다. 화학무기는 제1차 세계대전 동안 유럽의 열강들에 의해서, 그리고 2010년대 시리아에서 테러리스트 통치 기간에 이슬람국가가 사용했다.[123] 가장 치명적인 화학물질은 신경제이고, 사린이 가장 흔한 신경제다. 2013년 시리아의 알아사드(Bashar al-Assad) 정권은 자국민에게 사린을 사용했고, 이로 인해 미국과의 전쟁이 일어날 뻔했다. 시리아 정권의 후속 화학무기 공격은 사린과 염소와 같은 보다 초보적인 이중 사용 화학물질을 사용하는 것으로, 보복과 억지를 위한 미국의 정밀 미사일 공격을 초래했다.

화학무기는 1925년의 제네바 의정서에 의해서 처음 금지되었다. 화학무기 사용 금지에 대한 국제법과 규범은 1993년의 **화학무기협약(CWC: Chemical Weapons Convention)**에 의해서 크게 강화되었는데, 이 협약은 모든 화학무기의 생산과 사용을 금지하고 화학무기금지기구(Organisation for the Prohibition of Chemical Weapons)로 알려진 국제기구에 의한 검증을 받도록 했다. 그러나 현대산업에서 화학물질의 중요한 역할은 어떠한 이중 사용 화학물질도 군사나 테러 목적으로 전용되지 않을 것이라고 장담하기 어렵게 만든다.

전염효과 때문에 생물무기는 화학무기보다 더 크고 더 광범위한 파괴를 초래할 위험성이 있다. 다행히도 생물무기는 생산과 사용에 어려움이 있기 때문에 훨씬 덜 흔하다. 생물무기는 천연독소를 사용하여 목표물을 병들게 하고 죽인다. 공격수단은 미사일에 의한 운반보다 은밀할 수 있다. 예를 들어, 소련 암살자들은 목표물에 생물학적 물질인 리신을 주사했다. 테러리스트들은 음식이나 급수를 감염시키거나, 드론을 활용하여 병원균을 액체 에어로졸 형태로 살포할 수 있다. 유전자 편집과 다른 생명공학이 더욱 널리 보급됨에 따라, 테러리스트들이 비밀 실험실에서 치명적인 병원균을 조작하는 위험이 증가하고 있다. 다행스럽게도 생물무기를 사용하려는 사람들은 역풍에 대해 걱정할 필요가 있게 되었다. 테러범들은 자신의 임무를 완수하기 전에 병에 걸려서 사망할 수가 있다. 생물무기를 사용하려는 유혹을 받은 국가들은 병원체의 확산을 억제할 수 없을지도 모르며, 자국 인구들이 질병과 사망을 맞이할 수도 있다. 생물무기는 1972년 **생물무기협약**(Biological Weapons Convention)에 따라 금지되어 있지만, 이 협약에는 NPT나 CWC와 같은 검증 메커니즘이 없다.

탄도미사일

탄도미사일(ballistic missile)은 재래식 및 대량살상무기의 탑재물을 장거리까지 운반하도록 설계된 크고 강력한 미사일이다. 단거리 미사일은 약 600마일을 비행할 수 있다. 장거리 대륙간탄도미사일(ICBM)은 3,500마일 이상을 비행할 수 있다. 탄도미사일은 로켓 연료를 사용하며, 총에서 발사된 총알처럼 탄도 궤적을 따른다. 탄도미사일을 격추하는 것은 흔히 총알을 총알로 쏘는 것에 비유된다. 소형 미사일은 속도가 느리므로 비사일 방어망으로 격추하기가 쉽다. 그러나 더 빠른 장거리 미사일을 격추할 수 있는 신뢰할만한 기술은 아직 존재하지 않는다. 이러한 이유로 한 국가가 장거리 탄도미사일 능력을 보유하게 되면 다른 국가들은 우려감을 가지게 되는데, 그 이유는 지구 한 쪽에 있는 한 나라가 지구 반대편에 있는 다른 나라를 공격할 수 있기 때문이다. 러시아는 미사일의 빠른 속도로 인해 탄도미사일 공격에 대한 방어를 거의 불가능하게 만드는 극초음속 탄두 기술을 개발하고 있다. 또한, 최근 몇 년 동안 탄도미사일의 정확도가 증가하여, 사용국가가 부차적인 피해를 피하게 하는 군사 시나리오를 실행하는 데 있어서 보다 치명적이고 신뢰적으로 사용할 수 있다.

탄도미사일은 핵무기를 운반할 수 있기 때문에 가장 두려운 무기로 꼽힌다. 미국, 러시아, 프랑스, 영국, 중국, 인도, 파키스탄, 이스라엘은 모두 핵무기를 운송할 수 있는 탄도미사일을 보유하고 있다. 1990년대 이후 북한과 이란의 핵 능력의 성장은 탄도미사일 능력의 발전과 맞물려 있다. 북한은 워싱턴 DC까지 타격할 수 있는 미사일을 실험했다. 이란은 ICBM 개발에는 뒤처져 있지만, 중동 전체, 유럽의 남부와 동부 지역, 아프리카의 뿔, 인도양의 대규모 지역을 포함한 거의 2,000킬로미터 이내의 목표물을 공격할 수 있다. 또한, 이란은 이스라엘과 동맹국들에 대항하기 위해 13만 기가 넘는 재래식으로 무장된 미사일과 로켓을 보유하고 있는 레바논 헤즈볼라 등 테러 동맹국들과 미사일 기술을 공유하고 있다.[124]

테러리즘

구약성서 이래 약자들에 의해 추구된 전술이었지만, 테러리즘에 대한 미국의 경험은 제1차 세계대전 이후 잠시 동안 지속된 무정부적 행동주의로 제한되었으며, 멀리 해외 테러단체들의 행동을 관찰하면서 미국의 행동주의자들은 아일랜드공화군(IRA)에 대한 지원 등 해외 테러단체들에 자금을 제공했다. 카터행정부 시기 이란 인질극 이후, 새로 선출된 레이건 대통령은 중동에서 이전 정부들보다 더 직접적인 조치를 취하기 시작했다. 이후 미국은 레바논에서 철수했고, 냉전의 나머지 기간에 테러지원국들에 대해 보복 공습을 하고 테러범들에 대해 비밀공작을 하는 등 스스로 제한적인 활동을 했다.[125] 붕괴한 소련으로부터 후한 보조금을 받지 못하자, IRA와 팔레스타인해방기구의 경우처럼 대부분의 테러단체는 위축되거나 협상에 들어갔다. 뒤따른 것은 대부분 국가의 후원을 받는 좌익조직들이 세속적인 이데올로기가 아니라 종교적 신념에 의해 정의되는 **새로운 테러의 물결**로 대체된 것이다.[126] 이러한 새로운 물결의 종교적 테러리즘은 중동과 서남아시아에서 수니파와 시아파 이슬람 급진주의, 미국과 서유럽의 극우 복음주의 기독교, 심지어는 불교에서 영감을 받은 스리랑카의 타밀 타이거즈 테러리즘 등의 형태로 등장했다.

알카에다에 의해 자행된 9·11 공격은 이러한 테러리즘 물결의 일부였고, 미국 외교정책의 급진적인 변화를 촉발했다. 미국은 10년 이상 알카에다의 훈련기지이자 집결지 역할을 했던 아프가니스탄을 2001년에 침공했다. 사담 후세인 정권이 9·11 공격에 연루되지 않았고 알카에다와도 관련이 없었으나 미국의 2003년 이라크 공격은 외면상 미국 부시 행정부의 테러와의 전쟁의 일부였다. 이라크에 대한 초기 공격은 정밀무기를 광범위하게 사용하여 이루어졌는데, 이는 이라크 지도부를 참수하기 위해 고안된 것이 분명하지만, 기존의 테러리스트들을 위협하고 잠재적인 신병들의 모집을 저지하기 위해 아랍 거리에 위협과 경계심을 불러일으키게 한 것이었다. 이러한 목적은 전자에 있어서는 성공적이었지만, 후자는 크게 실패했다. 미국은 계획하지 않은 대반란(COIN: counterinsurgency) 캠페인의 수렁에 빠져들게 되었고, 대단한 결의를 가지고 행동할 의지도 분명히 없었다. 이라크의 거리가 불타고 분쟁지역에 미군들이 6배나 배치되는 동안, 부시 행정부는 세금감면과 메디케어 혜택의 극적인 확장을 시행했는데, 이는 역사적으로 전시 동안 이루어진 전례 없는 정책결정이었다. 2007년 처음부터 COIN 독트린의 시행을 시작한 미국은 알카에다의 요소를 포함했지만, 원주민 집단에 의해 지배되었던 이라크 폭동에 대항하여 적절한 대응을 할 수 있었다.[127] 그러나 COIN 독트린은 미국이 개입을 끝내는 시기에 이라크에서의 폭력을 감소시키는 데 별 역할을 하지 못했고, 비극적으로 인종청소가 폭력의 중심이었던 수니파와 시아파 도시지역을 분리하는 결과를 초래했다. 그러나 COIN과 미군 작전의 속도 증가는 알카에다의 이라크 개입에 큰 영향을 미쳤다. 2007~2008년 이라크 주둔 미군의 급증, 알카에다 중간관리자에 대한 드론

암살 캠페인의 확대, 2011년 파키스탄의 은신처 습격에 의한 오사마 빈 라덴 제거에 이어 테러단체는 대량 살해당했고, 내부 고위층이 제거되었으며, 수만 명의 신병이 살해당하거나 체포되었다. 알카에다는 아프리카, 특히 말리에서 계속해서 위협을 가하고 있지만, 중동에서 정치를 형성하던 역할은 대폭 줄어들었다.

알카에다를 대체하는 보다 급진적인 조직인 **이슬람국가(IS)**가 2014년 이라크 북부와 시리아 동부에 출현했다.[128] IS는 알카에다의 세포조직인 알누스라 전선(al-Nusra Front)의 간부단으로부터 만들어졌고, COIN 전투에서 체포되어 이라크와 미국의 수용소에 억류되어 있던 사람들로 신병이 모집되었는데, 그들은 수용소에 있는 동안 급진화되었다. 2014년 여름 IS는 이라크의 대규모 지역을 빠르게 정복하면서 널리 알려지게 되었고, 사기가 저하되고 형편없는 수준의 지휘를 받던 이라크군을 몰아내고 많은 양의 미군 장비를 탈취했다. 부시 행정부가 서명한 조약에 의거하여 오바마정부가 미군 전투병력을 철수함에 따라, 칼리파(caliphate)를 수립하려는 IS의 야욕을 막을 수 있는 가능성은 거의 사라지게 되었다. 칼리파 하에서 IS는 종말론적이고 유별나게 잔인한 형태의 이슬람 근본주의를 영구적으로 수립하는 것을 목표로 했다. 그러나 오바마 행정부와 미국의 동맹국들은 이 지역에 상당한 항공 자산을 배치했고, 이라크군의 붕괴를 막았으며, IS 진지를 공격하기 시작했다. 이라크에서 유일하게 지속적으로 효과적인 군사조직인 쿠르드 군과 협력하여 미국은 IS를 점점 더 작은 경계로 몰아넣었다. 트럼프 행정부가 등장했을 때 IS는 아주 작은 지역만을 통제하고 있었다. 트럼프는 해병대 포병부대를 배치하고 지속하고 있던 공중전 및 특수전 작전 지역을 확대했다. 2017년 12월 IS는 명목상의 수도였던 라카(Raqqa)를 잃고 지하로 내몰렸다.

알카에다와 IS는 모두 자신들의 초기 본거지를 잃어버렸다. 이는 중동에서 전력을 구사하려는 그들의 능력을 급격하게 감소시켰다. 그들은 수십 개국에 겨우 '프랜차이즈'를 설립했고, 그곳에서 계속 활동하고 있다. IS는 특히 중동과 서유럽에서 일련의 폭탄테러와 다른 공격을 시도했으며, 시리아, 리비아, 나이지리아를 괴롭힌 반란에 참여했다. 한때 시나이반도의 중요한 부분이 IS에 의해 통제되었다.[129] 특히 프랑스가 IS 주도의 공격으로 인해 큰 피해를 보았다 (제4장 참조). 그러나 테러단체들은 약한 국가들을 불안정하게 만드는 능력을 보유하고 있었으나, 미국에 대한 국제 테러리즘의 위협은 결코 존재하지 않았다. 본질적으로 테러단체들은 비대칭적 위협이다. 그들은 합리적으로 잘 갖춰져 있고 능숙하게 지휘되는 군대와 맞설 수 없기 때문에, 서방국가들의 군대에 도전할 수 없었다. 그러한 상황에서 보다 뛰어난 화력을 가진 국가의 군대가 그들의 기술 수준이나 훈련에 상관없이 그들을 파괴한다. 결국 테러단체의 본질은 비무장 민간인들을 공격하는 것이고, 그렇게 하여 자신들이 실제보다 더 강하거나 더 인기가 있다는 믿음을 조장하기 위해 언론의 관심을 불러일으킨다. 역사적으로 테러단체들은 거의 항상 자신들의 정치적 목적을 달성하지 못하고 패배하여 해산한다.[130] 국가들을 강압하는 수단으로 테러는 효과적이지 않다.[131] 중동에서 테러에 대한 지지가 급감했고, IS와 알카에다 모두 요원 모집에 어려움을 겪고 있다. 미국인들은 국제테러단체에 의해 사망하는 것보다 가정 내 총기폭력이나 교통사고로 사망할 가능성이 훨씬 더 크다.[132] 영국은 '대테러 노력에 (미국의) 절반 비용을 지출'하고 있지만, 미국에 필적하는 안전수준을 누리고 있다.[133] 국제 테러리즘은 많은 미국 정치인들이 특징지어 왔고 앞으로도 특징지을 전략적 위협을 대표하지 않고 있다.

국제 테러리즘이 미국과 미국의 이익에 위험이 되는 경우, 위협은 세 가지 형태를 지닌다. 첫째, **작은 세포 또는 외로운 늑대(small cells or lone wolves)**가 민간인을 공격하도록 고무하려는 테러단체들의 지속적인 의지가 있다. 지금까지 미국에게는 상대적으로 이런 일이 별로 발생하지 않았다. 2013년 보스턴 마라톤 폭탄테러와 2015년 캘리포니아 샌버나디노에서

학살 사건이 발생했지만, 유럽에서 발생한 유사한 공격들에 비하면 희생자들은 낮은 수치다. 이러한 사건들을 목격하는 것 자체가 고통스러운 것이지만, 이러한 종류의 공격들은 미국에 전략적인 위협을 가하지는 않는다. 둘째, 테러단체들은 미국의 동맹국들과 우호국들을 상대로 캠페인을 계속하고 있다. 그 결과 아프가니스탄, 이라크, 리비아, 말리, 사우디아라비아, 나이지리아, 케냐, 예멘, 소말리아의 **국가 불안정**이 초래되고 있다. 세계에서 몇 안 되는 국가지원 테러단체 중 하나인 시아파의 **헤즈볼라**는 현재 레바논 정부의 일부다. 헤즈볼라는 세력을 역외로 펼치는 데 대해서는 별 관심이 없지만, 이스라엘에 지속적인 위협을 가하고 있으며, 역내 전체를 불안정하게 만들기 위해 후원국인 이란과 협력하고 있다. 셋째, **대량살상무기 획득**을 목표로 한 테러단체들의 노력이 수년간 간헐적으로 있어 왔다. 탈레반은 2012년 민하스 공군기지를 공격해 7개 검문소를 모두 뚫은 것을 비롯해 파키스탄 핵 저장 시설을 수차례 공격했다. 벨기에의 한 원자력 발전소는 2014년 IS 단체에 의해 파괴되었고, 같은 해 프랑스 원자력 발전소는 출처를 알 수 없는 드론의 공격을 받았다.

전략적 관점에서 볼 때, 국제 테러범들이 대량살상무기를 획득할 가능성이 가장 우려된다. 그러나 이 위협은 다른 위험들에 비해서 상대적으로 약한 편이다. 테러단체가 핵분열 물질을 확보하거나 원전에 피해를 주려 해도 대규모 인명피해를 입히지는 않을 것으로 보인다. 원자력 발전소는 여러 겹의 단단한 구조이며, 공격수단을 제작하는 것과 탐지되지 않고 성공적으로 사용하는 것은 매우 어렵다. 가능성이 작더라도, 원전에 대한 공격 또는 더러운 폭탄(dirty bomb)이나 포획된 핵 장치의 폭발 가능성은 계속해서 관심과 자원을 필요로 하는 위협이다. 1995년 옴진리교의 사린가스 공격과 2003~2004년 미국의 독살용 리신 편지가 증명하듯이 다른 형태의 대량살상무기에 대해서도 언급이 될 수 있다. 이 두 가지 사례는 생물무기보다 획득 및 사용이 훨씬 쉬운 화학약품을 사용한 공격이었다. 그렇지만 그들은 거의 사상자를 내지 않았고, 숙련된 테러리스트조차도 이러한 무기로 공격을 수행하는 데 어려움을 겪었다. 테러리스트들이 성공적으로 생물학적 물질을 개발하거나 배치할 가능성은 화학무기에 의해 제기되는 위험보다 훨씬 더 낮다. 그럼에도 불구하고 둘 다 핵분열성 물질과 함께 주의를 기울일 필요가 있는 낮은 가능성, 잠재적으로 높은 충격 위협으로 간주되어야 한다.

국제 테러단체들이 제기하는 위협의 상대적인 감소와 대비하여, 미국의 **국내 테러위협**은 급격히 증가했다. 공격 횟수와 그로 인한 사망자 수 면에서, 국내 테러위협은 현재 주로 급진적인 이슬람 테러단체들이 제기하는 위협을 훨씬 능가한다. 그러한 국내 테러단체들은 주로 극우적이고 반정부 조직으로 신나치주의 이념이나 기독교 복음주의 신념을 옹호한다. 그들은 보수 정치인들과 우익언론으로부터 국내 테러단체로 자주 언급되지만, 안티파(Antifa, 반파시즘을 옹호하면서 무력으로 대항하는 단체 – 역자 주)도 흑인생명존중(Black Lives Matter, 미국 흑인에 대한 경찰의 잔인한 행위에 따른 사고에 대항하는 비폭력 시민불복종을 옹호하는 운동 – 역자 주)도 테러단체가 아니며, 안티파는 심지어 통일된 조직도 아니다.[134] 트럼프 대통령과 바(William Bar) 법무장관 모두가 경찰의 폭력을 항의하기 위한 행진을 하는 사람들을 '테러리스트'라고 되풀이해서 묘사했다.[135] 그러나 이러한 시위에서 가끔 발생한 폭력적인 소요가 안티파와 관련이 있다는 증거는 없다.[136]

국내테러의 가장 큰 위협은 극우단체들이다. 남부빈곤법률센터(Southern Poverty Law Center)는 2014년의 784개의 증오단체(hate group)가 2019년에 940개로 증가한 것을 확인했다.[137] 이 단체들의 대부분이 선호하는 방법이 자신들의 정치적 목적에 대한 언론의 관심을 끌기 위해 폭력을 사용하는 것이기 때문에 그들은 국내 테러단체의 정의에 쉽게 들어맞는다. 극우 테러단체들은 모든 주에 존재하고 미국의 사법기관과 군사조직에 침투해 있다. 예를 들어, 아톰와펜 디비전(Atomwaffen Division) 테러단체는 약

20개 주에 조직을 가지고 있으며, 미군 조직원을 보유하고 있다.[138] 그 이름이 시사하는 바와 같이, 위 단체는 신나치를 지향하고 있으며, 대량학살 목적을 달성하기 위한 수단으로 핵무기를 추구하고 있다. FBI는 국내 테러의 주요 위협으로 극우 극단주의 단체를 우선시하지 않고 있다. 그 단적인 예는 '1급 수배자' 12명 모두가 좌파 이데올로기와 연관이 있다는 사실이다. 12명 중 8명은 유색인종이었다.[139] 그러나 1994년 이후 **우익 테러범들의 공격**이 국제 테러범들의 공격이나 좌파 연합단체의 공격보다 훨씬 많다.[140] 2019년 미국에서 테러공격의 65퍼센트 이상이 모든 극단주의 관련 살인 사건의 76퍼센트를 차지하고 있으며, 2020년 7월까지 90퍼센트 이상이 극우단체들에 의한 것이었다.[141] 좌파 테러리즘에 대한 FBI의 강조와 트럼프 대통령과 법무장관의 성격 규정은 경험적인 입증이 불가능하다.

불행하게도 극우단체들은 활동하기에 유리한 정치적 분위기를 맞이했다. 트럼프 행정부는 2017년 버지니아 샬로츠빌에서 발생한 신나치 폭력 사태 이후 트럼프가 '매우 훌륭한 사람들'이라고 묘사한 극우단체들과의 연계성에 대한 비판을 무디게 하려고 노력했다. 2018년 대테러국가전략(National Strategy for Counterterrorism)은 특히 백인 민족주의를 중대한 위협으로 규정했다.[142] 이와 유사하게, 2020년 처음으로 백인 민족주의 단체가 테러단체로 명명되었는데, 러시아에 기반을 둔 러시아제국주의운동(Russian Imperial Movement)은 미국의 극우파와는 관련이 없는 단체다.[143] 그러나 트럼프 대통령은 홀로코스트 부정론자들(Holocaust deniers)로부터 백인 우월주의자들에 이르기까지 극우단체들을 반복적으로 리트윗하고 칭찬해 왔다. 트럼프는 종종 민주당이 비밀리에 미국을 통치하는 '딥 스테이트'의 일부로 아동 성 매수 집단에 연루되어 있다고 주장하는 느슨한 네트워크인 **큐어넌(QAnon)**을 호의적으로 언급한다. 이러한 비난은 2016년 위와 같은 색다른 주장과 연관이 있는 한 피자집에서 큐어넌 추종자 중 한 명에 의한 테러공격을 촉발했다.[144] 보다 최근에 트럼프의 전 국가안보보좌관인 프린

(Michael Flynn)이 큐어넌에 대한 충성 선서를 했고, 공화당은 자신이 큐
아넌과 연관이 있다고 공개적으로 밝힌 11명을 상하원의원 후보로 출마시
켰다.[145]

산업화된 민주주의 국가들 사이에서만 볼 때, 미국에는 국내 **테러방지법
령**(anti-terrorism statute)이 없다. 9·11 테러 이후 강력한 법적 대응과 대
조적으로 미국은 국내 테러법 초안을 마련하기 위해 고군분투해 왔다. 자
주 언급되는 구조적, 헌법적 도전은 명시적으로 정치적 발언을 보호하는 수
정헌법 제1조다. 오클라호마 도시 폭탄테러에 이은 와코 테러 사건 이후 네
명의 대통령 정부는 국내테러 문제를 더 직접적으로 다루지 못하고 있다.
국제 테러리즘과 마찬가지로 국내 테러리즘도 세력균형을 변경시킬 수 없
기 때문에 전략적 위협이 되지 않는다. 그러나 이는 지금까지 받은 것보다
훨씬 더 많은 관심을 받을 가치가 있는 안보위협인데, 특히 수조 달러가 지
출되는 국제 테러리즘에의 대응 비용과 견주면 더욱 그러하다.

범죄 네트워크

냉전의 종식은 **초국가적 조직범죄**(TOC: transnational organized crime)
의 확산과 함께 미국 정보공동체에 특별한 과제를 안겨 주었다. 조직범죄는
수천 년 동안 존재해 왔으며, 특히 최근 들어서 1990년대 소련과 동유럽의
붕괴에 따른 새롭고 더 강력한 **초국가적 범죄조직**의 출현은 새로 등장한 민
주국가들에게 도전이 되었다.[146] 이 범죄 네트워크들은 자체적인 통치적 권
위를 제공함으로써 늙고 부패한 공산주의 체제가 남긴 공백을 채웠으며, 그
들의 통치적 권위는 정치제도와 국가생산의 경제적 수단을 통제했다. 그들
은 종종 마약, 무기, 사람들의 밀매뿐만 아니라, 에너지 생산, 수송, 해상운
송, 통신과 같은 상업분야를 통제함으로써 적법활동과 불법활동을 결합했

다. 세계화와 민주화가 실제로 이러한 초국가적 조직범죄의 상승을 고무하여 그들의 활동을 정당화할 수 있게 해 주었다. 오늘날 초국가적 조직범죄는 세계 경제의 3조 달러를 통제하고 있는 것으로 추산되고 있다.[147]

중남미 범죄 네트워크

정보기관이 국내외적으로 가장 많은 관심을 가져온 지역은 중남미인데, 그 이유는 카르텔이라고 불리는 강력한 **마약밀매조직**(DTOs: drug trafficking organizations)이 존재하기 때문이다. 그러나 이러한 초국가적 조직범죄를 마약밀매조직으로만 부르는 것은 이 조직이 무기, 사람, 많은 상품을 국경 넘어 밀매하고 있다는 사실을 간과하게 만들 수 있다. 1970년대와 1980년대에 콜롬비아의 메들린 카르텔(파블로 에스코바르가 이끄는) 및 칼리 카르텔(오레후엘라 형제가 이끄는)과 같은 마약 카르텔들은 미국에 코카인을 밀매하여 언론의 많은 관심을 끌었다. 이는 그들의 콜롬비아에서의 권력과 영향력뿐만 아니라 멕시코 마피아 및 미국 범죄조직과의 연결 때문에 가능했다. 1990년대 콜롬비아 카르텔이 해체되면서 생긴 힘의 공백을 시날로아, 걸프, 티후아나, 후아레스, 로스 제타스와 같은 새로운 멕시코 카르텔들이 채웠으며, 그들은 미국에 대한 수익성 있는 밀매경로의 통제를 위해 투쟁했다.

이러한 강력한 범죄조직들이 멕시코 내부 안보에 가하는 위협 때문에, 멕시코의 칼데론(Felipe Calderón) 대통령은 멕시코 마약 카르텔과의 전쟁을 선포했다. 2009년 칼데론은 텍사스 엘파소 맞은편 미국 국경에 있는 시우다드 후아레스와 같은 일부 지역에 계엄령을 선포했고, 폭력과 부패를 막기 위해 시 정부와 경찰을 군부가 통제하도록 명령했다. 이러한 정책에도 불구하고, 멕시코의 살인율은 칼데론 치하에서 급격하게 증가했다. 그 결과, 2012년 멕시코인들은 투표를 통하여 집권당인 국민행동당(PAN)을 몰아내고 제도혁명당(PRI)을 다시 집권하도록 투표했는데, 새로 집권한 니에토

(Enrique Peña Nieto)는 국가 차원에서 폭력사태와 싸우겠다고 약속했다. 그의 핵심 전략은 콜롬비아에서 성공한 방식대로 카르텔 지도자를 목표로 하는 것이었다. 그러나 그 결과는 새로운 지도자들 아래 새롭고 더 강력한 카르텔의 등장이었다. 6년 후 살인율은 줄지 않았고, 2018년에만 2만 9,000명이 살해당했다.[148)] 멕시코인들은 오브라도르(Andrés Manuel López Obrador)가 이끄는 새로운 정당인 국가재건운동(National Regeneration Movement)을 지배정당으로 선택하면서 자국이 폭력사태에서 벗어나기를 희망했다.

오늘날 멕시코는 지속적으로 범죄조직으로부터 불안감을 겪고 있으며, 그들의 범죄활동은 이웃 나라들인 북부 삼각지대(과테말라, 온두라스, 엘살바도르)로 확산되었다. 이 3개국들은 세계에서 가장 높은 살인율을 보유하고 있다.[149)] 이 국가들에서 폭력을 피해 탈출하는 사람들은 주로 미국을 향하는데, 이로 인해 이민이 급증하면서 미국-멕시코 국경에 인도주의적 위기가 조성되고 있다. 이 사람들 중 대부분이 미국에 위협을 가하지는 않지만, **미국 세관국경보호국**은 난민으로 가장하여 미국에 접근할지도 모르는 범죄자들과 테러리스트들로부터 국경을 보호하는 노력을 지속하고 있다.[150)]

범죄 네트워크에 대한 정보기관의 대응

미국 정보공동체는 국내외 범죄 네트워크의 위협에 맞서기 위한 사법당국의 노력을 지지하고 있다. FBI와 마약단속국(DEA)은 정보공동체의 구성조직이다. 정보분석관들은 초국가적 범죄조직(TCO)과 마약밀매조직(DTO)이 가하는 범죄위협에 초점을 맞추고, 핵심인물, 조직, 전술, 방법을 식별하여 범죄 네트워크에 대한 위협 평가를 제공한다. 남서부 국경을 따라 있는 **엘파소정보센터(EPIC)**는 연방, 주, 지방의 사법기관에 정보를 제공하는 DEA가 주도하는 조직이다. EPIC는 또한 북미에서 운용되는 초국가 범죄조직과 싸우기 위한 사령부의 노력에 대한 군사지원을 조정하는 텍사스 엘파소에 위치한 **미국 북부사령부의 남부합동기동부대(JTF-S)와의 활동을 조정한다.** 2008년 부시 대통령하에서 시작한 메리다(Mérida) 이니셔티브의 결과로, 미국은 조직범죄와 싸우고 있는 멕시코와 중미 국가들에게 군사 및 사법 지원을 했다. 한 가지 계획은 멕시코 정보기관과 법 집행기관에 정보지원을 하기 위해 멕시코시 주재 미국대사관에 정보융합센터를 설치하는 것이다.[151]

결론: 위협 및 우선순위

이 장에서 우리는 미국이 현재 직면하고 있는 다양한 전략적 위협에 대해 살펴보았다. 이는 완전한 목록이 아니다. 또한, 위협이 발생시키는 위험, 위협 발생의 상대적 확률, 관련 시간표에 따라 일부 위협이 다른 위협보다 우선시되었다. 그러나 모든 국가안보 전문가들이 우리가 제공한 위협의 상대적 서열화에 동의하는 것은 아니다. 예를 들어, 글로벌 기후변화가 미국안보에 재앙적 위협을 가하는 것은 확실하지만, 일부 학자들 또는 정책실행자들은 미국과 중국 사이에 제한된 핵 충돌이 있으면, 이것이 지구상의 모든 생명을 위태롭게 할 것이기 때문에, 얼마나 많은 탄소가 대기 중으로 방출되는가에 대한 논의는 무의미해진다고 주장한다. 그럼에도 불구하고, 우리가 파악한 위협들은 이러한 문제들을 해결하기 위해 미국과 동맹국들이 자원을 어떻게 배분할 것인가에 대한 정책결정자들의 중요한 논쟁을 불러일으킬 것이다. 의심할 여지 없이 이러한 논쟁은 당신의 강의실에 강력한 토론의 장을 제공할 것이다.

핵심용어

추가 읽을거리

Abrahms, Max. *Rules for Rebels: The Science of Victory in Militant History*. Oxford, UK: Oxford University Press, 2018.

Alba, Davey, and Ben Decker. "41 Cities, Many Sources: How False Antifa Rumors Spread Locally." *The New York Times*, June 22, 2020. https://www.nytimes.com/2020/06/22/technology/antifa-local-disinformation.html.

Arjomand, Said Amir. *After Khomeini: Iran Under His Successors*. Oxford, UK: Oxford University Press, 2009.

Avant, Deborah D. *The Market for Force: The Consequences of Privatizing Security*. Cambridge, UK: Cambridge University Press, 2005.

Beitel, June. *Mexico: Organized Crime and Drug Trafficking Organizations*. Washington, DC: Congressional Research Service, June 3, 2018.

Belton, Catherine. *Putin's People: How the KGB Took Back Russia and Then Took on the West*. New York, NY: Farrar, Straus & Giroux, 2020.

Blasko, Dennis J. *The Chinese Army Today*, 2nd ed. New York, NY: Routledge, 2012.

Bunn, Matthew, and Scott D. Sagan. *Insider Threats*. Ithaca, NY: Cornell University Press, 2016.

Cooley, Alexander. "Ordering Eurasia: The Rise and Decline of Liberal Internationalism in the Post-Communist Space." *Security Studies* 28, no. 3 (2019): 588–613.

Glenny, Misha. *McMafia: A Journey Through the Global Criminal Network*. New York, NY: Knopf Doubleday, 2009.

Goodwin, Jeff, James M. Jasper, and Francesca Polletta, eds. *Passionate Politics: Emotions and Social Movements*. Chicago, IL: University of Chicago Press, 2001.

Graff, Garrett M. "An Oral History of the Pandemic Warnings Trump Ignored." *Wired*, April 17, 2020. https://www.wired.com/story/an-oral-history-of-the-pandemic-warnings-trump-ignored/.

Greyson, George. *The Executioner's Men: Los Zetas, Rogue Soldiers, Criminal Entrepreneurs, and the Shadow State They Created*. Piscataway, NJ: Transaction, 2012.

Herspring, Dale R., ed. *Putin's Russia: Past Imperfect, Future Uncertain*, 3rd ed. Lanham, MD: Rowman & Littlefield, 2007.

Hoffman, Bruce. *Inside Terrorism*, 3rd ed. New York, NY: Columbia University Press, 2017.

Kaufman, Stuart J. *Nationalist Passions*. Ithaca, NY: Cornell University Press, 2015.

Leonhardt, David. "The Unique US Failure to Control the Virus." *The New York Times*, August 6, 2020. https://www.nytimes.com/2020/08/06/us/coronavirus-us.html.

Lieven, Anatol. *Climate Change and the Nation State: The Realist Case*. Oxford, UK: Oxford University Press, 2020.

Mattis, Peter. "So You Want to Be a PLA Expert." *War on the Rocks*, November 19, 2019. https://warontherocks.com/2019/11/so-you-want-to-be-a-pla-expert-2/.

Park, Kyung-Ae, and Scott Snyder, eds. *North Korea in Transition: Politics, Economy, and Society*. Lanham, MD: Rowman & Littlefield, 2012.

Ross, Robert S., and Zhu Feng, eds. *China's Ascent: Power, Security, and the Future of International Politics*. Ithaca, NY: Cornell University Press, 2008.

Rushton, Simon, and Jeremy Youde, eds. *Routledge Handbook of Global Health Security*. New York, NY: Routledge, 2015.

Sechser, Todd S., and Matthew Fuhrmann. *Nuclear Weapons and Coercive Diplomacy*. Cambridge, UK: Cambridge University Press, 2017.

Staniland, Paul. *Networks of Rebellion*. Ithaca, NY: Cornell University Press, 2014.

Tellis, Ashley J., Allison Szalwinski, and Michael Wills, eds. *Strategic Asia 2020: US-China Competition for Global Influence*. Seattle, WA: National Bureau of Asian Research, 2020.

Wulff, Stefan. *Ethnic Conflict: A Global Perspective*. Oxford, UK: Oxford University Press, 2006.

주

1장 서론

1) Pister, Kris. "Smart Dust, BAA 97-43." University of California, Berkeley. DARPA/ MEMS Program, 2001. https://people.eecs.berkeley.edu/~pister/presentations/ Mitre0303.pdf.

2) Edwards, Charlotte. "CIA Recruited Cat to Bug Russians." *The Telegraph*, November 4, 2001. https://www.telegraph.co.uk/news/worldnews/northamerica/usa/ 1361462/CIA-recruited-cat-to-bug-Russians.html.

3) 이에 대한 정확한 개관은 Marrin, Stephen. "Improving Intelligence Studies as an Academic Discipline." *Intelligence and National Security* 31, no. 2 (2016): 266– 279.

4) 유용한 논의는 다음에서 찾아볼 수 있다. Gill, Peter, and Mark Phytian. *Intelligence in an Insecure World*, 3rd ed. Cambridge, UK: Polity Press, 2018, 1–26.

5) Sarotte, M. E. "Spying Not Only on Strangers: Documenting Stasi Involvement in German-German Cold War Negotiations." *Intelligence and National Security* 11, no. 4 (1996): 765–779.

6) 국익에 대한 자세한 논의는 다음 책을 참조할 것. Roskin, Michael G. *The National Interest: From Abstraction to Strategy*. Carlisle, PA: Strategic Studies Institute, US Army War College, 1994.

7) Morgenthau, Hans J. *Politics Among Nations: The Struggle for Power and Peace*. New York, NY: Alfred A. Knopf, 1949/1973, 14.

8) National Intelligence Council. *Global Trends: Paradox of Progress*. Washington, DC: National Intelligence Council, 2017. https://www.dni.gov/files/documents/ nic/GT-Full-Report.pdf.

9) FM 3-0. *Operations*. Washington, DC: Headquarters, Department of the Army, 2017.

10) Steury, Donald P. "Introduction." In *Sherman Kent and the Board of National Estimates: Collected Essays*. Washington, DC: Center for the Study of Intelligence, 1994.

11) Wirtz, James J. "The Intelligence – Policy Nexus." In *Strategic Intelligence*, Vol. 1., edited by Loch K. Johnson. Westport, CT: Praeger, 2007.

12) Blanken, Leo J., and Jason L. Lepore. "Principals, Agents, and Assessment." In *Assessing War: The Challenge of Measuring Success and Failure*, edited by Leo J. Blanken, Hy Rothstein, and Jason J. Lepore. Washington, DC: Georgetown University Press, 2015.

13) Wirtz, "Intelligence – Policy Nexus."

14) McLaughlin, John. "Serving the National Policymaker." In *Analyzing Intelligence*, edited by Roger Z. George and James B. Bruce. Washington, DC: Georgetown University Press, 2008.

15) Marrin, Stephen. "Why Strategic Intelligence Analysis Has Limited Influence on American Foreign Policy." *Intelligence and National Security* 32, no. 1 (2017): 1–18.

16) Jervis, Robert. "Intelligence, Counterintelligence, Perception, and Deception." In *Vaults, Mirrors, and Masks: Rediscovering US Counterintelligence*, edited by Jennifer E. Sims and Burton Gerber. Washington, DC: Georgetown University Press, 2009, 77.

17) 미국 정보공동체는 러시아 정부가 힐러리 클린턴보다 트럼프를 선호했고, 그가 당선되도록 지원했다는 점을 확인했다. ICA 2017-01D. "Assessing Russian Intelligence Activities and Intentions in Recent US Elections." January 6, 2017.

18) 미국 정책형성이 미치는 정보의 최소 영향에 대해서는 Lowenthal, Mark M. *The Future of Intelligence*. Cambridge, UK: Polity, 2018, 9를 참조.

2장 정보의 역사

1) Numbers 13:17–20.

2) Andrew, Christopher. *The Secret World: A History of Intelligence*. New Haven, CT: Yale University Press, 2018, 37.

3) Ibid., 36.

4) Quoted in Ibid., 3.

5) Mearsheimer, John. *The Tragedy of Great Power Politics*. New York, NY: W.W. Norton & Company, 2001.

6) Andrew, *The Secret World*, 33.

7) Ibid.

8) Ibid., 33–35.

9) Ibid., 33.

10) Sun Tzu. *The Art of War*, Chapter 1: Laying Plans.

11) Ibid., Chapter 13: The Use of Spies.

12) Kahn, David. "Clausewitz and Intelligence." *The Journal of Strategic Studies* 9, no. 2-3 (September 1986): 117.

13) Ibid., 119.

14) Ibid., 120.

15) Ibid., 118.

16) Sun Tzu, *Art of War*, Chapter 3: Attack by Stratagem.

17) Alford, Stephen. *The Watchers: A Secret History of the Reign of Elizabeth I.* London, UK: Bloomsbury Press, 2012.

18) Ibid.

19) Ibid.

20) Denécé, Eric. "France: The Intelligence Services' Historical and Cultural Context." In *The Handbook of European Intelligence Cultures*, edited by Bob de Graaf and James M. Nyce. Lanham, MD: Rowman & Littlefield, 2016, 135-146.

21) Kissinger, Henry. *Diplomacy*. New York, NY: Simon & Schuster, 1994, 58.

22) Ibid.

23) Ibid., 59.

24) Ibid., 58.

25) Sankey, Margaret. "Cardinal de Richelieu." In *Encyclopedia of Intelligence and Counterintelligence*, Vol. 1, edited by Rodney P. Carlisle. New York, NY: Routledge, 2005, 529-530.

26) Denécé, "France."

27) Sankey, "Cardinal de Richelieu."

28) Denécé, "France."

29) Kissinger, *Diplomacy*, 58.

30) Denécé, "France," 135-137.

31) Ibid., 136-137.

32) Ibid., 138.

33) Nelson, Gail. "Ivan IV (The Terrible)." In *Encyclopedia of Intelligence and Counterintelligence*, Vol. 1, edited by Rodney P. Carlisle. New York, NY: Routledge, 2005, 337-338.

34) Ibid.

35) Ibid.

36) Kisak, Paul. "Russia (Pre-Soviet)." In *Encyclopedia of Intelligence and Counterintelligence*, Vol. 1, edited by Rodney P. Carlisle. New York, NY: Routledge, 2005, 549-551.

37) Gayan, Melissa. "Russia (Post-Soviet)." In *Encyclopedia of Intelligence and Counterintelligence*, Vol. 1, edited by Rodney P. Carlisle. New York, NY: Routledge, 2005, 548-549.

38) Ibid.

39) Matthews, Owen. "Vladimir Putin Resurrects the KGB." *Politico*, September 28, 2016. https://www.politico.eu/article/vladimir-putin-resurrects-the-kgb-moscow-security/.

40) Khazan, Olga. "Gentlemen Reading Each Other's Mail: A Brief History of Diplomatic Spying." *The Atlantic*, June 17, 2013. https://www.theatlantic.com/international/archive/2013/06/gentlemen-reading-each-othersmail-a-brief-history-of-diplomatic-spying/276940/.

41) Andrew, Christopher. *For the President's Eyes Only: Secret Intelligence and the American Presidency From Washington to Bush*. New York, NY: HarperCollins, 1995, 7.

42) Ibid.

43) Ibid., 1.

44) Ibid., 7.

45) Ibid., 7–8.

46) Ibid., 8.

47) Ibid., 9–10.

48) Ibid., 10–11.

49) Ibid., 11.

50) Ibid., 14.

51) Office of the Director of National Intelligence. "1863: Harriet Tubman." Accessed January 5, 2020. https://www.intelligence.gov/people/barrier-breakers-in-history/454-harriet-tubman.

52) Andrew, *For the President's Eyes Only*, 19.

53) Ibid., 20.

54) Ibid., 69–70.

55) Ibid., 119.

56) Ibid., 120.

57) Ibid., 120.

58) Ibid., 131.

59) Ibid., 131–133.

60) Masterman, J. C. *The Double-Cross System*. Guilford, CT: Lyons Press, 2012.

61) Ibid., 164.

62) Andrew, *For the President's Eyes Only*, 145.

63) Ibid., 147.

64) Ibid., 169.

65) Ibid., 170.

66) Ibid., 214.

67) Lindgren, David. *Trust but Verify: Imagery Analysis in the Cold War*. Annapolis,

MD: Naval Institute Press, 2000, 48.

68) Ibid., 34.

69) Ibid., 3.

70) Lindgren, *Trust but Verify*.

71) Ibid., 121. (주: IRBM = intermediate-range ballistic missile; MRBM = medium-range ballistic missile; and SAM = surface-to-air missile.)

72) Ibid., 68.

73) Haynes, John Earl, and Harvey Klehr. *Venona: Decoding Soviet Espionage in America*. New Haven, CT: Yale University Press, 1999, 7.

74) Ibid., 9.

75) Ibid., 331.

76) Ibid., 140−141.

77) Ibid., 146.

78) Ibid., 10.

79) Haynes and Klehr, *Venona*.

3장 정보와 안보제도: 조직과 과정

1) Center for Cryptographic History. *The NSA and the Cuban Missile Crisis*. Fort Meade, MD: Center for Cryptographic History, 1998, 7.

2) Allison, Graham. *Essence of Decision: Explaining the Cuban Missile Crisis*. Boston, MA: Little, Brown, 1971, 122.

3) Walton, Timothy. "Cuban Missile Crisis." In *Challenges in Intelligence Analysis: Lessons From 1300 BCE to the Present*, 143−148. New York, NY: Cambridge University Press, 2011.

4) Madison, James. *Federalist 41*. Accessed July 3, 2019. https://www.congress.gov/resources/display/content/The+Federalist+Papers#TheFederalistPapers-41.

5) Hamilton, Alexander. *Federalist 70*. Accessed July 5, 2019. https://www.congress.gov/resources/display/content/The+Federalist+Papers#TheFederalistPapers-70.

6) Justia. "International Agreements Without Senate Approval." Accessed October 2, 2019. https://law.justia.com/constitution/us/article-2/20-international-agreements-without-senate-approval.html.

7) Ornstein, Norman, and Thomas Mann. *Renewing Congress: A Second Report*. Washington, DC: American Enterprise Institute, 1993, 15.

8) Lowenthal, Mark. *Intelligence: From Secrets to Policy*, 6th ed. Washington, DC: CQ Press, 2015, 288.

9) Freer, Richard. *Civil Procedure*, 4th ed. New York, NY: Wolters Kluwer, 2017, 894.

10) Hughes, Charles Evans. *Addresses and Papers of Charles Evans Hughes, Governor of New York*, 1906−1908. New York, NY: BiblioLife, 2009, 139.

11) Legal Information Institute. "US Constitution: Fourth Amendment." Accessed August 1, 2019. https://www.law.cornell.edu/constitution/fourth_amendment.

12) Foreign Intelligence Surveillance Court. "About the Foreign Intelligence Surveillance Court." Accessed July 5, 2019. https://www.fisc.uscourts.gov/about-foreign-intelligence-surveillance-court.

13) Kelly, Jason. "OctoPOTUS?" *The University of Chicago Magazine* 105, no. 1 (September−October 2012). https://mag.uchicago.edu/law-policy-society/octopotus.

14) AZ Quotes. *Charley Reese*. Accessed July 10, 2019. https://www.azquotes.com/quote/1036991.

15) Kennan, George. "The Long Telegram." February 22, 1946. http://www.ntanet.net/KENNAN.html.

16) "Goldwater−Nichols Department of Defense Reorganization Act of 1986." Accessed November 5, 2019. https://history.defense.gov/Portals/70/Documents/dod_reforms/Goldwater-NicholsDoDReordAct1986.pdf.

17) Stolberg, Alan. *How Nation-States Craft National Security Strategy Documents*. Carlisle Barracks, PA: Strategic Studies Institute, 2012, 71.

18) Keenan, "The Long Telegram".

19) Goodreads. "Frederick the Great: Quotes." Accessed November 3, 2019. https://www.goodreads.com/quotes/9020207-diplomacy-without-arms-is-like-music-without-instruments.

20) Perl, Raphael. "The Department of Homeland Security: Background and Challenges." In *Terrorism − Reducing Vulnerabilities and Improving Responses*. Washington, DC: Office for Central Europe and Eurasia Development, Security, and Cooperation Policy and Global Affairs, 2004, 176.

21) Office of the Director of National Intelligence. *The National Intelligence Strategy of the United States* (2019). Washington, DC: Office of the Director of National Intelligence, 2019, 279.

22) Office of the Director of National Intelligence. *Intelligence Community Directive 204−National Intelligence Priorities Framework*. Washington, DC: Office of the Director of National Intelligence, 2015. https://www.dni.gov/files/documents/ICD/ICD%20204%20National%20Intelligence%20Priorities%20Framework.pdf.

23) Shreeve, Thomas. "The Intelligence Community Case Method Program: A National Estimate on Yugoslavia." In *Intelligence and National Security Strategist*, edited by Robert George and Robert Kline, 333. New York, NY: Rowman & Littlefield, 2006.

24) "National Intelligence Officer for North Korea." USAJobs. Accessed August 12, 2019. www.usajobs.gov/GetJob/ViewDetails/536125300.

25) Ibid.

26) Central Intelligence Agency. "History of the CIA." Accessed July 13, 2019. www. cia.gov/about-cia/historyof-the-cia.

27) Director of National Intelligence. *US Intelligence: IC Consumer's Guide*. Washington, DC: Office of the Director of National Intelligence, 2011, 18.

28) Central Intelligence Agency. "Science and Technology." Accessed July 13, 2019. https://www.cia.gov/officesof-cia/science-technology.

29) Yannuzzi, Rick. *In-Q-Tel: A New Partnership Between the CIA and the Private Sector*. Washington, DC: Joint Military Intelligence College, 2000. http://www. cia.gov/library/publications/intelligence-history/in-q-tel.

30) Central Intelligence Agency. "CIA Organization Chart." Accessed July 11, 2019. https://www.cia.gov/about-cia/leadership/cia-organization-chart.html.

31) Central Intelligence Agency. "Gina Haspel, Director." Accessed July 13, 2019. https://www.cia.gov/aboutcia/leadership/gina-haspel.html.

32) Ignatius, David. "Will John Brennan's Controversial CIA Modernization Survive Trump?" *The Washington Post*, January 17, 2017. https://www.washingtonpost. com/opinions/will-john-brennans-controversial-ciamodernization-survive-trump/ 2017/01/17/54e6cc1c-dcd5-11e6-ad42-f3375f271c9c_story.html.

33) Lowenthal, *Intelligence*, 41.

34) Shanker, Thom. "A Secret Warrior Leaves the Pentagon as Quietly as He Entered." *The New York Times*, May 1, 2015. https://www.nytimes.com/2015/05/02/us/ a-secret-warrior-leaves-the-pentagon-as-quietly-ashe-entered.html.

35) Pavgi, Kedar. "Former Pentagon Intel Chief Says Military's Clandestine Service Is Growing." *Defense One*, July 23, 2015. https://www.defenseone.com/threats/ 2015/07/former-pentagon-intel-chief-says-militarysclandestine-service-growing/ 118537/.

36) 2018년 미국 태평양 사령부는 남아시아의 중요성이 증대됨에 따라 인도-태평양 사령부로 이름을 바꾸었다. "US Indo-Pacific Command Holds Change of Command Ceremony." US Indo-Pacific Command. Public Affairs Communication & Outreach, May 30, 2018. https://www.pacom.mil/Media/News/News-Article-View/Article/ 1535776/us-indo-pacific-command-holds-change-of-commandceremony/ 참조.

37) Kojm, Christopher. "Global Change and Megatrends: Implications for Intelligence and Its Oversight." *Lawfare Blog*, May 12, 2016. https://www.lawfareblog.com/ global-change-and-megatrends-implicationsintelligence-and-its-oversight.

38) Paglen, Trevor. *Blank Spots on the Map: The Dark Geography of the Pentagon's Secret World*. New York, NY: Dutton, 2009, 178.

39) Welch, Dylan. "US Red-Faced as 'CABLEGATE' Sparks Global Diplomatic Crisis, Courtesy of WikiLeaks." *Sydney Morning Herald*, November 29, 2010. https:// www.smh.com.au/technology/us-redfaced-as-cablegatesparks-global-diplomatic-crisis-courtesy-of-wikileaks-20101128-18ccl.html.

40) Carter, David. *Law Enforcement Intelligence: A Guide to State, Local, and Tribal Law Enforcement Agencies*. Washington, DC: US Department of Justice, Office

of Community Oriented Policing Services, 2004, 16.

41) Smith, Jonathan. "Homeland Security Intelligence." In *Threats to Homeland Security*, 2nd ed., edited by Richard Kilroy. New York, NY: John Wiley & Sons, 2018, 418.

42) Priest, Dana, and William Arkin. *Top Secret America: The Rise of the New American Security State*. New York, NY: Little, Brown, 2011, 151.

43) Ibid., 10.

44) Light, Paul. "Issue Paper: The True Size of Government." *The Volker Alliance*, October 5, 2017. www.volkeralliance.org/publications/true-size-government.

45) Wheaton, Kristopher. "Thinking in Parallel: A 21st Century Vision of the Intelligence Process." *Sources and Methods Blog*, June 6, 2014. https://sourcesandmethods.blogspot.com/2014/06/thinking-in-parallel-21stcentury.html.

46) Davidson, Phillip, and Robert Glass. *Intelligence Is for Commanders*. New York, NY: Military Services, 1948, 6.

47) Office of the Director of National Intelligence. *US National Intelligence: An Overview*. Washington, DC: Office of the Director of National Intelligence, 2011, 10.

48) Betts, Richard. *Enemies of Intelligence*. New York, NY: Columbia University Press, 2009, 71.

49) Ibid., 68.

50) Clark, Robert. *Intelligence Collection*. Washington, DC: CQ Press, 2014, 461.

51) Richelson, Jeffrey. *The US Intelligence Community*, 5th ed. New York, NY: Routledge, 2008, 318.

52) Goodwin, Bill. "Interview: James Bamford on Surveillance, Snowden and Technology Companies." *Computer Weekly*, January 5, 2016. https://www.computerweekly.com/feature/Interview-James-Bamford-onsurveillance-Snowden-and-technology-companies.

53) Szondy, David. "MQ-9 Reaper Big Wing Sets Predator Flight Endurance Record." *News Atlas*, June 1, 2016. https://newatlas.com/predator-b-mq-9-endurance-record/43620/.

54) Caddell, Joseph. "Discovering Soviet Missiles in Cuba." *War on the Rocks*, October 19, 2017. https://warontherocks.com/2017/10/discovering-soviet-missiles-in-cuba-intelligence-collection-and-its-relationshipwith-analysis-and-policy/.

55) Magnuson, Stew. "Military Swimming in Sensors and Drowning in Data." *National Defense Magazine*, January 1, 2010. http://www.nationaldefensemagazine.org/articles/2009/12/31/2010january-militaryswimming-in-sensors-and-drowning-in-data.

56) Walton, Timothy. "Pearl Harbor." In *Challenges of Intelligence Analysis: Lessons From 1300 BCE to the Present*, 89—98. New York, NY: Cambridge University Press, 2011.

57) Chulov, Martin, and Helen Pidd. "CURVEBALL: How US Was Duped by Iraqi

Fantasist Looking to Topple Saddam." *The Guardian*, February 15, 2011. https://www.theguardian.com/world/2011/feb/15/curveballiraqi-fantasist-cia-saddam.

58) Caddell, "Discovering Soviet Missiles in Cuba."

59) National Intelligence Estimate. *Iraq's Continuing Program for Weapons of Mass Destruction*. Washington, DC: National Intelligence Council, Key Judgements Section, 2002.

60) Theissen, Marc. "Why Is Obama Skipping More Than Half of His Daily Intelligence Meetings?" *The Washington Post*, September 10, 2012. https://www.washingtonpost.com/opinions/why-is-obama-skipping-more-thanhalf-of-his-daily-intelligence-meetings/2012/09/10/6624afe8-fb49-11e1-b153-218509a954e1_story.html.

61) Director of National Intelligence. *US Intelligence: IC Consumer's Guide*. Washington, DC: Office of the Director of National Intelligence, 2011, 12.

62) Clark, Robert. *Intelligence Analysis: A Target-Centric Approach*, 3rd ed. Washington, DC: CQ Press, 2010, 13.

63) Hulnick, Arthur. "What's Wrong With the Intelligence Cycle?" *Intelligence and National Security* 21, no. 6 (2006): 961.

64) Lowenthal, *Intelligence*, 85.

65) Churchill, Winston. "The Worst Form of Government." International Churchill Society. Accessed September 30, 2019. https://winstonchurchill.org/resources/quotes/the-worst-form-of-government/.

4장 비교정보체계: 영국·프랑스·독일·이스라엘·러시아·중국

1) 20세기 초, 독일의 사회학자 베버(Max Weber)는 상이한 정치와 경제체제의 비교 사회과학 연구를 개척했다. Weber, Max. *Economy and Society*, Vols. 1 and 2, edited by Guenther Roth and Claus Wittich. Berkeley: University of California Press, 1978.

2) 미국 정보공동체가 빈번하게 사례연구를 활용할 때, 기본적인 사회과학 방법론을 따르지 않았다. Shreeve, Thomas W. "Experiences to Go: Teaching With Intelligence Case Studies." Discussion Paper Number 12. Washington, DC: Joint Military Intelligence College, 2004에 의한 내부 훈련 문서를 Davies, Philip H., and Kristian C. Gustafson, eds. *Intelligence Elsewhere: Spies and Espionage Outside the Anglosphere*. Washington, DC: Georgetown University Press, 2013의 학술연구와 비교할 것.

3) Van Evera, Stephen. *Guide to Methods for Students of Political Science*. Ithaca, NY: Cornell University Press, 1997, 55.

4) Dover, Robert, and Michael S. Goodman, eds. *Learning From the Secret Past:*

Cases in British Intelligence History. Washington, DC: Georgetown University Press, 2013; and Blanken, Leo J., Hy Rothstein, and Jason J. Lepore, eds. *Assessing War: The Challenge of Measuring Success and Failure*. Washington, DC: Georgetown University Press, 2015.

5) 비교정치를 공부하는 학생들은 코스타리카의 군이 마약류 운영의 효율성에 거의 영향을 미치지 않는다는 귀무가설(null hypothesis)을 평가하기 위한 통제 사례로 선택될 수 있다는 점에 주목할 것이다. 그러나 단순성을 위해, 우리는 여기서 이 문제를 검토하지 않을 것이다.

6) Linz, Juan. "The Perils of Presidentialism." *Journal of Democracy* 1, no. 1 (Winter 1990): 51–69.

7) Lichbach, Mark Irving, and Alan S. Zuckerman, eds. *Comparative Politics: Rationality, Culture, and Structure*. Cambridge, UK: Cambridge University Press, 1997.

8) De Graaf, Bob, and James M. Nyce, eds. *The Handbook of European Intelligence Cultures*. Boulder, CO: Rowman & Littlefield, 2016; and Willmetts, Simon. "The Cultural Turn in Intelligence Studies." *Intelligence and National Security* 34, no. 6 (2019): 800–817.

9) Harding, Luke, Stephanie Kirchgaessner, and Nick Hopkins. "British Spies Were First to Spot Trump Team's Links With Russia." *The Guardian*, April 13, 2017. https://www.theguardian.com/uk-news/2017/apr/13/british-spies-first-to-spot-trump-team-links-russia.

10) British Ministry of Defence. Accessed September 12, 2020. http://www.defenceimagery.mod.uk/.

11) Goodman, Michael S. "The United Kingdom." In *Routledge Companion to Intelligence Studies*, edited by Robert Dover, Michael S. Goodman, and Claudia Hillebrand, 135–144. Oxford, UK: Routledge, 2014.

12) Phytian, Marky. "The British Experience With Intelligence Accountability." *Intelligence and National Security* 22, no. 1 (2007): 88.

13) Walton, Calder. *Empire of Secrets: British Intelligence, the Cold War, and the Twilight of Empire*. London, UK: Harper, 2013.

14) Phytian, "The British Experience With Intelligence Accountability," 77.

15) Macintyre, Andrew. *A Spy Among Friends: Kim Philby and the Great Betrayal*. New York, NY: Broadway Books, 2014.

16) Davies, Philip H. J. "A Critical Look at Britain's Spy Machinery." *Studies in Intelligence* 49, no. 4 (2005). https://www.cia.gov/library/center-for-the-study-of-intelligence/csi-publications/csi-studies/studies/vol49no4/Spy_Machinery_4.htm.

17) Report of a Committee of Privy Counsellors. *Review of Intelligence on Weapons of Mass Destruction*. London, UK: The Stationery Office, 2004. news.bbc.co.uk/nol/shared/bsp/hi/pdfs/14_07_04_butler.pdf.

18) 제2국은 몇 개의 조직으로 세분되었다. 그러나 단순화하기 위해서 이 장에서는 프랑스 정보기관의 모든 이름은 반복하여 다루지 않는다.

19) Denece, Eric. "France: The Intelligence Services' Historical and Cultural Context." In *The Handbook of European Intelligence Cultures*, edited by Bob de Graaf and James M. Nyce. Boulder, CO: Rowman & Littlefield, 2016, 139.

20) Poirier, Dominique. *Napoleon's Spies: Revelations From a Spy Who Came in From France*. CreateSpace, 2018.

21) Schuker, Stephen A. "Seeking a Scapegoat: Intelligence and Grand Strategy in France, 1919–940." In *Secret Intelligence in the European State System, 1918–1989*, edited by Jonathan Haslam and Katrina Urbach. Palo Alto, CA: Stanford University Press, 2014.

22) Rid, Thomas, and Martin Zapfe. "Mission Command Without a Mission: German Military Adaptation in Afghanistan." In *Military Adaptation and the War in Afghanistan*, edited by Theo Farrell, Frans Osinga, and James Russell. Palo Alto, CA: Stanford University Press, 2013.

23) Kosinsky, Olaf. "BND Headquarters in Berlin." Created August 30, 2019. https://en.wikipedia.org/wiki/Headquarters_of_the_Federal_Intelligence_Service#/media/File:2019-08-30_BND_Zentrale_Berlin_OK_0318.jpg.

24) Schultheis, Emily. "World's Biggest Intelligence Headquarters Opens in Berlin." *The Guardian*, February 8, 2019. https://www.theguardian.com/world/2019/feb/08/worlds-biggest-intelligence-headquarters-opensberlin-germany-bnd.

25) Scally, Derek. "Mockery Greets Berlin's 'Megalomaniacal' New Spy HQ." *The Irish Times*, February 8, 2019. https://www.irishtimes.com/news/world/europe/mockery-greets-berlin-s-megalomaniacal-new-spyhq-1.3787280.

26) Schultheis, "World's Biggest Intelligence Headquarters Opens in Berlin."

27) Stanley, Alessandra. "In Moscow, US Hushes Walls That Have Ears." *The New York Times*, May 4, 1997. https://www.nytimes.com/1997/05/04/world/in-moscow-us-hushes-walls-that-have-ears.html.

28) Krieger, Wolfgang. "Germany." In *The Handbook of European Intelligence Cultures*, edited by Bob de Graaf and James M. Nyce, 155–156. Boulder, CO: Rowman & Littlefield, 2016.

29) 다음을 참조할 것. Bergman, Ronen. *Rise and Kill First: The Secret History of Israel's Targeted Assassinations*. New York, NY: Random House, 2018.

30) Pedahzur, Ami, and Arie Perliger. *Jewish Terrorism in Israel*. Cambridge, UK: Cambridge University Press, 2009.

31) Thomas, Gordon. *Gideon's Spies: The Secret History of the Mossad*. New York, NY: St. Martin's Press, 2009, 87–104.

32) Bergman, *Rise and Kill First*, 39.

33) 다음을 참조할 것. Bar-Joseph, Uri. "Intelligence Failure and the Need for Cognitive Closure: The Case of the Yom Kippur War." In *Paradoxes of Strategic Intelligence*, edited by Richard K. Betts and Thomas G. Mahnken. London, UK: Frank Cass, 2003.

34) Pringle, Robert W. "The Intelligence Services of Russia." In *The Oxford Handbook of National Security Intelligence*, edited by Loch K. Johnston, 784. Oxford, UK: Oxford University Press, 2010.

35) Maynes, Charles. "Inside the Internet Research Agency: A Mole Among Trolls." *Voice of America*, April 17, 2018. https://www.voanews.com/a/inside-the-internet-research-agency-a-mole-among-trolls/4352107.html.

36) Oliphant, Roland. "What Is Unit 26165, Russia's Elite Hacking Centre?" *The Telegraph*, October 4, 2018. https://www.telegraph.co.uk/news/2018/10/04/unit26165-russias-elite-military-hacking-centre/.

37) Andrew, Christopher, and Vasili Mitrokhin. *The Sword and the Shield: The Mitrokhin Archive and the Secret History of the KGB*. New York, NY: Basic Books, 1999.

38) Nimmo, B. "Question That: RT's Military Mission." Atlantic Council, Digital Forensics Lab, January 8, 2018. https://medium.com/dfrlab/question-that-rts-military-mission-4c4bd9f72c88.

39) Lindsay, Jon R., and Tai Min Cheung. "From Exploitation to Innovation: Acquisition, Absorption, and Application." In *China and Cybersecurity: Espionage, Strategy, and Politics in the Digital Domain*, edited by Jon R. Lindsay, Tai Min Cheung, and Derek S. Reveron. Oxford, UK: Oxford University Press, 2015.

40) Nimmo, John, Sr. "F-35A Moving Into Position to Refuel." Created May 16, 2013. https://en.wikipedia.org/wiki/Lockheed_Martin_F-35_Lightning_II_development#/media/File:A_U.S._Air_Force_pilot_navigates_an_F-35A_Lightning_II_aircraft_assigned_to_the_58th_Fighter_Squadron,_33rd_Fighter_Wing_into_position_to_refuel_with_a_KC-135_Stratotanker_assigned_to_the_336th_Air_Refueling_130516-FXL333-505.jpg.

41) Yu, Danny. "J-31 at Zhuhai." Created November 7, 2014. https://commons.wikimedia.org/wiki/Category:Shenyang_FC-31#/media/File:J-31.jpg.

42) Blasko, Dennis J. *The Chinese Army Today*, 2nd ed. London, UK: Routledge, 2012, 127.

43) 예를 들어, 다음을 참조할 것. Sawyer, Ralph D. "Subversive Information: The Historical Thrust of Chinese Intelligence." In *Intelligence Elsewhere: Spies and Espionage Outside the Anglosphere*, edited by Philip H. J. Davies and Kristian C. Gustafson. Washington, DC: Georgetown University Press, 2013. This chapter provides a very useful survey of ancient Chinese strategy, then claims without providing any empirical evidence this historical legacy still dominates the thinking of contemporary Chinese intelligence leaders.

44) Mattis, Peter L. "Assessing Western Perspectives on Chinese Intelligence." *International Journal of Intelligence and Counterintelligence* 25, no. 4 (2012): 678–699.

45) Schwarck, Edwards. "Intelligence and Informatization: The Rise of the Ministry of Public Security in Intelligence Work in China." *The China Journal* 80 (2018):

1-23.

46) Wee, Sui-Lee. "China Uses DNA to Track Its People, With the Aid of US Expertise." *The New York Times*, February 21, 2019. https://www.nytimes.com/2019/02/21/business/china-xinjiang-uighur-dna-thermo-fisher.html.

47) Scobell, Andrew. "China's Evolving Civil-Military Relations: Creeping *Guohiahua*." In *Chinese Civil-Military Relations: The Transformation of the People's Liberation Army*, edited by Na Li, 31. London, UK: Routledge, 2006.

48) Hernandez, Javier. "The Hottest App in China Teaches Citizens About Their Leader—nd, Yes, There's a Test." *The New York Times*, April 7, 2019. https://www.nytimes.com/2019/04/07/world/asia/china-xijinping-study-the-great-nation-app.html.

49) Kharpal, Arjun. "Huawei Says It Would Never Hand Data to China's Government. Experts Say It Wouldn't Have a Choice." CNBC, March 4, 2019. https://www.cnbc.com/2019/03/05/huawei-would-have-togive-data-to-china-government-if-asked-experts.html.

50) Poreba, John. "Neutralizing China's Spy Network." *International Journal of Intelligence and Counterintelligence* 25, no. 2 (2012): 260-291.

51) Bloomberg News. "Cash-Stuffed Secret Hideaway Discovered in Chinese Banker's Apartment." January 13, 2020. https://www.bloomberg.com/news/articles/2020-01-14/cash-stuffed-hideaway-revealed-in-confessionof-chinese-banker.

52) Stevenson, Alexandra, and Cao Li. "'China's Manhattan' Borrowed Heavily. The People Have Yet to Arrive." *The New York Times*, April 10, 2019. https://www.nytimes.com/2019/04/10/business/china-economy-debttianjin.html.

53) Pike, John. "Ministry of Public Security." Accessed January 10, 2020. https://www.globalsecurity.org/intell/world/china/mps.htm.

5장 | 정보활동

1) Kilroy, Richard J., Jr. "Terror and Technology: Domestic Intelligence Collection and the Gossamer of Enhanced Security." *Journal of Policing, Intelligence and Counter Terrorism* 12, no. 2 (2017): 119-141.

2) Department of Defense. "Intelligence Operations." In *Dictionary of Military and Associated Terms*, 108. As of June 2020. https://www.jcs.mil/Portals/36/Documents/Doctrine/pubs/dictionary.pdf.

3) Central Intelligence Agency. "Organizational Chart." Last updated October 9, 2015. https://www.cia.gov/about-cia/leadership/Org_Chart_Oct2015.pdf.

4) Giles, Lionel. *Sun Tzu on* The Art of War: *The Oldest Military Treatise in the World*. London, UK: Luzac, 1910, 19.

5) 다음을 참조할 것. Sheehan, Neil. *A Bright Shining Lie: John Paul Vann and America in Vietnam*. New York, NY: Vintage Books, 1988.

6) Smith, Clarence E. "CIA's Analysis of Soviet Science and Technology." In *Watching the Bear: Essays on CIA's Analysis of the Soviet Union*, edited by Gerald K. Haines and Robert E. Leggett. Washington, DC: CIA Center for the Study of Intelligence, 2003. https://www.cia.gov/library/center-for-the-study-of-intelligence/csi-publications/books-and-monographs/watching-the-bear-essays-on-cias-analysis-of-the-soviet-union/article04.html.

7) Jensen, Carl, David McElreath, and Melissa Graves. *Introduction to Intelligence Studies*. New York, NY: CRC Press, 2013.

8) Macias, Amanda A. "A Messy Multibillion-Dollar Weapon Sale Between Turkey, Russia and the US Just Got More Complicated." *CNBC*, December 9, 2018. https://www.cnbc.com/2018/12/19/a-messy-multi-billiondollar-weapon-sale-between-turkey-russia-and-the-us-just-got-more-complicated.html.

9) Federation of American Scientists. "TENCAP (SIGINT and IMINT)." Accessed May 5, 2019. https://fas.org/spp/military/program/sigint/tencap.htm#N_44_.

10) Young, Steve. "Using a Principal Agent in Intelligence Collection in Afghanistan." In *Critical Issues in Homeland Security: A Casebook*, edited by James D. Ramsay and Linda A. Kiltz. Boulder, CO: Westview Press, 2014.

11) Hall, Wayne Michael, and Gary Citrenbaum. *Intelligence Collection: How to Plan and Execute Intelligence Collection in Complex Environments*. Santa Barbara, CA: Praeger Security International, 2014.

12) Department of Defense. *General Defense Intelligence Program (GDIP) Management*. Department of Defense Directive No. 3305.5. Washington, DC: Defense Technical Information Center (AD-A270−423), May 9, 1986.

13) Director of National Intelligence. *Intelligence Community Directive 204: National Intelligence Priorities Framework*. Washington, DC: Office of the Director of National Intelligence, January 2, 2015.

14) Lowenthal, Mark. *Intelligence: From Secrets to Policy*, 7th ed. Washington, DC: CQ Press, 2017, 79.

15) Hall and Citrenbaum, *Intelligence Collection*.

16) Wilkinson, Tracy. "Jose de Jesus Gutierrez Rebollo Dies at 79; Disgraced Mexican General." *Los Angeles Times*, December 20, 2013. https://www.latimes.com/local/obituaries/la-xpm-2013-dec-20-la-me-josegutierrez-rebollo-20131221-story.html.

17) Peterson, Martha D. *The Widow Spy: My CIA Journey From the Jungles of Laos to Prison in Moscow*. Wilmington, NC: Red Canary Press, 2012.

18) Rose, Alexander. *Washington's Spies: The Story of America's First Spy Ring*. New York, NY: Random House, 2006.

19) Lotter, David. "Grenville Dodge (1831−916)." *Signal Corps Association 1860−1865*. Accessed May 9, 2019. http://www.civilwarsignals.org/pages/spy/pages/

dodge.html.

20) Civil War Academy. "Alan Pinkerton 1819–884." Accessed May 9, 2019. https://www.civilwaracademy.com/allan-pinkerton.

21) Schoof, Heidi. *Elizabeth Van Lew: A Civil War Spy*. North Mankato, MN: Capstone, 2005, 88.

22) History Editors. "Spying in the Civil War." *History*, February 3, 2019. https://www.history.com/topics/american-civil-war/civil-war-spies.

23) Blakemore, Erin E. "The Enduring Enigma of the First Woman Executed by the US Federal Government." *Time*, June 30, 2015. http://time.com/3935911/mary-surratt/.

24) King, Melanie. "Thanks for the Spycraft, World War I: The Fight That Launched an Explosion of Espionage Innovation." *Boston Globe*, August 3, 2014. https://www.bostonglobe.com/ideas/2014/08/02/thanks-forspycraft-world-war/lrjmteHDfRevXdP9qGACHN/story.html.

25) Stephenson, William. *Spymistress: The True Story of the Greatest Female Secret Agent of World War II*. New York, NY: Arcade, 2011.

26) Suvorov, Viktor. *Soviet Military Intelligence*. London, UK: Grafton Books, 1986, 155.

27) Hoffman, David E. *The Billion Dollar Spy: A True Story of Cold War Espionage and Betrayal*. New York, NY: Doubleday, 2015.

28) Viswanatha, Aruna A., and Dustin Volz. "China's Spying Poses Rising Threat to US." *The Wall Street Journal*, April 28, 2019. https://www.wsj.com/articles/chinas-spying-poses-rising-threat-to-u-s-11556359201.

29) Federal Bureau of Investigation. "Advice for US College Students Abroad: Be Aware of Foreign Intelligence Threat [Game of Pawns Video: The Glenn Duffie Shriver Story]." FBI News, April 14, 2014. https://www.fbi.gov/news/stories/advice-for-us-college-students-abroad.

30) "암호(code)는 일반적으로 의미론 상에서 작동하고 부호(cipher)는 기호에서 작동한다. 부호가 알고리즘에 따라 개별 기호를 변환하는 동안 암호는 코드북에 매핑으로 저장된다." (Khan Academy. "Ciphers vs. Codes." Accessed September 14, 2020. https://www.khanacademy.org/computing/computer-science/cryptography/ciphers/a/ciphers-vs-codes 참조). 메릴랜드 주 포트 미드에 있는 국립암호박물관은 나바호족 코드 통신, 독일의 에니그마 머신 사용, 독일(Ultra)과 일본(Magic) 암호를 해독하기 위한 연합군의 노력 등을 전시하고 있다. National Security Agency Central Security Service. "National Cryptologic Museum." Accessed September 14, 2020. https://www.nsa.gov/about/cryptologic-heritage/museum/ 참조.

31) Blitz, Matt. "How Secret Wiretapping Helped End the Cold War." *Popular Mechanics*, March 30, 2017. https://www.popularmechanics.com/technology/security/a25857/operation-ivy-bells-underwater-wiretapping/#.

32) Bradburn, David D., John O. Copley, and Raymond B. Potts. *The SIGINT Satellite Story*. Washington, DC: National Reconnaissance Office, 1994 (Declassified Fe-

bruary 10, 2016), 5.

33) Office of the Director of National Intelligence. *Intelligence Consumer's Guide*. Washington, DC: Office of the Director of National Intelligence, 2013.

34) Thomas Jefferson's Monticello. "Thomas Jefferson: Louisiana and Lewis and Clark." Accessed July 3, 2019. https://www.monticello.org/thomas-jefferson/louisiana-lewis-clark/the-louisiana-purchase/.

35) Lowenthal, Mark, and Robert M. Clark. *The 5 Disciplines of Intelligence Collection*. Washington, DC: CQ Press, 2015, 116.

36) Jensen, McElreath, and Graves, *Introduction to Intelligence Studies*, 96. CIA의 스파이 비행기는 이미 1960년 이전에 개발되었으나, 1962년까지 실전배치 되지 않았다. 1964년에 공군의 SR-71이 개발되었는데, 이 비행기는 더 많은 연료로 더 오래 비행할 수 있었고 정찰지원 장교가 탑승할 수 있었다. (Lockheed Martin. "Creating the Blackbird." Accessed September 14, 2020. https://www.lockheedmartin.com/en-us/news/features/history/blackbird.html 참조).

37) Reagan, Mark L., ed. "Measurement and Signature Intelligence." In *Terms and Definitions of Interest for Counterintelligence Professionals*, 212–213. Washington, DC: Federation of American Scientists, June 9, 2014. https://fas.org/irp/eprint/ci-glossary.pdf.

38) Lowenthal and Clark, *The 5 Disciplines of Intelligence Collection*, 163.

39) IMDb. *"The Hunt for Red October* (1990)." Accessed July 5, 2019. https://www.imdb.com/title/tt0099810/fullcredits?ref_=tt_ql_1.

40) Ibid., 177.

41) Jardines, Eliot A. "Open Source Intelligence." In *The Five Disciplines of Intelligence Collection*, edited by Mark M. Lowenthal and Robert C. Clark. Washington, DC: CQ Press, 2016, 5.

42) Davis, Julie Hirschfeld. "Trump, at Putin's Side, Questions US Intelligence on 2016 Election." *The New York Times*, July 18, 2018. https://www.nytimes.com/2018/07/16/world/europe/trump-putin-election-intelligence.html.

43) Werner, Debra. "NRO Shares Plans for Commercial Imagery Acquisition." *Science News*, June 9, 2019. https://spacenews.com/nro-shares-plans-for-commercial-imagery-acquisition/. For additional information on the use of OSINT by the intelligence community, see Olcott, Anthony. *Open Source Intelligence in a Networked World*. New York, NY: Bloomsbury, 2012.

44) Jensen, McElreath, and Graves, *Introduction to Intelligence Studies*, 103.

45) Kringen, John. "Rethinking the Concept of Global Coverage in the US Intelligence Community." *Studies in Intelligence* 59, no. 3 (September 2015): 3.

46) Mattern, Troy, John Felker, Randy Borum, and George Bamford. "Operational Levels of Cyber Intelligence." *International Journal of Intelligence and Counter-Intelligence* 27, no. 4 (2014): 702–719. doi: 10.1080/08850607.2014.924811.

47) Stroebel, Warren. "US Creates New Agency to Lead Cyberthreat Tracking." *Reuters*,

February 10, 2015. https://www.reuters.com/article/us-cybersecurity-agency/u-s-creates-new-agency-to-lead-cyberthreat-trackingidUSKBN0LE1EX20150210.

48) National Security Agency Central Security Service. "NSA/CSS Hawaii." Accessed July 9, 2019. https://www.nsa.gov/about/cryptologic-centers/hawaii/.

49) US Army. "500th Military Intelligence Brigade-Theater: Units." Accessed July 9, 2019. https://www.inscom.army.mil/MSC/500MIB/Units.html.

50) Office of Naval Intelligence. "Centers of Excellence." Accessed July 9, 2019. https://www.oni.navy.mil/.

51) 구형 P-3 오리온 항공기는 해군의 P-8 포세이돈 항공기로 대체되고 있으며, 이 항공기는 정보, 감시, 정찰 능력 외에도 대잠수함 전투도 수행할 수 있다.

52) US Marine Corps. *Marine Corps Intelligence Reconnaissance and Surveillance Enterprise Plan 2015-2020*. Arlington, VA: US Marine Corps, September 2014. https://www.hqmc.marines.mil/Portals/133/Docs/MCISRE_Final_Sept2014.pdf.

53) Beale Air Force Base. "9th Reconnaissance Wing." November 21, 2016. https://www.beale.af.mil/Library/Fact-Sheets/Display/Article/279932/9th-reconnaissance-wing/.

54) Donnelly, Eric. "The United States—hina EP-3 Incident: Legality and Realpolitik." *Journal of Conflict and Security Law* 9, no. 1 (2004): 25-42.

55) US Air Force. "RC-135V/W Rivet Joint." May 23, 2012. https://www.af.mil/About-Us/Fact-Sheets/Display/Article/104608/rc-135vw-rivet-joint/.

6장 방첩

1) Combating Terrorism Center at West Point. "Ali Mohamed: A Biographical Sketch." June 2011. https://ctc.usma.edu/app/uploads/2011/06/Ali-Mohammed.pdf.

2) Department of Defense. "Counterintelligence Operations." In *Dictionary of Military and Associated Terms*, 52. As of June 2020. https://www.jcs.mil/Portals/36/Documents/Doctrine/pubs/dictionary.pdf.

3) Federal Bureau of Investigation. "What We Investigate: Counterintelligence." Accessed July 15, 2019. https://www.fbi.gov/investigate/counterintelligence.

4) Gertz, Bill. "CIA Director Seeks Stronger Counterintelligence Against Spies and Leakers." *The Washington Free Beacon*, January 18, 2018. https://freebeacon.com/national-security/cia-director-seeks-stronger-counterintelligence-spies-leakers/; Central Intelligence Agency. "Counterintelligence at the CIA: A Brief History." As of March 23, 2018. Accessed September 23, 2020. https://www.cia.gov/news-information/featured-storyarchive/2018-featured-story-archive/counterintelligence-at-cia-a-brief-history.html.

5) Dorfman, Zach. "Botched CIA Communications System Helped Blow Cover of Chinese Agents." *Foreign Policy*, August 18, 2018. https://foreignpolicy.com/2018/08/15/botched-cia-communications-systemhelped-blow-cover-chinese-agents-intelligence/.

6) Gertz, "CIA Director."

7) Robarge, David. "The Angleton Phenomenon." *CIA Studies in Intelligence* 53, no. 4 (December 2009). https://www.cia.gov/library/center-for-the-study-of-intelligence/csi-publications/csi-studies/studies/vol53no4/201ccunning-passages-contrived-corridors201d.html.

8) Department of Justice, Federal Bureau of Investigation. "Economic Espionage: Protecting America's Trade Secrets." Accessed July 15, 2019. https://www.fbi.gov/file-repository/economic-espionage-1.pdf.

9) Nye, David. "11 Spies Who Did the Worst Damage to the US Military." *Real Clear Defense*, June 3, 2015. https://www.realcleardefense.com/articles/2015/06/04/11_american_spies_who_did_the_worst_damage_to_the_us_military_108022.html.

10) Burkett, Randy. "An Alternative Framework for Agent Recruitment: From MICE to RASCLS." *Studies in Intelligence* 57, no. 1 (March 2013). https://www.cia.gov/library/center-for-the-study-of-intelligence/csi-publications/csi-studies/studies/vol.-57-no.-1-a/vol.-57-no.-1-a-pdfs/Burkett-MICE%20to%20RASCALS. pdf.

11) Patterson, Thom. "The Most Dangerous US Spy You've Never Heard Of." *CNN*, August 8, 2018. https://www.cnn.com/2016/07/06/us/declassified-ana-montes-american-spy-profile/index.html.

12) History of Spies. "Clayton Lonetree." Accessed July 23, 2019. https://historyofspies.com/clayton-lonetree/.

13) Burkett, "Alternative Framework," 7.

14) Prunckun, Hank. *Counterintelligence: Theory and Practice*. Lanham, MD: Rowman & Littlefield, 2013, 25.

15) Ibid., 54–69.

16) Dreyfuss, Emily. "The Wikipedia for Spies and Where It Goes From Here." *Wired*, March 10, 2017. https://www.wired.com/2017/03/intellipedia-wikipedia-spies-much/.

17) Poston, Howard. "The Top Ten Most Famous Social Engineering Attacks." Infosec Security Awareness, July 26, 2018. https://resources.infosecinstitute.com/the-top-ten-most-famous-social-engineering-attacks/#gref.

18) Prunckun, *Counterintelligence*, 25.

19) International Churchill Society. "Correct Attributions or Red Herrings?" Spring 2006. https://winstonchurchill.org/publications/finest-hour/finest-hour-130/correct-attributions-or-red-herrings/.

20) Brown, Anthony Cave. *Bodyguard of Lies: The Extraordinary True Story Behind D-Day*. New York, NY: Harper Collins, 1975.

21) Ibid.

22) Joint Forces Staff College, National Defense University. "Joint Publication 3-13-4: Military Deception." January 26, 2012. https://jfsc.ndu.edu/Portals/72/Documents/JC2IOS/Additional_Reading/1C3-JP_3-13-4_MILDEC.pdf.

23) Eddow, Andrew W. *The Haversack Ruse, and British Deception Operations in Palestine During World War I.* Unpublished master's thesis. Newport, RI: US Naval War College, June 17, 1994. https://apps.dtic.mil/dtic/tr/fulltext/u2/a279574.pdf.

24) National Council of ISACs. "About NCI." Accessed July 19, 2019. https://www.nationalisacs.org/about-nci.

25) National Security Agency. "Cyber Security Report: NSA/CSS Technical Cyber Threat Framework v2." A Report From Cybersecurity Operations, the Cybersecurity Products and Sharing Division, November 13, 2018. https://www.nsa.gov/Portals/70/documents/what-we-do/cybersecurity/professional-resources/ctr-nsacss-technical-cyber-threat-framework.pdf.

26) US Code, Title 50: War and National Defense, Chapter 44, Section 3031, National Counterintelligence Executive, 2015: 502.

27) Office of the Director of National Intelligence. "History of NCSC." Accessed July 19, 2019. https://www.dni.gov/index.php/ncsc-who-we-are/ncsc-history.

28) Personal observations of the author in the Senate gallery on June 25, 2019.

29) National Counterintelligence and Security Center. *Foreign Economic Espionage in Cyberspace, 2018.* Accessed July 19, 2019. https://www.dni.gov/files/NCSC/documents/news/20180724-economic-espionage-pub.pdf.

30) Staff. "Stolen Secrets." *Full Measure*, December 2, 2018. http://fullmeasure.news/news/terrorism-security/stolen-secrets.

31) Fischer, Karen. "American Universities Are Called Vulnerable to China Threat." *Chronicle of Higher Education*, July 24, 2019. https://www.chronicle.com/article/American-Universities-Are/246762.

7장　비밀공작

1) Office of the Director of National Intelligence. "1947 National Security Act." Accessed January 4, 2020. https://www.dni.gov/index.php/ic-legal-reference-book/national-security-act-of-1947.

2) Wettering, Frederick. "(C)overt Action: The Disappearing 'C.'" *International Journal of Intelligence and Counterintelligence* 16, no. 4 (2003): 570.

3) *Merriam-Webster.* "Propaganda." Accessed June 11, 2019. https://www.merriam-webster.com/dictionary/propaganda.

4) Stempel, John. "Covert Action and Diplomacy." *International Journal of Intelligence and Counterintelligence* 20, no. 1 (2007): 122–135.

5) Ibid.

6) Wettering, "(C)overt Action," 562.

7) Ibid., 566.

8) LeGallo, Andre. "Covert Action: A Vital Option in US National Security Policy." *International Journal of Intelligence and Counterintelligence* 18, no. 2 (2005): 354–359.

9) Qiu, Linda. "Fingerprints of Russian Disinformation: From AIDS to Fake News." *The New York Times*, December 12, 2017. https://www.nytimes.com/2017/12/12/us/politics/russian-disinformation-aids-fakenews.html.

10) Mistry, Kaeten. "Approaches to Understanding the Inaugural CIA Covert Operation in Italy: Exploding Useful Myths." *Intelligence and National Security* 26, no. 2–3 (June 2011): 253.

11) Ibid.

12) Mistry, "Approaches to Understanding the Inaugural CIA Covert Operation in Italy," 264–65.

13) Chaliapin, Boris. "Alcide De Gasperi on Time Magazine Cover, 1953." Wikimedia Commons. Last updated July 5, 2020. https://commons.wikimedia.org/wiki/File:Alcide_De_Gasperi-TIME-1953.jpg.

14) Gasiorowski, Mark. "The 1953 Coup D'etat in Iran." *International Journal of Middle East Studies* 19, no. 3 (1987): 261–286.

15) Wettering, "(C)overt Action."

16) Vojtíšková, Vladislava, Vit Novotny, Hubertus Schmid-Schmidsfelden, and Kristina Potapova. *The Bear in Sheep's Clothing: Russia's Government−Funded Organisations in the EU.* Brussels, Belgium: Wilfried Martens Centre for European Studies, 2016. https://www.martenscentre.eu/publications/bear-sheeps-clothing-russias government-funded-organisations-eu.

17) Wettering, "(C)overt Action," 567.

18) Stempel, "Covert Action and Diplomacy," 126.

19) Sanger, David E., and William J. Broad. "Hand of US Leaves North Korea's Missile Program Shaken." *The New York Times*, April 18, 2017. https://www.nytimes.com/2017/04/18/world/asia/north-korea-missileprogram-sabotage.html.

20) Sanger, David. *Confront and Conceal*, 206–207. New York, NY: Broadway Paperbacks, 2012.

21) Cullather, Nicholas. *Operation PBSUCCESS: The United States and Guatemala, 1952–1954.* Washington, DC: Central Intelligence Agency, 1994.

22) Ibid.

23) Kurtz-Phelan, Daniel. "Big Fruit." *The New York Times*, March 2, 2008. https://

www.nytimes.com/2008/03/02/books/review/Kurtz-Phelan-t.html.

24) Harry S. Truman Library and Museum. "Prime Minister Mohammed Mossadegh Examining the Famous Liberty Bell." Wikimedia Commons. Last edited August 9, 2020. https://commons.wikimedia.org/wiki/File:Mossadegh_US02.jpg.

25) Gasiorowski, "1953 Coup D'etat in Iran."

26) Ibid.

27) Ganser, Daniel. "The CIA in Western Europe and the Abuse of Human Rights." *Intelligence and National Security* 21, no. 5 (October 2006): 760–781.

28) Freedman, Lawrence. *Ukraine and the Art of Strategy.* New York, NY: Oxford University Press, 2019.

29) Baer, Daniel B. "Response to Chief Observer of the Observer Mission at the Russian Border Checkpoints Gukovo and Donetsk: Statement to the PC." US Mission to the OSCE, November 17, 2016. https://osce.usmission.gov/response-chief-observer-observer-mission-russian-border-checkpoints-gukovo-donetskstatement-pc/.

30) Arrott, E. "Unidentified Gunmen on Patrol at Simferopol Airport in Ukraine's Crimea Peninsula." Wikimedia Commons. Last edited August 18, 2019. https://commons.wikimedia.org/wiki/File:VOA-Crimea-Simferopol-airport.jpg.

31) Freedman, *Ukraine and the Art of Strategy*, 114.

32) Pollack, Kenneth. *The Persian Puzzle.* New York, NY: Random House, 2004.

33) Daugherty, William. "Approval and Review of Covert Action Programs Since Reagan." *International Journal of Intelligence and Counterintelligence* 17, no. 1 (2004): 75.

34) Ibid.

35) Ibid.

36) Kibbe, Jennifer. "Covert Action and the Pentagon." *Intelligence and National Security* 22, no. 1 (2007): 65.

37) Ibid., 59.

38) Ibid., 67.

39) Krishnan, Armin. "Controlling Partners and Proxies in Pro-Insurgency Paramilitary Operations: The Case of Syria." *Intelligence and National Security* 34, no. 4 (2019): 544–560.

40) Lowenthal, Mark. "Covert Action." In *Intelligence: From Secrets to Policy*, 7th ed., edited by Mark Lowenthal, 250–251. Washington, DC: CQ Press, 2017.

41) Ibid.

1) Department of Defense. "Summary: Department of Defense Cyber Strategy, 2018." Accessed July 31, 2019. https://media.defense.gov/2018/Sep/18/2002041658/-1/1/1/CYBER_STRATEGY_SUMMARY_FINAL.PDF; White House. "National Cyber Strategy of the United States of America, 2018." Accessed July 31, 2019. https://www.whitehouse.gov/wp-content/uploads/2018/09/National-Cyber-Strategy.pdf; Coats, D. R. "Statement for the Record: Worldwide Threat Assessment of the US Intelligence Community." Office of the Director of National Intelligence, February 13, 2018. https://www.dni.gov/files/documents/Newsroom/Testimonies/2018-ATA---Unclassified-SSCI.pdf.

2) Gery, William, SeYoung Lee, and Jacob Ninas. "Information Warfare in an Information Age." *Joint Force Quarterly* 85, no. 2 (2017): 22–29. https://ndupress.ndu.edu/Portals/68/Documents/jfq/jfq-85/jfq-85_22-29_Gery-Lee-Ninas.pdf; National Security Agency. "Internet of Things." *The Next Wave* 21, no. 2 (2016). https://www.nsa.gov/Portals/70/documents/resources/everyone/digital-media-center/publications/the-nextwave/TNW-21-2.pdf.

3) Georgia Institute of Technology. "Emerging Cyber Threats Report: 2016." Accessed July 31, 2019. http://iisp.gatech.edu/sites/default/files/documents/threats_report_2016.pdf?_ga=2.130111311.1313428773.1558042325-1113364069.1558042325; Statista Research Department. "Internet of Things (IoT) Connected Devices Installed Base Worldwide From 2015 to 2025." Accessed September 23, 2020. https://www.statista.com/statistics/471264/iot-number-of-connected-devices-worldwide/.

4) Department of Homeland Security, Cybersecurity and Infrastructure Security Agency. "Overview of Cyber Vulnerabilities." Accessed July 31, 2019. https://www.us-cert.gov/ics/content/overview-cybervulnerabilities#under.

5) Seth, Shobhit. "How the SWIFT System Works." Investopedia, February 11, 2020. https://www.investopedia.com/articles/personal-finance/050515/how-swift-system-works.asp.

6) Yampolskiy, Roman, and M. S. Spellchecker. "Artificial Intelligence Safety and Cybersecurity: A Timeline of AI Failures." Accessed July 31, 2019. https://arxiv.org/pdf/1610.07997.pdf; Warner, Michael. "Intelligence in Cyber and Cyber in Intelligence." In *Understanding Cyber Conflict in 14 Analogies*, edited by George Perkovich and Ariel Levite, 17–29. Washington, DC: Georgetown University Press, 2017.

7) National Intelligence Council. "Global Trends: Paradox of Progress." Accessed July 31, 2019. https://www.dni.gov/files/documents/nic/GT-Full-Report.pdf.

8) Department of Defense. "Cyberspace." In *Dictionary of Military and Associated Terms*, 55. As of June 2020. https://www.jcs.mil/Portals/36/Documents/Doctrine/pubs/dictionary.pdf.

9) Department of Defense. "Joint Publication 3-12: Cyberspace Operations." Last modified June 8, 2018. https://fas.org/irp/doddir/dod/jp3_12.pdf.

10) 사이버 범죄귀속(cyber attribution)에의 도전과 과정에 대한 심층적 논의는 다음을 참조할 것. *A Guide to Cyber Attribution* available from the Office of the Director of National Intelligence at https://www.dni.gov/files/CTIIC/documents/ODNI_A_Guide_to_Cyber_Attribution.pdf.

11) Hutcherson, Norman B. *Command and Control Warfare: Putting Another Tool in the War-Fighter's Data Base.* Maxwell Air Force Base, Montgomery, AL: Air University Press, September 1994.

12) Department of Defense. "Information Environment." In *Dictionary of Military and Associated Terms*, 104. As of June 2020. https://www.jcs.mil/Portals/36/Documents/Doctrine/pubs/dictionary.pdf.

13) Paul, Christopher, Colin P. Clarke, Bonnie L. Triezenberg, David Manheim, and Bradley Wilson. "Improving C2 and Situational Awareness." Santa Monica, CA: RAND Corporation, 2018. https://www.rand.org/pubs/research_reports/RR2489.html.

14) Department of Defense. "Strategy for Operations in the Information Environment." Last modified June 2016. https://dod.defense.gov/Portals/1/Documents/pubs/DoD-Strategy-for-Operations-in-the-IESigned-20160613.pdf; Department of Defense. "Joint Concept for Operating in the Information Environment." Last modified July 25, 2018. https://www.jcs.mil/Portals/36/Documents/Doctrine/concepts/joint_concepts_jcoie.pdf?ver=2018-08-01-142119-830; Iasiello, Emilio J. "Russia's Improved Information Operations: From Georgia to Crimea." *Parameters* 47, no. 2 (2017): 51-64. https://www.hsdl.org/?view&did=803998.

15) National Intelligence Council, "Global Trends."

16) Andres, Richard B. "Cyber Conflict and Geopolitics." *Great Decisions* (2019): 69-78.

17) Australian Government. "Australian Cyber Security Centre 2016 Threat Report." Accessed July 31, 2019. https://www.cyber.gov.au/sites/default/files/2019-04/ACSC_Threat_Report_2016.pdf.

18) Sanders, Christopher M. "The Battlefield of Tomorrow, Today: Can a Cyberattack Ever Rise to an 'Act of War'?" *Utah Law Review* 2 (2018): 503-522. doi: https://dc.law.utah.edu/ulr/vol2018/iss2/6.

19) 보다 심층적인 논의는 다음을 참조할 것. Schmitt, Michael. *Tallinn Manual 2.0 on the International Law Applicable to Cyber Operations.* Newport, RI: Cambridge University Press, 2017, 25-30.

20) Australian Cyber Security Centre. "Cyber Attack." Accessed September 23, 2020. https://www.cyber.gov.au/acsc/view-all-content/glossary/cyber-attack.

21) 다음의 것들은 사이버 공격을 정의하지 않는 문서들이다. Presidential Policy Directive (PPD) 21, PPD-41, the 2018 National Cyber Strategy, the 2018 Department of Defense Cyber Strategy, the 2019 National Intelligence Strategy, and the 2019 Worldwide Threat Assessment.

22) Department of Defense. "Cyberspace Attack." In *Dictionary of Military and Associated Terms*, 55. As of June 2020. https://www.jcs.mil/Portals/36/Documents/Doctrine/pubs/dictionary.pdf.

23) '화재'는 표적이 특정한 살상적 또는 비살상적 효과를 발생시키기 위해 무기체계의 사용 또는 다른 행위를 하는 것을 의미한다.

24) Coats, Dan R. "Statement for the Record: Worldwide Threat Assessment of the US Intelligence Community." Office of the Director of National Intelligence, January 29, 2019. https://www.dni.gov/files/ODNI/documents/2019-ATA-SFR---SSCI.pdf.

25) 사이버 보안에서 사회공학은 사람들을 조종하여 행동을 취하게 하거나 정보를 누설하게 하는 행위다. 일반적인 예로 피싱, 스피어 피싱, 워터링 홀(watering hole)이 포함된다 (워터링 홀 공격은 공격 대상이 방문할 가능성이 크거나 가장 많이 사용하는 웹사이트를 감염시킨 후 잠복하면서 피해자 PC에 악성코드를 추가로 설치하는 공격이다 – 역자 주).

26) National Intelligence Council, *Global Trends*.

27) 다음을 참조할 것. Coats, "Statement for the Record," 2019; and Coats, "Statement for the Record," 2018.

28) White House, "National Cyber Strategy."

29) Department of Defense, "Summary: Department of Defense Cyber Strategy."

30) Federal Emergency Management Agency. "Critical Infrastructure and Key Resources." Accessed July 31, 2019. https://emilms.fema.gov/IS520/PAN0101400text.htm.

31) Cybersecurity and Infrastructure Security Agency. "Energy Sector." Accessed July 31, 2019. https://www.dhs.gov/cisa/energy-sector.

32) National Cybersecurity and Communications Integration Center. "ICS Alert (IR-ALERT-H-16-056-01): Cyber-Attack Against Ukrainian Critical Infrastructure." Last modified August 23, 2018. https://www.uscert.gov/ics/alerts/IR-ALERT-H-16-056-01.

33) SANS Industrial Control Systems, Electricity Information Sharing and Analysis Center. "Analysis of the Cyber Attack on the Ukrainian Power Grid: Defense Use Case." Last modified March 18, 2016. https://ics.sans.org/media/E-ISAC_SANS_Ukraine_DUC_5.pdf.

34) Wilshusen, Gregory C. *Cybersecurity: Actions Needed to Strengthen US Capabilities* (GAO-17-440T). Washington, DC: US Government Accountability Office, February 14, 2017. https://www.gao.gov/assets/690/682756.pdf.

35) US Department of Energy. *Valuation of Energy Security for the United States: Report to Congress*. Washington, DC: US Department of Energy, January 2017. https://www.energy.gov/sites/prod/files/2017/01/f34/Valuation%20of%20Energy%20Security%20for%20the%20United%20States%20%28Full%20Report%29_1.pdf.

36) US Department of Energy. "National Cybersecurity Awareness Month: DOE Conducts Cyber-Attack Exercise on Electricity, Oil, and Natural Gas Infrastructure."

Last modified October 26, 2018. https://www.energy.gov/articles/national-cyber-security-awareness-month-doe-conducts-cyber-attack-exercise-electricityoil; Sobczak, Blake. "DOE to Vet Grid's Ability to Reboot After a Cyberattack." *E&E News*, August 3, 2018. https://www.eenews.net/stories/1060092675.

37) Office of the Director of National Intelligence. "National Intelligence Strategy of the United States of America: 2019." Accessed July 15, 2019. https://www.dni.gov/files/ODNI/documents/National_Intelligence_Strategy_2019.pdf.

38) 2012년부터 국가정보장실(ODNI)은 다양한 위협 모델들 사이에서 조직의 기존 모델을 제거하거나 대체하는 것이 아니라, '보편적인 번역자' 역할을 할 '공통사이버위협구조'를 구축하고 개선하기 위해 기관 간 파트너들과 협력해 왔다. 이에 대한 추가 논의는 다음을 참조할 것. https://www.dni.gov/files/ODNI/documents/features/ODNI_Cyber_Threat_Framework_Overview._UNCL._20180718.pdf.

39) 록히드마틴의 사이버 킬체인 방법론은 다음에서 발견할 수 있다. https://www.lockheedmartin.com/content/dam/lockheed-martin/rms/documents/cyber/Gaining_the_Advantage_Cyber_Kill_Chain.pdf.

40) A.C.A.R.E.+1 모델은 2015년에서 2017년 사이에 미 육군 사이버정보 사령부에서 근무하는 전 출처 정보분석가들에 의해서 개발되었다. 이 모델은 위협을 우선시하고 결정의 이점을 촉진하기 위해서 국가 및 비국가 행위자들과의 긴장을 고조시키는 동안 효과적으로 적용되었다.

41) Feakin, Tobias. "Playing Blind-man's Buff: Estimating North Korea's Cyber Capabilities." *International Journal of Korean Unification Studies* 22, no. 2 (2013): 63–90.

42) 해킹당한 초기 텍스트에 #GOP가 포함된 사실은 평화수호자(Guardians of Peace)라는 이름을 가진 사이버 그룹이 책임이 있다고 암시하고 있다. 그러나 추가적인 기술분석 이후 첨단 분석회사인 노비타(Novetta)는 SPE 사이버 사건을 라자러스(Lazarus) 그룹의 소행으로 보고 있으며, 사이버 보안회사인 파이어아이(FireEye)는 지능형 지속위협(ATP: Advanced Persistent Threa) 38의 소행으로 보고 있다. 기술분석은 주로 징후, 전술, 기술, 절차를 평가한 결과다. 귀속성의 차이에도 불구하고, 노비타와 파이어아이는 평화의 수호자, 라자러스 그룹, ATP 38이 북한정부에 의해 지원되고 북한정부에 소속되어 있다는 점에 동의한다.

43) Ja Song Nam. "Letter Dated 27 June 2014 From the Permanent Representative of the Democratic People's Republic of Korea to the United Nations Addressed to the Secretary-General" (A/68/934–/2014/451). United Nations General Assembly Security Council, June 27, 2014.

44) Novetta. "Operation BLOCKBUSTER: Unraveling the Long Thread of the Sony Attack." Accessed July 31, 2019. https://www.operationblockbuster.com/wp-content/uploads/2016/02/Operation-Blockbuster-Report.pdf.

45) Center for Strategic & International Studies. "Significant Cyber Incidents Since 2006." Accessed July 23, 2019. https://csis-prod.s3.amazonaws.com/s3fs-public/190523_Significant_Cyber_Events_List.pdf.

46) Fixler, Annie, and Frank Cilluffo. "Evolving Menace: Iran's Use of Cyber-Enabled

Economic Warfare." Foundation for Defense of Democracies, November 2018. https://carnegieendowment.org/files/Iran_Cyber_Final_Full_v2.pdf.

47) Bronk, Christopher, and Eneken Tikk-Ringas. "The Cyber Attack on Saudi Aramco." *Survival* 55, no. 2 (2013): 81–96. doi: 10.1080/00396338.2013.784468; and Alelyani, Salem, and Harish Kumar. "Overview of Cyberattack on Saudi Organizations." *Journal of Information Security and Cybercrimes Research* 1, no. 1 (2018): 42–50. doi: 10.26735/16587790.2018.004.

48) Anderson, Collin, and Karim Sadjadpour. "Iran's Cyber Threat: Espionage, Sabotage, and Revenge." Carnegie Endowment for International Peace, January 4, 2018. https://carnegieendowment.org/files/Iran_Cyber_Final_Full_v2.pdf.

49) Iasiello, Emilio J. "Russia's Improved Information Operations: From Georgia to Crimea." *Parameters* 47, no. 2 (2017): 51–64. https://www.hsdl.org/?view&did=803998.

50) Gery, William, SeYoung Lee, and Jacob Ninas. "Information Warfare in an Information Age." *Joint Force Quarterly* 85, no. 2 (2017): 22–29. https://ndupress.ndu.edu/Portals/68/Documents/jfq/jfq-85/jfq-85_22-29_Gery-Lee-Ninas.pdf.

51) White, Sarah. "Understanding Cyberwarfare: Lessons From the Russia-Georgia War." *Modern War Institute*, March 20, 2018. https://mwi.usma.edu/understanding-cyberwarfare-lessons-russia-georgia-war/.

52) Wilby, Peter. "Georgia Has Won the PR War." *The Guardian*, August 17, 2008. https://www.theguardian.com/media/2008/aug/18/pressandpublishing.georgia.

9장 정보 규제와 거버넌스

1) Caiden, Gerald E. *Police Revitalization*. Lexington, KY: Lexington Books, 1977, 22. 또한, 다음을 참조할 것. Fuld, Leonhard F. *Police Administration*. New York, NY: Patterson Smith, 1909, Chapter 1.

2) Leonard, Vivian A. *Police Organization and Management*. Brooklyn, NY: The Foundation Press, 1964, 18.

3) Theoharis, Athan G. "A New Agency: The Origins and Expansion of CIA Covert Operations." In *The Central Intelligence Agency: Security Under Scrutiny*, edited by Athan G. Theoharis et al. Westport, CT: Greenwood Press, 2006, 156.

4) Donner, Frank J. *The Age of Surveillance: The Aims and Methods of America's Political Intelligence System*. New York, NY: Alfred A. Knopf, 1980, 244.

5) Diffie, Whitfield, and Susan Landau. *Privacy on the Line: The Politics of Wiretapping and Encryption*. Cambridge, MA: MIT Press, 2007, 184.

6) Cited in Walsh, Lawrence E. *Firewall: The Iran-Contra Conspiracy and Cover-Up*. New York, NY: Norton, 1997, 133.

7) Theoharis, Athan G. *Spying on Americans: Political Surveillance From Hoover to the Huston Plan*. Philadelphia, PA: Temple University Press, 1978, 30ff.

8) Clarke, Conor. "Is the Foreign Intelligence Surveillance Court Really a Rubber Stamp? Ex Parte Proceedings and the FISC Win Rate." *Stanford Law Review* 66, no. 125 (2014): 125–133.

9) Isikoff, Michael. "White House Criticized for Not Filling Watchdog Post at CIA." *Yahoo News*, August 5, 2015. https://www.yahoo.com/news/white-house-criticized-for-not-filling-watchdog-125876527661.html.

10) Shah, Naureen. "A Move Within the Shadows: Will JSOC's Control of Drones Improve Policy?" In *Drone Wars: Transforming Conflict, Law and Policy*, edited by Peter L. Bergen and Daniel Rothenberg. New York, NY: Cambridge University Press, 2015, 177n13.

11) Gorman, Siobhan. "CIA Had Secret al-Qaeda Plan." *The Wall Street Journal*, July 13, 2009. https://www.wsj.com/articles/SB124736381913627661.

12) Colvin, Ross. "CIA Faulted in Shooting Down of Missionary Plane." *Reuters*, November 20, 2008. https://www.reuters.com/article/us-usa-cia-report/cia-faulted-in-shooting-down-of-missionary-plane-idUSTRE4AJ9AX20081120.

13) Harris, Shane, and John Hudson. "Rock Bottom." *Foreign Policy*, March 11, 2014. https://foreignpolicy.com/2014/03/11/rock-bottom.

14) Correra, Gordon. "Senate Intelligence Head Says CIA Searched Computers." *BBC*, March 11, 2014. https://www.bbc.com/news/world-us-canada-26533323.

15) Mazzetti, Mark, and Carl Hulse. "Inquiry by CIA Affirms It Spied on Senate Panel." *The New York Times*, July 31, 2014. https://www.nytimes.com/2014/08/01/world/senate-intelligence-commitee-cia-interrogationreport.html.

10장 기관 사이의 커뮤니케이션

1) Mickolus, Edward. "Peasant at the Creation: The Agency's First Terrorism Analyst and Beyond." In *Stories From Langley: A Glimpse Inside the CIA*, edited by Edward Mickolus. Omaha: University of Nebraska Press, 2014, 159.

2) Jensen, Carl J., David H. McElreath, and Melissa Graves. *Introduction to Intelligence Studies*. Boca Raton, FL: CRC Press, 2013, 8–10.

3) Kohn, Alfred. *No Contest: The Case Against Competition*. Boston, MA: Houghton Mifflin, 1992, 1.

4) Gill, Peter. "Security and Intelligence Services in the United Kingdom." In *Democracy, Law and Security*, edited by Jean-Paul Brodeur, Peter Gill, and Dennis Tollborg. New York, NY: Routledge, 2016, 266.

5) Marchetti, Victor, and John D. Marks. *The CIA and the Cult of Intelligence*. New

York, NY: Dell Books, 1974.

6) Betts, Richard K. *Enemies of Intelligence: Knowledge and Power in American National Security*. New York, NY: Columbia University Press, 2007, 28.

7) Oberg, Achim, and Peter Walgenbach. "Hierarchical Structures of Communication in a Network Organization." *Scandinavian Journal of Management* 24, no. 3 (2008): 183–198.

8) Dreyfuss, Emily. "The Wikipedia for Spies—nd Where It Goes From Here." Wired, March 10, 2017. https://www.wired.com/2017/03/intellipedia-wikipedia-spies-much/.

9) Thomas, David. "US Military Intelligence Analysis: Old and New Challenges." In *Analyzing Intelligence: Origins, Obstacles and Innovations*, edited by Roger Z. George and James B. Bruce. Washington, DC: Georgetown University Press, 2008, 140.

10) Gill, "Security and Intelligence Services in the United Kingdom," 266.

11) Faddis, Charles. *Beyond Repair: The Decline and Fall of the CIA*. Guilford, CT: Globe Pequot Press, 2010, 13ff.

12) Harris, Shane, and Nancy A. Youssef. "50 Spies Say ISIS Intelligence Was Cooked." *The Daily Beast*, September 5, 2017. https://www.thedailybeast.com/exclusive-50-spies-say-isis-intelligence-was-cooked.

13) Cooper, Helene. "Military Officials Distorted ISIS Intelligence, Congressional Panel Says." *The New York Times*, August 11, 2016. https://www.nytimes.com/2016/08/12/us/politics/isis-centcom-intelligence.html.

14) Cohen, Zachary. "Report: CENTCOM Leaders Didn't Cook ISIS Intelligence." *CNN*, February 1, 2017. https://www.cnn.com/2017/02/01/politics/report-centcom-intelligence/index.html.

15) Harris, Shane. "How Gina Haspel Manages the CIA's Volatile Relationship With Trump." *The Washington Post*, July 30, 2019. https://www.washingtonpost.com/world/national-security/the-quiet-director-how-ginahaspel-manages-the-cias-volatile-relationship-with-trump/2019/07/30/c54cae04-9920-11e9-830a-21b9b-36b64ad_story.html.

16) Scott, Peter Dale, and Jonathan Marshall. *Cocaine Politics: Drugs, Armies and the CIA in Central America*. Berkeley: University of California Press, 1998, xviii–xix.

17) Cockburn, Alexander, and Jeffrey St. Clair. *Whiteout: The CIA, Drugs and the Press*. New York, NY: Verso, 1999, 95ff.

18) Smith, Haviland. "CIA Director Should Name Station Chiefs." *The Baltimore Sun*, July 6, 2009. https://www.afio.com/sections/wins/2009/2009-25.htm#haviland.

19) Pincus, Walter. "Senate Panel Backs DNI in Turf Battle With CIA." *The Washington Post*, July 23, 2009. https://www.washingtonpost.com/wp-dyn/content/article/2009/07/22/AR2009072202979.html.

20) Mazzetti, Mark. "White House Sides With CIA in Turf Battle." *The New York Times*, November 12, 2012. https://www.nytimes.com/2009/11/13/us/politics/13intel.html.

21) Lowenthal, Mark M. *Intelligence: From Secrets to Policy*. Washington, DC: CQ Press, 2009, 186.

22) Cited in Betts, *Enemies of Intelligence*, 27.

23) Lowenthal, *Intelligence*, 185.

24) Lowenthal, *Intelligence*, 194.

11장 정보분석

1) 일부 학자들은 정보분석이 의학과 유사하다고 믿는다. 그 이유는 정보분석이 본질적으로 수집된 과학적이고 기술적인 데이터를 분석하는 것이고, 사람들로부터 투입된 것이기 때문이다. 의학과 정보는 자신들이 보고하는 근거를 기만 또는 자기기만을 하는 인간 관찰자들을 보유하고 있다. 예를 들어, 환자들은 자기의 상태보다 더 건강하다거나 더 아프다고 믿으며, 해외 정보요원들은 조정관들이 제공한 첩보를 잘못 이해하거나 무시한다. Marrin, Stephen, and Efren Torres. "Improving How to Think About Intelligence and Medicine." *Intelligence and National Security* 32, no. 5(2017): 649–662.

2) 전직 CIA 분석관이면서 학자인 젠트리(John Gentry)는 정보분석이 사회과학과 거의 같은 것이라고 주장한다. Gentry, John A. "The 'Professionalization' of Intelligence Analysis: A Skeptical Perspective." *International Journal of Intelligence and Counterintelligence* 29, no. 4 (2016): 643–676.

3) 이 논의는 다음의 책에 잘 설명되어 있다. Hume, David. *An Enquiry Concerning Human Understanding*, 2nd ed., edited by Eric Steinberg. Indianapolis, IN: Hackett, 1993.

4) 혁명에 대한 세 가지 상이한 인과적 설명에 대해서는 다음을 참조할 것. Weber, Max. "Charismatic Authority." In *Economy and Society*, Vol. 1, edited by Guenther Roth and Claus Wittich. Berkeley: University of California Press, 1979; Skocpol, Theda. *States and Social Revolutions: A Comparative Analysis*. Cambridge, UK: Cambridge University Press, 1979; and Goldstone, Jack A. *Revolution and Rebellion in the Early Modern World*. Berkeley: University of California Press, 1993.

5) 다음을 참조할 것. Gill, Peter, Stephen Marrin, and Mark Phytian, eds. *Intelligence Theory: Key Questions and Debates*. London, UK: Routledge, 2009.

6) Office of the Director of National Intelligence. "Intelligence Community Directive 203: Analytic Standards." January 2, 2015. https://www.dni.gov/files/documents/ICD/ICD%20203%20Analytic%20Standards.pdf.

7) 쿠바 미사일 위기 동안에, 같은 브리핑에 참석했음에도 불구하고, 케네디 대통령, 각

료들, 정보보고자들 모두가 미래 소련의 군사행동에 대해서 매우 다른 견해를 가지고 있는 것이 확실했다. 보다 최근인 2012년에 오사마 빈 라덴의 아보타바드 하우스에 대한 공격도 유사한 커뮤니케이션 격차를 드러냈다. Friedman, Jeffrey A. and Richard Zeckhauser. "Handling and Mishandling Estimative Probability: Likelihood, Confidence, and the Search for Bin Laden." *Intelligence and National Security* 30, no. 1 (2015): 77–99.

8) 최근의 연구는 이 주장에 대해 도전을 한다. 일부 학자들은 정책결정자들을 수치적 예측에 노출시키면 정책결정을 하는데 보다 신중하게 되고 그 주제에 대한 더 많은 첩보를 찾게 되는 경향이 있다는 점을 발견했다. Friedman, Jeffrey A., Jennifer S. Lerner, and Richard Zeckhauser. "Behavioral Consequences of Probabilistic Precision: Experimental Evidence From National Security Professionals." *International Organization* 71(Fall 2017): 803–826.

9) Marrin, Stephen. "Evaluating the Quality of Intelligence Analysis: By What (Mis) Measure?" *Intelligence and National Security* 27, no. 6 (2012): 896–912.

10) Quoted in Davis, Jack. "Sherman Kent and the Profession of Intelligence Analysis." Sherman Kent Center for Intelligence Analysis, Central Intelligence Agency. *Occasional Papers* 1, no. 5 (2002). https://www.cia.gov/library/kent-center-occasional-papers/vol1no5.htm.

11) Marrin, "Evaluating the Quality of Intelligence Analysis."

12) Berger, Eric. "Hurricane Forecasts May Be Running Headlong Into the Butterfly Effect." *Ars Technica*, August 12, 2019. https://arstechnica.com/science/2019/08/hurricane-forecasters-may-be-reaching-the-limitsof-predictability.

13) Gentry, "'Professionalization' of Intelligence Analysis."

14) 다음을 참조할 것. Tetlock, Philip E., and Dan Gardner. *Superforecasting.* New York, NY: Broadway Books, 2015.

15) Jervis, Robert. *Perception and Misperception in International Politics.* Princeton, NJ: Princeton University Press, 1976.

16) 이는 특히 방첩에서 어려움을 겪는다. Jervis, Robert. "Intelligence, Counterintelligence, Perception, and Deception." In *Vaults, Mirrors, and Masks: Rediscovering US Counterintelligence*, edited by Jennifer E. Sims and Burton Gerber. Washington, DC: Georgetown University Press, 2009.

17) Heuer, Richards J., Jr. *Psychology of Intelligence Analysis.* Langley, VA: Center for the Study of Intelligence, 1979.

18) Heuer, Richards J., Jr., and Randolph H. Pherson. *Structured Analytic Techniques for Intelligence Analysis*, 2nd ed. Los Angeles, CA: CQ Press, 2015.

19) Saval, Nikil. "The Curious Case of the US Government's Influence on 20th Century Design." *The New York Times*, December 18, 2019. https://www.nytimes.com/2019/12/11/t-magazine/us-government-20thcentury-design.html.

20) *Morning Joe*. "Iran Holds America Hostage." MSNBC, January 13, 2016. https://www.msnbc.com/morningjoe/watch/iran-holds-america-hostage--says-gop-senator-601028675899.

21) Quoted in Bender, Bryan. "The Iranian Hostage Crisis That Wasn't." *Politico*, January 13, 2016. https://www.politico.com/story/2016/01/iran-hostage-crisis-that-wasnt-217729.

22) Bisgaard, Martin. "How Getting the Facts Right Can Fuel Partisan-Motivated Reasoning." *American Journal of Political Science* 63, no. 4 (2019): 824–839.

23) 다음을 참조할 것. Levy, Yagil. "Desecularization of the Military: The United States and Israel." *Armed Forces and Society* 46, no. 1 (2018): 92–115; and Pendlebury, Jarrod. "'This Is a Man's Job': Challenging the Masculine 'Warrior Culture' at the US Air Force Academy." *Armed Forces and Society* 46, no. 1 (2018): 163–184.

24) Muller, David G. "Intelligence Analysis in Red and Blue." *International Journal of Intelligence and Counterintelligence* 21, no. 1 (2007): 1–12.

25) 다음을 참조할 것. Mercer, Jonathan. "Emotional Beliefs." *International Organization* 64 (Winter 2010): 1–31.

12장 분석방법

1) George, Roger Z. "The Art and Strategy of Intelligence." In *Analyzing Intelligence*, edited by Roger Z. George and James B. Bruce. Washington, DC: Georgetown University Press, 2008, 108.

2) Gill, Peter, and Mark Phythian. *Intelligence in an Insecure World*, 3rd ed. Cambridge, UK: Polity Press, 2018, 95.

3) Lowenthal, Mark M. *The Future of Intelligence*. Cambridge, UK: Polity Press, 2018, 55.

4) Ibid., 57–58.

5) Cf. Moore, David T. "Critical Thinking and Intelligence Analysis." Occasional Paper 14. Washington, DC: Center for Strategic Intelligence Research, National Intelligence University, 2007; and Hendrickson, Noel. "Critical Thinking in Intelligence Analysis." *International Journal of Intelligence and Counterintelligence* 21, no. 4 (2008): 679–693.

6) Director of Central Intelligence. Special National Intelligence Estimate 11-18.2-1991. Washington, DC: September 1991.

7) Weber, Max. *From Max Weber: Essays in Sociology*, translated and edited by H. H. Gerth and C. Wright Mills. New York, NY: Oxford University Press, 1946, 280.

8) Khong, Yuen Foong. *Analogies at War: Korea, Munich, Dien Bien Phu, and the Vietnam Decisions of 1965*. Princeton, NJ: Princeton University Press, 1992.

9) Kelley, Judith G., and Beth A. Simmons. "Introduction: The Power of Global Performance Indicators." *International Organization* 73 (Summer 2019): 491–510.

10) Grabo, Cynthia M. *Anticipating Surprise: Analysis for Strategic Warning*. Bethesda, MD: Joint Military Intelligence College, Center for Strategic Intelligence Research, 2002.

11) Jordan, David C. Former US ambassador to Peru. Personal communication. University of Virginia, 1997.

12) Clark, Robert M. *Intelligence Analysis: A Target-Centric Approach*, 5th ed. London, UK: SAGE, 2017, 39.

13) Trefis Team. "Mortgage Backed Securities Held by US Commercial Banks Surpasses $2 Trillion Cause for Concern." *Forbes*, December 9, 2019. https://www.forbes.com/sites/greatspeculations/2019/12/09/mortgage-backed-securities-held-by-us-commercial-banks-surpasses-2-trillion-cause-for-concern/#48cd524f4358.

14) Berner, Austin, Army Staff Sgt. "Tank Trail." US Department of Defense, January 29, 2020. https://www.defense.gov/observe/photo-gallery/igphoto/2002243698/.

15) Connable, Ben, et al. *Will to Fight: Analyzing, Modeling, and Simulating the Will to Fight of Military Units*. Santa Monica, CA: RAND, 2018.

16) 다음을 참조할 것. Perrow, Charles. *Normal Accidents: Living With High-Risk Technologies*. Princeton, NJ: Princeton University Press, 1999.

17) 예를 들어, 다음을 참조할 것. Pierson, Paul. "Big, Slow-Moving, and … Invisible: Macro-Social Processes in the Study of Comparative Politics." In *Comparative-Historical Analysis in the Social Sciences*, edited by James Mahoney and Dietrich Rueschemeyer. Cambridge, UK: Cambridge University Press, 2003.

18) Clemente, Jonathan D. "CIA's Medical and Psychological Analysis Center (MPAC) and the Health of Foreign Leaders." *International Journal of Intelligence and Counterintelligence* 19, no. 3 (2006): 385–423.

19) Eckstein, Harry. "Case Study and Theory in Political Science." In *Handbook of Political Science*, edited by Fred Greene and Nelson Polsby. Reading, MA: Addison-Wesley, 1975.

20) Tilly, Charles. "Mechanisms in Political Processes." *Annual Review of Political Science* 4 (2001): 21–41; and Checkel, Jeffrey T. "Process Tracing." In *Qualitative Methods in International Relations: A Pluralist Guide*, edited by Audie Klotz and Deepa Prakash. New York, NY: Palgrave Macmillan, 2008.

21) Ragin, Charles C. *The Comparative Method: Moving Beyond Qualitative and Quantitative Strategies*. Berkeley: University of California Press, 1987.

22) Heuer, Richards J., Jr., ed. *Quantitative Approaches to Political Intelligence: The CIA Experience*. New York, NY: Routledge, 1978.

23) 다음을 참조할 것. Statistics How To. "German Tank Problem." Accessed September 27, 2020. https://www.statisticshowto.com/german-tank-problem/; and Wikipedia. "German Tank Problem." Last edited September 3, 2020. https://en.wikipedia.org/wiki/German_tank_problem.

24) Minerva Research Initiative. Accessed September 27, 2020. https://minerva.

defense.gov/.

25) 다음을 참조할 것. Office of the Director of National Intelligence. "IARPA." Accessed September 27, 2020. https://www.dni.gov/index.php/careers/special-programs/ iarpa.

26) Tetlock, Philip E., and Dan Gardner. *Superforecasting: The Art and Science of Prediction*. New York, NY: Broadway Books, 2015. For more information on how you can become a Superforecaster, see Good Judgment Inc. "Public Superforecasts." Accessed September 27, 2020. https://goodjudgment.com/.

27) Tetlock and Gardner, *Superforecasting*, 174.

28) Gill and Phythian, *Intelligence in an Insecure World*, 70.

29) Schultz, Richard. "Post-9/11 Wartime Intelligence." *Intelligence and National Security* 33, no. 7 (2018): 974–998.

30) Manes, Aaron, Jennifer Golbeck, and James Hendler. "Semantic Web and Target-Centric Intelligence: Building Flexible Systems That Foster Cooperation." Accessed September 27, 2020. https://citeseerx.ist.psu.edu/viewdoc/download?doi=10.1.1.80.8050&rep=rep1&type=pdf.

31) Palen, Leysia, and Kenneth M. Anderson. "Crisis Informatics—ew Data for Extraordinary Times." *Science* 353, no. 6296 (July 15, 2016): 224–225. https://science.sciencemag.org/content/353/6296/224; and Starbird, Kate. "The Surprising Nuance Behind the Russian Troll Strategy." *Medium*, October 20, 2018. https://medium.com/s/story/the-trolls-within-how-russian-information-operations-infiltrated-online-communities-691fb969b9e4.

32) Frank, Aaron. "Computational Social Science and Intelligence Analysis." *Intelligence and National Security* 32, no. 5 (2017): 579–599.

33) George, Roger Z. "The Problem of Analytical Mindsets: Alternative Analysis." *International Journal of Intelligence and Counterintelligence* 17, no. 3 (2004): 385–404.

34) Zenko, Micah. *Red Team: How to Succeed by Thinking Like the Enemy*. New York, NY: Basic Books, 2015, xxiv–xxv.

35) Heuer, Richards J., Jr., and Randolph H. Pherson. *Structured Analytic Techniques for Intelligence Analysis*, 2nd ed. Los Angeles, CA: CQ Press, 2015.

36) Coulthart, Stephen. "An Evidence-Based Evaluation of 12 Core Structured Analytic Techniques." *International Journal of Intelligence and Counterintelligence* 30, no. 2 (2017): 368–391.

37) Quoted in Gentry, John A. "The 'Professionalization' of Intelligence Analysis: A Skeptical Perspective." *International Journal of Intelligence and Counterintelligence* 29, no. 4 (2016), 648.

38) Pascovich, Eyal. "The Devil's Advocate in Intelligence: The Israeli Experience." *Intelligence and National Security* 33, no. 6 (2018): 856.

39) Chang, Welton, Elisabeth Berdini, David R. Mandel, and Philip E. Tetlock. "Restruc-

turing Structured Analytic Techniques in Intelligence." *Intelligence and National Security* 33, no. 3 (2018): 337–356.

40) Heuer and Pherson, *Structured Analytic Techniques for Intelligence Analysis*, 5.

41) 예를 들어, 다음을 참조할 것. Directorate of Intelligence. *Style Manual & Writer's Manual for Intelligence Publications*. Langley, VA: Central Intelligence Agency, 2011. https://fas.org/irp/cia/product/style.pdf.

42) 전직 국가정보관이면서 CIA 지부장. 저자와의 대화. 2013년 7월 2일.

43) Gentry, "'Professionalization' of Intelligence Analysis," 650.

44) Arkin, William H., and Alexa O'Brien. "Doctors of Doom: What a Ph.D. Really Means in the US National Security Community." *Vice*, January 27, 2016. https://www.vice.com/en_us/article/8x3mpz/doctors-ofdoom-what-a-phd-really-means-in-the-us-national-security-community-1.

45) Lowenthal, *Future of Intelligence*, 80.

13장 # 정보윤리

1) eMediaMillWorks. "Vice President Cheney on NBC's 'Meet the Press.'" *The Washington Post*, September 16, 2001. https://www.washingtonpost.com/wp-srv/nation/specials/attacked/transcripts/cheney091601.html.

2) Gaddis, John Lewis. *George F. Kennan: An American Life*. New York, NY: Penguin, 2011, 319.

3) Corera, Gordon. *The Art of Betrayal: The Secret History of MI6*. New York, NY: Pegasus Books, 2012, 3.

4) Herken, Gregg. *The Georgetown Set: Friends and Rivals in Cold War Washington*. New York, NY: Vintage Books, 2015, 375.

5) 다음을 참조할 것. Arendt, Hannah. *The Origins of Totalitarianism*. New York, NY: Harcourt Brace, 1948; and Doyle, Michael W. "Liberalism in World Politics." *American Political Science Review* 80, no. 4 (December 1986): 1151–1169.

6) Office of the Director of National Intelligence. *National Intelligence Strategy of the United States*. Washington, DC: Office of the Director of National Intelligence, 2019, 31.

7) Savage, Charlie. "Problems in FBI Wiretap Applications Go Beyond Trump Aide Surveillance, Review Finds." *The New York Times*, March 31, 2020. https://www.nytimes.com/2020/03/31/us/politics/fbi-fisawiretap-trump.html.

8) Shapiro, Martin. *Who Guards the Guardians? Judicial Control of Administration*. Athens: University of Georgia Press, 1988.

9) 홀로코스트의 공포가 드러난 후에도, 자국의 행동을 도덕적으로 보려는 평범한 독일

인들의 노력에 대해서는 다음을 참조할 것. Koonz, Claudia. *The Nazi Conscience*. Cambridge, MA: Harvard University Press, 2003; and Stargardt, Nicholas. *The German War*. New York, NY: Basic Books, 2015.

10) 비정부기구인 프리덤하우스(Freedom House)에 의해 작성된 연례 보고서는 다음을 참조할 것. *Freedom in the World*, available from https://freedomhouse.org/report/freedom-world.

11) 2장 참조.

12) 현실주의의 도덕적 복합성에 대해서는 다음을 참조할 것. Williams, Michael C., ed. *Realism Reconsidered: The Legacy of Hans J. Morgenthau in International Relations*. Oxford, UK: Oxford University Press, 2007.

13) Hatfield, Joseph M. "An Ethical Defense of Treason by Means of Espionage." *Intelligence and National Security* 32, no. 2 (2017): 198.

14) Buzan, Barry, Ole Wæver, and Jaap de Wilde. *Security: A New Framework for Analysis*. Boulder, CO: Lynne Rienner, 1998.

15) Mueller, John, and Mark G. Stewart. "Hardly Existential: Thinking Rationally About Terrorism." *Foreign Affairs*, April 2, 2010. https://www.foreignaffairs.com/articles/north-america/2010-04-02/hardly-existential.

16) Kant, Immanuel. *Groundwork of a Metaphysic of Morals*, translated by H. J. Patton. New York, NY: Harper, 1956, 64–66.

17) Ibid., emphasis in original, 66–67.

18) Ibid., 70.

19) Kant, Immanuel. *Perpetual Peace and Other Essays*, translated by Ted Humphrey. Indianapolis, IN: Hackett, 1983, 109.

20) Ibid., 109–110.

21) Ibid., 111–112.

22) 다음을 참조할 것. Doyle, "Liberalism in World Politics"; and Maoz, Zeev, and Bruce Russett. "Normative and Structural Causes of Democratic Peace, 1946–1986." *American Pol-itical Science Review* 87, no. 3 (September 1993): 794–807.

23) Thomas, Daniel. *The Helsinki Effect*. Princeton, NJ: Princeton University Press, 2001.

24) Huntley, Wade L. "Kant's Third Image: Systemic Sources of the Liberal Peace." *International Studies Quarterly* 40, no. 1 (March 1996): 45–77.

25) Ronn, Kira Vrist. "Intelligence Ethics: A Critical Review and Future Perspectives." *International Journal of Intelligence and Counterintelligence* 29, no. 4 (2016): 770.

26) Mill, John Stuart. *Utilitarianism*. Buffalo, NY: Prometheus Books, 1987, 16–17.

27) Ibid., 18.

28) Ibid., 24–25, 45.

29) Ibid., 29, 42–43.

30) Ibid., 26–27.

31) Cox, Robert W. "Social Forces, States, and World Orders: Beyond International

Relations Theory." In *Neorealism and Its Critics*, edited by Robert O. Keohane. New York, NY: Columbia University Press, 1986, 206.

32) Ibid., 208.

33) Geuss, Raymond. *History and Illusion in Politics*. Cambridge, UK: Cambridge University Press, 2001, 3.

34) Foucault, Michel. *Discipline and Punish: The Birth of the Prison*, translated by Alan Sheridan. New York, NY: Vintage Books, 1979.

35) Gramsci, Antonio. *Selections From the Prison Notebooks*, edited and translated by Quentin Hoare. New York, NY: International, 1971.

36) Geuss, *History and Illusion in Politics*, 38.

37) Hatfield, "Ethical Defense of Treason by Means of Espionage."

38) Whitney, Joel. "The Paris Review, the Cold War, and the CIA." *Salon*, May 27, 2012. https://www.salon.com/2012/05/27/exclusive_the_paris_review_the_cold_war_and_the_cia/.

39) Chick, Stevie. "Wind of Change: Did the CIA Write the Cold War's Biggest Anthem?" *The Guardian*, May 15, 2020. https://www.theguardian.com/tv-and-radio/2020/may/15/wind-of-change-did-the-cia-write-thecold-wars-biggest-anthem. 또한, 이러한 루머 뿐만 아니라 CIA가 다양한 범위의 예술가들과 연결되어 있는 역사를 조사하는 팟캐스트는 다음을 참조할 것. *Wind of Change*: https://www.newsroom.spotify.com/2020-05-12/cold-war-propaganda-meets-music-icons-on-new-investigative-podcast-wind-of-change/.

40) Shah, Saeed. "CIA's Fake Vaccination Programme Criticised by *Medecins Sans Frontieres*." *The Guardian*, July 14, 2011. https://www.theguardian.com/world/2011/jul/14/cia-fake-vaccination-medecins-frontieres.

41) 다음을 참조할 것. Carleson, J. C. *Work Like a Spy: Business Tips From a Former CIA Officer*. New York, NY: Portfolio, 2013.

42) Spencer, Richard. "'*Medecins Sans Frontieres* Run by French Intelligence,' Says Assad Regime." *The Telegraph*, February 17, 2016. https://www.telegraph.co.uk/news/worldnews/middleeast/syria/12161437/Medecins-Sans-Frontieres-run-by-French-intelligence-says-Assad-regime.html.

43) Reuters. "Leaked US Video Shows Deaths of Reuters' Iraqi Staffers." April 5, 2010. https://www.reuters.com/article/us-iraq-usa-journalists/leaked-u-s-video-shows-deaths-of-reuters-iraqi-staffers-idUSTRE6344FW20100406.

44) Tracy, Marc, and Rachel Abrams. "Police Target Journalists as Trump Blames 'Lamestream Media' for Protests." *The New York Times*, June 1, 2020. https://www.nytimes.com/2020/06/01/business/media/reportersprotests-george-floyd.html; and Grynbaum, Michael M., and Marc Santora. "CNN Crew Arrested on Live Television While Covering Minneapolis Protests." *The New York Times*, May 29, 2020. https://www.nytimes.com/2020/05/29/business/media/cnn-reporter-arrested-omar-jimenez.html.

45) Steele, Brent J., and Jacque L. Amoreaux. "NGOs and Monitoring Genocide: The

Benefits and Limits to Human Rights Panopticism." *Millennium: Journal of International Studies* 34 (2004): 403−431.

46) Redfield, Peter. "A Less Modest Witness: Collective Advocacy and Motivated Truth in a Medical Humanitarian Movement." *American Ethnologist* 33, no. 1 (2006): 3−26.

47) Bamford, James. *The Puzzle Palace*. New York, NY: Penguin Books, 1983.

48) Strohm, Chris, and Del Quentin Wilbur. "Pentagon Says Snowden Took Most Secrets Ever: Rogers." *Bloomberg News*, January 9, 2014. https://www.bloomberg.com/news/articles/2014-01-09/pentagon-findssnowden-took-1-7-million-files-rogers-says.

49) TheWikiLeaksChannel. "Edward Snowden Speaks About NSA Programs at Sam Adams Award Presentation in Moscow." *YouTube*, October 9, 2013. https://www.youtube.com/user/TheWikiLeaksChannel.

50) Office of the Director of National Intelligence, *National Intelligence Strategy of the United States*, 31.

51) 다음을 참조할 것. Biddle, Stephen. *Afghanistan and the Future of Warfare: Implications for Army and Defense Policy*. Carlisle, PA: Strategic Studies Institute, US Army War College, 2002.

52) 다음을 참조할 것. Nasiri, Omar. *Inside the Jihad: My Life With al Qaeda*. New York, NY: Basic Books, 2006; Wright, Lawrence. *The Looming Tower*. New York, NY: Knopf, 2006, 179−181; and Lia, Brynjar. *The Architect of Jihad: The Life of al Qaeda Strategist Abu Mus'ab al-Siri*. New York, NY: Columbia University Press, 2008, 82−84.

53) US Senate. "Report of the Senate Select Committee on Intelligence Committee Study of the Central Intelligence Agency's Detention and Interrogation Program." December 9, 2014. https://www.intelligence.senate.gov/sites/default/files/documents/CRPT-113srpt288.pdf.

54) US Government. "File: AbuGhraibAbuse." Wikimedia Commons. Last modified July 27, 2020. https://commons.wikimedia.org/w/index.php?curid=581864.

55) US Government. "File: AG-8 [Abu Ghraib]." Wikimedia Commons. Last modified July 31, 2020. https://commons.wikimedia.org/w/index.php?curid=579576.

56) 고문에 대한 공리주의의 사례는 다음에 요약되어 있다. Allhoff, Fritz. "Terrorism and Torture." *International Journal of Applied Ethics* 17, no. 1 (2003): 105−118.

57) Bellaby, Ross. "What's the Harm? The Ethics of Intelligence Collection." *Intelligence and National Security* 27, no. 1 (2012): 98.

58) Johnson, Douglas A., et al. "The Strategic Costs From Torture." *Foreign Affairs* 95 (September 1, 2016): 121−126.

59) 권력 행사도구로서 학대를 사용하는 데 대해서는 다음을 참조할 것. Foucault, *Discipline and Punish*.

60) Risen, James. "Outside Psychologists Shielded US Torture Program, Report

Finds." *The New York Times*, July 10, 2015. https://www.nytimes.com/2015/07/11/us/psychologists-shielded-us-torture-program-reportfinds.html.

61) 1980년대에 이스라엘 방위군은 UAVs를 전투에 처음 사용했고, 미 국방부와 CIA의 프로그램과 매우 유사한 드론암살 프로그램을 운용했다. 그러나 설명의 단순화를 위해서 우리는 미국의 활동에 초점을 맞출 것이다.

62) 오바마 대통령은 민간인 사망자도 확인이 가능하면 포함하도록 지시했다. 그러나 트럼프는 2019년 7월 5일 이 지시를 무효화했다. 이에 대해서는 2011년에 컬럼비아 대학교 인권연구소에서 개발한 방법론을 참고할 것. https://web.law.columbia.edu/sites/default/files/microsites/human-rights-institute/files/COLUMBIACounting DronesFinal.pdf.

63) Fisk, Kerstin, and Jennifer M. Ramos. "Actions Speak Louder Than Words: Preventative Self-Defense as a Cascading Norm." *International Studies Perspectives* 15 (2014): 163–185.

64) Beck, Lewis W. "Kant and the Right of Revolution." *Journal of the History of Ideas* 32, no. 3 (1971): 411–422.

65) Keene, Shima D. "Lethal and Legal? The Ethics of Drone Strikes." *International Journal of Ethics* 12, no. 1 (2015): 90.

66) 물론 이 문제는 안보학에서 심층적으로 논의되고 있다. 여기에 대해서는 다음을 참조할 것. Jordan, Jenna. "Attacking the Leader, Missing the Mark: Why Terrorist Groups Survive Drone Strikes." *International Security* 38, no. 4 (2014): 7–38; and Mir, Asfandyar. "What Explains Counterterrorism Effectiveness? Evidence From the US Drone War in Pakistan." *International Security* 43, no. 2 (2018): 45–83.

67) Hambling, David. "Why Was Pakistan Strike So Deadly?" *Wired*, June 24, 2009. https://www.wired.com/2009/06/why-was-pakistan-drone-strike-so-deadly/.

68) Gregory, Thomas. "Drones, Targeted Killings, and the Limits of International Law." *International Political Sociology* 9, no. 1 (2015): 197–212.

69) Allison, Jamie. "The Necropolitics of Drones." *International Political Sociology* 9, no. 2 (2015): 113–127.

70) Fox News. "Donald Trump Running for President." Transcript from *The O'Reilly Factor*, June 16, 2015. https://www.foxnews.com/transcript/donald-trump-running-for-president; and Shane, Leo, III. "Trump Made Up Injury to Dodge Military Service, His Former Lawyer Testifies." *Military Times*, February 27, 2019. https://www.militarytimes.com/news/pentagon-congress/2019/02/27/trumps-lawyer-no-basis-forpresidents-medical-deferment-from-vietnam/.

71) Raphelson, Samantha. "Trump Call Controversy Renews Spotlight on Gold Star Families." *National Public Radio*, October 23, 2017. https://www.npr.org/2017/10/23/559558075/trump-call-controversy-renewsspotlight-on-gold-star-families; Stied, Matt. "A Brief History of Trump's Feud With John McCain." *New York Magazine*, March 20, 2019. https://nymag.com/intelligencer/2019/03/an-abbreviated-history-of-trumpsfeud-with-john-mccain.html; and Barrett, Ted, and

David Cole. "Republican Senator Calls Trump's McCain Insults 'Deplorable.'" *CNN*, March 21, 2019. https://www.cnn.com/2019/03/20/politics/johnny-isaksonjohn-mccain/index.html.

72) Goldberg, Jeffrey. "Trump: Americans Who Died in War are 'Losers' and 'Suckers.'" *The Atlantic*, September 3, 2020. https://www.theatlantic.com/politics/archive/2020/09/trump-americans-who-died-at-war-arelosers-and-suckers/615997/.

73) Scott, Eugene. "Trump Defends Inflammatory Remarks, Asks 'Who Is Doing the Raping?'" *CNN*, July 2, 2015. https://www.cnn.com/2015/07/01/politics/donald-trump-immigrants-raping-comments/index.html; Drobnic Holan, Angie. "In Context: Trump's 'Very Fine People on Both Sides' Remark." *PolitiFact*, April 26, 2019. https://www.politifact.com/article/2019/apr/26/context-trumps-very-fine-people-both-sides-remarks/; and Wines, Michael. "'Looting' Comment From Trump Dates Back to the Racial Unrest of the 1960s." *The New York Times*, May 29, 2020. https://www.nytimes.com/2020/05/29/us/looting-starts-shooting-starts.html.

74) Barnes, Julian E., and Adam Goldman. "For Spy Agencies, Briefing Trump Is a Test of Holding His Attention." *The New York Times*, May 21, 2020. https://www.nytimes.com/2020/05/21/us/politics/presidentsdaily-brief-trump.html.

75) BBC. "Trump on Climate Change Report: 'I Don't Believe It.'" November 26, 2018. https://www.bbc.com/news/world-us-canada-46351940.

76) Barnes, Thomas. "Trump 'Suggested Firing Nuclear Weapons at Hurricanes to Stop Them Hitting US,' Report Claims." *The Independent*, August 26, 2019. https://www.independent.co.uk/news/world/americas/us-politics/trump-nuking-hurricanes-nuclear-weapons-disrupt-storm-bomb-a9078796.html

77) McDonald, Jessica, and Rem Rieder. "Trump Misleads on Hydroxychloroquine, Again." *FactCheck.org*, June 3, 2020. https://www.factcheck.org/2020/05/trump-misleads-on-hydroxychloroquine-again/; and Rogers, Katie, Christine Hauser, and Maggie Haberman. "Trump's Suggestion That Disinfectants Could Be Used to Treat Coronavirus Prompts Aggressive Pushback." *The New York Times*, April 24, 2020. https://www.nytimes.com/2020/04/24/us/politics/trump-inject-disinfectant-bleach-coronavirus.html.

78) Barnes and Goldman, "For Spy Agencies, Briefing Trump Is a Test of Holding His Attention"; and Durkee, Alison. "Trump Was Warned About the Coronavirus More Than a Dozen Times in Daily Intel Briefings." *Vanity Fair*, April 28, 2020. https://www.vanityfair.com/news/2020/04/trump-received-coronaviruswarnings-daily-intelligence-briefings-pdb.

79) CNN. "Colin Powell Criticizes Trump's Response to Protests in 'State of the Union' Interview." June 7, 2020. https://www.cnn.com/2020/06/07/politics/colin-powell-interview-donald-trump-protests/index.html.

80) Markowitz, David. "Trump Is Lying More Than Ever: Just Look at the Data." *Forbes*, May 5, 2020. https://www.forbes.com/sites/davidmarkowitz/2020/05/

05/trump-is-lying-more-than-ever-just-look-at-thedata/#2f47f3631e17.

81) Mueller, Robert S., III. *Report on the Investigation Into Russian Interference in the 2016 Presidential Election*, Vol. II. Washington, DC: US Department of Justice, 2019.

82) Haberman, Maggie, Mark Mazetti, and Matt Apuzzo. "Kushner Is Said to Have Discussed a Secret Channel to Talk to Russia." *The New York Times*, May 26, 2017. https://www.nytimes.com/2017/05/26/us/politics/kushner-talked-to-russian-envoy-about-creating-secret-channel-with-kremlin.html.

83) Bennett, John T. "Trump Takes Putin's Word for It on Russian Election Meddling." *Roll Call*, July 16, 2018. https://www.rollcall.com/2018/07/16/trump-takes-putins-word-for-it-on-russian-meddling-in-elections/.

84) Sanger, David, and Nicole Perloth. "US Escalates Online Attacks on Russia's Power Grid." *The New York Times*, June 15, 2019. https://www.nytimes.com/2019/06/15/us/politics/trump-cyber-russia-grid.html.

85) Ward, Alex. "CIA Reportedly Removed Top Spy From Russia Over Fear of Retaliation—and Maybe Trump." *Vox*, September 10, 2019. https://www.vox.com/2019/9/9/20856915/cnn-trump-russia-spy-putin-cia.

86) Bell, Andrew M., and Thomas Gift. "War Crime Pardons and What They Mean for the Military." *War on the Rocks*, December 5, 2019. https://warontherocks.com/2019/12/war-crime-pardons-and-what-they-meanfor-the-military/.

87) Myers, Meghann, and Joe Gould. "Trump Planning to Use Billions More in Military Funds to Build Border Wall." *Military Times*, January 14, 2020. https://www.militarytimes.com/news/your-military/2020/01/14/trump-planning-to-use-billions-more-in-military-funds-to-build-border-wall-per-report/.

88) Cook, Nancy, Louis Nelson, and Nahal Toosi. "Trump Pledges to End Military Exercises as Part of North Korea Talks." *Politico*, June 12, 2018. https://www.politico.com/story/2018/06/12/trump-kim-meetingpress-conference-637544.

89) Barnes, Julian E., and Eric Schmitt. "Trump Orders Withdrawal of US Forces From Northern Syria." *The New York Times*, October 16, 2019. https://www.nytimes.com/2019/10/13/us/politics/mark-esper-syriakurds-turkey.html.

90) Herszenhorn, David M. "Trump Orders Large Withdrawal of US Forces From Germany." *Politico*, June 6, 2020. https://www.politico.eu/article/donald-trump-withdrawal-us-forces-from-germany-angela-merkel/.

91) Baker, Peter, et al. "How Trump's Idea for a Photo Op Led to Havoc in a Park." *The New York Times*, June 2, 2020. https://www.nytimes.com/2020/06/02/us/politics/trump-walk-lafayette-square.html.

92) Stracqualursi, Veronica. "The Prominent Former Military Leaders Who Have Criticized Trump's Actions Over Protests." *CNN*, June 5, 2020. https://www.cnn.com/2020/06/05/politics/military-leaders-trumpfloyd-protests/index.html.

93) Schmitt, Eric, et al. "Esper Breaks With Trump on Using Troops Against Protesters." *The New York Times*, June 3, 2020. https://www.nytimes.com/2020/

06/03/us/politics/esper-milley-trump-protest.html.

94) 다음 글에 인용되어 있음. Goldberg, Jeffrey. "James Mattis Denounces President Trump, Describes Him as a Threat to the Constitution." *The Atlantic*, June 3, 2020. https://www.theatlantic.com/politics/archive/2020/06/jamesmattis-denounces-trump-protests-militarization/612640/.

95) Legal Information Institute, Cornell Law School. 5 US Code § 3331. Oath of Office. Accessed September 28, 2020. https://www.law.cornell.edu/uscode/text/5/3331.

14장 국가와 이익에 대한 위협

1) US Global Change Research Program. *Fourth National Climate Assessment*, Vol. II. Washington, DC: US Global Change Research Program, 2018. https://nca2018.globalchange.gov/.

2) Nuwer, Rachel. "Mass Extinctions Are Accelerating, Scientists Report." *The New York Times*, June 8, 2020. https://www.nytimes.com/2020/06/01/science/mass-extinctions-are-accelerating-scientists-report.html.

3) 국토안보 학자들은 '모든 위험(all hazards)' 접근방식을 활용하여 이러한 분석적 과제를 설명한다. 다음을 참조할 것. Kilroy, Richard J., Jr., ed. *Threats to Homeland Security: Reassessing the All-Hazards Perspective*, 2nd ed. Hoboken, NJ: Wiley, 2018.

4) Strange, Susan. "The Persistent Myth of Lost Hegemony." *International Organization* 41, no. 4 (1987): 551-574.

5) Krauthammer, Charles. "The Unipolar Moment." *Foreign Affairs* (Winter 1990/1991).

6) Hallman, Wesley. "Defense and Delusion: America's Military, Industry Are Falling Behind." *Defense News*, June 14, 2018. https://www.defensenews.com/opinion/commentary/2018/06/13/defense-and-delusionamericas-military-industry-are-falling-behind/.

7) Watson Institute for International and Public Affairs. "Costs of War." November 2019. https://watson.brown.edu/costsofwar/.

8) Desilver, Drew. "For Most US Workers, Real Wages Have Barely Budged for Decades." Pew Research Center, August 7, 2018. https://www.pewresearch.org/fact-tank/2018/08/07/for-most-us-workers-real-wages-havebarely-budged-for-decades/.

9) American Road and Transportation Builders Association. "2020 Bridge Report." Accessed September 29, 2020. https://artbabridgereport.org/reports/ARTBA%202020%20Bridge%20Report%20-%20State%20Ranking.pdf.

10) Lim, Stephen S., et al. "Measuring Human Capital: A Systematic Analysis of

195 Countries and Territories, 1990−2016." *The Lancet* 392, no. 10154 (2018). https://www.thelancet.com/journals/lancet/article/PIIS0140-6736(18)31941-X/fulltext#seccestitle160.

11) Hales, Craig M., et al. "Prevalence of Obesity and Severe Obesity Among Adults: United States, 2017−018." CDC National Center for Health Statistics, 2018. https://www.cdc.gov/nchs/products/databriefs/db360.htm.

12) Phillips, Jeffrey E. "Here's Why Fighting Youth Obesity Is a Matter of National Security." *Military Times*, July 18, 2018. https://www.militarytimes.com/opinion/commentary/2018/07/18/commentary-heres-whyfighting-youth-obesity-is-a-matter-of-national-security/.

13) Transparency International. "Corruption Perceptions Index 2019." Accessed September 29, 2020. https://images.transparencycdn.org/images/2019_CPI_Report_EN_200331_141425.pdf. Historical data are from https://www.transparency.org/en/cpi/1995.

14) US Debt Clock. Accessed July 7, 2020. https://www.usdebtclock.org/.

15) World Bank. "GDP (Current US$)." Accessed September 29, 2020. https://data.worldbank.org/indicator/NY.GDP.MKTP.CD.

16) 많은 분석가들은 미국 우월권의 쇠퇴가 경쟁국의 능력이 강화된 결과가 아니라, 빈약한 정책 선택지들, 미국 의지의 하락, 그리고/또는 국제제도에 대한 관여 결여 때문이다. 예를 들어 다음을 참조할 것. Lieber, Robert J. "Staying Power and the American Future: Problems of Primacy, Policy, and Grand Strategy." *Journal of Strategic Studies* 34, no. 4 (2011): 509−530.

17) National Intelligence Council. *Global Trends 2025: A Transformed World.* Washington, DC: US Government Printing Office, 2008.

18) Gilpin, Robert. *War and Change in World Politics.* Cambridge, UK: Cambridge University Press, 1983; and Mearsheimer, John J. *The Tragedy of Great Power Politics.* New York, NY: Norton, 2001.

19) Defense Intelligence Agency. *China Military Power: Modernizing a Force to Fight and Win.* Washington, DC: Defense Intelligence Agency, 2019, 20−21. http://www.dia.mil/Portals/27/Documents/News/Military%20Power%20Publications/China_Military_Power_FINAL_5MB_20190103.pdf.

20) Office of the Secretary of Defense. *Annual Report to Congress: Military and Security Developments Involving the People's Republic of China, 2019.* Washington, DC: US Department of Defense, May 2, 2019, 31. https://media.defense.gov/2019/May/02/2002127082/-1/-1/1/2019_CHINA_MILITARY_POWER_REPORT.pdf.

21) Blasko, Dennis J. "What Is Known and Unknown About Changes to the PLA's Ground Combat Units." *China Brief* 17, no. 7 (2017). https://jamestown.org/program/known-unknown-changes-plas-ground-combatunits/.

22) Maizland, Lindsay. "China's Modernizing Military." Council on Foreign Relations, February 5, 2020. https://www.cfr.org/backgrounder/chinas-modernizing-

military.

23) Nurkin, Tate, et al. "China's Advanced Weapons Systems." Jane's by IHS Markit, May 22, 2018. https://www.uscc.gov/sites/default/files/Research/Jane's%20 by%20IHS%20Markit_China's%20Advanced%20Weapons%20Systems.pdf.

24) Ibid.; and Cooper, Cortez A., III. "PLA Military Modernization: Drivers, Force Restructuring, and Implications." CT-488. Testimony Before US-China Economic and Security Review Commission, February 15, 2018. www.rand.org/content/ dam/rand/pubs/testimonies/CT400/CT488/RAND_CT488.pdf.

25) Mattis, Peter. "An American Lens on China's Interference and Influence-Building Abroad." The Asan Forum, April 30, 2018. http://www.theasanforum.org/an-american-lens-on-chinas-interference-andinfluence-building-abroad/.

26) Marcias, Amanda. "FBI Chief Slams Chinese Cyber Attacks on US." CNBC, July 7, 2020. https://www.cnbc.com/2020/07/07/fbi-chief-slams-chinese-cyberattacks-against-us-hudson-institute.html. 일부 학자들은 중국의 사이버 활동이 중국의 핵심 약점을 해결하는데 거의 도움이 되지 않기 때문에 중국의 사이버 첩보 프로그램으로부터의 이득이 과장되었다고 주장한다. Lindsay, Jon R. "The Impact of China on Cybersecurity:Fiction and Friction." *International Security* 39, no. 3 (2015): 7–47.

27) Thompson, William R. "Identifying Rivals and Rivalries Around the World." *International Studies Quarterly* 45, no. 4 (2001): 557–586; and Weiss, Jessica Chen, and Allan Dafoe. "Authoritarian Audiences, Rhetoric, and Propaganda in International Crises: Evidence From China." *International Studies Quarterly* 63, no. 4 (2019): 963–973.

28) Friedberg, Aaron L. *A Contest for Supremacy: China, America, and the Struggle for Mastery in Asia.* New York, NY: Norton, 2011; Xuetong, Yan. *Ancient Chinese Political Thought, Modern Chinese Power.* Princeton, NJ: Princeton University Press, 2011; Liff, Adam P., and G. John Ikenberry. "Racing Towards Tragedy? China's Rise, Military Competition in the Asia-Pacific, and the Security Dilemma." *International Security* 39, no. 2 (2014): 52–91; Holslag, Jonathan. *China's Coming War With Asia.* Cambridge, UK: Polity Press, 2015; and Allison, Graham. *Destined for War: Can America and China Escape Thucydides' Trap?* New York, NY: Houghton Mifflin, 2017.

29) Glaser, Charles L. "A US-China Grand Bargain? The Hard Choice Between Military Competition and Accommodation." *International Security* 39, no. 4 (2015): 49–90.

30) Brooks, Stephen G., and William C. Wohlforth. "The Rise and Fall of the Great Powers in the Twenty-First Century: China's Rise and the Fate of America's Global Position." *International Security* 40, no. 3 (2016): 7–53.

31) Mastanduno, Michael. "Partner Politics: Russia, China, and the Challenge of Extending US Hegemony After the Cold War." *Security Studies* 28, no. 3 (2019): 479–504.

32) Dyson, Stephen Benedict, and Matthew J. Parent. "The Operational Code Approach to Profiling Leaders: Understanding Vladimir Putin." *Intelligence and National Security* 33, no. 1 (2018): 93.

33) Fish, M. Steven. *Democracy Derailed in Russia: The Failure of Open Politics.* Cambridge, UK: Cambridge University Press, 2005.

34) McFaul, Michael, and Kathryn Stoner-Weiss. "The Myth of the Authoritarian Model." *Foreign Affairs* (January/February 2008).

35) Sokolov, Boris, et al. "Anti-Americanism in Russia: From Pro-American to Anti-American Attitudes, 1993—2009." *International Studies Quarterly* 62, no. 3 (2018): 534—547.

36) Driscoll, Jesse, and Daniel Maliniak. "With Friends Like These: Brinkmanship and Chain-Ganging in Russia's Near Abroad." *Security Studies* 25, no. 4 (2016): 585—607.

37) Nuclear Threat Initiative. "Iran." Accessed September 29, 2020. https://www.nti.org/learn/countries/iran/nuclear/.

38) Kamalipour, Yahya R., ed. *Media, Power, and Politics in the Digital Age: The 2009 Presidential Election Uprising in Iran.* Lanham, MD: Rowman & Littlefield, 2010.

39) Fassihi, Farnaz, and Steven Lee Myers. "Defying US, China and Iran Near Trade and Military Partnership." *The New York Times*, July 11, 2020. https://www.nytimes.com/2020/07/11/world/asia/china-iran-trademilitary-deal.html.

40) Myers, B. R. *The Cleanest Race: How North Koreans See Themselves—and Why It Matters.* New York, NY: Melville House, 2011.

41) 그의 이복형이 미국 정보공동체에 연관되어 있다는 징후가 있었다. 그러나 이 주장은 널리 알려지지 않았다. Strobel, Warren P. "North Korean Leader's Slain Half-Brother Was a CIA Source." *The Wall Street Journal*, June 10, 2019. https://www.wsj.com/articles/north-korean-leaders-slainhalf-brother-was-said-to-have-been-a-cia-informant-11560203662.

42) Hewitt, Kate. "Rethinking North Korean Sanctions: Lessons and Strategies for Long-Term Planning." *38 North*, January 16, 2018. https://www.38north.org/2018/01/khewitt011618/.

43) International Institute for Strategic Studies. *The Military Balance, 2020.* London, UK: Routledge, 2020, 284.

44) Sanger, David E., David D. Kirkpatrick, and Nicole Perlroth. "The World Once Laughed at North Korean Cyberpower. No More." *The New York Times*, October 15, 2017. https://www.nytimes.com/2017/10/15/world/asia/north-korea-hacking-cyber-sony.html.

45) Nuclear Threat Initiative. "North Korea." Accessed September 29, 2020. https://www.nti.org/learn/countries/north-korea/.

46) Ibid.

47) International Institute for Strategic Studies, *Military Balance, 2020*, 223.

48) Buncombe, Andrew. "Trump Praises North Korean Dictator's 'Great and Beautiful Vision' for His Country." *Independent*, August 2, 2019. https://www.independent.co.uk/news/world/americas/us-politics/trump-kimjong-un-north-korea-us-great-beautiful-latest-a9037186.html; and Albert, Eleanor. "North Korea's Nuclear Capabilities." Council on Foreign Relations, December 20, 2019. https://www.cfr.org/backgrounder/northkoreas-military-capabilities.

49) 이스라엘은 이란 핵협정에 강력하게 반대했다. 그러나 미국과 이스라엘은 매우 친밀한 관계를 유지하고 있으나, 이 두 국가 사이에 집단안보협정이 없다는 점을 기억해야 할 가치가 있다.

50) Brooks, Stephen G. "The Globalization of Production and the Changing Benefits of Conquest." *Journal of Conflict Resolution* 43, no. 5 (1999): 646–670.

51) Gould, Joe. "US Could Buy Turkey's Russian-Made S-400 Under Senate Proposal." *Defense News*, June 29, 2020. https://www.defensenews.com/congress/2020/06/29/us-could-buy-turkeys-russia-made-s-400-undersenate-proposal/.

52) National Intelligence Council. *Global Trends 2015. A Dialogue About the Future with Non-Governmental Experts*. Washington, DC: Central Intelligence Agency, 2000, 81. https://www.dni.gov/files/documents/Global%20Trends_2015%20Report.pdf; National Intelligence Council. *Mapping the Global Future: 2020*. Washington, DC: Office of the Director of National Intelligence, 2004, 30. http://www.dni.gov/files/documents/Global%20Trends_Mapping%20the%20Global%20Future%202020%20Project.pdf; National Intelligence Council, *GlobalTrends 2025*, 75; National Intelligence Council. *Global Trends 2030: Alternative Worlds*. Washington, DC: Office of the Director of National Intelligence, 2012, xi. https://www.dni.gov/files/images/buttons/pdf_2.png.

53) National Intelligence Council, *Global Trends 2025*, 75; and National Intelligence Council. *Global Trends: Paradox of Progress*. Washington, DC: Office of the Director of National Intelligence, 2017, 25 and 170. https://www.dni.gov/files/images/globalTrends/documents/GT-Full-Report.pdf.

54) Walsh, Patrick F. *Intelligence, Biosecurity, and Terrorism*. London, UK: Palgrave Macmillan, 2018.

55) Executive Office of the President of the United States. *Playbook for Early Response to High-Consequence Emerging Infectious Disease Threats and Biological Incidents*. Washington, DC: Executive Office of the President of the United States, 2016; and Diamond, Dan, and Nahal Toosi. "Trump Team Failed to Follow NSC's Pandemic Playbook." *Politico*, March 25, 2020. https://www.politico.com/news/2020/03/25/trump-coronavirusnational-security-council-149285.

56) Hatfill, Stephen J. "Rapid Validation of Disease Outbreak Intelligence by Small Independent Verification Teams." *Intelligence and National Security* 35, no. 4 (2020): 533.

57) Ibid.

58) Town, Jenny. "South Korea's Pandemic Response." Stimson Center, March 26, 2020. https://www.stimson.org/2020/south-koreas-pandemic-response/; and Lee, Heesu. "These Elite Contact Tracers Show the World How to Beat Covid-19." *Bloomberg*, July 27, 2020. https://news.bloomberglaw.com/health-law-and-business/these-elite-contact-tracers-show-the-world-how-to-beat-covid-19.

59) Lentzos, Michael S., Michael S. Goodman, and James M. Wilson. "Health Security Intelligence: Engaging Across Disciplines and Sectors." *Intelligence and National Security* 35, no. 4 (2020): 465–476.

60) Coronavirus Resource Center. "Mortality Analyses." Johns Hopkins University. Accessed August 8, 2020. https://coronavirus.jhu.edu/data/mortality.

61) Riechmann, Deb. "Trump Disbanded NSC Pandemic Unit That Experts Had Praised." Associated Press, March 15, 2020. https://apnews.com/ce014d94b64e98b7203b873e56f80e9a; and Diamond and Toosi, "Trump Team Failed to Follow NSC's Pandemic Playbook."

62) Graham, David A. "Why Trump Was Deaf to All the Warnings He Received." *The Atlantic*, April 29, 2020. https://www.theatlantic.com/ideas/archive/2020/04/how-many-warnings-did-trump-ignore/610846/.

63) Rieger, J. M. "24 Times Trump Has Said the Virus Would Go Away." *The Washington Post*, August 5, 2020. https://www.washingtonpost.com/video/politics/24-times-trump-said-the-coronavirus-would-goaway/2020/04/30/d2593312-9593-4ec2-aff7-72c1438fca0e_video.html; Chalfant, Morgan. "Trump Says He Won't Issue National Mask Mandate." *The Hill*, July 17, 2020. https://thehill.com/homenews/administration/507908-trump-says-he-wont-issue-national-mask-mandate; McDonald, Jessica, and Rem Rieder. "Trump Misleads on Hydroxychloroquine, Again." *FactCheck.org*, June 3, 2020. https://www.factcheck.org/2020/05/trump-misleads-on-hydroxychloroquine-again/; and BBC. "Outcry After Trump Suggests Injecting Disinfectant as Treatment." April 24, 2020. https://www.bbc.com/news/world-us-canada-52407177.

64) National Intelligence Council. "Global Food Security: Key Drivers—A Conference Report." NICR 2012-05. February 1, 2012. https://www.dni.gov/files/documents/nic/NICR%202012-05%20Global%20Food%20Security%20Conf%20Rpt%20FINAL.pdf.

65) Center for Climate and Security. "A Climate Security Plan for America." September 2019. https://climateandsecurity.files.wordpress.com/2019/09/a-climate-security-plan-for-america_2019_9_24-1.pdf.

66) Spratt, David, and Ian Dunlop. "Existential Climate-Related Security Risk: A Scenario Approach." May 2019. https://docs.wixstatic.com/ugd/148cb0_a1406e0143ac4c469196d3003bc1e687.pdf.

67) White, Daniel. "The National Security Implications of Climate Change: Redefining Threats, Bolstering Budgets, and Mobilizing the Arctic." *Journal of International Affairs* 73, no. 1 (2020): 321–329. https://jia.sipa.columbia.edu/national-security-

implications-climate-change-redefining-threats-bolstering-budgetsand-mobilizing.

68) Konyshew, Valery, and Alexander Sergunin. "Is Russia a Revisionist Military Power in the Arctic?" *Defense & Security Analysis* 30, no. 4 (2014): 323–335. https://doi.org/10.1080/14751798.2014.948276.

69) Office of the Under Secretary of Defense for Policy. "Department of Defense Arctic Strategy." June 2019. https://climateandsecurity.files.wordpress.com/2019/06/2019-dod-arctic-strategy.pdf; White, "National Security Implications of Climate Change"; and Taylor, P. C., W. Maslowksi, J. Perlwitz, and D. J. Wuebbles. "Arctic Changes and Their Effects on Alaska and the Rest of the United States." In *Climate Science Special Report: Fourth National Climate Assessment*, Vol. I, edited by D. J. Wuebbles, D. W. Fahey, K. A. Hibbard, D. J. Dokken, B. C. Stewart, and T. K. Maycock. Washington, DC: US Global Change Research Program, 2017, 303.

70) Office of the Under Secretary of Defense for Policy, "Department of Defense Arctic Strategy."

71) Askari, Muhammad Usman. "China's Territorial Disputes in the South China Sea: A Prologue From Past to Present." *Journal of the Research Society of Pakistan* 56, no. 1 (2019): 101–108; and Geib, Peter, and Lucie Pfaff. "The Dynamics of Chinese Expansion in the South China Sea." *Journal of Applied Business and Economics* 18, no. 1 (2016): 62–68. https://doi.org/10.33423/jabe.v18i1.828.

72) Rezzonico, Andrea. "The South China Sea: A Potential Climate, Nuclear, Security Hotspot." Council on Strategic Risks, April 24, 2019. https://councilon strategicrisks.org/2019/04/29/the-south-china-sea-a-potentialclimate-nuclear-security-hotspot/; and Office of the Director of National Intelligence, "Global Trends 2030."

73) Van Der Heijden, Kitty, and Callie Stinson. "Water Is a Growing Source of Global Conflict." World Economic Forum, March 2019. https://www.weforum.org/agenda/2019/03/water-is-a-growing-source-ofglobal-conflict-heres-what-we-need-to-do/.

74) United Nations Office for the Coordination of Humanitarian Affairs. "World Humanitarian Data and Trends 2018." December 2018. https://www.humani tarianresponse.info/sites/www.humanitarianresponse.info/files/documents/files/whdt2018_web_final_singles.pdf.

75) Center for Climate and Security, "Climate Security Plan for America."

76) Director of National Intelligence. "Worldwide Threat Assessment of the US Intelligence Community." February 13, 2018. https://www.dni.gov/files/documents/Newsroom/Testimonies/2018-ATA---Unclassified-SSCI.pdf.

77) National Intelligence Council, "Global Food Security."

78) Office of the Director of National Intelligence, "Global Trends 2030."

79) Department of Defense. "Climate Adaptation for DOD Natural Resource Managers: A Guide to Incorporating Climate Considerations Into Integrated Natural

Resource Management Plans." August 2019. https://climateandsecurity.files.wordpress.com/2019/08/dod-adaptation-guide-at-low-res-final-041519_508-compliant.pdf.

80) Hall, J. A., S. Gill, J. Obeysekera, W. Sweet, K. Knuuti, and J. Marburger. "Regional Sea Level Scenarios for Coastal Risk Management: Managing the Uncertainty of Future Sea Level Change and Extreme Water Levels for Department of Defense Coastal Sites Worldwide." US Department of Defense, Strategic Environmental Research and Development Program, April 25, 2016. https://www.serdp-estcp.org/News-and-Events/News-Announcements/Program-News/DoD-Report-on-Regional-SeaLevel-Scenarios.

81) Union of Concerned Scientists. "Executive Summary: The US Military on the Front Lines of Rising Seas: Growing Exposure to Coastal Flooding at East and Gulf Coast Military Bases." July 2016. https://www.ucsusa.org/sites/default/files/attach/2016/07/front-lines-of-rising-seas-key-executive-summary.pdf.

82) McCarthy, John, Marvin Minsky, Nathaniel Rochester, and Claude E. Shannon. "Proposal for the Dartmouth Summer Research Project on Artificial Intelligence, August 31, 1955." *AI Magazine* 27, no. 4 (2006). https://aaai.org/ojs/index.php/aimagazine/issue/view/165.

83) Vedder, Anton. "Why Data Protection and Transparency Are Not Enough When Facing Social Problems of Machine Learning in Big Data Context." In *Being Profiled: COGITAS ERO SUM: 10 Years of Profiling the European Citizen*, edited by Emre Bayamlioğlu, Irina Baraliuc, Liisa Janssens, and Mireille Hildebrandt. Netherlands: Amsterdam University Press, 2018, 42–45. doi:10.2307/j.ctvhrd092.10; and Hao, Karen. "What Is Machine Learning?" *MIT Technology Review*, November 1, 2018. https://www.technologyreview.com/s/612437/what-is-machine-learning-we-drew-you-another-flowchart/.

84) Kavanaugh, Camino. *New Tech, New Threats, and New Governance Challenges: An Opportunity to Craft Smarter Responses?* Washington, DC: Carnegie Endowment for International Peace, 2019, 13–23. doi:10.2307/resrep20978.5.

85) Yampolskiy, Roman, and M. S. Spellchecker. "Artificial Intelligence Safety and Cybersecurity: A Timeline of AI Failures." October 2016. https://arxiv.org/pdf/1610.07997.pdf; Vedder, "Why Data Protection and Transparency Are Not Enough When Facing Social Problems of Machine Learning in Big Data Context"; and Gill, Amandeep Singh. "Artificial Intelligence and International Security: The Long View." *Ethics & International Affairs* 33, no. 2 (2019): 169–179. doi:10.1017/S0892679419000145.

86) Kavanaugh, *New Tech, New Threats, and New Governance Challenges*; Allison, Graham, and "Y." "The Clash of AI Superpowers." *The National Interest* 165 (2020): 11–16.

87) Gill, "Artificial Intelligence and International Security."

88) "Executive Order 13859 of February 11, 2019: Maintaining American Leadership

in Artificial Intelligence." *Federal Register* 84, no. 31 (2019): 3967–3972. https://www.hsdl.org/?view&did=821398.

89) Khvoynitskaya, Sandra. "The Future of Big Data: 5 Predictions From Experts for 2020–025." *iTransition*, January 30, 2020. https://www.itransition.com/blog/the-future-of-big-data.

90) Kavanaugh, *New Tech, New Threats, and New Governance Challenges*.

91) Gill, "Artificial Intelligence and International Security."

92) Kavanaugh, *New Tech, New Threats, and New Governance Challenges*; and US Government Accountability Office. "Data and Analytics Innovation: Emerging Opportunities and Challenges." Report GAO-16-659SP. September 20, 2016. https://www.gao.gov/products/GAO-16-659SP

93) Future of Life Institute. "Asilomar AI Principles." Accessed December 29, 2019. https://futureoflife.org/ai-principles/?cn-reloaded=1.

94) Gill, "Artificial Intelligence and International Security."

95) AI의 실패 사례는 다음을 참조할 것. Yampolskiy and Spellchecker, "Artificial Intelligence Safety and Cybersecurity."

96) Lewis, James A. "Thresholds for Cyberwar." Center for Strategic & International Studies, October 1, 2010. https://www.csis.org/analysis/thresholds-cyberwar.

97) Sarkees, Meredith, and Frank Wayman. *Resort to War: 1816–2007*. Washington, DC: CQ Press, 2010.

98) Szayna, Thomas, et al. *What Are the Trends in Armed Conflicts, and What Do They Mean for US Defense Policy?* Santa Monica, CA: RAND Corporation, 2017, 3.

99) Schindler, John. "We're Entering the Age of Special War." *Business Insider*, September 25, 2013. https://www.businessinsider.com/were-entering-the-age-of-special-war-2013-9.

100) Paul G. Peterson Foundation. "US Defense Spending Compared to Other Countries." May 13, 2020. https://www.pgpf.org/chart-archive/0053_defense-comparison.

101) Vine, David. "Where in the World Is the US Military?" *Politico*, July/August 2015. https://www.politico.com/magazine/story/2015/06/us-military-bases-around-the-world-119321.

102) Worley, Duane. *Orchestrating the Instruments of Power: A Critical Examination of the US National Security System*. Lincoln: University of Nebraska Press, 2015, 8.

103) National Intelligence Council, *Global Trends 2025*, iv and 21–22.

104) Olson, Mancur. "Dictatorship, Democracy, and Development." *The American Political Science Review* 87, no. 3 (1993): 567–576; and Chayes, Sarah. *Thieves of State: Why Corruption Threatens Global Security*. New York, NY: Norton, 2015.

105) The Fund for Peace. *Fragile States Index: Annual Report 2019*, 7. Accessed September 29, 2020. https://fragilestatesindex.org/wp-content/uploads/2019/03/9511904-fragilestatesindex.pdf.

106) Saideman, Stephen M., and R. William Ayres. *For Kin and Country: Xenophobia, Nationalism, and War.* New York, NY: Columbia University Press, 2015.

107) Hussein, Muzammil M., and Philip N. Howard. "What Best Explains Successful Protest Cascades? ICTs and the Fuzzy Causes of the Arab Spring." *International Studies Review* 15 (2013): 48–66.

108) Snyder, Jack L. *From Voting to Violence: Democratization and Nationalist Conflict.* New York, NY: Norton, 2000.

109) Weyland, Kurt. "The Arab Spring: Why the Surprising Similarities With the Revolutionary Wave of 1848?" *Perspectives on Politics* 10, no. 4 (2012): 917–934.

110) 주목할만한 예외 중의 하나는 구유고슬라비아가 인종전쟁으로 돌입하게 된 것이다. Treverton, Gregory F., and Renanah Miles. *Unheeded Warning of War: Why Policymakers Ignored the 1990 Yugoslavia Estimate.* Washington, DC: Center for the Study of Intelligence, 2015. https://www.cia.gov/library/center-for-the-study-of-intelligence/csi-publications/books-and-monographs/csi-intelligence-andpolicy-monographs/pdfs/unheeded-warning-yugoslavia-NIE.pdf.

111) National Intelligence Council, *Mapping the Global Future: 2020,* 13.

112) Lowenthal, Mark M. *The Future of Intelligence.* Cambridge, UK: Polity Press, 2018, 79.

113) 다음을 참조할 것. Taleb, Nassim. *The Black Swan: The Impact of the Highly Improbable.* New York, NY: Penguin, 2007.

114) Tetlock, Philip E., and Dan Gardiner. *Superforecasting: The Art and Science of Prediction.* New York, NY: Broadway Books, 2015, 237–244.

115) 지적되는 사례는 모든 지역연구 분석가들이 아닐 것이라고 할 때 드 메스키타(Bruce Bueno de Mesquita)가 단순예측활용모델(simple expected utility model)을 사용하여 소련이 아프가니스탄을 침공할 것이라고 정확하게 예측한 것이었다. Bueno de Mesquita, Bruce. "An Expected Utility Theory of International Conflict." *The American Political Science Review* 74, no. 4 (1980): 917–931.

116) Gentry, John A. "The 'Professionalization' of Intelligence Analysis: A Skeptical Perspective." *International Journal of Intelligence and Counterintelligence* 29, no. 4 (2016): 643–676.

117) Ibid.

118) Gentry, John A., and Joseph S. Gordon. *Strategic Warning Intelligence: History, Challenges, and Prospects.* Washington, DC: Georgetown University Press, 2019, 167.

119) Office of the Director of National Intelligence. "2019 National Intelligence Strategy." Accessed January 18, 2020. https://www.dni.gov/index.php/newsroom/reports-publications/item/1943-2019-national-intelligence-strategy.

120) Brookings. "50 Facts About US Nuclear Weapons Today." April 28, 2014. https://www.brookings.edu/research/50-facts-about-u-s-nuclear-weapons-today/.

121) Ellsburg, Daniel. *The Doomsday Machine.* New York, NY: Bloomsbury Press,

2017, 2-3.

122) Arms Control Association. "Nuclear Weapons: Who Has What at a Glance." Accessed January 17, 2020. https://www.armscontrol.org/factsheets/Nuclearweaponswhohaswhat.

123) Nuclear Threat Initiative. "The Chemical Threat." December 30, 2015. https://www.nti.org/learn/chemical/.

124) Shaikh, Shaan. "Missiles and Rockets of Hezbollah." *Missile Threat*, June 16, 2018. https://missilethreat.csis.org/country/hezbollahs-rocket-arsenal/.

125) Acuff, Jonathan M. "State Actors and Terrorism: The Role of State-Sponsored Terrorism in International Relations." In *Threats to Homeland Security: Reassessing the All-Hazards Perspective*, edited by Richard J. Kilroy Jr. Hoboken, NJ: Wiley, 2018.

126) Juergensmeyer, Mark. *Terror in the Mind of God: The Global Rise of Religious Violence*, 4th ed. Berkeley: University of California Press, 2017.

127) Ricks, Thomas E. *The Gamble: General Petraeus and the American Military Adventure in Iraq*. New York, NY: Penguin, 2009. 미군이 사용하는 새로운 COIN 매뉴얼은 Petraeus, David H., James F. Amos, and John A. Nagl. *The US Army and Marine Corps Counterinsurgency Field Manual*. Chicago, IL: University of Chicago Press, 2007. 매뉴얼을 검토한 여러 명의 저명한 학자들은 혁신 부족, 지난 30년 동안의 사회과학 연구 무시, 다음의 유명한 작품의 많은 부분을 표절했다고 주장했다. Max Weber and Anthony Giddens. See Biddle, Stephen, et al. "Review Symposium: The New US Army/Marine Corps Counterinsurgency Manual as Political Science and Political Practice." *Perspectives on Politics* 6, no. 2 (2008): 347-360.

128) McCants, William. *The ISIS Apocalypse: The History, Strategy, and Vision of the Islamic State*. New York, NY: St. Martin's Press, 2015.

129) Jones, Seth G., et al. *Rolling Back the Islamic State*. Santa Monica, CA: RAND Corporation, 2017, 140. https://www.rand.org/dam/rand/pubs/research_reports/RR1900/RR1912/RAND_RR1912.pdf.

130) Cronin, Audrey Kurth. *How Terrorism Ends: Understanding the Decline and Demise of Terrorism Campaigns*. Princeton, NJ: Princeton University Press, 2009.

131) Abrahms, Max. "Terrorism Does Not Work." *International Security* 31, no. 2 (2006): 42-78.

132) Mueller, John, and Mark G. Stewart. "Hardly Existential: Thinking Rationally About Terrorism." *Foreign Affairs*, April 2, 2010. https://www.foreignaffairs.com/articles/north-america/2010-04-02/hardly-existential.

133) Ibid.

134) Kenney, Michael, and Colin Clarke. "What Antifa Is, What It Isn't, and Why It Matters." *War on the Rocks*, June 23, 2020. https://warontherocks.com/2020/06/what-antifa-is-what-it-isnt-and-why-it-matters/.

135) Bertrand, Natasha. "Intel Report Warns Far-Right Extremists May Target Washington." *Politico*, June 19, 2020. https://www.politico.com/news/2020/06/19/intel-report-warns-far-right-extremists-target-washingtondc-329771.

136) Beer, Tommy. "51 Protesters Facing Federal Charges—Yet No Sign of Antifa Involvement." *Forbes*, June 10, 2020. https://www.forbes.com/sites/tommybeer/2020/06/10/51-protesters-facing-federal-chargesyet-no-sign-of-antifa-involvement/#5a3eeb284138.

137) Southern Poverty Law Center. "Hate Map: 2019." Accessed September 30, 2020. https://www.splcenter.org/hate-map.

138) Thompson, A. C., Ali Winston, and Jake Hanrahan. "Inside Atomwaffen as It Celebrates a Member for Allegedly Killing a Gay Jewish College Student." *ProPublica*, February 23, 2018. https://www.propublica.org/article/atomwaffen-division-inside-white-hate-group; and Southern Poverty Law Center. "Atomwaffen Division." Accessed September 30, 2020. https://www.splcenter.org/fighting-hate/extremist-files/group/atomwaffen-division.

139) Federal Bureau of Investigation. "Most Wanted: Domestic Terrorism." Accessed August 3, 2020. https://www.fbi.gov/wanted/dt.

140) Jones, Seth G., Catrina Doxee, and Nicholas Harrington. "The Escalating Terrorism Problem in the US." Center for Strategic and International Studies, June 17, 2020. https://www.csis.org/analysis/escalatingterrorism-problem-united-states.

141) Center on Extremism. *Murder and Extremism in the United States in 2019*. New York, NY: Anti-Defamation League, February 2020. https://www.adl.org/media/14107/download; and Ibid.

142) Office of the Director of National Intelligence. "National Strategy for Counterterrorism of the United States of America." October 2018, 9–0. https://www.dni.gov/files/NCTC/documents/news_documents/NSCT.pdf.

143) Savage, Charlie, Adam Goldman, and Eric Schmitt. "US Will Give Terrorist Label to White Supremacist Group for First Time." *The New York Times*, April 6, 2020. https://www.nytimes.com/2020/04/06/us/politics/terrorist-label-white-supremacy-Russian-Imperial-Movement.html.

144) Kennedy, Merrit. "'Pizzagate' Gunman Sentenced to Four Years." NPR, June 22, 2017. https://www.npr.org/sections/thetwo-way/2017/06/22/533941689/pizzagate-gunman-sentenced-to-4-years-in-prison.

145) Cohen, Marshall. "Michael Flynn Posts Video Featuring QAnon Slogans." CNN, July 7, 2020. https://www.cnn.com/2020/07/07/politics/michael-flynn-qanon-video/index.html; and Rosenberg, Matthew, and Jennifer Steinhauer. "The QAnon Candidates Are Here. Trump Has Paved the Way." *The New York Times*, July 14, 2020. https://www.nytimes.com/2020/07/14/us/politics/qanon-politicians-candidates.html.

146) Glenny, Misha. *McMafia: A Journey Through the Global Criminal Network*. New

York, NY: Knopf Doubleday, 2009.

147) The Millennium Project. "Global Challenge 12." Accessed August 1, 2019. http://www.millenniumproject.org/challenge-12/.

148) Beitel, June. *Mexico: Organized Crime and Drug Trafficking Organizations*. Washington, DC: Congressional Research Service, June 3, 2018.

149) World Bank. "Intentional Homicide Rates (per 100,000), 2019." Accessed August 1, 2019. https://data.worldbank.org/indicator/VC.IHR.PSRC.P5?most_recent_value_desc=true.

150) Schroeder, Robert D. *Holding the Line in the 21st Century*. US Customs and Border Protection. Accessed August 1, 2019. https://www.cbp.gov/sites/default/files/documents/Holding%20the%20Line_TRILOGY.pdf.

151) Evans, Michael. "NSA Staffed US-Only Intelligence 'Fusion Center' in Mexico City." *Migration Declassified*, November 14, 2013. https://migrationdeclassified.wordpress.com/2013/11/14/nsa-staffed-u-s-onlyintelligence-fusion-center-in-mexico-city/.

찾아보기

ㅊ

저자소개

어커프(Jonathan M. Acuff)는 코스탈 캐롤라이나(Coastal Carolina)대학의 정보 및 국가안보학 부교수다. 전직 미 육군 예비역 장교인 어커프 교수는 국립아시 아조사국(NBR: National Bureau of Asian Research)의 군사 분석가로 근무한 경력이 있다. NBR에 있는 동안, 그는 북서 태평양 지역의 민간 부문 시설이 테 러 공격에 취약하다는 것을 평가하는 국토안보부의 지원을 받은 연구와 미 태평 양사령부(PACOM)가 지원하는 여러 프로젝트를 수행했다. 그는 정보와 국가안 보, 국제정치사회학, 전체주의 운동과 정치 종교에 대한 논문을 게재했다. 그는 또한 수많은 서적의 장을 저술했고 스틸(Brent J. Steele)과 함께 국제관계와 정 치 분야에서 '세대'의 이론과 적용(Palgrave, 2012)의 편집자 활동을 했다. 어커 프는 국제학회(ISA: International Studies Association)의 민족, 민족주의, 이주 (ENMISA) 분야의 집행위원 임기를 네 번 수행했다. 어커프 교수는 이전에 워싱 턴대학, 세인트앤셀름(Saint Anselm)대학, 시애틀대학에서 가르쳤고 아이오와 대학의 포드재단 연구원을 역임했다. 그는 정보분석, 전략, 국제안보, 테러리즘, 정보보고서 작성 강좌를 가르친다.

크래프트(LaMesha L. Craft)는 미 육군에서 총 출처 정보장교로 20년 동안 근무 했다. 자신의 경력 동안 그녀는 아시아, 유럽, 아프리카의 뿔, 중동 및 서남아시 아 주변의 미국의 이익, 정책, 데이터 및 네트워크에 대한 국가 및 비국가 위협 에 대응하는 전략 및 작전 정보분석을 했다. 그녀는 코소보, 독일, 쿠웨이트, 이 라크 등 해외에서도 근무했다. 크래프트 박사는 사이버 공간에서의 위협을 분석 할 때 전장의 정보준비(IPB: intelligence preparation of the battlefield)를 위 한 종합 지침서를 작성했다. 이 지침서는 육군 교육센터에 의해 '우수 사례'로 인 정받았고, 2019년 3월에 출판된 육군 훈련간행물 2-01.3의 부록 D를 개발하는 데 필수적인 역할을 했다. 그녀는 현재 국립정보대학교의 앤서니 G. 외팅어 (Anthony G. Oettinger) 과학기술대학원의 교수로 근무하고 있다. 크래프트 박사는 월든(Walden)대학에서 국토안보 정책과 조정에 중점을 둔 공공정책 및 행정학 박사학위를 받았고, 미국군사대학에서 국제관계 및 국제갈등 학사, 같은 대학에서 국제관계와 갈등해결 석사를 취득했다.

페레로(Christopher J. Ferrero)는 빌라노바(Villanova)대학에서 정치학 학사, 조지타운대학에서 안보학 석사, 버지니아대학에서 외교학 박사학위를 받았다. 그는 2002년부터 2003년까지 미 국무부와 2003년부터 2006년까지 미사일방어국(Missile Defense Agency)에서 대량살상무기 분석가로 일했다. 그의 전문분야는 정보학, 대량살상무기, 중동, 국제안보다. 그는 버지니아대학, 시턴홀(Seton Hall)대학, 시러큐스대학, 코스탈 캐롤라이나대학에서 다양한 국제관계 과목의 강좌를 가르쳤다. 페레로 박사는 미국 전략사령부의 억제 및 확증학 연합(Deterrence and Assurance Academic Alliance)의 일원이며 암만에 있는 요르단대학에서 열리는 아랍 핵 포럼에 정기적으로 참가하고 있다.

피차나키스(Joseph Fitsanakis) 박사는 코스탈 캐롤라이나대학의 정보 및 국가안보연구 프로그램의 부교수이며, 그곳에서 정보통신, 정보작전, 정보분석, 그리고 인간정보에 관한 강좌를 운영한다. 그는 정보수집(통신감청 및 사이버 첩보), 정보개혁, 초국가적 범죄 네트워크 등에 대해 널리 출판했다. 그의 저술은 미국과 발칸 지역, 아프리카 북동부, 아시아의 정보기관들의 진화와 관행을 다루고 있으며, 특히 중국과 북한에 중점을 두고 있다. 2015년 코스탈 캐롤라이나대학에 합류하기 전, 피차나키스 박사는 킹대학교에서 보안 및 정보연구 프로그램을 만들었고, 그곳에서 킹 보안 및 정보연구소를 이끌기도 했다. 그는 유럽정보아카데미의 부국장이자 미국 의회도서관을 통해 분류된 ACI 색인 학술 블로그인 intelNews.org의 선임 편집자이기도 하다.

킬로이(Richard J. Kilroy Jr.)는 사우스캐롤라이나 콘웨이에 있는 코스탈 캐롤라이나대학의 정치학과 부교수로, 그곳에서 정보 및 국가안보학 학위 프로그램과 라틴 아메리카 지역 연구 과정을 가르치고 있다. 그는 또한 독일과 멕시코 주재 미국대사관, 파나마에 있는 미국 남부 사령부에서 근무한 적이 있는 전직 육군 정보 및 라틴 아메리카 해외지역 장교다. 그는 버지니아대학교에서 외교학 석사와 박사학위를 받았다. 킬로이 박사는 *Seguridad Regional en*

*América del Norte: Una Relación Impugnada*의 공동저자인데, 이 책은 멕시코 Universidad Iberoamericana Press에서 2020년에 발간한 책이다. 킬로이는 John Wiley and Sons가 출판한 *Threats to Homeland Security: Reassessing the All-Hazards Perspective*(제1판 2008년, 제2판 2018년)를 편집했다. 그는 또한 Lynne Rienner가 2012년에 출간한 *North American Regional Security: A Trilateral Framework?*의 공동저자다. 킬로이는 한국의 동북아역사학회가 2010년에 출판한 *Colonial Disputes and Territorial Legacies in Africa and Latin America*의 공동저자다.

스미스(Jonathan C. Smith)는 2011년 설립된 코스탈 캐롤라이나대학의 정보 및 국가안보 연구 프로그램 교수다. 그는 또한 국제정보교육협회(International Association for Intelligence Education)의 교육실천위원회 의장을 맡고 있다. 스미스 박사는 교수 활동 외에도 미 해군 예비군에서 정보장교로 복무했다. 23년의 경력 동안, 그는 보스니아, 코소보, 이라크, 아프가니스탄, 그리고 테러와의 세계 전쟁을 지원하기 위해 배치되었다. 그의 마지막 임무는 플로리다 마이애미에 있는 미국 남부사령부의 합동 정보작전센터 0174의 지휘관이었다. 스미스 박사는 사우스캐롤라이나대학에서 국제학 석사, 정치학 박사학위를 받았다. 그는 또한 미국 해군전쟁대학의 합동 직업 군사 교육 프로그램에서 자격증을 취득했다.

역자소개

김계동 (kipoxon@hanmail.net)

연세대학교 정치외교학과 졸업
영국 옥스퍼드대학교 정치학 박사

현 건국대학교 안보·재난관리학과 초빙교수,
　　외교부 국립외교원 명예교수
　　군사편찬연구소 자문위원

연세대학교 국가관리연구원 교수
국가정보대학원 교수(교수실장)
한국국방연구원 연구위원
한국전쟁학회 회장/한국정치학회 부회장/국가정보학회 부회장/
　　국제정치학회 이사
국가안보회의(NSC)/민주평통 자문회의/국군기무사 자문위원
연세대, 고려대, 경희대, 성신여대, 국민대, 숭실대, 숙명여대, 동국대,
　　통일교육원 강사 역임

주요논저

Foreign Intervention in Korea (Dartmouth Publishing Company)
『남북한 체제통합론: 이론, 역사, 정책, 경험, 제2판』(명인문화사)
『북한의 외교정책과 대외관계: 협상과 도전의 전략적 선택』(명인문화사)
『한반도 분단, 누구의 책임인가?』(명인문화사)
『한국전쟁, 불가피한 선택이었나』(명인문화사)

『현대유럽정치론: 정치의 통합과 통합의 정치』(서울대학교출판부)

『현대 한미관계의 이해』(공저, 명인문화사)

『한국정치와 정부』(공저, 명인문화사)

『한반도 국제관계사』(공저, 한울)

『현대외교정책론』(공저, 명인문화사)

『국가정보: 비밀에서 정책까지』(역서, 명인문화사)

『국제관계와 세계정치』(역서, 명인문화사)

『동북아 정치』(역서, 명인문화사)

『정치학의 이해』(역서, 명인문화사)

『현대 유럽의 이해』(역서, 명인문화사)

『테러리즘: 개념과 쟁점』(공역, 명인문화사)

『세계화와 글로벌 이슈, 6판』(공역, 명인문화사)

『국제기구의 이해: 글로벌 거버넌스의 정치와 과정, 3판』(공역, 명인문화사) 외
    다수

명인문화사 정치학 관련 서적

한국의 중견국 외교
손열, 김상배, 이승주 외 지음

자본주의 Coates 지음 / 심양섭 옮김

국가정보: 비밀에서 정책까지

지은이 Mark M. Lowenthal
옮긴이 김계동
가 격 19,000원

차례

1. 정보란 무엇인가?
2. 미국정보의 발전과정
3. 미국 정보공동체
4. 정보과정-거시적 시각
5. 정보수집과 수집방법
6. 분석
7. 방첩
8. 비밀공작

9. 정책 결정자의 역할
10. 감시와 책임
11. 냉전의 유산
12. 새로운 정보 의제
13. 정보의 윤리적·도덕적 이슈
14. 정보개혁
15. 해외정보기관

국가정보의 이해: 소리없는 전쟁

지은이 Abram N. Shulsky & Gary J. Schmitt
옮긴이 신유섭
감 수 김계동
가 격 17,000원

차례

서론: 비밀에 관한 저술
1. 정보의 정의
2. 첩보원, 장비, 도서관: 정보수집
3. 정보 분석과 생산
4. 은밀한 작업: 비밀공작

5. 스파이 대 스파이: 방첩
6. 정보기관의 보호: 정보의 관리
7. 정보에 대한 두 가지 관점
8. 정보학의 이론 정립을 지향하며